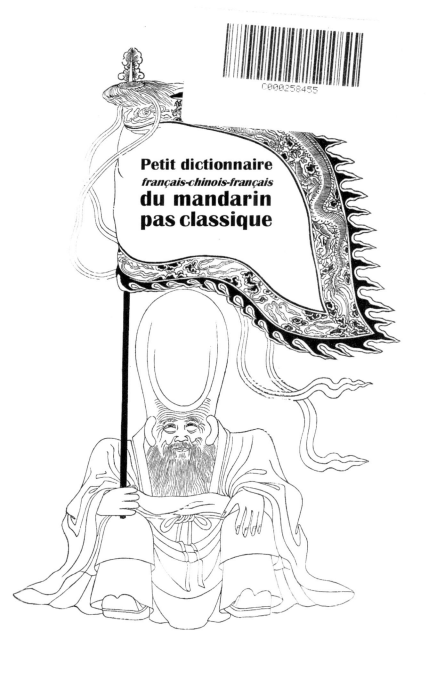

Petit dictionnaire
français-chinois-français
du mandarin
pas classique

Autres ouvrages du même auteur ou traducteur :

Aux éditions du non-agir

Lao She, *La maison de thé* (théâtre)
Lu Xun, *Histoires anciennes, revisitées*
Lu Xun, *La véridique histoire d'Ah Q*
Ling Mengchu, *Les rocambolades de Dragon Flemmard* (XVIIe s.)
Anonyme (XVIIe s.), *Les enquêtes surnaturelles du juge Pao*
Divers, *Divagations sur poèmes Tang.*
Samuel V. Constant, *Colporteurs des rues de Pékin (1936)*

Aux Éditions Cambourakis

Zuo Ma, *Bus de nuit* (roman graphique), 2020

Chez Denoël

Chan Ho-kei, *Hong Kong noir* (policier)

Aux Presses de la Cité

Yan Ge, *Une famille explosive* (roman)

Chez You Feng, libraire et éditeur

Alai, *La montagne vide* (roman), 2020
(Auteur) *Petit lexique français-chinois des onomatopées,
interjections et autres bruits*
Divers, *Les martyrs des monts No-Waang* (BD)
Ge Ti & Jiang Dongliang, *La légende de Koxinga* (BD)
Chen Lai, *les valeurs fondamentales de la
civilisation chinoise*
Divers, *Cinq contes chinois bilingues*
Divers, *Biographie illustrée de Tu Youyou,
prix Nobel de médecine*

Alexis Brossollet

Petit dictionnaire
français-chinois-français
du mandarin
pas classique

**Langue familière & argotique,
insultes, injures & jurons,
amour & appendices**

éditions du non-agir

© Alexis Brossollet & éditions du non-agir, 2020

9, rue Anatole de la Forge, 75017 Paris
www.non-agir.fr   contact@non-agir.fr

Toutes les illustrations figurant dans cet ouvrage
sont d'artistes et illustrateurs chinois
et sont tirées de Péking, histoire et description, *par*
Mgr Alphonse Favier, vicaire apostolique de Péking (sic),
publié en 1902 aux éditions Desclée de Brouwer.
Qu'il soit dit ici, une bonne fois pour toutes, que ces
illustrations n'ont clairement qu'un rapport très
lointain avec le texte et ne sont là que
pour le simple plaisir des yeux.

ISBN   979-10-92475-51-7

Dépôt légal   *mars 2020*

Sommaire

Introduction
& avertissement au lecteur

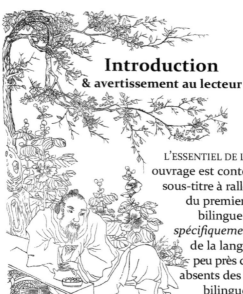

L'ESSENTIEL DE L'OBJET de cet ouvrage est contenu dans son sous-titre à rallonge. Il s'agit du premier dictionnaire bilingue s'intéressant *spécifiquement* à des pans de la langue chinoise à peu près complètement absents des dictionnaires bilingues classiques. Son ambition est de fournir, pour une sélection – forcément très incomplète – d'expressions ou de termes argotiques, populaires ou familiers en français, des équivalents chinois *dans les mêmes registres*. Il diffère donc d'un simple « dictionnaire d'argot », dont les explications seraient données *en termes normaux*. En parallèle, le glossaire chinois-français rend l'ouvrage utilisable dans les deux sens. Il pourra donc servir aussi à un locuteur chinois, même s'il s'adresse plus particulièrement à un public francophone d'étudiants ou de personnes intéressées par la langue chinoise. L'approche choisie est en même temps sérieuse et ludique. Les très nombreux exemples sont tirés soit de la littérature chinoise, essentiellement contemporaine (avec une bibliographie complète), soit de la presse ou d'Internet (journaux, forums, romans en ligne, etc.).

Compte tenu du titre descriptif et des domaines abordés, il peut paraître superfétatoire d'avertir le lecteur potentiel que l'ouvrage est plein de termes (et surtout d'exemples) souvent grossiers, vulgaires, voire injurieux et méprisants, ou sexistes et même confinant à la pornographie. Si nous le signalons, c'est surtout pour préciser que pour remédier au moins partiellement à cela, nous avons divisé le lexique en trois parties : ainsi, le lecteur qui voudra s'épargner le « pire » pourra-t-il se limiter (au moins temporairement) à la première partie (représentant un peu moins des deux tiers de l'ensemble) ; les expressions les plus grossières ou les plus juteuses restent confinées au dernier tiers du livre, soit les parties « Insultes, injures & jurons » et « Amours & appendices ». Nous tenons de même à préciser que cette dernière partie, même si l'on y piétine volontiers les règles du bon goût et de la bienséance, évite sciemment le vocabulaire des pratiques sexuelles déviantes ou ultra-minoritaires, illégales et/ou non consensuelles (si l'on excepte un bon nombre de termes historiques ou modernes relatifs à ce phénomène d'ampleur qu'est la prostitution, largement passés dans le langage populaire sinon courant).

Pour aller un peu plus loin, peut-être sera-t-il plus aisé de définir ce que ce dictionnaire *n'est pas* :

- Il n'est pas, et n'a pas l'ambition d'être, un ouvrage *complet et exhaustif*. Pour rassembler l'intégralité de la langue argotique et populaire chinoise, des tomes entiers seraient nécessaires, d'autant plus que cette langue populaire est souvent spécifique à chaque région, chaque dialecte, chaque patois. Ainsi, même si nous n'avons pu résister parfois au plaisir d'indiquer quelques expressions issues plus particulièrement du pékinois ou du cantonais, nous nous sommes en général efforcés de ne répertorier que des termes compréhensibles par la majorité des locuteurs du mandarin, soit parce qu'ils ne présentaient pas de caractère purement dialectal, soit parce qu'ils se sont répandus grâce à leur présence dans la littérature générale, dans le cinéma, ou plus récemment dans la chanson ou sur l'Internet. Par ailleurs, nous avons dû nous limiter par choix éditorial, car nous voulions que l'ouvrage, même substantiel, puisse toujours tenir dans un sac, voire dans une poche de veste ou de manteau (une grosse poche...).

- Il n'est pas, et ne *veut* pas être, un simple répertoire des termes en ligne, extrêmement variés, employés par les jeunes (ou moins jeunes). D'abord parce que cela le condamnerait à l'obsolescence presque immédiate, étant donné le renouvellement très rapide de ce type de vocabulaire ; ensuite parce que ce vocabulaire est souvent fragmenté, accessible seulement à certaines communautés, et incompréhensible pour la majorité de la population – y compris en ligne. Nous y avons cependant, bien entendu, largement fait appel, en tentant de respecter au mieux les conditions suivantes : 1/ Les termes indiqués ne devaient pas être réservés à une communauté trop étroite (les adeptes de tel hobby, les participants de tel forum) ; 2/ Ils devaient présenter une certaine « résilience », ou durabilité.

Ainsi, nous avons tenté, aussi bien d'ailleurs pour le vocabulaire né en ligne que pour l'argot plus ancien, de ne présenter que les termes non totalement périmés, et donc toujours en vigueur à la période de rédaction de l'ouvrage (entre 2017 et 2020), parfois longtemps après leur date de création et de plus grande popularité. Il ne faut donc pas s'étonner si sont absents de ces pages beaucoup de termes très en vogue il y a 5, 10 ou 20 ans, mais ayant depuis disparu corps et biens. Ce principe est également valable pour une grande quantité d'expressions répertoriées dans des lexiques chinois du XXe siècle que nous avons consultés, ou dans quelques ouvrages anglophones publiés depuis un quart de siècle (en gros sur les mêmes thèmes, mais tous d'ampleur et d'ambition plus réduite).

Ceci s'applique cependant surtout à la première partie du livre. Pour le dernier tiers, l'approche est sensiblement différente, car nous sommes allés puiser jusque dans des ouvrages anciens (romans classiques comme *Au bord de l'eau* ou *Fleur en fiole d'or*) et nous nous sommes autorisés un peu plus de variété dialectale. Là, l'exhaustivité linguistique et la diversité fleurie priment parfois sur la pertinence pratique ou sur l'actualité des termes cités. Tous les amoureux de la langue chinoise ou des caractères rares et évocateurs nous pardonneront, nous en sommes persuadés. Nul doute toutefois que bon nombre d'autres insultes ou termes suggestifs nous aient échappé malgré tout.

De façon générale, nous sommes conscients que dans les domaines que nous avons choisi d'aborder, l'évolution rapide de la langue obligera à des mises à jour régulières et substantielles de l'ouvrage ; nous accueillerons donc bien volontiers le signalement, par nos lecteurs et utilisateurs, des termes nouveaux ou oubliés qu'ils pensent pouvoir ou devoir y figurer.

Fonctionnement et mode d'emploi

L'OUVRAGE FONCTIONNE comme un dictionnaire normal : toutes les entrées sont classées par ordre alphabétique (à ceci près qu'elles sont divisées en trois parties, comme précisé dans l'avertissement). Sous chaque entrée figurent une ou plusieurs expressions chinoises qui sont l'équivalent de la française, dans un registre identique ou approchant : argotique, populaire, ou simplement familier, oral ou courant. Il n'a cependant pas toujours été possible d'arriver à une équivalence exacte. Quand l'écart de registre est important, dans un sens ou dans un autre, il est signalé.

Quand plusieurs termes chinois à peu près synonymes peuvent correspondre à plusieurs termes français eux aussi à peu près synonymes, nous avons choisi d'apparier les termes qui pouvaient avoir quelque chose en commun. Dans de nombreux cas cependant, les choix de traduction que nous avons faits relèvent forcément d'un certain arbitraire. Ainsi, les termes français « bête, stupide, idiot, crétin, débile » sont souvent interchangeables, et de même les insultes chinoises équivalentes le sont aussi.

Références : quand la traduction française de l'exemple chinois est suivie d'un numéro en exposant, ce numéro renvoie à l'un des ouvrages de la bibliographie, dont l'exemple est tiré. Quand l'exemple vient d'un forum ou d'un site Internet, le nom du forum est donné (*Sina, Zhihu, Baidu...*) avec l'année de publication. D'autres abréviations, également listées dans la bibliographie, renvoient à des organes de la presse chinoise nationale ou régionale. Quand l'exemple n'est suivi d'aucune référence, cela signifie en général qu'il s'agit d'un extrait d'ouvrage ou de presse non sourcé reproduit très souvent sur l'internet chinois dans des banques de données d'exemples accessibles librement, ou qu'il a été impossible d'en identifier la provenance originelle.

Renvois : le signe ☞ utilisé dans le texte renvoie à d'autres entrées dans le même champ lexical, ou à d'autres exemples d'utilisation du même terme. Dans la 1re partie, les renvois vers des entrées des 2e et 3e parties sont indiqués par des marques en exposant : ☞*voyou*[INS] ou ☞*maquereau*[SEX]. Dans les deux parties en question, les renvois vers des entrées de la 1re partie sont indiqués par un astérisque en exposant : ☞*tais-toi**. En effet, de temps en temps, des termes à peu près synonymes ont été classés, selon leur registre, dans l'une ou l'autre des parties.

Première partie

EXPRESSIONS FAMILIÈRES, POPULAIRES & ARGOTIQUES

Ablette (taillé comme une ~)

• 泥鳅 *níqiu* « loche » (le poisson d'eau douce). '瞧你那个熊样，长得又瘦又长像个泥鳅。' « Regarde-toi, espèce de nigaud, grand et maigre comme tu es, taillé comme une ablette. »[65]

Aborder, accoster

• 搭讪 *dāshàn*. Engager la conversation, faire le 1er pas. '他于是上前搭讪。' « Alors il s'avança pour l'aborder. »[444] Aujourd'hui utilisé surtout pour « draguer ».

À bout, être poussé ~

• 忍无可忍 *rěnwúkěrěn* « plus possible de supporter ». La coupe est pleine. '美国乱挥贸易大棒，盟友忍无可忍。' « Les États-Unis agitent le gros bâton du commerce, leurs alliés sont poussés à bout. » *(XHN, 2018)* '东方旭忍无可忍，一把抓住铁柱手腕，把他掼倒在地。' « Pour Dongfang Xu, la coupe était pleine ; il attrapa d'une main ferme le poignet de Tiezhu et le jeta au sol. »[93]

À bout de souffle, de forces

• 强弩之末 *qiángnǔ zhī mò* « comme une flèche tirée par un arc puissant en bout de portée ». Être sur le déclin, battre de l'aile. '美国经济已是强弩之末。' « L'économie américaine est à bout de souffle. » *(Sina, 2018)*

• 精疲力竭 *jīngpílìjié*. Sur les rotules, fourbu, éreinté. '马群终于精疲力竭，动弹不得。' « Les chevaux, complètement fourbus, s'immobilisèrent finalement. »[38]

Abruti ↗ *abruti*[INS]

• 二百五 *èrbǎiwǔ* « 250 ». Pourquoi ce chiffre revêt-il une signification si péjorative en Chine ? Nous serions bien en peine d'en donner une raison précise, puisqu'une recherche même rapide permet de découvrir une bonne douzaine de récits remontant aux temps les plus anciens qui seraient à l'origine de l'expression. Le rejet de ce chiffre est tel en Chine que bien souvent des boutiquiers préfèreront transiger au cours d'un marchandage sur un prix inférieur plutôt que d'accepter 250 yuans. '跟这帮二百五一起执行任务，就像骑士骑着叫驴冲向战场。' « Mener à bien la mission avec une telle bande d'abrutis, c'est un peu comme si la cavalerie sonnait la charge montée sur des ânes. » Le terme peut bien sûr être utilisé comme insulte, ou affectueusement, entre amis, pour taquiner.

• À Pékin, Tianjin… un synonyme de 二百五 est 二五眼 *èrwǔyǎn*. L'expression vient de l'opéra chinois où elle signifie en gros « pas dans le rythme ». Un autre sens est « de mauvaise qualité ».

Abusé ↗ *révoltant*

Dans le sens moderne de « trop bizarre, exagéré, hors du commun ».

• 邪乎 *xiéhu*. '西瓜的价格高得都邪乎了。' « Le prix de ces pastèques, c'est abusé ! » '真是邪乎，估计也是那什么阴阳菇的副作用。' « C'est vraiment abusé, ça doit être l'effet secondaire de ces champignons magiques. » Dans ce sens « bizarre », un synonyme plus connu (à Pékin) est 邪门儿. Synonyme un peu moins répandu : 邪行 *xiéxing*. ↗ *louche*

À côté (garçon/fille d'~, d'en face)
• 邻家男孩／女孩 *lín jiā nánhái/nǚhái*. Il s'agit de la traduction de l'anglais « boy/girl next door » : jeunes gens donnant d'eux-mêmes une image ordinaire, familière, sympathique. '邻家女孩秋装.' « La mode d'automne pour les filles d'à côté. »

Acteur ⌐*cabot*

Actualité, rumeur ⌐*bruit qui court*

Adieu !
• 别了! *biéle.* Souvent utilisé dans des noms de films ou d'ouvrages. '别了，司徒雷登!' « Adieu, Leighton Stuart ! » est le nom d'un article célèbre de Mao en 1949 (l'individu en question était l'ambassadeur des États-Unis en Chine). On trouve aussi, plus définitif : 永别了 *yǒngbiéle.* '永别了，武器' : titre chinois de l'*Adieu aux armes* d'Hemingway.

Admiration, respect ⌐*chapeau*

Ado (garçons uniquement)
• 半大小子 *bàndà xiǎozi* « jeune homme à moitié grand ».

Adorer, aduler ⌐*suce-bites*^SEX

Affaire
• ~ urgente ⌐*urgence*
• ~ peu importante ⌐*bricole*
• ~ louche ⌐*louche*
• Se tirer d'~ ⌐*tirer (se ~ d'affaire)*
• Voir aussi ⌐*adultère*^SEX

Affaires (avoir le don des ~)
• 生财有道 *shēngcáiyǒudào.* Voir ex. à ⌐*richard*

Affranchi
• 道友 *dàoyǒu* « ami de la voie ». Une appellation respectueuse entre gens de la pègre et hors-la-loi. ATTENTION : à Hong Kong, il s'agit

d'un mot d'argot qui peut signifier « toxico, drogué ».

Agonisant, au seuil de la mort
• 奄奄一息 *yǎnyǎnyīxī* « n'avoir plus qu'un souffle de vie ». Subclaquant. '此猫渐老，昏睡度日，乃至于奄奄一息.' « Le chat avait peu à peu vieilli, passant ses journées dans un sommeil léthargique, jusqu'à arriver au seuil de la mort. »[44]

Ahuri, ahurissement
• 呆若木鸡 *dāiruòmùjī* « figé comme un coq en bois ». Paralysé par la peur, la stupeur. Sous le choc. ⌐*bouche bée, halluciner*

Aile (battre de l'~)
• 触礁 *chùjiāo* « heurter un récif ». Expression très souvent employée au figuré pour les relations, couples, mariages qui rencontrent des problèmes. '婚姻触礁了怎么办?' « Que faire quand votre mariage bat de l'aile ? » *(Baidu, 2018)* ⌐*à bout de souffle*

Ailleurs (tête, esprit ~)
• 心不在焉 *xīnbùzàiyān.* Inattentif, distrait, ne pas avoir la tête à ce que l'on fait ; être dans la lune. '他点点头，像是在对窗外的什么人打招呼，心不在焉地回答：…' « Il répondit, l'esprit ailleurs, en hochant la tête comme s'il saluait quelqu'un de l'autre côté de la fenêtre. »[84]

Air (brasser de l'~, du vent)
• （象个/只）无头苍蝇 *wútóu-cāngying* « (comme une) mouche sans tête ». S'agiter frénétiquement, se démener sans objectif ni résultat. '大家先静下心来寻求解决之道，不要像个无头苍蝇一样，徒然浪费时间.' « Tout le monde se calme et cherche une vraie solution,

il faut arrêter de brasser de l'air et de perdre du temps. » '中国半年前的一个动作，这两天令西方国家成了"无头苍蝇"' « Une mesure prise par la Chine il y a six mois cause une agitation frénétique ces deux derniers jours en Occident. » *(Sina, 2018)*

Air (libre comme l'~), en liberté
• 逍遥法外 *xiāoyáofǎwài*. Ne pas avoir encore subi le châtiment de la loi pour ses crimes. Voir un ex. ☞ *bouc émissaire*

Air(s)
• Se donner des airs, prendre un air affecté: 装模作样 *zhuāngmúzuòyàng*. '刘跃进知道他是在装模作样，便加重语调道：' « Liu Yuejin savait que l'autre se donnait des airs, alors il dit sur un ton plus insistant : … »[65]
• 装腔作势 *zhuāngqiāngzuòshì*. Synonyme, moins fréquent. Prendre le ton de…'我素来不喜欢装腔作势，摆出一副道学士的面孔训人……' « Je n'aime pas prendre des airs ni endosser l'habit du moraliste pour admonester les gens… »[35]
• Prendre de grands airs （摆，端，装）架子 *jiàzi* attitude hautaine, arrogante. '他不但不能接受佛法，而且还宣扬学佛的人瞧不起人，架子都大。' « Non seulement il rejettera le Bouddha, mais il répétera autour de lui que les pratiquants méprisent les gens ordinaires et prennent des grands airs. »[57]
• 臭架子 *chòu jiàzi* « prendre des grands airs puants ». Évidemment plus fort que le précédent… '人一落到这步境地最没有用的就是学问、名气和臭架子。' « Arrivé à cette extrémité, sa science, sa réputation et ses grands airs ne lui étaient d'aucune aide. »[455]

• 拿糖作醋 *nátángzuòcù* « Se servir de sucre comme vinaigre ». Expression apparue dans le *Rêve du Pavillon rouge*. '大家都是同学，何必拿糖作醋呢？' « Nous sommes tous condisciples, pourquoi se donner de grands airs ? » Parfois abrégé en 拿糖.
• À Pékin : 摆谱儿 *baǐpǔr*, qui peut vouloir dire aussi « étaler sa richesse ». '想做你就做，别跟我这摆谱儿。' « Si tu veux le faire, vas-y, pas besoin de prendre de grands airs avec moi. »
☞ *arrogant, attendrissant, chiqué, péter (se la), vanter (se)*

Aise (en prendre à son ~)
• （你）倒自在 *nǐ dào zìzai*. Plusieurs sens proches : tu ne manques pas de culot, c'est cool la vie, ça te va bien (de …), tu es mal placé pour…'我在下面寻你老半天，你倒自在躲在这偷懒。' « Je t'ai cherché en bas pendant des heures, et toi tu flemmardais ici en en prenant tout à ton aise ! » *(Sina 2008)* Autre ex. ☞ *conciliateur*

Aise (à l'~ en société, savoir y faire)
• 会来事儿 *huì lái shìr*. Concerne les talents sociaux : savoir que faire et dire au bon moment pour plaire aux gens ; très social. '你这人什么都好，就是不会来事儿。' « Tu n'as que des qualités, sauf que tu ne sais pas y faire en société. » Terme flatteur à l'origine mais qui peut être utilisé péjorativement : '我曾经很讨厌那些自来熟和会来事儿的人。' « J'ai toujours détesté tous ces gens trop familiers, trop à l'aise en public. »

À la va comme je te pousse
• 马虎 *mǎhu*, 马马虎虎 *mǎmahūhu*. Négligent, sans soin, bâclé.

À la vie, à la mort
Amitié ou amour éternel.
• 生是你的人，死是你的鬼 *shēng shì nǐde rén, sǐ shì nǐde guǐ*. '反正我生是你的人，死是你的鬼，如果你出了事，我就陪着你坐大宇！' « Je suis à toi à la vie à la mort ! S'il t'arrive quelque chose, j'irai même au ciel avec toi ! »

Alcool
• Bien tenir l'~ ⌒ *descente*
• Noyer dans l'~ ⌒ *chagrins*

Alcoolique ⌒ *dalle en pente*

Aller-retour
• Paire de gifles : 左右开弓 *zuǒyòu kāigōng* : '她龇着牙，用手背对我的嘴巴左右开弓。' « Elle montra les dents et me flanqua un bel aller-retour du revers de la main. »

Allons donc !
• 没有的事儿 *méiyǒu de shìr*, 没有的话 *méiyǒu de huà*, selon le contexte. Impossible ! Tu parles ! '特朗普笑俄罗斯称击落美军导弹：没有的事！' « Trump se moque des déclarations selon lesquelles la Russie peut abattre les missiles américains : Allons donc ! » *(chinaxiaokang, 2018)*

Allure (avoir belle ~), stylé
• 派 *pài*. '你今天挺派。' « Tu as bien belle allure aujourd'hui… »[65]
• 气派 *qìpài*. '他是个风度英武，很有气派的男子。' « C'est un homme très stylé, dans le genre anglais. » '如此这般每一个来拜的都得知道，薛家老太太是死得气派的。' « Ainsi tous ceux qui viendraient rendre hommage à la vieille dame Xue sauraient qu'elle était morte comme elle avait vécu : avec style. »[34]
⌒ *classe*

Alternatif
• 非主流 *fēizhǔliú* « Non **mainstream**, non conformes ». Il s'agit ici de désigner des courants culturels de jeunesse et pas de politique. Souvent abrégé en FZL.

Amateur
Ni assez doué ni assez pro.
• 二把刀 *èrbǎdāo* « épée à deux poignées ». Terme très imagé pour désigner quelqu'un d'incapable ! '正如开车二把刀的人，不是说绑上安全带就能去冲击 F1。' « C'est comme les conducteurs amateurs, ce n'est pas parce qu'ils ont bien accroché leur ceinture qu'ils peuvent conduire une Formule 1. »

Ambiance (casser l'~)
• (大)杀风景 *dàshāfēngjǐng* « tuer le paysage ». Gâcher le plaisir. S'applique aux personnes ou aux évènements : '我们正在郊外烤肉，突然下起雨来，真是大杀风景。' « On se faisait un petit barbecue à l'extérieur de la ville quand il s'est soudain mis à flotter, ça a vraiment cassé l'ambiance. »

Ambulance (tirer sur ~)
• 打死老虎 *dǎ sǐlǎohǔ* « Frapper un tigre mort ». Donner le coup de pied de l'âne, s'acharner sur un homme à terre.
• 下井投石 *xiàjǐngtóushí* « lancer des pierres sur quelqu'un tombé dans le puits ».
De ces deux expressions, la première est la plus fréquente ; celle qui suit l'est aussi, mais son sens n'est pas exactement le même :
• 打落水狗 *dǎ luòshuǐgǒu*. « Frapper un chien déjà dans l'eau » : la victime est quelqu'un de mauvais qui mérite ce traitement.

Ambulant

• Comédiens ~ 流浪艺人 *liúlàng yìrén*. Désigne aujourd'hui les chanteurs ou artistes de rue.

• Marchant ~ ☞ *colporteur*

• Docteur ~ ☞ *charlatan*

Âme (rendre l'~)

• 溘然长逝 *kèránchángshì*. Mourir, de façon assez subite. '直到春节休假过后上班第二天，他溘然长逝。' « Deux jours après son retour au travail après les congés de la Fête du Printemps, il rend l'âme brusquement. »[283] Variante : 溘然归去 *kèránguīqù* « retour subit ». '此后数日，老猫不饮不食，溘然归去。' « Pendant plusieurs jours, le vieux chat cessa de boire et de manger, puis finit par rendre l'âme. »[280]

Amende ☞ *prune*

Américain ☞ *Yankee, Ricain*[INS]

• 老美 *lǎoměi*. Comme certains autres termes pour désigner les Occidentaux, celui-ci n'est pas forcément péjoratif ; cela dépendra de l'intention et de l'intonation. 老美，你怎么看？ est une série télévisée diffusée à partir de 2014, présentant l'opinion de jeunes Américains sur l'Asie (cuisine, culture, etc.).

• 美国佬 *měiguólǎo*. En théorie plus péjoratif que le précédent, par la présence de 佬. Le titre du film américain sorti en avril 2018, *Two Americans,* a été traduit par 两个美国佬的对话.

Ami

• 巨友儿 *jùyǒur*. L'un des termes les plus récents pour dire ami, amie. Surtout employé en ligne pour commencer un post, poser une question. '巨友们，这是啥意思？' « Les amis, qu'est-ce que ça peut bien vouloir dire ? »

À mort (lutte ~)

• 白刀子进，红刀子出 *bái dāozi jìn, hóng dāozi chū* « Le couteau rentre blanc et ressort rouge ». Tuer, vouloir tuer ou menacer de le faire.

Amour (poignées d'~)

• 赘肉 zhuìròu. Désigne le gras en trop en général, mais est surtout utilisé pour le ventre. '我大腿太粗，肚子上也净是赘肉，让我很发愁。' « Mes cuisses sont trop grosses, j'ai des poignées d'amour tout autour du bide, ça me fout le moral en l'air. » De nos jours on rencontre souvent le terme 贼肉, *zéiròu*, qui signifie la même chose. ☞ *gras*

Amour (remède à l'~)

• 丑陋不堪 *chǒulòubùkān*. D'une laideur repoussante. Valable aussi au figuré : ignoble, vil.

Amuser (s'~), se divertir ☞ *fun*

Ancêtres

• Faire honneur à ses ~ : 光耀祖宗 *guāngyào zǔzōng*. '你别犯愁啦，我儿子回光耀祖宗的。' « Ne te fais donc pas de soucis, ton fils (moi) saura faire honneur à ses ancêtres. »[23]

Âne

• Faire l'âne pour avoir du son, feindre de ne rien savoir, faire l'innocent : 装蒜 *zhuāngsuàn* « jouer l'ail (qui ne peut fleurir) » '你究竟是装蒜，还是真傻？' « Est-ce que tu fais l'âne, où est-ce que tu es vraiment idiot ? »[272]

• Coup de pied de l'~ ☞ *ambulance*

Ange (un ~ passe), silence gêné

• 冷场 *lěngchǎng*. '一时冷场无话。' « Un ange passa… »[24]

Anglaise (filer à ~)

• 开溜 *kāiliū*. S'esbigner en douce. '所有的大孩子都开溜跳舞去了。' « Tous les ados ont filé à l'anglaise pour aller danser. » ⌐*fuite*

Anguille (il y a ~ sous roche)

• (大有)文章 *dàyǒuwénzhāng*. Il y a quelque chose de caché. Nous avons choisi cette traduction car le sens de l'expression ne se limite pas aux écrits et discours, mais s'étend aux situations. '这里还有文章。' « (*Je sens qu'*)il y a anguille sous roche... »291 '你们俩都没有看出来，王刚这封信里大有文章。' « Aucun de vous deux n'a bien lu ; cette lettre de Wang Gang est pleine de sous-entendus. » ⌐*lignes, sous-entendus*

Anormal, louche

• 不对劲 *bùduìjìn*. '台下的观众似乎发现了不对劲，顿时嘘声四起。' « Au pied de la scène, les spectateurs semblèrent comprendre qu'il se passait quelque chose d'anormal ; immédiatement, des murmures s'élevèrent de tous côtés. »65

Applaudir, battre des mains

• 拍巴掌 *pāi bāzhǎng*.

À qui le dites-vous ! Et comment !

Réponse approuvant l'interlocuteur.

• 可不是！ *kěbushì!* Ou 可不！ « C'est tout à fait ça ! exactement » ! ATTENTION : à l'intérieur d'une phrase négative normale, 可不是 signifie « ce n'est pas, ce n'est sûrement pas ».

• 那还用说！ *nà hái yòng shuō!*

• 难道我不知道！ *nándào wǒ bú zhīdào !* « Comme si je ne le savais pas ! »

Argent n'a pas d'odeur (l'~)

• 有奶便是娘 *yǒu nǎi biàn shì niáng* « Qui a du lait, peut faire la mère » : celui qui recherche le profit se préoccupe peu de ce ou de celui qui le lui apporte. '人嘛，有奶便是娘，况且孔勇敢已经化作了灰，自己的担心的确是多余的。' « En effet, l'argent n'avait pas d'odeur, et puisque Kong Yonggan était mort et enterré, ses propres scrupules n'avaient plus lieu d'être. »65

Argent sale

• 脏钱 *zāngqián*, 黑钱 *hēiqián*, 赃款 *zāngkuǎn* (plus oral). Ces termes sont synonymes. « Blanchir de l'argent (sale) » se dit 洗黑钱, 洗脏钱 (moins fréquent) ou simplement 洗钱. '不法分子利用科技进行洗黑钱活动也不是新鲜事。' « L'utilisation de la technologie par les malfaiteurs pour blanchir de l'argent sale n'est en rien une nouveauté. » (*engadget, 2017*)

Arme à gauche (passer l'~)

• 翘辫子 *qiào biànzi* « soulever la natte ». Sous la dynastie Qing, les Chinois devaient porter la natte mandchoue. Avant une décapitation, le bourreau devait soulever la natte du condamné pour éviter qu'elle ne gêne ; d'où les sens dérivés de « décapiter », puis « mourir, passer de vie à trépas ». Une expression ancienne donc, mais toujours très répandue. '我问你，差点要翘辫子是不是个拿来开玩笑的理由？' « Je te demande un peu, manquer de passer l'arme à gauche, est-ce que c'est une bonne raison pour plaisanter ? » '你真要翘辫子么？' « Tu veux vraiment mourir ? »

• 死翘翘 *sǐqiàoqiào*. Version dérivée plus récente de l'expression précédente : '一个人要喝多少水泥才会死翘翘？' « Combien de

ciment un homme peut-il avaler avant de passer de vie à trépas ? » *(Baidu, 2018)* Une intéressante question à poser sur un forum !
☞ *crever, rampe*

Arme miracle ☞ *atout*

Armes (frère, compagnon d'~)
• Le terme le plus courant est 战友 *zhànyǒu*, mais il suppose que l'on ait vraiment affronté le combat ensemble. Un frère d'armes, camarade de régiment pourra se dire 袍泽 *páozé* ou 同袍 *tóngpáo* (袍 et 泽 désignaient des parties de l'habit).

Armoire à glace, malabar
• 彪形大汉 *biāoxíngdàhàn*. 彪 signifie « petit tigre ». '这几个人都是挑选的武艺出众的彪形大汉。' « Ces types étaient tous des malabars soigneusement sélectionnés, aux talents martiaux sortant de l'ordinaire. » [802]
• 高头大马 *gāotóudàmǎ* « cheval grand et fort ». Pour les chevaux, et pour les hommes. '船长就是长得高头大马的那种船长。' « Le capitaine, c'était le genre de capitaine qui ressemblait à une armoire à glace. »[36]
• 大块头 *dàkuàitóu*. Grand et fort (sens le plus courant), ou grand et gros. Désigne souvent les adeptes de la gonflette ou spécialistes des arts martiaux qui insistent plus sur le volume que sur la vitesse.
☞ *costaud*

Arnaque, duperie
• 狗皮膏药 *gǒupí gāoyào* « emplâtre en peau de chien ». '狗皮膏药而已，小亮最喜欢搞这些小手段了，哼！' « C'est une arnaque pure et simple. Petit Liang a toujours aimé user de ce genre de procédés douteux. Hmmf ! » Le terme désigne traditionnellement des médicaments vendus par des charlatans. ☞ *truc*
• 手脚 *shǒujiǎo* ☞ *manigancer*
• 花样 *huāyàng* ou 花招 *huāzhāo*. Précédé si besoin des verbes 玩, 耍.

Arnaquer, escroquer ☞ *profiteur*
• 拆白 *chāibái*. Vient de l'argot de Shanghai des années d'avant-guerre. On trouve souvent la forme 拆白党 *chāibáidǎng*, « bande d'escrocs ».
• 宰人 *zǎirén*. Arnaquer le client. '这个饭馆太宰人了。一个白豆腐汤也得要上几十元。' « Ce restau, c'est trop l'arnaque. Pour un bol de soupe au tofu, ils veulent plusieurs dizaines de yuan ! »
• 敲竹杠 *qiāo zhúgàng* « frapper le bambou ». Verbe ou substantif. '一杯咖啡要二英镑，真是敲竹杠！' « Deux livres pour un café ? C'est de l'arnaque pure et simple ! » Égal[t] : chantage, faire chanter.

Arnaquer (se faire ~)
• 挨宰 *áizǎi*. '打车怕挨宰？' « Peur de vous faire arnaquer en prenant le taxi ? » *(PR, 2018)* '这个外地人在当地的一家商店购物时挨宰了。' « Ce provincial s'est fait arnaquer en faisant ses achats dans une boutique locale. »

Arrogant
• 牛 *niú*. Très arrogant ; ne plus se sentir pisser. '她怎么弄不明白，白人为什么这么牛。' « Elle a beau faire, elle ne comprend pas pourquoi les Blancs sont toujours si arrogants. » REMARQUE : ce terme a pu être utilisé comme verbe pour « se vanter », mais dans ce sens on préférera 吹牛, beaucoup plus courant ☞ *vanter (se)*

Artiste, chanteur de rue
• 流浪艺人 *liúlàngyìrén*. '各路流浪艺人进行各种游艺表演。'

« Partout dans les rues, des artistes donnaient des spectacles très variés. »
• 流浪歌手 *liúláng gēshǒu*, ou 卖唱（的） *màichàng de*. Chanter, chanteur de rue. '流浪歌手街头卖唱的这首啥歌唱的太好了。' « La chanson, là, que chante ce chanteur de rue, elle est vraiment super. » *(Sina 2018)*

Asocial, misanthrope
• 落落寡合 *luòluò-guǎhé*. '他却性格孤僻，落落寡合，很少与人说话。' « Mais son caractère était solitaire, presque asocial, et il parlait très rarement à d'autres gens. » *(Sina 2018)*

Asperge, escogriffe, grand échalas
• 豆芽菜 *dòuyácài*. Quelqu'un de grand et maigrichon.
• 麻杆儿 *mágānr* « tige de sésame ». Idem.

Assez (en avoir ~)
• 受够了 *shòugòule*. '我受够了你的废话。' « J'en ai assez de tes foutaises. » ☞ *marre, ras-le-bol*

Atout
• Avoir un ~ dans la manche, un plan tout prêt : 胸有成竹 *xiōngyǒuchéngzhú*. '他并不着急，显出胸有成竹的样子道：' « Sans hâte aucune, il reprit, l'air d'avoir un atout dans la manche : … »[65]
• ~ maître, carte maîtresse (combat, compétition, débat) : 撒手锏 *sāshǒujiǎn* « coup de masse inattendu ». '不到紧急关头不要亮出撒手锏。' « Ne pas sortir son atout maître avant le moment le plus crucial. » *Remarque :* cette expression est la forme correcte ; on trouve cependant fréquemment, y compris dans la presse, la variante 杀手锏 *shāshǒujiǎn* « la massue de l'assassin » : « arme miracle ». Surtout pour désigner des armes ou tactiques susceptibles de procurer à l'un des camps un avantage décisif. '俄"杀手锏"武器是虚张声势？' « Les "armes miracles" russes ne sont-elles que du bluff ? » *(Sina news, 2018)*

À tort et à travers
• 信口开河 *xìnkǒukāihé*. '让读者明白，作家不是在信口开河。' « Pour que le lecteur comprenne, l'auteur ne peut pas se laisser aller à écrire à tort et à travers. »

Atrocement, salement
• +得贼死 … *de zéisǐ*. Plus fort encore que les termes répertoriés à ☞ *très, terrible, vachement*. Ce superlatif 贼死 se retrouve surtout avec l'adjectif 累, et moins fréquemment avec 困, 忙, 冷, 热.

Attendrissant (prendre un air ~)
• 卖萌 *màiméng* « vendre sa mignonnerie ». Vient de l'argot en ligne. Prendre un air mignon, fragile, etc. pour obtenir ce qu'on désire. Le plus souvent péjoratif. C'est en quelque sorte un synonyme moderne de 撒娇 *sājiāo* « faire l'enfant gâté, faire des mignardises ». ☞ *chien battu*

Attributs (étaler ses ~)
• 露肉 *lòuròu* « dévoiler la viande ». Être vêtu très court. À noter que l'été est désormais souvent appelé 露肉季节 « la saison où l'on étale sa viande ». '露肉的季节来临了，藏了一个冬天的肉可怎么办呢？' « L'été approche, que faire avec toute la viande accumulée au cours de l'hiver ? » *(WXC, 2018)*.

Au revoir (ce n'est qu'un ~), à la revoyure, on se reverra/retrouvera
• 后会有期 *hòuhuìyǒuqī* « nous aurons l'occasion de nous retrou-

ver ». En général amical, mais peut s'exprimer comme menace. '我 走！我走！咱们后会有期。' « Je pars ! Je pars ! À la revoyure ! »[424] L'expression est souvent utilisée quand on sait qu'en réalité l'espoir de se revoir est ténu...

Auto-stop, faire du stop
• 搭便车 *dā biànchē*. Désigne le fait de monter gratuitement dans la voiture d'un autre. Un concept pas forcément très répandu en Chine mais qui existe néanmoins. Arrêter les voitures (pour faire du stop ou d'autres raisons) se dit 拦车 *lánchē*.
• 搭脚儿 *dājiǎor*, plus dialectal, valable pour tous types de transport.

Autruche (faire l'~)
• 掩耳盗铃 *yǎn'ěrdàolíng* « voler une cloche en se bouchant les oreilles ». Se mettre la tête dans le sable, se bercer d'illusions. '当然当然，我可以掩耳盗铃！' « Bien sûr, bien sûr, je pourrais faire l'autruche ! »[21] '这无异于掩耳盗铃。' « Ça revient exactement à se foutre la tronche dans le sable. »[65]

Autrui
« Ne fais pas à autrui ce que tu ne voudrais pas qu'on te fasse ». La « règle d'or » des comportements humains a son équivalent chinois, tiré des *Entretiens* de Confucius : 己所不欲勿施于人 *jǐ suǒ bù yù, wù shī yú rén*. '我一辈子清清白白，绝对不勉强人家，人就是要活个高兴，这叫作己所不欲勿施于人。' « J'ai été bonne poire toute ma vie... Je n'ai jamais voulu forcer personne, juste voulu vivre heureuse... c'est ce qu'on appelle "ne fais pas à autrui ce que tu ne voudrais pas qu'on te fasse". »[34]

Avancer, « Ça n'avance à rien »
• 无济于事 *wújìyúshì*. '道理其实很简单：从中国朋友那里学一些东西吧；害怕和嫉妒都无济于事。' « En fait c'est très simple : il faut apprendre ce que l'on peut des *(pays)* amis de la Chine ; la peur et la jalousie, ça n'avance à rien. » *(PR, 2006)*

Avare, avarice ⌁ *radin*

Aveugle (sens figuré)
• 有眼无珠 *yǒuyǎnwúzhū* « avoir des yeux sans pupilles » : ne rien voir de ce qui est évident (en particulier, la grandeur de telle personne ou telle chose). Une variante très présente dans les romans de chevalerie est : (我)有眼不识泰山 *yǒu yǎn bù shí Tài Shān* « J'ai des yeux, et pourtant je n'ai pas reconnu le mont Tai »

Aveugles (au royaume des ~, les borgnes sont rois)
• 山中无老虎，猴子称大王 *shānzhōng wú lǎohǔ, hóuzi chēng dàwáng* « En l'absence de tigre, le singe se qualifie de roi sur la montagne ». On trouve plusieurs versions de ce proverbe, par ex. 山中无虎猴称大王.

Aveuglette (agir à l'~)
• 瞎子摸鱼 *xiāzimōyú* « l'aveugle pêche à tâtons ». '这件事一定要考虑周全，千万别瞎子摸鱼。' « Cette affaire, faut y réfléchir en long en large et en travers, faut surtout pas y aller à l'aveuglette. »

Avoir (se faire~) ⌁ *baiser (se faire)*

Babines (se pourlécher les ~)
• 咂嘴 *zāzuǐ*. En anticipation ou en appréciation d'un bon repas. En Chine on claque la langue sur les dents ou les lèvres.

Bâcler (le travail)
• 拆烂污 *cālànwū*. '这件工作不要交给他，他只会拆烂污。' « Ne lui file pas le boulot, il va le bâcler. » ATTENTION : selon les dictionnaires et les endroits, on trouvera aussi les prononciations *chāilànwū, chèlànwū*.

« Bad boy »
• 小混混 *xiǎo hùnhun*. '是不是得做个小混混才有女孩子喜欢？' « Est-ce que c'est vrai qu'il faut être un bad boy pour que les filles vous apprécient ？ » *(Tiré du film* 澳门风云 2, 2015*)*.

Baffe, claque, gifle, mornifle, tarte
• 耳光 *ěrguāng* ou 耳光子. Prendre une ~ : 吃耳光 ou 被打. '女子阻止男友酒后开车被打耳光。' « Une femme giflée après avoir tenté d'empêcher son ami ivre de prendre le volant. » Donner une ~, baffer, claquer, gifler : 打耳光，扇 *shān* + 耳光.
• 耳刮子 *ěrguāzi*. Variante du précédent. '爷爷反手就给了他一个耳刮子，打得房顶都响了。' « Grand-père lui avait allongé une telle mornifle que les murs en avaient renvoyé l'écho. »[34]
• 五指山 *wǔzhǐshān* « la montagne aux cinq doigts ». Il existe bien une montagne qui porte ce nom sur l'île de Hainan ; elle apparaît déjà dans le roman *Le voyage vers l'Ouest.* '他脾气很不好，动不动就给孩子来几个"五指山"。' « Il a très mauvais caractère et flanque des gifles à ses enfants pour un rien. »
• 巴掌 *bāzhang*. '啪！一个巴掌刮在他脸上。' « Paf ! Il venait de se faire claquer le beignet. »[445]
• 嘴巴 *zuǐba*. '他擎起右手，用力的在自己脸上连打了两个嘴巴。' « Il leva bien haut la main droite et se gifla violemment deux fois de suite. »[22]
• 耳巴子 *ěrbāzi*. Plus rare que les précédents, sans être dialectal. '爸爸真要背后伸出手来给他两个耳巴子了。' « Papa meurt d'envie de lui administrer deux claques du revers de la main. »[34]

☞ *aller-retour, gifler*

Bâfrer (se ~), s'empiffrer, dévorer
• 扒拉 *pála*. Ce terme désigne plus spécifiquement le geste consistant à engouffrer à toute vitesse le contenu d'un bol en le poussant à l'aide de ses baguettes directement dans sa bouche. ATTENTION : prononcé *bāla*, le sens est différent (« pousser légèrement du doigt, creuser avec les doigts »). '他蹲在房檐下，一边往嘴里扒拉饭，一边在心里猜测……' « Accroupi sous l'auvent, il bâfrait son riz tout en conjecturant… » *(*平凡的世界, *roman de* 路遥, *1991)*
• 狼吞虎咽 *lángtūn-hǔyàn* « Dévorer comme le loup et le tigre ». '老太婆接过包子，狼吞虎咽地吃了。' « La vieille dame accepta le petit pain fourré et se mit à le dévorer gloutonnement. »[681]
• 饱餐一顿 *bǎocānyīdùn*. Se taper la cloche, s'en foutre plein la lampe.

Bagarre, se bagarrer
• 打架 *dǎjià*, qui est le pas suivant après la « dispute », 吵架 *chǎojià*. Pour les bagarres de groupes, affrontements entre bandes : ☞ *baston*

Baigne (ça ~) ☞ *huile, roulettes*

Baiser (se faire ~), se faire avoir, tomber dans le piège
• 吃(喝)洗脚水 *chī xǐjiǎo shuǐ* « boire l'eau du lavage des pieds ». Vient d'*Au bord de l'eau* : 饶你奸似鬼，吃了洗脚水 *ráo nǐ jiān sì guǐ, chīle xǐjiǎo shuǐ* « Tu as beau faire le malin, tu as quand même bu l'eau du lavage des pieds. » On trouve plusieurs variations à l'expression. '着了！由你奸似鬼，吃了老娘的洗脚水。' « Je t'ai eu ! Tu as beau faire le malin, tu t'es quand même fait baiser ! »[11]

Balader (se ~), flâner, faire un tour
On évitera le trop commun 散步…
• 蹓跶 *liūdá* ou 溜达 *liūda* (plus fréquent). On trouve aussi la prononciation *liù*. Terme pékinois aujourd'hui répandu grâce à la littérature. '唐先生，你外边蹓跶吧！' « Monsieur Tang ! allez donc plutôt vous balader ailleurs ! »[29] '有没有在欧洲想要去溜达溜达的？' « Y a-t-il des gens qui ont envie d'aller se balader en Europe ? » *(BBS, 2017)*.
• 转悠 *zhuànyou*. '放下行李就去凑热闹，到处转悠。' « Après avoir déposé mes bagages, je suis allé flâner un peu partout, histoire de me joindre à l'action. » *(Sina, 2018)*
• Il existe des verbes spécifiques pour dire « faire une petite balade printanière » : 踏青 *tàqīng* ou 踏春 *tàchūn*. Termes anciens toujours très répandus qui décrivent une activité très appréciée des Chinois dès que les températures remontent.

'踏春出行，您可悠着点儿。' « En allant vous faire une petite balade au printemps, vous pourrez vous détendre. » *(PR, 2018)*

Balance, indic(ateur), informateur
• 眼线 *yǎnxiàn*. '为了不被警察抓到，不少小偷也会暗自笼络人充当自己的眼线。' « Pour ne pas se faire attraper par la police, un bon nombre de voleurs organisent en douce leur propre réseau d'indicateurs. » *(PR, 2018)*

Baliser ☞ *peur, trouille, foies*

Balle, bombe (c'est de la ~) ☞ *ouf !*

Bande de…
• 把子 *bǎzi*. Désignait à l'origine les confréries jurées ; connotation de mépris. '你们这一把子的杂种们。' « Vous n'êtes qu'une bande de bâtards (salopards)… »[12] 一把子贼，一把子特务 : une bande de brigands, d'agents secrets.

Bandit ☞ *brigand, voyou*

Baragouin
• 鸟语 *niǎoyǔ*. Péjoratif ; à l'origine, désigne le langage des oiseaux, et au figuré, les langues barbares incompréhensibles. '别跟我这儿拽鸟语！' « Ne m'inflige pas ton baragouin ici ! » *(Sohu TV 2012)*

Baraka (avoir la ~)
• 命大 *mìngdà* « sa fortune est grande ». Souvent aussi : 福大命大. Échapper à la mort par chance. '史上最命大的人。' « Les gens qui ont eu le plus la baraka dans l'histoire ». *(Sina 2018)*

Baraque ☞ *cage à lapins, gourbi*

Baraqué, costaud, balèze
Les termes suivants servent en adjectifs.
• 魁梧 *kuíwú* ou (plus rare) 魁伟 *kuíwěi*. '另有一位身材魁梧的人，

顶上白发苍苍，面上却遮了一张面具。' « Il y avait aussi un grand balèze aux cheveux gris, le visage couvert d'un masque. »[62] '陶百岁身体魁伟，声若雷震。' « Tao Baisui était un grand costaud à la voix qui grondait comme le tonnerre. »[62]

• 高大彪悍 *gāodàbiāohàn*. '他高大彪悍，气势吓人。' « C'était une véritable marmule, d'allure fière et impressionnante. »[93] Les caractères 彪悍 insistent sur le côté « vaillant, courageux ».

Baratin, baratiner, embobiner
• 花言巧语 *huāyánqiǎoyǔ* « paroles fleuries, discours habile ». '你们来找我的时候，为什么不说明这一点，而要花言巧语？' « Quand vous êtes venus me chercher, pourquoi m'avoir baratiné plutôt que de m'expliquer tout ça ? »[72]

• 耍花腔 *shuǎ huāqiāng*. 花腔 désigne les fioritures ou coloratures du chant de l'opéra chinois, et par extension des « paroles perfides ». Voir une expression proche à ☞ *yeux (poudre)*

Barbe
• 虬须 *qiúxū*. Barbe frisée, bouclée. '接住匕首的原来是个虬须大汉。' « Celui qui avait intercepté la dague était un grand gaillard à la barbe bouclée. »[99]

• 络腮胡须 *luòsāi húxū*. Il s'agit de la barbe complète, joues, lèvres et menton. Souvent « hérissée », elle évoque certains héros un peu brutaux d'*Au bord de l'eau*... ou les vieux clochards modernes. '如刺猬般张开的络腮胡须泛着花白色。' « Sa barbe qui poussait comme les piquants d'un hérisson était tachée de gris... »[65] ☞ *barbu*

Barbe (parler dans sa ~)
• 自言自语 *zìyánzìyǔ*. '悟空坐在玉帝和西王母的桌子上，一边自言自语，一边吃喝。' « Assis sur la table de l'Empereur de Jade et de la Reine mère d'Occident, Wukong se parlait dans sa barbe tout en bâfrant. »[181]

Barbouze
Dans le sens « agent secret, espion » :
• 探子 *tànzi*

Barbu, homme à barbe
• 美髯公 *měirángōng* « homme à belle barbe ». Il s'agit du pseudonyme de deux héros différents de la littérature chinoise, Guan Yu 关羽, le vaillant général des Trois Royaumes, et Zhu Tong 朱仝, l'un des personnages du roman *Au bord de l'eau*. Désigne un homme doté non seulement d'une belle barbe, mais aussi d'une forte carrure : un bûcheron canadien, un hipster culturiste...

Barguigner (sans ~)
• 二话不说 *èrhuàbùshuō*. Agir ou accepter sans élever d'objections.

Barre-toi ! ☞ *casse-toi !*

Baston, bagarre
• Le terme *putonghua* est 打群架 *dǎqúnjià* '警察在场吓得他们不敢打群架。' « La police leur a tellement foutu les jetons qu'aucun n'a osé déclencher la baston. »
• Le terme pékinois est 碴架 ou 茬架 *chájia*. '上中学的时候，他经常跟同学碴架。' « Quand il était au collège, il se bagarrait souvent avec ses camarades. » '学校里的孩子们见校门外有两拨流氓要碴架。' « Les élèves virent que deux bandes de voyous se cherchaient des noises à l'extérieur de l'école. »

Bateau (monter un ~)
☞ *baratiner, enfumer*

Bâtons (~ dans les roues)
• 扯后腿 *chěhòutuǐ* « tirer la jambe ». Retenir, être un obstacle pour quelqu'un. '你放心，我决不会扯后腿的。' « Rassure-toi, je ne te mettrai pas de bâtons dans les roues. » '不少媒体认为，台湾当局现在不该再作出扯后腿的举动了。' « De nombreux médias estiment que les autorités de Taïwan s'abstiendront désormais de nouvelles manœuvres dilatoires. » *(China Times, 2005)*
☞ *trouble-fête*

Battre, cogner, défoncer
• 废 *fèi*. Dans ce sens, ce verbe est surtout utilisé dans la menace, du simple cassage de gueule à la promesse de séquelles de gravité variable. '再动她，我就废了你！' « Si tu la touches encore, j'te défonce. »
☞ *leçon, bouillie*

Battre froid à qqun
• 打入冷宫 *dǎrù lěnggōng* « jeter dans le palais froid ». Le « palais froid » était l'endroit où étaient envoyées les concubines en disgrâce. Manifester à quelqu'un une indifférence glacée ; '子敬决定把玉春打入冷宫。' « Zijing décida de battre froid à Printemps de Jade. »[291]
• 爱理不理 *àilǐbùlǐ* '上官婉儿见书生爱理不理，照弹古琴。' « Shangguan Wan'er vit que le lettré jouait les indifférents et continuait à gratter sa vieille cithare. »[99] L'expression se construit souvent avec 对 : '你若对我爱理不理，我必让你生不如死。' « Si tu me bats froid, je ferai de ta vie un enfer. » *(de l'auteur* 李宫俊*)*

Bavard, loquace ☞ *bavarder, déblatérer, moulin à paroles*

Bavarder, tailler une bavette
• 侃大山 *kǎn dàshān*. Papoter, parler de la pluie et du beau temps. '我这个人特爱和朋友一块儿搓麻、喝酒、侃大山。' « Moi ce que je préfère c'est jouer au mah-jong avec mes amis, boire un coup et tailler une bavette. »
• 摆龙门阵 *bǎi lóngménzhèn* « Disposer ses troupes selon la tactique de la Porte du dragon » : tout ça pour dire « bavarder, taper la causette. » Expression du Sichuan. '我跟钟馨郁都摆些什么龙门阵啊？狗日的，真的屁都想不起一个！' « Quelles conversations je pourrais bien avoir avec Zhong Xinyu ? Bordel, j'en vois pas la queue d'une ! »[34]
• 煲电话粥 *bāodiànhuàzhōu* « Faire mijoter la bouillie de riz au téléphone ». Cette expression qui vient du cantonais s'applique pour les longues conversations qui n'en finissent pas, plus encore évidemment depuis l'avènement des portables.
• 攀谈 *pāntán*.

Baver (en ~)
• 没(有)好果子吃 *méiyǒu hǎo guǒzi chī* « pas de bons fruits à manger ». Passer de mauvais quarts d'heures, subir les conséquences néfastes. '美国以中国为敌永远没有好果子吃。' « Si l'Amérique fait de la Chine son ennemi, elle va en baver jusqu'à la fin des temps » *(Sina 2017)*.'这事情如果闹到奶奶那去，他自己也没好果子吃。' « Si grand-mère avait vent de cette histoire, il allait passer un mauvais quart d'heure. »[34]

Baver d'envie, saliver
• 垂涎三尺 *chuíxián sānchǐ* « la bave qui pend sur trois pieds de

long ». '他看这里是个好地方，顿时垂涎三尺。' « Il constata que l'endroit était magnifique et se mit soudain à en baver d'envie. »[88] On trouve aussi 垂涎欲滴 *chuíxiányùdī* ou simplement 垂涎, et, plus rare cependant : 馋涎欲滴 *chánxiányùdī*.

Beau, belle

☞ *beau gosse, canon, croquer, jolie fille, superbe, vieux beau*

Beau gosse, beau mec

• 小鲜肉 *xiǎoxiānròu* « petite viande fraîche ». Terme apparu à partir de 2014, désignant les jeunes gens mignons et musclés (ados ou jeunes hommes) qui peuplent les boys band et les séries télévisées, etc. '52 岁刘嘉玲晒与小鲜肉合影。' « À 52 ans, Liu Jialing pose pour un selfie avec un jeune et beau mec » *(Sina, 2018)*

• 靓仔 *liàngzǎi*. Vient de l'argot de Hong Kong. '我们班转进来的新同学很靓仔！' « Le nouveau qui a été transféré dans notre classe, quel beau gosse ! »

Beau parleur

• 说客 *shuōkè*. Quelqu'un qui sait persuader les autres ; légèrement péjoratif. '可惜你是好剑客，但未必是好说客。' « Dommage, tu sais te servir d'une épée, mais tu n'es pas pour autant un beau parleur »[63]. ATTENTION : un autre sens proche existe, avec une autre prononciation : *shuìkè* « personne qu'on envoie négocier à sa place ».

Beauté intérieure, spirituelle

• 内在美 *nèizài měi*, 心灵美 *xīnlíng měi*. '内在美的原意，是人的思想、品德、情操、性格等内在素质的具体体现，所以内在美也叫心灵美。' « La beauté intérieure, c'est la réalisa-tion concrète des valeurs intérieures comme les pensées, les vertus, les sentiments, le caractère ; aussi est-elle également appelée la beauté spirituelle. » *(Baike 2018)* '人不是说心灵美才是真正的美吗？' « Ne dit-on pas que seule la beauté spirituelle est la vraie beauté ? »

• 心里美 *xīnlǐměi*. Désigne une jeune femme d'apparence quelconque (mais pas forcément laide, comme une 歪瓜裂枣 ☞ *thon*), mais gentille.

Bébé

• 娃娃 *wáwa*. Le terme oral, familier. Variantes : 萌娃 *méngwa* (vient du japonais) : « bébé trognon » ; 胖娃 *pàngwa* « bébé grassouillet, chérubin ». '真是个小胖娃！' « Quel adorable petit chérubin ! » *(CD, 2017)*

• 宝贝儿 *bǎobèir*, 小宝贝 ou 宝宝 *bǎobāo*. Dans les deux sens du terme : soit vraiment pour un bambin, soit pour quelqu'un à qui l'on tient beaucoup (« Mon trésor »).

Bec (clouer le ~), faire taire

• 顶回去 *dǐnghuíqù*. '他很傲慢地把小副官的话顶回去了。' « Et comment qu'il lui a fièrement cloué le bec à l'aide de camp ! » *(dans une traduction pirate de* Guerre et paix *de Tolstoï).*

• 噎 *yē*, 噎人. '吴淮生被噎得喉结上下滚动了几下，然后道：…' « Wu Huaisheng, s'étant ainsi fait clouer le bec, eut quelques mouvements spasmodiques de larynx et finit par cracher : … »[65]

Bec (se prendre le ~), s'engueuler

• 拌嘴 *bànzuǐ*. S'accrocher, se disputer, se quereller. '他们俩常常因为一点小事就互相拌嘴。' « Ces deux-là se prennent souvent le bec pour un rien. »

• 抬杠 *táigàng* « lever la barre ». Se disputer ou discuter de façon houleuse. '这可真糟糕，姐儿俩净抬杠，我简直插不进嘴去。' « C'était bien ma veine, une prise de bec entre frère et sœur ; je n'allais sûrement pas y mettre mon grain de sel. »[272] '几乎在所有地方都会遇到喜欢抬杠的人。' « On rencontre presque partout des gens qui aiment s'engueuler les autres. » *(Sina 2018).* ☞ *râleur[INS]*

Bec (tomber sur un ~) ☞ *porte*
• 碰钉子 *pèng dīngzi* « heurter un clou ». Essuyer un refus, une rebuffade. Il existe une version atténuée de l'expression : 碰(吃)软钉子 « essuyer un refus poli ». '美国无理取闹碰钉子！' « Les États-Unis récriminent sans raison et tombent sur un bec ! » *(PR, 2018).*

Bec (tomber tout cuit dans le ~) ☞ *ciel (cadeau du)*

Bécane (vélo, scooter, moto)
• 电驴 *diànlǘ* « mule électrique » : désigne les vélos ou scooters électriques, très nombreux.
• 铁驴 *tiělǘ* « mule de fer ». Terme plutôt campagnard. Vélo.
• 屁驴子 *pìlǘzi* « âne qui pète ». Terme aujourd'hui obsolète, que nous citons pour le plaisir. ; Désignait d'abord, surtout dans le N/NE de simples vélos sur lesquels d'ingénieux propriétaires avaient monté un petit moteur, puis les motos et motocyclettes en général. Le nom venait évidemment du bruit produit par l'engin.

Belle (se faire ~)
• 捯饬 *dáochì*. Pékinois. Se pomponner, se mettre sur son 31. '她为什么每天都要倒饬一番？' « Mais pourquoi elle tient à se faire belle tous les jours ? »

Béni-oui-oui
• 应声虫 *yìngshēngchóng* « vers qui fait de l'écho ». Une personne qui n'a aucune idée à elle et approuve toujours les autres, en particulier les personnes dotées d'autorité. '他是老板的宠爱，因为他是应声虫。' « À force de jouer les béni-oui-oui, il est devenu le chouchou du patron. »

Besoin pressant, envie urgente
• 内急 *nèijí* « urgence interne ». Une façon assez polie de dire « aller aux toilettes ». '古代上朝的时候，皇帝和大臣突然内急怎么办？' « Autrefois, comment faisaient l'empereur ou les ministres quand ils étaient soudain pris d'un besoin pressant ? » *(Baidu, 2017)*

Bêta ☞ *nigaud*

Bête (chercher la petite ~)
• 吹毛求疵 *chuīmáoqiúcī* « souffler sur les poils et chercher le défaut ». '对人不要吹毛求疵，应该宽容大度。' « Envers les gens, il ne faut pas chercher la petite bête mais faire preuve d'un degré élevé de largeur de vue. »

Bête de somme (travailler comme une ~) ☞ *bosser, boulot (petit)*
• 作牛作马 *zuòniúzuòmǎ* « faire le bœuf et le cheval ». Travailler comme un forçat, un forcené. '我也可以给他作牛作马，只要他把我买到家去。' « Je pourrais aussi travailler pour lui comme une bête de somme, pourvu qu'il m'achète et me ramène chez lui. »[252]
• 犬马之劳 *quǎnmǎzhīláo* « labeur du chien et du cheval ». Expression classique pour « offrir ses services ». '公子这样信任我，我一定肝脑涂地，效犬马之劳！' « Prince, puisque vous m'accordez

ainsi votre confiance, je me déclare prêt à mourir pour vous et à peiner comme une bête de somme à votre service ! »[64]

Bête noire
Quelqu'un de détesté, qu'on ne supporte plus.
• 眼中钉 *yǎnzhōngdīng* ou 眼中钉，肉中刺 : '赵宋王把松江看成眼中钉，肉中刺，一次次派兵围剿梁山。' « L'empereur Song fit de Song Jiang sa bête noire et envoya des armées, l'une après l'autre, pour encercler et détruire le camp du mont Liang. »[15]

Béton (laisse ~) ☞ *laisser tomber*

Beurre (faire son ~) ☞ *grappiller*
• 占便宜 *zhàn piányi*. Faire du profit aux dépens d'autrui, tirer avantage. '钟师忠要占他段知明的便宜，那就占嘛。' « Et si Zhong Shizhong veut faire son beurre aux dépens de Duan Zhiming, eh bien qu'il le fasse. »[34]
ATTENTION : si la victime est une femme, l'expression signifie plutôt « importuner, tripoter ».

Beuverie (compagnon de ~)
• 酒肉朋友 *jiǔròupéngyǒu*. Amis pour fêtes et banquets : la connotation morale est qu'il s'agit d'amis pas fiables, voire carrément de pique-assiettes. Parfois abrégé en 酒友.
• 诗朋酒友/侣 *shīpéngjiǔyǒu/lǚ*. Des compagnons de banquet avec lesquels on compose de la poésie. Forcément d'un niveau moral plus élevé que les précédents.

Bicoque, baraque, cabane
• 窝棚 *wōpeng*. '跟恋人在一起，窝棚也不比天堂差。' « Pour deux amoureux qui vivent ensemble, une petite bicoque vaut bien tous les paradis. » *(Sina, 2015)*

Bidasse, troufion
• 大兵 *dàbīng*. Terme familier pour les soldats du rang.

Bide, bidon, abdos Kronenbourg
Pour désigner un ventre masculin plus ou moins proéminent (mais nettement plus que de simples poignées d'amour) :
• 将军肚 *jiāngjūndù* « ventre de général ». '三个处方消除你的"将军肚"。' « Trois méthodes pour éliminer vos abdos Kronenbourg » *(Sina, 28/1/12)* '这二位干部都 50 岁左右，略有将军肚。' « Ces cadres supérieurs avaient tous deux la cinquantaine et un léger bide. »[32]

Bide (faire un ~)
• 水 *shuǐ*. Sert ici comme antonyme de 火, « très couru, à la mode ». '这次书展看来要水了。' « Cette foire du livre me semble être un bide complet. »

Bidon, faux, sans fondement
• Produits, articles de consommation : ☞ *faux*
• 空头 *kōngtóu*. Le plus souvent employé dans les expressions 空头支票 « chèque en bois » et 空头人情 « amabilité hypocrite, de pure forme ».

Bien, bon, bien joué ☞ *bravo, super*
• 溜 *liù*, 很溜, 挺溜 signifient « bien, très bien ». Parler de Pékin, Tianjin. '他英文说得挺溜。' « Il parle anglais très couramment. »
• 玩的溜！ « Bien joué ! » À l'oral ou sur les forums de joueurs. En ligne, 溜 est parfois remplacé par l'homophone 6 (六 *liù*). Une mode récente (2017) est d'écrire 666! pour applaudir un très bon coup.

Bien fait ! ☞ *volé*
• 活该！ *huógāi*. '2018 你还穷，活该你穷！抢钱的时代，没人

跟 你 磨 磨 唧 唧 ！ ' « Encore pauvre en 2018 ? Bien fait pour toi ! À notre époque où la fortune se saisit, personne ne t'attendra ! » *(Sohu 2018)*. Le terme est aussi un verbe, « avoir, récolter ce qu'on mérite ». '他总是开快车，所以那"牛肉干"是他活该，应得的。' « Il conduit toujours très vite ; cette prune, c'est tout ce qu'il mérite. »

Bien vu (être ~) ⌒ *cote (avoir la ~)*

Bile (se faire de la ~)
• 过虑 *guòlǜ*. S'inquiéter à l'excès, sans vraie raison.
• 忧心忡忡　*yōuxīnchōngchōng*. Se ronger d'inquiétude, se ronger les sangs. '美国人对"中国威胁"忧心忡忡。' « Les Américains se font de la bile à propos de la "menace chinoise". » *(China Times 2004)* '纣王的荒淫、残暴使得很多大臣忧心忡忡。' « La débauche et la cruauté du roi Zhou faisaient se ronger les sangs de nombreux grands ministres . »[52]

Biker ⌒ *motard*

Bisou, bisouter ⌒ *pelle*
• 么么哒 *memedā*. Onomatopée utilisée en ligne pour commencer ou conclure un message ou un post, à l'oral pour donner ou réclamer un bisou, ou à la fin d'une conversation. '娜娜，我就闲挂了。么么哒！' « Nana, je vais raccrocher. Bisous ! » Variantes : 摸摸哒，摸摸大.

Bizarre ⌒ *zarbi*
• 怪模怪样　*guàimóguàiyàng*. Avoir l'air bizarre, excentrique.

Bla bla, blablater
• 哇啦哇啦 *wālāwālā*. Bruit de dispute, de discussion sans fin. '我还要睡觉，你们哇啦哇啦吵什么？'

« J'ai encore sommeil, qu'est-ce que avez à blablater ainsi ? »[271]

Blairer (ne pas ~), ne plus piffer
• 不待见 *bùdàijiàn*. Ne pas apprécier, ne pas supporter. L'antonyme du « like » anglais, surtout pour les personnes. 待见 est une forme orale ancienne pour 喜欢 mais elle est moins courante que la forme négative. Plus ou moins fort selon le contexte : ne pas apprécier, ne pas supporter, détester. '你季五爷我就不待见你这种酸文假醋的人。' « Je ne peux pas blairer le genre de personnage de faux lettré poli que tu te donnes, Li le Cinquième. » '这哥们儿闹得大家都不待见他。' « Ce type déconne tellement que plus personne ne peut le piffer. » ATTENTION : le terme sert aussi en adjectif, « insupportable » ; ex. ⌒ *jaloux*

Blanc comme un linge : ⌒ *linge*

Blanche (nuit ~) ⌒ *nuit blanche*

Blanchiment d'argent
• 洗钱(罪) *xǐqiánzuì*. '其中的一些人还被指控犯有洗钱罪。' « Quelques-uns d'entre eux ont aussi été accusés de blanchiment d'argent. »

Bled paumé, trou perdu, patelin
• 穷乡僻壤 *qióngxiāng-pìrǎng*. '中国穷乡僻壤的地方，房价比北上广还高。' « Dans ce petit bled paumé au fin fond de la Chine, les prix des maisons sont plus élevés qu'à Pékin, Shanghai ou Canton. » *(Sina, 2018)* ⌒ *coin*

Bling bling
• 浮华 *fúhuá*. Clinquant, flashy. Voir ex. à ⌒ *classe*

Blouson doré
• 纨绔(裤)子弟 *wánkùzǐdì* « jeune homme en pantalon de soie ». Non

seulement gosse de riche, mais aussi dandy et fainéant. '她的大儿子，也就是我的大舅，没这么爱国，是个纨绔子弟。' « Son fils aîné, c'est-à-dire le frère aîné de ma femme, ne professait aucun sentiment patriotique, ce n'était qu'un blouson doré. »

Bluff (c'est du ~)

• 虚张声势 *xūzhāngshēngshì*. Démonstration de force sans rien derrière ; du flan, du vent, du chiqué. Cette expression peut servir aux cartes (poker), ou ailleurs. Ex. *:* ☞ *atout*

Bobonne

• 老婆子 *lǎopózi*. Si 老婆 est l'appellation la plus commune (quoique assez familière) d'un mari parlant à ou de sa femme, la variante 老婆子 est plus grossière et réservée à des vieux couples.

• 娘们儿 *niángmenr*. Pékin, NE. Terme légèrement péjoratif pour « épouse ». ATTENTION : signifie aussi parfois « tapette, efféminé ».

Bof… Pas terrible… Pas génial

• 不怎么样 *bù zěnme yàng*. S'applique à peu près tout, des personnes aux choses en passant par les situations ou les œuvres d'art. '这个女人长得不怎么样，但是演技精湛。' « Cette bonne femme est franchement pas terrible, mais c'est une actrice exceptionnelle. »

• 味儿事儿 *wèir shìr*. Pékinois. Pas génial, mais ça passe encore. '就你还真像个明星，别人都味儿事儿。' « Il n'y a que toi qui as l'air d'une star, tous les autres… bof… »

☞ *briques*

Bois (dont on se chauffe)
Montrer de quel ~ on se chauffe :

• (给)下马威 *xiàmǎwēi* « montrer sa puissance à la descente de cheval ». De l'habitude qu'avaient certains mandarins de faire preuve de sévérité disciplinaire dès leur arrivée en poste, pour prévenir toute insubordination ultérieure. '这个教练军士一开始就给全体新兵一个下马威。' « Ce sous-officier instructeur a dès le début montré à toutes les jeunes recrues de quel bois il se chauffait. » Autre ex. ☞ *peine (à la)*

Bol, veine, pot, chance

• Pas de ~ : 背 *bèi*. '今天特背，车被一自行车给撞了，反被说成我撞人。' « C'est le vrai manque de bol aujourd'hui, un type à vélo est rentré dans ma bagnole, et c'est moi qu'on accuse de l'avoir renversé ! »

• Avoir du ~ : 走运 est le terme oral le plus courant. '我今天有几次都挺走运的，但网球比赛就是这样。' « Aujourd'hui j'ai eu pas mal de veine à plusieurs reprises, mais dans un match de tennis, ce sont des choses qui arrivent. » *(La joueuse Karolína Plíšková, après une victoire. Sina, 2018).* Variante : 走了时运 *zǒule shíyùn*

• 手气 *shǒuqì*. Chance, surtout au jeu, mais pas seulement. '哎呀！我的手气真好：这是他们同伙的名单。' « Ah ah ! J'ai vraiment de la veine : c'est la liste de leurs complices ! »[802]

Bon à rien ☞ *raté, loser*

• 朽木不可雕（也） *xiǔmù bùkě diāoyě* « bois pourri ne peut être sculpté ». Irrécupérable. '私塾先生说我是朽木不可雕也。' « Mon précepteur disait qu'on ne ferait jamais rien de moi. »[23]

• 不成器 *bùchéngqì*. Incapable, inutile. Valable aussi pour choses.

Bonhomme (petit ~)

• 小家伙 *xiǎojiāhuo*. '这小家伙所说的话让我目瞪口呆。' « Les paroles de ce petit bonhomme me laissèrent bouche bée. »[35] ATTENTION : peut être péjoratif ☞ *mec*

Bonnet (avoir la tête près du ~) ☞ *soupe au lait*

Bonnet blanc et blanc bonnet

• 半斤八两 *bànjīn-bāliǎng* « demie livre ou huit onces ». Du pareil au même. Dans le système de poids anciens, un 斤 valait seize 两 de 32 g environ. Aujourd'hui, une livre vaut dix 两 de 50 g, et l'expression serait donc différente !

Bonniche

• 保姆 *bǎomǔ*. Terme qui signifie « nourrice, baby-sitter », mais est ici utilisé ici au sens de « bonne à tout faire » : '我也给他当够了保姆，他爱跟哪个过就去跟哪个过。' « J'ai assez joué les bonniches, s'il en aime une autre qu'il aille vivre avec elle. »[34]

Bordel (un beau ~)

• 烂摊子 *làntānzi* « étal pourri ». Gâchis, désastre, affaire difficile à régler. '收拾你自己的烂摊子：一项关于道德责任感的行为实验。' « 'Nettoie ton propre bordel' : une expérience de comportement sur la morale et le sens des responsabilités. » *(Caixin, 2018)*. '他扔下烂摊子不顾，到远洋货轮船上做水手。' « Alors il avait tourné le dos à ce gâchis et s'était engagé comme marin sur des cargos sillonnant les océans lointains. »[36] Autre ex. ☞ *rampe.* ☞ *vrac*

Bordel (foutre le ~) ☞ *sauvage*

• 捣乱 *dǎoluàn*. Voir ex. ☞ *raclée*

• 捣鬼 *dǎoguǐ*. Semer le bordel par la ruse, en douce.

• 添乱 *tiānluàn* ☞ *ennuis*

Bornes (dépasser les ~) ☞ *honte*

• 出圈儿 *chūquānr* « sortir du cercle », ou 出格(儿) *chūgér*, plus fréquent. '出圈儿的事不要做，出格儿的话不要说。' « Il ne faut pas dépasser les bornes, ni en actions ni en parole. »

Boss ☞ *patron*

• (总)瓢把子 *zǒng piáobǎzi* « poignée de louche (en chef) ». Terme qui vient de l'argot de la pègre : désigne le chef d'une organisation criminelle, d'une triade, mais peut s'appliquer dans le langage courant à tout dirigeant ou patron. '要知道，这位虬髯客乃是大隋黑社会的总瓢把子。' « Il faut savoir que ce "Chevalier à la barbe frisée" était le grand boss de la pègre de l'empire des Sui. »

• 龙头老大 *lóngtóulǎodà* « grand chef des têtes de dragon ». Le « Big boss », le grand patron ; le meilleur. Désigne aussi une entreprise dominante dans son domaine. On trouve souvent 老大 seul.

Bosser

• 出工 *chūgōng*. Aller bosser. Plus général que 上工 ou 上班 (ces deux termes s'appliquant surtout à des cadres ou employés de bureau).

• 汗马功劳 *hànmǎ-gōngláo*. Sens initial : hauts faits militaires. Aujourd'hui : bosser dur, travailler comme un âne, se donner un mal de chien. '他很清楚，小龙为实现这些立下了汗马功劳。' « Il savait bien que Xiaolong avait bossé dur pour atteindre ces quelques objectifs. »[65]

☞ *boulot, paillasse, bête de somme*

Bossu

Le terme normal est 驼背 *tuóbèi*, mais on trouve, plus familier :
• 罗锅(儿) *luóguōr*.
• La bosse elle-même est : 罗锅.'我的腰都直不起来，我成了大罗过了。' « Je n'arrivais plus à redresser la taille et il m'est poussé une grande bosse. »[282]

Bottes (lécher les ~)

• 拍马屁 *pāimǎpì*. « Flatter la croupe du cheval » ; cirer les pompes. On pourra utiliser l'expression seule ou avec un complément. '他很爱拍他老板的马屁。' « Il adore lécher les bottes du patron. »
• Peut être simplement abrégé en 拍 *pāi* : '他怎么提升得这么快？''会拍呗。' « Comment a-t-il pu être promu aussi vite ? » « Ben, il sait cirer les pompes. »
• À Pékin, l'expression 套磁 *tào cí* a un sens un peu plus large : rechercher les faveurs de quelqu'un, tenter de s'en faire un ami… '甭跟我套磁。' « Pas la peine de me cirer les pompes. » Également : 套近乎 *tào jìnhū*.
• 狗颠屁股 *gǒudiānpìgu* « le chien remue le derrière (il remue la queue quand il voit son maître) ». Être obséquieuse, cirer les pompes. ↷ *cul (coller au)*, *lèche-bottes*, *lécher le cul[INS]*, *lèche-cul*

Bouc émissaire ↷ *chapeau*

• 替罪羊 *tìzuìyáng*, traduction du terme occidental.
• 垫背 *diànbèi*. Endosser la responsabilité, payer les pots cassés.
• 替死鬼 *tìsǐguǐ* « le diable qui meurt à ta place » : '警察逮到一个替死鬼。真正的歹徒仍逍遥法外。' « La police n'a arrêté qu'un bouc émissaire. Le vrai méchant est encore libre comme l'air. »

Bouche

• Né avec une cuillère d'argent dans la bouche ↷ *jeunesse*
• Bouche cousue ↷ *mot, motus*

Bouche bée, frappé de stupeur

• 目瞪口呆 *mùdèngkǒudāi*. Mâchoire pendante et yeux écarquillés. '那时，发生在海面上的事情，真令我看得目瞪口呆。' « Ce qui se passa alors à la surface de l'océan me laissa bouche bée. »[72] Autre ex. ↷ *bonhomme*
• 张口结舌 *zhāngkǒujiéshé* « bouche béante, langue liée ». '商人张口结舌无言以对。' « L'homme d'affaires resta bouche bée et ne trouva rien à répondre. »[35]

Bouche-trou (être, faire le ~)

• 滥竽充数 *lànyú-chōngshù* « abuser du titre de flûtiste pour compléter le nombre de musiciens ». Faire nombre, remplir un poste vacant sans vraies compétences. Le terme normal serait 凑数 *còushù* « faire nombre ».

Boucler, terminer une affaire

• 了手 *liǎoshǒu*. '只要这件事一了手，我就立刻动身。' « Dès que j'ai bouclé cette affaire, je me casse d'ici. »

Boudin (finir en eau de ~)

• 虎头蛇尾 *hǔtóushéwěi* « tête de tigre & queue de serpent ». Bien partir mais mal terminer, faire les choses à moitié, terminer lamentablement. '小明做事从来就是虎头蛇尾。' « Quand Petit Ming se lance dans quelque chose, ça finit toujours en eau de boudin. »

Bouffe (aller se faire une ~, se taper un restau) ↷ *gueuleton*

• 搓一顿(儿) *cuō yīdùnr*. Une vieille expression pékinoise, mais qui est désormais connue à peu près partout. Il semble qu'à l'origine, en pékinois, c'était le caractère plus rare 嘬 *zuō* qui était utilisé. '过会我请您去"三福"饭店搓一顿如何？' « D'ici peu je vous invite et on se fait une bouffe aux "Trois bonheurs", qu'en pensez-vous ? »

• 爆搓 *bàocuō*. '走…跟我到火锅城爆搓一顿。' « Viens… allons nous taper une grosse bouffe au Château de la Marmite Mongole. » L'emploi de 爆 sous-entend que cela va être vraiment dantesque.

Bouger, bouger son cul
• 挪窝窝 *nuówōwō* ou 挪窝儿 « bouger le pain de maïs ». Surtout dans le Nord. '就算是天王老子也不能让他挪了这个窝窝。' « Même l'Empereur n'aurait pas pu lui faire bouger son cul de là. »[34]

Bouillie (en ~), en purée, en morceaux
Battre quelqu'un très violemment, fracasser quelque chose.
• 稀巴烂 *xībālàn*. Avec les verbes 打, 撞, 砸… '再胡说，我一拳把你打个稀巴烂！' « Dis encore une connerie, et je te réduis en bouillie à coups de poings ! »[17] '悟空挥舞金箍棒，把御马监砸了个稀巴烂。' « Wukong réduisit les écuries impériales en mille morceaux à grands coups de son Gourdin Cerclé d'Or. »[181]
• (踩成) 肉泥 *cǎichéngròuní :* réduire en « bouillie de viande » en piétinant, écrasant. '他带着几万只鹿飞驰而来，把王爷，管家，打手们踩成肉泥。' « À la tête de dizaines de milliers de cerfs et daims, il fonça et réduisit le roi, son grand intendant et leurs hommes de main en bouillie. »[88]

Boules (avoir les ~)
• 烦得慌 *fán dehuāng*. Pour l'utilisation de 得慌, voir ☞ *très*.

'七夕明月光，心里烦得慌，举头无美女，低头思姑娘。' « Pour la fête des amoureux, la Lune brille / J'ai vraiment les boules / je lève les yeux : pas une poule / Je baisse la tête et pense aux filles. » *(les amateurs auront reconnu une parodie d'un poème ultra-célèbre de Li Bai. Ces vers sont parus sur le blog d'un dénommé 叶希 sur Sina en 2008).*
• Grosse déception : ☞ *douche froide*

Boulet (jouer, faire le ~)
Personne gênante, casse-pied
• 碍手碍脚 *àishǒu àijiǎo*

Boulot (changer de ~)
• 跳槽 *tiàocáo* « changer de mangeoire ». '你的薪水足够浇灭你跳槽的心吗？' « Votre salaire est-il suffisant pour étouffer votre envie de changer de boulot ? » *(PR, 2018).* ATTENTION : peut se dire aussi pour « changer de conjoint ».
• Se mettre au ~ ☞ *manches*

Boulot (petit ~, ~ de merde), bosser
• 活儿 *huór :* en général, désigne le labeur manuel : '然后你们就带着应用的东西去找活儿吧。' « Après, vous prendrez ce qu'il vous faudra et vous irez chercher du boulot. »[271] Désigne aussi le travail, dans le sens dépréciatif: '他的活儿一点也没干。' « Il en a pas branlé une. » Avec les verbes 做, 干.
• 打工 *dǎgōng*. Désigne surtout le travail loin de chez soi, pour les travailleurs migrants. '爸爸出去打工了，妈妈一个人含辛茹苦地拉扯着我和弟弟。' « Papa est parti bosser ailleurs, et maman nous élève toute seule à grand'peine, mon petit frère et moi. »
• 搬砖 *bānzhuān* « bouger des briques ». Terme récent employé

en ligne pour désigner les boulots de « loser » (屌丝), pénibles et/ou ennuyeux, rapportant peu, mais qu'il faut bien supporter pour vivre. '我新雇了一个搬砖的，只要管吃管住就行。' « Je viens de me trouver un petit boulot, c'est juste pour bouffer et me loger. »

Bourre (être à la ~)
• 姗姗来迟 *shānshānláichí.* Être en retard. Expression à l'origine plutôt littéraire, mais qui peut se traduire par « être à la bourre », suivant le contexte, si l'on exprime de la colère ou de l'énervement. '我受不了她每次约会总是姗姗来迟，所以分手了。' « J'en avais marre qu'elle soit toujours à la bourre, alors je l'ai larguée. »

Bourre (de première ~), de première Supérieur, excellent. Au top.
• Pour les personnes : 高人一等 *gāorényīděng.* '这时候，他又觉得赵太爷高人一等了。' « À ce moment, il se remit à penser que M. Zhao était un type de première bourre. »[22]

Bourré, ivre
• Termes neutres : 沉醉 *chénzuì* ou 大醉 *dàzuì* « profondément ivre ».
• 醉醺醺 *zuìxūnxūn.* '有一年的春天，他醉醺醺的在街上走，在墙根的日光下，看见王胡在那里赤着膊捉虱子。' « Un beau jour de printemps, alors qu'il errait dans les rues en état d'ébriété avancée, il tomba sur Wang le barbu qui lézardait au soleil, torse nu au pied d'un mur, fort occupé à chasser la vermine. »[22]
• 酩酊大醉 *mǐngdǐngdàzuì.* Très fréquent dans les grands romans classiques et encore en usage aujourd'hui. '李逵咕噜噜喝个酩酊大醉，醉醺醺地闯进了聚义厅。'

« Après avoir bu à grandes gorgées tout son content, Li Kui se retrouva complètement bourré et pénétra en cet état dans la Salle d'Assemblée-des-Preux. »[15] *(La traduction de* 聚义厅 *est celle de Jacques Dars)* Autres ex. ☞ *bourrer, copiaule*
• 喝麻了 *hè má le.* Avoir bu jusqu'à l'insensibilité. Voir un exemple à ☞ *spectacle*

Bourrer la gueule
• Se ~, se blinder : 一醉方休 *yīzuì fāngxiū* « Boire jusqu'à l'ivresse ». Ici 方 = 才. '你能陪哥喝杯酒吗？' '好！一醉方休！' « Tu veux bien boire quelques coups avec moi ? » « D'accord ! On se bourre la gueule ! »[65] Une autre version est : 不醉不归 *bùzuìbùguī* « Je ne reviens pas sans être bourré ». '"不醉不归！不醉不归！"爸爸念叨着，这样走出了那一扇防盗门。' « "Je vais me bourrer la gueule ! Je vais rentrer à quatre pattes !" marmonne papa, et c'est dans cet état d'esprit qu'il franchit la porte blindée. »[34] ☞ *pinter*
• 豪饮 *háoyǐn.* Boire à la limite de sa capacité (ou au-delà)
• ~ à qqun : 灌（醉）*guànzuì.* Enivrer à fond. '他们把八个樵夫灌得酩酊大醉。' « Ils ont bourré la gueule aux huit porteurs de palanquin. »[682]

Bourse (la ~ ou la vie) ☞ *fric*

Bourse plate/légère (avoir la ~)
• 腰里没钱 *yāolǐméiqián.* 腰, la « taille », désigne aussi la place. Moins fréquent que l'expression précédente. ☞ *bouts, diable... (tirer)*

Bout (aller jusqu'au ~) ☞ *vin*

Bouts
« ne pas pouvoir joindre les deux ~ »

• 入不敷出 *rùbùfūchū*. Vivre au-dessus de ses moyens, ne pas réussir à boucler le budget (dans ce dernier sens, on trouve aussi, plus rare : 入不敷支). '中国百姓入不敷出，根本存不住钱了！' « Les ménages chinois n'arrivent plus à joindre les deux bouts, l'argent leur file tout simplement entre les doigts ! » *(Sina, 2018)*

Bras de fer (faire un ~)
• 掰腕子 *bāi wànzi*

Branleur
Dans le sens « loser, bon à rien ».
• 屌丝 *diǎosī* « poil de bite ». Un phénomène générationnel : beaucoup de jeunes des deux sexes, venant des classes sociales défavorisées, se qualifient eux-mêmes ainsi. Apparu en 2010, le terme sera même repris dans un article du *Quotidien du Peuple* de novembre 2012, au grand étonnement des intéressés : '眼尖的网友很快注意到"屌丝"一词。' « L'œil acéré des surfers du web repéra vite le mot "branleur". »
• Un peu plus ancien, le terme de 顽主（儿）*wánzhǔ*, d'origine pékinoise, est bien connu pour avoir été le titre d'un roman de Wang Shuo et d'un film sorti en 1988. Il désigne les jeunes gens qui en font le moins possible et vivent de combines et de débrouille.

Bras (baisser les ~)
• 束手 *shùshǒu*. '老娘束手，就会建议：去请陈小手吧。' « Si la sage-femme baissait les bras, elle proposait : allez chercher Chen les Petites Mains. »[462]

Bras croisés
• Pour la posture : 抄手（儿）*chāoshǒur*. Tenir les bras croisés devant la poitrine ou dans les manches (pour les robes à l'ancienne). ATTENTION : au Sichuan, le terme désigne une sorte de raviolis en sauce ou soupe épicée.
• Attitude : rester les ~, sans intervenir : 袖手旁观 *xiùshǒupángguān*. '你师傅的事，我岂有袖手旁观之理。' « Comment pourrais-je rester les bras croisés devant ce qui arrive à ton maître ? »[301]

Bras (ou doigt) **d'honneur** :
• Ce geste injurieux d'origine occidentale est aujourd'hui bien connu, en particulier à Hong Kong ou Taïwan, où il est particulièrement mal vu. Il n'y a pas de terme consacré, on peut dire 竖中指 *shù zhōngzhǐ*, 比中指 *bǐ zhōngzhǐ*
• 凸 *tū* : doigt, bras d'honneur ; symbole utilisé en ligne.

Bras droit
• 帮手 *bāngshou*. Aide, soutien indispensable. ☞ *numéro 2*

Brasser du vent, de l'air
• 空口说白话 *kōngkǒu shuō báihuà*. Beaucoup parler sans agir.

Bravo ! C'est du propre ! Bien joué !
• (你)真行 *(nǐ) zhēn xíng*. Aussi bien au sens propre qu'ironiquement : '姑娘你真行！妈妈真为你骄傲！' « Bravo ma fille ! Maman est très fière de toi ! » '欧，你真行，把他都弄哭了！' « Oh, bien joué ! Tu l'as fait pleurer ! »
Voir aussi ☞ *respect*

Breakdance
• La 1ʳᵉ traduction de ce terme en chinois fut 霹雳舞 *pīlìwǔ* « danse-tonnerre ». Aujourd'hui, même si ce terme est encre connu et utilisé, il est plus courant de dire 地板舞 *dìbǎn wǔ* « danse au sol ». Enfin les *streetdance* en général sont des 街舞 *jiēwǔ*.

Brebis (qui se fait ~, le loup le mange)
• 人善被人欺，马善被人骑 *rén shàn bèi rén qī, mǎ shàn bèi rén qí* « Quand l'homme est bon, on en profite ; quand le cheval est bon, on le monte. » Donne ton doigt au diable, il te prendra le bras. La première partie du proverbe peut être employée seule. Une version moderne, par l'auteur 李宫俊 :『人善被人欺，再善是傻逼。』Soit l'équivalent du « Trop bon, trop con ».

Bric et de broc (de ~)
• 七拼八凑 *qīpīnbācòu*. Fait de pièces éparses, avec des moyens de fortune. Aussi au figuré, pour un texte ou un spectacle décousus.

Bricole, broutille, vétille
• 屁大点事（儿）*pìdàdiǎnshìr* « affaire grande comme un pet ». Affaire de peu d'importance, si peu de chose. 『觉得这是屁大点事儿的，希望你老婆出轨的时候你也能觉得是"屁大点事儿"』 « Ah, c'est une bricole ? J'espère que quand ta femme sortira des clous, tu trouveras aussi que c'est une "bricole". »『不要因为屁大点事儿就影响自己的好心情。』 « Il ne faut pas te laisser casser le moral par une telle broutille. » *(Sina 2016)* Autre ex. ☞ *chialer.*

Brigand, bandit
Les termes les plus *mainstream* sont 盗贼, 强盗, 贼人. On en trouvera ci-dessous d'autres plus originaux. Pour chef de brigands ☞ *boss*
• 土匪 *tǔfěi* « brigand du coin ». 『狼简直跟土匪一样狠毒！』 « Les loups sont aussi cruels que des brigands de grand chemin ! »[38]
• 贼寇 *zéikòu*. Cette appellation plus littéraire regroupait les 反贼 *fǎnzéi* « brigands en révolte » et les 流寇 *liúkòu* « bandits ambu-

lants, de grands chemins ». On notera que ce dernier terme est ancien, mais qu'il a été réutilisé récemment pour traduire la notion de *roving bandits*, auxquels s'opposent les *stationary bandits* – traduit par 坐寇 – tyrans ou chefs de bande disposant d'une base locale, dont l'intérêt reste malgré tout, malgré leurs déprédations, d'encourager le développement économique (*ces notions ont été introduites par l'économiste américain Mancur Olson*).『政府和强盗都是"贼寇"，只不过一个是"流寇"，一个是"坐寇"而已。』 « Les gouvernements et les brigands sont tous des "bandits", mais ceux-ci sont des "bandits ambulants", tandis que ceux-là sont des "bandits fixes". » *(douban, 2011)*
• 草寇 *cǎokòu*. Brigands vivant dans les régions sauvages, le maquis. 『我这四年就是给你们这些草寇预备的。』 « Ça fait quatre ans que je vous prépare pour ça, vous autres brigands. »[15] Pour ceux qui vivent dans les régions montagneuses, on trouve 山贼草寇, ou 山贼 seul.
• 胡子 *húzi* « barbe ». Argot du NE. 『有人说，日本兵往山里开去剿胡子。』 « Il se disait que les soldats japonais allaient en montagne pour exterminer les bandits. »[421]
• 棒老二 *bànglǎo'èr*. Surtout au Sichuan ou dans le Guizhou.
• 蹚将 *tāngjiāng* « généraux en campagne ». Dialectal, Henan. Ce terme qui remonterait au début du XXe siècle s'est peu à peu transformé par homophonie en 老汤 « vieille soupe ».
• 棒客 *bàngkè*. Peut aussi simplement désigner un membre d'une société secrète (une 帮会), lesquelles ont eu plus ou moins

tendance à être confondues avec les organisations criminelles selon les endroits et les époques).

• 喽啰 *lóuluo*. Brigands de bas étage, les plus bas dans la hiérarchie d'une bande. Souvent traduit par « petit sbire ».

Brigandage (sombrer dans le ~)

• 落草为寇 *luòcǎowéikòu* « tomber dans les broussailles » : prendre le maquis. '俺周通落草为寇，就是被你这号人逼的！' « Si moi, Zhou Tong, je suis devenu brigand, c'est à cause de toi ! »[15] Parfois simplement 落草.

Briques (ça casse pas des ~)

• 不过如此 *bùguòrúcǐ*. Ça ne sort pas l'ordinaire, pas plus que ça. Pas terrible. '听完林俊杰也不过如此。' « À l'écoute, Lin Junjie, ça casse pas des briques. » *(Sina 2018)* ⌐ *bof*

Brouiller (se ~), rompre

• 闹翻 *nàofān*. Se fâcher au point d'avoir brisé tout lien. Pour les rapports amicaux ou amoureux. '闹翻？移情别恋了？这都是让我难以入睡的好奇问号。' « S'étaient-ils brouillés ? Était-il tombé amoureux d'une autre ? La curiosité me tourmentait au point de m'empêcher de m'endormir. »[36]

Bruit qui court

• 街谈巷议 *jiētán-xiàngyì*. Sujet d'actualité, tout le monde en parle ; ouï-dire, racontars. '晚报关于此案的消息就成了街谈巷议的主题。' « Les informations des journaux du soir concernant ce cas furent très vite dans toutes les bouches. »[65]

Brut de décoffrage

• 粗线条 *cūxiàntiáo* « croquis à gros traits ». Personne au caractère entier, qui ne se préoccupe pas des détails et manquant de tact ; aussi avec la nuance de « laisser-aller ». Voir exemple ci-dessous.

• 实打实 *shídǎshí*. Solide & honnête, les pieds sur terre. '生活上，屠呦呦是个实打实的 "粗线条"' « Dans la vie de tous les jours, Tu Youyou est brute de décoffrage, assez négligente. »[56]

Bûche (se prendre une ~)
⌐ *gamelle*

Bûcher ⌐ *potasser*

But (aller droit au ~)

• 开门见山 *kāimén-jiànshān*. '在那样的情形下，我自然只好开门见山，提出询问：…' « Dans ces conditions, je n'avais naturellement plus d'autre choix que d'aller droit au but, et je demandais : … »[72] ⌐ *chemin (quatre ...)*

Buter, dessouder, faire la peau

• 弄死 *nòngsǐ*. '你进来我就不得不弄死你！' « Si tu rentres ici, je vais devoir te buter ! » Égalt : 搞死, 整死. Autre ex : ⌐ *idée*

• 宰了 *zǎile*. Souvent utilisé en menace : « Je vais te tuer ! » '说话客气点，蠢猪，不然我会立马宰了你。' « Tu vas me causer un peu plus poliment, demeuré, ou je te fais la peau sur le champ. » ⌐ *flinguer, harmoniser, liquider*

Buzz (faiseur de ~)

• 标题党 *biāotí dǎng*. Il s'agit des rédacteurs du Net dont l'occupation est d'imaginer les titres les plus accrocheurs possibles pour faire du « buzz » et du « clic ». Parfois abrégé en BTD.

Cabinet ☞ *chiottes, toilettes*

Cabochard ☞ *têtu*

Cabot, (mauvais) acteur, théâtreux
• 戏子 *xìzi*. S'appliquait autrefois aux acteurs de théâtre, le sens s'est élargi à toutes sortes d'acteurs. '他面容枯槁，脸色铁青，一看就知道是个贪杯的老戏子。' « Il avait le visage flétri et le teint livide qui trahissaient d'emblée le vieux cabot alcoolique. » *(Dans une traduction pirate de* Nana *de Zola ; retraduction en français non conforme à l'original)*

Caca, popo
• 㞎 *bǎ*. Parler enfantin. Le plus souvent sous la forme 屎㞎㞎 *shǐ bǎba* (popo, caca), 拉㞎㞎 *lā bǎba* (faire caca). Assez courant à l'oral mais moins à l'écrit, ce caractère ne figurant pas dans les codes informatiques les plus courants. '妈，我要拉㞎㞎！' « Maman, je veux faire popo ! » Peut signifier « sale », comme en français : '不要去搞，好㞎㞎哦！' « Ne fais pas ça, c'est caca ! » Avec la prononciation *pá*, c'est un spécificatif pour l'acte d'aller à la selle, ou pour un tas de m…

Cachotteries
• 神神秘秘 *shénshénmìmì*. Faire des ~, jouer les mystérieux. Le redoublement peut, selon le contexte, atténuer ou renforcer le côté mystérieux. '他也没细说，神神秘秘的，说时候到了就带给我们看嘛。' « Il a pas donné de détails, il fait des cachotteries, il a juste dit qu'il nous la présentera le moment venu. »[34]

Cafard (avoir le ~)
• 发闷 *fāmèn*. '只有林先生心里发闷到要死。他喝着闷酒，看看女儿，又看看老婆。' « Seul M. Lin était plongé dans un profond cafard, qu'il tentait de noyer en buvant ; il jetait des regards alternativement à sa fille et à sa femme… »[301]

Cador ☞ *spécialiste*

Cafarder, cafter, moucharder
• 打小报告 *dǎ xiǎo bàogào*. Dénoncer, trahir un collègue, un ami, un parent. '老师才不会发现，除非有人去打小报告！' « Le prof ne saura rien si personne ne va cafter ! »

Cage à lapin
• 蜗居 *wōjū* « demeure escargot ». Désigne un tout petit espace habitable, ou le fait d'habiter dans un tel espace. C'est aussi le titre d'une série télévisée de 2009 qui met en scène la difficulté de trouver un logement convenable en Chine ; la série fut censurée presque à la fin de sa diffusion pour avoir « eu une très mauvaise influence sur la société ».
• 筒子楼 *tǒngzilóu* « immeuble caverne ». Désigne les barres d'habitat à 4 à 6 étages, de mauvaise qualité, qui ont constitué l'essentiel de la construction urbaine entre les années 1950 et 1990 en Chine.

Cahin-caha, clopin-clopant
• 磕磕绊绊 *kēkēbànbàn*
• 跌跌撞撞 *diēdiezhuàngzhuàng*
• 趔趔趄趄 *lièlièqièqiè*
La première de ces expressions est la plus courante. Elles peuvent toutes s'utiliser au propre (pour désigner

la difficulté à se mouvoir, la démarche incertaine des bébés) ou, très souvent, au figuré : '磕磕绊绊 的爱情，跌跌撞撞的人生。' « L'amour qui va cahin-caha, la vie qui va clopin-clopant. » ☞ *genou, zéro*

Camelote ☞ *saloperie*
• 蹩脚货 *biéjiǎohuò* « marchandise boiteuse », de mauvaise qualité. '爸爸买的大多数是些蹩 脚货。' « Papa n'a presque acheté que de la camelote. » On trouve aussi parfois simplement 脚货 ATTENTION : le terme 行货 *hánghuò*, dont l'un des sens était auparavant « camelote, pacotille », désigne aujourd'hui au contraire les produits vendus dans les circuits autorisés, quelle que soit la qualité. Son antonyme est 水货，produits de contrebande ou « tombés du camion ».

Camion (tombé du ~)
• 水货 *shuǐhuò*. Voir ex à ☞ *faux*

Campagne (battre la ~)
• 胡思乱想 *húsīluànxiǎng*. Avoir l'esprit, l'imagination qui vagabonde. Rêvasser, divaguer. '他整 天在大松树下的岩石上胡思乱 想。' « Toute la journée, il restait assis sur la grosse pierre sous le sapin, à laisser son esprit battre la campagne. »[97]

Canard (froid de ~)
☞ *chien (froid de), gueux (froid de)*

Cancre
• 学渣 *xuézhā* « Rebut de l'enseignement ».

Cangue (porter la ~)
• 吃独桌 *chī dúzhuō* « manger seul à table ». Cette image s'explique aisément quand on se représente un condamné portant la cangue, la tête prise (et parfois les mains) dans une grande planche de bois.

Canon, très jolie fille
En substantif (un canon) :
• À Pékin. Il y a de nombreuses expressions dans la capitale pour dire d'une fille qu'elle est belle ; on peut utiliser l'expression 盘儿 亮，条儿顺！ *pánr liàng tiáor shùn*, qui qualifie aussi bien le visage que le corps : « mignonne et bien foutue ». ☞ *mignon*
• 大蜜 *dàmì* : expression courante, qui désigne une grande fille dont le style et le caractère sortent de l'ordinaire. Egalement : 大尖儿蜜 *dàjiānrmì*, 大飒蜜 *dàsàmì*.
En adjectif :
• 飒 *sà* :他宣称一辈子没见过这 样绝飒的蜜。
• 风骚 *fēngsāo*. Belle et engageante à la fois. "'胜强，快点看， 那个婆娘有点风骚哦！'" « Shengqiang, mate moi ça, si elle est pas canon cette nana ! »[34]
☞ *jolie fille, mignonne, sexy[SEX]*

Caprice (faire un gros ~)
• 撒泼打滚 *sāpō dǎgǔn*. Se rouler par terre en criant des insanités. S'applique aux enfants, mais pas seulement.

Carotte et le bâton (manier la ~)
• 软磨硬泡 *ruǎnmó-yìngpào*. Utiliser à la fois des méthodes douces et dures pour persuader qqun. S'utilise dans un sens plus large que « carotte et bâton » : il n'est pas forcément question de punition réelle, bien que ce soit le sens original. '在妹妹的软磨硬泡 下，妈妈终于答应给她买件新 衣服。' « Face à l'insistance de Petite sœur, Maman finit par accepter de lui acheter de nouveaux habits. » *(Sina, 2016)*

• On trouve aussi parfois, surtout à Taïwan, l'expression traduite directement de l'anglais, sous plusieurs variantes, dont 胡萝卜和棍子 *húluóbo hé gùnzi.*

Carpe (muet comme une ~)
• 噤若寒蝉 *jìnruòhánchán* « silencieux comme la cigale en hiver ». '众人心虽不平，但都噤若寒蝉，眼睁睁看着三凤被投入江中。' « Bien qu'indignés, ils restaient tous muets comme des carpes et contemplaient, les yeux écarquillés, le spectacle de Sanfeng se faisant jeter dans la rivière. »[94]

Carreau (se tenir à ~)
• (避)避风头 *(bì)bìfēngtou* « éviter le vent ». Rester à l'abri jusqu'à ce que les circonstances changent, faire profil bas. Pas seulement pour les criminels '强盗们躲在波士顿郊外避风头。' « Les bandits se tenaient à carreau en banlieue de Boston. »

Cartes sur table (mettre, jouer ~)
• 打开窗子说亮话 *dǎkāi chuāngzi shuō liànghuà.* On trouve aussi 天窗 à la place de 窗子. '打开窗子说亮话：你要再不拿钱回来，这酒壶里就永远是空的！' 'Jouons cartes sur table : si tu ne ramènes pas de cash à la maison, cette cruche de vin restera vide à jamais ! »[454]

Casier (avoir un ~ judiciaire)
• 有前科 *yǒu qiánkē.* '他有前科，我不能轻易相信他。' « Il a un casier, je ne peux pas lui faire confiance si facilement. »

Casse-croûte, collation, casse-dalle
• 小吃 *xiǎochī* « petite bouffe »
• 零食 *língshí* « repas en morceaux »
Ces deux termes, à l'origine à peu près synonymes, diffèrent en ceci que le premier désigne un snack préparé sur place (par exemple dans un stand de rue) tandis que le second désigne une collation vendue en boutique et le plus souvent conditionnée dans un sac plastique fermé.

Casser ⌐ *rompre*

Casé, se caser
• 拉家带口 *lājiā-dàikǒu* ou 拖家带口 *tuōjiā-dàikǒu.* Avoir charge de famille.

Casse-toi ! Bouge de là ! Écrase ! Ta gueule ! Fais pas chier !
Plusieurs termes rassemblent tous ces sens en même temps, formant des injonctions très méprisantes :
• 靠边儿站！ *kàobiānrzhàn !* *Remarque :* le sens initial est « être mis à l'écart », socialement ou professionnellement.
• 边儿玩儿去！ *biānrwánrqù !* Plus spécifiquement pékinois.
• 滚犊子 *gǔndúzi.* Employé dans le NE. "滚犊子！我不搞基的！'" « Casse-toi ! J'suis pas pédé ! »
• D'autres termes ont un sens moins large et veulent simplement dire « pars ! dégage » ⌐ *casser (se), fous le camp ! tire-toi !*

Casser (se), se tirer, partir
• 撤 *chè.* '阴沟里翻船，咱们赶紧撤，出去跟你说。' « C'est raté, cassons-nous vite fait, faut que je te parle dehors. » *Remarque :* la 1re partie de cette phrase est une expression de type 歇后语, voir à ⌐ *foirer*
• (Pékin) 颠菜 *diāncài.* '哥们，咱们赶紧颠菜了吧，好像要下大雨了。' « Les gars, faut se tirer d'ici rapidos, on dirait qu'il va tomber des cordes. » Parfois abrégé en 颠(儿). '你先颠了。' « Vas-y d'abord. »

Cata, catastrophe

• 捅娄子 *tǒng lóuzi* « percer un trou ». Faire une grosse bourde, provoquer un malheur, s'attirer de gros ennuis. '他心里不禁敲起了鼓，看来这家伙真会捅出大娄子来。' « Son cœur se mit à jouer du tambour ; il semblait bien que ce type risquait vraiment de déclencher une énorme cata. »[65]

Catholique (pas très ~)

• 旁门左道 *pángmén-zuǒdào* « porte de côté, couloir de gauche ». Pensées, paroles, méthodes, personnes pas orthodoxes, contrevenant à la légale ou à la morale. '旁门左道的人' : « un individu pas très catholique ». '看来只能采取旁门左道的办法了。' « On dirait qu'il ne nous reste plus qu'à choisir une méthode moins orthodoxe. »[65]

Cautère (un ~ sur une jambe de bois)

• 无济于事 *wújìyúshì*. Mesure ou médicament inefficace, vain, inutile. Qui n'avance à rien. '即使把左肺也全部摘除也无济于事。' « Même si on m'avait enlevé tout le poumon gauche, ç'aurait été un cautère sur une jambe de bois. »[24]

Célibat, célibataire

• 耍单儿 *shuǎdānr* « jouer solo ». '你为什么一直要单儿：科学家发现单身基因。' « Pourquoi vous restez célibataire : des scientifiques découvrent les gênes du célibat. » ATTENTION : l'expression peut aussi signifier « être légèrement habillé, même par grand froid. »

• 矮、丑、穷 *ǎi, chǒu, qióng*. « Petit, moche & pauvre » : se dit d'un jeune homme dont les perspectives maritales sont limitées. '165 矮丑穷，还有希望吗？' « Petit (1,65 m), moche & pauvre : est-ce que j'ai encore un espoir ? » *(Douban, 2018)*

Cellule de prison

• 号子 *hàozi* (parce qu'elles ont un numéro sur leur porte). '他几年前曾是我的战友，关在一个号子里。' « Il y a quelques années c'était mon frère d'armes, on était bouclés dans la même cellule. »[65]

Censure ☞ *harmoniser*

Cerveau, cervelle (se triturer le ~)

• 绞尽脑汁 *jiǎojìn nǎozhī* « se tordre le jus de cervelle ». Se creuser les méninges. '而要我自己想明白这个问题，确实要绞尽脑汁了。' « Mais pour comprendre ce problème par moi-même, j'ai vraiment dû me triturer la cervelle. »[35]

Chacun pour soi

• 各人自扫门前雪 *gèrén zìsǎo ménqián xuě* « chacun balaye la neige devant sa porte... » C'est la première moitié d'un proverbe qui se termine par : 莫管他人瓦上霜 *mòguǎn tārén wǎshàng shuāng* « ... et ne s'occupe pas du givre sur le toit du voisin » ; au total : « à chacun son métier et les vaches seront bien gardées ». '过几年，你啊，知明啊，也都要自己成家的，到那个时候你就知道了，总归是各人自扫门前雪啊。' « Dans quelques années, Zhiming et toi, vous allez fonder votre propre famille et vous comprendrez... que c'est toujours comme ça, que c'est chacun pour soi »[34].

Chagrins (noyer ses ~ dans l'alcool)

• 闷酒 *mènjiǔ*. Boire quand on est triste. '田光喝罢几觥闷酒，感觉心中更加惆怅。' « Après avoir tenté de noyer son chagrin sous plusieurs cornes d'alcool, Tianguang se sentit encore plus désespéré. »[69] Autre exemple ☞ *cafard*

Chair humaine
• 两脚货 *liǎngjiǎo huò* « marchandise à deux pieds ». C'est ainsi que les trafiquants de chair humaine désignaient les femmes et les enfants qu'ils vendaient.

Chaises (le cul entre deux ~)
• 里外不是人 *lǐwài bùshì rén.* C'est la suite d'un célèbre : 猪八戒照镜子——里外不是人, soit « Zhu Bajie (le cochon héros du *Voyage vers l'Ouest*) se regarde dans le miroir : il n'est humain ni à l'extérieur ni à l'intérieur. » Le sens est qu'on déplait aux deux parties, qu'on est placé dans une situation difficile. '没有把握的事情不要轻易答应，如果答应了做不好，进退都是错误的，很容易让自己陷入里外不是人的尴尬局面。' « Il n'est pas aisé de s'occuper d'une affaire qu'on ne maîtrise pas, si on s'y met et qu'on ne fait pas bien les choses, s'impliquer aura été une erreur et se désengager le sera aussi ; il est donc très facile de se retrouver dans une situation gênante, le cul entre deux chaises. » *(PR, 2018)*

Chaleur (crever de ~, de chaud)
• 热成狗 *rè chéng gǒu* « chaud à devenir chien » ou bien « être anéanti par la chaleur ». Il fait chaud au point de tirer la langue comme un clébard… '不公平！炎炎夏日，为什么有的人热成狗，有的人却不怕热？' « C'est injuste ! Pourquoi certaines personnes, en pleine canicule estivale, crèvent-elles de chaud tandis que d'autres ne la craignent pas ? » *(Sina, 2018)*

Chamailler (se ~)
• 顶牛儿 *dǐngniúr* « s'affronter comme des bœufs ». Être en conflit, se disputer. '他们两人一谈就顶起牛儿。' « Ces deux-là, dès qu'ils se parlent, c'est pour se chamailler. »

Chambrer, charrier, taquiner
Taquiner ou se moquer gentiment.
• Le terme « normal » est bien sûr 开玩笑. Mais il en existe d'autres, avec des variantes de sens :
• 逗 *dòu* ou 逗弄 *dòunòng*. 逗 seul est plutôt employé à Pékin.
• 逗闷子 *dòu mènzi (Tianjin)* Pour un taquinage plus violent, voire méchant ☞ *moquer*

Champignon (accélérateur)
• 油门 *yóumén*. '踩油门的脚不由松了起来。' « Il relacha inconsciemment sa pression sur la pédale des gaz. » 开大油门 appuyer sur le champignon, mettre les gaz.

Chandelle ☞ *tenir la chandelle*

Chanson (pousser la même ~) ☞ *cloche (son)*

Chapardeur, chaparder
• 手脚不干净 *shǒujiǎo bùgānjìng* « pieds et mains sales ». Voler, avoir une tendance au vol. '那会儿他不学好，耍流氓，奶奶还说他手脚不干净。' « Il ne suivait pas le bon exemple, jouait les voyous, et Grand-mère disait même qu'il chapardait par-ci par-là. »[272]

Chapeau (porter le ~)
• 背黑锅 *bēi hēiguō* « porter un wok noir sur le dos », utilisé surtout à l'oral. '他做错了事，凭什么让我背黑锅。' « C'est lui qui a déconné, au nom de quoi je devrais porter le chapeau ? »
• Faire porter le ~ à quelqu'un : (扣) 屎盆子 *(kòu) shǐpénzi* « accrocher le seau à merde ». '屎盆子乱扣给中国，也算是美国等老牌帝国主义国家的"老传统"了。' « Faire impudemment porter le chapeau à la Chine, voilà bien une vieille

habitude des États-Unis et des autres pays impérialistes à l'ancienne. » *(PR, 2018)* L'expression peut aussi vouloir dire « diffamer, salir la réputation ». ☞ *bouc émissaire*

Chapeau (tirer son ~), chapeau !
• 伸舌头 *shēn shétóu* « tirer la langue ». En Chine on tire la langue au lieu de son chapeau en signe d'admiration, d'envie ; ATTENTION donc au faux ami ! ʹ人人都伸舌头，不知咋的心里边还有点不是味儿。ʹ « Chacun lui tirait son chapeau, mais avec au fond du cœur comme un petit malaise. »[451]
• 五体投地 *wǔtǐtóudì* « se jeter à terre en admiration » (五体 : les deux coudes, les genoux et la tête). Se prosterner, au propre ou au figuré ; être admiratif. ʹ我对你只有四个字：五、体、投、地。这是真话！ʹ « Je n'ai qu'un mot à dire : chapeau ! et je suis sincère ! »[272] Autre ex. ☞ *flûte*

Charbons (être sur des ~ ardents) Très anxieux, tourmenté.
• 热锅上的蚂蚁 *rè guō shàng de mǎyǐ* « fourmi sur une poêle brûlante ». ʹ高俅不敢入泊攻战，急的如热锅上的蚂蚁。ʹ « Gao Qiu était sur des charbons ardents, il n'osait ni rentrer dans le marais ni passer à l'offensive. »[15]

Charlatan
• 江湖医生 *jiānghú yīshēng* « médecin des rivières et des lacs ». Ces docteurs itinérants traditionnels ne possédaient pas forcément de vastes connaissances médicales et vendaient des panacées à l'efficacité douteuse. Le terme a toujours été assez péjoratif, aujourd'hui plus encore. ʹ我愤怒地表示了我的蔑视，把药扔回给那个江湖医生。ʹ J'exprimai mon mépris avec colère et jetai le médicament à la figure de ce charlatan. » Égalt : 江湖郎中 *jiānghúlángzhōng*. ☞ *médicastre*
• Médecine, remède de ~ ☞ *panacée*

Chasse gardée
• 禁脔 *jìnluán* « petit morceau de viande interdit ». À l'origine, morceaux de choix réservés à l'empereur. ʹ你这无耻的色胚！你休想让我乖乖做你的禁脔！ʹ « Sale obsédé sans vergogne ! Ne croyez pas un moment que vous puissiez faire de moi votre chasse gardée *(sexuelle)* bien docile ! »

Chateaux en Espagne (bâtir des ~) ☞ *comète*

Châtier :
Qui aime bien châtie bien :
• 棒头下出孝子，筷头上出逆子 *bàngtóu xià chū xiàozǐ, kuài óu shang chū nìzǐ.* « Du bâton vient le fils respectueux, des baguettes viennent le fils rebelle ». Les « baguettes » signifient trop gâter l'enfant. ʹ常言到：棒头下出孝子，筷头上出逆子，但他每每举起棒来，唯长长叹气而已。ʹ « Le dicton dit : "Qui aime bien châtie bien" ; mais chaque fois qu'il en venait à lever son bâton, ça ne se terminait que par un long soupir. »[442]

Chauffard
• 路霸 *lùbà* « tyran de la route ». ʹ那家伙开车开在马路中间象个路霸。ʹ « Il conduit au beau milieu de la route comme un vrai chauffard. » Autre sens, voir ☞ *chemin*

Chaussettes (moral dans les ~) ☞ *zéro (moral à ~)*

Chaussure à son pied (avoir trouvé ~)
• 名花有主 *mínghuāyǒuzhǔ* « la fleur célèbre a un propriétaire » :

pour une (jolie) fille, être en main, être maquée, avoir un ami. L'équivalent pour les hommes est 名草有主 *míngcǎoyǒuzhǔ.* Voir un exemple à ☞ *fuiter*

Chauve ☞ *genou, zéro*

Chef ☞ *boss, cuistot, patron*

Chelou ☞ *anormal, louche, zarbi*

Chemin (bandit de grand ~)
• 车匪路霸 *chēfěi lùbà.* Bandits qui arrêtent les bus, les trains, qui posent des péages illégaux. Il peut s'agir des forces de l'ordre elle-mêmes. À divers degrés, ce phéno-mène a toujours été présent en Chine, en particulier, dans l'histoire récente, dans les années 1980-1990, et le reste dans des endroits reculés. Témoin : une émission d'une télé régionale qui date de janvier 2017 : '云南某地打击车匪路霸。' « Quelque part dans le Yunnan, [la police] s'attaque aux bandits de grand chemin. » ATTENTION : 路霸 signifie aussi aujourd'hui « chauffard ».

Chemins (quatre ~) ☞ *but, pot*
• 单刀直入 *dāndāozhírù.* '他这人说话开门见山，单刀直入，有些人不习惯。' « Il n'y va jamais par quatre chemins, avec lui c'est toujours droit au but ; il y a des gens qui ne s'y habituent pas. »

Chéri.e (mon, ma ~)
• Les trois caractères 亲爱的 étant trop longs à taper sur un clavier, les internautes chinois l'ont rem-placé depuis quelques années par le simple 亲 *qīn.* On le trouve aussi à l'oral, en chanson, etc. '想你了亲' « Tu m'as manqué, chérie » *(titre d'une chanson pop de 2014 par* 司空雷*).*

Cheveux (à faire dresser les ~ sur la tête)
• 毛骨悚然 *máogǔsǒngrán* « che-veux et poils qui se hérissent ». '这声音听起来也令我自己毛骨悚然。' « Cette voix me terrifiait moi-même, à m'en faire dresser les cheveux sur la tête. »[24] On trouve, beaucoup plus rares, les variantes 毛发悚然 et 毛发悚立.

Cheveux (couper les ~ en quatre)
• 斤斤计较 *jīnjīnjìjiào.* Pinailler. '巴菲特的成功建议：无论婚姻还是商业，斤斤计较都是大毛病。' « La recette du succès de (Warren) Buffett : "Dans un mariage comme dans le business, couper les cheveux en quatre n'est pas une bonne idée". » *(Sina, 2018 ; NdT : nous n'avons malheureusement pas pu retrouver l'original en anglais).* ☞ *bête (chercher…), mouche*

Cheveux (tiré par les ~)
• 牵强附会 *qiānqiǎngfùhuì.* '你不认为你的这种说法太有些牵强附会了吗？' « T'as pas l'im-pression que ce que tu viens de nous sortir est un peu trop tiré par les cheveux ? »[65]

Cheville (ne pas arriver à la ~) ☞ *largué*

Chèvre et le chou (ménager la ~)
• 两面讨好 *liǎngmiàn tǎohǎo.* Tenter de plaire aux deux parties en présence. '他必须意识到他不能继续两面讨好。' « Il doit prendre conscience qu'il ne peut pas continuer à ménager la chèvre et le chou. »
• 两全其美 *liǎngquánqíměi.* '大禹最后想到了一个两全其美的办法。' « Yu le Grand arriva fina-lement à une solution satisfaisant les deux parties. »[52]

Chialer

• 淌猫尿 *tǎng māoniào* « verser de la pisse de chat ». '好了好了, 屁大点事也值得淌猫尿吗？' « Allons, allons, pas la peine de chialer pour que dalle. »[65]

Chiant, se faire chier

• 蛋疼 *dànténg* « mal aux œufs, aux couilles ». Très, très chiant ; le sens est que l'on s'ennuie au point que l'on serait capable de faire quelque chose d'aussi bête que de se frapper les joyeuses pour s'occuper. '操蛋！这不仅是蛋疼，而是深深地蛋疼。' « Et merde ! c'est pas simplement qu'on se fait chier ici, c'est qu'on se fait chier à en crever. »

• ~ comme la pluie ☞ *pluie (chiant)*

Chiasse (avoir la ~)

• 拉稀（屎）*lāxī(shǐ)*. Au sens propre (si l'on peut dire) et figuré. '那王八三一听是插翅虎雷横，拉了一裤子稀屎。' « En apprenant qu'il avait affaire à nul autre que Lei Heng, le *Tigre ailé*, ce salopard fut pris d'une chiasse soudaine qui lui remplit le froc. »[15]

Chiche !

• 你行你上！*nǐ xíng nǐ shàng !* L'équivalent moderne de *chiche !* en chinois vient du tréfonds des forums internet de fans de basket : « Si tu dis que tu peux le faire, vas-y, fais-le ! ». Mais en se répandant, le sens a évolué et signifie plutôt : « Si tu ne peux pas le faire toi-même, ne critique pas » ('你行你上，不行别比比。') ou « la critique est facile. » On trouve également la « transcription » anglaise, « you can you up ! ».

Chichis (faire des ~)

• 扭捏 *niǔnie*, 扭扭捏捏 *niǔniǔniēniē*. Faire des manières, être réticent. Signifie à l'origine « rouler les hanches, tortiller du cul ». '你就不要扭扭捏捏的，早点把嫂子带出来给我们看一眼，啊？' « Alors toi non plus, ne nous fais pas de chichis, la future belle-sœur tu nous la ramènes vite fait, hein ? »[34]

• 拿乔 *náqiáo*. Prendre des poses, être réticent, pour se donner de l'importance. Même sens, à Pékin : 拿糖 *nátáng* ; dans le NE : 拿把 *nábǎ*. '你还拿什么把！娃娃都胜过你了！' « Qu'as-tu encore à faire l'important ? Ce gamin est décidément plus fort que toi. »[86]

Chien « Un chien vivant vaut mieux qu'un lion mort » :

• En chinois ce proverbe biblique a une traduction qui n'est, elle, pas canonique mais convient très bien : 好死不如赖活 *hǎo sǐ bùrú lài huó*. Ici 赖 signifie 坏, 不好. Le sens est qu'il vaut mieux vivre, même ignominieusement, que de mourir, qu'il vaut mieux vivre pauvre ou en lâche que de mourir riche ou en héros. Lao She emploie ce proverbe sous une forme un peu différente : '好死不如癞活着' « mieux vaut vivre avec la gale que de bien mourir ». L'expression, qui témoigne d'un bon sens populaire solide et rappelle le « Plutôt rouge que mort » des manifestations pacifistes de la Guerre froide, a bien sûr son opposé, plus glorieux : ☞ *debout*

Chien (avoir du ~) ☞ *classe, allure*

Chien (entre ~ et loup)

• 傍黑儿 *bànghēir* « À l'approche du noir » : au crépuscule.

Chien (froid de ~)

En Chine, pas de « froid de chien », mais on a « froid à devenir chien » :

• 冷成狗 *lěng chéng gǒu*. '杭州的天气，手已冻僵，冷成狗了，想吃火锅……' « Avec le temps

qu'il fait à Hangzhou, j'ai les mains gelées, il fait un froid de chien et j'ai envie de me taper une marmite mongole. » *(Douban, 2018)*
• 冻成狗 *dòng chéng gŏu.* L'expression est plus courante que la précédente… et le froid encore plus « mordant » !
Remarque : pour le suffixe 成狗, voir à ☞ *vachement*

Chien (malade comme un ~)
• 病成狗 *bìng chéng gŏu.* Expression récente et assez rare par rapport aux autres constructions en + 成狗, mais qui colle tellement bien à l'expression française qu'il eût été dommage de ne pas la citer ici. '就算病成狗，也要陪儿子上课……' « Malade comme un chien ou pas, je dois quand même accompagner mon fils à l'école… »

Chien battu (air de ~)
• 装可怜 *zhuāng kělián.* Pour exciter la pitié, la générosité. '我爸特宠我，只要我对他撒撒娇，装装可怜，他什么都答应我！' Mon papa m'adore, il suffit que je fasse quelques minauderies et que je prenne mon air de chien battu, et il cède sur tout ! » *(CD, 2012)*

Chien et chat (s'entendre comme ~)
• 势不两立 *shìbùliǎnglì.* Inconciliables, irréconciliables.

Chier
La politesse exige bien sûr d'éviter ce sujet le plus possible, mais parfois il reste indispensable d'en parler. 大便 « aller à la selle » reste d'un niveau assez soutenu, il nous faut donc descendre un peu :
• 拉屎 *lāshǐ.* '喂，厕所在哪，我要去拉屎。' « Eh, où sont les wawas, faut que j'aille chier. »
• 上大号 *shàng dàhào.* '你可不可以把门关起来啊？我正在上大号。'

« Tu veux bien fermer la porte ? Je suis en train de couler un bronze. »
• 撇(ou 拉)大条 *piě/lā dàtiáo.* '他这些天上厕所大便总说："我要拉大条了！"' « Ces jours-ci, quand il a besoin d'aller aux toilettes pour la grosse commission, il crie à chaque fois : "J'ai envie de chier !" » *(Sina , 2012)*
☞ *caca, soulager, va chier[INS]*

Chier (se ~ dessus), se faire dessus sous le coup d'une peur intense. Au figuré, éprouver cette peur.
• 屎滚尿流 *shǐgǔn-niàoliú,* 屁滚尿流 *pìgǔn-niàoliú.* Un (tout petit) peu moins vulgaire, la seconde expression est plus courante. '众地痞吓得屎滚尿流，一溜烟似的跑了。' « Tous les voyous se chièrent dessus et s'empressèrent de détaler à toute allure. »
☞ *chiasse*

Chieur ☞ *pas facile, chieur[INS]*

Chignon (se crêper le ~)
• 扯头花 *chě tóuhuā.* Expression proche du français. '笑哭了！中国女排两大女神当众"扯头花"' « À pleurer de rire ! Deux stars de l'équipe de volleyball chinoise se crêpent le chignon en public ! » *(Sohu 2018)*
• 撕逼 *sībī.* 逼 remplaçant ici un caractère beaucoup plus vulgaire, ce terme signifie littéralement « se déchirer le c** ». Expression née en ligne en 2014 pour désigner un conflit opposant deux jeunes femmes, à coups d'insultes et de secrets dévoilés (et pas de coups de griffes et de cheveux tirés comme un véritable crêpage de chignon « IRL », dans la vraie vie). On trouve aussi la variante « 4B ». Le sens s'est rapidement élargi à toutes sortes de conflits en ligne

ou pas, n'impliquant pas seulement des filles. '和女人撕逼的男人都是 low 逼吗？' « Les garçons qui se crêpent le chignon en ligne avec des filles manquent-ils tous de classe ? » *(Sina, 2016)*

Chiot (excité comme un ~)

• 屁颠儿屁颠儿 *pìdiānr pìdiānr*. Cette expression péjorative (avec ou sans la répétition) désigne ici la joie très démonstrative du petit chien voyant son maître revenir. '这恐怕是我们所有屁颠屁颠儿的小幸福里面最典型的一个例子了。' « Il se peut que cela soit l'exemple le plus typique de ces petits plaisirs qui nous excitent comme des vrais petits chiots. » ATTENTION : l'expression peut signifier aussi « remuer des fesses, des hanches », comme un petit chien ou un enfant qui court.

Chiottes, cagoinsses ☞ *toilettes*
Les termes suivants sont vulgaires, à n'employer qu'à bon escient.

• 茅坑 *máokēng*. Désigne à l'origine des latrines rustiques, comme les toilettes au fond de la cour ou du jardin. '茅坑在哪？我要大便。' « Où sont les cagoinsses ? Faut que j'en pose un. » On trouve aussi 茅房, 茅厕.

• 马桶 *mǎtǒng*. Il s'agit à l'origine du pot de chambre. Aujourd'hui, désigne le siège des cabinets lui-même. '一你的那个家伙呢？一铐在马桶上了。' « Et le gars *(dont t'étais chargé)* ? » « Je l'ai menotté sur le siège des chiottes. »

Chiottes (littérature de ~)

• 厕所文学 *cèsuǒ wénxué*. Ce terme (datant des années 1980) désigne en chinois deux choses certes proches mais distinctes :

- Les romans à l'eau de rose dépourvus d'un quelconque intérêt littéraire, qui se lisent surtout aux toilettes (en cela le terme est plus restrictif qu'en français, ou la lecture aux goguenots recouvre un spectre plus large) ;
- Et l'ensemble des graffitis, obscénités, déclarations d'amour, revendications existentielles ou politiques que l'on trouve sur les murs des toilettes publiques.

Chiqué

• 装模作样 *zhuāngmúzuòyàng*. Du chiqué, du vent, du flan ; faire des giries, des simagrées, jouer la comédie, cabotiner. '刘跃进知道他是装模作样，便加重语调道：……' « Liu Yuejin savait que c'était du chiqué, aussi insista-t-il plus lourdement : ... »[65]

Chocottes (avoir, foutre les ~)

• 肝儿颤 *gānrchàn* « avoir le foi qui tremble ». '一想到那次车祸挺就肝儿颤。' « Il se met à trembler dès qu'il repense à l'accident de voiture. » '一个让江泽民肝儿颤的消息。' « Une nouvelle qui a foutu les chocottes à Jiang Zemin lui-même. » *(QP, 2011)*

• 心惊肉跳 *xīnjīngròutiào* '他听到"金面佛"三字，不由得暗中心惊肉跳。' « En entendant ce surnom de "Bouddha à face d'or", il se mit à trembler de trouille dans le noir. »[612] On trouve aussi, très proche mais moins courant : 心惊胆战 *xīnjīngdǎnzhàn*. ☞ *peur*

Choqué, sous le choc ☞ *ahuri*

Chou blanc (faire ~) ☞ *foirer*

Chouchou, favori

• 宝贝疙瘩 *bǎobèigēdā*. Enfant chéri, enfant favori, fifils à maman. '锁住是爸爸妈妈的宝贝疙瘩，

是我们家的命根子，他可不能有个三张两端呀！'»« Suozhu était le petit chouchou de papa et maman, ce que notre famille avait de plus cher au monde ; il ne pouvait pas lui arriver malheur ! »[421]

• 香饽饽 *xiāngbōbo*. À l'origine, un petit pain fourré à la pâte de fruit. Désigne une personne, une idée, une chose très appréciée, très demandée. '人工智能专业 今年高考会成"香饽饽"吗？'» « La majeure en intelligence artificielle sera-t-elle le "chouchou" des étudiants ayant passé l'examen d'entrée à l'université ? » *(CCTV, 2018)*
⌒ cote (avoir la ~)

Chouffer ⌒ *guet, pet (faire le)*

Chtar ⌒ *taule*

Ciboulot, citron (rien dans le ~)
• 肚(子)里没货 *dùzi lǐ méi huò* « pas de marchandises dans le ventre » : inculte, dépourvu de connaissances. '你们不认真学习，肚子里没有货，就会嫁不出去。' « Si vous n'étudiez pas sérieusement, vous n'aurez rien dans le ciboulot et vous ne trouverez pas de mari ! » *(webmedia, 2018)*

Ciel (cadeau (tombé) du ~)
• 天上掉馅饼 *tiānshàng diào xiànbǐng* « Il tombe des galettes farcies du ciel ». Chose obtenue sans efforts ; tombé tout cuit dans le bec ; chose illusoire. L'expression a été employée par le président Xi Jinping au cours d'un discours en fin d'année 2016. Dans la conversation, diverses formes négatives et interrogatives sont employées. '天上掉馅饼啦！这个国家用 20 万年薪进口男人，只因美女太多。' « Un cadeau tombé du ciel ! Ce pays offre un salaire annuel de 200 000 yuan pour attirer les hommes,

parce que les jolies filles y sont trop nombreuses. » *(Sina 2018)* '不要等着天上掉馅饼。' « Il ne faut attendre que ça vous tombe tout cuit dans le bec. » *(Sina 2012)*

Cinéma (ne fais pas ton ~)
• (不要)来这一套 *bùyào lái zhèyī tào*. Pas de ça avec… '薛胜强，你娃啥时候学起这么虚伪哦，不要在我面前来这一套啊！' « Xue Shengqiang, quand c'est que t'as appris à jouer les faux-culs ? Ne me fais pas ton cinéma ! »[34] '少来这一套！' « Pas tant de cinéma / d'histoires ! »

Circonvolutions ⌒ *pot*

Clair (tirer une affaire au ~)
• 水落石出 *shuǐluòshíchū* « quand l'eau baisse, les pierres émergent ». '有可能，但是我们一定要弄个水落石出。' « C'est possible, mais nous devons absolument tirer cette affaire au clair. »[802]

Clamser, claquer ⌒ *crever*

Clandestin, clando, migrant
• 人蛇 *rénshé* « homme-serpent ». Immigré clandestin. '蛇头为逃避水警追截，不惜推女人蛇落海。' « Pour échapper à la police maritime, le passeur n'hésita pas à pousser des migrantes à l'eau. »
• On parle aussi de 偷渡者 *tōudùzhě* « franchisseur illégal de frontière », clandestin. '1 月前 9 天，已有将近 200 名偷渡者在地中海丧生或失踪。' « Dans les neuf premiers jours de janvier, il y a déjà près de 200 clandestins qui sont morts ou disparus en Méditerranée. » *(QP, 2018)*

Claque (en avoir sa ~)
⌒ *assez, marre, ras-le-bol*

Claquer le pognon
• 胡花 *húhuā*. Dépenser sans compter, sans réfléchir. '我一不想打退堂鼓，二不想胡花钱。' « Je ne voulais ni laisser tomber, ni claquer trop de pognon. » *(随心所欲, roman de 杨志军, 2000)*
• 打水漂 *dǎshuǐpiāo*. Dépenser son argent inutilement, sans aucun retour. '我给她帮了这么多的忙，投了这么多的钱，看来全打水漂了。' « J'ai fait tant d'efforts pour elle, dépensé tant d'argent, et tout ça pour peau de balle. » Le terme signifie à l'origine « faire des ricochets ».

Classe (avoir la ~, être ~)
• 潇洒 *xiāosǎ*. Classe, élégant et décontracté à la fois. S'applique aux deux sexes. '你别看他潇洒风流的样子,其实并非花花公子。' « Ne te fie pas à son allure classe et décontractée, en réalité il n'a rien d'un play-boy décadent. »
• (有)派头 *pàitóu*. '我觉得这个人有点浮华，而且派头不好。' « Je trouve que ce type est un peu trop flashy, pas très classe. »
• (有)风度 est courant, 风度翩翩 *fēngdù piānpiān* est plus fort. Élégance de haute volée. '说大伯不解风情，他也倒还是风度翩翩。' « Tonton ne comprenait peut-être pas grand-chose à l'amour, mais en revanche on pouvait dire qu'il pétait la classe. »[34]
• 有范儿 *yǒu fànr*. Dial., pékinois. Presque exactement le même sens qu'« avoir la classe », peut s'appliquer à un domaine en particulier où à l'individu en général. '至于现在的 David Bowie，尽管不再年轻，但依旧很有范儿。' « Quant à David Bowie, il a beau ne plus être de la première jeunesse, il a toujours la même classe. »

• 够飒 *gòusà*, à Pékin toujours ; l'équivalent de 潇洒. '北京姑娘是吃的了西餐也吃的了路边摊喝啤酒用瓶吹，那叫够飒。' « Les vraies Pékinoises, elles peuvent aussi bien manger à l'occidentale qu'aux étals du bord de la route, et elles boivent leur bière à la bouteille ; ça, c'est la classe ! »
• 风度翩翩 *fēngdùpiānpiān*. Du style et de l'allure : valable pour les deux sexes. Gracieux, distingué.

Clochard, clodo, vagabond
• 流浪汉 *liúlànghàn* « errant ».

Cloche (qqch qui ~), clocher
• (有,出)纰漏 *pīlòu*. Un léger problème, une erreur due à la négligence. Peut être utilisé par euphémisme, comme dans l'exemple suivant : '给我点活干，要是再出纰漏，我把头砍下来捧到你面前！' « Confie-moi un travail à faire, et s'il y a encore quelque chose qui cloche, je me couperai la tête et viendrai la déposer à tes pieds ! »[84] ☞ *anormal, merder*

Cloche (se taper la ~) ☞ *lampe*

Cloche (le même son de ~)
Tenir le même discours, professer les mêmes idées, être de mèche.
• 一(个)鼻孔出气 *yīge bíkǒng chūqì* « souffler par la même narine ».
• 如出一辙 *rúchūyīzhé* « sortir du même sillon ». A un sens un peu plus large, peut aussi vouloir dire « être très semblable, ne différer en rien. » '现在，对中国经济的胡乱猜测与过去对苏联如出一辙。' « Aujourd'hui, les spéculations aberrantes qui sont faites sur l'économie chinoise sonnent du même son de cloche que ce qui se faisait par le passé sur celle de l'Union Soviétique. » *(QP, 2005)*

Clope ☞ *mégot*

• 烟 *yān* est une abréviation courante pour 香烟 « cigarette ».
• Écraser un ~ : 摁 *èn*. '他把香烟摁在烟灰缸里。' « Il écrasa sa clope dans le cendrier ».

Clou (« famille-clou »).

• 钉子户 *dīngzihù*. Ce terme apparu il y a une quinzaine d'années est toujours d'actualité. Il désigne les gens qui refusent obstinément de céder leur place ou leur maison aux promoteurs immo-biliers. Ils peuvent être considérés soit comme des héros du peuple, soit comme d'affreux obstacles à la modernisation. '我不是钉子户，也不是刁民，只是一个依法维护自己权益的公民。' « Je ne suis ni un « clou » ni une canaille, je ne suis qu'un citoyen qui défend ses droits en se basant sur la loi. » *(Sina, 2007)*

Clou, coucou (maigre comme un ~) ☞ *asperge, maigrichon, os*

Clou (ne pas valoir un ~)

• 一钱不值 *yīqiánbùzhí* « même pas la valeur d'une piécette de cuivre ». Ne pas valoir un rond, radis, pet de lapin. '他有意把萧诚的书法说的一钱不值。' « Délibérément, il déclara que la calligraphie de Xiao Cheng ne valait pas un clou. »[98]

Clou (sortir des ~) ☞ *rails*

Cochon

• Crier comme un ~ qu'on égorge : '这太太杀猪似的乱叫。' « La dame *(parturiente)* hurlait comme un cochon qu'on égorge. »[462]
• (Se demander) si c'est du lard ou du ~ : ne rien comprendre ☞ *latin*
• Donner de la confiture au ~ ☞ *confiture*

Cocu (chanceux)

• En Chine le cocu n'est pas considéré comme chanceux, bien au contraire. Il existe une expression très récente pour désigner un veinard : « être une carpe koï » : 锦鲤 *jǐnlǐ* « carpe koï ». Ce poisson chinois très populaire est normalement un symbole de longévité ; dans le sens « chanceux », l'expression, confidentielle jusque là, a explosé en popularité fin 2018. '你是不是锦鲤啊，大家都说你运气超级好的。' « Ne serais-tu pas un peu cocu sur les bords ? Tout le monde me dit que tu as une chance d'enfer. »

Codétenu

• 狱友 *yùyǒu*. '也许他们是在那种特殊的地方相识的，是狱友。这些无米都可以查。' « … et peut-être qu'ils se sont rencontrés dans cet endroit spécial, qu'ils étaient co-détenus. Tout ça, ça peut se vérifier. »[65]

Cœur

• De tout ~, être résolu à ☞ *idée*
• De tout son ~ ☞ *corps et âme*

Cœur (gravé au fond du ~)

• 刻骨铭心 *kègǔ-míngxīn*. Traduction quasi exacte. Se souvenir à jamais, être éternellement reconnaissant.

Cœur (fendre/briser le ~)

• 扎心了老铁 *zhāxīnle lǎotiě* « Tu me perces le cœur, vieux frère » ; l'une des plus populaires expressions de l'internet chinois en 2017, sert à exprimer la désillusion ou toutes formes d'insatisfactions.

Coin

• Coin, recoin, dans tous les ~ : 旮旯 *gālá*. '厨房的旮旯都搜遍了，却没发现人。' « Ils fouillèrent la cuisine dans ses moindres recoins, mais ne trouvèrent personne. »[440] On trouve aussi (surtout dans le Nord) : 犄角旮旯儿 *jījiǎo gālár* ou 旮旮旯旯儿 *gāga-lálár*.

• Coin, endroit, provenance : 疙瘩 *gāda*. Dans le Nord-Est, pour désigner le village natal, le coin d'où l'on vient, ou pour dire « endroit » tout simplement ; attention à la prononciation différente de l'habituelle (*gēda*). '我爸爸是天津人，但我们其实是长春人，东北那疙瘩的。' « Papa est né à Tianjin, mais en vérité nous venons de Changchun, de ce coin-là de Mandchourie… » *(chanson, 2017)*.

• 背旮旯儿 *bèigālár* ou 山旮旯儿 *shān'gālár*. Termes anciens : « coin perdu, paumé », ☞ *bled*

Coin (air en ~) ☞ *faux-jeton*

Coincé ☞ *coincé du cul*[SEX]

Col (se hausser/pousser du ~) ☞ *esbroufe, grenouille*

Colère

• Se mettre en ~ : 起火 *qǐhuǒ*

• 气呼呼 *qìhūhū*. En colère, ton colérique. '他于是气呼呼地道：我老婆是很漂亮的！' « Alors il s'écria sur un ton plein de colère : "Ma femme est très belle !" »[65] Égal[t] : 气冲冲, 怒冲冲

• Exploser, bouillonner de ~ : 气冲牛斗 *qìchōngniúdǒu*. Ici, 牛斗 désignent deux constellations : « la colère monte jusqu'aux étoiles ».

• Fou de ~, fou furieux : 气得发狂 *qì de fākuáng* ou 气疯了 *qìfēngle*. ☞ *crise, furibard, gonds, pétard*

Colle, collant ☞ *pot de colle*

Coller quelqu'un, coller au train

• 粘 *zhān* « coller » sert aussi dans ce sens plus ou moins péjoratif. '为什么 17、18 岁的女孩子喜欢粘着爸爸？' « Pourquoi les filles de 17, 18 ans sont si souvent collées à leur père ? » *(Baidu, 2014)*

Colporteur, porte-balle

• 货郎 *huòláng*. Marchand ambulant des zones rurales, montagneuses. '小人有一族弟张有道以货郎为生。' « Votre serviteur a un parent, nommé Zhang Youdao, qui gagne sa vie comme colporteur. »[87]

Cols blancs, employé de bureau

• 白领(一族) *báilǐng yīzú*. '一个白领模样的青年突然走到我面前。' « Un jeune type fringué comme un col blanc s'amena soudain devant moi. »[70]

• 上班族 *shàngbān zú*. Employé de bureau, « salaryman ». Les « cols bleus », ouvriers, sont simplement des 工人.

Combine

• 财路 *cáilù*. Moyen, façon de gagner de l'argent. Pas forcément illégal.

• 鬼算盘 *guǐ suànpán* « boulier démoniaque ». Machination, plan ; péjoratif. '段知明这个白脸鸡儿，从小就打得鬼算盘！' « Duan Zhiming, sale face de rat blanc, toujours à tremper dans tes petites combines ! »[34] *Remarque :* l'insulte 白脸鸡儿 est dialectale (Sichuan).

Comète (tirer des plans sur la ~)

• 白日做梦 *báirìzuòmèng* « rêver en plein jour ». ATTENTION : n'a pas exactement le sens de rêver en plein jour » ou « rêver tout éveillé » comme en français, mais bien celui de songer à des projets mirifiques mais irréalisables. '他与弗瑞曼人一起白日做梦，成天沉湎于预言和救世主的传说中。' « Avec les Fremen, il tirait des plans sur la comète et se plongeait le jour entier dans les prophéties et les légendes concernant le Messie. »[66]

Comment, comment va ?

• 肿么了? *zhǒngmele?* À l'origine une façon dialectale (Shandong) de dire 怎么了, cette expression est devenue virale en 2014 ; elle est l'équivalent du *What's up ?* américain. '你肿么了？' « Comment va ? Ça gaze ? Qu'est-ce que tu deviens ? »

• 咋 *ză*, variante dialectale de 怎么. Dialectes du nord et du nord-est, mais compris partout grâce à la littérature et à la télé (ce sont dans les mêmes régions qu'on utilise 啥 au lieu de 什么). '咋还会闹到这种程度？' « Mais comment ça a pu en arriver là ? » Variations : 咋回事.

• 咋办? Comment faire ? '买不起房咋办？' « Comment faire quand on n'a pas de quoi s'acheter un appart ? » (question importante s'il en est dans la Chine moderne)

• Plus oral encore : 咋整 *zăzhěng*. '臭小子，就知道惹麻烦，看你以后咋整！' « Sale vaurien, tu ne sais que remuer la merde, on verra bien comment tu te démerderas après ! » ☞ *qu'est-ce qu'il y a, quoi*

Commère

• 长舌妇 *chángshéfù* « Femme à la longue langue » (trop bien pendue). '那两个长舌妇，碰到一起时总要喋喋不休地诽谤别人。' « Chaque fois qu'elles se rencontrent, ces deux commères passent leur temps à casser du sucre sur le dos des gens. » Peut aussi être utilisé comme insulte ☞ *vipère^INS*

Complice

• 同伙 *tónghuǒ* '歹徒害怕同伙泄露内幕，竟残忍地杀人灭口。' « Craignant que leurs complices ne dévoilent toute l'histoire, les bandits leur ont cruellement coupé le sifflet à tout jamais. » Égal^t :

• 同道儿 *tóngdàor*
• 帮凶 *bāngxiōng*

Compte (régler son ~ à qqun)

• 收拾 *shōushí* « s'occuper de ». Le terme couvre à peu près la gamme des sens de « régler son compte », de « s'occuper de lui » à « le tuer » en passant par « le punir, le châtier » et par « le dérouiller ». '什么杂志大先生！我收拾了你，再去收拾他！' « Rien à foutre de ton bâtard de patron ! Je te règle ton compte d'abord, et après je m'occupe de lui ! »[82]

• 处理 *chǔlǐ* « s'occuper de » peut avoir le même sens.

Comptes (régler ses ~ avec qqun)

• 算账 *suànzhàng*. Faire payer. '我可要找你算账。' « Je viendrai régler mes comptes avec toi, je te le ferai payer. » '晚嫂，咱们慢慢地再跟那些坏蛋算账。' « Petite sœur, pas la peine de se presser, on règlera nos comptes plus tard avec ces crapules. »[82]

Con • Trop bon, trop ~ ☞ *brebis*

Con (à la) / conneries

• Dans le sens « affaire insignifiante et pénible à la fois » : 破事儿 *pòshìr*. '婶子，咱们今天是给小龙接风，也不谈这些烦心的破事儿。' « Ma tante, ce soir on fête le retour de Petit Dragon, ne parlons pas de ces trucs à la con. »[65]

Con (jouer au ~)

• Jouer les idiots, feindre l'innocence, en général pour en retirer un avantage : 打马虎眼 *dămă-huyăn*. '你今天要给我实话实说，不许再打马虎眼！' « Aujourd'hui tu vas me dire la vérité ; fini de jouer au con ! »

• Faire quelque chose de stupide ☞ *connerie, déconner*

Confiture (donner de la ~ aux cochons)

• 一朵鲜花插在牛粪上 *yī duǒ xiānhuā chā zài niúfèn shàng* « une fleur fraîche plantée dans la bouse de vache. » Ne s'emploie que dans un contexte sentimental : une jolie fille mariée à un homme laid ou nul. '真可惜，一朵鲜花插到了牛粪上……' « Quel dommage, c'est vraiment donner de la confiture aux cochons… »[437]

Conciliateur

• 和事佬，和事老 *héshìlǎo*. Médiateur, pacificateur. Souvent péjoratif : désigne quelqu'un qui ne sait pas de quoi il retourne, et cherche à calmer le jeu plutôt que de résoudre vraiment le problème. '你倒自在，像没你的事儿似的，不站出来说一句话，可抄手儿当起和事老来了！' « Ah, ça te va bien de faire comme si tout ça ne te concernait pas, en évitant surtout de prendre position mais en voulant jouer les gentils conciliateurs ! »[272] *Remarque :* 抄手儿 veut dire « croiser les bras » ; Cette posture ne désigne pas comme en français l'indifférence, mais est une marque de politesse (mains rentrées dans les manches). Aujourd'hui 抄手儿 désigne surtout une sorte de petits raviolis en soupe dans le Sichuan.

Confus, ahuri, stupéfait

• 晕菜 *yūncài* : terme qui court à Pékin depuis les années 1980, mais s'est seulement récemment répandu sur le net. Assez fort : « ahuri au point d'en ressentir des vertiges ». '他没想到考试这么难，光看了一下题目就晕菜了。' « Il

ne s'attendait pas à un examen aussi dur, il s'est senti pris de vertiges rien qu'à voir le sujet. »

Connaître

• Ne rien ~ à ; ne savoir rien de rien :
- 一窍不通 *yīqiàobùtōng*. '他对商场和煤炭经营一窍不通。' « Il ne connaissait rien au marché ni au business du charbon. »[65]
- 一无所知 *yīwúsuǒzhī*. '原先对台湾一无所知的女王美国议员，在访问以后俨然成了一个"台湾问题专家"。' « Et ce sénateur américain qui, auparavant, ne savait rien de rien à propos de Taïwan, est devenu magiquement après sa visite un "spécialiste du problème de Taïwan". » *(Global Times, 2005)*
• Connaître sur le bout des ☞ *doigts*

Connerie (faire, dire une/des ~)

• 冒傻气 *mào shǎqì*. '别冒傻气了，你爸爸刚 14 岁就辍了学，这使他后悔了一辈子。' « Ne fais pas de conneries, ton père a arrêté ses études à 14 ans et il l'a regretté toute sa vie. » '别当着他们的面前冒傻气。' « Ne fais/dis pas de conneries devant eux. »
• 瞎咧咧 *xiāliēliē*. Raconter n'importe quoi. '别听小龙瞎咧咧，没有的事。' « N'écoute pas les conneries de Xiaolong, ce n'était rien du tout ! » '懂就说，不懂别瞎咧咧！' « Si tu comprends, parle ! Sinon ne dis pas de conneries ! » *(Sohu 2016).* ☞ *déconner*

Connu de tous, bien connu

• 人人皆知 *rénrénjiēzhī*. ☞ *loup blanc*

Conséquences (se moquer des ~)

• 不管三七二十一 *bùguǎn sānqī èrshíyī* « se moquer de ce que 3 x 7 fassent 21 ». Beaucoup de nuances dans cette expression très courante : sans réfléchir ; à tout prix ; se moquer du qu'en dira-t-on. '我立刻兴奋起来，不管三七二十一，欢呼着奔向大海的怀抱。' « Je réagis aussitôt et, sans plus réfléchir, me jetais dans l'océan en hurlant. »

Contact, relation, réseau

• 门子 *ménzi*. Obtenir quelque chose en faisant agir ses contacts : 托门子 *tuō ménzi* : '我都没想过托托他的门子。' « Je n'ai jamais songé à aller le trouver pour faire jouer cette "relation" »[65] ☞ *piston*

Contacter, rentrer en contact

• 通气 *tōngqì*. '有什么困难和问题，给我通个气。' « Si t'as le moindre souci, le moindre pépin, touche-moi en deux mots. »[65]

• 接头 *jiētóu*. Forme très orale. '要是我不在家，你们跟密司黄接头也可以。' « Si je ne suis pas à la maison, vous pouvez aussi en parler à Miss Huang. »[425] *Remarque :* 密司, transcription de « miss », qui apparaît parfois avant-guerre, n'est aujourd'hui plus utilisé ; on trouve cependant toujours 密斯.

Convenable, correct, passable

• 象样(的) *xiàngyàng*. '我本打算在火车站附近找个象样的旅馆。' « Je comptais trouver une auberge convenable à proximité de la gare. »[24]

Cool !

Super, fantastique, plaisant.

• Le plus ancien terme pour traduire « Cool ! » est bien sûr l'adapatation directe 酷 *kù*, en service depuis près d'un quart de siècle. Pour mériter le qualificatif il faut bien sûr sortir de l'ordinaire. '当我告诉别人我去耶鲁，他们一般只说，哦，好酷。'" « Quand j'ai dis aux autres que j'étais admis à Yale, leur réaction unanime a été "Ah, cool." » Pour

renforcer le terme, a été créé 酷毙了 *kùbìle* : '我他妈试镜的时候酷毙了说真的。' « J'te dis pas, j'avais vraiment l'air méga-cool en essayant ces lunettes. »

• 给力 *gěilì* « qui donne de la force » (sens original). Apparu en ligne en 2010. S'emploie en adjectif ou en interjection. '是否觉得这帽子很给力？' « Tu ne trouves pas que ce chapeau est décidément très cool ? » '真的很给力！' « Vraiment très cool ! » Un phénomène d'anglicisation assez courant de nos jours a donné ensuite les termes : *gelivable*, pour 给力的, voire *ungelivable*, et même, ce qui est plus rare, la francisation *très guélile* : mais la popularité de ces derniers termes a été très éphémère par rapport à l'original chinois qui reste usité. ☞ *pas cool, pied, super !, chié*[INS]

Copain ☞ *pote*

Copiaule, coloc'

• 室友 *shìyǒu* est le terme le plus utilisé aujourd'hui pour les étudiants ou les élèves en internat qui partagent une chambre ou un dortoir. '你跟你的室友相处得怎么样？' « Comment est-ce que tu t'entends avec ton copiaule ? »

• On trouve aussi 舍友 *shèyǒu* : '舍友都出去玩了，他自己喝了个酩酊大醉。' « Ses copiaules étaient tous sortis s'amuser, alors il s'est bourré la gueule tout seul. » ATTENTION : Les deux termes sont en général utilisés de façon interchangeable, mais il y a en réalité une subtile différence de sens : 室友 peut aussi désigner un *colocataire* (même appartement, chambres différentes, à la *Friends*)

• 同寝室 *tóngqǐnshì*. Il s'agit d'un verbe, terme un peu plus ancien mais toujours en vigueur, utilisé aussi pour d'autres sortes de dortoirs, pas seulement estudiantins. '他跟同寝室的同学打了声招呼。' « Il salua les étudiants avec lesquels il avait partagé un dortoir. »

Copine, potesse, sœur, « sista »

• 闺蜜 *guīmì*. La meilleure copine, ou l'une des meilleures copines, *best friend forever*. Entre filles. '我还以为她是你的闺蜜。' « Je croyais que c'était ta meilleure copine. » Sert aussi pour désigner le « meilleur ami gay » des jeunes femmes : 男同性恋闺蜜. Autre ex. ☞ *adultère (commettre)ᔆᴱˣ*

• 姐们儿 *jiěmenr*. Expression d'origine pékinoise mais aujourd'hui assez répandue, moins cependant que l'équivalent masculin 哥们儿. Voir ex. ☞ *proche*

Coquine ☞ *diablesse*

Cordes (il pleut des ~, des hallebardes)
• 瓢泼大雨 *piáopō dàyǔ* « il pleut des calebasses ». ☞ *seaux*

Cordes (plusieurs ~ à son arc) ☞ *doué*

Coréen
• 高丽棒子 *gāolì bàngzi*. Terme péjoratif ancien pour désigner les Coréens, toujours usité. En général abrégé en 棒子 (gourdin).

• 二鬼子 *èr guǐzi* « diable inférieur », désignait les auxiliaires coréens des soldats japonais pendant la guerre de résistance (1937-1945).

Corps et âme (se donner ~)
• 尽心竭力 *jìnxīnjiélì* « de tout son cœur, de toutes ses forces ». '你年纪大了，能耕这么此田也是尽心竭力了。' « Tu es déjà âgé, pour arriver à labourer un tel champ tu vas devoir t'y consacrer corps et âme. »[23]
• 全心全意 *quánxīnquányì*.

Costard (en ~), costard-cravate
• 西装革履 *xīzhuānggélǚ*. Costume + souliers de cuir. S'habiller à l'occidentale, de façon formelle, être bien sapé. '张老师总是西装革履。' « Le professeur Zhang est toujours en costard-cravate. »

Costaud ☞ *baraqué, armoire à glace*

Cote (avoir la ~)
• 吃得开 *chīdekāi*. Être bien vu de son patron, de ses professeurs. Être le chouchou. '怎么会有到哪里都吃得开的人？' « Comment ça se fait qu'il y ait des gens qui soient bien vus partout où ils vont ? » '他在平乐镇这么吃得开，还是主要因为他吃得亏。' « S'il a tellement la cote à Pingle, c'est surtout qu'il en a beaucoup bavé. »[34] L'inverse existe également : 吃不开, ne pas avoir la cote, être mal vu.
• 吃香 *chīxiāng* « manger de l'encens ». Valable aussi pour les choses, les idées.

Se cotiser ☞ *pot (mettre au)*

Coton ☞ *jambes en ~*

Coude ☞ *moucher du coude*

Coucheur (mauvais ~)
• 刺儿头 *cìrtóu*. Personne difficile, irascible, qui cherche la petite bête. '当遭遇"刺儿头"时你会怎么办？' « Que faire quand vous tombez sur un mauvais coucheur ? » *(Sina 2017)* '最怕这位刺儿头是学监那位先生。' « Celui qui craignait le plus ce mauvais coucheur, c'était le surveillant. »[293] ATTENTION : le terme 钉子户 *dīngzihù*, naguère synonyme, est maintenant employé dans un sens plus restreint ☞ *clou*

Couci-couça

• 马马虎虎 *mǎma-hūhu.* '你考得怎么样？' '马马虎虎吧。'
« Comment s'est passé ton exam' ? »
« Couci-couça. »

Couilles (avoir des ~, des tripes)

• 有种 *yǒuzhǒng.* '有种的站出来，不要做缩头乌龟。' « Que ceux qui ont des couilles se lèvent, faut pas rester planqué comme des poules mouillées ! » '岳跛子，你有种！谁在耻笑你，就他娘的不是人！' « Yue le Boiteux, toi au moins tu en as ! Ceux qui oseront encore se foutre de toi ne seront que des moins-que-riens ! »[464]

• Un synonyme du précédent, plus oral encore, est 带种 *dàizhǒng.* '不带种的是娘们！' « Ceux qui n'ont pas de couilles sont des gonzesses ! »

• Antonyme ☞ *rien dans la culotte*

Couillu

• 带把儿的 *dàibǎr de* « muni d'une poignée » : terme familier pour désigner les garçons, par opposition aux filles. '我的老婆生了个带把儿的！' « Ma femme a eu un couillu ! » Un manga japonais récent mettant en scène un hermaphrodite s'appelle en chinois : 带把儿的女朋友。

Couleurs

En avoir vu de toutes les couleurs :
• 饱经风霜 *bǎojīngfēngshuāng* « Avoir supporté vent et givre ». Avoir supporté moult épreuves.

Couleuvres (avaler des ~)

• 忍气吞声 *rěnqìtūnshēng.* Subir les humiliations sans rien dire, souffrir en silence. '他不满天龙事事忍气吞声。' « Il n'était pas content que Tianlong avale des couleuvres à tous propos sans rien dire. »[94]

Coup (en mettre un ~)

• 动劲儿 *dòngjìnr.* Faire des efforts, redoubler d'efforts.

Coup (manquer son ~)

• 扑空 *pūkōng.* Être bredouille ; coup d'épée dans l'eau. '众乡亲扑了个空，回到村里。' « Ayant manqué leur coup, les villageois s'en retournèrent bredouilles. »[100]

Coup (préparer un mauvais ~)

• 心里有鬼 *xīnliyǒuguǐ* « Nourrir de noirs desseins, ne pas avoir la conscience tranquille. » Ex ☞ *police*

Coup de main (donner un ~)

• 帮一把 *bāng yībǎ.* '他常常对有困难的人帮一把，这是他引以自傲的事。' « Il donnait souvent un coup de mains aux gens dans la mouise et en tirait une grande fierté. » On peut intercaler un nom ou pronom : '帮他一把！' « Donne-lui un coup de main ! »

• 搭手 *dāshǒu.* '幸亏他搭手，我才得以爬上陡坡。' « Heureusement qu'il m'a filé un coup de main, sinon je ne serais jamais arrivé en haut de cette pente. » ☞ *main-forte*

Coup d'œil ☞ *œil*

Coupe (la ~ est pleine) ☞ *à bout*

Couple, ménage

• 两口子 *liǎngkǒuzi.* Mari et femme. Exemple : ☞ *paumé*
• 小两口儿 *xiǎoliǎngkǒur* : jeune.

Coups (à (presque) tous les ~)

• 十有八九 *shí yǒu bājiǔ.* Très probablement, presque à coup sûr. '公安局的警车正往这边开，十有八九是冲你来的！' « Y'a une bagnole de flic qui vient par ici, à tous les coups c'est pour te choper toi ! »[65] '掷出的骰子十有八九是我要的点数。' « Quand je jetais les dés, à presque tous les coups j'obtenais le chiffre que je souhaitais. »[23]

Coups (être aux cent ~)

• 鸡犬不宁 *jīquǎnbùníng* « poules et chiens ne sont pas en paix *(à cause du renard)* » : être bouleversé, en grand émoi. '寨子里已鸡犬不宁。' « Tout le village était déjà aux cent coups. »[26]

Coups (mériter des ~, des baffes)

• 欠揍 *qiànzòu* ou 欠扁 *qiànbiǎn* « être en dette de coups ». Mériter des baffes, chercher la bagarre (selon le contexte et la nuance). '这家伙绝对欠揍！太尼玛坏了！' « Ce type mérite vraiment des baffes ! Putain de salaud ! » *Remarque* : 尼玛 remplace ici 你妈.

Courage à 2 mains (prendre son ~)

• 把心一横 *bǎ xīn yī hèng*. Courage physique ou moral ; prendre sa résolution, se décider face à l'adversité. Voir ex. ⌒ *deux temps…*

Courant (pas au ~)

• 蒙在鼓里 *méngzàigǔlǐ* « perdu dans le tambour » : n'avoir été informé de rien, être complètement dans le noir. '姑姑看了他一回，这才想到这个小娃娃可能真还蒙在鼓里。' « Tantine l'observe un moment, et se dit qu'après tout il n'a peut-être vraiment pas été mis au courant. »[34]

Courbettes (faire des ~)

• 奴颜婢膝 *núyánbìxī*. Se comporter en esclave, en larbin ; obséquieusement, servilement ; courber l'échine. Voir ex. à ⌒ *larbin[INS]*. Parfois simplifié en 奴颜：'两人奴颜十足向他点头哈腰。' « Tous deux se répandaient en courbettes serviles devant lui. »[93]

Court sur pattes

• 五短身材 *wǔduǎnshēncái*. Adjectif. Courtaud, petit de taille (sans nanisme), trapu. Qualifie, dans *Au bord de l'eau*, le personnage de Wang Ying, « le Tigre nain ».

• De même les substantifs 矮个子 *ǎigèzi* et 矮个儿 *ǎigèr* désignent des personnes de petite taille, comme Deng Xiaoping (entre 1,48 et 1,52 m selon les sources) ou le soldat modèle Lei Feng (1,54 m).

Couteaux (être à ~ tirés)

• 剑拔弩张 *jiànbánǔzhāng* « tirer l'épée et tendre l'arbalète ». Situation très tendue ; être prêt à en découdre. '据说我母亲和大舅夫妇发生了一场剑拔弩张的争吵。' « Il se disait qu'entre ma mère d'une part, mon oncle et sa femme d'autre part, il y avait un conflit à couteaux tirés. »[21]

• 拿刀动杖 *nádāodòngzhàng* « tenir un sabre, manier le gourdin ». Synonyme plus rare du précédent. '他们到底为了什么事，要这么拿刀动杖的？' « Mais enfin, pour quelle raison sont-ils ainsi à couteaux tirés ? »[29] Autre ex. ⌒ *œil*

Covoiturage

• 拼车 *pīnchē*. '一些员工对与同事拼车变得更加积极，他们将省下的油钱用于体育健身。' « Plusieurs employés se sont mis à pratiquer activement le covoiturage avec leurs collègues, et dépensent l'argent économisé en carburant pour faire du fitness. »

Crade, cradingue, crado
⌒ *débraillé, peigne (sale…)*

Craindre, ça craint, craignos

• 真逊！ *zhēnxùn* « Ça craint ! » '知道吗，我们刚好错过公车了，下一班还要过四十五分钟才会来。''真逊！'« Tu sais quoi, on vient de rater le bus, et le prochain n'arrive que dans 45 mn. » « Ça craint ! » *(CD, 19/3/07)* Peut servir dans les différents sens de l'expression : ennui, déception, contrariété ; danger modéré, situation épineuse ou gênante.

• Un endroit qui craint, où l'on s'attire facilement des ennuis : 是非之地 *shìfēi zhī dì*. '小兄弟，这里是个是非之地，你还是快些离开吧。' « Mon petit pote, par ici c'est carrément craignos, tu ferais mieux de te casser vite fait. » Au figuré : ☞ *vipères (nid de)*

• Dans le sens « il est nul, il craint ! » : (他)太烂！ *tài làn!* « Trop pourri ! » Souvent pour les sportifs. '他对她不忠，然后竟然没道歉，还甩了她！''什么！他太烂了吧！'« Il l'a trompée, il ne s'est même pas excusé, et il a fini par la larguer ! » « Quoi ? Il craint à mort ! »

Cran (avoir du ~)
☞ *yeux (ne pas avoir froid aux)*

Cran (être à ~)
☞ *pied (du mauvais), vache enragée*

Crâner, frimer
• 充好汉 *chōng hǎohàn* « jouer les héros ». '你真的想跟我去还是在瞎充好汉？' « Tu veux vraiment venir avec moi, ou tu dis ça juste pour crâner ? »
☞ *frimer, vanter (se)*

Crâneur
• 充好汉的人 ☞ *crâner*
• 侃爷 *kǎnyé*. Pékinois. Hâbleur, habile à se vanter, à se mettre en valeur. '那主儿整个一个侃爷，没几句真的。' Ce type n'est qu'un crâneur de première, rien de ce qu'il raconte n'est vrai. »

Crapahuter
• 跋山涉水 *báshānshèshuǐ*. Long voyage dans des conditions difficiles. Trekking. Égal[t] 跋涉.

Craques, foutaises
• 鬼扯蛋 *guǐchědàn*. Ou 扯蛋，扯淡，扯鸡巴蛋. 扯蛋 peut se traduire par « se tirer sur les burnes ». '这真见他娘的鬼扯蛋！' « Ça montre bien qu'il ne raconte que des putains de craques ! » '两个傻逼青年演的傻逼垃圾片子，真的扯鸡巴蛋！' « Deux jeunes crétins qui jouent dans une série Z de merde, c'est vraiment se foutre de la gueule du monde ! » *(2017, sur un forum de critiques de film)* ☞ *conneries[INS], n'importe quoi !*

Crécher, se poser
• 落脚 *luòjiǎo*. Séjourner un moment. '出发吧，总有一个落脚的地方。' « Allons-y, on trouvera bien un endroit où crécher. » *(Sina, 21/5/2018)*. 落脚点 peut signifier « endroit où se poser », mais aussi « point d'arrivée ».

Crème de la crème ☞ *numéro 1*
• 精英之冠 *jīngyīng zhī guàn*

Creuser une situation, une idée
• (摸)摸底 *(mō)mōdǐ*. '王同志，你再摸摸底，要抓紧对敌斗争那一环。' « Camarade Wang, tu dois creuser un peu plus, il faut s'intéresser à la question de la lutte contre l'ennemi *(de classe)* »[82]

Creux, avoir un creux
• 馋虫 *chánchóng* « ver affamé ». Grosse faim. Ne désigne pas seulement la personne qui a faim, (le glouton), mais aussi la sensation.

Crevé, claqué, cramé, canné
• 累惨 *lèicǎn*. '我这星期工作七十个小时。我真是完全累惨了。' « Cette semaine j'ai bossé plus de

70 heures. Je suis complètement claqué. » *(CD 2007)* Le sens est plus fort que 累坏 « crevé ».

• 困顿 *kùndùn*. D'un registre moins familier que le précédent. Épuisé, harassé. '我吃喝自己喜欢的东西，困顿了就去睡觉。' « Je mange et je bois tout ce que je veux, et je vais dormir quand je ne tiens plus debout. » *(Sina, 2013)*

• 累得要命 *lèi de yàomìng*. '老实说，我真的累得要命。' « La vérité si je mens, je suis vraiment complètement crevé. » (雨伞情缘 *roman en ligne de* 小强, *2018)* L'expression a aussi été utilisée pour traduire en chinois le titre du film *Grosse fatigue* (1994).

☞ *à bout de forces, fatigue (mort)*

Crève-la-faim, miséreux

• 穷光蛋 *qióngguāngdàn*. Très pauvre, misérable. '我听到爹在那边屋子里骂骂咧咧，他还不知道自己是穷光蛋了。' « J'entendais mon père qui se répandait en injures dans sa chambre ; il n'avait pas encore compris qu'il n'était désormais plus qu'un crève-la-faim. »[23] On trouve aussi simplement 光蛋. Le terme peut aussi qualifier des entités, des pays.

☞ *crève-la-faim*[INS]

Crever, claboter, clamser, claquer, calancher, y passer (mourir)

• 完蛋 *wándàn*. '大有什么用，恐龙也大，照样完蛋。' « À quoi ça sert d'être grand ? Les dinosaures aussi étaient grands, et ils ont bien fini par crever comme les autres. »

• (去)见阎王 *jiàn Yánwáng* « (aller) voir Yama, le Roi des Enfers ». D'origine bouddhique, cette expression sert fréquemment, à l'oral comme en littérature. '带老婆见小三，让你快点见阎王。'

« Emmène ta femme rencontrer ta maîtresse, et tu risques d'y passer un peu plus vite. » '每小时一支烟，尽快见阎王。' « Une cigarette à l'heure, tu calanches avant l'heure. » *(PR, 2018)* Un « dicton » moderne est même apparu depuis quelques années : '宁见阎王，不见老王。' « Plutôt crever que de se faire arrêter (par le vieux Wang) » : il s'agit d'une allusion à la vague de suicides constatée chez les bureaucrates chinois depuis le lancement de la grande campagne anti-corruption dont Wang Qishan (« 老王 »), aujourd'hui vice-président, fut chargé de 2012 à 2017 en tant que chef de la Commission centrale de contrôle de la discipline du Parti. Enfin, on ne se privera pas du plaisir de signaler au lecteur une version athée de l'expression : 见马克思 *jiàn Mǎkèsī* « voir Marx ». '今天多亏了你，要不我可就去见马克思了。' « C'est grâce à toi que je ne suis pas au paradis des marxistes aujourd'hui. »

• 挂(了) *guàle* « suspendu » : allusion au fait qu'on suspendait la tête des condamnés à un poteau après leur décapitation, pour l'édification du peuple. '生当作人杰，挂了也鬼雄！' « De ton vivant, tu as été un surhomme, une fois clamsé tu seras un héros chez les fantômes ! » Assez fréquent de nos jours car utilisé par les joueurs de jeux vidéo.

• 毙命 *bìmìng*. Mourir de mort violente, être tué.

• 暴毙 *bàobì*. Mourir soudainement ; nuance péjorative. '历年来不知有多少行客在饮过该处的清水，却立即暴毙在水旁。' « Au cours des ans, d'innombrables voyageurs

étaient clamsés là, sur la rive, après avoir bu de cette eau claire. »[62]
☞ *arme à gauche, foutu*

Crise (piquer une ~)
• 勃然大怒 *bórándànù*. Être pris de rage, voir rouge. '刘副经理勃然大怒："我又不死，你们扶着我干什么？"' « Le vice-directeur Liu piqua une crise : "Je ne suis pourtant pas encore mourant, qu'est-ce que vous avez tous à me coller comme ça ?" »[455]
• 吹胡子瞪眼(睛) *chuī húzi dèng yǎnjing* « souffler dans sa barbe et ouvrir les yeux ronds ». Violente crise de colère. La bave aux lèvres.

Croiser les jambes ☞ *jambes*

Croquer (belle, joli/e à ~)
• 秀色可餐 *xiùsèkěcān*. '美食与美女都是人们生活中津津乐道的两大主题，可用"秀色可餐"形容。' « La nourriture fine et les jolies femmes sont deux grandes sources de plaisir dans la vie ; on peut les décrire toutes deux par l'expression "à croquer" » *(Sina 2018)*

Croûte (gagner sa ~)
• 为生 *wéishēng*. '吃住在网吧靠偷摸为生的青年被警方抓获。' « Un jeune homme qui vivait dans un café internet et y gagnait sa croûte grâce au vol arrêté par la police. » *(Sina news, 2018)*

Cuistot
Deux caractères rares... qui remplaceront au mieux les 厨子 et 厨师.
• 炊事员 *chuīshì yuán*. Cuisinier ou employé aux cuisines, mais ni un chef ni maître-queux.
• 庖子 *páozǐ*. Caractère ancien qui désignait en particulier le boucher des cuisines ; un chef célèbre peut être un 名庖 *míngpáo*, terme cependant plus rarement employé

que 名厨. On retrouve 庖 dans un *chengyu* assez célèbre ☞ *mêler (se)*

Cul
• Le terme « élégant » est 臀部 *túnbù*, « postérieur, derrière, fesses ».
• 屁股 *pìgu*. Familier ; souvent abrégé en PG en ligne. ☞ *Fesse*[SEX]
• Un caractère plus rare et partiellement dialectal est 腚 *dìng*. Les dérivés les plus courants sont 光腚 *guāngdìng* « cul nu » et 大腚 *dàdìng* « gros cul ». '他把草帽子压了下来，还把他的腚蹲得生疼。' « Il écrasa complètement le chapeau de paille, et en prime se fit mal au cul en tombant »[15] Remarque : ici 蹲 est prononcé *cún* et signifie « se faire mal en tombant » (dialectal, Shandong).
• Encore plus rare : 尻 *kāo*. Terme classique, ne s'utilise plus seul dans ce sens ; on trouve 尻子 *kāozi*, dialectal (du Shanxi au Sichuan). '人家凭卖尻子一夜就发财了嘛！' « En vendant mon cul, je pourrais faire fortune en une seule nuit ! » *(Baidu, 2011)*.
ATTENTION : 尻 a aussi un autre sens argotique, plus vulgaire ☞ *baiser*[SEX] ☞ *cul*[INS], *popotin*

Culbuto
• 不倒翁 *bùdǎowēng* « le vieillard qui ne se renverse pas ». Au propre comme au figuré : le jouet, mais aussi une personne qui se relève toujours après ses échecs et déconvenues. '他变成印度地方政权的不倒翁。' « Il devint LE véritable "culbuto" de la politique locale indienne. » *(À propos de Tagore, un politicien indien du début du XXᵉ s. QP, 2006)*

Cucul la praline (paroles ~)
• 土味情话 *tǔwèi qínghuà*. Il s'agit ici de paroles d'amour tellement à

l'eau de rose, tellement pleines de mignardise qu'elles en deviennent presque écœurantes (ici 土 remplace 吐, « vomir »). Le terme est l'un des néologismes les plus populaires en 2018. Malgré leur caractère insupportable, il semble bien, étrangement, qu'elles soient très à la mode : '有哪些让你欲罢不能的土味情话？' « Quelles sont les phrases les plus cucul la praline auxquelles vous ne pouvez pas résister ? » *(Zhihu, 2018)* Un exemple courant d'un tel dialogue : '我房租到期了，可以去你心里住嘛？' « Mon bail est expiré, pourrais-je venir habiter dans ton cœur ? » *(NdT : non, nous n'avons pas inventé cet exemple !)*

Cul-de-poule, duckface
• Le caractère rare ci-contre, 嘟 prononcé *nǔ*, signifie « faire la moue en avançant les lèvres ». Aujourd'hui on dirait « faire une duck-face ». Pour des raisons pratiques il est souvent écrit 努, plus rarement 呶. Nous suivons cet usage dans l'exemple suivant, bien qu'il ait à l'origine utilisé la graphie rare : '她努努嘴。'[24] ATTENTION : en Chine, cette mimique n'est pas forcément suggestive, elle peut aussi être un signal pour attirer l'attention de quelqu'un. Elle est aussi, bien sûr, différente d'une moue destinée à exprimer l'insatisfaction, le mépris (撇嘴 *juēzuǐ*).

Cul sec !
• 干杯！ *gānbēi !* À la vôtre ! À la tienne !
• Faire ~, boire son verre d'un trait : 一饮而尽 *yīyǐn'érjìn.* '何大海说完，把酒一饮而尽。' « Sur ces mots, He Dahai avala le contenu de son verre cul sec. »[93]

Cul (coller au ~)
Être un suiveur, un flatteur, un flagorneur ; lèche-cul :
• 跟屁虫 *gēnpìchóng* « Insecte qui colle au cul ». '他没什么真本事，就是个领导的跟屁虫。' « Il n'a aucun vrai talent, il sait juste coller au cul du patron ». Désigne aussi un enfant un peu « pot de colle ».

Cul (comme ~ et chemise)
• 打得火热 *dǎde huǒrè.* Relation très intime ; entre amis ou amants. '他不无醋意瞪着她，"听说你们俩打得火热……"' « Il la fixa et lui dit, non sans une pointe de jalousie : "Il paraît que vous êtes comme cul et chemise…" »[65]

Cul (lécher le ~)
↪ *bottes, lèches-bottes, lèche-cul*[INS]

Cul (péter plus haut que son ~)
• 心比天高 *xīnbǐtiāngāo* « Le cœur plus haut que le ciel » : plus élégant en chinois ! Ambition mal placée. '你这娃娃！怎么瓜兮兮的！你们年轻人都心比天高的。' « Gamin ! Quel espèce d'idiot ! Vous, les jeunes, vous êtes toujours à péter plus haut que votre cul. »[34] *Remarque :* le début de la phrase relève du dialecte du Sichuan.
• 好高骛远 *hàogāowùyuǎn.* Viser trop haut.

Culotte (porter la ~)
• 一家之主 *yījiāzhīzhǔ.* Sens normal « maître de maison, celui qui gagne le pain ». '那一刻我觉得她真是一家之主。' « À ce moment, j'ai senti que c'était elle qui portait vraiment la culotte. » *(Sina, 2013)*

Dalle en pente (avoir la ~)
Être (très) porté sur la boisson.
• 嗜酒如命 *shì jiǔ rú mìng* « aimer l'alcool comme sa vie ». '可他也有个毛病，是嗜酒如命。' « Mais il a comme un léger problème, il a la dalle en pente. »[65]
• (有)酒虫子 *jiǔ chóngzi*. Désigne un ver, qui, logé à l'intérieur du corps, vous donne soif (comme le ver solitaire donne faim). '张三爷就是一个有酒虫子的人。' « Zhang le 3e Aîné avait vraiment la dalle en pente. »
• 贪杯 *tānbēi* « convoiter le verre ». Voir ex. ☞ *cabot, sac à vin[INS]*

Dalle (crever la ~), avoir la ~
• 饿得前胸贴后背 *è de qiánxiōng tiē hòubèi* « affamé au point que la poitrine colle au dos ». '我三天三夜都没吃东西，饿得前胸贴后背。' « Je n'avais rien mangé depuis trois jours et trois nuits et je crevais la dalle. » *(PR, 21/7/09)*

Damoclès (épée de ~) ☞ *fil*

Dangereux
• 悬乎 *xuánhu*. Dangereux, risqué, incertain. Pékinois à l'origine, aujourd'hui répandu. Parfois 玄乎 (à Pékin). '美国三个航母编队云集南海？金一南少将：没那么悬乎，提供了非常好的侦察机会。' « Trois groupes aéronavals américains concentrés en mer de Chine du Sud ? Le contre-amiral Jin Yinan déclare : "Ce n'est pas si dangereux, et cela nous a fourni d'excellentes occasions de les observer en détail." » *(MD, 2018)*

Danse (mener la ~)
• 说了算 *shuōlesuàn* « parole qui compte ». Décider, commander, être

en charge. '今天我说了算，喝不高兴不准散！' « Aujourd'hui c'est moi qui mène la danse : interdiction de sortir de table sobre ! »[34] '你是老板，你说了算。' « T'es le patron, c'est toi qui commandes. »

Danser
• 蹦迪 *bèngdí*. Ce terme apparu quand la Chine s'est ouverte à la fin des années 1970 signifiait initialement « danser le disco », il est toujours utilisé pour désigner de façon générale ce qu'on pratique en « discothèque ». '听说你常来这儿喝酒蹦迪。' « Il paraît que tu viens souvent ici pour boire et danser ? »

Danser (ne pas savoir sur quel pied ~)
• 犹豫不决 *yóuyùbùjué*. Hésiter, être dans le doute ; ne pas se décider.

Daube, de ~ ☞ *camelote, merdique*
• S'appliquant à une personne, un concept : 水货 *shuǐhuò* « produit de mauvaise qualité, de contrebande ». Pas vraiment à la hauteur des attentes. '看看这几个水货警察，我真的想问一句"你们真的是警察吗？"' « En voyant ces flics de daube, j'ai envie de leur demander : "Vous êtes vraiment des policiers ?" » *(Zhihu, 2018)*

Dealer, trafiquant de drogue
• 毒贩 *dúfàn*, abréviation de 毒品贩子 *dúpǐnfànzi*. '自从他 6 月 30 日出任总统以来，已经有 316 名毒品贩子被打死。' « Depuis qu'il est devenu président le 30 juin, plus de 316 dealers ont déjà été exécutés. » *(aboluowang, 2017).*
• 毒枭 *dúxiāo*. Trafiquant à grande échelle, baron de la drogue. '目前，隐藏在缅甸的毒枭魏学刚被称

为"亚洲头号大毒枭"。'
« Aujourd'hui, le trafiquant Wei Xuegang, planqué au Cambodge, est appelé "le grand baron asiatique de la drogue ". » *(PR, 2005)*
• 药贩子 *yàofànzi*. Il s'agit ici d'un dealer ou colporteur en médicaments de basse qualité et/ou contrefaits ; voir ex. ↶*cochon*[INS]

Déblatérer, dégoiser
Parler sans trêve ni repos, pour ne rien dire, de façon fastidieuse :
• 贫嘴 ou 耍贫嘴 *shuǎ pínzuǐ.* Assommer par son bavardage. '行了！除了贫嘴还会干吗？' « Ça suffit ! À part déblatérer, qu'est-ce que tu sais faire d'autre ? » Parfois abrégé en 贫 : '这人特贫，一拿起电话就不愿放下。' « Ce type est un sacré bavard, une fois qu'il a décroché le téléphone, il ne peut plus s'arrêter. » '别贫了！' « Arrête de déblatérer ! » Termes anciens qu'on retrouve souvent dans les romans Ming et Qing, mais toujours localement en vigueur.
• 喋喋不休 *diédiébùxiū.* '没必要说的话别喋喋不休地说。' « Si tu n'as rien d'important à dire, arrête de dégoiser ! » *(edu.sina, 2016)*

Débloquer, dérailler, divaguer
• 胡说八道 *húshuōbādào.* '他们都在胡说八道，根本不值得我去回应。' « Ils sont en train de dérailler complètement, ça ne vaut même pas la peine que je leur réponde. » *(Neymar cité par Sina sports, 2018).* Égal[t] en substantif ↶ *foutaises.* Se dit aussi 胡扯八道.
• 胡言乱语 *húyánluànyǔ.* Synonyme du précédent. '这绝不是毫无根据的胡言乱语。' « Ce ne sont en aucun cas des divagations dépourvues de fondement. »[65]

• 瞎扯 *xiāchě.* '别瞎扯了！' « Arrête de débloquer ! » Abréviation et synonyme de 瞎扯蛋 *xiāchědàn*, plus rare mais qui peut servir de substantif comme de verbe. '马克思剩余价值理论到底是不是瞎扯蛋？' « La théorie de la plus value marxiste, au fond, c'est de la foutaise ou pas ? » *(creaders.net, 2018)*

Debout (histoires à dormir ~)
• 天方夜谭 *tiānfāngyètán.* C'est le titre chinois des *Contes des mille et une nuits.* Histoires fantastiques, peu crédibles. '把水变成石油？这简直就是天方夜谭！' « Transformer l'eau en pétrole ? C'est tout simplement une histoire à dormir debout ! »

Debout
« Mieux vaut mourir debout que vivre à genoux/couché »
• 宁为玉碎，不为瓦全 *nìngwéi yùsuì, bùwéi wǎquán* « mieux vaux être un jade brisé qu'une brique intacte. » '我主意已定，为中国人争一口气，宁为玉碎，不为瓦全！' « Ma décision est irrévocable, c'est pour l'honneur de tous les Chinois ! Mieux vaut mourir debout que vivre à genoux ! »[93]

Débraillé, négligé
• 邋遢 *lāta.* Négligé, débraillé ; s'applique à l'ensemble de l'aspect, dont les vêtements. '那群邋遢的小淘气们向我跑过来要糖果。' « La horde de garnements débraillés accourut vers moi en réclamant des bonbons. » Le terme implique un certain degré de saleté, mais moins que celui de 肮脏. '我的猫不修边幅，不仅邋遢，简直肮脏。' « Mon chat se moquait de son apparence, il n'était pas seulement négligé, mais carrément crasseux. »[280]

Début (bon ~) ☞ *pied (du bon)*

Décanter (se ~), s'éclaircir, se calmer
• 尘埃落定 *chén'āi luòdìng.* L'équivalent du *the dust settles* anglais. Pour une situation, un processus… '中美贸易争端尘埃落定。' « La dispute commerciale sino-américaine se décante. » *(Sina, 2018)* '近几个月来，随着阿富汗战事尘埃落定，美国的反恐战争的矛头转向"邪恶轴心"国家中的伊拉克。' « Ces derniers mois, après que les opérations militaires en Afghanistan se sont calmées, l'effort de la guerre américaine contre le terrorisme s'est porté sur l'Irak, l'un des pays de "l'axe du mal". » *(QP, 2002)*

Dêche (dans la ~)
• 穷困潦倒 *qióngkùnliáodǎo.* Être dans la misère, dans la panade, se débattre dans les difficultés matérielles. '尊诗圣的是因为需要诗圣，做诗圣的只能穷困潦倒。' « On respecte les grands poètes parce qu'on a besoin de grands poètes ; mais être un poète, c'est être toujours dans la dêche. »[332]

Déchets, rebut, vieilleries
• 破烂儿 *pòlànr.* Vieux objets de peu de valeur, souvent cassés.

Défoncer (se ~), décoller
• 去嗨 *qùhāi.* Ici 嗨 est la simple transcription phonétique de l'anglais *high,* qualifiant l'usage de drogues. Un endroit (boîte de nuit, appartement…) où l'on a accès à des drogues est un 嗨场 *hāichǎng.* '一起去嗨吧！' « Allez, on se défonce tous ensemble ! »

Déconner, faire le con
• 胡搞 *húgǎo.* Faire n'importe quoi, n'importe comment. '你这样胡搞，将来吃亏的还是自己！'

« Si tu continues à déconner ainsi, c'est toi qui en paieras le prix ! » Égal[t] dans le sens « fricoter » (entre une fille et un garçon).
• 瞎搞 *xiāgǎo* « agir en aveugle ». Faire n'importe quoi. Suivi ou non d'un complément. '你娃给我注意到点，好生休息，不要瞎搞！' « Et surtout fais un peu gaffe, repose-toi bien, faut pas déconner avec ça. »[34] '别把收音机拿来瞎搞，否则你会弄坏的。' « Arrête de faire le con avec cette radio, tu vas le péter. »

Découcher
• 刷夜 *shuāyè* : en usage à Pékin. Découcher, mais pas forcément pour des aventures galantes, ni forcément pour la nuit entière. On peut le faire pour étudier à l'université, rester au bureau, jouer aux jeux vidéo. La connotation sexuelle existe aussi mais reste rare.

Défiler (se)
• 耍滑 *shuǎhuá* ou 耍滑头. Échapper par la ruse à un travail ou à ses responsabilités. '我们不能信任一个经常耍滑头的人。' « Nous ne pouvons pas faire confiance à un type qui a l'habitude de se défiler. »

Dégonfler (se ~)
• 泄气 *xièqì.* '困难是暂时的，大家千万不要泄气。' « Les difficultés ne sont que temporaires, personne ne doit se dégonfler ! »

Dégueulasse, dégoûtant
• 德行 *déxíng.* Concerne un individu ou un événement : '瞧你那个德行。' « Regarde-toi, espèce de gros dégueulasse. »[W] '真德行！' « C'est dégoûtant ! »
• 操性 *càoxìng.* Pékinois, plus fort que le précédent.

Ces deux termes peuvent être employés indifféremment comme adjectifs ou substantifs.

Déguster, morfler ⌒*clamser*
• Dans le cas d'une blessure par balle au combat : 挂花 *guàhuā* « accrocher une fleur ». '她挂花了！' « Elle a dégusté ! »[426]

Délicieux
• 够味儿 *gòuwèir* « juste comme il faut ». Au propre comme au figuré, aujourd'hui le plus souvent sous la forme … 才够味儿. '羊排这么吃才更够味儿。' « C'est comme ça qu'il faut manger les côtelettes de mouton pour que ça soit vraiment délicieux» *(Sina, 2017)*. '有个性才够味儿！开上这些 SUV，人家都说你懂车.' « Avoir de la personnalité, c'est ça qui est bon ! Si vous conduisez ces SUVs, tout le monde dira que vous êtes un vrai automobiliste. »

Délinquant juvénile
• 阿飞 ce mot vient de l'argot de Shanghai mais s'est répandu partout. Désigne souvent les jeunes au comportement et au style peu respectueux des préceptes confucéens. '他是有点像个阿飞，但心眼儿不错。' « Il a un peu l'air d'un jeune délinquant, mais au fond il a bon cœur. »
⌒*vaurien, voyou*

Déménager • 挪窝 *nuówōr*

Dents (montrer les ~, les crocs)
• 龇牙咧嘴 *zīyáliězuǐ*. Prendre un air féroce, menaçant (égal[t] : grimacer de douleur).

Dents du fond qui baignent
• Avoir beaucoup trop mangé : 撑的慌 *chēng de huang*. Au point d'avoir envie de vomir.

Déplumé ; début de calvitie
• 歇顶 *xiēdǐng*. '坐在会议桌主持位置的是一位略略有些歇顶的中年人。' « Un homme d'âge moyen, légèrement déplumé du dessus, était assis à la place d'honneur de la table de réunion. »[65]

Descente (avoir une bonne ~)
• 酒量大 *jiǔliàng dà*. Bien tenir l'alcool, avoir une grande capacité.
• 海量 *hǎiliàng*. Le niveau supérieur du précédent. Signifie à l'origine « magnanimité, générosité ». '您是海量，不妨多喝几杯。' « Vous avez une sacrée descente, quelques verres de plus ne vont pas vous déranger. »

Désespoir (en ~ de cause)
• 死马当活马医 *sǐmǎ dāng huómǎ yī* « chercher à soigner un cheval mort comme s'il était encore en vie ». Tentative de la dernière chance. '人挤到了这地步，只能死马当成活马医，我便问他……' « Puisque j'en étais rendu là, je n'avais plus qu'à lui demander, en désespoir de cause… »[24]

Désirs, vœu pieu
« Prendre ses ~ pour des réalités »
• 一厢情愿 *yīxiāngqíngyuàn*. À l'origine, désir ou amour unilatéral, non payé de retour. '他们还一厢情愿地说：台美关系不会因此受到影响。' « Une fois de plus, ils forment le vœu pieu que les relations entre Taïwan et les États-Unis n'en seront pas affectées. » *(China Times, 2003)* '你这不是一厢情愿吗？' « Ne serais-tu pas en train de prendre tes désirs pour des réalités ? »[612]

Dessus (avoir, prendre le ~)
• 占上风 *zhàn shàngfēng*. '那么，老婆就占上风了吧？' « Alors, c'est sa femme qui a pris le dessus ? »

Détraquer (se ~)
• 出毛病 *chū máobìng*

Deux (un jeu qui se joue à ~)
Pour signifier que dans un conflit, les torts sont bien souvent partagés ; en anglais *It takes two to tango.*
• 一个巴掌拍不响 *yīgè bāzhǎng pāi bù xiǎng* « une seule main ne peut pas applaudir ». '只是，一个巴掌拍不响，左派工人也用上极端手段"反英抗暴"。' « Mais c'était un jeu qui se jouait à deux et de leur côté, les ouvriers gauchistes utilisaient les moyens les plus extrêmes pour "résister à l'oppression britannique". »[70]

Deux temps trois mouvements (en ~)
Ou bien : en deux coups de cuillère à pot. Efficacement et rapidement.
• 三下两下 *sānxiàliǎngxià*. '他把心一横，三下两下脱了衣服，一头扎进冰冷的河里。' « Il prit son courage à deux mains, se débarrassa de ses habits en deux temps trois mouvements et plongea dans le fleuve glacé. » *(Baidu 2009)*
• Variante : 三下五除二 *sānxià wǔchú'èr* « Cinq moins trois restent deux ». Vite fait bien fait.

Déveine, malchance ☞ *bol*
• 倒霉 *dǎoméi*. Terme oral le plus courant. Le sens peut être plus fort : « Le sort s'acharne ». '今早我在厕所滑倒，真倒霉啊！' « Ce matin j'me suis cassé la gueule dans les toilettes, quelle déveine ! »
• 点背 *diǎnbèi*. '唉，最近点背，我家主机坏了。' « Aïe, pas de veine ces jours-ci, ma console de jeux est cassée. » Argot du NE à l'origine.
• 触霉头 *chùméitóu*. Équivalent de 倒霉, plutôt vers Shanghai.
• 背兴 *bèixìng*. Ne pas avoir de chance. Plutôt dans le Nord.

Diable par la queue (tirer le ~)
• 阮囊羞涩 *Ruǎn náng xiūsè* « La bourse de Ruan est honteuse ». Avoir la bourse plate ou légère, être dans la mouise, la dèche.

Diablesse (petite ~, petite coquine)
• 鬼丫头 *guǐ yātou*. Appellation affectueuse pour une petite fille, une jeune fille, une jeune femme. '鬼丫头！又跟我捉起了迷藏！' « Petite diablesse ! Encore à jouer à cache-cache avec moi ! »[65]

Diablotin, petit diable
Comme ci-dessus, pour les garçons.
• 鬼头 *guǐtóu*. Enfant amusant, malin.
• 小鬼 *xiǎoguǐ*.
• 小猴子 *xiǎo hóuzi*. Petit singe, garnement, petit diable.

Dieu sait comment, Dieu sait où
• 天晓得 *tiānxiǎode* « le Ciel le sait ».

Dilettante, amateur
Ou faire les choses en ~, en amateur.
• 半吊子 *bàndiàozi*. '老婆再也不会说你半吊子厨师了！' « Votre femme ne dira plus jamais que vous n'êtes qu'un cuisinier dilettante ! » *(Sina, 2018)*

Diplômes (moulin, usine à ~)
• 野鸡大学 *yějī dàxué* « Université faisan ». Établissement fictif, délivrant de faux diplômes universitaires, ou réel mais de très mauvaise qualité (« diplômes bidons »). Ce phénomène international touche aussi la Chine. '国内有 210 所"野鸡大学"' « Il y a en Chine 210 "usines à diplômes". » *(PR 2015)*
ATTENTION : bien que 野鸡 soit un terme signifiant aussi « prostituée », ces fausses universités ne sont pas des écoles formant au plus vieux métier du monde !

Dire (cela va sans ~), il va sans ~, cela va de soi, comme de juste
• 理所当然 *lǐsuǒdāngrán*. '他是办公室主任，这顿年饭的总指挥头衔，理所当然地落在他的头上。' « En tant chef du secrétariat du bureau, il allait sans dire que le titre de grand organisateur du banquet annuel lui revenait. »[460]
• 不言而喻 *bùyánéryù*. Cela est évident, se passe de commentaires. '但这一政策的潜在危险不言而喻。' « Mais le danger potentiel d'une telle stratégie se passe de commentaires. » *(PR, 2006)*

Disputer (se ~) ☞ *bec (prise de)*

Divorcé.e ☞ *remarié.e^SEX*

Doigt • Donne ton ~… ☞ *brebis*

Doigts (l'argent file entre les ~)
• 存不住钱 *cúnbùzhùqián*. 存钱 signifie « mettre de l'argent de côté ». Voir ex. à ☞ *bouts (joindre)*

Doigts (connaître sur le bout des ~) :
• 了如指掌 *liǎo rú zhǐzhǎng*. '原来他在武汉三镇到处游荡，对文化大革命的形势了如指掌。' « De fait, il avait parcouru les trois parties de Wuhan en tous sens et savait sur le bout des doigts ce qui s'y était passé pendant la Révolution Culturelle. »[21]

Doigts (claquer des ~)
• 打榧子 *dǎfěizi*. 榧子 signifie « petit bruit ».

Doigts (s'en mordre les ~)
Regretter amèrement, s'en repentir. Devoir supporter les conséquences de ses actes ou paroles.
• 吃后悔药 *chīhòuhuǐyào* « avaler la pilule du regret ».
• 吃不了，兜着走 *chībuliǎo, dōuzhezǒu*. Ici 兜 est pris dans son sens rare « assumer la responsa-bilité pour qqch ». '哪个敢管今天老子就喊哪个吃不了兜着走！' « Et celui qui osera se mêler de mes affaires s'en mordra les doigts ! »[34] '他会让你吃不了兜着走': « Il vous le fera regretter ».

Doigts dans le nez ☞ *gâteau*
• 探囊取物 *tànnáng qǔwù* « aussi facile que de prendre quelque chose dans sa poche ». '解放军要想拿下台湾，早已是探囊取物。' « Si l'APL veut s'emparer de Taïwan, elle peut déjà le faire les doigts dans le nez. » *(hotbak.net, 2019)* ☞ *gâteau, enfant (jeu d')*

Dollar américain
• Le terme officiel est 美元, mais on pourra parler de « dos vert » : 绿背 *lǜbèi*, décalque direct de l'argot américain *greenback*.

Donner (tout ~ pour…) ☞ *envie*

Dos (sur le ~) ☞ *fers, renverse*

Dos (critiquer dans le ~) ☞ *sucre*

Dos (dans le ~), en secret
• 背地里 *bèidìli* ou 暗地里 *àndìli* « dans le dos, dans le noir ». '小人总爱暗地里算计好人。' « Les gens de peu aiment comploter dans le dos des gens de bien. »

Douce (en ~), en secret, en catimini
• 人不知，鬼不觉 *rénbùzhī, guǐbùjué* « ni les hommes ni les esprits n'en ont conscience ». '不要以为人不知鬼不觉，可以做亏心事，神明都看得到。' « Il ne faut pas croire un instant que vous puissiez accomplir vos péchés en douce, à l'insu de tous : les dieux vous voient toujours. » *(Sina, 2015)*

Douce (se la couler ~)
• 两饱一倒 *liǎngbǎoyīdǎo* « Deux bons repas, une nuit de sommeil » : la belle vie. '人们嘲笑和尚懒惰，

说什么"两饱一倒，做一天和尚撞一天钟"'« Les gens se moquent de la paresse des bonzes et disent "qu'ils se la coulent douce et vivent au jour le jour". » *(Jinfuxin, 2015)* Voir ☞ *jour (vivre...)*

Douche froide (quelle ~ !)

• (真)扫兴！ *zhēn sǎoxìng!* Pour exprimer une grosse déception ou désillusion. C'est désolant ! C'est vraiment les boules ! 小两口好久不见，刚准备休息，谁知铃声响起，真是太扫兴啦！' « Ce couple ne s'était pas vu depuis longtemps et se préparait tout juste à se "reposer", quand soudain la sonnette retentit ! Quelle atroce douche froide ! » *(qq.com, 2019)*

Doué

• (有)两把刷子 *jǐ bǎ shuāzi* « avoir deux pinceaux ». Être doué, talentueux. Terme qui désignait à l'origine, comme on peut s'en douter, les talents des lettrés. '汪东兴说：邓小平那两把刷子比华国锋差远了。' « Wang Dongxing déclare : "Ce Deng Xiaoping a beau être doué, il l'est beaucoup moins que Hua Guofeng" » *(xilu.com, 2019)*. On trouve aussi moins fréquemment la version 有几把刷子. '这小子虽说年轻，但确实有几把刷子。' « Ce gamin a beau être jeune, il est vraiment très doué. » Même si l'envie est forte, on ne peut pas toujours traduire l'expression par « il a plusieurs cordes à son arc », qui n'a pas tout à fait le même sens ; mais dans certains cas, c'est possible : '习近平：机关干部至少得有这"八把刷子"' « Xi Jinping : les cadres des organismes (d'Etat) doivent avoir au minimum "huit cordes à leur arc". »

Drepou, poudre

• 白粉 *báifěn*. '他因卖白粉而被枪毙'« Il a été exécuté parce qu'il dealait de la poudre ». Le terme officiel pour héroïne est 海洛因. 白粉 peut aussi désigner les drogues en général.

Duckface ☞ *cul-de-poule*

Dur à cuire, vieux de la vieille ☞ *brigand (vieux)[INS], renard (vieux)*

Dur de dur

• 硬茬(子) *yìng cházi* « tige dure ». '土匪老大打劫了一过路商人，不料碰到了硬茬子。' « Ce chef de brigands croit s'attaquer à un marchand ambulant, mais tombe sur un dur de dur. » *(QQ, 2017)*

• 铁铮铮 *tiězhēngzhēng*. '段知明年轻时候也算是个铁铮铮的汉子，怎么越大就越阴阳怪气的。' « Quand il était jeune, Duan Zhiming était un vrai mec, un vrai dur. Pourquoi, plus il vieillit, plus il a l'air d'une tapette ? »[34]

• 吃钢丝拉(屙)弹簧的 *chī gāngsī lā (ē) tánhuáng de* « qui bouffe des fils d'aciers et chie des ressorts. » Plutôt avec une connotation négative : homme sans pitié. '是什么力量，在短短的时间内，把一个吃钢丝屙弹簧的男子汉变成一条丢魂落魄的癞皮狗？' « Quelle force avait en si peu de temps pu transformer un rude gaillard comme lui en une telle lavette terrifiée ? »[32]

Dure (mener la vie à ~ qqun)

• 给…穿小鞋 *chuān xiǎoxié* « Faire porter des petites chaussures ». Allusion à la coutume ancienne des pieds rétrécis. '老板总是给她穿小鞋。' « Le patron lui mène toujours la vie dure »

Eau (comme deux gouttes d'~)
• 一模一样 *yīmúyīyàng*.

Eau (tomber à l'~)
• 泡汤 *pàotāng* « cuit dans la soupe ». Plans, espoirs qui s'effondrent, qui s'envolent en fumée. '今天早上下起了大雨，我们的出行计划泡汤了。' « Ce matin il s'est mis à pleuvoir à grandes eaux et nos plans d'excursion sont tombés à l'eau. » ATTENTION : cette expression a d'autres sens, dont celui, plus littéral, de « submergé, noyé » : '倾盆大雨淹没街道，许多汽车泡汤了。' « Les pluies diluviennes submergeaient les rues, beaucoup de voitures ont été noyées. » *(CD, 2009)*
• 黄了 *huáng le*. Pour une affaire, un deal qui tombent à l'eau. '那笔生意黄了。' « Cette affaire est à l'eau. »[W] L'expression vient de ce qu'autrefois, les boutiques qui faisaient faillite devaient prévenir leur clientèle en l'annonçant sur du papier jaune sur leur porte.

Eaux (pêcher en ~ troubles)
• Pour cette expression, l'équivalent chinois est une traduction quasi exacte : 浑水摸鱼 *húnshuǐ-mōyú*. C'est le 20e des fameux *36 Stratagèmes*. Il s'agit de tirer profit de situations troubles ou désordonnées par des moyens louches ou détournés. '他总是做一些浑水摸鱼上不了台面的事情。' « Il est toujours à pêcher en eaux troubles, à faire des trucs inavouables. »

Eau de roche (clair...) ⌒*jour*

Échapper belle (l'~)
• 死里逃生 *sǐlǐtáoshēng*. Avoir échappé de peu à un danger mortel, revenir de loin. '那么真是死里逃生啊！' « Vous l'avez vraiment échappé belle ! »[802]

Échine (courber l'~) ⌒*courbettes*

Échouer, rater ⌒*foirer, planter (se)*

Éclair (en un ~, rapide comme l'~)
• 一溜烟 *yīliùyān*. En un clin d'œil, à toute vitesse. '她看见金莲，脸唰的红了，一溜烟跑开。' « En apercevant Lotus d'Or, elle piqua un fard et prit ses jambes à son cou. »[17]
• 风驰电掣 *fēngchí diànchè* « rapide comme le vent et l'éclair ». '三龙舞起少林棍法，如龙腾虎跃，风驰电掣，可谓出神入化。' « Sanlong déploya alors son art du "gourdin de Shaolin" ; bondissant comme un tigre, rapide comme l'éclair, terrifiant dans sa perfection. »[94]

Éclairs (lancer des ~), étinceler
• 光闪闪 *guāngshǎnshǎn*. '这时，金发仙姑飘来，她拿着一根光闪闪的银针。' « À ce moment-là, l'immortelle aux cheveux d'or flotta jusqu'à elle, une aiguille d'argent étincelante à la main. »[90] Valable aussi pour des yeux brillants, étincelants ; mais cela peut être pour diverses raisons, pas seulement la colère comme le suggère l'expression française : larmes : rage, cruauté...

Éclater, exploser de rire
• 笑破肚皮 *xiào pò dùpí* « se faire péter la peau du ventre en riant ». '二战中绝对能让你笑破肚皮的七件趣事。' « Sept anecdotes à propos de la 2e Guerre mondiale qui vont vous faire éclater de rire. » *(Sina, 4/4/2018)*

Écœurant ⌒*gerbe*
• 肉麻 *ròumá*. Dégoutant, choquant, à donner la nausée. '群众看到她

这肉麻相，就骚动起来。’« En constatant son attitude écœurante, la foule commença à s'agiter. »[82]

Écorce (on presse l'orange et on jette l'~)

• 兔死狗烹 *tùsǐgǒupēng* « Cuire le chien quand le lièvre est mort » : éliminer les laquais ou les aides après qu'ils ont servis ; payer d'ingratitude. Voir ex. ☞ *paillasse*

Écran (société ~)

• 皮包公司 *píbāo gōngsī* « société en sac de cuir ». Plus généralement : entreprise louche, pas fiable.

Ecsta, ecstasy

• 摇头丸 *yáotóuwán* « la pilule qui secoue la tête ».

Embarrassant, gênant ☞ *épineux*

Embobiner ☞ *baratin*

Embrouillé

• Confus, perplexe : 发蒙 *fāmēng*

Emmerdes, embrouilles, ennuis, histoires, problèmes (chercher, causer, s'attirer les ~ ; éviter les ~)

• 惹麻烦 *rě máfan*. Le terme le plus courant. ’他是个小色迷，惹出了不少麻烦。’ « C'est un vrai petit obsédé, ça lui a causé pas mal d'emmerdes. » Le terme va également avec les verbes 找 et 招 (ou 自找, 自招) : ’我们如果酒后开车，就是自找麻烦。’ « Boire avant de conduire, c'est vraiment vouloir s'attirer les ennuis. »

• 戳祸 *chuōhuò* ’你这个死不了的，净戳祸呀！’ « Espèce de salopiot, toujours à chercher des histoires ! » Variante : 闯祸 *chuǎnghuò*

• 惹火上身 *rěhuǒ shàng shēn*. Plus littéraire… mais le résultat est le même ! ’此时你最好不要说话，免得惹火上身。’ « Cette fois il vaut mieux que tu te taises, pour éviter de t'attirer des ennuis. »

• 大头佛 *dàtóufó* « Bouddha à grosse tête ». Ce terme désigne l'un des figures masquées en tête du cortège de Nouvel An dans le sud de la Chine ; l'expression vient du cantonais, mais s'est répandue même si elle n'est pas forcément comprise par tout le monde. Avec le verbe 搞.’船上闲着无聊，干柴烈火，愈陷愈深，最后搞出个大头佛。’ « À bord, on a trop de temps libre et on s'ennuie, il y a la libido explosive de la jeunesse… les choses s'enveniment… et on vient finalement à commettre l'irréparable. »[36]

• 添乱 *tiānluàn*. Verbe, « causer des emmerdes », semer le chaos. ’你少给我添乱吧！’ « Vaudrait mieux que tu me causes un peu moins d'emmerdes ! »[65]

• Éviter les ~ ☞ *carreau*

Emmerder (s'~), se faire chier

• 没劲 *méijìn*. Chiant. Sens plus familier de ce terme qui signifie normalement « être épuisé ». ’电影好看吗？’ ’没劲。’ « C'était bien le film ? » « C'était chiant. » ’你在美国过得怎样？’ ’没劲。’ « Et comment ça se passe ta vie aux States ? » « Je m'emmerde. »

• 闲的慌 *xiándehuāng*. ’长假噢，好长啊，闲的慌，好无聊，吃了睡，睡了吃。’ « Les grandes vacances… qu'est-ce qu'elles sont longues… on s'emmerde… c'est la barbe… on dort et on bouffe, on bouffe puis on dort… » (*Vipyl 2015*)

• 穷极无聊 *qióngjíwúliáo*. S'emmerder à mourir, souffrir d'un ennui extrême. ’这段时间，他简直是穷极无聊。’ « Ces derniers temps, il s'emmerde à mourir. » Variante : 百无聊赖 *bǎiwúliáolài*.

☞ *chiant, ennuyeux*

Emoticon, emoji, smiley

Deux traductions pour *emoticon* sont utilisées indifféremment :
• 颜文字 *yánwénzì*, qui est le terme japonais original.
• 表情符号 *biǎoqíngfúhào*, qui peut aussi traduire *emoji* à Taïwan (en caractères traditionnels).
• Pour *emoji*, en Chine continentale on se sert simplement de *emoji*, de 小黄脸 « petit visage jaune » qui désignait plus spécifiquement le *smiley*, ou de : 表情包 *biǎoqíngbāo*.

Empiffrer (s'~)
• 大吃大喝 *dàchīdàhē*. '悟空吹一口仙气，迷倒了御厨们，自己在宴席上大吃大喝起来。' « D'un souffle, Wukong endormit tous les cuisiniers ; puis il s'installa tout seul au banquet et commença à s'empiffrer. »[181]

Empoté ☞ *gauche (deux mains ~)*

Encaisser ☞ *pilule*

Endetté
• Les emprunts faramineux faits pour acheter un appartement, une voiture etc ont donné naissance au néologisme 负翁 *fùwēng*, « (vieillard) endetté », qui est un jeu de mot sur l'homonyme 富翁 *fùwēng*, qui veut dire « très riche ». Le terme ne désigne pas seulement les personnes âgées et peut être précédé d'un ordre de grandeur de la somme due. '很多有房有车的年轻人都是"负翁"，最担心的就是失业。' « Beaucoup de jeunes qui ont acheté appartement et voiture sont désormais lourdement endettés et craignent par-dessus tout de perdre leur travail. » *(Sina 2017)*
• On peut aussi dire qu'ils appartiennent désormais à la catégorie des « esclaves immobiliers » : 房奴 *fángnú*, s'ils engloutissent les 2/3 ou plus de leurs revenus dans le remboursement de leur emprunt, dont ils sont désormais, en tout état de cause, les esclaves…

Énervant, irritant, pénible
• 可气 *kěqì*. En interjection : '真可气！' « C'est vraiment énervant ! » ; ou bien dans une phrase, le plus souvent sous les formes 更可气的是，最可气的是… '生活最可气的是永远不会有彻头彻尾的坏人。' « Le plus pénible dans la vie, c'est qu'il y a jamais de salaud absolue. » *(Dazeng culture, 2019)*

Enfant (jeu d'~)
• 易如翻掌 *yìrúfānzhǎng* « facile comme de tourner la main ».. Très facile, simple comme bonjour. '我率大军，剿灭水泊几个蟊贼，还不易如翻掌。' « Je mènerai cette légion et exterminerai ces quelques vermines des bords du lac ; ce ne sera qu'un jeu d'enfant. »[15]
Égal[t] 易如反掌 *yìrúfānzhǎng* '处理此事，易如反掌，交给我办吧！' « Cette affaire, c'est simple comme bonjour, refile-la moi ! »
Remarque : la tentation est présente de traduire cette expression par « en un tournemain », mais ce serait un léger faux-sens car le *chengyu* chinois insiste plus sur la facilité que sur la rapidité.

Enfer sur terre ; la vie est un enfer
• 生不如死 *shēngbùrúsǐ* « La vie ne vaut pas la mort ; les vivants envient les morts ». La vie est un enfer. Voir ex. ☞ *battre froid*
• 活地狱 *huódìyù* ou 人间地狱.

Enfumer, mystifier
• 装神弄鬼 *zhuāngshénnòngguǐ*. Désignait à l'origine les médiums et sorciers qui agissaient ou parlaient comme des esprits, ce qui pouvait évidemment donner lieu à nombre

d'escroqueries et duperies, d'où le sens dérivé : tromper, monter un bateau. '你要再装神弄鬼，就把你毙了！' « Si tu continues à nous enfumer, on te bute ! »[24]

Engueuler
• 叱喝 *chìhè*. Engueuler, crier sur.
• 挨呲儿 *áicīr*. (se faire ~), ramasser. Argot du nord, pékinois. Vient du mongol. '待会班长回来看见大家的内务又是那个样我就得挨呲儿啦！' « Quand le chef de section repassera et verra comment vous avez nettoyé, c'est encore moi qui vais ramasser ! » *(sina, 2017)*
☞ *bec (prise de), poisson, savon*

Ennemi (passer à l'~) ☞ *veste*

Ennemi public
• 悍匪 *hànfěi*. Criminel doué, intrépide et dangereux. '台头号悍匪终于落网。' « L'ennemi public n°1 à Taïwan tombe finalement dans les rêts de la police. » *(PR, 2005)* '中国十大悍匪分别是谁？' « Qui sont les dix plus grands criminels chinois ? » *(Baidu, 2014)*

Enseigne (être logé à la même ~)
• 同遭厄运 *tóngzāo èyùn*. Souffrir des mêmes malheurs. '13 年前哥哥白血病缠身 13 年后弟弟同遭厄运。' « Il y a treize ans, l'aîné fut atteint d'une leucémie ; aujourd'hui, le cadet est logé à la même enseigne. » *(PR, 2012)*

Entrain, enthousiasme (plein d'~)
• 兴冲冲 *xìngchōngchōng*. '红兰谢过了女郎，穿过瀑布又兴冲冲前进了。' « Après avoir remercié la jeune femme, Orchidée Rouge franchit la cascade et repartit, le cœur plein d'enthousiasme. »[90]

En veux-tu, en voilà
• 求锤得锤 *qiúchuí déchuí* « tu réclames un marteau ? Tu as un marteau ». Ici 锤 signifie « preuve irréfutable ». L'expression, l'une des plus courues de 2017, est apparue quand une célébrité trompée a fait fuiter petit à petit les preuves de la forfaiture de sa moitié. Le sens s'est élargi depuis.

Envie, jalousie
• 红眼病 *hóngyǎnbìng*, envie, jalousie (de 红眼 envieux). En français, on est jaune d'envie, en chinois on a les yeux rouges pour la même raison. Pour le bonheur ou les choses matérielles, pas pour les affaires de cœur. '那些人有红眼病都是容易受骗的人。' « Les gens les plus envieux sont les plus faciles à arnaquer. » S'utilise aussi avec le verbe 害 *hài*.

Envie (avoir très ~, crever d'~)
• 眼馋 *yǎnchán*. '他一方面非常眼馋，一方面又非常佩服我。' « D'un côté, il crevait d'envie, mais de l'autre il était éperdu d'admiration envers moi. »[272]
• 巴不得 *bābude*. '那些小男孩巴不得让那些欺负人的坏蛋也尝点苦头。' « Ces gamins meurent d'envie de voir les salauds qui les persécutent souffrir à leur tour. » Autres ex. ☞ *rampe, vin*
• 恨不得 *hènbude*. Les différences avec le précédent sont les suivantes :
- 恨不得 est légèrement plus fort que 巴不得 ;
- 恨不得 s'applique surtout à des désirs que l'on sait irréalisables, alors qu'avec 巴不得, il y a une probabilité non nulle qu'ils se réalisent.
- 恨不得 ne peut se construire grammaticalement avec une seconde négation, 巴不得 le peut ; 我巴不得不去 est possible « Je meurs d'envie de ne pas y aller / je ne veux surtout pas y aller ».

• 有，害*(haì)*红眼病 ☞ *envie*

• 求之不得 *qiúzhībùdé*. À l'origine, signifie « demander quelque chose et ne pas l'obtenir », de nos jours simplement « espérer ardemment ». Voir ex. ☞ *nez (fourrer)* ☞ *baver d'envie*

Éparpillé façon puzzle (par une explosion volontaire) :

• 血肉横飞 *xuèròuhéngfēi*. '你既然爱她，就不该干这种事，难道你忍心让她血肉横飞？' « Puisque tu l'aimes, tu ne dois pas faire un truc pareil, comment pourrais-tu supporter de la voir éparpillée façon puzzle ? »[65] *(Merci à Michel Audiard…)*

Épatant ☞ *bien, super*

Épaules (hausser les ~)

• Le mouvement lui-même se dit 耸肩 *sǒngjiān* ou (耸)耸肩膀 *sǒngsǒng jiānbǎng*. Le geste traduit autant l'indifférence que l'impuissance ou le doute. '过去几十年，西方对中国每样新的军事装备问世的反应，都只是轻耸肩膀。' « Au cours des quelques décennies écoulées, l'Occident n'a réagi que par un léger haussement d'épaules à chaque fois que la Chine dévoilait un nouvel équipement militaire. » *(Sina, 2011)*

• Depuis quelques années, le terme 摊手耸肩 ou, en abrégé, 摊手 *tānshǒu* (qui signifie « étaler les mains », mais aussi « laisser aller »), sert à désigner le mouvement de haussement d'épaules combiné à un sourire impuissant et aux paumes levées vers le ciel, appelé en anglais *shruggie* ou *smugshrug*, rendu par l'émoticon japonais ¯_(ツ)_/¯. Le sens est l'ignorance totale doublée d'une sorte de résignation *zen* devant les malheurs du monde ou de sa propre personne.

Épée (coup d'~ dans l'eau)

• 徒劳无功 *túláowúgōng*. Effort, acharnement futile ; en pure perte. Synonyme, mais moins courant, on trouve 徒劳无益 *túláowúyì*. '俄高官：美国对华遏制行径注定是徒劳无功。' « Un haut responsable russe : les efforts des États-Unis pour contenir la Chine reviennent à un coup d'épée dans l'eau. » *(Sina, 2019)*

Épineux, épineuse

• Problème, question ~, embarrassante, difficile : 棘手 *jíshǒu* 的问题. '由于欧洲人对中国保姆的需求大幅增加，现在他们最棘手的问题是找不到高素质的中国保姆。' « Parce que la demande des Européens pour des nounous chinoises est en forte augmentation, aujourd'hui leur problème le plus épineux est qu'ils n'en trouvent pas d'un niveau assez élevé. » *(QP, 2005)* '我哥这事啊，还真是棘手，我们要给他想个办法啊！' « Mon pauvre grand frère, son histoire est vraiment embarrassante, il faut lui trouver une solution ! »[34]

• 疙疙瘩瘩 *gēgedādā*. Sens original (et plus fréquent) : noueux, rêche, rugueux ; épineux, qui pose problème. Un os. '他尽遇上疙疙瘩瘩的事儿。' « Il est vraiment tombé sur un os. »

Équipe (faire ~)

• 搭档 *dādàng*. Synonyme de 协作. Souvent utilisé pour les sports. Égal[t] en nom : partenaire, collègue ; le plus souvent sous la forme 老搭档. '他俩是舞台上老搭档了。'

« Ça fait un bail qu'ils font équipe sur la piste de danse. »

Erreur (l'~ est humaine)
• 人孰无过 *rénshúwúguò*. Abréviation de 人非圣贤，孰能无过 « Les hommes ne sont pas des saints, qui peut ne jamais se tromper ? »

Esbroufe, faire de l'~
• 吹法螺 *chuīfǎluó* « souffler dans la corne de la Loi » (un instrument bouddhiste qui s'entend de très loin). Se vanter, se pousser du col, chercher à impressionner.'国家足球队说自己能赢得这场比赛，那可真是吹法螺。' « L'équipe de foot nationale a déclaré qu'elle était en mesure de remporter cette compétition… Quelle esbroufe ! »

Escampette (prendre la poudre d'~)
• 脚底抹油 *jiǎodǐ-mǒyóu*. S'enfuir en vitesse.'你脚底抹油，我哪里去找你？'« Et si tu prends la poudre d'escampette, comment je fais pour te retrouver ? »[65]

Escogriffe (grand ~, grand échalas) ☞ *asperge*

Escroc
• 骗子手 *piànzi shǒu* ou 骗子.'他是一个骗子手和歹徒，这是十分明显的。' « C'est un escroc et un vulgaire bandit, au moins ça c'est très clair. »
• 假活儿 *jiǎhuór*.'老王发现自称为导演的陈某是个假活儿。' « Vieux Wang s'est rendu compte que ce Chen-quelque chose qui se disait réalisateur n'était qu'un escroc. » ATTENTION : le terme pouvait aussi s'appliquer aux objets (des faux) mais ne sert plus dans ce sens, il y a d'autres mots plus récents et/ou usités.

☞ *arnaque, faux*

Espagne (chateaux en ~)
• 空中楼阁 *kōngzhōng-lóugé* « pavillons dans le ciel ». Illusions, chimères, rêveries. ☞ *fantasmer*

Estomaqué ☞ *scié*

Étalage (faire ~ de)
• … sa richesse, son pognon : dans l'exemple suivant, trois termes désignant ce travers fréquent, qui consiste à faire étalage d'une richesse qu'on a ou qu'on a pas vraiment :'摆阔、斗副、攀比在这里蔚然成风。' Respectivement : *bǎikuò, dòufù, pānbǐ*. « L'étalage de son pognon et la frime vulgaire sont devenus des passe-temps à la mode par ici. »[65]
☞ *bling bling, frimer, péter (se la)*

Éternité, longtemps, un bail…
• 老半天 *lǎobàntiān*. Une très (trop) longue durée, de l'ordre de quelques heures, mais éminemment variable selon le degré d'impatience du locuteur :'哦，至少等了你老半天了！肯定有半个钟头了。' « Oh, ça fait au minimum une éternité qu'on t'attend – sûrement pas moins d'une demi-heure ! » *(dans une traduction de* Northanger Abbey *de Jane Austen par* 孙致礼)

Étirer (s'~), pour dissiper la fatigue
• 伸懒腰 *shēn lǎnyāo*.'他伸了个懒腰，揉着太阳穴道：' « Il s'étira un bon coup, puis dit en se frottant les tempes : … »

Étranger
• 外国佬 *wàiguó lǎo*. Légèrement péjoratif.'那些死外国佬没一个好东西，早就应该发几颗原子弹过去打死他们！' « Ces salauds d'étrangers, pas un pour rattraper l'autre ! Ça fait longtemps qu'on aurait dû leur balancer des bombes A sur la gueule ! »

Et voilà

C'est fait, c'est terminé, c'est bon (à propos d'une tâche, d'un travail)
• Pékin, Shandong : 齐活（儿）*qíhuór.* '放上面粉、酵母、鸡蛋、牛奶、黄油、糖和盐，一按开始键，就齐活儿了。' « Mettez simplement la farine, la levure, les œufs, le lait, le beurre, le sucre et le sel, appuyez sur le bouton, et voilà ! » *(PR, 2013)* '齐活了，穿上看看是否合身。' « Voilà, c'est terminé, essayez-le pour voir si ça vous va. »

Excellent ⌒ *super*
• 顶呱呱 ou 顶刮刮 *dǐngguāguā*

Excitant, excité ⌒ *chiot, puce*

Excuses, excusez-moi, pardon
• 对不住 *duìbuzhù.* Synonyme plus oral et assez courant de 对不起. '对不住得很，对不住得很：迟到了三刻钟。' « Toutes mes excuses, toutes mes excuses : j'ai ¾ d'heure de retard. »[425]

Expérience
• Sans ~ ⌒ *novice, pied tendre,*
• Avec beaucoup d'~ ⌒ *vétéran*

Exploiteur, affameur
• 周扒皮 *zhōubāpí* « Zhou l'exploiteur ». '朱大伟还时不时骂赵忠是"周扒皮"。' « De temps en temps, Zhu Dawei traitait encore Zhao Zhong de "sale exploiteur". »[37] Zhou l'exploiteur, archétype des infâmes propriétaires terriens exploiteurs des pauvres, est un personnage de fiction tiré d'un roman de Wang Yubao (né en 1927), intitulé *Le coq chante en pleine nuit.* Zhou a appris à imiter le cri du coq et se lève en pleine nuit pour le pousser, donnant ainsi le signal à ses manœuvres et journaliers de se mettre au travail...

avec quelques heures d'avance sur l'horaire normal. Ce personnage fort peu sympathique est surtout connu de la population grâce à un dessin animé pour enfant sorti en 1964. En 2008, l'auteur aurait admis que l'histoire du cri du coq était complètement inventée.
• 吃人不吐骨头 *chī rén bù tǔ gǔtou* « manger un être humain et ne pas en recracher même un bout d'os ». Exploiteur cruel et cupide. '他妈的，刘大鼻子这个吃人不吐骨头的家伙！' « Putain d'sa mère... Liu au Gros nez, cet immonde affameur ! »[82]

Exploser
• 按捺不住 *ànnàbùzhù.* Ne plus pouvoir se contrôler, se retenir (de colère, d'excitation).

Eurêka !
Idée soudaine, éclair de génie.
• 灵机一动 *língjī-yīdòng.* '左思右想，我突然灵机一动。' « À force de me creuser les méninges, soudain ce fut : eurêka ! »[452]

Façade (de ~, tout en ~)

• 中看不中吃 *zhōngkàn bù zhōngchī* « belle apparence mais mauvais goût ». À l'origine pour les plats, s'applique au figuré aux idées, discours, produits, individus… On trouve aussi 中看不中用, même sens. '老娘把你当个人，谁想你却是个中看不中吃的蜡枪头！' « Je te prenais pour un homme ! Qui eût cru que tu n'étais qu'un minable arborant une belle façade ! »[17] *Remarque :* 蜡枪头 est un substantif, qui a le même sens ☞ *minable[INS]*

Face

Les termes habituels sont tout simplement 脸 ou 面子, mais des variantes plus orales existent.

• 脸皮 *liǎnpí*. '处长是当上了，但脸皮也丢尽了。' « Je suis certes passé chef de bureau, mais j'ai totalement perdu la face. »[453]

• 体面 *tǐmiàn*. En même temps un nom (face, dignité) et un adjectif (respectable, honorable.) '青子，把厚实办得体面些，我只这一个女儿。' « Qingzi, organise des funérailles les plus dignes possibles *(qui "donnent de la face")*, c'est ma seule fille après tout. »[460]

Facekini

• 脸基尼 *liǎnjīní*. Bien que ce masque facial complet, destiné à empêcher le bronzage (et à protéger des piqûres de méduses), soit apparu dès 2004 d'abord sur les plages de Qingdao, ce n'est qu'à partir de 2012, après que des médias anglais eurent fait paraître des articles sur le phénomène et aient inventé le terme de *facekini*,

que l'équivalent chinois 脸基尼 apparut : auparavant, on désignait la chose par le terme de « masque de nylon de protection contre le soleil ». La célébrité soudaine du *facekini* a permis à son inventeur d'accéder au marché export, en particulier vers la péninsule arabique. '法国有「布基尼」，中国有「脸基尼」。' « La France a le "burkini", la Chine le "face-kini". » *(New York Times, édition chinoise, 30/8/2016)*

Facile, facilement

• 顺手 *shùnshǒu*. '真是天助也，这样办事就更顺手了。' « Le ciel était vraiment de son côté. De cette façon, les choses se feraient beaucoup plus facilement. »
☞ *enfant (jeu), gâteau*

Façon (de toute ~)

• 横竖 *héngshu*. Sens fort : « Quoi qu'il en soit, quoi qu'il advienne. » '好罢，我不勉强你泄漏你的秘密，横竖不久我会知道的。' D'accord, je ne te force pas à dévoiler ton secret, de toute façon je le saurai d'ici peu. » *(auteur* 丁西林*, roman en ligne* 妙峰山*)*

• 无论如何 *wúlùnrúhé*. Voir exemple ☞ *voir*

Faiblard, faible

• 软 *ruǎn* « mou » ; dans le sens figuré « mou, lâche, faiblard ».

• 软绵绵 *ruǎnmiánmián*. '我一点力气都没有，身体软绵绵，两条腿像是假的。' « Je n'avais plus aucune force, me sentais tout faiblard, comme si mes deux jambes n'étaient plus des vraies. »[23]

• 荏弱 *rěnruò*. '先生似乎有些荏弱，我可让宫中的医生为先生看看。' « Vous m'avez l'air un peu faiblard, je pourrais vous envoyer le médecin du palais. »[69]

Fan, groupies, fangirl

D'une star de la musique, de la télé, ou du cinéma.

• 粉丝 *fěnsī*, translittération de l'anglais *fans* (le terme désigne à l'origine les vermicelles de fécule). '12 年前她成了刘德华的铁杆粉丝。' « Il y a douze ans, elle était fan absolue d'Andy Lau. »

• 追星族 *zhuīxīngzú* « La tribu de ceux qui poursuivent les stars ». '重庆 83 岁"追星族"收集近 200 位名人签名。' « À Chongqing, une "groupie" de 83 ans a collectionné près de 200 autographes de célébrités. » *(Sohu, 2018)*

• Un ou une fan inconditionnel est un 铁粉 *tiěfěn*, soit un fan « de fer ».

• 花痴 *huāchī*. Fangirl. Quand être une fan tourne à l'obsession. Désigne les jeunes femmes totalement obsédées par tel acteur ou personnage. Le comportement associé se dit : 发花痴, ou pire : 犯花痴. '这世间女人犯花痴，其实和国籍没有任何的关系。' « Dans le monde entier les filles bavent d'admiration devant leurs idoles ; ça n'a rien à voir avec leur nationalité. »

Fan club

• 饭圈 *fànquān* « cercle de fans ».

Fanfaronner ☞ *vanter (se ~)*

Fantasmer

• Faire des rêves chimériques, des chateaux en Espagne, se bercer d'illusions, de rêveries : 想入非非 *xiǎngrùfēifēi*. '自从那晚以后，我不但白天想入非非，连做梦也是胡思乱想。' « Depuis ce soir-là, non seulement je fantasme toute la journée, mais même mes rêves sont complètement délirants. »

Ce *chengyu* sert surtout en verbe, comme dans l'exemple, mais peut aussi servir d'adjectif.

• 意淫 *yìyín*. Le sens sexuel initial de ce terme s'est élargi. '中华文明将拯救世界？' '别意淫了。' « La civilisation chinoise va-t-elle sauver le monde ? » « Arrête de fantasmer. » ☞ *fantasmer*[SEX]

Fard (piquer un ~)

• 脸红 *liǎnhóng*. Sous l'effet de la timidité, de la honte. '原来她脸红不是因为害羞，是因为做贼心虚呀！' « En fait, si elle a piqué un fard, ce n'est pas par timidité, mais parce qu'elle a la conscience coupable ! »

• 愧赧 *kuìnǎn* ou 赧愧 *nǎnkuì*. Ex. voir ☞ *éclair*

• 赧颜 *nǎnyán*. '她在跟我说到这一段时，有些赧颜。' « Au moment où elle aborda ce sujet avec moi, elle piqua un léger fard. » *(Sina, 2018)*

Sous l'effet de l'alcool ☞ *rougir*

Fatigue (mort de ~)

• 累死 *lèisǐ*, ou 累得要死. '下山后真的是累得要死，看了下时间 3 点半。' « J'étais mort de fatigue après la descente de la montagne ; j'ai regardé l'heure, il était 3h ½. » *(qunar.com, 2017)*

• 累成狗 *lèi chéng gǒu* ou 困成狗 *kùn chéng gǒu* « fatigué, épuisé à devenir chien ». Expression récente très répandue en ligne. Elle a été rapprochée du « dog tired » anglais, mais en réalité le suffixe 成狗 s'appplique à bon nombre de verbes/adjectifs. '我每天加班累成狗，升职加薪的却是那个不加班的混蛋。' « Je me tue de fatigue en heures sup tous les jours que Dieu fait, mais ceux qui sont promus et augmentés, ce sont les saligauds qui en font toujours le minimum ! » *(Baidu, 2017)*.

☞ *atrocement, crevé, paillasse*

Fauché
• 不名一钱 *bùmíngyīqián* ☞ *sans un*

Faucher, piquer
• 顺 *shùn*. Dans le sens de « prendre au passage, embarquer ». Vol à l'étalage, en boutique. Utilisé dans les dialectes du nord ; moins péjoratif que 偷.『在回家的路上他顺了一棵大白菜。』« Sur le chemin de chez lui, il a fauché un chou chinois. » *(Sina, 2009)*

Faute (la ~ à qui, à qui la ~)
• 怪谁 ? *guài shéi* « qui blâmer » ? 怪 est ici pris dans un sens secondaire.『有女儿，你可养活不起，这怪谁呢？』« T'as une fille, mais t'es incapable de l'élever. La faute à qui ? »[29]『我知道这事该怪谁：全是你们造成的。』« Je sais de qui c'est la faute : tout ça, c'est vous qui l'avez causé ! »

Faux, fake, contrefaçon ☞ *bidon*
• 赝品 *yànpǐn*.『这件赝品和那件水货是一路货色。』« Ces faux et produits de contrebande sont tous de la pacotille de la même eau. »
• 山寨 *shānzhài* (adj.) « (venu) d'un village de montagne ». Expression issue du cantonais, très répandue depuis la 1re décennie de ce siècle, pour désigner une très large gamme de produits, surtout électroniques, aussi bien les imitations que les véritables contrefaçons. Le sens s'est élargi peu à peu et il existe même une 山寨文化, une « culture du *shanzhai* » : sosies, événements, etc.『美国弄了个山寨版"一带一路"？』« Les États-Unis ont-ils lancé un clone de l'initiative "Nouvelle route de la soie" ? » *(Sina, 2018)*

• Faire passer du faux pour du vrai : 鱼目混珠 *yúmùhúnzhū* « mélanger les yeux de poisson aux perles ». Surtout pour les produits et marchandises, mais aussi dans un sens plus large (services, investissements…).『不少商人想拿仿冒品来鱼目混珠，欺骗不知情的顾客。』« De nombreux commerçants tentent de faire passer des contrefaçons pour des vrais, afin de tromper les clients. »

Faux-jeton
Les termes suivants sont moins virulents que ceux à ☞ *faux-cul*[INS]
• 伪君子 *wěijūnzǐ* « faux gentilhomme ». Faux jeton, ☞ *tartufe*.『按照这一标准，任何支持强硬移民改革的民众都可以是"伪君子"』« Selon ce critère, tous les citoyens *(américains)* partisans d'une réforme dure de la politique d'immigration peuvent être qualifiés de faux-jetons. » *(Chinanews, 2018)*
• Attitude, comportement de ~, hypocrisie : 假惺惺 *jiǎxīngxīng*.『谷公子，别如此假惺惺啦！』« Jeune seigneur Gu, ne soyez pas si faux-jeton ! »[62]

Féminazie ☞ *mégère*[INS]
• 女权癌 *nǚquán'ái* « cancer féministe ». Terme né récemment sur les réseaux sociaux pour contrer celui de 直男癌.『如果女权癌生了儿子，会掐死吗？』« Si une féminazie donne naissance à un garçon, est-ce qu'elle va l'étrangler ? » *(BBS, 2018)*

Femme, épouse
• 老婆 *lǎopo*. Il s'agit du terme familier le plus courant. Il sert pour parler de sa femme ou pour s'adresser à elle : « Femme ! Ma vieille ! »『是嘛，我又不是每天都要出去，还是要陪一下你嘛，老

婆！'« Tu vois que j'ai pas envie de sortir tous les soirs ! J'veux aussi rester un peu avec toi, ma vieille ! »[34]

• Quelques termes anciens que l'on peut retrouver dans la littérature pour dire « ma femme » : 内人 *nèirén* ; 拙荆 *zhuōjīng* (qui fait partie des termes de politesse dépréciatifs : « ma femme stupide »).

Fenêtres (jeter l'argent par les ~)
• 挥金如土 *huījīnrútǔ* « éparpiller son or comme de la poussière ». ☞ *claquer*

Fennec ☞ *renard*

Ferme la, la ferme ! ☞ *gueule*[INS]

Fers (les quatre ~ en l'air)
• 仰面朝天 *yǎngmiàn cháotiān*. '可是又被女娃打了个仰面朝天！' « Mais une fois de plus, ce fut Nüwa qui l'envoya bouler les quatre fers en l'air ! »[184] ☞ *dos*

Fesses (serrer les ~)
• 屁都不敢放(一个) *pì dōu bù gǎn fàng* « ne même pas oser lâcher un pet ». L'expression ne demande pas d'explication… Elle peut être diversement modifiée. '毫不夸张，这片吓得我屁都不敢放！' « Je n'exagère pas, ce film m'a foutu une telle trouille que j'en serrais les fesses ! » *(Sina, 2018)* Si la trouille est telle que même serrer les fesses ne sert à rien… ☞ *froc*

Fête (faire la , s'amuser en groupe)
• 凑热闹 *còu rènào*. Dans ce sens, voir ex. à ☞ *balader*. ATTENTION : autre sens, « en rajouter, ajouter des tracas » ☞ *rajouter*.
• 潇洒 *xiāosǎ*. Emploi dialectal (Pékin) du terme qui est normalement un adjectif (☞ *classe*). S'emploie surtout dans les expressions (出)去潇洒, 潇洒一回. '女子刘某在某娱乐场所上班，

下班时间很晚，下班后就想去潇洒潇洒。' « Mlle Liu travaille elle-même dans un lieu de divertissement, et comme elle sort très tard de son travail, elle a envie d'aller faire la fête. » *(Sina, 2018)*

Feu au lac (pas le ~) ☞ *urgence*

Feu (se jeter au ~ pour...)
• 赴汤蹈火 *fùtāngdǎohuǒ* « franchir l'eau bouillante et piétiner le feu » : prendre tous les risques, risquer sa vie. '如果你有需要我的地方，即使赴汤蹈火也在所不辞！' « Si vous avez besoin de moi en quoi que ce soit, je ne reculerai devant rien, même si je dois me jeter au feu ! »[64] ☞ *tête baissée*

Feu (jouer avec le ~)
• 玩火 *wánhuǒ*, 玩火自焚 *wánhuǒ zì fén* « À trop jouer avec le feu, on se brûle » : Qui s'y frotte s'y pique, qui sème le vent récolte la tempête.

Feu (sans ~ ni lieu)
• 丧家之犬 *sàngjiāzhīquǎn* « chien qui a perdu son domicile ». L'expression, et ses variantes, peuvent aussi servir d'insulte ☞ *chien*[INS]

Feux (être pris entre deux ~)
• 两面受敌 *liǎngmiàn shòudí*.

Fiasco, four (faire un ~) ☞ *bide*

Ficelles (tirer les ~)
• 暗中操纵 *ànzhōng cāozòng*. Intriguer, comploter en coulisses.

Fifille à son papa
• 掌上明珠 *zhǎngshàngmíngzhū* « perle sur la paume ». Expression littéraire pour désigner une fille adorée. Il n'y a pas forcément de nuance péjorative dans l'expression chinoise, mais elle peut être présente. '她们都非常的美丽善良，都是炎帝的掌上明珠。' « Elles

étaient toutes les trois très belles et bonnes et étaient pour Yandi de vraies fifilles à leur papa. »[184]

Fifrelin ☞ *sou*

Fil (ne tenir qu'à un ~, à un cheveu)
• 千钧一发 *qiānjūnyīfà* « trente milles livres suspendues à un fil ». Danger imminent, être au bord du gouffre. '无名清楚，这是最千钧一发之时！' « Wuming savait qu'à ce moment-là, sa vie ne tenait vraiment plus qu'au fil le plus mince ! »[63]

File indienne ☞ *queue-leu-leu*

Fils… ☞ *indigne,* ☞ *prodigue*

Fils à papa, gosse de riche
• 大少爷 ou 阔少爷 *kuòshàoyé*. '我爹和我，是远近闻名的阔佬爷和阔少爷。' « Mon père et moi, on était connus à la ronde comme le vieux richard et le fils de riche. »[23]
☞ *blouson doré*

Fin de tout (c'est la ~) ☞ *mal finir*

Fin (jouer au plus ~)
Chercher à se tromper l'un l'autre.
• 尔虞我诈 *ěryúwǒzhà*. '此计多是封建官僚之间尔虞我诈，相互利用的一种政治权术。' « Ce stratagème est l'une des machinations politiques que les conseillers féodaux, jouant au plus fin, employaient les uns envers les autres. »[50]

Fini (c'est ~), c'est fait, c'est bon, c'est terminé ☞ *et voilà !*

Flagada, flappi, raplapla, à plat
☞ *crevé, fatigue*

Flan (comme deux ronds de ~)
Abasourdi, coi de surprise.
• 大吃一惊 *dàchī-yījīng*. '一个让全世界大吃一惊的医学发现。' « Une découverte médicale qui a laissé le monde entier comme deux ronds de flan. » *(Sina, 2018)*
• 错愕 *cuò'è.* '阿Q很出意外，不由的一错愕。' « Ah Q s'attendait à tout sauf à ça et en resta bien malgré lui comme deux ronds de flan. »[22]

Flanc (tirer au ~), tirer au cul
• 摸鱼 *mōyú*. Flemmarder, faire son travail par dessus la jambe. '今天又是摸鱼的一天，到了年末跟本没有设计什么事情了。' « Aujourd'hui, encore une journée passée à tirer au flanc, c'est la fin de l'année et je n'ai encore rien planifié. » *(Sina, 2018)*
• 开小差 *kāixiǎochāi*. Terme qui signifie à l'origine « déserter ». Désigne le fait de quitter son poste de travail, ou d'y glander, d'éviter de se mettre vraiment au boulot. '粤语中偷懒开小差俗称"蛇王"。' « En cantonais, les spécialistes de la flemme et du tirage-au-cul sont appelés des "rois des serpents". »[70]
☞ *flemmarder*

Flashy ☞ *bling bling*

Flatter, flagorner
• 灌迷汤 *guànmítāng* « faire avaler la bouillie de riz ». '《是谁在灌迷汤》是吕莘演唱的一首歌曲，发行于2017年03月03日。' « *Qui me passe la pommade ?* est une chanson chantée par Lü Xinyan, sortie le 3 mars 2017. » *(Baidu 2107)* '别给我灌迷汤了，我不会再给你钱的。' « Pas la peine de flagorner, je ne te filerai plus un centime. »
• 抬轿 « porter le palanquin » : flatter qqun de puissant. '他并以长于抬轿儿蜚声内外' « Il était bien connu comme expert de la flagornerie envers ses supérieurs. »[456]
Autre exemple à ☞ *poule mouillée*
☞ *bottes (lécher les ~), pommade*

Flemmard, cossard

• 瞌睡虫 *kēshuìchóng*. Celui qui préfère rester au lit ; le terme désigne à l'origine un insecte mythique qui cause le sommeil. '起来，不愿做瞌睡虫的人们！' « Allez debout, on arrête de flemmarder au paddock ! »

• 懒虫 *lǎnchóng*. '我承认自己有时也是一条大懒虫 。' « J'admets être parfois un gros flemmard. »

• 吊儿郎当(地) *diào'érlángdāng*. Pas sérieux, désinvolte. En adjectif, verbe ou adverbe. '写给吊儿郎当的特朗普。' « Une lettre à ce cossard de Trump. » *(Sina, 2018)* ☞ *glandeur*[INS]

Flemmarder

• 偷懒 *tōulǎn*. '那你就得在我的公司里做工，你如果偷懒我就打你。' « Dans mon entreprise, tu dois bosser, si tu flemmardes c'est les coups. »[271] Autres ex. ☞ *aise (tu en prends…), flanc*

Flic, schmitt, cogne ☞ *flic*[INS]

Le terme classique 警察 « policier » reste le plus usité. On trouve aussi :

• 雷子 *léizi*, parfois prononcé *léizǎ*. Chine du Nord, argot des voyous. Date des années 1990 ; l'une des origines possibles du terme est la description du bruit fait par les pistolets dont sont armés les policiers. Désigne plus particulièrement les policiers en civil, mais pas exclusivement.

• 条子 *tiáozi*. Plus péjoratif que le précédent. S'est répandu à partir de l'argot de Hong Kong : en cantonais « Sir », la façon de s'adresser à un policier, sonne comme le caractère 蛇 « serpent », mot pour lequel 条 est le spécificatif. ATTENTION : 条子 a aussi

d'autres sens, il peut désigner un lingot d'or, ou un/e prostitué/e.

• 片儿警 *piānrjǐng*. Un policier chargé de l'ordre public un quartier, une zone ; police de proximité ; gardien de la paix. '我叫齐云，一个普通的八零后片儿警。' « Je m'appelle Qi Yun, je suis un flic de quartier ordinaire des années 80. » Le terme, un peu désuet, est revenu récemment à la mode, une loi de 2013 imposant la présence d'un policier dans les écoles primaires. '我国26万中小学配备"教育片儿警"。' « 260 000 écoles primaires chinoises sont dotées d'un "policier de l'éducation." » (人民网, *2018*)

• 警察伯伯 *jǐngchá bóbo* « Oncle policier », plus fréquemment 警察叔叔. C'est l'appellation polie utilisée par les enfants, mais elle peut être détournée. '过年警察伯伯些要挣点年钱了。' « C'est le Nouvel An, y'a quelques flics qui aimeraient bien se faire un peu d'étrennes. »[34]

Flinguer

• 崩 *bēng*. Tuer avec une arme à feu, fusiller. '再多说一句，我就崩了你！' « Encore un mot, et je te flingue ! »[65]

Fliquette (jolie ~)

• 警花 *jǐnghuā* « fleur de la police ». Oui, il existe en chinois un terme élogieux spécifique pour les jeunes et jolies policières. '警花姐姐，我去一下洗手间可以吗？' « Mademoiselle l'agent de police, est-ce que je peux aller aux toilettes ? »

Flûte

« Être du bois dont on fait les ~ » :

• 八面玲珑 *bāmiàn-línglóng* « habile de tous côtés » : chercher à plaire à tout le monde, être souple, accomodant. '大伯八面玲珑，里外开花。' « Étant du bois dont on fait les flûtes, tonton s'en donne à cœur joie... »[34] '对于她的八面玲珑，我是佩服的五体投地。' « Je suis très admiratif de la façon dont elle cherche à plaire à tout le monde. » *(Sina, 2018)*

Foirer, merder, se planter

• 吹灯拔蜡 *chuīdēng-bálà.* '如果你们不要给我们帮个忙，这事件快要吹灯拔蜡。' « Si vous ne nous donnez pas un coup de main, cette affaire va rapidement foirer. » Peut aussi signifier « mourir, clamser » ☞ *pipe, vieillard*

• 搞砸(了) *gǎozále.* Foiré, raté, merdé. '她把事情搞砸了，只得重新再做。' « Elle a merdé son truc et a dû tout recommencer. » *(edu.sina, 2011)* '我把演出搞砸了，这是不可否认的事实。' « J'ai bien foiré cette représentation, je peux pas le nier. »

• 办砸(了) *bànzále.* Synonyme du précédent mais moins courant, encore plus étroitement associé à 事 ou 事情. '我特么这次真的把事情办砸了。' « Put..., cette fois, j'ai vraiment tout foiré. » *(Zhihu 2018) Remarque :* ici 特么 est un substitut « poli » à 他妈. '认真把事办砸是一种能力。' « Être capable de se planter en beauté, c'est aussi une compétence. » *(cnblogs.com, 2017)*

Fois (une bonne ~ pour toutes)

• 一了百了 *yīliǎo-bǎiliǎo.* Une affaire de réglée, cent de réglée ; au sens propre : tous les problèmes sont réglés avec la mort. '我们可修改"基本法"附件 II，就可一了百了。' « Nous pourrions amender l'annexe II de la Loi fondamentale, et la question serait réglée une bonne fois pour toutes. » *(Legco, 2000).* '既然无法摆脱这种痛苦，只好以死来解脱，一了百了，干干净净。' « Puisqu'il est impossible de se libérer de cette souffrance, autant s'en débarrasser par la mort une bonne fois pour toutes, bien proprement. »[24]

• 一劳永逸 *yīláoyǒngyì.* '中国仍没有一劳永逸地决定走哪条战略道路。' « La Chine n'a pas encore décidé une bonne fois pour toutes quelle stratégie globale elle devait adopter. » *(QP, 2005)*

Foncer

• 风驰电掣 *fēngchídiànchè* « aller comme le vent et la foudre ». '北京至淮海的 63 次快列车在淮海的大平原上风驰电掣。' « Le rapide n° 63 Pékin-Huaihai fonçait à travers la grande plaine de Huaihai. »[65]

Fonctionnaire ☞ *fonctionnaire*[INS]

Fondement (sans ~)

• 空穴来风 *kōngxué-láifēng* '如果能证明我的疑虑是空穴来风的话。' « S'il est possible de prouver que mes doutes sont sans fondement... »[66].

Foodie ☞ *gourmand*

Forban, hors-la-loi, desperado

• 亡命之徒 *wángmìngzhītú.* aujourd'hui, s'applique à des criminels sans scrupules ni pitié, pouvant aller jusqu'aux terroristes. '那些人既然是在柯克船长的船上，他们自然都是亡命之徒！' « Puisque ces types sont embarqués sur le navire du capitaine Cook, ce sont évidemment d'affreux forbans ! »[72]

Forces (au-dessus de mes/ses ~)

• 力不从心 *lìbùcóngxīn* « les capacités ne sont pas à la hauteur des ambitions ». '真抱歉！不是不肯帮忙，实在力不从心。' « Vraiment désolé ! Ce n'est pas que je ne veuille pas aider, c'est que c'est au-dessus de mes forces. » Cette expression est en général un signe de modestie, sauf quand elle est entendue ironiquement. Elle diffère en cela d'un presque synonyme : ☞ *ventre*

Forces (de toutes ses ~)

• (下/费/用) 死劲儿 *xià/fèi/yòng sìjìngr.* '大家用死劲儿才把车子推出泥坑。' « Tout le monde poussa de toutes ses forces pour sortir la voiture du bourbier. »

Formidable, formidable !

• 了不得 *liǎobùdé.* Sensationnel, renversant ; peut servir en adjectif ou en exclamation. '他才十岁就拿了围棋冠军，真是了不得！' « À dix ans seulement, il est champion de go ! c'est formidable ! » Dans ce sens, 了不得 est synonyme de 了不起. Mais la différence entre les deux expressions réside dans le fait que 了不得 peut aussi signifier, selon le contexte, tout autre chose : épouvantable, terrible. Ainsi, on peut considérer que 了不得 est équivalent à 厉害 *lìhai*, qui a aussi les deux sens.

Fouilles (s'en mettre plein les ~)

• 捞油水 *lāoyóushuǐ* « puiser l'eau graisseuse » : faire des profits plus ou moins légitimes, grapiller. '要捞油水不能怕弄脏手。' « Pour s'en mettre plein les fouilles, il ne faut pas avoir peur de se salir les mains. » '他们知道哪儿有阔绰的罪犯，于是便去捞油水。' « Ils *(les policiers véreux)* savent qui sont les malfrats les plus généreux, et vont les voir pour se remplir les poches. »[70]

• 揩油 *kāiyóu.* Faire des petits profits, en général malhonnêtes, aux dépens des autres ou du public. Jouer les parasites. '如果你想要再揩油，那你就不用来了！' « Si c'est encore pour grapiller, *(ou jouer les pique-assiette)*, pas la peine de rappliquer ! » ATTENTION : le terme peut aussi signifier « peloter, tripoter (une femme). »

Fouineur

• 好事者 *hǎoshìzhě.* Terme neutre à l'origine, aujourd'hui péjoratif. Intrigant, fouineur, qui e peut s'empêcher de se mêler des affaires des autres. Ex ☞ *vagues*

Fouler (sans se ~, ne pas se ~ la rate)

• 磨洋工 *móyánggōng.* Travailler sans zèle, tirer au flanc. '严谨的德国工人这样砌墙，外行看倒像是磨洋工！' « En voyant cet ouvrier allemand monter un mur si consciencieusement, un observateur non averti croirait qu'il ne se foule pas la rate ! » *(Sina, 12/5/2018)*

Four (noir comme dans un ~)
☞ *noir d'encre*

Fourgue, attriqueur

• 窝主 *wōzhǔ* ou 窝家. Receleur ; personne qui cache le butin de crimes, voire qui abrite des criminels. '张剥皮他——就是窝家！' « Ce gredin de Zhang l'Écorcheur – c'est lui-même un fourgue ! »[304]

Fou rire

• 笑成狗 *xiào chéng gǒu* « rire à en devenir chien ». L'expression implique que le rire est si intense qu'il en devient anormal, inquiétant, voire dangereux. '这个视频我看过至少 10 遍，每一遍都笑成狗。' « Cette chaîne, je l'ai regardée une bonne dizaine de fois, et à chaque fois j'ai piqué un fou rire. » *(Zhihu 2017)* Pour garder la connotation animale, on pourrait dans certains cas traduire par « rire comme une baleine ».

Fourrer, foutre (ne savoir où se ~)

• 无地自容 *wúdìzìróng.* Ne pas savoir où se mettre, sous le coup de la honte. '乔小龙被她说得无地自容！' « Avec ce qu'elle lui avait sorti, Qiao Xiaolong ne savait plus où se foutre ! »[65]

Fous le camp !

• (给我)滚开！ *gěi wǒ gǔnkāi* : terme ancien mais toujours très usité. Casse-toi ! Tire-toi ! '喷子滚开！' : l'une des traductions du titre « Haters back off », nom d'une série de Netflix (2016-2017). '魔鬼。人间恶魔。你给我滚。滚开。' « Démon... démon à face humaine... fous-moi le camp ! Casse-toi ! »[48]

• Autres variantes utiles : 滚！滚出去！滚吧！ Plus vulgaire : 滚蛋 *gǔndàn* : '如果你干活儿不肯卖力气，你可以马上滚蛋。' « Si vous ne voulez pas mettre un peu plus d'ardeur au travail, vous pouvez tout de suite foutre le camp d'ici. »

☞ *casse-toi ! promener (envoyer ~)*

Foutaises !

• 胡说八道 *húshuōbādào.* '整个儿胡说八道！' « Rien que des foutaises ! »[38]

• 热昏 *rèhūn.* Vient du dialecte Wu, mais a été utilisé par de grands écrivains nationaux. Signifie à l'origine « prendre un coup de chaleur ». '热你的昏！黄道士亲口告诉我，难道会错？' « Foutaises ! Huang, le maître daoïste, me l'a dit en personne ; tu prétends qu'il se serait trompé ? »[303]

• 无稽之谈！ *wújīzhītán !* Absurde ! Quelle blague !

☞ *conneries[INS], n'importe quoi !*

Foutre (s'en ~), s'en ficher

• Le classique (我)不在乎 peut être renforcé aisément : 毫不在乎, 满不在乎.

• On trouve aussi 不屑 *bùxiè* : '我不屑去做一个"好女人"，出轨这件事，只有 0 次和 1 次的区别。' « Je me fous de jouer les "filles biens". Pour "sortir des rails, il suffit d'une fois". »

• 不感冒 *bùgǎnmào.* Synonyme et construit de la même façon que 不感兴趣, plus correct. '我对流行不感冒。' « Je me fiche de la mode. »

• En ligne ou à l'oral depuis une dizaine d'années : 打酱油 *dǎ jiàngyóu* « (Je suis juste) venu chercher de la sauce soja. » '关我屁事，我是打酱油的。' « En quoi ça me regarde ? Je m'en contrefous. J'ai piscine. Je m'en bats l'œil. » L'épisode à l'origine de la popularité de l'expression est un micro-trottoir au cours duquel le journaliste interrogeait une passante : '请问您对中东局势有什么看法？' '抱歉，我要去打酱油。' « S'il vous plaît, pouvez-vous nous donner votre opinion sur la situation au Moyen Orient ? » « Désolé, je m'en bats l'œil. »

☞ *je-m'en-foutiste*

Foutu, fichu, fini ; sans espoir

On pourra dire simplement (彻底)不行了, 不成, 糟了 ou bien...

• 糟透了 *zāotòule.* '确实糟透了，我简直顶不住了。' « Tout est foutu, j'en peux vraiment plus. »

• 完蛋 *wándàn.* '家珍，我完蛋了。' « Jiazhen, je suis foutu. »[23]

• 没戏 *méixì.* '算了吧，没戏了，你完蛋了，一点希望都没有。' « Allez, c'est foutu, t'es fini, y'a plus aucun espoir. » '我这人高不

成低不就，看来这辈子没戏了。'
« Je ne suis pas assez bon pour occuper un poste élevé et je ne veux pas d'un rang de subalterne, je crois bien que ma vie est fichue. »

• 歇菜 *xiēcài* : c'est le terme le plus récent dans cette liste. Venu du pékinois, il s'est imposé nationalement grâce à des romans ou films récents. Peut servir dans de très nombreux cas. '歇菜！我知道哪出问题了！' « C'est foutu ! Je savais bien qu'il finirait par y avoir un problème ! » Des variantes plus particulièrement pékinoises sont 瞎菜，完菜.

Fraise (ramener sa ~)

• 顶嘴 *dǐngzuǐ*. Répliquer, répondre sur un ton méfiant, protester. '爱顶嘴的孩子更聪敏。' « Les enfants qui ramènent leur fraise sont plus intelligents. » *(Sina, 22/5/16)*

Fraises (être aux ~)

• Être hors-sujet ⌒ *plaque*
• Largué, dépassé ⌒ *largué*

Frauder, resquiller

• Dans les transports en commun : 蹭车 *cèngchē* (verbe). Le verbe peut être employé dans d'autres cas de fraude.

• 听蹭儿 *tīngcèngr*. Dans le nord : fraudeur pour les concerts, les spectacles. '才上了五个人，还有俩是听蹭儿的。' « Il n'est venu finalement que cinq personnes, dont deux n'avaient pas payé. »[29] Le verbe correspondant est 蹭听.

Fréquenter, avoir affaire à

• 打交道 *dǎ jiāodào*. '用不着想，我不会再跟庞家的人打交道！' « Même pas la peine d'y penser, je refuse d'avoir encore affaire à la famille Pang ! »[29] Voir autre exemple à ⌒ *louche*

Fréquenter

« Dis-moi qui tu fréquentes/hantes, je te dirai qui tu es » :

• 近朱者赤，近墨者黑 *jìnzhūzhě chì, jìnmòzhě hēi* « Celui qui s'approche du vermillon rougit, celui qui touche de l'encre noircit. » '何况这种朋友对你有什么帮助？近墨者黑，近朱者赤啊。' « Et d'ailleurs, qu'est-ce qu'ils t'apportent, ces amis ? "Dis-moi qui tu fréquentes, je te dirai qui tu es". »[34] Voir aussi ⌒ *ressembler*

Frères (comme des ~)

• 情同手足 *qíngtóngshǒuzú*. « Être comme le pied et la main », très proches. '咱们是情同手足的同学呢！' « Nous sommes des camarades d'école, aussi proches que des frères ! »[65] On trouve aussi la variante 亲如手足 *qīnrúshǒuzú*.

Fric

Bizarrement, il y a pas en chinois autant qu'en français d'expressions populaires pour désigner l'argent : fric, thunes, pognon, flouze, blé, etc. Les Chinois se contentent en général de 钱 ou 金钱. '大把金钱' « Une grosse somme ; plein de fric » ; '给钱！' « Aboule le fric ! » '要钱还是要命？' ; « La bourse ou la vie ? »

• Cependant le terme 票子 *piàozǐ*, qui désigne spécifiquement les billets (argent papier) peut voir son sens élargi, surtout dans certains dialectes (ici, Sichuan) ; mais n'est pas d'un usage très fréquent : '票子嘛，我有！你慌啥？' « Du fric, j'en ai ! Tu t'inquiètes pour quoi ? »[34]

• Un peu de ~, petite somme, pas lerche : 块儿八毛 *kuàir-bāmáo*. '一个 90 岁的退休教师，每月领三四千，为了省块儿八毛，常

84

常骑车 7 公里到镇上买菜。'
« Alors qu'il gagne 3 ou 4000 yuans par mois, un professeur retraité de 90 ans se rend fréquemment en vélo au bourg pour faire ses courses, juste pour économiser un peu de fric. » *(Sina, 2018)* L'expression vient d'un roman de Wang Shuo, 你不是一个人 *(1992, non traduit en français)*.

Fric (se faire du ~)
• 搞钱 *gǎoqián*. Assez familier voire grossier. '恋爱这事一点都不担心，我现在不想恋爱，只想搞钱。' « L'amour je m'en cogne ; je ne veux pas tomber amoureux, je ne veux que me faire du fric. » *(Tianya, 4/1/19)*

Fricoter avec… fricotage
• 厮混 *sīhùn*. Aussi bien dans le sens « être de connivence » que pour « avoir des relations sexuelles ». '别跟他厮混——他是个无赖！' « Ne fricote pas avec lui, c'est un sale type ! » *(CD, 2015)* '夏天逛夜市的时候爸爸也会在人堆汗臭里怀念起和她厮混的滋味。' « Les soirs d'été, quand il se promène au marché de nuit et qu'il respire les relents de sueur de la foule, papa se remémore le goût de leurs fricotages. »[34]
☞ *batifoler*[SEX]*, fréquenter, louche*

Frimer, se vanter de ☞ *étaler*
• 咋呼 *zhāhū*. '他挺幽默，但并不咋呼。' « Il est très marrant, mais pas du tout frimeur. » '一年前，美国代表还在咋呼他们的国家有多稳定。' « Il y a un an, le représentant des États-Unis se vantait encore de la stabilité financière de son pays. » *(À Davos après la crise)*.

• Arrête de frimer : 别煽了 *biéshānle* '得了得了，别扇了！' « Ça suffit ! Arrête de frimer ! »

Fringues
Il n'y a pas d'autres termes courants ou populaires pour « habits, vêtements » en chinois que 衣服.

Frisson, frissoner ☞ *chocottes, grelotter, poule (chair de ~)*

Froc (faire/chier dans son ~)
☞ *chier (se ~ dessus)*

Froid ☞ *chien (froid de), os*

Froid (battre ~) ☞ *battre…, ignorer*

Fromage (en faire un ~) ☞ *plat*

Fromage, filon, sinécure
• 闲差 *xiánchāi*. Travail peu exigeant. Voir ex. à ☞ *placard*

Fuite (prendre la ~), s'enfuir
☞ *anglaise (filer à l'~), escampette, jambes (prendre), tangente*

Fuiter, faire fuiter
• 放话儿 *fànghuàr*. Faire fuiter intentionnellement une information, lâcher des rumeurs. '他突然放话「名草有主」，令粉丝大为震惊，不敢相信他所言为真。' « Quand il fit soudain fuiter l'info qu'il avait trouvé chaussure à son pied, ses fans furent si bouleversés qu'elles préférèrent ne pas y croire. » '他暗中往外放话儿，说是小芳主动托了媒人的。' « Il fit secrètement circuler la rumeur que Petite Fang avait d'elle-même confié l'affaire à un entremetteur. »

Fulminer, être fumasse
Avoir la fumée qui sort des naseaux
• 七窍生烟 *qīqiàoshēngyān* « fumée qui sort des sept orifices du visage ». Fumasse, furieux, enragé. '皇帝扑了腔，气的火冒三丈，

七窍生烟，下令烧毁忠直的房屋。’ « Cette déconvenue mit l'empereur hors de ses gonds au point que la fumée lui sortait des naseaux ; il ordonna que la demeure de Zhongzhi fût détruite par le feu. »[95] Cette expression s'applique évidemment aussi aux animaux.
☞*furibard*

Fumant (plat, mets ~)
• 热腾腾 *rètēngtēng*. Tout chaud ; vaut surtout pour la nourriture et les boissons, mais peut s'appliquer dans d'autres cas (et est alors synonyme de 冒烟 *màoyān* « fumer, fumant »). ‘热腾腾的茶水可以让身体温暖。’ « Une bonne tasse de thé fumante peut vous réchauffer tout le corps. »

Fumée (il n'y a pas de ~ sans feu) Pas de rumeur sans fondement, pas de cause sans effet.
• 无风不起浪 *wúfēng bù qǐ làng* « Sans vent, pas de vague » .
• 不是空穴来风 *bùshì kōngxué lái fēng* « ce n'est pas un vent qui sort d'une grotte vide ». ‘他微微一笑："你现在应该明白我刚才的话不是空穴来风吧？"’« Il eut un petit rire : "Tu devrais enfin comprendre que ce que je viens de te dire, ce n'est pas de la fumée sans feu ?" »[65] ‘他们的担心并非空穴来风。’ « Leur inquiétude n'est pas totalement dénuée de fondement. » ATTENTION : à l'affirmative, ce second *chengyu* est également fréquent : ☞*fondement*.

Fumée (partir en ~), être réduit à néant, faire pschitt
• 化为乌有 *huàwéiwūyǒu*. ‘美国担心，一旦"伽利略"系统开始运行，美国在太空的优势将化为乌有。’ « Les États-Unis craignent que dès que le système Galileo sera opérationnel, la situation privilégiée dont ils jouissent dans l'espace partira en fumée. » *(China Times, 2004)*

Fumeur (gros ~), accro au tabac
• (老)烟枪 *(lǎo) yānqiāng* « (vieille) pipe ». ‘不过这样正好让TT和沙皮这两个烟枪好好抽根烟。’ « Cette façon de faire permettait aussi à ces deux fumeurs invétérés de TT et Sharpeï de se griller une bonne clope. »[70]

Fun (pour le ~), chercher le ~
• 找乐子 *zhǎo lèzi*. Surtout à Pékin. ‘他们去酒馆不仅是为了喝酒，也是为了找乐子。’ « S'ils vont au bistro, ce n'est pas seulement pour picoler, mais aussi pour le fun. » ATTENTION : peut aussi signifier « s'amuser aux dépends de qqun, se moquer de ».

Furibard, furax, furieux
• 大发雷霆 *dàfā-léitíng*. ‘因这件事特朗普对美国土安全部长大发雷霆。’ « C'est à cause de cet incident que Trump est furax envers le secrétaire à la Sécurité intérieure des États-Unis. » *(Sina, 2018)* ‘楚王大发雷霆，下令杀掉干将。’ « Le roi de Chu, furieux, ordonna de mettre Gan Jiang à mort. »[64]

Gaffe (faire ~), faire ~ à soi
• 好自为之 *hǎozìwéizhī*. Faire attention, faire de son mieux. '大哥，当时我咋给你说的？好自为之！你说怎么搞成这个样子了？' « Grand frère, qu'est-ce que je t'avais dit à l'époque ? De faire un peu gaffe ! Et t'as vu où t'en es maintenant ? »[34] '我走了，既然你坚持留下来，那就好自为之吧。' « Je m'en vais… puisque tu tiens tant à rester, surtout fais gaffe à toi ! »

Gag (en ligne), blague
• 梗 *gěng*. Ce terme est utilisé depuis peu en ligne pour désigner tout ce qui peut faire rire ou susciter l'intérêt sur les réseaux sociaux ou les forums ; son sens s'est également élargi à « jargon internet » : le flot continuel de termes et d'expressions nouvelles ou rajeunies dont se servent les internautes chinois. Ainsi, pour demander ce que signifie une nouvelle expression, on pourra écrire : '××× 是什么意思？××× 是什么梗？' « Qu'est-ce que ça veut dire, ××× Qu'est-ce que c'est comme gag/terme ? » En fait, ce caractère sert à la place d'un autre, plus rare, qui a bien le sens de « chose amusante »: 哏 *gén*.

Galère (être, voguer dans la même ~)
• 难兄难弟 *nànxiōngnàndì* « frères face aux difficultés ». '我们只是相识多年，现在住在同一间板间房的难兄难弟。' « Nous nous connaissons simplement depuis pas mal d'années, et désormais nous vivions ensemble dans le même appart divisé en pièces minuscules, et voguions dans la même galère. »[70]

Gamelle (se prendre une ~)
Ou bien : se prendre une bûche, un gadin ; se planter, se viander, se vautrer… Le terme suivant est valable pour les deux sens de ces diverses expressions : 1/ Faire une chute, s'étaler, et 2/ Échouer :
• 倒栽葱 *dào zāicōng* « Planté à l'envers comme un oignon ». Dans le premier sens (suppose que la chute se fasse plus ou moins tête la première) : '熊猫宝宝不慎摔跤倒栽葱，摔成"世界最佳照片"' « Un bébé panda se prend une gamelle par inadvertance ; la photo de l'évènement devient "la meilleure photo du monde" » *(Sina, 13/1/17)*. Dans le second sens : '这样不顾大局早晚会倒栽葱的。' « Ces gens qui négligent le grand ordre des choses finissent tôt ou tard par se vautrer. »

Gamin, gamine, gosse
• À Pékin et dans le Nord-Est une petite fille est une 小妮子 *xiǎo nīzi* ; pour « ma fille », on peut dire 妮子 ou 妮儿. '妮儿，在咱满洲国，只有日本人才能吃大米！' « Ma fille, dans ce Mandchoukouo qui est le nôtre, il n'y a que les Japonais qui ont le droit de manger du riz ! »[421] Ces termes sont un peu plus élégants et polis que (小)丫头 qui suit ou que le très commun 小姑娘.
• 丫头 *yātou*. Gamine, petite fille dans les dialectes du Nord ; plus généralement, désignait les petites domestiques féminines, quasiment des esclaves. On trouve aussi (小) 丫头片子 *yātou piànzi* qui peut avoir un sens péjoratif (voir ☞

morveuse[INS]) ou au contraire renforcer le côté affectueux de l'appellation (par ex., d'un jeune homme à sa petite amie). '男生叫女生丫头片子代表什么？' « Un garçon qui appelle une fille "ma p'tite gosse", qu'est-ce que ça signifie ? » *(Baidu, 2018).* De même une 黄毛丫头 *huángmáo yātou* est une petite gamine stupide, bébête (comme on le voit par exemple illustré dans *La véridique histoire d'Ah Q* de Lu Xun, les « cheveux jaunes » sont signe de malnutrition donc d'arriération).

• 小人芽儿 *xiǎorényár* « petite pousse d'homme ». Dialecte du Hebei et du Shandong, se retrouve dans la littérature. Au propre comme au figuré. '你这小人芽儿，才生下多少天，就知道找你妈妈。' « Alors gamin, t'es sorti du ventre de ta mère depuis si peu de temps, que tu ne penses qu'à la retrouver ? »[17]

• Dans le Nord-Est, il existe plusieurs caractères anciens pour désigner les enfants. Un « gamin » en général est 小嘎, un garçon est un 小仜, une fille une 小尕 : les trois expressions se prononcent de la même façon, *xiǎogǎ.*

• Dans le Nord-Ouest, un garçon de 3 à 10 ans est un 尕娃 *gǎwá.* Ici « 尕 » est synonyme de « petit ».

• À Shanghai et autour, une petite fille est une 囡囡 *nānnān*, « ma chérie », parfois 囡儿, 小囡 ou 阿囡. '你这个小囡昏头了。' « Tu es tombée sur la tête, ma pauvre petite ! »[459] '阿囡，呃，你干么脱得，呃，光落落？' « Ma chérie, hic ! qu'est-ce qui t'a prise de te mettre – hic ! toute nue ? » ATTENTION : le terme est d'ordinaire

réservé aux petites filles, mais 小囡 peut aussi désigner un petit garçon.

• Dans les provinces du Hunan, Jiangxi, Zhejiang… un enfant est un 细伢子 *xìyázi* (ou simplement 伢子) ; surtout pour les garçons. '团长！恭喜您，是个男伢子，少爷！' « Mon colonel ! Toutes mes félicitations : c'est un garçon, un jeune seigneur ! »[462] En certains endroits, les caractères 细伢 n'en forment plus qu'un, et l'expression devient 霞子 *xiázi.*

☞ *garnement, gosse, mioche*

Garçon manqué

• 女汉子 *nǚhànzi.* D'apparence féminine mais au comportement « masculin » (grossier, aimant la mécanique…). '可以说，"女汉子"走红的同时是一部分男性的阴柔化甚至伪娘化。' « On peut dire qu'avec la mode des "garçons manqués" vont de paire la féminisation, voire le travestissement d'une partie des garçons. »

Gare (sans crier ~)

• 不哼不哈 *bùhēng-bùhā.* Signifie « ne pas piper mot » mais aussi « ne pas prévenir ». '而这个老赵不哼不哈一下子就写出了一部电影！' « Et voilà que Zhao, sans crier gare, a pondu un scénario de cinéma ! »[451]

Garnement, galopin

• 小子 *xiǎozi.* Petit garçon, souvent avec une nuance taquine ou affectueuse. '这小子浑身是胆，什么都不怕！' « Ce garnement est un vrai casse-cou, il n'a peur de rien. » ATTENTION : quand le terme sert pour désigner un jeune homme plutôt qu'un petit garçon, il est plutôt péjoratif ☞ *vaurien*

• L'adjectif 淘气 peut-être substantivé pour former 小淘气 (们) *xiǎotáoqìmen*, « petit garnement ». Voir ex. à ⌒ *débraillé*. Pour un terme un peu plus fort ⌒ *garnement*[INS]

Gars, mec, type
Avec le plus souvent une connotation péjorative.
• 主儿 *zhǔr*. '他浑身散发着霸气，一看就不是个好惹的主儿。'
« Il respire la violence par tout ses pores, y a qu'à le voir pour comprendre que c'est un gars qu'il faut pas emmerder. » ATTENTION : ce terme a aussi d'autres sens : « patron », « mari ».
• 家伙 *jiāhuo* ⌒ *mec*
• Jeune ~, petit ~ : 小伙子 *xiǎohuǒzi*, 小家伙 ⌒ *bonhomme*

Gâté (enfant ~), pourri-gâté
• 小皇帝 *xiǎo huángdì* « Petit empereur ». Expression célèbre qui désigne les enfants de la politique de l'enfant unique, qui aura duré plus d'une génération entière (1979 - 2015). '中国"小皇帝"工作中并不自私：和前辈一样愿合作。'
« Les enfants gâtés de la génération des « petits empereurs » ne sont pas égocentristes au travail : ils désirent coopérer autant que leurs aînés. » *(PR, 2018)*
• Dans les pires des cas, ces « petits empereurs » deviennent des 熊孩子 *xióng háizi* « enfants ours » (熊 est à l'origine un teme dialectal qui signifie stupide, mal élevé, terme moderne pour désigner les plus insupportables, ceux qui ne supportent plus aucune règle : des « pré-pré-délinquants ».

Gâteau (c'est du ~)
• 小菜一碟 *xiǎocài yī dié*. Facile, sans difficulté. '八戒哥，您就放心吧，这是小菜一碟嘛！'

« Grand frère Bajie, soyez tranquille, c'est du gâteau ! »[65]
• Antonyme : 非同小可 *fēitóngxiǎokě*. Ce n'est pas une mince affaire. Ex. ⌒ *loup blanc*

Gauches (avoir deux mains ~)
• 笨手笨脚 *bènshǒubènjiǎo*. Maladroit, empoté.

Gaz (pédale des ~) ⌒ *champignon*

Gazelle, jambes de gazelle
• 飞毛腿 *fēimáotuǐ*. Quelqu'un qui court très vite. Désigne aussi les jambes d'une telle personne.

Gazer, ça gaze ? ⌒ *comment*

Gênant, difficile à dire • 碍口 *àikǒu*

Gêne, embarras
Pas dans le sens financier, mais dans le sens mental, spirituel, voire sentimental, « confus, perdu, ne savoir que faire ; doute, hésitation, frustration, honte, etc ».
• 纠结 *jiūjié*. Terme ancien qui signifie « s'entremêler » ou « embrouillé » (ex. : les cheveux), mais qui est revenu à la mode en ligne et dont le sens s'est élargi. Peut servir en verbe, nom, adjectif.
• 囧 *jiǒng*. Ce caractère, picturalement très expressif (à l'origine un synonyme de 炯, « lumineux », mais qui n'est plus du tout employé en ce sens), est l'un des mots les plus utilisés et au sens le plus large du web chinois. Il a fait l'objet de nombreux *memes* et variations, un peu comme les emojis. Nous nous limiterons au sens le plus commun : '今天尿床了，好囧！' « J'ai fait pipi au lit, c'est la honte ! ». '不小心做了囧事，别紧张，很多女生会认为这很可爱。' « Ne t'inquiète pas s'il tu fais des trucs un peu gênants, beaucoup de filles trouvent ça très

mignon. » (L'interprétation est ici largement ouverte sur la nature exacte des « trucs gênants »)

Génération (fossé des ~)

• 代沟 *dàigōu*. '西方人父子是二，不是一，所以有代沟，这不是孝道' « En Occident, parents et enfants sont distincts, ne sont pas un ; il y a donc un fossé de génération, qui va à l'encontre du principe de piété filiale. »[57]

Génie (éclair de ~), idée géniale ☞ *eurêka !*

Génial, super, excellent !

• 妙! *miào !* '他禁不住跳了起来，连声道：妙！妙！' « Il ne put se retenir de bondir en répétant : "Super ! Génial !" »[65]

• 盖! *gài !* '这本书真叫盖！' « Ce bouquin est vraiment génial ! » *Variante :* 盖帽儿! *gàimàor.* Ces deux termes relèvent du dialecte pékinois. '中国乒乓球队盖了帽。' « L'équipe chinoise de ping pong est super ! »

Genou (chauve comme un ~)

• 光秃秃 *guāngtūtū.* Égal[t] « dénudé, déboisé ».

Gerbe (foutre la ~), à gerber, gerbant

• 倒胃口 *dǎo wèikǒu.* Au sens physique ou moral. '他有一个习惯很使我倒胃口。' « Ce tic qu'il a, ça me fait vraiment gerber. » '一提到他我就倒胃口。' « Rien que d'entendre son nom, ça me fout la gerbe. »

• 腻人(的) *nìrénde.* Parce que trop gras ou trop sucré. Appliqué aux individus, signifie plutôt « ennuyant ou assommant » que véritablement « dégoûtant ».

Gifler

• 掴 *guāi* ou *guó*, verbe peu usité : plus souvent associé dans le mot

掴 *zhǎngguāi.* '他正在掴一个女人，我上前制止。' « Il était en train de gifler une femme, je me suis interposé de force. » ☞ *baffe, aller-retour*

Girly ☞ *kawaii*

Girouette (être une ~)

Personne influençable, changeant d'avis au gré des interlocuteurs :

• 朝三暮四 *zhāosānmùsì* '本来就朝三暮四的吴三桂，终于投靠满清。' « Ce Wu Sangui qui n'a jamais été qu'une girouette a fini par se jeter dans les bras des Mandchous. »[50] Dans le domaine de l'amour, cette expression se traduirait par « cœur d'artichaut ».

• 耳朵根子软 *ěrduǒ gēnzi ruǎn* « avoir l'oreille tendre ».

Glander

• 瞎混 *xiāhùn.* Tuer le temps, perdre son temps ; vivre d'expédients. '我们来学校学习，应该每天都有所收获，不能瞎混。' « Nous sommes venus à l'école pour étudier, il y a chaque jour des choses à assimiler, pas question de glander. » *(Baidu)* '混的怎么样？' '咳，瞎混。' « Qu'est-ce que tu fous ces temps-ci ? » « Oh, je glande. »[W]

• 泡 *pào* « faire infuser ». '我说我在茶楼里泡了一天。' « Je lui dis que j'avais glandé une journée entière au salon de thé. »[24]

Glouton, goinfre, bâfreur

• 馋虫 *chánchóng* (ou simplement 馋). '再有好吃的东西，他们就忘了我这个馋虫。' « Et quand il y avait quelque chose de bon à manger, ils m'oubliaient, moi le glouton ! »[427] ☞ *morfale*

Gober, gober qqch tout cru

• 囫囵吞枣 *húlúntūnzǎo* « avaler la jujube toute entière ». Croire ou apprendre qqch sans analyse ni réflexion. '我们要认真理解课堂上学到的知识，切勿囫囵吞枣。' « Nous devons nous efforcer de bien comprendre ce qui nous est enseigné en classe, il ne faut surtout pas tout gober tout cru. »

Gomme (à la ~)

• 不成气候 *bùchéngqìhòu*. De rien du tout, qui ne vaut pas grand-chose. '他从不成气候的小太保慢慢混到黑手党的头儿。' « Il est lentement passé du statut de petit brigand à la gomme à celui de grand boss de la pègre. » La forme négative de l'expression est plus courante que l'affirmative (成气候). Peut servir comme ici d'adjectif ou d'expression verbale : « n'arriver à rien, ne rien valoir ».

Gonds (sortir, hors de ses ~)

• 火冒三丈 *huǒmàosānzhàng* '铁柱一听，火冒三丈，暴跳起来了说……' « Ces paroles firent sortir Tiezhu de ses gonds, et il dit en trépignant de rage : … »[87] Autre ex. ⌐*fulminer*

• 怒不可遏 *nùbùkě'è*. Colère incontrôlable. '三国时，吴王杀了关羽，刘备怒不可遏，亲自率领七十万大军伐吴。' « À l'époque des Trois Royaumes, le roi de Wu ayant fait exécuter Guan Yu, Liu Bei sortit de ses gonds et se lança à l'attaque de Wu, prenant en personne la tête d'une immense armée de 700 000 hommes. »[50]

Gosse (sale ~)

• Un enfant qui se conduit particulièrement mal quand il y a des invités à la maison est un 人来疯 *rénláifēng*. '有一种人，小时候常被人叫做人来疯。' « Il y a une catégorie de personnes qui sont celles qui étaient souvent qualifiés

de "sales gosses" dans leur enfance. » En verbe, signifie « se donner en spectacle » (en général)

• À l'inverse un enfant insupportable à la maison, mais très sage à l'extérieur est un 窝里横 « sauvage au nid ». L'expression complète est 窝里横，外面怂 *wōlǐ hèng, wàimian sǒng*. ATTENTION, il y a un sens dérivé pour les adultes ⌐*tyran domestique*

Gourbi, tanière

• 狗窝 *gǒuwō* « niche ». Habitation sale et délabrée, normalement impropre à loger des êtres humains. '我不知道你怎能忍受住在这狗窝里。' « Je ne comprends pas comment tu peux supporter de vivre dans ce gourbi. »

Gourer (se ~), se gourer de

• 闹错 *nàocuò*. '你把日期闹错了，这是明天的票。' « Vous vous êtes gouré de date, c'est un billet pour demain. » Plus familier mais moins fréquent que 弄错 ou 搞错.

Gourmand

• 吃货 *chīhuò*. Ce terme apparu avant l'Internet (en 1991) est devenu populaire en ligne. Il désigne ceux dont la nourriture est le plaisir et la préoccupation principale, sans être des « gourmets », il sert souvent aujourd'hui pour traduire le terme américain « foodie ». '这个区域的众多餐馆为吃货们提供了中国菜、印度菜和韩国料理等多种选择。' « Les restaurants du coin offrent aux *foodies* un vaste choix de plats chinois, indiens ou coréens. » (*CD, 2014*) Mais il peut aussi avoir un sens plus péjoratif : ⌐*morfale*[INS].

Grain (trier le bon ~ de l'ivraie)

• 去粗取精 *qùcūqǔjīng*. Faire le tri pour garder le meilleur.

• Pour une situation où il sera justement difficile de trier ou séparer le bon grain de l'ivraie, on pourra dire : 鱼龙混杂 *yúlónghùnzá* « poissons et dragons se mélangent ». S'applique aux personnes (« bons et méchants se mélangent »), et par extension, aux situations. '但据调查，不少游学项目鱼龙混杂。' « Mais une enquête montre que pour beaucoup de tours d'étude, le pire côtoie le meilleur. » *(QP, 2018)*

Gras, grassouillet
On trouve de très nombreuses expressions sous la forme ABB :
• 肥嘟嘟 *féidūdū.* '那男人肥嘟嘟的双手在梅玲丰满的胸脯上胡乱揉摸着。' « Les mains grassouillettes de l'individu trituraient sauvagement l'abondante poitrine de Meiling. »
• 胖乎乎 *pànghūhū.* Cf ex. ☞*sexy*[S] ou : 胖嘟嘟, 肉嘟嘟, 肉乎乎.
• Plus simplement : 胖胖 *pàngpàng* ☞*gras*[INS], *gros*[INS], *truie*[INS]

Gras (faire du ~)
• (长)贼肉 *zhǎng zéiròu.* '人到了中年，加上生活安逸，不免就长了一身贼肉。' « Quand on est entre deux âges et que l'on vit confortablement, il est inévitable que l'on fasse du gras d'un peu partout. »

Gratte-dos
• 老头乐 *lǎotóulè* « le bonheur du vieillard ». Ce terme désigne normalement l'instrument (en toutes matières) qui apporte en effet un bonheur ineffable à l'utilisateur, mais depuis peu il désigne aussi, du moins dans le Nord-Est, les services de nature peu disibles rendus par des jeunes (ou moins jeunes) femmes dans les parcs à des hommes d'âge très mûr.

Gré (de plein ~), de bon cœur,
• 心甘情愿 *xīngānqíngyuàn*, ou 甘心情愿, plus rare mais que l'on trouve dans un discours de Mao : '还必须使全国广大人民群众觉悟，甘心情愿和我们一起奋斗，去争取胜利。' « Il faut de plus que les masses populaires s'éveillent et combattent à nos côtés de leur plein gré pour arracher la victoire. » *(MZD, 1945, « Comment Yugong déplaça les montagnes »)*

Grelotter (de froid)
• 瑟瑟发抖 *sèsèfādǒu.* '三人快步走进，只见李燕窝在床头，正抱着肩瑟瑟发抖。' « Ils se ruèrent à l'intérieur et découvrirent Li Yan pelotonnée à la tête du lit, grelottant et se tenant les épaules. »[65]
• 打战 *dǎzhàn* « faire la guerre ». '他见一个小孩光着膀子，冻的打战。' « Il aperçut un enfant torse nu, gelé et tout grelottant. »[100]

Grenouille (la ~ qui veut se faire aussi grosse que le bœuf)
• 打肿脸充胖子 *dǎ zhǒngliǎn chōng pàngzi* « Se frapper le visage pour qu'il enfle et donner l'impression d'être gras » : se hausser du col, tenter d'impressionner en feignant la compétence, la richesse, péter plus haut que son cul. '怕被美国抛弃；日本打肿脸充胖子干涉南海。' « Craignant d'être lâché par les États-Unis, le Japon joue la grenouille qui veut se faire aussi grosse que le bœuf en se mêlant de la question de la mer de Chine du Sud. » *(Sina, 2016)*

Grigou, grippe-sou
• 财迷 *cáimí.* '你个利欲熏心的财迷！我要杀了你！' « Espèce d'atroce grippe-sou obsédée par le

fric ! Je vais te tuer ! »[65] 老财迷 « vieux grigou, harpagon ». '你这老财迷，听我把话说完好吗？' « Vieux grigou, écoute-moi jusqu'au bout, tu veux bien ? »

• 守财奴 *shǒucáinú* « esclave de sa fortune ». Moins fréquent : 看财奴 *kāncáinú*, même sens. '他是个十足的守财奴，在亲人需要资助时，他也一毛不拔。' « C'est un véritable grippe-sou, il ne crache pas un centime même quand c'est de la famille qui a besoin d'un soutien financier. »

Gros nez rouge
• 酒糟鼻 *jiǔzāobí* « nez ayant souffert de la boisson ». Terme valable même si la condition en question n'est pas due à l'alcool !

Groupie ⌐*fan*

Guet (Faire le ~), chouffer
• 观风 *guān fēng* « guetter le vent ». '他站在洞口，替他们观风。' « Il se tenait à l'entrée de la grotte pour faire le guet. »

Gueule (faire, tirer la ~) ⌐*tronche*
• 蔫不唧 *niānbujī*. Parfois 蔫不唧儿 ou 蔫不唧唧. '我还想跟他说话，没想到他蔫不唧儿地走了。' « J'ai voulu aller lui parler, je ne m'imaginais pas qu'il partirait en faisant la gueule. »

Gueule (grande ~, ouvrir sa ~)
• Avoir une grande ~ : (你)叫还真响！ « Quelle grande gueule tu as ! »
• Oser ouvrir sa grande gueule : 真敢开牙！ *zhēn gǎn kāiyá* ! Pékinois. 开牙 est un terme utilisé dans les combats de criquets, qui veut dire « mordre ». '中国南海不是中国的？菲律宾可真敢开牙！' « La Mer de Chine du Sud n'est-elle pas chinoise ? Et les Philippines qui osent ouvrir leur gueule ! » On

sous-entend que l'interlocuteur n'est pas plus dangereux ni impressionant qu'un criquet courroucé. Équivalent du roquet.

Gueule (Se foutre de la ~) ⌐*moquer*

Gueule (se bourrer la ~) ⌐*bourrer*

Gueule de bois, avoir la ~
• 上头 *shàngtou* « monter à la tête ». Ce terme désignait jadis une ivresse légère, il est de nos jours utilisé pour décrire les symptômes d'une cuite sévère… '好酒不上头、上头不是好酒是真的吗？' « Est-il vrai que les bons alcools ne donnent pas la gueule de bois, et que s'il y a gueule de bois, ce n'était pas un bon alcool ? » *(yangsheng.com, 2018)*
• 宿醉 *sùzuì*. '辣味狗肉汤对于解除宿醉有奇效。' « La soupe de viande de chien épicée fait des miracles contre la gueule de bois. » '我还在宿醉啦。宿醉真讨厌。' « J'ai encore la gueule de bois. Fait chier ! » *(CD, 2007)*

Gueuleton (se taper un ~)
• 打牙祭 *dǎ yájì* « offrir un sacrifice aux machoires ». Festin, bonne bouffe. À l'origine un terme dialectal (mandarin du sud et sud-ouest), désignant les (rares) repas de viande ; tellement utilisé dans la littérature qu'il en est devenu universel. '我们正好打打牙祭了。不知有无好酒？' « Voilà l'occasion de se taper un gueuleton. Vous avez du bon vin ? »[69]

Gueux (il fait un froid de ~)
• 贼冷 *zéilěng* « froid de bandit ». '今天贼冷。' « Il fait un froid de gueux aujourd'hui ». Ici 贼 a la valeur (dialectale) de « très, extrêmement » (pour des choses désagréables).

Habit (l'~ ne fait pas le moine)
Trois expressions, dans l'ordre décroissant de fréquence :

• 人不可貌相 *rén bùkě màoxiàng* « on ne peut juger les gens à leur mine ». Ce proverbe a traditionnellement une suite : 海水不可斗量 *hǎishuǐ bùkě dǒuliàng* « on ne peut mesurer la quantité d'eau dans la mer avec une pinte ». '俗话说："人不可貌相"。然而，一个人的相貌可以反应此人多方面的内容。' « Le proverbe dit : "on ne peut juger les gens à leur mine" ; et pourtant, la figure de quelqu'un peut dévoiler beaucoup d'aspects de sa personnalité. » *(woshiqian.com, 2018)*

• 绣花枕头 *xiùhuāzhěntou* « coussin brodé ». Apparence, dehors trompeurs ; beau ou impressionnant à première vue, de peu de valeur en réalité : pour les personnes uniquement. '看中国女兵的这项训练，绣花枕头请到一边去！' « À voir les entraînements de ces militaires chinoises, on réalise que parfois l'habit fait bien le moine ! » *(PR, 2017)*

• 包子有肉不在褶上 *bāozi yǒu ròu bùzài zhě shàng* « Ce n'est pas à ses plis qu'on juge si un petit pain est fourré de viande ou pas » : ne pas pouvoir se fier aux apprences. Contrairement à l'expression précédente, celle-ci est valable aussi bien pour les choses que pour les personnes. En anglais « don't judge a book by its cover » est plus proche du sens chinois. '其实，包子有肉不在褶上，女人好坏不在脸上。' « En vérité, on ne peut se fier aux apparences, et qu'une femme soit bonne ou mauvaise ne se lit pas sur sa figure. »[32]

Haïr, haine viscérale, à mort
• 恨之入骨 *hènzhīrùgǔ* « haïr jusqu'à la moelle des os ». '我对秦王恨之入骨！每时每刻都想着报仇，只是没有机会啊' « Je hais à mort le roi de Qin ! Je songe à la vengeance à chaque instant, mais je n'ai pas encore trouvé l'occasion. »[69]

Halluciner, j'hallucine
• 我也是醉了！ *wǒ yěshì zuìle !* « Je suis bourré moi aussi ! » Cette expression date du milieu de la décennie 2010 mais reste usitée. Elle recouvre presque exactement les sens de « J'hallucine » : stupéfaction, ahurissement, incompréhension, léger énervement. '你居然放弃了这么好的机会，我也是醉了。' « J'hallucine ! Tu as laissé passer une si belle occasion ? » '一瓶水要一百块？我也是醉了！' « Cent yuan la bouteille de flotte ? J'hallucine ! »

Hanches (mains sur les ~)
• 叉腰 *chāyāo*. '他站起来，两手叉在腰间说。' « Il se relève, les mains sur les hanches. »[22]

Hardcore (musique, style)
• 硬核 *yìnghé*. Traduction directe de l'anglais.

Harmoniser harmonisation
• 河蟹 *héxiè* « crabe de rivière ». Aujourd'hui, « harmonisation » désigne en Chine les différentes formes de censure ou d'autocensure, directes ou indirectes, imposées à la presse, aux réseaux sociaux, voire aux comportements des

personnes. Étant donné – en raison même de la censure – qu'il est impossible d'ironiser sur le terme normal de 和谐 *héxié* « harmonie », les internautes se sont rabattus sur le crustacé en question, qui n'en demandait pas tant, et en ont fait un verbe, synonyme donc de « censurer » : '刚过去的 2017 年，究竟有哪些热门词汇被"河蟹"掉？' « En fin de compte, en 2017, quels termes populaires ont-ils fait l'objet d'une censure par ''harmonisation'' ? » *(*中国人权*, 2018).* Le sens a même pu s'élargir à celui de « éliminer » ou « tuer » : '我身上有刀口伤疤的痕迹，那次差点就被河蟹了。' « J'avais le corps couvert de cicatrices et de coups de couteaux… Cette fois, j'ai bien failli être "harmonisé" ! »

Harpie ☞ *mégère*

Hercule, herculéen

• 大力士 *dàlìshì* C'est le terme utilisé pour Hercule/Héraklès, donc pour décrire un personnage doté d'une force colossale et de qualités de combattant. '看报，看报，俄国大力士游四十六国，抵津比武。' « Achetez le journal ! ahetez le journal ! l'Hercule russe, après avoir visité 46 pays, arrive à Tianjin pour une compétition d'arts martiaux ! »[93]

• 九牛二虎之力 *jiǔniú-èrhǔ zhī lì* « la force de neuf bœufs et deux tigres » : force colossale. Pour « efforts herculéens », l'expression s'utilise avec le verbe 费 *fèi*. '这女人身上的脂油太多了，陈小手费了九牛二虎之力，总算把孩子掏出来了。' « La bonne femme était couverte d'un lard épais ; après des efforts herculéens, Chen

les Petites mains réussis enfin à extraire l'enfant. »[462]

Héroïne (drogue) ☞ *drepou*

Hip hop, rap

Culture et genre musical. Le terme anglais « hip hop » est souvent utilisé en tant que tel, mais quand il est traduit, cela donne :

• 嘻哈 *xīhā*. '中国有嘻哈' est une émission de téléréalité sur la culture rap et hip hop dont la première saison s'est tenue en 2017. Le nom anglais (qui figure sur le logo de l'émission) est 'the rap of China'.

Hippie

• 嬉皮士 *xīpíshì*. Il n'y avait évidemment pas beaucoup de hippies en Chine à la grande époque, mais le terme est aujourd'hui connu, et, comme en Occident parfois, il peut désigner une personne un peu débraillée. '你怎么办成这副样子，像个嬉皮士似的？' « Qu'est-ce que tu fous débraillé comme ça, comme un hippie ? »[65]

Histoire (même ~, vieille ~)

• 老一套 *lǎoyītào*. '日本 2018 防卫白皮书还是老一套。' « Le Livre Blanc japonais de la défense 2018 : encore et toujours la même vieille histoire. » *(Sina, 2018)*

• 老掉牙 *lǎodiàoyá* « vieille dent à jeter ». '外婆你又摆古，尽是些老掉牙的故事。' « Grand-mère, tu veux encore me raconter quelque chose ? Ça va être les mêmes vieilles histoires une fois de plus… »[443]

Homme (un ~, un vrai)

• 纯爷们儿 *chún yémenr*. Un vrai mec. Viril, fort, etc. '你要是想当纯爷们儿，就闭上嘴，赶紧喝。' « Si tu veux être un homme, un vrai, ferme ta gueule et bois. » *(Sohu*

TV, 2012) '我爸告诉我掉眼泪不够爷们儿。' « Mon père m'a dit que les vrais hommes ne pleurent pas. » *(iciba, 7/7/2015)*

Homme orchestre

• 光杆司令 *guānggān sīlíng* « Général solitaire ». Sans aucun soutien, tout devoir faire seul. '说是课题组，在最初的阶段，屠呦呦只是"光杆司令"，只有她一个人孤独地踏上了寻药之路。' « En fait de "groupe de travail", dans la phase initiale, Tu Youyou était plutôt une "femme-orchestre" ; sur la voie de la recherche de médicaments, elle était bien seule. »[56]

Honneur (c'est trop d'~)

Pour jouer les modestes quand quelqu'un vous fait un compliment.

• 你说到哪儿去了 *nǐ shuō dào nǎr qù le.* '妈，你说到哪儿去了，应该的。' « Maman, c'est trop d'honneur, ce que j'ai fait était tout naturel. »[34]

• 不敢当 *bù gǎndāng.* Poli.

• 哪里哪里！ *nǎli nǎli!* « Mais non mais non ! ». Vous me flattez. La répétition est importante ! La phrase peut aussi être utilisée ironiquement. Toujours utilisée, mais moins par les jeunes, qui préfèrent 还好吧，你太客氣了，voire 马马虎虎.

Honte ↝ *gêne, vergogne*

• (这)还了得 *zhè háiliǎodé.* Selon le contexte : ça va trop loin, ça dépasse les bornes, c'est une honte. '这还了得！男子酒后打架，竟还打伤警察。' « C'est une honte ! Un homme se bat après avoir bu et blesse un policier ! » *(PR, 2018)* ATTENTION : cette expression est en général en début de phrase ; en fin de phrase on trouve souvent 那还了得! avec une légère différence

de sens : « Quelle horreur ! c'est atroce », et se rapproche donc de 还得了，voir ↝ *OK !* Enfin 哪还了得 ? signifie « est-ce si terrible ? ».

• 恬不知耻 *tiánbùzhīchǐ.* Toute honte bue, n'avoir honte de rien. Plus vulgaire : voir ↝ *honte*[INS]

Huile (tout baigne dans ~)

• 万事大吉 *wànshìdàjí.* Tout se déroule parfaitement bien, ça baigne. '此事还没解决，你别以为万事大吉。' « Cette affaire n'est pas encore réglée, ne crois pas que tout va baigner dans l'huile. » '生个美国孩儿，就万事大吉吗？' « Est-ce qu'après avoir eu un enfant américain, tout baigne ? » *(Sina, 2013)*

Huile (jeter de l'~ sur le feu)

• 推波助澜 *tuībōzhùlán* « Soulever les vagues et les lames ». '美国国防部在这样一个不健康的氛围里扮演了推波助澜的角色。' « Dans ce genre d'atmosphère malsaine, le Pentagone joue le rôle de celui qui jette de l'huile sur le feu. » *(Global Times, 2018)*

• 火上加油 *huǒshàng-jiāyóu* ou 火上浇油 *huǒshàng-jiāoyóu* sont synonymes du précédent mais moins courants.

Huile (personnage important)

• 大腕 *dàwàn* « gros poignet ». '许多大男人，一旦有机会同大腕说话，那声音立马变得好温柔好温柔。' « Il y a plein d'adultes qui prennent tout de suite une voix douceureuse quand ils s'adressent à une huile. » ↝ *légume*

Humeur ↝ *pied, vache enragée*

Hurluberlu

• 冒失鬼 *màoshiguǐ.* Étourdi, écervelé. Au pire : ↝ *pignouf*[INS]

Hypocrite ↝ *faux-jeton*

Idée

• 点子 *diǎnzi*. 《从点子到产品》 « De l'idée au produit » *(titre d'un livre paru en 2017)*.

• 谱儿 *pǔr*. Idée, notion assez précise. '这项工程需要多少钱他心里有谱儿。' « Il a une idée assez précise du coût de ce projet. » On trouve, pour renforcer le degré de précision : 有个准谱儿. À l'inverse, pour « n'avoir aucune idée (de) » : (根本)没谱儿. '我该怎么办，我一点谱儿也没有。' « Je n'ai aucune idée de comment je suis censé faire ça. » Voir ☞ *connaître*

• Avec une seule idée en tête : 一门心思 *yīménxīnsi*. '我当时只有一门心思，就是必须整死他。' « À cette époque je n'avais plus qu'une seule idée en tête : je devais lui faire la peau. »[65] ☞ *têtu*

Idée derrière la tête

• 醉翁之意不在酒 *zuìwēng zhī yì bù zài jiǔ* « L'objectif du buveur n'est pas de s'enivrer. » Avoir une arrière pensée. L'expression complète (qui vient de Ouyang Xiu des Song) est : 醉翁之意不在酒，在乎山水之间也, « Le cœur du vieux buveur n'est pas dans l'alcool, mais entre fleuves et montagnes » ; l'auteur boit pour mieux savourer le paysage, pas pour rouler sous la table. '她并不知道他醉翁之意不在酒，便在孤单苦心之中和这位大哥建立了友谊。' « Elle ne savait pas qu'il avait une idée derrière la tête et n'avait lié amitié avec ce camarade que pour sortir de sa triste solitude. »[65] Synonymes :

• 另有用意 *lìngyǒuyòngyì* et 别有用心 *biéyǒuyòngxīn*. Le second

est souvent employé dans un sens renforcé, péjoratif : « desseins inavouables ». '殖民当局别有用心地实行同化政策。' « Les autorités coloniales, pour des raisons inavouables, mirent en place une politique d'assimilation. » *(PR, 2008)*

Idiot (faire l'~) ☞ *âne, con*

• 犯傻 *fànshǎ*. '爱情之所以会让人犯傻，是因为夏娃只爱亚当。' « La raison pour laquelle l'amour pousse les gens à faire les idiots, c'est que Eve n'est tombée amoureuse que d'Adam. »[49]

• 犯二 *fànèr* (plutôt à Pékin).

Ignorer, mépriser, battre froid, laisser tomber

• 晒 *shài* : '你们都去吃好的喝好的，成心晒我哪！' « Vous allez vous en foutre plein la panse, en me laissant tomber comme une vieille chaussette ! » Synonyme du plus commun 不理 *bùlǐ*. Également : 晒干儿 *shàigānr*, « laisser sécher au soleil ».

• 晾 *liàng*. Ce verbe a le même sens propre (« faire sécher au soleil »), et donc le même sens figuré que le précédent. Le plus souvent sous la forme 把 XXX 晾在一边 « mettre XXX de côté pour sécher ».

Illettré (semi-~)

• 半文盲 *bànwénmáng*. '你一个小学都没毕业的半文盲，凭什么跟我斗？' « Un semi-illettré comme toi qui n'a même pas terminé l'école primaire, comment comptes-tu t'opposer à moi ? »[65]

Impasse
• 牛角尖 *niújiǎojiān*. Au sens figuré : problème insoluble, réflexions qui ne mènent à rien. '他知道他又钻进了牛角尖，一时半会儿很难出来。' « Il savait qu'il s'était fourvoyé dans une impasse et qu'il lui serait très difficile d'en sortir rapidement . »[65]

Important (personnage ~) ☞ *huiles*

Impossible (à l'~ nul n'est tenu)
• 无米之炊 *wúmǐzhīchuī* « cuisine sans riz », ou : 无米下锅 *wúmǐxiàguō* (même sens). '没有数据，我怎么做分析？我无法造无米之炊。' « Sans données, comment je pourrais faire une analyse ? À l'impossible nul n'est tenu. » *(CD, 2006)*

Impossible n'est pas français
• 世上无难事，只怕有心人 *shìshàng wú nánshì, zhǐpà yǒuxīn rén* : rien d'impossible en ce monde si l'on s'y attaque avec résolution.

Impression (c'est la 1re ~ qui compte)
• 先入为主 *xiānrùwéizhǔ*.

Impulsif
• 半彪子 *bànbiāozi* « demi-petit tigre ». Dénué de tact, irréfléchi.

Inattendu(s)
Par exemple pour les résultats d'une compétition.
• 大爆冷门 *dàbào lěngmén*. '这场比赛的结果，啊，怎么讲呢，大爆冷门。' « Le résultat de ce match est, comment dire... très inattendu »

Inculte ☞ *ciboulot, illettré*

Indic, informateur ☞ *balance*

Indien, hindou
• 阿三 *Ā sān* : ce terme péjoratif surtout utilisé sur Internet vient d'un film tourné à Shanghai à l'époque des concessions (la police de la concession internationale comportait des auxiliaires indiens).

Indigne (fils ~), mauvais fils
Fils ne montrant aucune piété filiale.
• 不孝子 *bùxiàozi*. Voir ex. et synonymes à ☞ *fils indigne[INS]*

Indigné, révolté
• 气不忿儿 *qìbufènr*. '听到这样的新闻真让我气不忿儿。' « Je suis indigné d'entendre ce genre de nouvelles. »

Ingratitude ☞ *écorce*

Inmontrable, inavouable
• 上不了台面 *shàng bùliǎo táimiàn* « n'arrive pas au comptoir ». Qui doit rester caché, pour des raisons soit de morale, soit de qualité ; qui supporte mal la transparence ou la comparaison. Gênant. '国产车上不了台面？那他妈是以前！' « Les voitures fabriquées en Chine nous foutent la honte ? Non, putain, ça c'était avant ! » *(Qianlong 2017)* Autre ex. ☞ *eaux troubles*

Inouï, inconcevable, hors du commun (paroles, méthodes, pensées, comportements…)
• 匪夷所思 *fěiyísuǒsī*. '他发财的方式匪夷所思，他不是炒股票，也不是搞房地产，二十包庙。' « Il avait fait fortune de façon absolument inouïe : sans spéculer en Bourse ni se lancer dans l'immobilier, mais en gérant des temples. »[65]

Instant (pas un ~ à perdre)
• 刻不容缓 *kèbùrónghuǎn*. Urgent, très pressant, ne peut souffrir de retard ou de délai. '全球环境污染日趋严重，保护环境刻不容缓。' « La pollution s'aggrave de jour en jour au niveau mondial ; il n'y a plus un instant à perdre pour la protection de l'environnement. »

Intello (jouer l'~)
☞ *péter (se la), intellectuel puant*[INS]

Internautes ☞ *masses ignorantes*

Inutile, vain.

• 白搭 *báidā.* Assez fort : « Complètement inutile, ne sert à rien du tout ». Concerne des situations, pas des individus. '你叹气呀？叹气也白搭。' « Tu soupires ? Ça sert à que dalle de soupirer. »[272] ATTENTION : autre sens, « bavarder, discuter ».

☞ *avancer, cautère, violon*

Inviter ☞ *payer l'addition*

Irrécupérable ☞ *pourri*

Irrésistible

• 欲罢不能(的) *yùbàbùnéng* « on veut arrêter, mais on n'y arrive pas ». Chose, habitude. Voir un ex. à ☞ *cucul la praline*

Ivraie ☞ *grain (bon...)*

Ivre (à moitié ~), éméché, gai

• 半醉 *bànzuì,* 半酣 *bànhān.* '饮至半酣，陈林手捧金丸呈上。' « Désormais à moitié ivre, Chen Lin prit les deux boules en or dans ses mains et les présenta. »[87]

• (醺)醺然 *xūnxūnrán.* Ivre mais pas trop.

Ivresse

« L'ivresse est le remède à tous les maux ». Cette citation de Sophocle, fondamentale pour la civilisation occidentale, a un équivalent presque exacte en chinois : 一醉解千愁 *yī zuì jiě qiān chóu* « L'ivresse dissipe mille soucis ». '伤心的时候喝酒是一种什么样的体验？为什么有人说一醉解千愁？' « Quand on est triste, qu'est-ce que ça fait de boire de l'alcool ? Pourquoi des gens disent-ils que l'ivresse est le remède à tous les maux ? » (Zhihu, 2017)

Ivrogne, pochard, soiffard

• 酒鬼 *jiǔguǐ.* '遇到你后变成色鬼，你不理我我成酒鬼！' « En te recontrant, je suis devenu obsédé, mais comme tu m'as ignoré, je suis tombé dans l'alcool ! »

• Variantes : 酒徒 *jiǔtú,* 酒翁 *jiǔwēng* (ce dernier terme avec une nuance de « vieil ivrogne », voir ex. ☞ *idée derrière...*). '哇塞，太像开瓶器了！这个建筑师不会是个酒翁吧？' « La vache, ça ressemble trop à un décapsuleur ! L'architecte était un pochard ou quoi ? » (Chinesepod, à propos d'un immeuble célèbre à Pudong)

• 醉汉 *zuìhàn.* '一月，他画了个醉汉，醉成一摊泥。标价十元没人买。' « En janvier, il peignit un ivrogne, complètement bourré. Valeur : 10 yuan, mais toujours aucun acheteur. »[454] Variante : 醉翁 *zuìwēng,* voir ☞ *idée derrière...*

Jaloux (être ~, un ~), jalmince

• 吃醋 *chīcù* « boire du vinaigre ». '他常因为别的男生对我太好而吃醋。' « Il est souvent jaloux quand d'autres garçons s'occupent un peu trop bien de moi. » Souvent partie du *chengyu* 争风吃醋 *zhēngfēng-chīcù*. '两个美国水兵为了一个酒吧女郎而争风吃醋，大打出手。' « Deux marins américains se sont violemment pris le bec à propos d'une fille de bar et en sont venus aux mains. »

• 醋坛子 *cùtánzi* « jarre à vinaigre », personne très jalouse. '金庸笔下，最不待见的醋坛子都有谁？' « Dans toute l'œuvre de Jin Yong, qui sont les plus insupportables jaloux ? » *(Sina, 2018)*
Égal[t] : ☞ *tigre de jalousie*[SEX]

Jambe (par-dessus la ~)

• 搪塞 *tángsè*. Traiter une affaire, un problème, à la légère, avec négligence. Faire le minimum requis, procrastiner, etc. '这不是许随随便便就可以搪塞的小事' « Ce n'est pas le genre de petite affaire que tu peux traiter par-dessus la jambe. »

Jambes…

• ~ croisées 二郎腿 *èrlángtuǐ*. '他跷起二郎腿，嘴里喷着浓浓的烟气。' « Il croisa les jambes et exhala un lourd nuage de fumée. »[65]

• Avoir les ~ en coton : 发软 *fāruǎn*. Faiblesse dans les jambes : peur, trac, problème physique. '他双腿不由自地发虚发软，脚步也十分滞重迟缓。' « Il ne pouvait contrôler le tremblement de ses jambes en coton et chacun de ses pas était lourd et lent. »[65]

Jambes (prendre ses ~ à son cou)

• 逃之夭夭 *táozhīyāoyāo*. '当她三个强壮如牛的哥哥走过来时，我感到自己应该逃之夭夭了。' « Mais quand ses trois grands frères forts comme des bœufs arrivèrent, je ressentis l'urgent besoin de prendre mes jambes à mon cou. »[23]

• 拿丫子 *ná yāzi* « prendre ses pieds » ou 撒丫子 *sā yāzi* : pékinois.

Japon, Japonais

Depuis la guerre sino-japonaise de 1894, il y a un lourd antagonisme historique entre les deux pays. Que ce soit dans la littérature ou dans le langage parlé, il n'est pas surprenant que la langue chinoise comporte plusieurs termes plus ou moins insultants pour les voisins de l'Est.

• 小日本 *xiǎo rìběn* « petit Japon/Japonais ». '最风光的那次是小日本投降后，国军准备进城收复失地。' « Le jour le plus glorieux, ce fut après que les petits Japs se furent rendus, quand l'armée nationale est rentrée en ville pour recouvrer le terrain perdu. »[23]

• Voir aussi de nombreux autres termes à ☞ *Japs*[INS]

Jaune (rire ~, rire forcé)

• 干笑 *gānxiào*. Ex. ☞ *salive*

Je, moi, mon

• En ligne les jeunes filles et femmes utilisent parfois 偶 *ǒu* à la place de 我, tout simplement parce que cela sonne plus mignon.

• En revanche écrire ou dire 俺 *ǎn* fera beaucoup plus rustique, viril. Terme ancien du dialecte du Hebei et du Shandong, qu'on trouve dans nombre de romans classique ou de *wuxia.* '是玉帝请俺来的，你们两个毛神敢拦我！' « C'est l'Empereur de Jade qui m'a invité ! Deux dieux de pacotille comme vous oseraient-ils m'arrêter ? »[181]

• Plus viril encore : 老子 *lǎozǐ.* '老子明天决不死！我不仅要活到明天，还要活到明年！' « Non, je ne crèverai pas demain ! Et je veux vivre, pas seulement jusqu'à demain, mais jusqu'à l'année prochaine ! »[448] Cependant, ce terme est considéré comme grossier, et est parfois remplacé à l'écrit (surtout en ligne) par 劳资 *láozī* qui signifie normalement « capital et travail ». Voir un ex. d'une telle substitution à ☞ *queue (file d'attente)*

• À Pékin, on emploie parfois 咱 *zán* (« nous ») pour « je ». '叫咱瞧瞧！' « Laisse-moi regarder ! »

Je-m'en-foutiste

• 大大咧咧 *dàdaliēliē.* Irresponsable, indifférent. '她说你性格大大咧咧，又爱花钱，如果你知道了还得了，肯定几下就花了了。' « C'est elle qui a dit que tu n'étais qu'un je-m'en-foutiste qui aimais trop claquer ton argent ; si tu l'avais su *[où étai caché l'argent]* c'était foutu, tu aurais tout dépensé en un rien de temps. »[34]

Jeter, se faire ~ ☞ *larguer, rompre*

Jeu, plaisanterie

Dans le sens « chose qui ne peut pas être prise au sérieux »

• 打哈哈 *dǎhāha.* Sens initial : rire, plaisanter ; sens dérivé : ne pas prendre au sérieux, faire les choses par dessus la jambe. '你别当作这是打哈哈，一百多羊，是要着玩的吗？' « Ne prends pas ça pour un jeu ; tu crois que s'occuper de plus d'une centaine de moutons, c'est du gâteau ? »[86]

Jeu (prendre qqun à son propre ~)

• 请君入瓮 *qǐngjūnrùwèng* « Prière de rentrer dans la jarre ». Renvoyer la balle, rendre à qqun la monnaie de sa pièce. '这代表警方可以充分部署，请君入瓮。' « Cela signifiait que la police pouvait déployer son dispositif dans son entier et coincer *(les malfrats)* à leur propre jeu. »[70]

Jeu d'enfant ☞ *Enfant (jeu)*

Jeune (rester ~)

• 人老心不老 *rén lǎo xīn bù lǎo.* Rester jeune dans sa tête, jeune d'esprit.

Jeunes, jeunesse

• « ~ patriotes » : 小粉红 *xiǎo fěnhóng* « jeunes oranges ». Ce terme, soit laudatif soit péjoratif selon qui l'utilise, désigne des jeunes qui affichent leur patriotisme vibrant et leur amour du Parti sur les réseaux sociaux. Ils sont bien sûr souvent accusés d'être membres du « Parti des 50 centimes » (☞ *propagandiste[INS]*). '中国社会科学院 2016 年 12 月指出，2016 年引人瞩目的现象是"小粉红"群体崛起。' « En décembre 2016, l'Académie chinoise des sciences sociales a indiqué que le phénomène qui avait le plus attiré l'attention en 2016 avait été l'émergence du groupe des "Jeunes oranges". » *(XHN, 2017)*. Pour une vision moins positive du terme : ☞ *plouc*

• « ~ marxistes » : 小青马 *xiǎo qīngmǎ* « petit cheval noir ». Ils sont à peu près l'équivalent des précédents, mais le terme est beaucoup moins couramment utilisé. On notera que c'était aussi le nom du cheval que montait Mao Zedong pendant la Longue Marche ;

nom trompeur puisque l'animal en question était un cheval blanc.

• « Jeunesse en colère » : 愤青 *fēnqīng,* abréviation de 愤怒青年, parfois abrégé lui-même sur les forums en FQ. Tous les jeunes gens qui nourrissent une haine particulière envers tel ou tel phénomène social. '时下，打着"爱国" 的旗号,实际在把中国往泥潭中 推的"愤青"几乎霸据着论坛。' « À présent, les "jeunes en colère", qui agitent la bannière du patriotisme, mais poussent en réalité la Chine vers le bourbier, dominent presque en totalité les forums. »

• D'autres jeunes, probablement moins motivés par les grandes causes, ont déformé le terme ci-dessus en son homonyme 粪青 *fēnqīng,* « jeunesse de merde ». '我们 无视他们，因为他们是粪青。' « Nous ne leur accordons aucune attention, parce qu'ils ne sont que des petits merdeux. »

• Jeunesse dorée : 富二代 *fù èrdài* « seconde génération de riches ». ☞ *branleur, merdeux[INS]*

Jeunot, gamin

Dans le sens de « sans expérience »

• 毛头小子 *máotóu xiǎozi* ou 毛头 小伙. '她毕竟不是孩子，你也不 是毛头小伙，你想试着招惹她。' « Elle n'est plus une gamine, tu n'es plus non plus un jeunot, tu as envie de la séduire. »[24]

Jeux à boire

• (行)酒令 *xíngjiǔlìng.* Terme ancien mais toujours en usage pour nommer le ou les multiples jeux à boire pratiqués avec les mains en Chine, comparable à la mourre. Aujourd'hui on parle plus facilement de 猜拳 *cāiquán,* 划拳 *huáquán,* 豁拳 *huóquán* ou 拇战

mǔzhàn (dans l'ordre décroissant de fréquence des termes). '不过， 我想仙人大概就是这样行酒令 的。' « Et pourtant, j'imagine que c'est ainsi que les Immortels jouaient à la mourre. »[24]

• 骰子令 *tóuzǐlìng.* Un autre jeu à boire, mais avec des dés.

Job (pauvre comme ~) ☞ *paille*

Joie, joyeux

• Sauter de ~, nager dans la ~, ivre ou transporté de ~ : 喜出望外 *xǐchūwàngwài* « être surpris au-delà de ce qu'on attendait ». '郗莲 芝、翠香等喜出望外，跑上前拜 倒。' « Gao Lianzhi et Cui Wang, transportés de joie, se précipitèrent pour se prosterner devant lui. »[93] ☞ *gaiement, radieux*

• Au comble de la ~, s'en frotter les mains, très satisfait de soi : 得 意洋洋 *déyìyángyáng.* '他们走在 前面，两人得意洋洋地边走边 谈。' « Tout deux marchaient devant en devisant, l'air fort contents d'eux-mêmes. »[82]

Jolie fille

• 美妞(儿) *měiniūr.* '美妞与怪兽', titre chinois de *La Belle et la Bête.* '说实在的，和你这样的美妞在 一起我没有安全感。' « Pour dire vrai, d'être avec une jolie fille comme toi, ça ne me rend pas très tranquille. » L'expression est souvent renforcée en 大美妞 « canon, très belle », qui ne signifie pas forcément que la jeune fille soit grande ! À l'inverse, une 小美妞 sera plus « mignonne » que vraiment belle.

Jour (clair comme le ~)

• 一清二楚 *yīqīng'èrchǔ.* Clair comme de l'eau de roche, noir sur blanc, fort et clair. Pour des choses qui peuvent se voir, s'entendre, se

comprendre. '我看了个一清二楚，不由得大吃了一惊。' « Je l'ai vu, clair comme le jour, je n'ai pas pu m'empêcher d'être stupéfait. »[65]
☞ yeux (sauter aux)

Jour (en plein ~)

• 白日青天 *báirìqīngtiān*. Superlatif de 白日. '白日青天，谋财害命，天理不容！' « Commettre un tel crime crapuleux en plein jour, le Ciel ne le permettra pas ! »[99]

Jour (vivre au ~ le ~)

• 做一天和尚撞一天钟 *zuò yītiān héshang zhuàng yītiān zhōng*. '以前我是做一天和尚撞一天钟，每天早晨醒来犯愁的就是这一天怎么打发。' « Avant, je vivais au jour le jour, mon seul souci en me levant le matin était de savoir comment j'allais passer cette journée. »[23] Autre sens ☞ minimum

Journaliste
☞ carpette[INS], journalope[INS]

Jungle (loi de la ~)

• 弱肉强食 *ruòrò-qiángshí* « La viande des faibles est dévorée par les forts ». '只能靠你自己，这就是弱肉强食。' « Tu ne peux compter que sur toi-même, c'est ça, la loi de la jungle. »

Juré-craché, promis-juré, parole d'honneur

• 君子一言 *jūnzǐ yīyán* « la parole d'un gentilhomme, d'un homme de bien ». C'est la première partie d'un proverbe dont la suite est 驷马难追 *sìmǎnánzhuī* « même un attelage de quatre chevaux ne peut la rattraper » (n'est pas plus fort que la parole de l'homme d'honneur). Souvent prononcé pour accompagner un serment, une déclaration : « Croix de bois croix de fer, si je mens je vais en enfer… » '别动！

君子一言：把现大洋分给我们一半，保你吗俩没事！' « Ne bougez pas ! Parole d'honneur : donnez-nous la moitié de vos dollars, et vous deux vous en tirerez sans problème ! »[29]

• 一诺千金 *yīnuòqiānjīn* « un serment vaut milles taëls d'or ». Peut, comme le précédent, être utilisé pour signifier « promis-juré », ou pour qualifier la parole d'une personne de très fiable. '她忍不住逗他道："一诺千金？"' « Elle ne put s'empêcher de le taquiner : "C'est promis-juré ?" » *(D'un roman en ligne par l'auteur* 定海一针*)*

Jurer sur la tête de…
Prêter serment de façon solennelle (ou pas…)

• 向毛主席保证 *xiàng Máo Zhǔxí bǎozhèng* « au nom / sur la tête du Président Mao ». Cette vieille expression des années 60/70, revenue à la mode au début des années 2000, reste populaire sans doute parce qu'elle est en général utilisée au second degré. '我向毛主席保证，这绝对是真的！' « Je jure sur la tête du Président Mao que c'est vrai ! » *(petite annonce de vente de voiture, 2017)*

Kangourou ⌒ slip

• 三角裤 *sānjiǎokù* « culotte en triangle ». Exclusivement masculin.

Karaoké

• Tout le monde connaît bien sûr le terme 卡拉OK *kǎlā ō kēi,* transcription phonétique immédiate du terme d'origine japonaise. Les chinois en ont tiré un verbe, K歌 *kēigē* « chanter du karaoké ». Il y a plusieurs applis de karaoké pour smartphone qui intègrent aussi ce terme dans leur nom.

Kawaii

• Ce terme japonais (« mignon, adorable »), a été introduit dans la langue chinoise par une transcription purement phonétique : 卡哇伊 *kǎwāyī,* pour le différencier du terme chinois 可爱 *(NdR : les nuances exactes sont sans doute importantes, mais ne sont pas l'objet de cet ouvrage !).* D'autres termes ont été élaborés, rendant à peu près la même idée.

• Une petite ou jeune fille *kawaii* peut être appelée une 萌妹子 *méng mèizi* « petite sœur en bourgeon ». Une traduction fréquente en anglais est *girly girl,* « fille girly ». Elle doit susciter chez les gens l'envie de la protéger, et contrairement à beaucoup d'héroïnes de mangas, ne présente pas encore forcément de gigantisme mammaire. '成都500多名"萌妹子"排队体检应征女兵。' « À Chengdu, plus de 500 filles très "girly" font la queue pour passer l'examen médical de recrutement comme militaires. » *(Sina news, 2018).* On trouve aussi fréquemment la variante 萌萌妹子, par imitation du terme 萌萌哒 ⌒ mignon

Laisser faire (se ~)
☞ *Pieds (se laisser marcher...)*

Laisser tomber, laisse tomber !
• 拉倒 *lādǎo*. Abandonner, renoncer à. '咱绝交吧！什么爱与希望都拉倒吧！' « On n'a plus qu'à rompre tous les deux ! À laisser tomber tous nos amours, tous nos espoirs ! » *(Sina 2017)* '拉倒吧！' « Laisse béton ! » '爱上钩的上，不爱的拉倒。' « (Les poissons) qui voudront mordre à l'hameçon y mordront, les autres, je laisse tomber. »91 *(un pêcheur paresseux)*
• (你)省省吧 *Nǐ shěngshěng ba !* « Laisse tomber ! », dans le double sens de « ça ne vaut pas la peine d'y consacrer de l'énergie / du temps / de l'argent », ou au contraire « ça ne te regarde pas / lâche-moi les baskets ». '如果你想打什么坏心思，劝你省省吧。' « Si vous comptez mettre en actions vos pensées nuisibles, je vous conseille de laisser tomber. » *(Baidu, 2012)*
• 打退堂鼓 *dǎ tuìtánggǔ* « battre le tambour de sortie ». Voir un exemple à ☞ *claquer (le pognon)*
• Dans le sens « laisser tomber quelqu'un » : 抛弃 *pāoqì*. Voir un exemple à ☞ *grenouille*

Lait
« Si on lui pressait le nez, il en sortirait du lait ». Une expression similaire existe en chinois :
• 乳臭未干 *rǔxiùwèigān*, « le lait n'est pas encore sec. » Jeune et sans expérience.
☞ *blanc-becINS, novice, pied-tendre*

Langue bien pendue
• 油嘴滑舌 *yóuzuǐhuáshé*. Langue bien pendue, personne peu fiable.

'你少给我油嘴滑舌！你少给自己打掩护！' « Remue donc un peu moins cette langue trop bien pendue ! Arrête de chercher à te couvrir ! »21 ☞ *beau parleur*

Lambiner
• 磨蹭 *móceng*, 磨磨蹭蹭. Tarder, traîner des pieds. '我可没功夫在这儿陪着你们尽磨蹭了。' « Je n'ai pas le temps de rester ici à lambiner avec vous. »272

Lampe (s'en mettre plein la ~)
☞ *bâfrer*

Lanternes (faire passer des vessies pour des ~)
• 指鹿为马 *zhǐlùwéimǎ* « appeler un cerf un cheval ». Enfumage. '美在 WTO 指中国强制技术转让；中国：美方"指鹿为马"' « À l'OMC, les États-Unis dénoncent les transferts de technologies forcés par la Chine ; la partie chinoise répond que les Américains veulent "faire passer des vessies pour des lanternes". » *(VOA, 2018)*

Lapin (poser un ~)
• S'il s'agit d'un rendez-vous quelconque : 爽约 *shuǎngyuē*. '没有一件事比苦等爽约的人更令人气恼的了。' « Il n'y a rien de plus énervant que d'attendre quelqu'un qui vous a posé un lapin ».
• Dans un contexte amoureux : ☞ *lapinSEX*

Largué, dépassé, plus au jus, aux fraises, dans les choux
• 摸不着门儿 *mōbuzháoménr*. Ne pas être capable de trouver le truc, la solution. '王岐山将主导中美关系，不过英媒分析，王岐山或如刘鹤一样摸不着门。' « Wang

Qishan va gérer la relation sino-américaine, mais les médias britanniques estiment que tout comme Liu He, son prédécesseur, Wang sera totalement largué. » *(PR, 2018)*

• 望尘莫及 *wàngchénmòjí* « contempler de loin la poussière qu'il soulève et ne pouvoir rattraper (qqun) ». Être distancé, très inférieur. '俄罗斯一新发动机让中国望尘莫及。' « Avec l'arrivée du nouveau moteur russe, *[les chasseurs]* chinois sont complètement dépassés. » *(Sina, 24/1/2018)* '残剑与飞雪的刺客之名，却远震六国，连原来的刺客首领长空也望尘莫及！' « La renommée des assassins Épée Brisée et Neige Volante s'étendait à tous les Six Royaumes, même Chang Kong, le chef original des assassins, ne leur arrivait même plus à la cheville ! »[63]

Larrons en foire (s'entendre comme ~)

• 狼狈为奸 *lángbèiwéijiān* « le loup et le chacal de connivence pour commettre de mauvaises actions. » '这两个坏蛋狼狈为奸来骗您的钱财。' « Ces deux canailles s'entendent comme larrons en foire pour vous escroquer de votre fortune. »

Latin (y perdre son ~)

• 莫名其妙 *mòmíngqímiào*. Ne rien comprendre. *Chengyu* extrêmement fréquent. '王艳丹自然是莫名其妙，一边回大伯的话，一边看着钟师忠求救。' « Bien entendu, Wang Yandan y perdait complètement son latin, et tout en répondant aux questions de tonton, elle appelait du regard Zhong Shizhong à son aide. »[34]

• 丈二和尚—— 摸不着头脑 *zhàng èr héshang — mōbuzháo tóunǎo*. Il s'agit d'un *xiehouyu* : « (Une statue) de moine de vingt pieds de haut : on ne lui touche pas la tête ». Ne rien comprendre, être complètement perdu, ne plus rien piger. '你说这没头没脑的话，让人丈二和尚摸不着头脑。' « Ces choses que tu racontes n'ont ni queue ni tête, c'est vraiment à y perdre son latin. » On peut omettre la seconde partie de la phrase et ne dire que 丈二和尚, mais c'est plutôt rare.

Lèche-bottes, flatteur, flagorneur.

• 马屁精 *mǎpìjīng*. '你真是个马屁精！' « T'es un vrai lèche-bottes ! » '郭沫若是否是「马屁精」？' « Guo Moruo était-il un "lèche-bottes" ? » *(Zhihu, 2018)* Parfois abrégé en MPJ en ligne.

• 哈巴狗 *hǎbāgǒu*. C'est normalement le terme utilisé pour désigner ces horribles représentants de la race canine que l'on nomme en français « pékinois ». '对着这些人，他好像哈巴狗般，穷人，他则在暗笑。' « Avec des gens comme ça, il se comporte en véritable petit flagorneur, mais, confronté à des pauvres, il ne sait que ricaner. » Égalt : 叭儿狗 *bārgǒu*.
  ☞ *bottes, lèche-cul*[INS]

Leçon (donner une ~) ☞ *compte*

• En criant ou en frappant… 修理 *xiūlǐ* « réparer » : '他整个一混蛋，修理修理丫的！' « C'est vraiment un salaud ! Va donner une bonne leçon à ce fils de p... ! »

Légère (à la ~)

• Traiter ou prendre qqch ou qqun à la légère, envoyer balader avec un sourire : 一笑置之 *yīxiàozhìzhī*. '我一笑置之，但对左派来说相当刺耳吧。' « Moi je prenais ça à la légère, mais pour les gauchistes, ça devait être une autre histoire. »[70]
  ☞ *jambe (par-dessus la ~), sérieux*

Légume (grosse ~) ☞ *huile*

• 高枝儿 *gāozhīr* « sur une branche élevée ». Personnage important. Autre sens : position élevée.

• 大亨 *dàhēng*. Surtout dans le domaine des affaires.

Lèvres (sur toutes les ~)

• 家喻户晓 *jiāyùhùxiǎo* « connu dans tous les foyers ». Connu de tous, très répandu. '这事在印度几乎家喻户晓。' « En Inde, cette affaire est sur presque toutes les lèvres. » *(PR, 2006)*

• 妇孺皆知 *fùrújiēzhī* « femmes et enfants le savent tous ». '我怎么不知？民间已尽将荆轲和高渐离的故事传诵得妇孺皆知。' « Comment pourrais-je l'ignorer ? Dans le peuple, l'histoire de Jing Ke et de Gao Jianli est déjà sur toutes les lèvres. »[69]

☞ *loup blanc*

Lien, accointance, connection

• 瓜葛 *guāgé* « courges et puéraires » : deux plantes grimpantes. Liens personnels ou sociaux, voire liens d'affaires. Par rapport à 关系, ce terme est plus oral et peut avoir une connotation péjorative, comme dans l'exemple : '他知道儿子跟黑道有瓜葛。' « Il savait que son fils avait des accointances avec la pègre. »

« Lifestyle »

• 生活方式 *shēnghuó fāngshì*. En particulier pour les marques commerciales : 生活方式品牌 « marque de lifestyle ».

Lignes (entre les ~)

• 话里有话 *huàlǐyǒuhuà* « discours à l'intérieur du discours ». '习近平演讲话里有话，暗中讽刺美国。' « Dans ce discours de Xi Jinping, on lit entre les lignes une critique voilée des États-Unis. » *(东方日报, 2015)*

☞ *anguille, sous-entendus*

Linge (blanc comme un ~)

• 白森森 *báisēnsēn*. Livide, blême.

Liquider, descendre

• 干掉 *gàndiào*. '匪头：混蛋，那你怎么不把他干掉？' « le chef des brigands : "Pourquoi tu ne l'as pas liquidé, crétin ?" »

Loin (ce n'est pas passé ~)

• 好险! *hǎoxiǎn!* C'était moins une ! On l'a échappé belle ! Ouf ! Souvent 好险呀! '哇! 好险! 我差一点就撞到了一根柱子。' « Waouh ! C'est pas passé loin ! J'ai failli me prendre un poteau ! »

Loin (revenir de ~) ☞ *échapper*

Lot (sortir du ~)

• 出人头地 *chūréntóudì*. Se distinguer, être au pinnacle. '是的，她说，她不想出人头地。' « C'est ça, déclara-t-elle, je ne veux pas sortir du lot. »[24]

Louche (c'est ~, affaire ou individu ~)

• 不三不四 *bùsān-bùsì*. Douteux, répréhensible. '我们不要和那些不三不四的人来往。' « Nous ne voulons pas avoir affaire à ces louches individus. »

• 趟浑水 *tānghúnshuǐ* « marcher dans l'eau boueuse ». '他现在已经 70 岁高龄了，趟这趟浑水应该不是无缘无故的。' « À 70 ans, s'il se met à faire dans le louche, c'est qu'il doit avoir ses raisons. » '不要混这趟浑水。' « Ne vous mêlez pas de cette affaire louche. » A aussi le sens plus restreint de « fricoter, s'acoquiner avec des personnages louches pour commettre des actes que la loi et la morale réprouvent ».

• 来历不明 *láilìbùmíng*. Personne ou chose aux antécédents douteux ; interlope, suspect. '一个满布来历不明污迹和涂鸦的白色墙壁。' « Un mur blanc couvert de traces suspectes et de graffitis. »[70]

• 猫腻 ou, sous une forme plus spécifiquement pékinoise : 猫儿腻 *māornì* « graisse/crasse de chat ». « Truc » douteux, suspect, louche, équivoque. Un des termes du dialecte de la capitale qui s'est répandu un peu partout ; probable déformation de 猫溺 « pisse de chat ». '蹭资源定高价"博物馆游学"猫儿腻多。' « Données piratées, prix élevés… il y a beaucoup de choses louches dans ces "tours d'études de musées". » *(QP, 2018)*

Loup (à pas de ~)
• 蹑手蹑脚 *nièshǒunièjiǎo*. Marcher furtivement, sur la pointe des pieds. '小虎子蹑手蹑脚走到外间屋，拿起一把禾叉。' « Petit Tigre marcha à pas de loup jusqu'à la porte d'entrée et s'empara d'une fourche. »[85]

Loup
• « Quand on parle du ~, on en voit la queue » : 说曹操曹操就到 *shuō Cáo Cāo Cáo Cāo jiù dào* « Quand on parle de Cao Cao, celui-ci débarque ».

Loup (se jeter dans la gueule du ~)
• 虎口拔牙 *hǔkǒubáyá* « arracher les dents dans la gueule du tigre » : faire qqch de très dangereux.

Loup blanc (connu comme le ~)
• 大名鼎鼎 *dàmíngdǐngdǐng*. Jouir d'une grande réputation (en général positive). '人家是大名鼎鼎的人物，非同小可。' « Il est connu comme le loup blanc… ça ne va pas être du gâteau. »[612] Peut

s'écrire aussi 鼎鼎大名 : '原来是鼎鼎大名的柯克船长，你要见我做什么？' « Mais c'est le très fameux capitaine Cook… qu'est-ce que tu veux que je fasse ? »[72]
☞ *lèvres*

Lumière (faire la ~), la ~ se fait
☞ *clair (tirer l'affaire au ~)*

Lune (demander la ~)
• 异想天开 *yìxiǎngtiānkāi* « croire bizarrement que le Ciel va s'ouvrir ». Idées extravagantes, lubies. '哥，你真的是有点异想天开，姐都不播音好多年了，你怎么想到让她来主持嘛！' « Grand frère, tu demandes la Lune, là. Ça fait des années que Grande sœur n'a pas animé une seule émission, et tu veux lui demander de présider ça ? »[34]

Lune (être dans la ~) ☞ *ailleurs*

Luxueux, haut de gamme
• 高大上 *gāodàshàng*. Abréviation de 高端大气上档次, terme apparu fin 2013 pour désigner des choses ou concepts (habits, résidences, mais aussi rues, noms, style de vie, séminaires) de haut de gamme, ayant de la classe, de la dignité. Peut également être employé de façon sarcastique. '别再做冤大头！这些"高大上"商品没啥效果。' « Arrête de jouer les bonnes poires ! Ces soi-disant produits "haut de gamme" n'ont aucune efficacité. » *Remarque :* pour 冤大头 voir ☞ *pigeon*

Machin, bidule ☞ truc

Machiste, macho, phallocrate

• 大男子主义者 *dànánzǐzhǔyìzhě*. 大男子主义 est un néologisme pour traduire le terme anglais *male chauvinism*, ou machisme.

• 直男癌 *zhínán'ái* « cancer hétéro ». Ce terme encore plus péjoratif que le précédent est né sur les réseaux sociaux en 2014 ; son équivalent anglais est censé être *male chauvinist pig*, mais l'on ne peut pas le traduire par « porc (phallocrate) », car ce terme (au moins depuis la naissance du mouvement « Balance ton porc »), sous-entend un comportement non seulement phallocrate, mais en plus harceleur ou pire. 直男癌 est donc seulement un 大男子主义者 plus virulent. '为什么知乎上有这么多直男癌？' « Pourquoi y a-t-il tant de sales machistes sur le *(réseau social)* Zhihu ? » *(Zhihu, 2018)*. Bien sûr, l'apparition d'un terme aussi insultant a vite entraîné celle de son pendant féminin ☞ *féminazie*

Mahjong

Jouer au mahjong peut se dire de plusieurs façons, dont la plus courante est 打麻将. On trouve aussi :

• 修长城 *xiū chángchéng* « construire la Grande Muraille » : en raison bien sûr de la ressemblance du « mur » de chacun des quatre joueurs avec la Grande muraille. Égal[t] : 码长城 (moins fréquent).

• 搓麻将 *cuō májiàng*. '那时刻阿猫正和几个人在搓麻将赌博。' « À ce moment, Ah Mao était en train de jouer au mahjong pour de l'argent avec quelques amis. »

• 搓麻 *cuōmá*. Cette abréviation du précédent vient du Sichuan, mais est comprise partout. '搓麻在中国是一种全国性爱好。' « Jouer au mahjong est le passe-temps national des Chinois. »

Maigrichon, maigreur

• 干巴瘦 *gānbāshòu* '干巴瘦不流行了，体态比体重更重要。' « Être maigrichonne n'est plus à la mode, votre maintien est plus important que votre poids. » *(Article de* Vogue, *2015)*. '我最受不了的就是，一个干巴瘦的人自称是肥宅。' « Ce que je déteste le plus, ce sont les maigres qui se qualifient de ''gros tas''. » *(Weibo, 2016)* ☞ *asperge, clou, os*

Main, mains

• ~ dans les poches ☞ *poche*
• ~ sur les hanches ☞ *hanches*
• Coup de ~ ☞ *coup de main*
• Être en mains ☞ *chaussure*
• S'en laver les ~ ☞ *tiers comme du quart*
• Homme de ~ ☞ *nervi*

Main (prendre les choses en ~)

• 出马 *chūmǎ*. À l'origine : partir en guerre. Se charger de, rentrer en action. '只要我父亲出马，不管什么问题都会迎刃而解。' « Il suffit que mon père prenne les choses en main, et tous les problèmes disparaîtront d'un coup. »[66]

Mains (à ~ nues)

• 赤手空拳 *chìshǒukōngquán*. '他曾跟随老人几次出猎打狐狸，但以这种赤手空拳的方式出猎，还是第一次。' « Il était déjà allé à la chasse au renard avec le vieillard, mais c'était la première fois qu'il y allait ainsi, pour chasser à mains nues. »[38]

Main forte (prêter ~)

• 一臂之力 *yībì zhī lì* « (prêter) la force d'un bras ». '他当团长，我助一臂之力，就算个副团长吧！' « Il commande le régiment, moi je lui prête main forte, c'est comme si j'étais commandant adjoint ! »[82]

Mains (s'en laver les ~)

• 洗手不干 *xǐshǒubùgàn.* '反正明天我是洗手不干了！' « De toutes façons, à partir de demain je m'en lave les mains ! »[91]

Mal (ça va ~, ça s'annonce ~)

• 不妙 *bùmiào.* '情况不妙，咱们最好还是三十六计，走为上计.' « Ça s'annonce mal, on ferait mieux de revenir à la meilleure des tactiques : la fuite ! »

Mal à l'aise, gêné

• 不是味儿 *bùshìwèir.* Au sens propre : « mauvais au goût ». Le sentiment de malaise peut avoir plusieurs raisons. '听了他的话，我心里感到不是味儿.' « En l'écoutant, je me sentais mal à l'aise. » Se dit aussi 不是滋味 *bùshìzīwèi.* Autre ex. ☞ *chapeau (tirer son ~)*

• 别扭 *bièniu.* Plus fort que le précédent ; fort malaise, très désagréable. '咱们怎么和这样的人家住一个院子里啦？可真叫人别扭死了.' « Comment pouvons-nous vivre autour de la même cour que des gens pareils ? Ç'est vraiment très désagréable. »[451]

Mal finir

• 怎么得了 *zěnmedéliǎo.* C'est la fin de tout, ça va mal finir, où cela va-t-il finir ? C'est de la folie ! « Où va nous ? » Expression un peu « rétro » parfois utilisée pour son effet exagéré, voire comique. '天啊！我的孩子竟然会说谎？这怎么得了！怎么得了！' « Ciel ! Mon enfant sait donc mentir ? Mais où cela va-t-il finir ! Jusqu'où va-t-il aller ! » (为什么孩子要说谎, *livre de* 王意中)

Malheur

« À quelque chose ~ est bon » :

• 塞翁失马,安知非福 *Sài wēng shī mǎ, ān zhī fēi fú.* Ici, 塞 : « forteresse de frontière » ; 翁 : vieillard. « Le vieux à la frontière perd son cheval, mais qui sait si ce n'est pas une chance ? » : sa jument s'étant enfuie chez les Barbares, le vieillard joue les philosophes. Au bout d'un an, la bête revient en effet en ramenant un magnifique étalon. Chacun se réjouit mais lui reste prudent, à raison : son fils se brise gravement une jambe en chevauchant la nouvelle monture. Le vieillard, pourtant, ne semble pas s'en affliger outre mesure. Quelque mois plus tard, les Barbares franchissent la frontière ; tous les hommes valides sont mobilisés et périssent au combat. Seul le fils infirme survit, permettant la continuation de la lignée… '但真所谓 "塞翁失马安知非福" 罢，阿Q不幸而赢了一回，他倒几乎失败了.' « Mais comme on dit, "À quelque chose malheur est bon" ; Ah Q eut un jour la malchance de gagner, et il finit quand même par tout perdre. »[22]

Malheur • provoquer un ~ ☞ *cata*

Malheur (arriver ~)

• (有/发生个)三长两短 *sānchángliǎngduǎn* « trois courts et deux longs ». Catastrophe imprévue, grave infortune soudaine : mort, accident. Voir ex ☞ *chouchou*

Malheur

« Un ~ n'arrive jamais seul » :

• 祸不单行 *huò bù dānxíng.* '这时候奶奶也去世了，真是祸不单行。' « Ce fut alors que grand-mère, elle aussi, rendit l'âme ; tant il est vrai qu'un malheur n'arrive jamais seul. »[331]

• 雪上加霜 *xuěshàngjiāshuāng* « ajouter du givre à la neige ». Un désastre après l'autre. '而同时出现的石油危机、股灾和滞涨更是雪上加霜。' « Et là-dessus, un malheur n'arrivant jamais seul, leur étaient tombés dessus le choc pétrolier, l'effondrement de la bourse et la stagflation. »[70]

Malin (faire le ~) ☞ *vanter (se)*
Voir aussi ☞ *baiser (se faire)* pour une autre expression équivalente.

Mal vu (être) ☞ *cote (avoir la)*

Manche (avoir un atout dans la ~) ☞ *atout*

Manche (faire la ~)

• 要饭 *yàofàn.* Mendier sa nourriture. Égalt : 讨饭 *tǎofàn.* '可我家也破锣，他只好离开，只能要饭过日子。' « Mais notre famille était aussi tombée dans la débine et il avait dû nous quitter et passer sa vie à faire la manche pour se nourrir. »[23]

Manches (se retrousser les ~)

• 卷起袖子 *juǎnqǐ xiùzi.* Se mettre au boulot. Vu la taille des manches dans les costumes chinois anciens, il était en effet particulièrement utile de les retrousser avant de s'atteler à la tâche (même intellectuelle). '只要卷起袖子来干，困难就会躲在一边。' « Il suffit de se retrousser les manches et toutes les difficultés disparaîtront. »

• D'autres verbes que 卷 peuvent convenir, dont 撸 *lū* « rouler, retrousser ». '(大家)撸起袖子加油干' « Retroussons-nous tous les manches et redoublons d'efforts », est un slogan lancé par le président Xi Jinping lors de son discours de Nouvel An le 31 décembre 2016. Il est souvent repris sous la forme abrégée 撸袖干.

Manigancer, manigances

• (做) 手脚 *shǒujiǎo* '据说他们有可能做了手脚，尤其是孔勇敢，是他策划了这行动！' « Il paraît que c'est eux qui ont manigancé tout ça, surtout Kong Yonggan, c'est lui qui aurait monté ce coup ! »[65]

Manspreading

• 男式占座 *nánshì zhànzuò.* Terme dérivé de l'anglais. Il existe cependant un terme bien chinois pour désigner une position assise ou accroupie impolie, jambes trop écartées : 箕踞 *jījù* « être assis comme une pelle à poussière ».

Marabouter

• 灌迷魂汤 *guàn míhúntāng* « servir la potion magique » : ensorceler par les actes ou les paroles, faire perdre la tête, persuader. '到底他自己晕倒那次奶奶给妈妈灌了什么迷魂汤？' « Mais enfin, la fois où il s'était évanoui, comment grand-mère avait-elle réussi à marabouter ainsi maman ? (*NdR : pour lui dissimuler la vraie raison d'un accident*) »[34] '美国给台湾灌迷魂汤，蔡英文终将把台湾卖了！' « Les US ont réussi à marabouter Taïwan, et Tsai Ingwen va finir par leur vendre son pays ! » (*CCTV, 2018*)

Marcel (le débardeur)
• 汗背心 *hànbèixīn* « maillot pour la sueur ».

Marchander
• 侃价儿 *kǎnjiàr.* '秀水街上的中国纪念品很多，还可以侃价儿，非常便宜。' « Au Marché de la rue de la Soie, il y a beaucoup de souvenirs de Chine ; on peut marchander, c'est franchement pas très cher. »

Marché aux voleurs
• 鬼市 (儿) *guǐshì(r).* « Marché aux fantômes ». Se tenant en général dans des quartiers mal famés. On n'y trouve pas seulement des produits d'activités illégales, mais aussi des objets d'occasion vendus par leurs propriétaires légitimes. Le nom vient d'un tel marché qui portait ce nom, à Tianjin à la fin de la dynastie Qing, et avait la particularité de n'opérer que la nuit.

Marché conclu
• 说好的 *shuō hǎode.* Ou : « On s'était mis d'accord ». '说好的，你杀人，我弃尸。' « Marché conclu : tu butes le type, je me débarrasse du corps. » '这房间现在是我的! 你去外面睡! 说好的。' « Cette chambre est la mienne maintenant ! Toi tu couches ailleurs. On s'était entendus là-dessus. »[81]

Marcher, ça marche,
• 顺利 *shùnlì.* Bien se dérouler. ☞*poupe, roulettes*

Mari
• 老公 *lǎogōng.* Le terme familier le plus courant.
• 当家的 *dāngjiāde* « maître de maison ». L'une des façons dont une femme peut qualifier son époux.

Mari soumis, timoré, qui a peur de sa femme

• 气管炎 *qìguǎnyán.* Ce terme d'origine médicale signifie « trachéite », mais a une prononciation proche de 妻管严, ou « contrôle serré par l'épouse » ; désigne également le fait d'avoir peur de sa femme. Peut servir d'insulte. '阿温是出名的气管炎，在矿工中像他这样怕老婆的几乎找不出第二个。' « Ah Wen était connu comme un mari pétochard ; parmi tous les mineurs, il n'y en avait pas deux comme lui pour trembler autant devant sa femme. »[441]
• 床头儿柜 *chuángtóurguì* « table de nuit, armoire de chevet ». 柜 est un homophone de 跪 « s'agenouiller » ; l'image désigne un mari qui est à genoux devant sa femme au lit.
• 惧内 *jùnèi.* 惧 signifie « avoir peur de », 内 est l'abréviation de 内人 « épouse ». Avoir peur de sa femme. '让我们看看十二星座中在那些婚后最惧内。' « Voyons ensemble quels sont les signes du zodiaque *[dont les représentants masculins]* craignent le plus leur épouse. » *(Sina, 2018)*

Marrant
• 沙雕 *shādiāo* « sculpture, chateau de sable ». Dérivé très récent (2018) d'un terme beaucoup plus grossier *(voir ☞ tête de nœud[INS]*, mais dont le sens s'est élargi pour désigner n'im-porte quoi de stupide ou drôle : '这太沙雕了' « C'est trop marrant / trop con ».

Marre (en avoir ~, il y en a ~)
• Pour signifier que l'on en a marre de quelque chose en particulier, il suffit de rajouter 腻了 *nì le* après le verbe correspondant : 吃， 喝， 听， 看， 活， 玩， etc. '牛仔短裤配 T 恤看腻了。' « On en a

marre de voir des shorts en jean assortis avec de simples T-shirts. » *(QQ, 2018)*. ''咖啡喝腻了?你以前可从没提过。' « Tu en as marre de boire du café ? Tu n'en avais jamais parlé auparavant. » *(Traduction de* Teleny, *roman attribué à Oscar Wilde, par* 冬惊*)*. Autre ex. : « marre de la vie » ☞ *vie* ☞ *assez, ras-le-bol*

Marteau (entre le ~ et l'enclume)
• 左右为难 *zuǒyòuwéinán*. Être pris dans un dilemme, une double impasse. '特斯拉董事会在股东和大 Boss 之间左右为难。' « Les administrateurs de Tesla se trouvent pris entre le "marteau" des actionnaires et "l'enclume" qu'est leur patron. » *(Sina news, 2018)*

Martien
• 火星人 *huǒxīngrén*. Dans le sens « Tu débarques de Mars ? », un intervenant sur un forum ou dans la vraie vie qui semble n'être au courant de rien. 火星 (Mars) désigne une nouvelle déjà ancienne, une chose banale.

Masses ignorantes (internautes)
• 不明真相的吃瓜群众 *bùmíng zhēnxiàng de chī guā qúnzhòng* « les masses sans discernement qui bouffent des pastèques ». Il s'agit d'une expression apparue en 2016, pour désigner les internautes qui suivent les tendances et les modes sur le net, sans vraiment participer : ils se contentent de contempler en « mangeant des pastèques » : 吃瓜 (en fait une abréviation de 吃瓜子, dévorer des graines de pastèque ou de tournesol, un en-cas très apprécié) ; c'est ainsi assister en spectateur à un débat en se bafrant de chips ou de cacahuètes. L'expression, fréquemment

abrégée en 吃瓜群众, sert souvent en auto-dérision.

Matin (pas du ~), lève-tard
Quelqu'un qui a du mal à se lever.
• 起床困难户 *qǐchuáng kùnnán hù.* '起床困难户必学：早上起床常用的 10 句。' « 10 phrases à utiliser au saut du lit que ceux qui ne sont pas du matin doivent apprendre. » ☞ *flemmard*

Mater, se rincer l'œil
• 眼睛吃冰淇淋 *yǎnjing chī bīngqílín* « manger une glace des yeux » : quand on n'arrive pas à détacher le regard du visage ou des courbes d'une belle créature ; se rincer l'œil. '单身汉 15 大好处之二：眼睛吃冰淇淋没人管。' « Les 15 bonnes raisons d'être un célibataire, n° 2 : quand vous matez, tout le monde s'en fout. » *(ettoday, 2013)* Expression venue initialement de Taïwan.
• 一饱眼福 *yībǎoyǎnfú*. D'origine plus littéraire que le précédent, ce *chengyu* signifie « jouir de la vue d'un beau spectacle » ; il peut être bien sûr utilisé dans un sens plus précis. '又回到了那个炎热的七月，那个让男同胞们一饱眼福的季节。' « On est revenu à ce mois de juillet brûlant – la saison où nos concitoyens masculins peuvent tous se rincer l'œil. »

Maternité (joies de la ~) ☞ *torcher*

Maton • 牢头 *láotóu*

Matou
• 郎猫 *lángmāo*. Dialectal (Nord).

Mauviette
• 手无缚鸡之力 *shǒu wú fù jī zhī lì* « qui n'a même pas la force de trousser un poulet » : faiblard, sans énergie. '她见袁冠南文绉绉手无缚鸡之力，这一棒打上去，

还不将他砸的脑浆迸裂？’« Vu que Yuan Guannan avait tout d'une mauviette maniérée, ne risquait-elle pas de carrément lui fendre le crâne si elle lui assénait un tel coup de gourdin ? »[612] ‘你只是一个弱女子，手无缚鸡之力。’« Tu n'es qu'une faible femme, une mauviette, un vermisseau. »[64]

Mec, mecton

Les termes suivants sont le plus souvent légèrement péjoratifs.

• 傢伙 ou 家伙 *jiāhuo*. Le second est aujourd'hui plus fréquent. ‘我爱上一个家伙，这件事，其实并不在我的计划中，更不在我父母的计划中。’« Je suis tombée amoureuse d'un mec… ça, ce n'était vraiment pas dans mes projets, et encore moins dans ceux de mes parents. » *(PR, 2018)*

• On trouve souvent, pour accentuer l'aspect méprisant : 小家伙 « p'tit mec, mecton, mon pote ». ATTEN-TION : selon le contexte, l'expression n'est pas forcément injurieuse.

• 玩意儿 *wányìr*. Sens moins fréquent et plus dialectal que « machin, truc ». ☞ *bonhomme*

Mécaniques (rouler des ~)

• 大摇大摆 *dàyáodàbǎi*. ‘憨二根本不把他放在眼里，总是大摇大摆来去从容。’« Han le Deuxième se fichait éperdument de lui et allait et venait à sa guise en roulant des mécaniques. »[464]

Mèche (être de ~) ☞ *larrons*

• (有)勾当 *gòudàng*. ‘她只猜他与西门庆有勾当。’« Elle devina qu'il était de mèche avec Ximen Qing. »[17]

• 勾勾搭搭 *gōugoudādā*. En collusion. Nom ou verbe. ‘美台之间的勾勾搭搭又进了一步。’« La collusion entre les États-Unis et Taïwan s'est encore appro-fondie » *(PR, 2018)*. Dans ce sens, l'expression est cependant moins courante que dans le sens sexuel ; cf ☞ *batifoler*[SEX]

Médicastre

• 庸医 *yōngyī*. Médecin ignare, médiocre. Charlatan.

Médiocre, très moyen, pas impressionnant

• 不起眼(儿) *bùqǐyǎnr*. ‘别看这人不起眼儿，人家可是一肚子学问。’« Tu ne devrais pas le prendre pour un médiocre, il est en fait très savant. »

Mégère

• 泼妇 *pōfù*. Mégère, harpie, furie. ‘爸爸躺在沙发上，看着这光景，只觉得自己这么多年，白揣着一屁股的钱，居然娶了一个泼妇。’« Vautré sur le canapé, papa contemplait ce spectacle ; il pensait que pendant tant d'années il s'était crevé le cul pour gagner l'argent du ménage, et qu'il se révélait finalement qu'il avait épousé une véritable mégère. »[34]

• 母老虎 *mǔlǎohǔ* « tigresse ».

• 泼辣货 *pōlàhuò*. ☞ *emmerdeuse*[INS], *mégère*[INS]

Mégot

• Normalement : 烟头(儿) *yāntóur*

• Plus familier : 烟屁股 *yānpìgu* ou 烟屁 « cul de cigarette ».

Mêler (se ~ des affaires des autres)

• 管闲事 *guǎnxiánshì* ☞ *oignons*

• 插杠子 *chāgàngzi* « planter le gourdin ». S'ingérer. Moins courant. Autre sens : « couper la parole ».

• 狗拿耗子 *gǒunáhàozi* « le chien attrape les souris » : le chien tente de faire le travail du chat. Vouloir empiéter sur les fonctions ou les affaires d'autrui. Souvent employé dans la construction complète qui est un *xiehouyu* : 狗拿耗子------多管闲事. Voir ex. ci-dessous.

• 越俎代庖 *yuèzǔdàipáo* « enjamber le plateau d'offrandes pour remplacer le boucher ». Un *chengyu* qui remonte à Zhuangzi, synonyme plus littéraire du précédent. '可你干嘛偏偏越俎代庖，狗拿耗子，管起了我们中国的事儿。' « Qu'est ce que vous avez à vous mêler exprès de ce qui ne vous regarde pas, à toujours vouloir fourrer le nez dans les affaires de la Chine ? » *(PR, 2005)*.

☞ *nez (fourrer)*

Ménage (scène de ~), toute de bruit et de fureur :

• 河东狮吼 *hé dōng shī hǒu* « Rugissements du lion sur la rive orientale ». '往常只要是这时候回来，耳边免不了一顿河东狮吼。' « Souvent, quand il rentrait à cette heure-là, il ne pouvait éviter la scène de ménage de toute beauté. »[65]

Mendiant, mendigot

• 叫化子 *jiàohuāzi*. '他还拿着缺了口的碗，她成了个叫花子。' « Il avait à la main un bol sans anse, il était devenu un mendiant. »[23]

• 丐帮 *gàibāng*. Le terme désigne les organisations de mendiants ; il est célèbre pour figurer dans beaucoup de romans célèbres de *wuxia*, désignant une « Secte des mendiants » fictive.

Méninges (se creuser les ~, la cervelle)

• 煞费苦心 *shàfèikǔxīn*. '他们既然这么煞费苦心想害我，不会不制造假象家政！' « Puisqu'ils se creusent tellement les méninges pour me nuire, ils ont forcément fabriqué des preuves ! »[65]

• 动脑筋 *dòng nǎojīn*. '睡眠让日本人大动脑筋求商机。' « Le sommeil est un domaine qui incite les Japonais à se creuser les méninges à la recherche d'opportunités commerciales. » *(Sina, 2017)*

• 费脑子 *fèi nǎozi*
☞ *cerveau*

Mépris, mépriser, méprisant

• 不屑 *bùxiè*. Utilisation en verbe ou adjectif. '脸上露出一副不屑的神情。' « Sur son visage s'afficha une expression méprisante ». En verbe peut se traduire aussi par ☞ *foutre (s'en)*

• 白眼 *báiyǎn*. « Yeux blancs » : désigne le fait de lever les yeux au ciel en signe de dédain : 用白眼看人. Être méprisé : 吃白眼. '他们因为收入不怎么高，容易吃白眼。' « Comme ils ne gagnent pas vraiment beaucoup d'argent, ils sont souvent vus avec mépris. »

Merde

• 大粪 *dàfèn*. '乌托邦主义："此大粪不臭。"' « L'utopisme *(c'est de dire)* : "Cette merde ne pue pas". »

• 大条 *dàtiáo*. Terme relativement rare, assez grossier. Voir ex. ☞ *chier*

Merde (chacun sa ~)
☞ *chacun pour soi*

Merde (être dans la ~)

• 惨了！ *cǎn le !* '我们惨了！' '不，我们还没有。' « On est dans la merde ! » « Non, pas encore. » '要是让我哥看见，我就惨了。' « Si mon frère voit ça, j'suis vraiment dans la merde. »

☞ *pour le juron Merde ! et autres sens, voir le chapitre* INSULTES.

Merder ☞ *clocher*

• 出漏子 *chū lòuzi* « il y a une fuite ». Ce terme convient pour les deux sens de « merder » : soit « se passer mal » (sens passif ; synonyme : 出岔子 *chū chàzi*), soit « gaffer, échouer » (sens actif). '你最好劝他不要这么干，否则他会出漏子的。' « Surtout conseille-lui d'éviter de faire ça, ça va forcément merder grave. »

Merdique, de merde

• 屎 *shǐ*. '不管产品有多屎，都可以推出去，此乃商务王道？' « Aussi merdique que soit le produit, on peut quand même le fourguer, c'est ça la nouvelle loi du business ? » '这个球队踢球踢得真够屎了。' « Cette équipe a vraiment joué de façon merdique. » '太屎了', « C'est trop merdique ». De même on trouve des termes traditionnels pour dire « joueur d'échec très mauvais » : 屎棋 *shǐqí*, ou « poète exécrable » : 屎诗 *shǐshī*.
• Plus fort et imagé : 真鸡巴屎 *zhēn jībāshǐ* « C'est vraiment merdique » L'expression 鸡巴屎 « excrément de pine » désigne à l'origine le « fromage » qui s'accumule sous un prépuce mal lavé.

Méthode, manière

• 路子 *lùzi*. '我们之所以能够打败蒋介石，就是不按老路子打，一切看情况，打赢算数。' « La raison pour laquelle nous avons pu vaincre Tchiang Kai-shek, c'est que nous ne nous sommes pas battus selon les vieilles méthodes. » *(Deng Xiaoping)* Signifie aussi « connexion, piston ». ☞ *truc*

Métro boulot dodo
☞ *vie quotidienne*

Midi (chercher ~ à 14 h)

• 钻牛角尖 *zuānniújiǎojiān* « rentrer dans une corne de vache ». Perdre son temps sur des détails inutiles, se fourvoyer dans un cul-de-sac. '大部分人都多少有钻牛角尖的习惯，只是程度不同。' « La plupart des gens ont pour habitude de chercher midi à quatorze heures, il y a juste des différences de degré. »
☞ *cheveux (couper...)*

Mieux (faire de son ~)

• 尽力而为 *jìnlì 'érwéi*. '大海兄弟，你别说了……我尽力而为吧！' « Grand-frère Dahai, c'est bon ! Je ferai de mon mieux ! »[93]

Mieux que rien (c'est ~)

• 聊胜于无 *liáoshèngyúwú*. Peut s'utiliser seul, en adjectif ou adverbe. '恋爱不是全部，但聊胜于无。' « L'amour ce n'est pas tout, mais c'est mieux que rien. » *(Sina, 2014)*

Mignon, mignonne, mimi

• 小美女 *xiǎo měinǚ*, 小美妞 *xiǎo měiniū* '过来，小美妞，让我好好看看你。' « Viens par ici, ma mignonne, laisse-moi te regarder de plus près. »
• 甜姐儿 *tiánjiěr*. Fille mignonne et frivole. Souvent utilisé pour désigner des actrices, chanteuses, sportives, etc. '甜姐儿卡麥蓉狄亚丝的退休？' « La mignonne Cameron Diaz prend-elle vraiment sa retraite ? » *(PR, 2018)*
• 美美哒 *měiměidā*. Terme apparu en ligne ces dernières années. Pour les jeunes filles, ou bien d'autres choses : '客栈的院子美美哒！' « La cour de cette auberge est si mimi ! » Autre ex. ☞ *pavaner*
• 萌萌哒 *méngméngda*. Un peu moins courant que le précédent, mais reste très utilisé. S'applique aux petites ou jeunes filles, voire parfois aux garçons « *trop cute* » (surtout les stars de la K-pop), aux chats et autres animaux, etc. '戴上这副眼镜整个人都萌萌哒。' « En portant cette paire de lunettes,

tout le monde peut être très mignon ! » *(Sina, 2017)*

• Mignonne, joli petit ~ : 盘儿亮 *pánr liàng.* '你觉得那个女人长得怎样？' '盘儿挺亮的。' « Tu la trouves comment ? » « Elle a un très joli petit minois. »
☞*canon, jolie fille,*

Mille (dans le ~ !)
• 中！ *zhòng!* '中！咱们就这么办！' « Dans le mille ! On va faire comme ça ! »
• 正中红心 *zhèngzhōng hóngxīn.* Taper en plein dans le mille, au propre comme au figuré. '那一句话正中红心。' Selon l'humeur on pourrait traduire : « En plein dans le mille ! / Voilà une phrase fort à propos / Tu l'as dit bouffi ! » *(Sina, 2007)*

Millier
• Un petit ~ : 千儿八百 *qiānrbābǎi*
• Un bon ~ ☞*poussières*

Minimum (en faire le ~ au travail)
• 做一天和尚撞一天钟 *zuò yī tiān hé shang zhuàng yī tiān zhōng* « Le bonze doit sonner la cloche tous les jours ». Pour la forme ; faire le minimum indispensable. ATTENTION : dans d'autres contextes, signifie « vivre au jour le jour » ☞*jour*

Mioche, marmot, moutard
• 小小子(儿) *xiǎoxiǎozir.*
• 小不点（儿） *xiǎobùdiǎnr* « tout petit, bout d'homme ». Sert pour les enfants, mais aussi, de façon affectueuse, entre amis, dans un couple, etc.

Mistigri ☞*patate chaude*

Moche, lavedu
• Les termes les plus fréquents sont bien sûr 难看, 丑. 你长得太丑！你太难看！ *Nǐ zhǎngde tài chǒu ! Nǐ tài nánkàn !* « T'es vraiment trop moche ! »
• À Pékin le terme *ad hoc* est un caractère non homologué, 甁 dont la prononciation n'existe normalement pas en *pinyin : cěi.* '我们班的女生长得要有多~，就有多~。' « Les filles de notre classe sont plus moches les unes que les autres. » Le caractère est donc souvent rendu par 卒瓦. ATTENTION : au 4e ton, sens différent, « vaincre, tabasser ».
• 吃藕 *chī'ǒu* « manger des pousses de lotus ». Homophone (ou presque) de 丑. Terme né en ligne il y a quelques années. '最"吃藕"的大厦，却拥有全巴黎最美的视野。' « C'est de l'immeuble le plus moche de Paris que l'on a la plus belle vue. » *(airbnb.lv, 2019)*
• 寒碜 *hánchen.* Autant pour les choses, endroits, animaux que pour les gens. '房子又小又寒碜。' « La maison était petite et moche. » ☞*amour (remède à l'~), mocheté[INS]*

Mode (à la ~), en vogue ☞*populaire*
• 潮 *cháo.* '他丈夫是做大生意的，所以她才穿得那么潮。' « C'est parce que son mari est un gros businessman qu'elle peut se fringuer à la dernière mode. »
• 时髦 *shímáo.* '戴这够时髦，凡事都得赶潮头。' « C'est super à la mode de porter ça, il faut qu'on se mette à la page. »
• 流行 *liúxíng* « en vogue ».
Il est possible de combiner : 很时髦流行, 潮流…

Modérateur en ligne
• **BZ**, abréviation de 版主 *bǎnzhǔ.* Également : « webmaster ».

Moelle (sucer jusqu'à la ~)

• 敲骨吸髓 *qiāogǔxīsuǐ* « Briser l'os et sucer la moelle ». Opprimer qqun, sucer le sang du peuple. '你还能相信这帮敲骨吸髓的畜生吗？' « Tu fais encore confiance à cette bande de brutes qui nous sucent jusqu'à la moelle ? » *(Sina 2017)*

Moine (l'habit…) ☞ *habit*

Mois (arrondir ses fins de ~)

• 赚外快 *zhuàn wàikuài* ou 挣外快. 外快 désigne des revenus supplémentaires, hors travail régulier, par des moyens légaux ou non. '一边抱怨工作忙一边赚外快；1/3 欧洲议员做兼职遭批。' « Ils se plaignent d'avoir trop de travail mais n'hésitent pas à arrondir leur fins de mois : 1/3 des députés européens critiqués pour mener de front deux professions. » *(Global Times, 2018)*

Moitié (faire, maîtriser à ~)

• 三心二意 *sānxīn'èryì* « trois cœurs, deux volontés ». Ne s'engager qu'à moitié ; velléitaire. '你跳舞的时候，不要三心二意。' « Quand tu danses, il ne faut pas le faire à moitié. »[24]

• 半半拉拉 *bànban-lālā*. Inachevé, abandonné avant la fin ; ne maîtriser quelque chose que partiellement. '用手机 APP，看了几个半半拉拉的书，没有完整地看完一本书。' « Quand on lit avec une appli sur son smartphone, on se fait plein de bouquins à moitié, mais on n'en lit jamais complètement. » *(jianshu, 2018)*

☞ *boudin (eau de)*

Mollo (vas-y ~), doucement !

• Les classiques : 慢慢来，慢慢打.

• Ou bien : 悠着点儿 *yōuzhe diǎnr*. '嘿，你悠着点。这酒很烈的。' « Eh ! Vas-y mollo. C'est plutôt

une boisson d'homme ! » *(Lizhi, 2017)*. Égal[t] dans le sens ☞ *relax*

Monde (pour rien au ~)

• 无论如何 *wúlùnrúhé*. '这次比武，关系到我们帝国的荣辱，无论如何，不能失败！' « Pour rien au monde nous ne devons perdre ce tournoi ! Il en va de l'honneur de l'Empire ! »[93] '您送的这么贵重的礼物我是无论如何不能接受的。' « Pour rien au monde je ne saurais accepter les somptueux cadeaux que vous m'avez offerts. »[58] ATTENTION : ce *chengyu* très fréquent a aussi bien entendu d'autre sens, plus ou moins proches : « quoi qu'il en soit, de toutes façons »…

Monte-en-l'air

Cambrioleur qui passe par les toits.

• 飞贼 *fēizéi* « bandit volant », celui qui sait franchir murs et clotures. '这家伙不会是个飞贼吗？现在穿堂入室的高手还是有的。' « Est-ce que ce type ne pourrait pas être un monte-en-l'air ? Des cambrioleurs experts, il y en a encore ? »[65] ATTENTION ! Le mot sert aussi à traduire le mot anglais *(golden) snitch* dans les versions chinoises de Harry Potter (la petite balle volante du jeu de Quidditch, appelée en français le Vif d'or).

• 梁上君子 *liángshàngjūnzǐ* « seigneur de la poutre, gentilhomme sur la poutre ». Cambrioleur, voleur. Terme littéraire qui remonte aux *Annales des Han postérieurs*. '由于家境贫困，他不得不做了梁上君子。' « Comme sa famille traversait une passe difficile, il a dû adopter la profession de monte-en-l'air. »

• Les cambrioleurs qui se respectent, ainsi que la plupart des 侠客 ou « chevaliers » des romans de capeet-d'épée chinois, maîtrisent l'art de « sauter sur les maisons et de voler de toit en toit » : 蹿房越脊 *cuānfángyuèjǐ*, à moins qu'ils ne pratiquent celui de « survoler les auvents et marcher sur les murs » : 飞檐走壁 *fēiyán-zǒubì*. '我手下有一勇士项福，有飞檐走壁之能，即派他前去行刺，岂不完了此事。' « J'ai sous mes ordres un courageux guerrier nommé Xiang Fu qui sait escalader les murs à merveille. Envoyons-le en avant pour tuer *(l'ennemi)* et mettre fin à cette affaire. »[87]

Monts (par ~ et par vaux)
• 风尘仆仆 *fēngchénpúpú* « fouetté par le vent et les poussières ». Être toujours sur les routes (et en avoir l'air). '她不知道，眼前这个风尘仆仆的女人就是自己的母亲。' « Elle ne savait pas que cette femme qui donnait l'air d'être toujours par monts et par vaux était en fait sa propre mère. »[56]

Moquer (se ~ de qqun) ♐ *taquiner*
Moqueries méchantes, à la limite de l'humiliation, mais qui passeraient entre amis, au second degré.
• 寒碜 *hánchen*. '我的老同学，你别寒碜我了。' « Mon vieux camarade, ne te moque pas de moi. »
ATTENTION : autre sens ♐ *moche*.
• 开涮 *kāishuàn*. '谁拿他开涮他都不在乎。' Pékinois. « Il se fiche complètement qu'on se moque de lui. » '你他妈的在拿我开涮吧？' « Tu te fous de ma gueule, enc… ? »
• 挤兑 *jǐduì* ou 挤掉 *jǐdé*. Pékinois. Le premier terme semble assez répandu dans le pays grâce aux séries télévisées. Moquerie proche de l'insulte. '时常挤兑你的男人才是真正爱你的货，他觉得你笨你二你需要人照顾.' « Souvent,

un garçon qui se moque de toi, c'est parce qu'il est vraiment amoureux ; il pense que tu es tellement stupide et inférieure que tu as besoin qu'on s'occupe de toi. »
• 打镲 *dǎchǎ* « battre les cymbales ». Dialectal, autour de Tanjin. '你这不是打镲吗？' « Tu ne serais pas en train de te foutre de ma gueule par hasard ? »

Moral (ne pas avoir le ~)
• 蔫 （儿） *niānr* « fané, flétri ». Sans entrain. '小明妈妈病重，所以小明变得很蔫儿。' « La maman de Xiaoming est très malade, du coup Xiaoming n'a franchement pas le moral. *(edu HK)*. On trouve souvent 有些蔫 « ne pas trop avoir le moral », l'expression 打蔫儿 « avoir le moral très bas », et la répétition 蔫儿蔫儿. '太阳热得像大火炉子，烤得同学们打了蔫儿。' « Le soleil chauffait comme un grand four, brûlant les élèves et leur ôtant tout entrain. »[421]

Morceau (cracher le ~)
• 抬 *tái*. Avouer, donner le nom de ses complices. '他在审讯中不得不把同伙抬了出来。' « Il n'a pas pu faire autrement que de cracher le morceau sur ses complices pendant l'interrogatoire. »

Morceaux (en ~) ♐ *bouillie*

Morfale ♐ *glouton, morfale*[INS]
• 饿死鬼 *èsǐ guǐ* « fantôme d'un mort de faim ». '饿死鬼们吃饱了饭，酒虫子些涨满了酒。' « Les morfales s'en sont mis plein la lampe, les soiffards ont chargé la mule. »[34]

Morfler ♐ *regretter*
• 吃苦 *chīkǔ*. Recouvre à peu près les sens de « morfler », sauf pour « prendre des coups ». En baver, souffrir, endurer des difficultés. '一

富婆赶时髦，把儿子送到农村去"吃苦"！' « Une femme riche suit la mode et envoie son fils à la campagne pour qu'il "morfle" un peu ! » *(Sina 2018)* '吃苦在前，享受在后，这就是我们的口号。' « Commencer par en baver pour en profiter ensuite : telle est notre devise. » *(Deng Xiaoping)*.

Mort, mourir ☞ *pipe (casser sa ~)*

Mort de…
• +得要死 *de yàosǐ*. S'adapte à tous les verbes d'état ou adjectifs : 饿得要死 « mort de faim », 无聊得要死 « mort d'ennui »… '我见过一些近乎绝望的人、疲惫得要死的人，脸上都有这种表。' « J'en ai vu, de ces gens presque désespérés, morts d'épuisement, qui avaient tous cette expression sur le visage… » *(Traduction de La mort des Dieux, de Dimitri Merejkovski)*

Mortel ! ☞ *génial, super*

Mot (ne pas piper ~)
• 一言不发 *yīyánbùfā*. Ne pas desserrer les lèvres. '在与欧盟会面后的记者会上，特蕾莎"一言不发"。' « Theresa May n'a pas pipé mot à la conférence de presse qui a suivi le sommet européen. » *(Sina news, 2018)*

Motus et bouche cousue
• 守口如瓶 *shǒukǒurúpíng* « la bouche (scellée) comme une bouteille ». '严守机密守口如瓶：这是我们的座右铭。' « Motus et bouche cousue, secrets bien gardés : telle est notre devise. »[801]

Mou, lâche ☞ *faiblard*

Mouche (pattes de ~)
• 涂鸦 *túyā* « barbouiller un corbeau ». Mauvaise écriture, grif-fonage. Le terme est aussi utilisé pour les grafs et graffiti du *street art*. Voir ex. ☞ *louche*

Moucher du coude (ne pas se ~)
• 自命不凡 *zìmìngbùfán*. Avoir une haute opinion de soi-même. '他就自命不凡，可是你才是真正的艺术家。' « Certes, il ne se mouche pas du coude, mais le véritable artiste, c'est toi. » *(Sina, 2018)* Dans certaines circonstances, se traduit mieux par ☞ *tête (grosse)*

Mouchoir de poche (grand comme un ~)
• 弹丸之地 *dànwánzhīdì*. Pays, terrain… tout petit. '魏将庞涓认为中山不过弹丸之地，距离赵国又很近。' « Pan Juan, le général de l'État de Wei, pensait que le royaume de Zhongshan n'était pas plus grand qu'un mouchoir de poche, en plus d'être très proche du Zhao. »[51] On trouve des variantes : 弹丸小镇 « un petit bled de rien du tout ».

Moue (faire la ~) ☞ *cul-de-poule*

Mouiller quelqu'un
• 拖人下水 *tuō rén xiàshuǐ* ou (moins fréquent) 拉人下水 *lārén xiàshuǐ*. Entraîner, impliquer qqun dans des affaires troubles.

Mouiller (se)
Pêcher en eaux troubles, tremper dans de sales combines.
• 蹚浑水儿 ou 趟浑水 *tāng húnshuǐ(r)* : de façon générale, fréquenter des personnes peu recommandables. '从前你有你的打算我拦不住，但是我现在不能让你再趟这浑水。' « Avant, je te laissais faire ce que tu voulais, mais sur ce coup-ci je ne peux pas te laisser te mouiller encore une fois. » Cette expression dérive

probablement du *chengyu* correspondant : 浑水摸鱼   ☞ *eaux troubles.*

Moulin à paroles
• 话匣子   *huàxiázi* « boîte à paroles ». Terme qui désignait les phonographes. '尽管在公共场合很腼腆，我的女儿在家里却是个小话匣子。' « Bien qu'elle soit très timide en public, à la maison, ma fille est un vrai petit moulin à paroles. » *(Fortune China, 2016)*

Motard
• 摩托车手 *mótuōchēshǒu*, parfois simplement 摩托手.
• Gang de ~ : 摩托党 *mótuō dǎng*

Mourir   ☞ *âme, arme, crever, fini, foutu, rampe*

Mourre   ☞ *jeux à boire*

Moustache
• ~ en V renversé : 八字胡 *bāzìhú*

Mouton noir
• 害群之马   *hàiqúnzhīmǎ* « un cheval néfaste au troupeau ». '这是个害群之马，丧门星，不宰了他，得倒霉一辈子！' « C'est un mouton noir, un porteur de poisse, si vous ne le butez pas, c'est une vie entière d'infortune assurée ! »[424]

Moyen (pas ~, il n'y a plus ~ de…)
Plus de solution, plus d'issue. Les expressions suivantes sont à peu près synonymes de 没办法.
• 没门儿 *méiménr*. '你能借我点儿钱吗？发了工资还给你。''没门儿！' « Tu peux me prêter un peu de fric ? Je te le rends dès que j'ai touché mon salaire. » « Pas moyen ! »
• 没辙 *méizhé*. '有什么办法，实在没辙。' « Qu'est-ce qu'on peut y faire ? Y'a vraiment plus d'issue. »[65]

Moyens (par tous les ~)
• 千方百计 *qiānfāngbǎijì*. '美国会千方百计防止中国得到更多的先进武器。' « Les États-Unis s'efforceront par tous les moyens d'empêcher la Chine de se procurer davantage d'armes sophistiquées. » *(China Times, 2004)*

Moyens (vivre selon ses ~), vivre au-dessus de ses ~
• 量入为出 *liàngrùwéichū* « ne sort que la quantité qui rentre ». (Arriver à) joindre les deux bouts. '这实际是说，我们必须量入为出。' « Ce que cela signifie en pratique, c'est que nous devons vivre selon nos moyens/ nous ne devons pas vivre au-dessus de nos moyens. » *(legco.gov.hk)*
☞ *bouts*

Muet   ☞ *mot, motus, tombe*

Mur (avoir été bercé trop près du ~)
• Quand on subodore que l'interlocuteur a subi un accident ayant altéré ses facultés mentales : 脑袋被门夹了 *nǎodài bèi mén jiā le* « le crâne a été coincé dans la porte ». Voir ex. ☞ *pigeon*

Mûr (tomber comme un fruit ~)
• 唾手可取 *tuòshǒukěqǔ* ou 唾手可得 « aussi facile que de se cracher dans les mains » : très facile à obtenir. '胜利似乎唾手可得，他不禁有些飘飘然了。' « La victoire semblait facile à atteindre, comme un fruit mûr, mais restait pourtant assez élusive. »

Nabot

• Au sens propre : 矬子 *cuózi*. Nabot. '民主只是在矬子里拔将军而已。' « La démocratie, c'est *[aussi efficace que de]* choisir un général parmi les nabots. »

• Dans un sens figuré : nous prenons ici ce terme dans le sens social, qu'il a souvent en Chine. Théoriquement, le succès avec la gente féminine est en partie corrélé à la taille. Un homme petit – disons moins d'1,70 m – sera un « semi-invalide » dans le domaine des poursuites matrimoniales : 半残废 *bàncánfèi*. En-dessous d'1,60 m il est carrément 残废 – « infirme ». Voir antonymes à ☞ *parti*

Nage (en ~), trempé de sueur

• 汗流浃背 *hànliújiābèi*. '这时，一个过路商人汗流浃背地来到树荫下。' « À ce moment-là, un colporteur en nage vint se poser à l'ombre de l'arbre. »[100]

• On trouve aussi les expressions de type ABB : 汗淋淋 *hànlínlín* ou 汗津津 *hànjīnjīn*, de fréquences à peu près équivalentes.

Nana, gonzesse, fille

Si 女人 est bien sûr le terme générique pour les femmes de tous âges, il sera plus familier d'utiliser :

• 女子 *nǚzǐ* pour des jeunes femmes, non encore mariées (la distinction n'est cependant pas absolue). '你看你看，走在间的那个女子真漂亮啊！' « Regarde, regarde ! La nana qui marche au milieu est carrément canon ! »

• 女孩 *nǚhái* pour des femmes encore plus jeunes ou jeunes filles, et

• 妞儿 *niūr* encore plus familier.

• 姑娘 *gūniang* est toujours très fréquent, mais son emploi en adresse est parfois délicat (selon l'âge de la demoiselle, la région…).
☞ *mignonne, jolie fille, paysanne*

Nervi, sbire, homme de main

• 鹰犬 *yīngquǎn* « faucon & dogue ». '陈雪娇哪里知道，雷华菜早已作了朝廷鹰犬。' « Comment Chen Xuejiao aurait-elle pu savoir que Lei Huacai n'était depuis longtemps qu'un nervi au service de la cour ? »[92]

• 打手 *dǎshou*. '棒槌孩跳上鹿背上哈拉山，打手们用箭射，射不着。' « Bangchui grimpa sur le dos du daim et s'enfuit vers le mont Hala, tandis que les hommes de main décochaient leur flèches sans pouvoir l'atteindre. »[88]
☞ *laquais*[INS]

Nettoyer (derrière quelqu'un)

• 擦屁股 *cāpìgu* « torcher le cul ». Devoir terminer un travail pas terminé, mal fait, ou en gérer les conséquences fâcheuses (s'emploie aussi au sens propre…). '他妈的，这都是那个小王八蛋惹的祸，让我给他擦屁股。' « Putain, c'est encore ce petit fils de p… qui a causé une catastrophe, va encore falloir je nettoie derrière lui.'

Nez (au ~ et à la barbe)
☞ *yeux (sous les)*

Nez (doigts dans le ~) ☞ *Mûr*

Nez (fourrer son ~)

• 插手 *chāshǒu*, 插足 *chāzú* ou 插身 *chāshēn*. « introduire la main/le pied/le corps ». S'immiscer, se mêler de qqch. '习近平这样"第三者插足"，川普恐怕求之不得。

« Trump meurt sans doute d'envie que Xi Jinping vienne fourrer son nez dans cette affaire. » *(WCC, 2018)*

• Quelqu'un qui aime fourrer son nez partout, se mêler de ce qui ne le regarde pas, est une 事儿妈 *shìrma*. Souvent, mais pas forcément, une femme.

Nez (mener par le bout du ~)

• 牵着鼻子走 *qiānzhé bízi zǒu.* Induire en erreur, en faire accroire. '因为你有能力辨别是非，不会被人牵著鼻子走。' « Parce que tu as la capacité à discerner le vrai du faux, plus personne ne pourra te mener par le bout du nez. »[57]

Nez (ne pas voir plus loin que le bout de son ~)

• 鼠目寸光 *shǔmùcùnguāng* « Un rat ne voit pas plus loin qu'un pouce ». Avoir courte vue, des idées courtes, ne pas voir dans le long terme. '对中国封锁核心技术，美国这是鼠目寸光了。' « En imposant à la Chine un embargo sur les technologies nucléaires, les États-Unis ne voient pas plus loin que le bout de leur nez. » *(Sina, 2018)*

Nigaud, niquedouille, bêta (air ~)

• 熊样(儿) *xióngyàngr.* Plus ou moins synonyme de 样子, mais avec une nuance péjorative ou taquine. '瞧你那熊样儿' « Regarde-toi donc, espèce de niquedouille / De quoi t'as l'air, mon gros bêta. » Surtout dans le nord et le nord-est.

N'importe quoi !

• 胡扯 *húchě.* '"胡扯！" 空勇敢连忙摆手…' « ''N'importe quoi !'' Kong Yonggan agita vivement la main *(en signe de dénégation).* »[65]
☞ conneries[INS], débloquer, foutaises

Niveau (être au ~)

• 够档次 *gòu dàngcì.* Satisfaire à certains critères assez exigeants. '你的生日礼物够档次吗？' « Tes cadeaux d'anniversaire étaient au niveau ? » '咖啡厅怎么设计省钱又够档次？' « Comment garantir un bon design pour votre café tout en économisant de l'argent ? »

Noir d'encre, comme dans un four, comme dans un tunnel

• 黑咕隆咚 *hēigulōngdōng.* Absence totale de lumière. Ne s'applique pas aux personnes. Parfois 黑古隆冬. '进到黑古隆冬的巷子里，你就回到了那古老的时代。' « En pénétrant dans cette ruelle où il fait noir comme dans un four, tu es reparti à cette époque lointaine. »[24]

Novice, néophyte, débutant

Trop jeune, sans réelles compétences. Le terme le plus courant est 新手 *xīnshǒu.*

• 嫩 *nèn.* « Tendre » : '他做这件工作还太嫩。' « Il est bien trop novice pour faire ce genre de boulot. »

• 老赶 *lǎogǎn* « toujours en cours de rattrapage ». Pékin, NE. '别把他当老赶。' « Ne le prends pas pour un néophyte. »
☞ blanc-bec[INS], lait, pied-tendre

Nu.e, tout.e nu.e ☞ poil (à), ver

Nuit blanche (passer une ~)

• 夜不成寐 *yèbùchéngmèi* « ne pouvoir dormir de la nuit » (à cause des soucis). '昨天的考试让小明夜不成寐。' « À cause des examens d'hier, Petit Ming a passé une nuit blanche. » On trouve aussi la variante 夜不成眠, et la forme non pas incorrecte mais moins élégante 夜不能寐 : '江泽民说，我的心情十分沉痛，夜

不能寐。' « (Le Président) Jiang Zemin a déclaré qu'il avait le cœur très lourd et n'avait pu dormir de la nuit. » *(QP 2003 ; après la disparition d'un sous-marin et de son équipage)*

• 熬夜 *áoyè*. Selon le contexte, « passer une nuit blanche » ou « veiller très tard » (en général à cause du travail). Terme générique.

• Une expression ancienne, récemment (2017) détournée en ce sens : 修仙 *xiūxiān* « cultiver son immortalité ».

Nul, nul à chier, NAC, à chier

• 超烂 *chāolàn* « super pourri ». Souvent utilisé pour les niveaux de langue, les films ou spectacles : '中国电影都超烂，就像中国足球一样，没有任何希望了。' « Les films chinois sont tous NAC, c'est comme le football chinois, y'a pas d'espoir. » *(Sina, 2011)* Égal[1] : 烂爆(了). '北京"国际"机场真是烂爆了！！' « L'aéroport ''international'' de Pékin est vraiment à chier ! » *(travel.qunar, 2016)* '没学到实在东西，英语烂爆。' « J'ai pas appris grand-chose de pratique, mon anglais est à chier. » *(zhihu 2016)* Souvent utilisé pour traduire « It sucks ».

• 真逊 *zhēnxùn*. Peut servir en adjectif ou en interjection. '你真逊！' « T'es nul ! » '真逊！' « C'est nul ! Ça craint ! »

• 真臭 *zhēnchòu*. '中国足球队真臭，连香港都踢不过。' « L'équipe de foot chinoise est vraiment nulle à chier, elle n'arrive même pas à battre celle de Hong Kong. » L'expression peut évidemment être prise au sens propre, « puer très fort ».

• 差劲 *chàjìn*. '那部电影真是太差劲了，我甚至没看完。' « Ce film était vraiment trop nul, je ne l'ai même pas regardé jusqu'à la fin. » *(CD, 2019)*. Valable pour les personnes et les choses : '这个人真差劲。' « Ce type est vraiment nul. »

• 没治 *méizhì*. Nul , irrécupérable, sans espoir. '真没治，他什么也不懂！' « Il est complètement nul, il ne comprend rien à rien ! » ATTENTION : ce terme peut aussi, par antiphrase, signifier exactement l'inverse ☞ *super*. ☞ *pourri, bon-à-rien[INS], incapable[INS]*

Numéro 1, le meilleur, hors pair

• 天字第一号 *tiānzìdìyīhào*. L'expression vient de Ling Mengchu, un auteur de contes du XVIIᵉ s. Le caractère 天 est le premier de la liste des caractères de l'ouvrage éducatif ancien, le 千字文. L'expression a aussi été le titre de deux films chinois de guerre et d'espionnage, en 1946 et 1964 (à Taïwan). '那么，"天字第一号"情报员应该是谁呢？' « Alors, qui est le meilleur des meilleurs agents secrets ? » *(Sina, 2012)* Voir un autre ex. à ☞ *bécasse[INS]*

Numéro 2, adjoint

Dans une hiérarchie, une entreprise, un gang…

• 二把手 *èr bǎshǒu*. 'FBI"二把手"离职。' « Le n°2 du FBI démissionne. » *(Sina, 2018)*

• 老二 *lǎo'èr*. '秃鹰和匪老二密谋，生出一条偷梁换柱的毒计……' « Le Vautour et son lieutenant se mirent à comploter et élaborèrent un plan machiavélique et sournois… »[94]

Obscène, de cul, crade
• Blagues obscènes : on se sert des termes 荤的 *hūnde*, qui signifie « plat avec viande ou poisson », par opposition à 素 *sù*, « végétarien ». '那一位教授喜欢讲荤笑话。' Ce prof adore raconter des blagues de cul. '想听故事? 荤的还是素的?'« Tu veux des histoires ? Crades ou pas crades ? »
• En ligne on rencontre parfois l'acronyme YD, pour 淫荡 *yíndàng* dans le même sens.

Obéir au doigt et à l'œil
• 唯命是从 *wéimìngshìcóng*. '如果加入警察随便要对上级惟命是从,那么我不想加入。'« Si rentrer dans la police c'est devoir obéir au doigt et à l'œil à mes supérieurs en toutes occasions, alors ce n'est pas pour moi. »[70]

Occase, occasion unique, à ne pas manquer, maintenant ou jamais !
• 机不可失 *jībùkěshī*. '陆仰山和黄薇感到机不可失,仔细研究了一个行动计划。'« Lu Yangshan et Huang Wei sentirent que c'était l'occasion ou jamais, et commencèrent à élaborer dans le détail leur plan d'action. »[96]
• 过了这个村(可/就)没有这个店 *guòle zhège cūn méiyǒu zhège diàn* « une fois passé ce village, il n'y a plus de boutique. » Vieil idiome toujours en usage. '告诉你,过了这个村可没有这个店,耽误了事别怨我!'« Je te préviens, c'est une occasion à ne pas manquer ; si tu tardes trop, ne viens pas te plaindre. »[29] '机会只有一次!过了这个村就没这个店了'« Occasion unique ! À ne surtout pas manquer ! » *(Douban, 2017)*

Œil
• Au doigt et à l'~ ☞ *obéir*
• Faire de l'~, œillade ☞ *œil*[SEX]
• Se rincer l'~ ☞ *mater*

Œil (en un clin d'~) ☞ *éclair*
• 眨眼间 *zhǎyǎnjiān* ou 一眨眼. '非常快,也许只有一眨眼,剑尖一到!'« En un instant peut-être aussi bref qu'un clin d'œil, la pointe de l'épée avait atteint son but ! »[63]
• 瞬间 *shùnjiān*, 转瞬之间.

Œil (du coin de l'~)
• 瞟 *piǎo*. Guigner, glisser un regard en douce. '她心里高兴已极,忍不住笑了出来,眼角一瞟他。'« Elle était absolument ravie et, ne pouvant retenir un petit rire, lui jeta un regard du coin de l'œil. »[64]

Œil (jeter un coup d'~)
• 过目 *guòmù*. '请你过过目吧。说着,他吧菜单递给了他。'« Jetez un coup d'œil là-dessus, dit-il en lui tendant le menu. »
• 瞜瞜 *lōulōu*. Dialecte pékinois, synonyme de 看看. '给咱瞜瞜!'« Laisse-moi jeter un coup d'œil ! »

Œil (mon ~ !)
• 才怪! *cáiguài!* « Mon œil » ou « tu parles ! », exprime le doute ou l'incrédulité. '这会是你的最后一根烟?才怪!'« Ta dernière cigarette ? Mon œil ! » *(CD 2007)* Autre ex. ☞ *pigeon*

Œil (qui dit merde à l'autre)
• 斗鸡眼 *dòujī yǎn* « les yeux en coqs de combat ». Loucher, avoir les yeux qui se croisent les bras. '谁说我斗鸡眼? 我只是把视力集中在一点。'« Qui dit que j'ai un

125

œil qui dit merde à l'autre ? Je suis juste en train de concentrer mon regard sur un point précis. » '孩子斗鸡眼怎么办？' « Que faire quand votre enfant louche ? » *(Sina, 2018)*

Œillères (avoir, porter des ~)
• 井底之蛙 *jǐngdǐzhīwā* « comme la grenouille du fonds de son puit ». Être borné, avoir un point de vue limité. '丁钩儿方知自己是井底之蛙，只是贫乏。' « Ding Gour réalisa qu'il portait des œillères et que ses connaissances éaient fort lacunaires. »[32]

Œufs (marcher sur des ~)
• 如履薄冰 *rúlǚbóbīng* « comme marcher sur de la glace fine ».

Oignons (se mêler de ses ~)
En chinois c'est plutôt « se mêler de ce qui ne vous regarde pas », mis à la forme négative.
• 少管闲事 *shǎo guǎn xiánshì*. '少管闲事，当心老子给你放血！' « Mêle-toi de tes oignons, sinon je te plante ! » ☞ *regarde*, ou plus vulgaire ☞*fesses*[INS]

Oignons (traiter, soigner aux petits ~)
• 妥妥当当 *tuǒtuǒdàngdàng*. Comme en français, l'expression peut vouloir dire « s'occuper très bien de qqch. », ou, de façon ironique, bacler une affaire ou maltraiter qqun. '你放心，这事你就交给我，小钟那头，朱成那头，我都保证给你处理得妥妥当当的。' « Rassure-toi, confie-moi l'affaire ; je t'assure que Petite Zhong et Zhu Cheng, je vais te les soigner aux petits oignons. »[34]

Oiseau de nuit
• 夜猫子 *yèmāozi* « hibou ». Couche-tard & lève-tard. '我不是夜猫子，我晚上十一点就睡了。'

« Je ne suis pas un oiseau de nuit, je dors à onze heures du soir au plus tard. »

OK ! Ça roule ! C'est bon ! Ça va !
• Il y a bien sûr le 行 ! Habituel, ou 行了 !
• Synonyme plus familier : 得了 ! *déle !* Sens dérivé : ça suffit ! c'est bon ! Voir ex. ☞ *frimer*. ATTENTION : en mode interrogatif ou négatif, signifie « c'est terrible, c'est grave » ; souvent sous la forme 还得了(？) ; ex. ☞ *je-m'en-foutiste*
• Plus familier et toujours très courant : 成 ! *chéng !*

Ombre au tableau
• 美中不足 *měizhōngbúzú*. Qqch manque pour atteindre la perfection. Un bémol. '唯一的美中不足是今天拿黄牌太多了。' « La seule ombre au tableau, c'est que l'équipe a ramassé trop de cartons jaunes aujourd'hui. » *(Hupu, 2018)*

OMG ! Oh mon dieu !
• 我勒个去 ! *wǒ lè gè qù !* Souvent écrit 我了个去. Cette expression sans véritable sens est un néologisme créé il y a une dizaine d'années par les traducteurs chinois d'un manga japonais, ayant connu une très grande vogue à partir de 2010, et qui sert toujours. Elle permet d'exprimer sa surprise ou sa gêne de façon plus polie, moins grossière que des expressions plus chinoises comme 我靠，我去 ! Les internautes chinois sont à peu près d'accord pour dire que *Oh my God* est l'expression anglaise qui rend le mieux 我了个去. On pourrait dire « Mince alors ! » ou « Nom de Dieu ! ». '我了个去你这屁真臭!' « OMG, t'es vraiment pourri de l'intérieur *(ton pet pue)* ! »

Optimisme ☞ rose

Une expression populaire en Chine pour exprimer l'optimisme, la foi en l'avenir, est : 面包会有的 *miànbāo huì yǒu de* « il y aura ce qu'il faut comme pain ». Il s'agit en fait d'un extrait d'une citation plus complète, tirée du film *Lénine en 1918* (film soviétique sorti en Chine en 1951), dans lequel un personnage s'adresse aux affamés : '面包会有的，牛奶会有的，一切都会有的。' « Il y aura du pain, il y aura du lait, il y aura tout ce qu'il faut. » L'expression s'adapte à toutes les sauces : '2018 新的开始！面包会有的对象也会有的。' « En 2018, un nouveau départ ! Il y aura du pain, il y aura un nouveau partenaire. » En 2015 un ouvrage de gastronomie est paru avec ce titre, et en 2016, une boulangerie portant ce nom s'est ouverte à Pékin (avec des appartements in *AirB'n'B*). Où va se loger la ferveur révolutionnaire…

Or (règle d'~)

• 金科玉律 *jīnkēyùlǜ*. Loi sacrée, précepte inviolable. '黑白两道，"祸不及妻儿"是金科玉律嘛。' « Dans la pègre comme dans les forces de l'ordre, la règle d'or est de ne jamais s'en prendre aux femmes ni aux enfants. »[70]

Orange (on presse l'~…) ☞ écorce

Oreille(s)

• Ne pas l'entendre de cette ~ : ☞ redire (trouver à ~)
• Tanner les ~ : ☞ tanner
• Les murs ont des ~ : ☞ savoir

Oreilles (tu nous casses les ~)

• 吵死了！ *chǎo sǐle!* Dans le sens « Mets la sourdine, tais-toi un peu ». '吵死了！是你自己要跟来的！'

« Mets donc la sourdine ! Après tout c'est toi qui a voulu me suivre ! »[81]

Oreilles (dormir sur ses deux ~)

• 高枕无忧 *gāozhěnwúyōu*. '中国外交部长前期深今天指出，天下还不安全，人们没有理由高枕无忧。' « Le ministre chinois des Affaires étrangères, Qian Qishen, a déclaré ce jour que le monde était encore loin d'être sûr et que les gens n'avaient pas de raison de dormir sur leurs deux oreilles. » *(China Times, 2005)*

Oreille (faire la sourde ~)

• 当耳边风 *dāng ěrbiānfēng* (ou 耳旁风). Faire semblant de ne pas entendre. '我说的话，你别当耳旁风！' « Je te cause ! Ne fais pas la sourde oreille. »[454] ☞ ouïe
• Ou plus simplement encore : 装听不见 *zhuāngtīngbujiàn*.

Oreille (murmurer, chuchoter à l'~)

• 咬耳朵 *yǎo ěrduo* « mordre l'oreille ».

Os (gelé jusqu'aux ~)

• 透心凉 *tòuxīn liáng*. Froid intense. '2018 韩国冬奥会透心凉。' « Aux Jeux Olympiques d'hiver 2018 en Corée, on est gelés jusqu'aux os. » *(PR 2018)*. '一阵冷风吹过，还冻得人透心凉。' « Un vent froid souffle, vous gelant jusqu'aux os. » *(PR 2015)*. Autre sens : « profondément désappointé, découragé »

Os (la peau sur les ~, sac d'~)

• 皮包骨头 *píbāogǔtou* « les os dans un sac de cuir (la peau) ».
• 露骨 *lùgǔ* « dévoiler les os » (ancien et beaucoup plus rare que l'autre sens du terme « sans détours, sans ambages »)
☞ trique (sec comme…)

Os (tomber sur un ~) ☞ *épineux*

Os (trempé jusqu'aux ~)

• 落汤鸡 *luòtāngjī* « poule dans le bouillon ». Trempé jusqu'aux os, comme une soupe. Se faire saucer. '雨下得太大了，我成了落汤鸡。' « Il pleuvait des cordes et j'étais trempé jusqu'aux os. »

Otage

• 肉票 *ròupiào* « billet de chair ». Désigne les personnes enlevées par des brigands pour rançon. '这叶子是土匪的黑化，也就是肉票。' « Par ici, "feuille" ça veut dire "otage", c'est de l'argot des brigands du coin. »[24] L'exécution de l'otage se dit alors « déchirer le billet » : 撕票 *sīpiào*.

Ouf ! (c'est ~), c'est dingue ! C'est d'la balle ! Trop bien

• 太屌了 *tàidiǎole!* Expression apparue dans la jeunesse taïwanaise, « importée » sur le continent il y a une dizaine d'années. Détourne par inversion le sens de 屌 (bite, queue), employé à l'origine pour dire « nul, minable ».

Oui (pour un ~ ou pour un non)

• 动不动 *dòngbudòng*. À tout propos, pour un rien, facilement, en toute occasion ; être sujet à, susceptible de. '有什么事好好地说，干吗动不动地就讲打？' « Quel que soit le problème, suffit de s'expliquer ! Pourquoi parler d'en venir aux mains pour un rien ? »[29] '不要胡吹中国科技！别动不动就"美国人慌了"。' « Il ne faut pas vanter la technologie chinoise à tort et à travers ! Arrêtez de dire pour un oui ou pour un non que les Américains sont paniqués ! » *(WCC, 2018)*

Ouïe (être tout ~)

• 洗耳恭听 *xǐ'ěrgōngtīng* « se nettoyer les oreilles pour écouter respectueusement. » Expression ancienne de nos jours utilisée de façon moqueuse ou péjorative. '好！洗耳恭听！' « Très bien ! Je suis tout ouïe ! »[29] '面对两母女机关枪式的提问，小黄只能洗耳恭听。' « Confronté à la mère et la fille qui posaient des questions plus rapidement qu'une mitrailleuse, Petit Huang ne pouvait faire autrement que d'ouvrir grand ses oreilles. » *(Sinchew, 2018)*

Oursins (quelqu'un qui a des ~ dans les poches)

• 铁公鸡 *tiěgōngjī* « coq en fer » : l'expression vient d'un 歇后语 : 铁公鸡——一毛不拔。 « Un coq en fer – impossible de lui arracher un poil. » Le poil ou 毛, c'est bien évidemment aussi le 毛 de « dix centimes ». '我们的老板是个铁公鸡。他招待我们一顿可真是千载难逢。' « Notre patron a des oursins dans la poche, il ne nous invite que très rarement à manger. » On trouve aussi 瓷公鸡 *cígōngjī*, « coq en céramique », ou bien, dans le même ordre d'idée :

• 琉璃猫 *liúlí māo*. Les chats en verre coloré sont un élément décoratif très fréquent… auxquels il est tout autant impossible « d'arracher un poil ! » Moins fréquent que le précédent. '大家都知道她真是琉璃猫。' « Tout le monde sait qu'elle a des oursins dans les poches. » ☞ *radin*

Paillasse (se crever la ~)

• 卖命 *màimìng* « vendre sa vie » : se donner un mal de chien, se tuer au travail. '那些为资本家卖命的走狗们，终有一天会明白兔死狗烹的道理的。' « Tous ces chiens courants qui se sont crevés la paillasse pour les capitalistes finiront un jour par comprendre ce que c'est que l'ingratitude envers les laquais. » Autre ex. voir ☞ *Turc (tête de)*

Paillasson ☞ *Turc (tête de)*

Paille (être sur la ~)

• 一贫如洗 *yīpínrúxǐ* « Être nettoyé » : avoir tout perdu, complètement fauché, à sec, pauvre comme Job. '简单地说，就是家道中落，一贫如洗。' « Pour dire les choses simplement : la famille a connu des jours meilleurs ; on est complètement sur la paille ! »[21] Variante beaucoup moins fréquente : 家贫如洗. '忠直父母双亡，无依无靠，家贫如洗。' « Quand les parents de Zhongzhi moururent tous les deux, il n'avait plus personne sur qui s'appuyer et se retrouva pauvre comme Job. »[100]

• 穷到吃土 *qióng dào chī tǔ* « pauvre à manger de la terre ». Une expression très récente apparue d'abord en ligne. À rapprocher du « pauvre à bouffer du rat » de Céline.

Pain (ça ne mange pas de ~)

• 不妨 *bùfáng*. L'un des sens de cette expression est « ça ne coute rien, rien n'empêche de, il n'y a pas de mal à... » '即使他没有做过裁判工作，也不妨让他试试。' « Bien qu'il n'ait jamais exercé comme arbitre, ça ne mange pas de pain de le laisser essayer. »

Panacée, remède miracle, orviétan

• 万灵药 *wànlíngyào* « remède aux dix mille effets ».

• 狗皮膏药 *gǒupí gāoyào* « emplâtre de peau de chien ». '我说跟一个卖狗皮膏药的老道士学的，学了十几年。' « Je leur racontais avoir étudié plus de dix ans avec un vieux maître taoïste qui vendait baumes et emplâtres. » Le sens s'est étendu à ☞ *arnaque.*

Panade (être dans la ~)

• En mauvaise posture : 落水狗 *luòshuǐgǒu.* Se dit surtout pour les voyous ou ruffians. '他现在只是一条落水狗。' « Pour l'instant, il n'est rien qu'un voyou dans la panade. » ☞ *ambulance*

• Dans la misère ☞ *dêche*

Panda

• 滚滚 *gǔngǔn.* Petit nom affectueux donné à ces animaux qui adorent se rouler par terre.

Papa ☞ *vieux*

• 爹 *diē.* Terme très courant dans la littérature en *baihua* mais qui peut sonner « rustique » ; surtout courant dans le nord de la Chine ; équivalent masculin de 娘. Un restaurant pékinois rustique particulièrement apprécié de l'auteur de ces lignes s'appelle 俺爹俺娘 « Mon papa, ma maman » (publicité parfaitement gratuite). Autres ex. ☞ *crève-la-faim, fils à papa, prodigue, pourri jusqu'au...*

Paquet (un ~ de...)

• 老鼻子 *lǎobízi.* Nord, Nord-Est, Shandong. '就让中国花老鼻子钱

去建他们自己的空间站。' « On va laisser la Chine dépenser tout un paquet de fric pour construire sa propre station spatiale. »

Parasite (se conduire en ~)

• 吃白饭 *chībáifàn*. Manger sans payer ou profiter sans travailler ni fournir le moindre effort. '公司吃白饭的人太多了，所以要精简人员。' « Il y a beaucoup trop de parasites dans cette boîte, il va falloir simplifier l'organigramme. » On trouve aussi 吃白米 : '叫他们快开门，这群吃白米的猪。' « Dis-leur d'ouvrir cette porte vite-fait, à ces porcs de profiteurs ! »[32]

Paresseux ⌒ *flemmard*

Parfait ⌒ *rien à dire, tip-top*

• 到家 *dàojiā* « arrivé à la maison ». Ayant atteint la perfection, le sommet. '你的功夫已到家了。' « Ça y est, ton kung-fu est impeccable. »[93] '依我看这字的功夫还没到家，说不定是后人伪造的。' « Pour moi, ces caractères sont loin d'être parfaits, c'est peut-être une contrefaçon par un calligraphe plus tardif. »[98]

Parfait (personne n'est ~)

• (金无足赤，) 人无完人 *jīn wú zúchì, rén wú wánrén* « Il n'y a pas d'or pur ni d'homme parfait ». Signifie que l'on ne peut exiger de personne de n'avoir aucun défaut. Formule célèbre sous une forme modifiée : '要打破金要足赤，人要完人的形而上学错误思想。' « Il faut en finir avec l'idée métaphysique erronée selon laquelle les choses comme les hommes devraient être parfaits. » *(Mao Zedong)*

Paris ne n'est pas fait en un jour

• 冰冻三尺，非一日之寒 *bīngdòng sān chǐ, fēi yīrì zhī hán* « ce n'est pas en une nuit que la glace a pu geler sur trois pieds ». '冰冻三尺非一日之寒，解决两国经贸关系多年来的结构性问题需要时间。' « Paris ne s'est pas fait en un jour ; pour résoudre les problèmes structurels qui se sont fait jour dans le commerce entre les deux pays, il faudra du temps. » *(QP, 2018)*

Parkour

• 跑酷 *pǎokù* « courir/cool ». Cette discipline sportive est présente en Chine depuis une douzaine d'années.

Parler sans réfléchir

• 脱口而出 *tuōkǒu'érchū*. Laisser échapper un mot, une phrase. Très fréquent. '"是您错了。"小王子不假思索便脱口而出。' « "C'est vous qui vous trompez," laissa échapper le Petit Prince sans réfléchir. »[35] *(rétro-traduction par l'auteur !)*

Parole (n'avoir qu'une ~), parole d'honneur ⌒ *juré-craché*

Parole

• Il y a loin de la ~ aux actes ; plus facile à dire qu'à faire : 说归说，做归做 *shuō guī shuō, zuò guī zuò*. '但是，当然了，想归想，说归说，做归做。' « Mais bien entendu, il y avait très loin de la paroles aux actes… »[34]

Partage de l'addition… ou pas

En Chine le problème crucial du partage de l'addition n'est pas, comme en France, de savoir si chacun paye ce qu'il a consommé, ou si chacun contribue autant au montant total ; la question est plutôt de savoir si l'un des hôtes invite tout le monde, ou s'il y a une forme quelconque de partage, détestable idée moderne et bourgeoise (innombrables sont les fois où un convive occidental découvre à la fin du repas, à sa grande gêne, qu'un convive chinois a déjà payé la totalité de l'addition), . Le terme chinois de AA 制 *AA zhì*, très fréquent, peut donc désigner les deux méthodes (occidentales) de partage de l'addition. '这顿饭咱们AA制吧.' « Pour ce repas, on partage l'addition, d'accord ? »

Parti (bon ~), gendre idéal
• 高富帅 *gāofùshuài* « Grand, riche & beau » : un homme qui a toutes les chances de trouver épouse à son pied. On trouve aussi, beaucoup moins fréquent, et surtout dans le Sud : 三高男 *sāngāo nán*, l'homme idéal c-à-d doté d'une taille élevée, d'une éducation supérieure et de hauts revenus. '从天堂到地狱：这个"高富帅"董事长被抓了！' « Du paradis à l'enfer : ce PDG, gendre idéal, a été arrêté ! » *(Sina, 2018)*
• L'équivalent féminin est 白富美 *báifùměi* « peau blanche, riche et belle ».

Partout, de partout, de toutes parts, dans toutes les directions
• 满世界 *mǎnshìjie*. Dans tous les coins, dans le monde entier. '满世界当朋友' « Le monde entier est notre ami ». '他满世界地找他的手表.' « Il a cherché sa montre absolument partout. »
• 东西南北 *dōngxīnánběi*. Partout ; dans les quatre directions. Voir exemple ci-dessous.
• 四面八方 *sìmiànbāfāng*. '东西南北各地病人都慕名而来治疗，百姓纷纷从四面八方来投靠他。' « Des malades des quatre coins du monde venaient se faire soigner, attirés par sa réputation, et de partout

les petites gens accouraient pour chercher refuge auprès de lui. »[58] '人潮开始向四面八方散去。' « La foule commença à s'égayer dans toutes les directions. »[72]

Parvenu
• 土豪 *tǔháo*. Terme qui désignait autrefois les « tyrans locaux », sert aujourd'hui pour les nouveaux riches vulgaires, en particulier les touristes chinois qui dépensent leur argent sans compter. Parfois abrégé sur le web en 壕 *háo* (« tranchée »). '也就是说，土豪有钱，但是没有品位。' « En clair, les nouveaux riches ont de l'argent, mais aucune dignité. » *(CD, 2014)*

Pas cool
• 坑爹 *kēngdiē*. À peu près l'inverse de 给力 : déplaisant, frustrant. 爹 (papa) est une façon de dire « moi », donc 坑爹 est l'équivalent de « enterre-moi vivant » ; ce qui n'est, de fait, pas cool du tout. '一直很给力，从来不坑爹。' « Toujours très cool, jamais frustrant. »

Pas de stress !
Du calme, doucement, keep cool, pas de soucis, n'aie pas peur…
• 不要慌 *bùyào huāng*. '艾滋病，不要慌！HIV 已经是可以被阻断。' « Sida : pas de stress ! l'HIV peut déjà être bloqué. » *(Sina, 2018)*
• Il existe en ligne une variante de cette expression, obtenue en remplaçant 慌 par 方, les deux caractères étant plus ou moins homophones dans certains dialectes ; on trouve ainsi parfois les expressions 不要方，不用方，别方…

Pas facile (personne ~)
En parlant de qqun de difficile, peu accomodant, pénible, toujours à discuter, à rechigner. Chieur.

• 难缠(的) *nánchánde*. '本家三姊妹中，花子是最难缠的。' « De mes trois sœurs, Fleur est la plus difficile. »

• 不是省油的灯 *bùshì shěngyóu de dēng*, « ce n'est pas le genre de lampe qui économise l'huile ». Un chieur. Peut parfois avoir un sens laudatif : pas né de la dernière pluie, à ne pas sous-estimer. '没料到那个人不是省油的灯。' « Je ne pensais pas qu'il serait aussi pénible. »

Pas génial, pas terrible

• 好不到哪儿去 *hǎobùdàonǎrqù* « ça ne va pas beaucoup plus loin que… ». '白天也好不到哪去，要每 2-3 小时喂一次奶。' « Dans la journée, ce n'est pas génial non plus, il faut donner la tétée toutes les deux ou trois heures. » *(Sina, 2018)* ATTENTION : l'expression peut être construite avec d'autres adjectifs ou verbes que 好, mais les occurrences avec 好 sont immensément plus fréquentes.

Pas mal, pas mauvais, pas trop mal Pour changer du simple 不错…

• 不赖 *bùlài*. '这个主意不赖。' « Cette idée n'est pas mauvaise. » '其实单身也不赖！' « La vie de célibataire, c'est plutôt pas mal ! » '你人长的帅，工作也不赖。' « Tu es plutôt mignon, ton boulot est pas mal… »

• 不大离儿 *bùdàlír*. Autre sens : « à peu près, peu s'en faut ».

• 略屌 *lüèdiǎo*. Plus vulgaire : 略屌 est moins fort que 屌爆 qui signifie « formidable, très fort, incroyable » ☞ *incroyable*[INS]. '小伙子睡过很多姑娘？那只是略屌，小伙子要睡过很多小伙子，那才是屌爆了呢。' « Ce petit gars a couché avec plein de filles ? Pas mal, pas mal, mais s'il avait plutôt couché avec plein de garçons voilà qui serait vraiment très fort ! »

Passer (faire ~), fourguer

• 混充 *hùnchōng*. '他们将冰毒混充成茶叶，夹藏在车里头企图闯关。' « Ils voulaient faire passer de la méthamphétamine pour des feuilles de thé, et tentaient de passer la douane en les planquant dans leur voiture. » *(Sina 2018)* Autre sens : « se faire passer, prétendre être… »

Passeur • 舌头 *shétou*. ☞ *clandestin*

Patate chaude, mistigri Affaire épineuse, personne gênante. Traduction quasi-exacte :

• 烫手山芋 *tàngshǒu shānyù* « patate douce qui brûle la main », parfois simplement 烫山芋. '他就把段知明这个烫山芋丢给了不怕烫的。' « En fait il refile cette patate chaude de Duan Zhiming à quelqu'un qui ne craint pas de se brûler. »[34] '台湾成了烫手山芋，1897 日本的帝国议会甚至讨论以一亿元的价格将台湾卖给法国。' « Taïwan devint une sorte de mistigri ; en 1897, l'assemblée impériale japonaise débattit même de la vente de l'île à la France pour une somme de cent millions de yen. » *(QP, 2010)*

Pathétique, pitoyable

• 可怜巴巴 *kěliánbābā*. Au propre comme au figuré. '我得找份兼职，以弥补我这可怜巴巴的工资。' « Je dois me trouver un second boulot pour compléter mon salaire pathétique. »

Patin ☞ *pelle*

Patron

• 头儿 *tour* (ton neutre) : chef, boss, patron. Aussi bien dans l'entreprise que chez les bandits ou la police. '头儿，一切正常！' « Tout va bien, patron ! » '这件事头儿不同意我就没法干。' « Si le patron n'est pas d'accord, je ne peux pas faire ça. » On trouve aussi, plus rarement : 头头儿.

Patte (graisser la ~)

• 打关节 *dǎ guānjié* « frapper l'articulation ». Corrompre, pour une faveur. Terme ancien, toujours en usage.

• 进贡 *jìngòng* « payer le tribut ». '也有一说是由于"孤独居"没有向有关人"进贡"' « Il s'en trouva même un pour dire que c'était parce que la "Résidence solitaire" *(un restaurant fermé pour raisons d'hygiène)* n'avait pas graissé la patte des personnes concernées. »[282]

Paumé

• 两眼墨黑 *liǎngyǎnmòhēi*. Complètement perdu, dans le noir ; au propre comme au figuré : soit dans un endroit inconnu, soit face à une situation nouvelle. '外地游客刚进大连往往两眼墨黑。' « Les visiteurs se sentent souvent paumés en arrivant à Dalian. » '他两口子海两眼抹黑，累死也想不起怎么得罪了院邻。' « Ils étaient tout deux totalement paumés et avait beau se creuser les méninges, ils ne comprenaient pas en quoi ils avaient offensé leurs voisins. »[451]

Paupières lourdes (avoir les ~)

• 发困 *fākùn*. Terme oral pour désigner la somnolence.

Pauvre, pauvreté

Votre pauvreté étant probablement la rétribution karmique de fautes commises dans une vie antérieure, vous avez donc mérité votre sort. Ceux qui veulent accumuler les mérites vous témoigneront de la compassion, pas forcément les autres !

• 穷棒子 *qióngbàngzi*. Terme qui désigne traditionnellement les gens pauvres mais dignes et honnêtes.

• 困难户 *kùnnánhù*. Famille très pauvre, dans le besoin. Pas vraiment du chinois oral, mais nous le signalons car cette expression peut aussi signifier « laid, moche ».

• 穷骨头 *qiónggǔtou*. Désigne soit un pauvre, un gueux, soit la volonté, la force d'âme d'un homme pauvre.

• Se lamenter, pleurer sur sa pauvreté (réelle ou inventée) « 哭穷 *kūqióng*. '那位富人常爱在人前哭穷。' « Ce richard a pour habitude de gémir sur son sort devant autrui. »

☞ *crève-la-faim, diable, paille, sans un, sale pauvre*[INS]

Pauvre, moche & ringard

• Fin 2018 est apparu le néologisme ci-contre, qui a remporté un succès fulgurant : le caractère combine les trois mots 穷, 丑 et 土. Les avis divergent sur ce que devrait être sa prononciation : *qiou* ou *wǒ. (CD, 2018)*

Pavaner (se ~), plastronner

• 臭美 *chòuměi* « beauté puante ». Crâner, poser, se rengorger. '我臭美的照了半天镜子，原来我也是美美哒。' « Je me suis pavanée devant le miroir pendant une éternité – en fait j'étais moi aussi plutôt mignonne ! » *(穿越小记, roman en ligne, par 静喵, 2018)*

Pavé (battre le ~)

Errer au hasard dans, arpenter les rues d'une ville.

• 踯躅街头 *zhízhú jiētóu*. '一个人踯躅在夜的街头，没有目标，没有方向……' « Un être humain qui bat le pavé la nuit, sans but, sans direction... » *(Sina 2009)*

Payer l'addition
Raquer, casquer, inviter
• 做东 *zuòdōng*. L'abréviation de 当/做东道主 « jouer l'hôte ». '来来，走走，今天我做东，一块去喝一杯去。' « Allez allez, on y va, aujourd'hui c'est moi qui raque, on va tous boire un verre ensemble. » *(重生之妖娆小娇医, roman de 粗枝人, 2018)* Pour « c'est moi qui invite ce soir », on dirait simplement 今晚我请客.

Pays (avoir vu du ~)
• 走南闯北 *zǒunánchuǎngběi*. Avoir été par monts et par vaux, avoir vécu. '老全走南闯北，在七支部队里混过。' « Vieux Quan en avait vu, du pays, à force de marcher avec sept armées différentes. »[23] '你也是走南闯北的人，到过的名山多了。' « Toi aussi, tu en vu du pays, et tu as gravi plus d'une montagne célèbre. »[24]

Paysan, rustique ☞ *plouc*

Paysanne
• 柴火妞 *cháihuoniū*. Désigne les petites filles qui ramassent du bois pour le feu. Devenu un terme péjoratif pour les femmes de la campagne. '我宁可打光棍也不愿意找个柴火妞儿做媳妇。' « Je préfère rester célibataire que d'épouser une paysanne. » Égal[t] : 柴禾妞
• 村姑 *cūngū*. Abréviation de 农村姑娘. '你现在的任务，就是要村姑变名媛。' « Ta mission maintenant : transformer une paysanne en une vedette. »

Peau (faire la ~) ☞ *buter*

Peau (risquer sa ~)
• 玩儿命 *wánrmìng* « jouer sa vie ». Risquer sa vie, se bousiller. Fréquemment, au figuré : jouer le ☞ *tout pour le tout*.

Pègre
• 黑道 *hēidào*. Terme ancien, qui désigne les factions « mauvaises » dans les romans de chevalerie *wuxia*, par opposition à 白道. Voir un ex. ☞ *liens*
• 黑社会 *hēi shèhuì* « société noire ». '这是美国首次对日本黑社会组织旗下的公司实施制裁。' « C'est la première fois que les États-Unis imposent des sanctions à une entreprise appartenant à la pègre japonaise. » *(Sina, 2018)*
• 江湖 *jiānghú* « rivières et lacs ». « Pègre » n'est que l'un des multiples sens de ce terme.

Peigne (sale comme un ~)
• 蓬头垢面 *péngtóugòumiàn* « échevelé et le visage crasseux ». '她失恋后，总是蓬头垢面，再也提不起劲打扮了。' « Après s'être fait larguer, elle est restée sale comme un peigne et n'avait même plus la force de s'habiller. »

Peine à jouir ☞ *rabat-joie*
Non pas dans le sens sexuel, mais dans le sens de « pas drôle ».
• 圣母 *shèngmǔ* « Notre Dame » (La Vierge Marie). Les gens qui gâchent toujours la joie des autres et leur font des remontrances perpétuelles sous couvert de morale.

Peine (à la ~)
• 困难重重 *kùnnánchóngchóng*. Être assailli de difficultés (pas forcément financières). '博尔特踢足球困难重重！一封药检通知给其下马威。' « L'équipe de foot de *(Usain)* Bolt à la peine ! Un préavis de test de dépistage lui montre de quel bois *(l'agence australienne de lutte anti-dopage)* se chauffe. » *(Sina, 2018)*
• 千难万险 *qiānnánwànxiǎn*. Encourir difficultés et dangers.

Peine (pas la ~)

• 甭 *béng*. Une abréviation orale très répandue de 不用，不要. Pas la peine de, inutile de… Voir ex. à ☞ *bottes (lécher)*

Pékin

• 四九城 *sìjiǔchéng*. Pour certains vieux Pékinois (ce qui n'est pas forcément une question d'âge), la capitale est « la ville aux quatre et neuf (portes) » ; il s'agit des quatres vieilles portes de la Cité Impériale (皇城, qui entoure la Cité Interdite, et où vivaient les nobles et soldats mandchous des Huit Bannières) et des neuf portes de la « ville intérieure » (内城) ou ville tartare. L'expression était parfois abrégée en 九城 : '小丁宝，九城闻名！' « Petite Ding Bao, célèbre dans tout Pékin ! »[29], ou bien, pour être plus complète, englober aussi les sept portes de la « ville extérieure » ou chinoise : 里九外七皇城四.

Pékinois, vrai ~

• 京片子 *jīngpiànzi*. Désigne aussi bien, en dialecte, le dialecte pékinois que le vieil habitant de Pékin qui ne s'exprimerait justement qu'en dialecte. '"京片子"越来越少，北京话也需要像上海话一样保护？' « Les Pékinois authentiques se faisant de moins en moins nombreux, le dialecte de Pékin devra-t-il être protégé comme celui de Shanghai ? » *(PR, 2017)*

Pelle (rouler une ~)

• 舌吻 *shéwěn* « baiser avec la langue ». Le « French kiss », également 法式接吻. '跟指纹一样，每个人都有不同的舌吻。' « Comme pour les empreintes digitales, chacun a sa façon unique de rouler des pelles. »

• 打啵（儿）*dǎbo*. D'origine dialectale (Sichuan), aujourd'hui assez répandu. Parfois aussi employé pour un simple « bisou ». '神马！没结婚不能打波儿？' « Quoi ? On n'a pas le droit de se rouler des pelles si on n'est pas mariés ? » *(iqiyi.com, 2016)*

Perplexe

• 纳闷儿 *nàmènr*. S'interroger. '李军至今也纳闷，母亲那时如何能认出自己。' « Aujourd'hui encore, Li Jun se demande comment sa mère a pu la reconnaître à cette époque-là. »[56] Autre sens, « morose, se morfondre ».

Pervers, déviant

• 变态 *biàntài*, abrégé en BT en ligne. ☞ *obsédé*[SEX], *pervers*[INS, SEX]

Péquenot ☞ *plouc*

Père (de ~ en fils)

• 子承父业 *zǐchéngfùyè*. Expression utilisée quand un fils reprend la profession de son père.

Pet

• L'équivalent chinois du fameux proverbe gaulois « mieux vaut un pet sonore qui roule avec fracas qu'un louf discret qui vous trahit tout bas » est plus concis : 响屁不臭，臭屁不响 *xiǎngpì bù chòu, chòupì bù xiǎng* « Pet bruyant ne pue pas, pet qui pue est silencieux. »

Pet (faire le ~), faire le guet, chouffer

• 望风 *wàngfēng*. '兄弟两人逛商场时，看到一辆摩托车甚是喜爱，哥哥偷车弟弟望风。' « Deux frères faisant du lèche-vitrines avisèrent une moto qui leur plut fort, le cadet fit le pet pendant que l'aîné la volait. » *(Sina news, 2018)*. Par rapport à 观风 (☞ *guet*), 望风 s'applique spécifiquement aux activités secrètes ou illicites.

Pet de lapin ☞ *clou*

Pétaouchnok, Trifouilly-les-Oies
☞ *bled*

Pétard (être, se foutre en ~)
• 怒发冲冠 *nùfàchōngguān* « cheveux qui se hérissent jusqu'à heurter la coiffe ». '特朗普怒发冲冠警告伊朗。' « Trump se met en pétard et lance un avertissement à l'Iran ! » *(xinwen, 8/1/20)*
• 气头上 *qìtóushang*. '他现在正在气头上。' « Il est en plein pétard. »[66]

Pétard mouillé
• 哑炮 *yǎpào*. Nouvelle sans intérêt, sans effet, qui fait pschitt, déclaration qui tombe à l'eau, menace vide de sens. '我就知道只是个放哑炮的软蛋。' « Je savais bien qu'il n'était qu'un lâche qui ne tirait que des pétards mouillés. »

Pété de thunes
• 趁钱 *chènqián* « être très riche ». Terme familier ancien (dès les Ming) plutôt du Nord, toujours courant. '他家里趁钱，可对穷人他是一个子儿也不花！' « Sa famille est pétée de thunes, mais il ne claquera jamais un rond pour les pauvres ! » On trouve égal[t] l'abréviation 趁 *chèn*.

Péter ☞ *vent (lâcher)*
• 放屁 *fàngpì*. '放屁的时候你有木有想过内裤的感受？' « Au moment de péter, as-tu pensé aux sentiments de ton slip ? » *Remarque* : 有木有 est une mode récente en ligne, signifie 有没有.

Péter (se la ~) ☞ *frimer, vanter (se)*
Étaler sa classe, sa richesse, sa culture… Frimer. Péjoratif.
• 出风头 *chūfēngtou* « faire du vent ». '你的未婚妻今儿晚上大出风头。' « Ta fiancée se la pétait

vraiment trop ce soir. » Plus fort encore : voir ☞ *vedette*
• 放份儿 *fàngfènr*. Faire étalage de son pouvoir, de son prestige. '这些人就是到这儿放份儿来的。' « Ces types sont venus ici rien que pour pouvoir se la péter. » *Variante* : 拔份儿 *báfènr*. Pékinois.
• 玩深沉 *wán shēnchén* : plutôt dans le sens « jouer les mystérieux, jouer l'intello, les poètes ou l'artiste profond et incompris » : une version plus familière de 故作高深. '张艺谋姜文陈凯歌后期都是玩深沉故作高深。' « Ces derniers temps, Zhang Yimou, Jiang Wen et Chen Kaige se la pètent vraiment trop à faire semblant d'être profonds. »
• 装屄 *zhuāngbī*, 装逼 ou 装 B. Le verbe correspondant à 逼格 ☞ *standing*. '2018 最佳装逼。' « La meilleure façon de se la péter en 2018 ». *(Sina, 2018)* '如果不能装逼，那努力还有什么意思？' « Si on a plus le droit de frimer, à quoi ça sert de faire des efforts ? » '就这两个傻逼样的玩意儿，你还在我面前装逼？' « C'est avec ces deux joujoux minables que tu fais le faraud devant moi ? » *(我的绝美老板娘, roman en ligne de 宝林, 2018)*

Peuple ☞ *populo*

Peur (avoir ~)
• 失魂落魄 *shīhúnluòpò*. Avoir peur au point d'en perdre ses esprits. Terreur panique. '族长失魂落魄，鲍姆呼天抢地，众姐妹手足无措。' « Le patriarche était pris de panique, Mme Bao invoquait à grands cris le ciel et la terre, toutes les sœurs s'agitaient vainement en tous sens. »[94]

• 魂飞魄散 *húnfēipòsàn* « l'âme s'envole et se disperse ». '她此刻只觉得又悔又怕，更是害得魂飞魄散……' « Elle se sentit soudain prise de remords et de peur – à vrai dire, elle était terrifiée au point d'en perdre les esprits. »[62] Ces deux *chengyus* proches sont à peu près aussi fréquents l'un que l'autre. Voir aussi ☞ *chocottes, fesses, froc, trouille*

Peur (ne pas avoir ~)
• Plutôt que le trop facile 不怕, on préfèrera 不憷 *bùchù*. '他们真的不憷韩国队。' « Ils ne craignent pas du tout l'équipe coréenne. » '想去老板那儿告我？赶紧去吧! 我可不憷。' « Tu veux me dénoncer au patron ? Vas-y ! J'ai pas peur ! »

Peur (suer, transpirer de ~)
• 捏一把汗 *niē yībǎhàn.* Avoir les mains moites en raison de la peur, de l'inquiétude. '大家为大贵捏了一把汗。' « Tout le monde transpirait de peur pour Dagui. »

Pickpocket, voleur à la tire
• 扒手 *páshǒu.* Ex. ci-dessous.
• 妙手空空 *miàoshǒukōngkōng.* Signifie que le voleur s'évanouit dans la nature après avoir commis son forfait de ses doigts agiles. '扒手在车站，借大家挤巴士时，大施其妙手空空的本领。' « À la gare routière, profitant de la cohue pour monter dans les bus, le voleur put déployer tout son talent de pickpocket. »
• 三只手 *sānzhīshǒu* « trois mains ». '公交车上"三只手"这帮蟊贼栽了。' « Une bande de voleurs à la tire, ces parasites des transports en commun, subit un revers. » *(PR 2018)*

Pied, peton
• 脚巴丫子 *jiǎobāyāzi* ou 脚丫子, 丫子 : terme oral pour le pied,

dialectal dans tout le nord et nord-est de la Chine. '今季最时尚的是——我宝宝的脚丫子！' « Le truc le plus à la mode cette saison : les petits petons de mon bébé ! » *(Sina, 2018)*

Pied (c'est le ~)
• 爽! ou 爽死了! *shuǎng sǐle !* Signifie « se sentir (très) bien » ; pourrait aussi, dans ce sens, se traduire par « cool, super cool ». Mais comme le sens s'étend aussi à la sensation de plaisir après le sexe, la traduction par « c'est le pied » est très juste ; pour la même raison, le terme reste vulgaire et ne doit pas être employé devant des personnes qui pourraient s'en offusquer. '豪车美女，这样的日子爽死了！' « Voitures de luxe et jolies filles : la vie comme ça, c'est le super pied ! » *(Sina, 2018)*

Pied (du bon ~, sur le bon ~)
• 开门红 *kāiménhóng.* Bon début ; souvent pour les commerces : bien commencer l'année, le mois… '厉害了! 2018 航空工业开门红。' « Fantastique ! L'industrie aéronautique commence l'année 2018 sur le bon pied. » *(XHN, 2018)* '中国足球队完胜10人科威特队，取得开门红。' « Le onze chinois part du bon pied en écrasant l'équipe du Koweit réduite à dix joueurs. » *(CD, 2011)*

Pied (levé du mauvais ~)
• 吃错药了 *chī cuòyàole* « avoir pris le mauvais remède ». Être d'humeur acariâtre, impoli, avoir un comportement inapproprié. '你上星期是吃错药还是怎么了？' « Tu t'étais levé du mauvais pied la semaine dernière ou quoi ? »
• Variante plus abrupte : ☞ *vache enragée*

Pied-tendre, tombé du nid.

• 雏儿 *chúr* « poussin ». Terme très ancien toujours en vigueur. Personne sans expérience sociale ou professionnelle ; ou jeune homme, jeune femme un peu niais. '看你那样子，就是个雏儿，什么都不懂。' « En te voyant comme ça, j'ai compris que tu n'étais qu'un pied-tendre ne comprenant rien à rien. » ☞ *blanc-bec[INS], novice*

Pieds (casser les ~)

• 泡蘑菇 *pào mógu*. Dans le sens restreint d'importuner, insister jusqu'à obtenir satisfaction. '别跟我泡蘑菇了，我们不能为你破例。' « Pas la peine de me casser les pieds, nous ne ferons pas d'exception pour toi. »

Pieds (se laisser marcher sur les ~)

• 任人摆布 *rènrén-bǎibù*. Se laisser bousculer, se laisser faire. '加拿大人不会任人摆布的。' « Les Canadiens ne se laisseront pas marcher sur les pieds. » *(Justin Trudeau, 2018)*

Pierre (faire d'une ~ deux coups)

• 一举两得 *yījǔliǎngdé*. La plus fréquente des trois expressions données. '他表示农村第一书记这个政策是一举两得。' « Il a déclaré que la politique menée par le 1er secrétaire du village faisait d'une pierre deux coups. » *(Sina, 2018)*

• 一箭双雕 *yījiànshuāngdiāo* « Abattre deux aigles d'une seule flèche ». Ou 一石双鸟 *yīshíshuāngniǎo* « D'une pierre, abattre deux oiseaux ». Variante beaucoup plus rare.

Pierre, Paul et/ou Jacques

• 张三李四 *Zhāng Sān Lǐ Sì* « Zhang le Troisième et Li le Quatrième » : tout le monde, n'importe qui, le 1er venu, Untel…

Piffer ☞ *blairer*

Pigeon, dupe, bonne poire

• 冤大头 *yuāndàtóu*. 冤 signifie « arnaquer » ou « se faire arnaquer » en langage populaire. On trouve aussi simplement 大头 dans le même sens. '对的！高涛这娃还以为找到冤大头了哇！才怪！' « Ouais ! Ce con de Gao Tao avait cru s'être trouvé un bon pigeon ! Tu parles ! »[34] '别再做冤大头！' « Arrête de te faire plumer ! » Autre ex. à ☞ *luxueux*

• 阿木林 *āmùlín*. Pigeon, naïf, stupide. Vient du dialecte de Shanghai et autour. Terme connu car déjà utilisé par Lu Xun, un film portant ce titre est de plus sorti en 1998. Sert toujours. '哈哈！小子你是不是脑袋被门夹了？当我们全都是阿木林吗？' « Haha ! P'tit gars, tu t'es coincé la tête dans une porte ou quoi ? Tu nous prenais pas tous pour des pigeons par hasard ? » *(都市极品狂医, roman en ligne, par 九叔, 2017).*

Piger ☞ *latin*

Pilule, pilule amère (avaler la ~)

• 吃哑巴亏 *chīyǎbakuī*. Accepter de souffrir, de subir en silence (哑巴 = muet), sans se plaindre. En caisser. '俄罗斯只能吃哑巴亏，美军空袭叙利亚背后竟是为了抵制俄罗斯！' « La Russie n'a plus qu'à avaler la pilule : l'objectif caché de l'attaque aérienne américaine sur la Syrie, c'est en fait de contrecarrer la Russie ! » *(Sina, 2018)* '三龙吃了个哑巴亏，眼睁睁地看着三凤走掉了。' « Sanlong encaissa en silence et regarda Sanfeng s'éloigner, une lueur d'impuissance dans le regard. »[94]

Pinailler ☞ *cheveux (couper…)*

Pince (à ~), à pied, pedibus-jambus
• 十一路公交车 *shíyī lù gōngjiāo chē* « la 11ᵉ ligne de bus ». Parfois abrégé en 11 路. Le chiffre 11 évoque les deux jambes : prendre le bus nᵒ 11 signife donc « marcher ».『我每天不得不坐十一路去上班.』« Chaque jour je ne peux faire autrement que de me rendre à pince au boulot. » Noter qu'il existait en français au début du XXᵉ siècle la même expression ou peu s'en faut, même si elle est peu connue : « prendre le train onze » ou « le train de onze heures ».

Pinson (gai comme un ~)
☞ *gaiement*

Pioupiou
• 娃娃兵 *wáwábīng*. Jeune soldat. Le terme est aussi aujourd'hui utilisé pour « enfant-soldat », bien que la traduction officielle soit 童兵 *tóngbīng*. 『有一个叫春生的娃娃兵, 他老向我打听往北去是不是打仗.』« Il y avait un jeune pioupiou du nom de Chunsheng, qui me demandait tout le temps si on allait vers le Nord pour se battre. »²³

Pipe (casser sa ~)
• 吹灯拔蜡 *chuīdēng-bálà* « Souffler la lampe, moucher la chandelle » : mourir. 『听说李霸天已经吹灯拔蜡了, 乡亲们心里都很高兴.』« Il paraît que Li le Tyran a cassé sa pipe il y a quelques jours, tous les gens du village sont très contents. » Plus oral que dialectal ; égal¹ : échouer.
☞ *crever, à gauche*

Pipi (pour enfants ou filles)
• 嘘嘘 *xūxū*. 『妈妈我要嘘嘘!』« Maman j'ai enviiiiiie ! » ATTENTION : prononcé *shīshī*, 嘘嘘 signifie « chut ! »

• On trouve aussi bien sûr 尿尿 *niàoniào*. Le 尿尿小童 est le Manneken Pis de Bruxelles.
☞ *pisser, toilettes*

Pipi (se faire ~ dessus) ☞ *froc*

Piquante (personnalité ~)
• 火辣辣 *huǒlālā*. Caractère piquant, mordant, acerbe. 『歌词简单明了, 突出了辣妹子火辣辣的个性.』« Les paroles de la chanson sont simples à comprendre et mettent en valeur la piquante personnalité de ces jeunes filles au caractère fort affirmé. » *(baidu)*

Pique-assiette (jouer le ~)
• 吃闲饭 *chīxiánfàn*. Pique-assiette ou personne qui touche son salaire à ne rien faire.『你不能老在我这里吃闲饭, 你也得自己干点儿什么.』« Tu ne peux pas continuer éternellement à jouer les pique-assiettes chez moi, il va falloir que tu bosses aussi un peu. »
• 吃大户 *chīdàhù*. Terme qui désignait l'action des paysans forçant les familles riches à partager leurs réserves de grain au cours des jacqueries. Aujourd'hui, signifie « manger aux dépens d'un plus riche ».
☞ *parasite*

Piquer ☞ *faucher*

Piquer une crise ☞ *crise, rage*

Pirate
• 江洋大盗 *jiāngyángdàdào* « grand forban des fleuves et océans » : le degré ultime du simple 海盗. Écumeur des mers. 『一种为"官刺"——专杀官府追捕的政治要犯——江洋大盗或其他非杀不可的人物.』« L'autre sorte d'assassins était "les assassins officiels", qui ne s'attaquaient qu'aux

criminels politiques importants pourchassés par les autorités, aux écumeurs des mers les plus féroces et aux autres personnes qu'il était indispensable d'éliminer. »[681]

Pire

• Au ~, dans le ~ des cas, tout au plus : 大不了 *dàbùliǎo*. '大不了和他拼了！' »[81] '做了错事要敢承认，大不了挨几句批评。' « Si vous avez fait une erreur il faut le reconnaître, dans le pire des cas vous vous prendrez quelques critiques. » ATTENTION : dans d'autres cas (phrases négatives ou interrogatives), peut être synonyme de 了不得.

• Le pire côtoie le meilleur ☞*grain*

Pisser, uriner

• Les termes les plus courants sont bien sûr 撒尿 *sāniào* (oral) et 小便 *xiǎobiàn* (plus formel). On trouve aussi : 小恭 *xiǎogōng* (en usage dans le *Rêve du pavillon rouge*). Aujourd'hui plutôt rare.

• Se lever la nuit pour aller ~ : par euphémisme, on dit simplement 起夜 *qǐyè*. '我上了年纪，夜里常爱起夜。' « J'ai pris un coup de vieux, et je me lève souvent la nuit pour aller pisser. »[87]
☞*pipi, soulager (se), toilettes*

Piste, indice, espoir de solution (有)眉目 *méimù*. '已经有点眉目了。要不到你们这来干什么？' « Bien sûr que j'ai des pistes. Sinon qu'est-ce que je serais venu foutre ici chez vous ? »[65]

Piston, se faire pistonner

• 戳儿 *chuōr*. '别看人家什么也不会干，上边可有戳儿。' « Il est capable de rien faire, et alors ? Il a reçu un gros coup de piston de là-haut. »

• Chercher un piston, à se faire pistonner : 找门路 *zhǎo ménlù*

• Se faire pistonner : 走后门 *zǒu hòumén* « passer par la porte de derrière », est de loin le terme le plus fréquent. Beaucoup plus rares, on trouve aussi 走门路 *zǒu ménlù* ou 走路子. '在2018年的今天，"找关系，走后门"还那么重要吗？' « Aujourd'hui, en 2018, est-il encore aussi important de se faire des relations et d'avoir du piston ? » *(Zhihu, 2018)*

Pistonner, appuyer, épauler

• 撑腰 *chēngyāo* « soutenir à la taille ». Détournement du sens initial « encourager, supporter ». '有了董事长撑腰，他对公司的同人更加无忌惮。' « Grâce au piston du PDG, il traite ses collègues avec toujours moins de scrupules. »

• 当靠山 *dāng kàoshān* « faire la montagne sur laquelle s'appuyer ».

Pitié (par ~, ayez ~)

• 行行好 *xíngxínghǎo*. Expression traditionnellement employée par les mendiants. À votre bon cœur. '哪位行行好？要这个孩子，二两银子！' « Qui donc aura pitié ? Si vous voulez cette enfant, ce sera deux taëls d'argent ! »[29] '儿女们，行行好，给老妈留个住处吧！' « Mes enfants, ayez pitié, laissez à votre vieille mère un endroit où habiter ! » *(PR, 2018)* '行行好，让家珍留下吧。' « Par pitié, laissez Jiazhen rester. »[23]

• 拜托(了) *bàituōle*. Je vous en supplie ! Souvent à prendre dans le sens ironique. '喵！拜托，拜托，让我2020年有吃不完的罐罐！' « Miaou ! Par pitié, je vous en supplie ! Faites qu'en 2020 j'ai plus de miam-miam que je pourrais en avaler ! » *(Sina, 12/1/20)*

Placard, mettre au ~, placardisé
• 投闲置散 *tóuxiánzhìsǎn*. Envoyer au placard, enlever les responsabilités. '她就算不被整治，也很大机会给投闲置散，在警察里被孤立排挤。' « Même s'il n'était pas puni, il aurait toutes les chances d'être envoyé au placard, et ostracisé au sein de la police. »[70]
• 清水 (衙门) *qīngshuǐ (yámen)*. Poste, affectation peu valorisante, sans réelles responsabilités ni vrai travail. '我当然知道这县文化馆张是个清水闲差。' « Je savais, bien sûr, que le poste de chef du centre culturel de cette sous-préfecture était un placard, une sinécure. »[24]
• 靠边 (儿) 站 *kàobiānzhàn* « faire la guerre sur le côté ». Être mis à l'écart, sur la touche, perdre les responsabilités. '许多经验丰富的老专家已"靠边站"。' « Beaucoup de vieux spécialistes, pleins d'expérience, avaient été "placardisés". »[56]

Plaie (mettre le doigt sur la ~)
• 一针见血 *yīzhēnjiànxuè*. Toucher au point sensible. Voir un exemple à ☞ *renard*

Plaisir (avec grand ~) ☞ *savourer*

Planque (être en ~), pour un policier
• 蹲守 *dūnshǒu*. Voir ex. ☞ *voler*
• 蹲坑 *dūnkēng* « être accroupi dans la fosse ».

Planter, piquer, percer
Dans le sens de « poignarder »
• 攮死 *nǎngsǐ*. '我劝你赶紧给我滚，否则我攮死你！' « Je te conseille de foutre le camp vite fait bien fait, sinon je te plante ! » (迷失的森林, *roman en ligne de* 王措本人). Plutôt dans le Nord.

Planter (se ~),
• Échouer misérablement, se planter en beauté (en général pour une tâche facile) : 阴沟里翻船 *yīngōu lǐ fānchuán* « naufrage dans un égout ». '他笑了，说："你就不怕阴沟里翻船吗？"' « Il sourit et dit : "Tu n'as pas peur de te planter ?" ». Il s'agit d'un 歇后语, expression à tiroir, qui donne dans son entier : 阴沟里翻船——该倒霉！« Naufrage dans un égout – quelle déveine ! »
• Merder, faire un faux pas : 栽跟头 *zāi gēntou* (sens original : « faire une cabriole ») : '今天要不是我大意，根本不可能栽跟头。' « Si j'avais fait un peu plus gaffe aujourd'hui, je ne me serais pas planté. » '丢了脸皮，算不了什么；丢了钱，会栽跟头。' « Perdre la face, ce n'est rien ; perdre du pognon, ça c'est se planter. »
• Échouer, rater un examen : 挂科 *guàkē*. Voir l'exemple à ☞ *ver* ☞ *foirer, gamelle, gourer*

Plaque (être à côté de la ~)
• 漫无边际 *mànwúbiānjì*. Être complètement hors sujet, divaguer. Être aux fraises.
• Pour une réponse ou un texte, incongru, incohérent, n'allant pas ensemble : 驴唇不对马嘴 *lǘchún búduì mǎzuǐ* « les lèvres d'un âne ne s'accordent pas à la bouche d'un cheval ». '警察与小偷对话，真是驴唇不对马嘴！' « Dans ce dialogue entre les policiers et un voleur, *[les réponses]* sont complètement à côté de la plaque ! » (= c'est du grand n'importe quoi) *(Sina, 2017)*

Plaquettes de chocolat (abdos)
• 六块肌 *liù kuài jī* « muscle en six moreceaux »

Plat (en faire tout un ~)
Tempête dans un verre d'eau, beaucoup de bruit pour rien, en

faire un fromage. Les deux expressions suivantes sont à peu près synonymes :
• 小题大作 *xiǎotí-dàzuò*. '他显然认为小龙是小题大做。' « Il estimait visiblement que Xiaolong en faisait tout un plat pour pas grand-chose. »[65]
• 大惊小怪 *dàjīng-xiǎoguài*. '你也知道妈就是大惊小怪的，没事！' « Tu sais bien que maman en fait toujours tout un plat ; je n'ai rien ! »[34] Autre ex. ☞ *copain*

Plat-ventre
• Tomber à ~ : 狗吃屎 *gǒuchīshǐ* « le chien mange sa merde » : s'étaler comme une bouse. '阮小二使了个"顺手牵羊"，把赵二摔了个狗吃屎。' « Ruan le Deuxième, profitant de l'élan de son adversaire, l'envoya s'étaler à plat-ventre. »[15] REMARQUE : *le chengyu* 顺手牵羊 *est ici utilisé dans un sens différent de son sens normal.* On trouve aussi, beaucoup plus rare : 狗呛屎 *gǒuqiāngshǐ*.

Pleuvioter
• (下) 毛毛雨 *xià máomáoyǔ*. Il tombe de la pluie légère.

Pleuvoir ☞ *cordes, pleuvioter, seaux*

Plié de rire
• 笑得弯腰 *xiào de wānyāo* « rire à se courber en deux ». '王艳丹果然笑得弯了腰，似乎放下了顾虑。' « Bien entendu, Wang Yandan est pliée de rire, et il semble que ses inquiétudes soient dissipées. »[34]

Plomb (péter un ~)
• 气破肚皮 *qì pò dùpí* « la colère lui perce la peau du ventre ». Être pris d'une colère incontrôlable ; craquer son slip. '八个代表简直气破了肚皮，他们的嗓子也叫骂哑了。' « Les huit délégués pétèrent carrément les plombs et terminèrent aphones à force de hurler de rage. »[305]

Plonger ☞ *tête (piquer une)*

Plouc, pedzouille, péquenot
Personne à l'air rustique, paysan, débarquée de sa campagne. Les termes suivants sont dans l'ordre décroissant de fréquence.
• 乡巴佬 *xiāngbālǎo*. '你这个乡巴佬！' « Espèce de pedzouille ! »[21] '真是乡巴佬，没治。你去哄他一下。' « Un vrai plouc. C'est sans espoir. Vas-y, va l'engueuler ! »[446] Variante plus rare : 乡下佬.
• 土包子 *tǔbāozi*. '为什么很多五毛／小粉红其实都是土包子？' « Pourquoi est-ce que beaucoup des "propagandistes à 50 centimes" et des jeunes nationalistes en ligne sont-ils en fait de gros péquenauds ? » *(Mohu, 2018)*
• 土老帽儿 *tǔlǎomàor* « vieux chapeau ». Péjoratif, dialecte pékinois. Parfois 老帽儿 ou 老冒儿. '这种地方就是专门骗你这种外地土老帽的。' « Ce genre d'endroit est fait tout exprès pour arnaquer les ploucs de ton espèce. »
• 阿乡 *āxiāng*. Vient du dialeccte de Wenzhou. '我记得走在马路上，叫我们"阿乡"。' « Je me souviens, quand on marchait dans la rue, les gens nous traitaient de paysans… » *(Sina, 2006)*
• 冒儿爷 *màoryé*. Même sens, pour les gens plus âgés. '这位老先生，上身穿件西服，下身穿条破裤子，脚下一双凉鞋，整个一冒儿爷。' « Ce pauvre vieux, avec sa veste à l'occidentale, son futal tout salopé et ses sandales, a l'air d'un péquenot de première. » ☞ *péquenot[INS], ringard*

Pluie

☞ *cordes, pleuvioter, seaux, torrentielle*

Pluie (faire la ~ et le beau temps)

• 呼风唤雨 *hūfēng-huànyǔ* « invoquer le vent et la pluie ». Dominer, avoir de l'influence. Se disait autrefois des magiciens taoïstes qui étaient censés maîtriser les forces de la nature. '他以前在黑道上呼风唤雨，目前他也只能找那些小兄弟帮他。' « Jadis, il faisait la pluie et le beau temps dans la pègre locale, désormais il ne peut plus compter que sur ces quelques petits voyous. »[65]

Poche (en être, payer de sa ~)

• 自掏腰包 *zìtāo yāobāo*. Payer de sa propre bourse. '克罗地亚美女总统赴俄自掏腰包。' « La belle présidente croate a payé de sa poche pour aller en Russie *(assister à la Coupe du monde de football).* » *(Sina news 2018)* On trouve aussi 自己掏腰包 ou 掏腰包 simplement.

Poches (faire les ~)

• 搜腰包 *sōu yāobāo*. Pratiquer le vol à la tire. ☞ *pickpocket, voler*

Pognon (puer le ~)

• (有)臭钱 *chòuqián*. '你要是没那几个臭钱，哪个婆娘要跟你睡！' « Si tu ne puais pas autant le pognon, quelle bonne femme voudrait coucher avec toi ! »[34]

Poids (ne pas faire le ~)

• 不是…的对手 *bùshì… de duìshǒu*. Expression très courante dans la littérature *wuxia* ou dérivée. Voir ex. à ☞ *queue basse*

• 无法（与，和）…相媲美. Ne pouvoir se comparer à. '俄罗斯苏-30Mki 最新式战斗机无法与"幻想 2000"相媲美。' « Le plus récent des modèles de chasseurs russes, le SU-30Mki, ne fait pas le poids devant le Mirage 2000. » *(Global Times 2004)*

Poids (prendre du ~) ☞ *porter (bien se)*

Poil (à ~)

• 精赤条条 *jīngchìtiáotiáo* ou 精赤 (moins fort). '而他居然和十几个朋友一起脱得精赤条条。' « Soudain, lui et une bonne dizaine de ses amis se sont foutus complètement à poil. » *(Sina 2018)*

• 赤裸裸 *chìluǒluǒ* '天啊！她赤裸裸地躺在床上，满身都是血。' « Juste Ciel ! Elle était allongée toute nue sur le lit, couverte de sang. »[251]

• Dormir à poil, tout nu : 裸睡 *luǒshuì*. '我这人习惯了裸睡，你要不要一起来？' « Moi j'ai l'habitude de dormir à poil, tu veux essayer avec moi ? »

• Photo à ~, de nu : 裸照 *luǒzhào*

• Presque à poil : 耍单儿 *shuǎdānr*. Porter peu d'habits malgré un froid intense. '同事小唐得了重感冒，前两天还穿短袖耍单儿呢。' « Mon collègue Petit Tang a attrapé un mauvais rhume, il y a deux jours il se promenait encore presque à poil, en manches courtes. »

Poil (au ~)

• 成！ *chéng!* '你真诚！' « T'es vraiment au poil ! »

Poil (à un ~ près)

• 八九不离十 *bājiǔbùlíshí*. Presque, quasiment, vraiment pas loin.

Poil (de mauvais ~) ☞ *pied*

Poil (plus un ~ de sec) ☞ *os*
Dégouttant, ruisselant ; à tordre

• 水淋淋 *shuǐlínlín*. '这时只见水管里水缸淋淋地站起一个人来。' « Il vit alors un homme se dresser dans la jarre, sans un poil de sec. »[440]

• 湿淋淋 *shīlínlín. Remarque* : le suffixe 淋淋 peut servir aussi pour la sueur, le sang.

• 湿漉漉 *shīlùlù.* '我现今也还看得见那条皮毛湿漉漉扔在沙地上的死狗。' « Ce fut alors que je vis le cadavre de chien, tout trempé, étalé sur le sable. »[24]

Poirier, faire le ~

Les termes qui suivent désignent le poirier aussi bien avec la tête au sol que juste sur les mains.

• 倒立 *dàolì* « debout à l'envers »

• 竖蜻蜓 *shùqīngtíng* « faire la libellule verticale » ; faire le poirier, marcher sur les mains.

• 拿大顶 *nádàdǐng.*

Poissard ; avoir la poisse

• 倒霉蛋 *dǎoméidàn* « œuf malchanceux ». '谁是幸运儿，谁是倒霉蛋？' « Qui est veinard, qui est poissard ? »

Poisse (porter la ~) ☞ *porte-poisse*[INS]

Poisson (noyer le ~)

• 搭讪 *dāshàn.* Tenter de se sortir d'une situation embarrassante par des paroles, détourner le sujet. '大家的眼跟着祥子，腿也想动，都搭讪着走出来。' « Tout le monde le suivant du regard, Xiangzi se sentit des fourmis dans les jambes et se dirigea vers la sortie en tentant de noyer le poisson. »[296] Autre sens de ce terme ☞ *aborder*.

Poisson (comme un ~ dans l'eau)

• 如鱼得水 *rúyúdéshuǐ.* Être dans son élément. '我们活在这个时代，真是如鱼得水！' « Nous allons vivre cette époque comme des poissons dans l'eau ! »[29] '这个原则，让你在职场如鱼得水。' « Suivre ce principe vous permettra de vous mouvoir dans le marché de l'emploi comme un poisson dans l'eau. » *(Caixin, 2018)*

Poisson (comme du ~ pourri)

• 骂烂 *màlàn.* '昨天回来我这脑壳都被我妈骂烂了！' « Et en rentrant hier soir je me suis fait engueuler comme du poisson pourri par ma vieille ! »[34]

Police

• Le mot 警察 *jǐngchá* est abrégé en ligne par les initiales **JC**. ☞ *flic*

Police (connu des services de ~)

• 底儿潮 *dǐ cháo.* Pékinois, pègre ; signifie que l'on a un passé criminel ; avoir un lourd passé. '你小子，准是底儿潮，心里有鬼！' « Petit con, t'es bien qu'un gibier de potence, toujours à préparer un mauvais coup ! » ☞ *casier*

Police (mon papa est dans la ~)

• 我爸是李刚 *wǒ bà shì Lǐ Gāng* « Mon père est Li Gang ». Un fait divers qui défraya la chronique en 2010 : un jeune blouson doré arrêté au volant d'une voiture de sport en état d'ébriété après un accident qui s'avéra mortel, tenta d'échapper à son juste châtiment en arguant de l'identité de son père, l'un des chefs de la police locale. La vidéo de l'incident fit le tour du monde et donna naissance à une epression et à un *meme* encore fort populaire des années après, malgré les efforts de la censure.

Policière ☞ *fliquette*

Poltron

☞ *pétochard*[INS], *poule mouillée*

Pommade (passer la ~)

• (给…戴)高帽子 *dài gāomàozi.* '行了，你别给我戴高帽子了，吃饭。' « C'est bon, arrête de me passer de la pommade et mange. »

Ne pas confondre avec 戴绿帽子, « être cocu » ! '他给我带了一连串的高帽子，但是我却绝对没有飘飘然的感觉。' « Il n'arrêtait pas de me passer la pommade, mais je ne me laissais surtout pas griser. »[72] ☞ *flatter, flagorner*

Pomper, faire des pompes
• (做)俯卧撑 *fǔwòchēng*. '你俯下去，给我做 100 个俯卧撑。' « En position de pompes ! Et tu m'en fais 100. »

Pompette, éméché, gris
• 酒酣耳热 *jiǔhān'ěrrè* « vin grisant et oreilles qui chauffent ».

Pom-pom girl
• 啦啦队 *lālāduì*. Le terme désigne toute la troupe de *cheerleaders*.

Ponts (Couper les ~)
• 一刀两断 *yīdāo-liǎngduàn*. Interrompre toutes les relations, dans tous les domaines. '我跟庞家一刀两断，找我干什么？' « J'ai coupé tous les ponts avec la famille Pang. Qu'est-ce que vous me voulez ? »[29] '乌克兰和俄罗斯之间的兄弟情义，彻底一刀两断了。' « La fraternité qui existait entre l'Ukraine et la Russie est totalement rompue. » *(Sina, 2018)*

Popo (faire ~) ☞ *caca*

Popotin, derrière, cucul
Terme enfantin habituel :
• 屁屁 *pìpì*. '说起给宝宝洗屁屁，很多家长认为这太没技术含量。' « Beaucoup de parents pensent que le nettoyage du popotin de bébé n'est pas une activité à caractère technique très prononcé. » *(Sina, 2018)*

Populaire, à la mode
• 走红 *zǒuhóng*. '"中国风"并盖走红川大校园。' « Les plaques

d'égout peintes « à la chinoise » sont la dernière mode sur le campus de l'Université du Sichuan. » *(XHN, 2018)*

• 红人 *hóngrén*. Terme désignant surtout les personnalités populaires en ligne ou sur Youtube. '中国的最新网络红人是来自山东单县朱楼村的农民兄弟朱之文。' « La dernière star du web chinois est Zhu Zhiwen, un paysan de Zhulou, du district de Shan dans le Shandong. » *(Sina, 2015)*

• 热门 *rèmén*. '他们的产品在市场上很热门。' « Leurs articles sont très populaires sur le marché. »

• 火 *huǒ* « hot ! » '2016 年最火的 12 件单品，你够潮吗？' « Les 12 basiques les plus hot de l'année 2016. Êtes-vous assez branchée ? »

• 吃香 *chīxiāng*. '2018 什么行业最吃香？' « En 2018, quelles sont les professions les plus courues ? »

Populo, populace
• 草民 *cǎomín*. Synonyme, légèrement péjoratif, de 百姓.
• P 民 = 屁民 *pìmín*. Terme dépréciatif utilisé en ligne pour désigner le 老百姓, le petit peuple. Vient de l'œuvre de l'auteur Han Han.

Porte ☞ *bec*
• Trouver ~ close, se faire claquer la ~ au nez ; au propre comme au figuré. 吃闭门羹 *chī bìméngēng* « manger le ragout de la porte fermée ». '你如果去拜访他，我肯定他不会让你吃闭门羹。' « Si tu vas le voir, je t'assure que tu ne trouveras pas porte close. »

Porter, tenir
Pour traduire ces verbes, la langue chinoise offre des verbes courants génériques : 拿、执 (moins fréquent), et 提, qui est toutefois plus souvent utilisé dans le sens « soulever ».

Les verbes suivants seront utilisés pour être plus précis :

• 拎 *līn* : porter à une main, au bout du bras, en repliant les doigts (une sacoche...)

• 捧 *pěng* : porter à deux mains.

• 抔 *póu*. Littéraire et assez rare, synonyme du précédent, mais plus précis : porter dans le creux des deux mains (de l'eau, du sable...). Égal[t] spécificatif (rare) pour « une poignée de... ».

• 抬 *tái* : porter qqch, à deux personnes ou plus.

• 端 *duān* : porter à plat, à une ou deux mains (une assiette, un bol) Égal[t] : 端平 *duānpíng*.

• 携 *xié* : porter dans la main (mais servira plus souvent pour « tenir par la main, être accompagné de »)

• 扛 *káng* : porter à l'épaule, sur l'épaule, (un fusil...), sur les épaules (un ballot...).

• 担 *dān* ou 挑 *tiāo* : porter sur l'épaule, avec une palanche.

• 挎 *kuà* : porter à l'épaule, par une courroie ou lanière (un sac de voyage...), *ou* porter au creux du bras (un panier, un sac de femme). ATTENTION : dans le premier sens, il n'est pas précisé de quelle épaule il s'agit ; 挎 peut aussi signifier « porter en bandoulière ». On pourra préciser en utilisant : 斜挎 ; par exemple, un fusil : 斜挎着枪. Mais cela peut désigner le port en travers sur la poitrine *ou* sur le dos. Voir ci dessous, 背.

• 背 *bēi* : porter sur le dos. Égal[t] : 背负 *bēifù*. Pour « porter en bandoulière en travers du dos », on pourra dire : 斜背着(枪...).

• 顶 *dǐng* : porter sur la tête.

• 托 *tuō* : porter, supporter, avec une ou deux paumes (le menton...)

• 挟 *xié* : porter sous le bras, sous l'aisselle (un livre...).『他永远挟着他的公文皮包。』« Il avait en permanence son porte-documents en cuir sous l'aisselle. »[425]

• 抱 *bào* ou 拥 *yōng* : tenir dans ses bras, mais aussi porter dans les bras. 拥抱 aura le sens plus limité de tenir dans les bras, embrasser.

• 抓 *zhuā* : tenir avec les doigts, les ongles, les griffes. 掐 *qiā* est plus limité : pincer entre les ongles.

• 握 *wò* : porter, tenir en serrant le poing, empoigner.

• 挈 *qiè* est un synonyme rare de 提, que l'on retrouve dans 提挈.

Porter (bien se ~), avoir un léger embonpoint ⌒*gras*

• 发福 *fāfú*. « Exsuder le bonheur ». Surtout pour les personnes d'âge mûr.『胖不叫胖，叫发福。』« On ne dit pas "il est gros", on dit "il a pris un peu de poids". »『一位年约五十四、五岁，身体略略发福的妇女从楼门里快步走了走出来。』« Une femme âgée de 54 ou 55 ans, avec un léger embonpoint, sortit de l'entrée de l'immeuble à pas pressés. »[65]

Possédé(e) du démon, par l'amour…

• 鬼迷心窍 *guǐmíxīnqiào*.『你这女子是鬼迷心窍，不想好了！』« Tu es possédée, ma fille ! Tu ne penses plus clairement ! »[34]

Poste (être emmené au ~)

• 进局子 *jìn júzi*. 局子 est un terme ancien pour désigner le poste de police ; aujourd'hui le terme est moins employé, mais subsiste dans l'expression 进局子, « être emmené au poste, aller en cellule ou en prison ».『进局子是种怎么样的体验呢？』« Aller en prison, quel genre d'expérience est-ce ? » *(Zhihu 2017)* Autre ex. ⌒*volé*

Posture (mauvaise ~) ☞*panade*

Pot (mettre au ~)
Cotiser pour un cadeau commun par exemple.
• 凑份子 *còufènzi*. L'expression est complète mais elle peut aussi désigner la cotisation elle-même (le verbe utilisé sera 出). '她不得不跟着一起凑份子，买卡片和蛋糕为同事庆祝。' « Elle est obligée de mettre au pot comme tout le monde pour célébrer l'anniversaire de ses collègues par l'achat d'une carte et un gâteau. »

Pot (tourner autour du ~)
• 兜圈子 *dōuquānzi*. '你对法律并不陌生，所以咱们也就用不着兜圈子了。' « Tu n'es pas vraiment ignorant de la loi, aussi n'est-ce pas la peine de continuer à tourner autour du pot. »[65]
• 绕弯子 *rào wānzi*. '他妈的，绕什么弯子，想要就拿去。' « Mais bon dieu de merde, qu'est-ce que t'as à tourner autour du pot ? Si tu le veux, prends-le. »[63]
☞*cartes sur table, but*

Pot de colle
• 跟屁虫 *gēnpìchóng*. Plusieurs sens : le sens gentil, désigne un enfant ou un animal de compagnie un peu collant : '你说他们是一群跟屁虫，他们一个个都跟着傻笑。' « Tu leur dis qu'ils ne sont qu'une bande de pots de colle, et ils éclatent tous d'un rire bête, l'un après l'autre. »[24] ; plus méchant, désigne quelqu'un qu'on ne peut pas lâcher, qui colle au cul : voir ☞ *cul*. Enfin, désigne quelqu'un qui n'a pas d'idées personnelles, pas d'initative.

• Il existe un proverbe : Un enfant collant, très attaché à sa mère, est un 小黏糕 *xiǎo niángāo* « petit gâteau gluant ». Rare et surtout à Pékin.
• 牛皮糖 *niúpí táng*. Plus péjorative, cette expression désigne les gens qui n'écoutent pas ce qu'on leur dit et dont on ne peut pas se défaire. Il s'agit aussi d'un biscuit au sésame spécialité de Yangzhou. '11 次被遣返，11 次非法入境！这块牛皮糖德国甩不掉了。' « 11 fois expulsé, 11 fois revenu illégalement ! Le pot de colle dont l'Allemagne n'arrive pas à se débarrasser. » *(PR, 2016)*

Pot de terre contre le pot de fer
• 以卵击石 *yǐluǎnjīshí* « avec un œuf, attaquer un roc ». Lutte inégale ; échec certain. '燕丹无理，如此以卵击石，自寻死路。' « (Le prince) Dan de Yan est déraisonnable ; agir ainsi, c'est le pot de terre contre le pot de fer : il court de lui même à la mort. »[69] Plus rarement : 以卵投石 *yǐluǎntóushí*.

Pot-de-vin, dessous de table
• 黑钱 *hēiqián* « argent noir ». Désignait en particulier l'argent que les policiers se partageaient pour fermer les yeux sur certaines activités criminelles, mais aussi l'argent acquis illégalement par toutes sortes de moyens.
• 红包(儿) *hóngbāor* « enveloppe rouge ». Ce symbole traditionnel des étrennes du Nouvel An désigne aussi les « enveloppes » et « petits cadeaux » que reçoivent des fonctionnaires ou employés peu scrupuleux. '司机使用伪造行驶证被查欲发万元红包贿赂交警。' « Un conducteur, contrôlé avec un permis de conduire falsifié, veut soudoyer les policiers avec un pot-de-vin de 10 000 yuan. » *(Sina, 2017)*
☞ *argent sale, ristourne*

Potasser, bûcher, stakher
• 苦学 *kǔxué* « étudier dans la souffrance », avec acharnement. En version longue 刻苦学习.

Pote, copain
• 伙计 *huǒji*. Signifie à l'origine « employé de boutique, vendeur ». Utilisé le plus souvent en appellation ; selon le contexte, peut se traduire par « partenaire, ami, copain/pote ». '喂，安静点，老伙计，别大惊小怪的.' « Hé ! Du calme, mon pote, pas la peine d'en faire un fromage. » '伙计们，做好准备，我们将夜游赌城.' « Préparez-vous, les copains, ce soir c'est la fête à Vegas. »
• 兄弟 *xiōngdì*. Entre personnes d'âge ou de niveau équivalent. Connotation plus ou moins respectueuse ou amicale selon le cas. Voir ex. ☞ *craindre, sérieux, urgence*
• Le vieux terme pékinois de 哥们儿 *gēmenr*, toujours très employé, est depuis longtemps compris par tous grâce à la littérature, la télévision et le cinéma. '对不起，哥们儿.' '闭嘴，不用对不起.' « Pardon, mon pote… » « Ta gueule, pas la peine de t'excuser. » Le terme est indifféremment singulier ou pluriel, mais on trouve parfois 哥们儿们 pour insister sur le pluriel. Pour renforcer, on dira : 铁哥们 ; pour un ex. ☞ *proche*
• En revanche le terme suivant est purement pékinois : 磁器 *cíqì*. '你怎么跟谁都论磁器？' « Comment peux-tu traiter n'importe qui comme si c'était ton meilleur pote ? » Des amis encore plus proches, plus intimes sont des 铁磁 *tiěcí*.

Potence (gibier de ~)
• 不肖之徒 *bùxiào zhī tú*. Fauteur de trouble, personne sans valeur.

• En insulte, on préférera plus imagé ☞ *gibier de potence*[INS]

Potentiel (avoir un haut ~)
• Jeune homme brillant, promis à un avenir brillant : 坯子 *pīzi*. Le terme peut se décliner : 美人坯子 désigne une jeune fille, future grande beauté (expression assez littéraire). De même, 下流坯子 désigne une graine de vaurien, un futur gibier de potence ☞ *vaurien*[IN]

Pouce (lever le ~) en signe d'approbation
• 伸大拇哥 *shēn dàmǔgē*

Poudre aux yeux ☞ *yeux (jeter…)*

Poule, gonzesse
• Dans le sens « petite amie », mais avec comme en français une connotation parfois péjorative : fille à gangster, entretenue, prostituée : 马子 *mǎzi* « cheval ». '小子，敢泡我马子！' « Mecton, fais gaffe à toi si tu dragues ma poule ! » *Remarque* : le terme signifie aussi « pot de chambre, chaise percée »…

Poule (chair de ~)
• 鸡皮疙瘩 *jīpígēda*. Traduction presque exacte ! '但很快风打起来，沾身就起一层鸡皮疙瘩.' « Mais très vite le vent força et ils sentirent la chair de poule les gagner. »
• 发毛 *fāmáo* « poils dressés » (en raison de la peur, de la surprise) '我被她盯得有些发毛，她看起来笑里藏刀.' « Quand elle me regardait j'en avais la chair de poule : son sourire semblait cacher des dagues acérées. » ATTENTION : dans certains dialectes (Sichuan), l'expression veut plutôt dire « se mettre en colère ».
• 心惊肉跳 *xīnjīngròutiào*. Grelotter, trembler de peur. '他吓得心惊肉跳，最后相处一个办法.'

« Il était si paniqué qu'il en avait la chair de poule, mais finit par trouver une solution. »[15] ☞ *chocottes*

Poule (voleur de ~) ☞ *voler*

Poule aux œufs d'or
• 摇钱树 *yáoqiánshù* « L'arbre dont les sapèques tombe quand on le secoue » ; vache à lait. '老鸨把她当摇钱树，哪能不听她的。' « La vieille maquerelle la considérait comme sa poule aux œufs d'or et n'aurait osé lui désobéir. »[62]
• Tuer la ~ : 杀鸡取卵 *shājīqǔluǎn* « Tuer la poule pour prendre les œufs ».

Poule mouillée ☞ *couilles, peur*
• 草鸡 *cǎojī*. '现在不是草鸡的时候，一定要想办法冲过去。' « Ce n'est plus le moment de jouer les poules mouillées, il faut trouver le moyen de partir à l'assaut. ». Égalt en insulte ☞ *poule mouillée*[INS]
• 缩头乌龟 *suōtóu-wūguī* « tortue qui rentre la tête ». 'Trump 马上就会做缩头乌龟，就是给习抬抬轿子。' « Trump va immédiatement se transformer en poule mouillée et aller flagorner auprès de Xi (Jinping) » (Sohu, 2018)

Poules (quand les ~ auront des dents)
• 猴年马月 *hóuniánmǎyuè* « Année du singe et mois du cheval ». Aux calendes grecques, jamais (au propre ou en figuré). '你这样下去，猴年马月才能完成。' « Si tu continues comme ça, u auras terminé quand les poules auront des dents. »

Poupe (avoir le vent en ~)
• 一帆风顺 *yīfānfēngshùn*. Dans le sens : être favorisé par la chance, par le destin. '祝愿你踏上社会一帆风顺！' « J'espère que tu auras le vent en poupe quand tu affronteras le monde ! »[21] À égalt le sens de « marcher très bien ».

Pourri (flic ~) ☞ *flic*[INS]

Pourri, nul
• 操蛋 *cāodàn*. '操蛋的 2017，再见了！' « 2017, année pourrie… Ciao ! » ☞ *nul*

Pourri jusqu'au trognon
• 坏透了 *huàitòule*. Le plus simple ; voir ex. ☞ *graine*[INS]. Plus subtil : cette expression est aussi la seconde partie d'un 歇后语 : 头上长疮脚底流脓 → 坏透了 « Ulcères sur la tête et du pus qui coule des pieds : complètement pourri ». On peut donc en utiliser la 1re partie pour qualifier qqun ou qqch du point de vue moral : '因为"中特社"头上长疮脚底流脓，老虎和苍蝇无处不在。' « Vu que le "socialisme à caractéristiques chinoises" est pourri des pieds à la tête, il y a partout des "tigres" et des "fourmis" *(des corrompus de diverse importance)* » *(Radio Free Asia, 2018)*
• 不可救药 *bùkějiùyào* « aucun médicament ne peut le guérir ». Désignait d'abord qqun atteint d'une maladie incurable, aujourd'hui plutôt au sens figuré : irrécupérable, pourri jusqu'à la moelle. '我从小就不可救药，这是我爹的话。' « Dès ma plus tendre enfance j'étais pourri jusqu'au trognon, c'est mon père qui me l'a dit. »[23] Autre ex., voir ☞ *bécasse*[INS]

Pourrir (se faire ~, engueuler) ☞ *poisson (comme du ~ pourri)*

Poussières (et des ~)
• 挂零 *guàlíng* « accroché au zéro » : un peu plus que le chiffre rond. Sommes, âge, taille… '邓老

师五十挂零，一头花白头发梳得很短。' « Le professeur Deng a cinquante ans et des poussières, avec des cheveux tous blancs coupés très courts. »

Poussière (mordre la ~)
• 一败涂地 *yībàitúdì* « une défaite à en essuyer le sol » : défaite cuisante.

Présent !
• 到! *dào!* En vigueur dans l'Armée populaire de Libération.
• 有! *yǒu!* En vigueur dans l'armée nationaliste du KMT et à Taïwan.

Pression
• 鸭梨 *yālí* « poire canard » : une célèbre variété de poire du Hebei. Signifie « pression » par homophonie avec 压力 *yālì*. On retrouve ce terme en ligne dans les expressions '鸭梨很大' « une pression énorme » ou '毫无鸭梨' « sans aucune pression », c-à-d aisément, facilement ; mais ce détournement phonétique peut servir dans certains cas comme antiphrase : 毫无鸭梨 signifie alors au contraire que la pression est forte.

Prêt (c'est ~), c'est fait, en ordre
• 就绪 *jiùxù*. L'expression se rencontre seule ou, le plus souvent, dans la formule : 一切准备就绪 « tout est prêt ». '好了! 一切都好了! 剑波同志，您的计划，我执行这一部分已经就绪了。' « C'est bon ! tout va bien ! Camarade Jian Bo, pour la partie de votre plan dont je suis chargé, tout est déjà fin prêt ! »[424]

Prince charmant
• 白马王子 *bái mǎ wángzǐ* « le prince au cheval blanc ». Pour désigner le beau jeune homme romantique (et riche) dont sont censées rêver toutes les jeunes filles. L'inverse du « garçon d'à côté » ☞ *à côté*

Pro ☞ *spécialiste*

Problo, problèmes
☞ *emmerdes, rouler*

Proche (être ~)
• Avoir des liens très forts : (关系很)铁. Peut s'appliquer à des liens familiaux, amicaux, amoureux. '他们是同班同学，又是好朋友，关系很铁。' « Ils étaient camarades de classe et sont restés très bons amis, ils sont très proches. » L'adjectif « de fer » s'applique souvent dans d'autres expressions : 铁哥们儿，铁姐们儿 « très bons amis, très bonnes amies ». '老板雇佣他，是因为他是老板铁哥们们的儿子。 « Le patron l'a embauché parce qu'il est le fils de l'un de ses meilleurs copains. »

Prodigue (fils ~)
• 败家子 *bàijiāzǐ*. Celui qui ruine sa famille ; aujourd'hui, désigne aussi qqun qui dépense l'argent de l'État. '我是我们家的败家子，用我爹的说话，我是他的孽子。' « Je suis le fils prodigue de la famille, comme dit mon père je suis son fils indigne. »[23] Sert aussi d'insulte ☞ *gaspilleur[INS]*

Profil bas (faire ~) ☞ *ennuis*

Profit (petit ~, ~ illégitime)
☞ *grappiller, profiteur*

Profiter gratos…
• 蹭 *cèng*. Terme ancien toujours en vigueur. On peut l'utiliser pour divers usages, par exemple si on dîne aux frais de la princesse ou d'un d'autre (蹭饭), si on ne paye pas le cinéma, si on pirate le réseau wifi de quelqu'un… '要防止蹭网也并不是那么复杂。'

« Il n'est pas si difficile de se prémunir contre les gens qui piratent un réseau wifi. » '他从不掏自己的腰包请客吃饭，总是蹭公家的。' « Il ne sort jamais un sou de sa poche pour inviter les autres à dîner, c'est toujours le fric du contribuable. »
☞ *frauder, parasite*

Profiteur, arnaqueur
• 奸商 *jiānshāng.* Commerçant ou homme d'affaires malhonnête et sans scrupules ; requin. 呵呀！原来是奸商老板和伙计们在谈生意经。' « Ah ah ! C'étaient le profiteur et les employés qui discutaient affaires. »[100]
• 倒爷 *dǎoyé.* 倒 désigne le fait d'acheter à bas prix (souvent par des moyens illicites) et revendre cher : 倒买倒卖. Le terme s'est répandu dans les années 80 quand des fortunes rapides se construisirent, dans les soubresauts de l'ouverture économique, qui profita tout particulièrement aux officiels corrompus et hauts cadres bien placés des entreprises d'État.

Profond (trop ~)
• 莫测高深 *mòcègāoshēn.* Insondable, énigmatique. Le plus souvent utilisé dans un sens ironique : « Vous êtes trop fort/profond pour moi. » '他经常装出一副莫测高深的样子，其实他什么都不懂。' « Il arbore souvent un air profond et mystérieux, alors qu'en fait il ne pige rien à rien. »

Promener (envoyer ~ ou balader)
Non pas des gens, mais des soucis, des sentiments, des avertissements ou des enseignements ; oublier :
• 抛到九霄云外 *pāodào jiǔxiāoyúnwài* « envoyer au-delà des 9e nuées ». Se débarrasser de, oublier,

fermer les yeux sur. '减肥？我早就把减肥两个字抛到九霄云外去了。' « Un régime ? Ça fait longtemps que j'ai envoyé ce mot balader très, très loin. » *(Sina, 2018).* '你把我的话早已忘到九霄云外去了。' « Ça fait bien longtemps que tu as oublié ce que je t'ai dit. »[65]

Prometteur
• 有戏 *yǒuxì* : antonyme de 没戏, « sans espoir ». '你认为中国的足球有戏吗？' '当然有戏！' « Tu crois que le football chinois a un grand avenir ? » « Bien sûr, il est très prometteur ! »

Propice (moment ~)
• 火候 *huǒhou.* '他见火候一到，便不失时机地问…' « Il vit que le moment propice était arrivé et ne perdit pas l'occasion de demander… »

Prosterner (se ~), ramper
• 跪舔 *guìtiǎn* « lécher à genoux » : adorer, aduler qqun en s'humiliant. S'applique souvent en cas d'adoration irraisonnée de l'autre sexe, avec perte totale de l'estime de soi (mais ne peut plus être traduit de la même manière) : '我不知道别人怎么看，我就是跪舔女朋友。' « Je ne sais pas ce que les autres en pensent, mais moi, devant ma copine, je rampe sur les genoux . » *(hupu, 2018)*

Prune, pruneau
Amende, contravention.
• 牛肉干 *niúròu gān* « lamelles de bœuf séché ». Terme qui vient du cantonais pour désigner les contraventions pour infractions à la circulation. Ex. voir à ☞ *bien fait !*

Prunes (pour des ~)
• 白费蜡 *báifèilà* « dépenser la chandelle pour rien ». C'est la fin

d'un 歇后语 que l'on peut utiliser en entier ou partiellement : 瞎子点灯——白费蜡。'因为方法不对，你的努力都是白费蜡。' « Vu que ta méthode n'est pas la bonne, tous tes efforts, c'est pour des prunes. » ☞*violon*

Pseudo-expert, faux spécialiste
• 砖家 *zhuānjiā* « poseur de brique » ; par homophonie avec 专家. Terme du net apparu pour désigner les soi-disants spécialistes s'étant distingués pour avoir sorti une énorme bourde en public. S'est étendu aux « experts » en toutes matières possibles : SEO, développement personnel, art et antiques ou relations internationales… '美媒：美国如今"砖家"太多，缺少真正"中国通"。' « Médias américains : aux États-Unis, il y a beaucoup trop de pseudos-experts, mais il manque de véritables spécialistes de la Chine. » *(Sina, 2018)*

Puce (excité comme une ~)
• 来劲 *láijìn*.'学生个个很来劲，说的信口开河，听的也不专心。' « Les élèves étaient tous excités comme des puces, n'arrêtaient pas de parler et ne se concentraient pas. »

Puer ☞*renard, schlinguer*
• 真臭 *zhēn chòu*.'真臭啊！你真臭！'« Ça pue ! Tu schlingues ! »
• Puer le pognon ☞*pognon, mégère*

Puits de science
• 饱学 *bǎoxué*. Quelqu'un qui a énormément appris. Forme courte de 饱学之士.

Punk
• Désignant la musique ou le style : 朋克 *péngkè* ou 庞克 *pángkè*.'朋克是最诚实的摇滚乐，是摇滚精神的核。' « Le punk est l'expression la plus sincère du rock, c'est le cœur de l'esprit rock'n'roll. »

Pur et simple, purement et simplement
• 不折不扣 *bùshébúkòu*.'"等长大就明白了。"小时候总是被人这么说，但那是不折不扣的谎言。' « "Quand tu seras grand tu comprendras". Quand j'étais petit, tout le monde me disait ça, mais c'était un mensonge pur et simple. » *(jinjugu.com, 2018)*

Qualité (de mauvaise ~), moisi
• 水 *shuǐ*. Pour produits, écoles, journaux. '办杂志可不容易。一期水点儿，读者久会失望，下期就不买你的。' « Publier un magazine c'est vraiment pas de la tarte. Un seul numéro un peu moisi, et les lecteurs se découragent et ne t'achètent plus le suivant. » Souvent : 比较水. Aussi dans le sens « raté, bide».

☞ *merdique*

Quart d'heure
Passer un mauvais ~ ☞ *baver (en)*

Quartier (dans le ~)
• 街面(儿)上 *jiēmiànr shang*. Dans la rue, le quartier, le voisinage. '街面上店铺很多，有特色的却不多。' « Dans le quartier, il y a beaucoup de boutiques, mais rares sont celles qui se distinguent vraiment des autres. » *(quar.com, 2015)*

Queue (la ~ basse, entre les jambes)
• 夹着尾巴逃 *jiāzhe wěiba táo* « s'enfuir la queue coincée ». '哼，我总有一天要他们夹着尾巴逃，再把他们弄成狗肉锅！' « Ha ! Le jour viendra enfin où ils s'enfuiront la queue basse, et on pourra en faire du ragoût de clébard ! »[70]
• 狼狈而逃 *lángbèi ér táo*. S'enfuir penaud, déconfit, ridiculisé. '这巨灵神身高数丈，力大无穷，却经不起悟空一棒，巨灵神狼狈而逃。' « Cet Esprit Géant avait beau être haut de plusieurs toises et d'une force sans limites, il céda au premier coup de gourdin de Wukong et dut s'enfuir la queue basse. »[181]
• 灰溜溜 *huīliūliū*. '龙王的儿子见自己不是女娃的对手，只好灰溜溜地回大海去了。' « Le fils du Roi Dragon comprit qu'il ne faisait pas le poids devant Nüwa. Il ne lui restait plus qu'à retourner à la mer la queue entre les jambes. »[184]

Queue (file d'attente)
• Le terme le plus courant est 队伍 *duìwu*. Le verbe est 排队 *páiduì* faire la queue. Pour une file d'attente particulièrement longue : 长队 *chángduì*. Egal' : 大排长龙.
• Très loin derrière mais plus imagé, on trouve 人龙 *rénlóng* « dragon humain » (rappelons que le corps du dragon chinois ressemble à celui d'un serpent). '马银行大夏排起了长长的人龙！' « Une queue immense serpentait *(dans le hall)* de l'immeuble de la *Bank of Malaysia !* » *(malaysiable, 2017)*.
• Resquiller, tricher, griller la queue : 插队 *chāduì*. '今天看到一个老头插队，特么劳资不忍了。' « Aujourd'hui j'ai vu un vieux qui grillait la queue, putain ! j'ai pas pu supporter. » *(Zhihu 2018)* ATTENTION : dans cet exemple, on constate deux cas de substitution de caractères par d'autres, homonymes et vus comme moins grossiers ; 特么 remplace 他妈, et 劳资 remplace 老子.
• 加塞儿 *jiāsāir*, vieux terme pékinois synonyme de 插队, désigne aujourd'hui surtout un comportement équivalent, mais en voiture (créer sa propre file, tenter de s'introduire dans une file déjà existante à un péage).

Queue (sans ~ ni tête)
• 狗屁不通 *gǒupì-bùtōng* '他的文章狗屁不通。' « Son article n'a ni queue ni tête (ne veut rien dire). »

• 前言不搭后语 *qiányán bù dā hòuyǔ*. Incohérent, contradictoire. '我看你刚才心猿意马前言不搭后语的样子，就不敢问。' « En t'entendant t'exprimer sans queue ni tête, de façon si capricieuse, je n'ai pas osé demander. »[65]

• 拉拉杂杂 *lālā-zázá*. Décousu, sans thème central (discours, article…)

Queue-leu-leu (à la ~), file indienne
• 鱼贯 *yúguàn* « se suivant comme des poissons ». Le plus souvent dans les expressions 鱼贯而入, 鱼贯而进 « rentrer en file indienne ».

Qui ne risque rien n'a rien
• 不入虎穴，焉得虎子 *bù rù hǔxué, yān dé hǔzǐ* « Sans entrer dans l'antre du tigre, on n'attrapera pas l'animal ».

• 舍不得孩子套不着狼 *shěbude háizi tàobùzháo láng* « Si l'on ne peut se séparer de son enfant, on ne piégera pas le loup. »

Quoi ? Qu'est-ce qu'il y a ?
Nous ne ferons pas l'insulte au lecteur de donner des exemples avec 什么 ou 怎么, mais nous citerons quelques variantes plus ou moins répandues.
• 啥 *shá* Remplace 什么. Dialectal… mais présent dans de si nombreux dialectes et dans la littérature, que le terme fait aujourd'hui quasiment parti du *putonghua*. '有啥了不起还值得你老远跑来？' « Qu'est-ce qu'il y a de si extraordinaire pour que vous soyez venu jusqu'ici ? »[86] De même pour diverses variantes :
• 啥子 *sházi* « quoi, quel ? », 啥个 *shágè* « lequel ? », 啥话 *sháhuà* ou 啥子话 *sházihuà* « Quoi ? Qu'est-ce que vous dites ? » ; 为啥 *wèishá* « pourquoi ? » (voir ex.

↻ *pro*). '唱啥子哟？' '唱个山歌子。' « Qu'est-ce que vous chantez ? » « Un chant des montagnes. »[24]

• 哪门子 *nǎménzi*. Utilisé de façon interrogative, avec le sens de « Quelle sorte de… ? Tu parles d'un/d'une… ? » '女朋友？！你都不肯陪我睡算我哪门子女朋友！' « Une petite copine ?! Tu refuses de coucher avec moi, tu parles d'une petite copine ! » *(avlang, 2018)* '公安局长上班时间通奸，算哪门子隐私？' « Un chef de bureau de la Sécurité publique qui se livre à l'adultère pendant ses heures de service, en quoi c'est des affaires privées ? » *(Sina, 2018)*

• 咋回事 *zǎ huíshì*. '哥，到底是咋回事？你讲出来听听，也许我能琢磨出点儿办法来。' « Grand frère, qu'est-ce qu'il se passe à la fin ? Raconte un peu, peut-être que j'arriverai à trouver une solution. »[65]

• 怎么着 *zěnmezhe*. Plutôt pékinois. '怎么着？我碰不了洋人，还碰不了你？' « Quoi ? Parce que j'peux pas taper sur les étrangers, tu crois que j'peux pas te faire ton affaire ? »[29]

Rabat-joie (être, faire, jouer le ~)
☞ *ambiance, trouble-fête*

Racaille, cailleras
Les expressions suivantes figurent dans ce chapitre car si elles sont certes péjoratives, elles ne constituent pas des insultes en tant que telles.
• 狐朋狗友 *húpéng-gǒuyǒu* ou 狐群狗党 *húqún-gǒudǎng* « bande de renards, parti de chiens ». Ces expressions s'emploient comme le français « racaille » pour des groupes de gens qu'on estime méprisables, peu recommandables, pas très catholiques, mais qui ne sont pas forcéments des délinquants ou bandits. '这一帮狐群狗党又准备去干坏事了。' « Cette bande de racailles est encore en train de préparer un mauvais coup. »
• 刁民 *diāomín*. La partie du bas-peuple toujours occupée à fomenter des troubles. '香港政府却摆出丝毫不让，动用武力拘捕"刁民"。' « Le gouvernement de Hong Kong se montra inflexible et utilisa la force armée pour arrêter la "racaille". »[70] Autre ex. ☞ *clou*

Raclée, rouste
• 满地找牙 *mǎndìzhǎoyá* « chercher ses dents partout sur le sol ». '你再次来这儿捣乱，我就打你打得满地找牙！' « Si tu reviens encore par ici foutre le bordel, je te fous la raclée de ta vie ! »

Raconte (j'te ~ pas), j'te dis pas
• 就不说了 *jiù bù shuō le*. '你哥搞出这么个事，把人家小王气成啥样就不说了。' « Ce que ton frère a fait, ça a mis Petite Wang dans une rogne, j'te raconte même pas. »[34]

Radin, grippe-sou, Harpagon
• Le terme le plus connu est bien sûr 小气 *xiǎoqì*. On trouve aussi :
• 抠门儿 *kōuménr*. '哦，求求你，爸爸，就这一回，别抠门儿了。' « Ah, papa, je t'en supplie, juste pour cette fois, ne sois pas si radin. »
• 贼生 *zéigǎ*. Patois du NE. '那小子真贼生！' « Ce type est un vrai radin ! »
☞ *oursins, radin[INS]*

Radis (ne pas valoir un ~)
☞ *clou (ne pas valoir un ~)*

Rage
• Bouillir de ~ : 怒火中烧 *nùhuǒ-zhōngshāo*. '飞雪却怒火中烧，如遇仇敌！' « Neige Volante bouillait de rage, comme le désir de vengeance la dévorait ! »[63]
• Piquer une crise, exploser de ~ : 炸 *zhà*: '他一听到他被炒的消息，马上就炸了。' « Dès qu'il a appris qu'il était viré, il a explosé de rage. »
• Être fou de rage : 气昏了 *qìhūnle*
☞ *colère, furieux, pétard*

Rails (sortir des ~, des clous)
• 出轨 *chūguǐ*. Comportement qui sort de la norme ; avoir un écart de conduite. Dans un contexte amoureux, spécifiquement : tromper son conjoint ☞ *conduite[SEX]*

Raison (sans ~) ☞ *rime*
• 无事不登三宝殿 *wúshì bù dēng Sānbǎodiàn* « Ne jamais aller sans raison au Temple des Trois Joyaux ». '淮生，你是无事不登三宝殿，今天突然到办公室找我，不会没有事吧？' « Huaisheng, tu ne te déplaces jamais sans bonne raison, si tu es venu me voir au bureau aujourd'hui c'est qu'il se passe quelque chose, non ? »

• 无缘无故 *wúyuánwúgù*. Sans raison, sans motif, pour un oui ou pour un non. '世界上绝没有无缘无故的恨，也没有无缘无故的爱。' « En ce monde, il n'y a pas de haine ni d'amour qui n'ait de raisons. »[21] (la citation vient à l'origine d'un discours de Mao Zedong) Autre ex. ☞ *louche*

Rajouter (en ~)
Ajouter aux difficultés, aux tracas.
• 凑热闹 *còu rènào*. '这里够忙的，别再来凑热闹了！' « On est assez occupés pas ici, ne viens pas en rajouter ! »

Rajouter (Pas besoin d'en ~)
• (我)就不多说了 *wǒ jiù bù duō shuō le*. '沙漠之王的称号，联合国维和部队专用 SUV 的荣誉。我就不多说什么了。' « Son surnom, c'est "le roi du désert" ; c'est le SUV chéri des troupes de maintien de la paix de l'ONU. Pas besoin d'en rajouter. » *(Sina 2018)*

Ramasser ☞ *raclée, regretter*

Rampe (lâcher la ~)
Renoncer à la vie, mourir.
• 撒手 *sāshǒu*. Signifie « lâcher prise, abandonner, laisser tomber ». « Mourir » est un sens dérivé. De façon plus élégante, on trouve 撒手归西 *sāshǒuguīxī* « mourir et aller (au Paradis) de l'Ouest ».
• 一命呜呼 *yīmìngwūhū* « Sa vie, hélas !... » '他自己反正是巴不得当天就一命呜呼，一了百了了，留下这些烂摊子。' « Mais lui, il crevait d'envie d'enfin lâcher la rampe, de tout régler une fois pour toutes, de laisser tout ce bordel derrière lui. »[34]

Rapatrié, étudiant revenu au pays
• 海龟 *hǎiguī* « tortue de mer » : terme désignant les jeunes qui rentrent pour travailler en Chine après étudié à l'étranger. Par homophonie et abréviation de 海外归国人员.

Raquer, casquer ☞ *payer l'addition*

Raquer (un max)
• 出血 *chūxuě* « saigner, se vider de son sang ». Payer plus que ce qu'on a l'habitude de faire. '平时吃饭从来没看到你摸过包包，今天要出血了？' « D'habitude quand on sort bouffer on ne te voit jamais mettre la main à la poche, et ce soir tu veux raquer ? »[34]

Rare ☞ *36 (trente-six) du mois*

Ras-le-bol ☞ *assez, marre*
• 烦死了 *fánsǐle*. Dans les deux nuances de « ras-le-bol » : en avoir assez & s'emmerder à mort. '每天早上都有建筑工人冲她挑逗地吹口哨，她烦都烦死了。' « Elle en avait plus que ras-le-bol des sifflets provocateurs que lui adressaient tous les matins les ouvriers du bâtiment. » *(iciba, 2017)*

Rasta ☞ *reggae*

Rat (fait comme un ~)
• 瓮中之鳖 *wèngzhōngzhībiē* ou 瓮中捉鳖 « (coincé) comme une tortue dans une jarre ». '惟恐警察突然冲进来，那他在这十几平方米地下室里可就真成了瓮中之鳖。' « Il craignait de se retrouver piégé comme un rat dans cette pièce en sous-sol d'une dizaine de mètres carrés si les flics lançaient brusquement l'assaut »[65]

Raté, perdant, loser, sans espoir
• 没出息(的人) *méi chūxi*. '可她又不能原谅他，那么没出息，他恨他那么软弱。' « Mais elle ne peut pas pardonner à un tel raté, elle déteste qu'il se montre si

faible ».[24] '没有出息的东西！'
« Espèce de raté ! incapable ! »[802]
• 碌碌无为 *lùlùwúwéi*. Incompétent et inutile. Mener une vie sans intérêt. '所以，许多人在对生活碌碌无为的不满足中沉重缓慢地前行。' « En conséquence, beaucoup de gens persistent dans leur vie de raté qui les laissent insatisfaits. » *(purpleculture.com)* ☞ *célibataire, branleur*

Rater, échouer ☞ *eau, planter*

Redire (trouver à ~)
• 不以为然 *bùyǐwéirán*. Ne pas être d'accord, désapprouver, ne pas l'entendre de cette oreille. '东方对这三个像在混日子的年轻人满不以为然。' « Leur proprio trouvait tout à redire au comportement de ces trois jeunes gens qui semblaient vivre au jour le jour. »

Refroidi, douché
• 凉了半截 *liángle bànjié*. Très découragé, consterné, abattu. '刚刚，一则突发消息让韩国心凉半截！' « Une nouvelle qui vient tout juste de tomber a refroidi les Coréens ! » *(Sina, 2018)*

Régaler
• 东道主 *dōngdàozhǔ* : être l'hôte, celui qui paye l'addition (ou qui supporte le coût d'un événement, d'une compétition). '咱们今晚以酒量定东道主，谁喝到最后头脑清醒，谁就来结账。' « Ce soir, la résistance à l'alcool décidera de qui régale : le dernier à garder la tête claire paye l'addition ! »[65]

Regarde (ça ne te ~ pas)
• 不干你的事！ *bùgàn nǐde shì !* '男生跟男生要结婚或女生跟女生要结婚，其实不干你的事。' « Qu'un homme veuille se marier avec un autre homme ou une femme avec une autre femme , ça ne te regarde pas du tout. » *(blow.streetvoice.com, 2018)*

Reggae
• 雷鬼 *léiguǐ* pour le style ou 雷鬼乐 pour la musique correspondante. Le terme *Rastafari* est transcrit phonétiquement en chinois : 拉斯塔法里 *lāsītǎfǎlǐ*. Pour ces deux termes, on trouve cependant souvent des transcriptions divergentes.

Réglé, c'est réglé ☞ *sac*

Regretter ☞ *doigts (s'en mordre)*

Regrets (il est trop tard pour les ~)
• 噬脐莫及 *shìqímòjí* « il est impossible de se mordre le nombril ». Regrets tardifs et stériles.

Relax ! mets la pédale douce !
• 悠着点儿 *yōuzhe diǎnr*. '悠着点儿。别累坏了身子。' « Relax ! Ne te crève pas, tu vas te ruiner la santé. »[W] Autres ex. ☞ *balader, mollo*

Remballer, rembarrer (se faire ~)
• 打回票 *dǎ huípiào* « prendre un ticket de retour ». Refuser, rejeter / essuyer un refus : l'expression vaut tant à la forme active que passive. '今天我的提案又被经理打回票。' « Aujourd'hui, ma propal s'est encore fait remballer par le DG. »

Remède de grand-mère
• 丹方 *dānfāng*. Désignait autrefois les recettes d'immortalité taoïstes. '除了他的媳妇四大娘到祖师菩萨那里求过两次"丹方"而外，老通宝简直没有吃过什么药。' « À part les remèdes de grand-mère que sa bru, la Quatrième, était allée quémander par deux fois chez le vieux maître bouddhiste, Lao Tongbao n'avait pris aucun médicament. »[303]

Remède pire que le mal
• 饮鸩止渴 *yǐnzhènzhǐkě* « boire du vin empoisonné pour étancher sa soif ». Le 鸩 *zhèn* est un oiseau des légendes chinoises dont les plumes portaient du poison, et le caractère désigne aussi un alcool dans lequel ces plumes ont trempé. '美国搞贸易制裁如同饮鸩止渴。' « Les sanctions économiques imposées par les États-Unis sont un remède pire que le mal. » *(Sina, 2018)*

Renard (sentir le ~)
• Odeur corporelle désagréable : 狐臭 *húchòu*. Venant des aisselles ou d'autres parties du corps. '那个出租司机的狐臭真叫人难以忍受。' « Le chauffeur de taxi sentait le renard (le fennec) et c'était à la limite du supportable. »

Renard , vieux ~, rusé, roublard
• 老狐狸 *lǎohúli*. Même sens qu'en français
• 老油子 *lǎoyóuzi* ou 老油条 *lǎoyóutiáo* (plus dialectal) « beignet à l'huile ». Personne rusée, qui vous glisse entre les doigts. '对这中久经沙场的老油子，不一针见血对准穴位是起不了作用的。' « Face à un tel vieux renard qui en avait vu des vertes et des pas mûres, ne pas tout de suite mettre le doigt sur la plaie aurait été parfaitement inefficace. »[65] '作为一个在赌界混了这么多年的老油条，心理素质早就已经磨练得安如磐石了。' « À force de traîner ses savates depuis tant d'années dans le monde du jeu, ce vieux serpent s'était forgé un flegme à toute épreuve. »
↪ *vétéran*

Renverse (à la ~) ↪ *fers*
• (四)仰八叉 *sìyǎngbāchǎ*. Nuance péjorative : on est allongé sur le dos, n'importe comment. '阿海穿着衣服四仰八叉地躺在床上。' « A-Hai était sur le lit tout habillé, vautré à la renverse, les membres épars. » On trouve aussi 仰八角儿.

Réseau, network ↪ *contact*
• 人脉圈 *rénmài quān*. '在领英，人脉圈中的会员称为联系人。' « Sur LinkedIn, les membres de votre réseau s'appellent des ''relations''. » *(Site de LinkedIn)*
• Avoir un bon ~ : 路子野 *lùzi yě*. Avoir beaucoup de connexions sociales qui permettent d'accomplir beaucoup de choses. À peu près synonyme de 有关系. '大家都来求你是因为你路子野。' « La raison pour laquelle tout le monde vient te supplier, c'est que tu as un excellent réseau. » Expression assez ancienne remise à la mode par une série télé en 2017.

Respect ! Respect total !
• 给跪了 *gěi guì le* « je me mets à genoux ». Je m'incline, j'admire. Parfois, mais pas toujours, avec une nuance de défaitisme, d'impuissance : « Je m'écrase, je me tais ». Expression née en ligne. '小宝宝怕打针？看这个医生的聪明妙招，直接给跪了！' « Bébé a peur des piqûres ? Voyez le truc génial de ce docteur ! Respect total ! » *(Sina, 14/1/20)*
• 服了 (你) *fú le nǐ* : bravo ! Respect ! Souvent employé en antiphrase ou moquerie : « Bravo ! Bien joué ! » (en fait : c'est nul). '常胜难，常败更难，而你做到了，中国足球，我服你了。' « Gagner souvent, c'est difficile ; perdre tout le temps, c'est encore plus dur. *(L'équipe nationale de)* football chinois, respect ! » *(Sina, 2009)*

Resquiller ↪ *queue (file d'attente)*

Ressembler (ne ~ à rien)

• Une créature, une chose qui ne ressemble à rien : 四不像 *sìbùxiàng*. Désignait une sorte de cerf. '山里 的农民逮到了一头四不像的怪 物。' « Les montagnards ont capturé une étrange créature qui ne ressemble à rien de connu. »[24]

• 不伦不类 *bùlúnbùlèi*. '瞧你这 样子，红头发，超短裙，打扮 得不伦不类，哪像个学生。' « Regarde comme t'es déguisée, avec tes cheveux rouges et ta minijupe ras-la-moule, tu ne ressembles à rien, en tous cas pas à une étudiante. » Égal[t] dans le sens « complètement détruit, plus reconnaissable » : '把……弄的不 伦不类。'

Ressembler ☞ *fréquenter*

« Qui se ressemble s'assemble »

• 跟着苍蝇找厕所，跟着蜜蜂找 花朵 *gēnzhe cāngying zhǎo cèsuǒ, gēnzhe mìfēng zhǎo huāduǒ* « C'est en suivant les mouches que tu trouveras les toilettes, en suivant les abeilles que tu trouveras les fleurs ».

Réussir

• 得手 *déshǒu*. Réussir dans une entreprise (y compris criminelle), en affaires. '如果不是你向警方 作了卑鄙的报告，我早就得手 了！' « Si vous m'aviez pas balancé aux flics comme des pourris que vous êtes, j'aurais réussi depuis belle lurette ! »[72]

Rêver, tu rêves !

Prendre ses désirs pour des réalités.

• 想得美 *xiǎngdeměi* « embellir en pensée ». '什么！跟他借钱? 你想得美呀！' « Comment ? Tu veux lui emprunter de l'argent ? Mais tu rêves ! » '你还敢嫁到那 家去? 你想得美！' « Et tu

oserais épouser quelqu'un de cette famille ? Tu peux rêver ! »[34]

Révoltant (c'est ~), c'est une honte !

• (真/太)不像话! *Zhēn/tài bùxiàng huà*. Scandaleux, intolérable. Si révoltant qu'on ne peut rien en dire. '你千万别因为我刚才一进 来太不像话，就以为我对她没 一点情份。' « Ne va surtout pas t'imaginer que parce que je me suis conduit de façon révoltante en arrivant, cela signifie que je n'ai aucun sentiment pour elle ! »[65]

ATTENTION : 不像话 sert aussi souvent de superlatif ☞ *superbe*

Richard, les riches ☞ *richard*[INS]

• 大款 *dàkuǎn*. '许多大款扬言， 他们能养活好几个老婆。' « Beaucoup de riches se vantent de pouvoir entretenir plusieurs femmes. » '他读书不多，但生财 有道，现在已成了大款了。' « Il n'a pas fait beaucoup d'études, mais il a un don pour l'argent, et maintenant il est devenu un gros richard. »

• 款爷 *kuǎnyé*. '很多男人都装做 自己很有钱，做出一副"款爷" 的样子。' « Beaucoup d'hommes tentent de se donner l'air d'être pleins de fric en arborant un style de "richard". »

• 款姐 *kuǎnjiě*. Une femme très riche, en général plutôt jeune. '款姐，您 是因为抠门儿才这么有钱吗？' « "Grande sœur riche", est-ce grâce à votre avarice que vous avez accumulé une telle fortune ? »

• 富翁 *fùwēng*. Un homme très riche, plutôt âgé.

Riche (famille ~), grande famille

• 大宅门 *dàzháimén* « portail de grand résidence ». Terme ancien remis à la mode par une série télévisée avec ce titre, diffusée en 2001.

Ridiculiser (se ~)

• 出丑 *chūchǒu*. Se donner en spectacle, choper la honte. '我…真他妈的…出丑了，对吧？'« Je… putain de merde… je me suis vraiment ridiculisé, pas vrai ? »[802]

Rien

• ne ressembler à ~ ☞ *ressembler*
• ne servir à ~, ne ~ valoir ☞ *valoir*
• pour ~ ☞ *prunes, violon*
• pour un ~ ☞ *oui (pour un...)*

Rien (mine de ~)

• 若无其事 *ruòwúqíshì*. Comme si de rien n'était, faire semblant de rien. '她若无其事扫你一眼，并不扭过头去。'« Mine de rien, elle te lance un coup d'œil, sans même tourner la tête. »[24]

• 漫不经心 *mànbùjīngxīn*. Ne pas se sentir concerné, être négligent, insouciant. '他便把茶杯放下，漫不经心的样子问：…'« Il reposa sa tasse de thé et demanda, comme si de rien n'était : ... »[65]

Rien (n'y pouvoir)

• 无能为力 *wúnéngwéilì*. '我……无能为力。我只是个机械师，这还是我第一次飞行呢！'« Je... je n'y peux rien. Je ne suis qu'un simple mécano, c'est la première fois que je pilote un avion ! »[802]

• 无可奈何 *wúkěnàihé*. L'un des *chengyus* les plus fréquents de la langue chinoise, au sens beaucoup plus large que le précédent : Être impuissant, n'avoir plus d'issue ni de choix ; pas moyen de faire autrement, il faut en passer par là... '从那一刻开始，我父母就坠入了无可奈何的深渊。'« De ce moment, mes parents sombrèrent dans un abîme d'impuissance. »[21]

Rien à dire, à en redire

• 没得说 *méidéshuō*. Rien à en redire, très bien, parfait. « 他这个人，当同事，没得说，当情人，还差一点.' « Ce type ? comme collègue, rien à redire, mais comme amant, peut mieux faire. » Signifie également « cela va de soi, il va sans dire. » ☞ *tip-top*

Rien dans la culotte, le calcif

• 没种 *méizhǒng* « ne pas avoir les couilles, les tripes ». '中国知道我们没种去对付巴基斯坦，更不用说中国了。' « La Chine sait que nous n'en avons pas assez dans la culotte pour contrer le Pakistan, alors la Chine, n'en parlons même pas. » *(un stratège indien anonyme)*

Rien du tout (c'est ~, de ~)

• Chose sans valeur ☞ *roupie, tripette*
• Affaire très simple ☞ *gâteau*
• Affaire insignifiante : 区区小事 *qūqū-xiǎoshì*. '为这么一件区区小事，值得拿刀动杖的么?' « Et ça vaut vraiment la peine d'être prêts à en découdre pour une petite affaire de rien du tout ? »

Rigoles (tu ~ ?)

• Pour exprimer le doute, le scepticisme, voire l'incrédulité. 别逗了 *bié dòu le*. '你说他多大？三十岁？别逗了，他至少四十了。' « Tu dis qu'il a quel âge ? Trente ans ? Tu plaisantes, il a au moins quarante balais. » '一周？别逗了。两天。' « Une semaine ? Tu rigoles ? Deux jours, pas plus. »

Rigolo, marrant, intéressant

• 逗（的）*dòu(de)*. '这软件还挺逗的！' « Cette appli est trop marrante ! »

• Du terme ci-dessus a été récemment formé sur le web un autre mot, 逗比, désignant quelqu'un d'en même temps drôle et un peu bête mais mignon ou attendrissant. Le 比 s'écrit aussi B, 逼, il remplace un caractère beaucoup plus insultant. Comme beaucoup de néologismes le terme a pris un sens large et varié. '我的朋友是逗比，丢三落四捡不到钱。' « Mon copain est un peu bébête, il sème tout autour de lui et ne retrouve jamais son argent. »

Rime (sans ~ ni raison)
• 没头没脑 *méitóuméinǎo*. Sans raisons, sans réfléchir ; abruptement. '他没头没脑咕噜了一声："树也死了"。' « Et il se mit à marmonner, sans rime ni raison : "L'arbre est mort aussi..." »[26]

Ringard, démodé, *out*
• Un des termes les plus récents pour dire « passé de mode » ou « ringard » est 土 *tǔ*. '现在不流行露脚踝了，别土了！' « Maintenant ce n'est plus à la mode de montrer ses chevilles, ne sois pas ringard ! » '你土不土？长发造型out 了？2016 最流行中短发！' « Ringard ou pas ? Les coupes longues sont-elles *out* ? En 2016 la mode c'est les cheveux mi-longs ! »

Ripoux
• 贪官污吏 *tānguānwūlì*. Fonctionnaires (pas seulement policiers) vénaux et corrompus. '尚未明驰骋江湖，宰了不少贪官污吏。' « Shang Weiming avait parcouru le monde et éliminé bon nombre de fonctionnaires ripoux... »[62]

Rire ☞ *éclater, plié de rire, tordre*

Risque... ☞ *qui ne risque rien...*

Ristourne, dessous-de-table
• 回扣 *huíkòu*. Le terme peut désigner aussi bien des pratiques commerciales légales que des dessous-de-table ou commissions illégales (on précise parfois 非法回扣). '谁敢说中国的官员们没有拿回扣？' « Qui ose prétendre

que les fonctionnaires chinois ne prennent jamais de dessous-de-table ? »

Roc (solide comme un ~)
• 安如磐石 *ānrúpánshí*. Inébranlable, sécurisant. Voir ex. à ☞ *renard*. Il existe une version « superlative » de ce *chengyu* :
• 安如泰山 *ānrú Tàishān* « solide comme le mont Tai »

Rock'n'roll, rock
• 摇滚 *yáogǔn*, ＋ 乐/舞 selon le cas. Traduction directe du terme américain. Mais Elvis Presley, le *King* ou « Roi du Rock », est en chinois 猫王 *Māowáng* « le roi des *cats* ».

Rogne (se foutre en ~)
• 动火 *dònghuǒ*. Synonyme de 发火.
• (Pékin) 搓火 *cuōhuǒ*. '遇到这么一个鸡巴人，谁不搓火？' « Qui ne se foutrait pas en rogne avec un connard pareil ? »

Rond (ne pas valoir un ~) ☞ *clou*

Rond (pas un, pas un sou)
• 一个子儿 *yī gè zǐr*. Désignait autrefois les pièces du cuivre. Surtout employé dans le formules négatives : '我口袋里没有几个子儿。' « Je n'ai pas un rond en poche ». Autre ex. ☞ *pété de thunes*

Ronger les sangs ☞ *bile*

Ronquer, dormir
• 挺尸 *tǐngshī* « raide comme un cadavre ». Dialectal, dans de nombreuses provinces au Nord comme au Sud. Assez péjoratif, peut s'appliquer aux gens qui ne font tellement rien qu'ils donnent l'impression de dormir. '我中午吃完大米面，摸着滚圆的肚子躺在床上挺尸。' « Après avoir mangé un grand bol de nouilles de

riz pour déjeuner, je me suis allongé sur mon lit en massant mon ventre ballonné pour ronquer un bon coup. »

• (Pékin) 闷得儿密 *mèndérmì*. Expression qui signifie à l'origine « profiter de quelque chose tout seul dans son coin » ; le sens s'est restreint à « dormir » ou « s'endormir ». '你赶紧闷得儿蜜去吧.' « Va vite te coucher ! » '他被书本闷得蜜了。' « Il s'est endormi sur son livre. » *(Baidu 2016)*
☞ *roupiller*

Roquet ☞ *gueule (ouvrir sa ~)*

Rose (voir la vie en ~)
• 乐天派 *lètiānpài* « (appartenir à) la secte des jours heureux » : être un optimiste perpétuel. '要真是癌了你也不必瞒我，我是个乐天派。' « Même si c'est le cancer, pas la peine de me le cacher, je suis du genre à voir la vie en rose. »[448]

Rotation, roulement, à tour de rôle
• 轮班 *lúnbān*. De service, de quart ; équipe de service ; alternativement. '海口：交警 24 小时轮班，确保有序登船。' « Au port : la police des transports assure un service par roulement H24 pour garantir un embarquement en bon ordre. » *(CCTV, 2018)*

Rougir sous l'effet de l'alcool
• 酡红 *tuóhóng*. '酒精在乔小龙腹内然烧，他满脸酡红……' « L'alcool brûlait la poitrine de Qiao Xiaolong et lui enflammait le visage... »[65]
• 红扑扑 *hóngpūpū*. '子楚喝得瘦脸红扑扑的。' « Zichu devint toute rouge sous l'effet de la boisson. »[62]
... Ou pour d'autres raisons : ☞ *fard*

Roulée / se rouler une clope
• 卷喇叭筒 *juǎn lǎbatǒng*. Un 喇叭筒 est la cigarette roulée ; le terme désigne à l'origine un porte-voix (en forme de cône). '领头的汉子卷起喇叭筒，和老汉摆起龙门阵。' « Le chef de la bande se roula une cigarette et se mit à tailler une bavette avec le vieux. »[458]
Remarque : l'expression 摆龙门阵 *bǎi lóngménzhèn* est du Sichuan.

Rouler, ça roule
• 妥妥的 *tuǒtuǒde* : Pas de problème, tout va bien, ça roule, c'est cool. Terme apparu en ligne il y a une dizaine d'années, toujours en usage. Dérivé de 妥当. Peut aussi servir en adjectif. '明天的事我已经安排好了，妥妥的。' « Pour demain j'ai tout organisé au petit poil, tout roule. » *(Baidu, 2017)*

Roulettes
Marcher comme sur des ~ :
• 坂上走丸 *bǎnshàngzǒuwán* « comme une boule sur une pente ».

Roupie de sansonnet
• 毛毛雨 *máomaoyǔ* « petite pluie, crachin » ; au figuré, affaire, chose sans importance. Somme insignifiante. '一百万块对她来说，简直是毛毛雨，人家毫不在乎。' « Un million, pour elle c'est de la roupie de sansonnet, elle s'en tamponne complètement. »

Roupiller, roupillon (piquer un ~)
Somnoler, faire la sieste
• 打盹儿 *dǎdǔnr* ou 眯盹儿 *mīdǔnr*. '我把车停在一家大咖啡店门前，自己坐在上面打盹。' « J'arrêtais mon fiacre devant la porte d'un grand café et m'assis pour piquer un roupillon. »[251]
• 瞌睡 *kēshuì*. '趁着阳光明媚，周末可以有个约会，喝个小醉，打个瞌睡……' « Il faut profiter des beaux jours du printemps : le weekend, on peut avoir un petit rencard, se prendre une petite biture, piquer un petit roupillon... »
• Avoir envie de roupiller, être somnolent : 迷迷糊糊 *mími-hūhū.* L'image est celle des paupières qui tombent. '我昨天晚上没有睡好，现在感觉迷迷糊糊的。' « Je n'ai pas bien dormi la nuit dernière... je me ferais bien un petit roupillon. »

Roussi (ça sent le ~) ↝ *mal (ça va ~)*
• 感到不妙 *găndào bùmiào* « (j'ai un) mauvais pressentiment ».

Routes (toujours sur les ~) ↝ *monts*

Rumeur ↝ *fuiter, racontars*

Rythme (à son ~)
Dans le sens « prendre son temps, sans se presser ».
• 姗姗而来 *shānshān'érlái.* 姗姗 désignait à l'origine la démarche lente et souple d'une femme en robe ; l'expression s'applique surtout au féminin, mais pas seulement. Il subsiste la nuance « de manière digne et composée ». '5 点 58 分，林非在迎宾小姐的引领下姗姗而来。' « Lin Fei arriva deux minutes avant six heures, à son rythme, guidée par l'une des hôtesses d'accueil. »[65]
Remarque : cette expression est parfois considérée comme synonyme de 姗姗来迟, beaucoup plus fréquente, qui a pourtant le sens d'être carrément très en retard.

Sable (se mettre la tête dans le ~)
☞ *autruche*

Sac (avoir plus d'un tour dans son ~)
• 诡计多端 *guǐjìduōduān*. Être très rusé, avoir l'esprit tordu. '小李是个诡计多端的家伙，我们对他真是防不胜防。'« Petit Li a plus d'un tour dans son sac, nous sommes totalement désarmés contre lui. »
• 手段老道 *shǒuduàn lǎodào*. Connaître plus d'un truc. '帅气风趣的他对于如何泡妞经验丰富，手段老道。'« Et lui, plutôt gâté par la nature, a une riche expérience et plus d'un tour dans son sac en ce qui concerne la drague. » *(bbs.tianya, 2016)*

Sac (l'affaire est dans le ~)
• 搞定了 *gǎodìng le*. Affaire réglée, succès assuré. '宴席上总能做个亲热吧，没问题了嘛，搞定了嘛。'« Autour d'un banquet, l'ambiance est plus intime, il n'y aurait pas de problème, l'affaire était dans le sac. »[34] *Remarque :* 搞定 peut être utilisé plus directement pour « séduire ».

Sac (mettre dans le même ~)
• 一丘之貉 *yīqiū zhī hé*. Considérer comme également déplorable ; mettre dans le même panier. Le 貉 est un animal ressemblant au raton-laveur. '林彪、"四人帮"及其爪牙都是一丘之貉。'« Lin Biao, la Bande des Quatre et leurs suppôts étaient tous à mettre dans le même sac. » ☞ *tonneau*

Sac (prendre, pris la main dans le ~)
• 人赃俱获 *rénzāngjùhuò* « capturer avec le butin ». '先把证物放回原位，等他们回来后拿个人赃俱获。'« *(Il n'y avait plus qu'à)* remettre la preuve là où elle était et attendre leur retour pour les prendre la main dans le sac. »[70]

Sac (vider son ~)
• 倾吐 *qīngtǔ* « tout vomir ». Dire tout ce que l'on a sur le cœur. '我需要找个人倾吐倾吐。'« J'avais besoin de quelqu'un pour vider mon sac. »[24]

Sacquer ☞ *virer*

Sage-femme, accoucheuse
• 老娘 *lǎoniáng*. Ce terme qui signifie « mère » ou « grand-mère » est aussi employé familièrement pour les accoucheuses. Le terme aujoud'hui employé est 助产士 *zhùchǎnshì*, qui peut désigner un homme ou une femme, alors que traditionnellement seules les femmes occupaient ce rôle. On parle aussi de 收生婆 *shōushēng pó*. '老娘家都供着送子娘娘，天天烧香。'« Chez ces accoucheuses, on vénère la Déesse donneuse d'enfants, et de l'encens y brûle toute la journée. »[462]

Saint
« Ne pas savoir à quel ~ se vouer »
• 六神无主 *liùshénwúzhǔ* « les six esprits n'ont plus de maître » : être désemparé, ne savoir que faire, en plein désarroi. '她六神无主，不知道这时做什么才正确。'« Elle ne savait plus à quel saint se vouer ni que faire de correct dans de telles circonstances. »[70]

Sainte Nitouche (air, paroles de ~)
• 道貌岸然 *dàomào'ànrán* « donner l'air de suivre la Voie ». Péjoratif, pour hommes ou femmes.
☞ *faux-jeton, tartufe*

Salive (user, perdre sa ~)
• 徒费唇舌 *túfèichúnshé*. '我不想为了听他的干笑而徒费唇舌。' « Je n'avais pas l'intention de perdre ma salive juste pour le plaisir d'entendre son rire jaune. »[72]

Sangs (se ronger les ~) ☞ *bile*

Sans un, sans un rond, à sec
• 一无所有 *yīwúsuǒyǒu*. '哥，我现在的一切都是你给的，出了监狱后我是一无所有…' « Grand frère, tout ce que j'ai, je te le dois, après ma sortie de prison j'étais sans un… »[65] Très fréquent.
• 拮据 *jiéjū*. À sec, à court d'argent. '他回到家里，没了职业，家计拮据。' « Rentré au village, il se retrouva sans travail ; les finances familiales étaient à sec. »[96]
☞ *bourse, paille, sou*

Santé (à ta/votre ~ !), à la vôtre !
• 祝你（您）健康! *zhù nǐ (nín) jiànkāng !* ☞ *cul-sec*

Saucisson (ficelé comme un ~)
• 五花大绑 *wǔhuādàbǎng*. Étroitement ligoté. '龙儿被五花大绑地押了过来。' « Long'er fut amené, ficelé comme un saucisson. »[23]

Sauvage (se comporter comme un ~)
• 撒野 *sāyě*. En paroles ou en action ; foutre le bordel. '现在你又到这里撒野，俺王英今天要与你见个高低。' « Tu reviens ici pour te comporter encore comme un sauvage ! Moi, Wang Ying, je veux me mesurer à toi ! »[15] Ce terme ancien est toujours en usage, pour décrire les débordements d'une jeunesse exubérante. Titre de chanson, roman, film, compagnie de disques (*Wildstyle Records*)…

Savate, pantoufle, babouche
• 趿拉儿 *tālar*. Synonyme de 拖鞋 dans le dialecte pékinois et du nord de la Chine. Désigne spécifiquement les vieilles chaussures ou chaussons dont le talon a été écrasé, et s'est élargi aux pantoufles et babouches sans talon.

Savoir
• Pour changer du trop courant 知道, on pourra utiliser 晓得 *xiǎodé* ; sans être dialectal, ce terme est le plus souvent utilisé dans le mandarin du sud et à Taïwan. '他们很聪明，晓得如何随机应变。' « Ils sont très intelligents et savent s'adapter à la situation. »
• Tout finit par se ~ : (世上)没有不透风的墙 *Méiyǒu bù tòufēng de qiáng* « Il n'y a pas de mur qui ne laisse passer l'air ». Équivalent aussi de « les murs ont des oreilles ».

Savon (passer un ~)
• (撸)一顿/一通 *lū yīdùn/yītòng*. '要不是瞅他岁数大，早就撸他一通。' « Si je n'avais pas vu qu'il était si âgé, je lui aurais depuis longtemps passé un savon. »[457]

Savourer, en savourant
• 津津有味 *jīnjīnyǒuwèi*. '说罢他点上香烟，津津有味地抽着。' « Sur ces mots, il s'alluma une cigarette, en savoura chaque bouffée. »[65]

Schlinguer, puer ☞ *renard*
• 臭烘烘 *chòuhōnghōng* : '我就不许你混身臭汗，臭烘烘的上我的炕！' « Je t'interdis de monter sur mon *kang*, schlingant la sueur comme tu es ! »[296] '你洗脚没的？臭烘烘的。' « Tu t'es lavé les pieds ? Ça pue jusqu'ici. »[34]
• 臭哄哄 *chòu hōnghōng*. Variante aujourd'hui moins courante du précédent.'带点香水，好好喷一气，这里臭哄哄！' « Amenez un peu de parfum et aspergez un peu partout, ça schlingue ferme ici ! »[29]

• 臭乎乎 *chòuhūhū*. '柳州 9 家臭乎乎的美食，大街小巷都爱吃！' « On aime tous manger la spécialité bien puante de 9 restaurants de Yangzhou ! » *(Sina, 2018)*

Sciences (puits de ~) ☞ *puits*

Scié, estomaqué
• 傻眼 *shǎyǎn* « avoir l'œil idiot ». '日本下调成人年龄，年轻人傻眼：18 能结婚却不能喝酒。' « Le Japon baisse l'âge de la majorité, les jeunes sont estomaqués : à 18 ans, ils pourront se marier, mais pas boire de l'alcool ! » *(Sina, 2018)*

Scoumoune ☞ *déveine, poissard*

Scribouillard, gratte-papier
• 爬格子(的/者) *pá gézi de/zhe*. 爬格子 désigne le fait d'écrire sur des feuilles lignées ; employé pour décrire des tâches répétitives liées à l'écrit. '作家曾被称作"爬格子的"' « Les écrivains sont souvent appelés des "scribouillards". » '但是我，一个爬格子的，不知道它也能行。' « Mais moi, un simple gratte-papier, j'étais bien incapable de juger si ça convenait. »

Seaux (il pleut à ~, à verse)
• 大雨倾盆 *dàyǔqīngpén* ou 倾盆大雨 : « il pleut comme si l'on penchait une bassine ».

Sécher
• 逃学 *táoxué*, 逃课 *táokè* : sécher l'école/les cours. '完了也得去，怎么可以逃学！起！' « Même si tu es en retard, il faut y aller ! Comment peut-on sécher l'école ! Debout ! »[422]

Second, adjoint ☞ *numéro 2*

Second (état ~), ahuri, hébété
• 怔怔 *zhèngzhèng*. '我怔怔的望着窗外，直到夕阳西下。' « Dans un état second, j'ai regardé par la fenêtre jusqu'à ce que le soleil se couche à l'occident. » *(Sina, 2018)*. Si l'état d'hébétude est dû à l'alcool ☞ *vapes*

Secret (en ~) ☞ *dos (dans le), douce*

Secoué, ébranlé, chaviré
• 惊心动魄 *jīngxīn-dòngpò*. « L'âme et le cœur remués » ; également : terrifié, effrayé. '他听得惊心动魄，不禁口中喃喃：' « Il fut ébranlé par ces paroles et ne put s'empêcher de bredouiller : »[65]

Sel (mettre son grain de ~)
• Dans une conversation : 插嘴 *chāzuǐ*, 插口 *chākǒu* ou 插话 *chāhuà*. Voir ex. ☞ *bec (prise de)*
• Dans une affaire ☞ *nez (fourrer)*

Sérieux (à prendre au ~)
• 不是闹着玩(儿)的 *bùshì nàozhe wánrde*. C'est ~, à prendre au ~, ce n'est pas un jeu, pas à prendre à la légère. '几炮打出去会打在国军兄弟头上，这可不是闹着玩的。' « Quelques uns de nos obus risquaient de tomber sur la tête de nos propres camarades, c'était une affaire sérieuse. » Égal[t] : 不是玩(儿)的 *bùshì wánrde*.

Sérieux (se donner l'air ~)
• 人模狗样 *rénmógǒuyàngr*. Expression péjorative ; faussement grave ou solennel. '"当老师了，人模狗样的。'我跟史义德开玩笑。" « "Je suis prof, je dois prendre l'air sérieux," plaisantai-je avec Shi Yide. » (《一半是火焰，一半是海水》, *roman de* 王朔)

Sérieux (c'est du ~), décent, honnête
• 正儿八经 *zhèng'ér-bājīng*. Synonyme de 正经. En adjectif ou en adverbe, se dit pour les commerces et entreprises, mais aussi les paroles, le ton, les sentiments ou relations ... '哥吔，你这是正儿

八经的公司，不是家庭作坊！'
« Grand frère, c'est du sérieux ton entreprise, c'est pas un simple atelier familial ! »[65]

Sérieux (ne pas prendre au ~)
• 不放在眼里 *bù fàng zài yǎnlǐ*. Ne pas prendre en considération, mépriser. '张率看虞讷不把自己放在眼里，也不说什么，拿了诗稿回家。' « Voyant que Yu Ne ne le prenait pas au sérieux, Zhang Shuai ne dit rien, reprit ses manuscrits et rentra chez lui. »[98]

Servile (attitude ~), servilité
• 奴才相 *núcai xiāng*. '他露出一脸奴才相笑呵呵地说：' « Il afficha un air servile et dit en gloussant : … »

Siffler, sifflets
Pour exprimer son avis sur un spectacle, une performance. « Mauvais ! »
• 叫倒好 *jiào dàohǎo*. '他的戏演砸了，观众纷纷叫倒好儿。' « Sa pièce était si mauvaise que l'audience huait à qui mieux mieux. » Le nom est 倒好儿 « huées, sifflets ».

Slip ⌐ *kangourou, string*
• 内裤 *nèikù*. Désigne aussi la petite culotte féminine. Voir ex. à ⌐ *péter*

Slip (craquer son ~) ⌐ *plomb*

Smombie…
• *Smartphone zombie* : les gens qui avancent (ou pratiquent toute autre activité) la tête penchée sur leur téléphone sans prêter aucune attention à ce qui les entourent. En Chine : « tribu de la tête penchée » : 低头族 *dītóuzú*. '给银发低头族更多关爱！' « Un peu plus de compassion pour les smombies aux cheveux gris » *(Weibo, 2018)*

Sœur (petite ~)
• En ligne 妹妹 est souvent abrégé en MM. Ne désigne pas seulement une sœur mais aussi une jeune ou jolie fille. ATTENTION à un autre sens du terme ! ⌐ *foufoune*[SEX]

Solution ⌐ *piste*

Sortir avec, être maqué
• 傍（上）*bàng*. '我傍上了我们学校对面饺子馆的女老板' « Je sors avec la patronne du restau de raviolis en face de l'école. »[65] Le terme peut avoir un sens plus péjoratif, « vivre aux crochets (d'un riche) » ⌐ *entretenu.e*

Sou (pas un ~ vaillant), sans un fifrelin, sans un rond
Nous avons choisi d'accoler les expressions chinoises suivantes à cette expression française, car elles partagent un terme équivalent, légèrement obsolète : « sou » en français, 文 en chinois, qui ne désigne pas les lettres ou la culture, mais est un spécificatif ancien pour les anciennes pièces de cuivre, les « sapèques », de peu de valeur.
• 身无分文 *shēnwúfēnwén*. '逃到日本后，刘雨田几乎身无分文。' « Après s'être enfui au Japon, Liu Yutian se retrouva sans un sou vaillant. » *(Sina, 2018)* '他兜里已经身无分文！空了！' « Il n'a plus un rond ! C'est la dèche totale ! »[66]
• 一文不名 *yīwénbùmíng* ou 不名一文 (plus rare). '老汉，你只要四分钱，是你早就看出我不名一文。' « Vieillard, si tu m'as demandé de ne payer que 4 *fen*, c'est que tu avais bien vu que j'étais sans un rond. »[32]

Soulager (se ~), faire ses besoins
• 解手 *jiěshǒu* « libérer les mains ». Des légendes populaires veulent qu'au XVIe s., des prisonniers escortés vers le Sichuan, ayant besoin de se soulager, demandaient ainsi à leurs gardiens de leur détacher

les mains ; d'où l'assimilation des deux termes. On peut distinguer 解小手 pour « uriner » et 解大手 pour « déféquer ». Expressions pas particulièrement vulgaires.

• 屙 ē. '他却有兜回两天前他屙过一泡屎的那棵干枯的胡杨树下。' « Il était revenu sous le peuplier du désert où il s'était soulagé deux jours auparavant. »[433] Dialectal (Sud, Est). Peut se préciser en 屙尿 ēniào, 屙屎 ēshǐ. ☞ *pisser, chier, toilettes*

Souffrances (mourir dans d'atroces ~)
• 千刀万剐 qiāndāowànguǎ. '比法西斯，比日本鬼子还可恶可恨。真该千刀万剐！' « Ils sont plus cruels, plus abominables que les fascistes ou les diables japonais ! Ils méritent la mort dans d'atroces souffrances ! »[38] *(à propos des loups)* Égal[t] utilisé en insulte ☞ *gibier de…*[INS]

Soupe (trempé comme une ~) ☞ *trempé*

Soupe au lait (être ~)
• 性子爆 xìngzi bào « caractère explosif ». S'emporter facilement, avoir la tête près du bonnet.

Soupir (rendre le dernier ~) ☞ *arme à gauche, rampe*

Sourdine (mettre la ~) ☞ *oreilles (casser les)*

Souriant ; être tout sourire
• 嬉皮笑脸 xīpí-xiàoliǎn. '你就是阮小二哥？赵二嬉皮笑脸地问。' « C'est bien toi, Ruan le Deuxième ? demanda Zhao Er en souriant. »[15]
• 笑眯眯 xiàomīmī. '她笑眯眯地回头向仙姑招收告别。' « Tout sourire, elle se retourna et salua l'Immortelle de la main une dernière fois. »[90]

Sous-entendus
• 弦外之音 xiánwàizhīyīn « le son qui n'est pas produit par les cordes de l'instrument ». Sens caché, à demi-mot. ☞ *anguille, lignes*

Sous-ventrière (à s'en faire péter la ~) ☞ *dents*

Spécialiste, as, cador, expert, pro…
• 高手 gāoshǒu '王先生是个象棋高手，他一下子攻得我走投无路。' « M. Wang est un expert des échecs chinois, il m'a mis en échec plusieurs fois d'affilée. »
• 把式 bǎshi. 为啥不跟你村顾二学？他是个看羊的好把式。' « Pourquoi n'es-tu pas allé apprendre auprès de Gu le Deuxième, de ton village ? Pour l'élevage des moutons, c'est un vrai pro. »[86]
• 老道 lǎodào. Le terme désigne à l'origine les 道士, ou prêtres taoïstes, réputés magiciens (ou charlatans).

Spectacle (se donner en ~)
• 人来疯 rénláifēng. '孩子的"人来疯"如何对待？' « Comment gérer un enfant qui se donne en spectacle ? » *(PR 2018)* '我先警告你，不要人来疯啊，等会喝麻了我不得管你的啊！' « Je te préviens, interdit de te donner en spectacle, si tu es bourré je ne m'occuperai pas de toi ! »[34]
• 洋相 yángxiàng. Le spectacle, la mauvaise image que l'on donne de soi. '你这个洋相还没出完？' « Tu n'as pas fini de te donner en spectacle ? »[801]
☞ *péter (se la), ridiculiser (se)*

Spéculateur, profiteur (péj.)
• 投机倒把(的) tóujīdǎobǎ. Faire de la spéculation par des procédés malhonnêtes ; carambouillage (acheter et vendre à découvert). '她又问我干什么的？我说是投机倒把。' « Elle me demande une

nouvelle fois ce que je fais dans la vie ; je lui réponds que je suis un spéculateur. »[24]

Standing

• 逼格 *bīgé*. Nous avons choisi, faute de mieux, « standing » pour traduire 逼格 même si ce n'est pas tout à fait exact. « Classe », « goût », « style » conviendraient dans certaines circonstances ; mais 逼格 n'est pas la classe innée, le bon goût, censés rester discrets. Il s'agit plutôt, au contraire, d'un ensemble de circonstances pécuniaires, professionnelles ou culturelles, qui situent l'individu dans l'échelle sociale et lui permettent d'étaler sa supériorité, même s'il peut choisir de ne pas le faire. S'il le fait, le verbe correspondant à 逼格 est alors 装逼 *zhuāngbī* (dont il dérive) ; l'assimilation phonétique de 逼格 à l'anglais *big* semble être artificielle. Pour les deux termes, on aura reconnu le caractère 逼 comme un substitut à celui désignant le sexe féminin, comme dans de nombreuses autres expressions. On trouve d'ailleurs aussi parfois B 格. L'expression s'applique aussi aux objets, vêtements, aux établissements (restaurants, cafés). '牛逼的动力+有逼格的品牌！' « Une puissance d'enfer pour une voiture de marque de standing ! » *(Sina 11/7/17)* '知乎上推荐的"高 B 格"入门英文歌。' « Sur Zhihu, une introduction aux chansons en anglais les plus classes. » *(C-à-d les chansons qui vous feront passer pour un intellectuel romantique. Zhihu, 9/1/17).*
• Manque de ~, pas classe, pas au niveau : low B, low 逼. Signifie que le 逼格 est trop bas. Voir un exemple à ☞ *chignon*

Star

• Chanson : 星哥 *xīnggē*, 星姐 *xīngjiě* selon le sexe, ou simplement 星. Il y a à la télévision régionale du Hunan une émission de télécrochet musical intitulée '星姐选举', « Choisir une star ». Un terme unisexe est 歌星 *gēxīng*.
• Cinéma : 影星 *yǐngxīng*.

Stress ☞ *pression*

String ☞ *slip*

• 丁字裤 *dīngzìkù* « culotte en forme de T ».

Style

• La façon dont on s'habille : 行头 *xíngtou* (vient du langage de la scène, désigne le costume des acteurs) : '你看我这身行头怎么样？' « Qu'est-ce que tu penses de mon style ? »

Sucre (casser du ~ sur le dos de quelqu'un), médire de qqun

• 戳脊梁骨 *chuōjǐliánggǔ* '老婆跟人睡了，被全村人戳脊梁骨,的确很难抬起头来。' « Elle a couché avec un autre et tout le village s'est mis à lui casser du sucre sur le dos ; elle ne pouvait vraiment plus garder la tête haute. »

Sucrée (faire sa ~)

Jouer les mijaurées, les pimbêches.
• 大小姐脾气 *dàxiǎojie píqi* « humeurs de vieille pucelle ». '哪门子的小姐脾气啊？' « Qu'est-ce que ça veut dire de faire sa sucrée comme ça ? »[34] '如何面对爱撒"大小姐脾气"的女人？' « Comment gérer une fille qui aime jouer les pimbêches ? » *(Sina 2018)*

Suivre (se), se succéder ☞ *talons*

Suivre (ne plus ~) (au figuré)

• 跟不上 *gēnbushàng* « ne pas pouvoir suivre ». '其实那时候不

是体能跟不上了，而是脑力跟不上了。’« De fait, à ce moment-là ce n'était pas le physique, mais leur mental qui ne suivait plus » *(Sina 2018)*

Super ! Excellent !

• 棒 *bàng*. En général utilisé sous une forme superlative, 好棒，真棒. En qualificatif ou interjection : ‘王老师课讲得真棒，不愧为特级老师。’« Le cours de M. Wang est vraiment super, il mérite son titre de professeur d'élite. » ‘真棒！’ « Super ! » Voire (plus vulgaire) : ‘狗棒！’; ex. ⌾ *corps^{SEX}*

• On trouve depuis quelques années 棒棒哒 *bàngbàngdā*, qui est une version « mignonne », « kawaii », de 棒 : « Super chouette ! » « Trop génial ! ». Le terme apparu en ligne s'est construit à l'imitation de 么么哒 (⌾ *bisou*) et de bien d'autres dans la même veine. ‘棒棒哒！2018“中国最好大学排名”出炉！’« Trop génial ! le classement 2018 des "Meilleures universités de Chine" vient de sortir ! » *(Sina news, 2018)*

• 刮刮叫！*guāguājiào!* adjectif ou interjection. ‘不是吹牛，我的货品都刮刮叫。’« C'est pas pour me vanter, mais mes produits sont tous super. » *(感同身受, roman en ligne de 叶圣陶)* À l'origine : cri de la corneille, de la grenouille, du canard. S'écrit également 呱呱叫. ‘嗨，呱呱叫，难道的女英雄！’« Ha ! Excellent ! Enfin une véritable héroïne féminine ! » ‘大伯自然是说得好啊说得妙，说得呱呱叫。’« Tonton, naturellement, il cause bien, il cause riche, il cause même vraiment très très bien. »[34]

• 没治 *méizhì*. ‘我穿这件衣服好看吗？’‘简直真没治了！’« De quoi j'ai l'air dans cet habit ? » « T'as l'air super ! » ATTENTION ! Ce terme peut signifier deux choses parfaitement opposées : « super » comme ici, ou l'inverse : ⌾ *nul à chier*.

• 灵光 *língguāng*. Désigne à l'origine l'auréole, la lumière autour de la tête des Bouddhas. Excellent, magnifique. ‘我依然不灵光，成家后，买菜、买东西之类的事情，基本上都由我家老李做。’« Je n'étais vraiment pas très bonne pour ça, et après notre mariage, les courses et tout le reste, à la base c'était mon mari qui s'en occupait. »[56]

⌾ *cool ! génial, incroyable^{INS}, ouf ! chié^{INS}*

Superbe

• 美得不像话 *měi de bùxiànghuà* « superbe, belle à en rester coi ». Pour parler des femmes, mais pas seulement. Expression assez récente et très fréquente. ‘雪后的龙湖美得不像话！’« Après la neige, le lac du Dragon est absolument superbe ! » *(PR, 2018)*

Super-héros

• 超级英雄 *chāojí yīngxióng*. Une traduction très littérale. Les noms chinois des plus connus des superhéros sont :
• Spiderman 蜘蛛侠 *Zhīzhūxiá*
• Superman 超人 *Chāorén*
• Batman 蝙蝠侠 *Biānfúxiá*
• Ironman 钢铁人 *Gāngtiěrén*. Le terme signifie plutôt « homme d'acier », qui est pourtant l'un des surnoms (américains) de Superman. Le terme de (三项)铁人 est en revanche utilisé pour désigner les longs triathlons « Ironman ». Par ailleurs, 铁人 « Homme de fer » désigne aussi en Chine le travailleur modèle, héros du socialisme, 王进喜 Wang Jinxi (1923-1970),

ouvrier du pétrole qui a fait l'objet de deux films, en 1964 et en 2009. Bien entendu les superhéros ou ceux qui se croient tels font aussi l'objet de moqueries en Chine. '而他就以为他是无所不能的蜘蛛侠。' « Il se prend pour Spiderman et croit qu'il est capable de tout et n'importe quoi. »

Suppôt ○ *lacquais*[INS]

• 爪牙 *zhǎoyá* « griffes et dents », terme autrefois très couru dans le langage politique. '帝国主义的爪牙不少是色厉内荏的家伙。' « Beaucoup de suppôts de l'impérialisme sont féroces en apparence, mais faibles en vérité. »

Surbooké, surchargé, débordé

• 忙成狗 *mángchénggǒu*. '40 岁前是个"忙成狗"的生意人，40 岁之后买房隐居。' « Avant 40 ans, elle était une femme d'affaires complètement surbookée, puis elle a acheté une maison et s'est retirée comme une ermite. » *(new.qq.com, 2019)*

Sûr certain

• 没跑儿 *méipǎor*. Sans aucun doute. Pékin, Hebei, Shandong… '那没跑儿啊！' « Ça c'est sûr ! Y a pas de doute là-dessus ! » '我让老板神魂颠倒，现在加薪是没跑儿的了！' « J'ai complètement envouté le patron, maintenant c'est sûr certain, je vais l'avoir, cette augmentation ! »

Surin, schlass, ya ○ *planter*

• 刀子 *dāozi*. Couteau. Ex. ○ *à mort*
• 攮子 *nǎngzi*. Vieux terme toujours en vigueur pour couteau, dague, poignard.

Sur-le-champ

• 立马儿 *lìmǎr*. Pékinois à l'origine, plutôt usité en Chine du Nord ;

contraction des plus communs 立刻 & 马上. '在我们公司，如果你惹到老板，他立马就开除你。' « Dans notre boîte, si tu emmerdes le patron, il te fout dehors sur-le-champ. »[W]

Surprise (pris par ~, au dépourvu)

• 猝不及防 *cùbùjífáng*. '狼群猝不及防，凶猛的狼一时间失掉了优势。' « Prise au dépourvu, la meute de loups féroces perdit le dessus en un instant. »[38]
• 冷不防 *lěngbùfáng*. '她走到刘铁柱面前，冷不防被他挥手一劈，把通判打翻在地。' « Quand elle arriva devant Liu Tiezhu, celui-ci la prit par surprise en jetant son plateau de cuivre à terre d'un geste brusque de la main. »[93]

Suspense (faire durer le ~)

Dans un récit, une explication.

• 卖关子 *mài guānzi*. '赵忠，你别卖关子了，快说是谁？' « Zhao Zhong, ne fais pas traîner le suspense, dis-moi vite de qui il s'agit. »[37] '关子卖完了，老严终于亮了想。' « Le suspense était levé : Vieux Yan avait enfin pris parti. »[456]

Sympa (fille ~, gentille)

• 猪猪女孩 *zhūzhū nǚhái* « fille-cochonnet ». Terme récent (2017) désignant une jeune fille/femme refusant de jouer les pimbêches ou les méchantes. '2019 年依然要当一个猪猪女孩呀！' « En 2019 je veux continuer à être une fille sympa ! ». Le terme est souvent accompagné en ligne d'images d'adorables petits porcelets réels ou fictifs.

T

Tabasser, casser la gueule, passer à tabac ☞ *raclée*

• L'un quelconque des verbes suivants : 痛打 *tòngdǎ*, 毒打 *dúdǎ*, 殴打 *ōudǎ*. '不是女演员被毒打，而是角色在片中被毒打。' « Ce n'est pas l'actrice qui s'est fait tabasser, c'est le personnage dans le film. » *(Zhihu, 2019)*

• en argot pékinois ou du Nord : *ceì.* '拳击比赛中，詹姆斯狠狠~了乔治。' « Pendant le match de boxe, James a laminé Georges. » 甀

Tableaux (jouer sur les ~)

• 脚踏两条船 *jiǎotà liǎng zhī chuán* « avoir les pieds dans deux bateaux ». Avoir le cul entre deux chaises. Dans le domaine amoureux, signifie avoir plusieurs partenaires ☞ *promiscuité*

Tais-toi, taisez-vous !

• 住口！ *zhùkǒu !* Censé être moins impoli que 闭嘴, mais c'est le ton et le contexte qui détermineront en réalité si « tais-toi ! » ou « ta gueule ! » sont la meilleure traduction pour ces deux expressions.

Talons (être, marcher sur les ~)

• 接踵而来 *jiēzhǒng'érlái.* Se succéder rapidement. '这接踵而来的事件令他猝不及防，深受打击。' « Ces événements qui se marchaient sur les talons l'avaient pris par surprise et profondément secoué. »[65]

Tampon, tampax

• ~ périodique : le terme courant est 棉条 *miántiáo* « tige de coton ».

Tangente (prendre la ~)

• 溜之大吉 *liūzhī dàjí.* S'esquiver, s'enfuir, trouver son salut dans la fuite. '撞倒电杆岂能溜之大吉？' « Comment ose-t-il prendre la tangente après avoir heurté un poteau électrique ? » *(Sina, 2018)* '要情况恶化，就先物色几个地方，到时溜之大吉。' « Et si la situation se détériore encore, je me chercherai quelques coins sûrs et je prendrais la tangente le moment venu. »[24] Variante : 溜之乎也 *liūzhīhūyě*

Tanner, tanner les oreilles

• 好说歹说 *hǎoshuōdǎishuō.* Harceler, tenter de persuader par tous les moyens. '哎呀！高涛好说歹说嘛，我就给他带个生意嘛。' « Aya ! Gao Tao n'arrête pas de me tanner les oreilles, je dois bien lui ramener du business de temps en temps. »[34]
Sens encore plus fort ☞ *tarabuster*

Taper (du fric)

• 打秋风 *dǎ qiūfēng* « faire souffler le vent d'automne » : demander une aide financière, en général sans beaucoup d'espoir de remboursement… '张世兄屡次来打秋风，甚是可厌。' « Ça fait plusieurs fois que frère Zhang vient me taper du fric, ça commence à me courir. »

Tarabuster, harceler

• 死乞白赖 *sǐqǐbáilài.* Importuner sans relâche, sans vergogne. '你不用死乞白赖地求他，没有他我们照样能成功。' « Pas la peine de le tarabuster, on y arrivera aussi bien sans lui. »

Tartufe

• 假道学 *jiǎdàoxué.* Faux dévot, faux-jeton. Droit et vertueux en apparence, mauvais au fond.

Taule, faire de la ~

• 大牢 *dàláo*. Terme populaire ancien toujours très usité. '你一回去，就坐了大牢。' « Dès que tu es parti, tu es allé en taule… »[281] '3 个黑社会来保护费，遇上了才出大牢的亡命徒，这下该被悲剧了！' « Trois membres des triades viennent réclamer des "frais de protection", et tombent sur un forban tout juste sorti de taule : ça ne peut que finir en tragédie ! » *(PR, 2018)*

• 蹲班房 *dūn bānfáng*. '这样他只好陪阿狗去蹲班房。' « Il fut donc forcé de tenir compagnie à Ah Gou en prison. »[445]

Taupe (espion ou agent infiltré)

• 内鬼 *nèiguǐ*

Taureau

« Prendre le taureau par les cornes » :

• 硬着头皮 *yìngzhetóupí* « se durcir le scalp » : affronter les difficultés avec détermination, même contre son propre gré. '不要怕，无论什么困难的事，只要硬着头皮，就闯过去了。' « N'aie pas peur, quelle que soit l'obstacle, il suffit de prendre le taureau par les cornes et tu le franchiras. »

Taxi

• *Pékin*. Le taxi pékinois est un 出租车. Pour « appeler un taxi », c'est cependant une expression dérivée du cantonais qui est utilisée : 打的 *dǎdī*. Les chauffeurs hommes sont des 的哥 *dīgē*, les femmes des 的姐 *dījiě*. Enfin les taxis illégaux sont des 黑的 *hēidī* « taxis noirs ».

• *Shanghaï*. Les taxis sont également des 出租车 ou des 的士, mais il y a aussi le terme local 差头 *chāitou* (*cadeu*).

• *Canton*. Ici les taxis sont bien sûr des 的士, terme venu de *taxi*.

Tempête

« Qui sème le vent, récolte la ~ » : ☞ *feu (qui joue avec…)*

Tempête dans un verre d'eau
☞ *plat*

En temps et en heure

• 走一步看(瞧)一步 *zǒu yībù kàn (qiáo) yībù*. On verra le moment venu ; chaque chose en son temps. '在那样的情形下，最好的办法，自然是走一步瞧一步。' « Dans ces circonstances, la meilleure solution restait bien sûr de laisser les choses se décider en temps et en heure. »[72]

Temps (le ~ passe vite)

• 日月如梭 *rìyuè-rúsuō* « Jours et mois filent comme une navette » (d'un métier à tisser).

Temps (à ~, avoir le ~), à l'heure

• 赶趟儿 *gǎntàngr*. '我们要不快点儿走就不赶趟儿了。' « Si on ne se magne pas un peu plus, on va pas être à l'heure. »

Temps (passer, tuer le ~)

• 打发时间 *dǎfa shíjiān*. '单身打发时间很像蹲厕所里消耗时间一样。' « Tuer le temps en célibataire, c'est quasiment du même ordre que de passer le temps accroupi aux toilettes. »

Temps (prendre, trouver le ~ de…)

• 抽空 *chōukōng* ou 抽功夫 *chōu gōngfu*. '她抽得出功夫，也来帮忙了。' « Elle aussi a trouvé le temps de venir nous aider. »[303]

Tendu, serré

Vêtements, liens, peau…

• 紧绷绷 *jǐnbēngbēng*. '他身上仅有一件白色的背心，被肌肉撑的紧绷绷的。' « Il ne portait en tout et pour tout qu'un maillot de corps blanc tendu à en éclater par ses muscles proéminents. »

Tenir la chandelle

• (当)电灯泡 *diàndēngpào* « faire l'ampoule électrique ». Être de trop, quand on est avec un couple d'amis ou d'amoureux. Jouer la cinquième roue du carrosse (en fait, la troisième). '你们俩去好了，我不想当电灯泡。' « Allez-y à deux, je ne veux pas vous tenir la chandelle. »

Terrible, terriblement

• 厉害 *lìhai* (noter la 2e syllabe au ton neutre). Ce terme recouvre les deux acceptions (plus ou moins) opposées de « terrible » : 1/ « grave, effroyable ». '老头儿当时病得好厉害。' « À cette époque, le vieux était gravement malade. »[24] 2/ « Fantastique, impressionnant ». Voir ex. ☞ *pied (du bon)*

• 够呛 *gòuqiàng*. Surtout dans le Nord et le Nord-Est. Ce terme est plus fort que 厉害, et a la nuance de sens de « à la limite du supportable », voire d'« insupportable ». '啊呀！今年冬天冷得够呛啊！' « Ah la la ! Il fait un froid de gueux cet hiver ! » '他按这喇叭，把我吓得够呛。' « Elle a donné un coup de klaxon, ça m'a fichu une frousse terrible. » S'écrit aussi 够呛. '那个女孩高傲的够呛。' « Cette fille est si vaniteuse que c'en est insoutenable. »

Tête (avoir, prendre la grosse ~)

• (太)飘(了) *tài piāo le* « flotter au vent ». Très récent ! en 2017 une expression courante est apparue, tirée d'une chanson à la mode : '是我提不起刀了，还是你太飘了？' « Est-ce moi qui n'ai pas brandi mon couteau, ou toi qui a pris la grosse tête ? » : pour demander pourquoi

l'interlocuteur ne respecte pas le locuteur. De nombreuses variations sur le même thème ont fleuri.

• 自命不凡 *zìmìng-bùfán*. Se considérer comme extraordinaire. Très fréquent. '他只是一个新人，不应该自命不凡。' « Ce n'est qu'un nouveau, faudrait pas qu'il prenne la grosse tête. »

Tête baissée (se jeter, foncer ~)

• 豁出去 *huōchuqu*. Faire fi de toute prudence, prendre tous les risques, se jeter au feu. '犯法？为了孩子，我豁出去啦！' « Se mettre hors-la-loi ? Pour (sauver) mon fils, je foncerais tête baissée s'il le fallait ! »[421]

Tête d'enterrement, de six pieds de long ; tirer la tête, la gueule

• 哭丧脸 *kūsāng liǎn*. '阿四仍然摆着一张哭丧脸，呆呆地对田里发怔。' « Ah Si tirait toujours sa tête d'enterrement, fixant son regard vide sur la rizière. »[303] L'expression peut elle-même être un verbe : 哭丧着脸. '这孩子从小就哭丧着脸。' « Cet enfant fait la gueule depuis qu'il est tout petit. »

Tête (n'en faire qu'à sa ~)

• 为所欲为 *wéisuǒyùwéi*. Agir à sa guise. '有天赋的人真可以为所欲为。' « Les gens qui ont du talent peuvent n'en faire qu'à leur tête. » *(Sina sports, 2018)*

Tête (ne pas se casser la ~)

• 不动脑筋 *bùdòng nǎojīn*. Ne pas trop se creuser les méninges.

Tête (piquer une ~), plonger

• 扎猛子 *zhā měngzi*. Plonger, tête la première ; signifie aussi (et surtout) « faire le canard », plonger sous l'eau pendant qu'on nage à la surface. '他从伸进江中的木筏子上一个猛子扎进激流之中。'

« Il a plongé dans le courant rapide à partir d'un radeau en bois qui s'étendait dans le lit du fleuve. »[24]

Tête la première, tête en bas

• 大头朝下 *dàtóu cháo xià*. Égal[t] tête à l'envers, faire le poirier ; à l'envers (pour une chose). '我大头朝下地栽在了一位老头开的车的汽车发动机盖上。' « Je suis tombé tête la première sur le capot d'une bagnole conduite par un vieux. »

☞ *gamelle*

Têtu, tête de pioche, tête de mule, bourrique, forte tête

• 一根筋 *yīgēnjīn* : obstiné, parfois jusqu'à la bêtise. '遇上这么个一根筋，谁不搓火？' « Qui ça ne foutrait pas en rogne de tomber sur une tête de pioche pareille ? »

• 死心眼儿 *sǐxīnyǎnr*. '这个家伙真是死心眼。' « Ce type était vraiment une tête de mule. »[70]

• 嘴硬 *zuǐyìng*. Entêté, qui refuse de reconnaître ses erreurs. '小龙，你就别给我嘴硬。' « Xiaolong, ne fais pas ta tête de mule avec moi. »[65]

• 拧劲儿 *nǐngjìnr*. Têtu, entêté. '年轻时候谁没点儿拧劲儿呢？' « Qui n'est pas un peu forte tête dans sa jeunesse ? » Parfois simplement 拧. L'insulte correspondante est 拧种 ☞ *cabochard*![INS]

• 老牛筋 *lǎoniújīn* « tendon de vieux bœuf ». Image culinaire qui se passe d'explication !

Thé (« Invité à boire le thé »)

• 请喝茶 *qǐng hē chá*. Cette expression euphémistique désigne le fait d'être « invité » à boire le thé par la police ou d'autres organismes de répression, en général en préalable à un interrogatoire ou à une arrestation et détention arbitraire.

Thon ☞ *moche, mocheté*[INS]

Tiède (robinet d'eau ~), tièdeur Paroles pas dérangeantes, sans intérêt, pas vraiment pertinentes, indifférentes. Le chinois a l'expression équivalente :

• 温吞水 *wēntūnshuǐ*. '多数发言不过是不痛不痒的温吞水。' « La plupart des orateurs se contentèrent d'ouvrir le robinet d'eau tiède pour ne froisser personne. » Égalt : tiédeur, manque d'ardeur ou de conviction. '我佩服对事情有着一股狂热的人，而最讨厌温吞水。' « J'admire les gens qui font les choses avec fièvre et passion, et ce que je déteste le plus c'est la tiédeur. »[72] *Remarque :* 不痛不痒 *bùtòngbùyǎng*, en adverbe ou adjectif, a le même sens (indifférent, inefficace).

Tiers comme du quart (se ficher / se moquer du ~)

• 事不关己 *shì bùguānjǐ*, 高高挂起, *gāogāoguàqǐ* « accrocher très haut ce qui ne vous concerne pas ». Se ficher, être indifférent à tout. S'en laver les mains. '他喝的是茅台国酒，吃的是飘香王府，睡的是莺莺燕燕，事不关己，高高挂起，去了韶光，圆了肚皮。' « Il ne buvait plus que du Maotai, ne daignait plus dîner qu'au Pavillon des senteurs ou au Palais royal, s'envoyait des poules de luxe en se fichant du tiers comme du quart, laissait sa belle jeunesse filer et son tour de taille enfler. »[34]

Tigre (jaloux comme un ~) ☞ *jalousie, monstre de jalousie*[SEX]

Tigres

« Il ne peut y avoir deux tigres sur la même colline » (ou dans la même forêt).

• 一山不容二虎 *yī shān bùróng èr hǔ*. Il ne peut y avoir deux dirigeants au même endroit. Ce vieux dicton a connu un certain renouveau quand Deng Xiaoping l'a utilisé à propos de la Chine et des États-Unis. Notons qu'il a souvent été appliqué aux luttes qui l'ont opposé à ses adversaires politiques. Cette forme est la plus fréquente, mais on en trouve d'autres : 一山不藏二虎, 一林不容二虎. '一林不容二虎! 你打了我的徒弟，损了我的脸面……请吧! ' '« Il ne peut y avoir deux tigres dans la même forêt ! Vous avez battu mon disciple et m'avez fait perdre la face !... Je vous en prie ! »[93] *(invitation au duel)*

Tip-top, parfait, impeccable

• 没挑儿 *méitiāor*, égal' sous les formes 没的挑, 没得挑 *méidetiāo*. '大人物的仪表、长相、服装都没的挑。' « L'allure, les traits et le costume de cet important personnage étaient tous tip-top. »[282]

Tire-au-flanc

☞ *flanc, flemmarder*

Tirer (se ~ d'affaire, s'en ~)
• 挨过 *áiguò*. Avoir souffert mais survécu à quelque chose.

• Se tirer d'affaire par la ruse ou le bluff : 蒙混过关 *ménghùnguòguān* « franchir la passe en douce ». (Sens propre : « échapper à la douane, contrebande »). '小泉内阁企图将国内的注意力吸引到与中国的资源争夺矛盾上来，以便能在国内问题上蒙混过关。' « Le cabinet de Koizumi tente de détourner l'attention de l'opinion publique nationale vers le conflit sur les ressources énergétiques avec la Chine, et ce afin de pouvoir mieux se tirer d'affaire à propos

des problèmes internes au pays. » *(Global Times, 2005)*

Tire-toi !

• 滚粗 *gǔncū*. Déformation de 滚出去, ce terme apparu en ligne vers 2012/2013 est moins grossier, moins agressif : « tire-toi ! » plutôt que « casse-toi ! ».

Toi, alors !...

• 你真是（的）*nǐ zhēnshi (de)*. Sans complément derrière, l'interjection peut exprimer des sentiments divers : colère, surprise, amusement. '嗳，你真是! 为什么一定要个"先生"呢，你应当叫我"威弟"。' « Ah ! Toi, alors ! Pourquoi toujours rajouter un "monsieur" ? Tu devrais m'appeler "petit frère Wei". »[425]

Toilettes, WC

Pour rester poli, on parle de « salle de bains » ou d'aller « se laver les mains » ; Pour « aller aux toilettes », on pourra utiliser avec ces termes les verbes 去, 上, 用 :
• 卫生间 *wèishēngjiān*. '我本来想找卫生间，却来到了楼梯间。' « Je cherchais la salle de bains et je suis tombé sur la cage d'escalier. »
• 洗手间 *xǐshǒujiān*. '她在哪儿? ' '她在洗手间里晕倒了。' « Où est-elle passée ? » « Elle s'est évanouie dans les toilettes. » Sert plutôt dans les endroits publics (restaurants, hôtels…)
• 厕所 *cèsuǒ*. Terme plus familier mais également très courant, surtout pour les endroits publics. '我可以用用你们的厕所吗? 我实在憋不住了。' « Je peux utiliser vos WC ? Je n'en peux vraiment plus. »
• 一号（儿）*yīhàor*. Terme un peu ancien, dont l'origine serait que, dans les bâtiments collectifs, à chaque étage, la première pièce

correspondait aux toilettes communes. '他实在憋不住了，可附近没有一号。' « Il ne pouvait plus se retenir, mais il n'y avait aucun WC à proximité… » On trouve parfois : 一号 pour la petite commission, 二号 pour la grosse.

• Les toilettes à la turque d'usage encore courant sont des 蹲厕 *dūncè*, « toilettes accroupies », ou des 蹲坑(儿) *dūnkēngr* (ce dernier terme signifie aussi « aller à la selle (en s'accroupissant) ».

• Enfin nous ne résistons pas au plaisir de présenter un caractère rare pour désigner les toilettes : 溷厕 *hùncè*, 溷 désignant à l'origine, comme sa graphie l'indique, une porcherie *(terme obsolète !)*

☞ *besoin, chier, chiottes, pisser, soulager, trône*

Toits (crier sur les ~)

• 扬言 *yángyán*. Clamer à tous vents, propager un bruit ou une rumeur. Péjoratif. '日本最近频繁扬言要对朝鲜进行经济制裁。' « Ces temps-ci, le Japon crie sur les toits sa volonté d'imposer des sanctions éconmiques envers la Corée du Nord. » *(Global Times, 2005)*

Tombe (avoir un pied dans la ~, être à l'article de la mort)

• Deux expressions pour le prix d'une : '他只还剩下一口气，跟阎王爷拉上了手。' « Il est mourant, il a déjà serré la main au Roi des Enfers »[65]. 阎王爷 est un petit surnom familier pour 阎王 *Yánwang* (Yama), le Roi des Enfers d'origine indienne.

Tombe (muet comme la ~) ☞ *carpe*

Tombeau ouvert (rouler à ~)

• 疾驶 *jíshǐ* « conduire comme un malade », comme un fou, à toute vitesse. '他骑着摩托车沿着第 66 号公路疾驶。' « Il conduisait sa moto à tombeau ouvert sur la route 66. »

Tomber bien

• (太)巧了! *tài qiǎole!* Quelle heureuse coïncidence ! '我会做饭。' '太巧了，我会吃饭。' « Je sais faire la cuisine. » « Ça tombe bien ! je sais manger. » *Remarque :* le terme s'applique aussi à une coïncidence neutre ou malheureuse.

Tomber sur (rencontrer par hasard)

• 碰到 *pèngdào*, 碰上 *pèngshàng*, 碰见 *pèngjiàn*.

• 萍水相逢 *píngshuǐxiāngféng*. Se rencontrer par hasard, « comme des lentilles d'eau à la dérive ». '这两个人物曾在一年前萍水相逢。' « Ces deux personnages étaient déjà tombés par hasard l'un sur l'autre, un an avant. »[69]

Tondre

(se laisser ~ la laine sur le dos)

• 任人宰割 *rènrénzǎigē*. '中华民族任人宰割、饱受欺凌的时代一去不复返。' « L'époque à laquelle la nation chinoise se laissait tondre la laine sur le dos et subissait l'humiliation est finie à jamais. » *(Discours de Xi Jinping à Nankin, le 13/12/2014)*

Tonneau (du même ~) ☞ *sac*

• 一路货色 *yīlùhuòsè*. Péjoratif : à mettre dans le même sac ; de la même farine, du même acabit. '哼! 你就跟他们是一路货色！' « Hum ! Tu es bien du même tonneau que les autres ! »[29] Souvent abrégé en 一路货 : '"你同我是一路货，"她笑着感慨道。' « "Toi et moi sommes de la même farine," dit-elle avec un sourire ému. »[24]

Top (au ~), le top du top.

• 天下第一 *Tiānxiàdìyī* « premier sous le Ciel (en Chine, au monde) ». Le meilleur, imbattable. Très vieille expression qui fait toujours partie du langage courant. '要说拍老太太马屁，段知明真是天下第一的人才。' « Pour ce qui est de jouer au lèche-cul avec la vieille dame, Duan Zhiming est vraiment le top du top. »

☞ *bourre*

Torcher

• 一把屎一把尿 *yībǎ niào yībǎ shǐ* « une dose de pipi, une poignée de caca » : expression qui désigne les difficultés de la vie parentale. L'expression est assez fréquente chez les personnes âgées qui se rappelle leur jeunesse. '这时外婆忽然提高了音调，对着自己一把屎一把尿拉扯大的四个儿女说：…' « À ce moment-là, grand-mère haussa soudain le ton et dit, se tournant vers les quatre filles qu'elle avait torchées de ses propres mains : ... »

Tordre de rire (se ~)

• 前仰后合 *qiányǎnghòuhé*. Se balancer, se plier d'avant en arrière sous l'effet d'un grand rire. '这个副校长笑得前仰后合。' « Le directeur d'école adjoint se tordait de rire. »[421]

Torrentielle (pluie diluvienne, ~)

• 滂沱大雨 *pāngtuó-dàyǔ*. '当我驾着游艇快近岸的时候，天气便变得恶劣起来，接着便是滂沱大雨。' « Alors qu'aux commandes de la vedette je me rapprochais rapidement de la rive, le temps empira et bientôt une pluie torrentielle se mit à tomber. »[72]

☞ *cordes, seau*

Toubib

• 郎中 *lángzhōng*. Terme ancien pour les docteurs traditionnels. Aujourd'hui terme populaire, n'est péjoratif qu'en combinaison. Voir ☞ *charlatan*

Touche (être mis sur la ~) ☞ *placardisé*

Tour (chacun son ~, à ~ de rôle)

• 挨个儿 *āigèr*. '学生们挨个儿朗读他们的作文。' « À tour de rôle, les élèves lurent leur devoir à haute voix. »

Tours (jouer des ~) ☞ *enfumer*

Tout entier, complètement

• 溜溜儿 *liūliūr*. '一双眼睛在她身上溜溜儿地一转。' « Ses yeux lui passèrent sur le corps tout entier. »

• 囫囵 *húlún*. En bloc, en entier. Surtout quand on avale qqch : '蟒蛇就把捉到的动物整个囫囵吞下去。' « Le python avala d'un seul coup l'animal qu'il venait d'attraper... »[35] Egal[t] ☞ *gober*

Tout le monde

• 大伙(儿) *dàhuǒr*. '哨兵一声呐喊，大伙出动了。' « La sentinelle poussa un grand cri et tout le monde se rua au-dehors. »[447]

Tout pour le tout (jouer le ~)

• 玩儿命 *wánrmìng* « jouer sa vie ». Sens figuré : '我们现在打谁都得玩儿命。' « Quelle que soit l'équipe que nous allons affronter, il faut qu'on joue le tout pour le tout. » *(Sina, 2018)*

Toxico, addict, junkie

• 瘾君子 *yǐnjūnzǐ* « gentilhomme du vice ». Expression péjorative utilisée autrefois pour les opiomanes, s'est aujourd'hui élargie aux autres consommateurs de drogues (voire aux addicts du smartphone...). '别告诉我该怎么做，你他妈的瘾君子。' « Ne me dis pas c'que j'dois faire, put… de toxico. » Est parfois écrit 隐君子 (qui signifie normalement « ermite de haut niveau »).

• À Hong-Kong : 道友 *dàoyǒu*

Traîner

• Dans le sens « aller quelque part, sortir, errer » : 野 *yě*. '你上午野到哪里去了？讲！' « Où es-tu encore allé traîner ce matin ? Parle ! »[459] Valuable aussi par ex. pour « passer une soirée ».

• Dans le sens « vivoter, vivre au jour le jour, vivre d'expédients (plus ou moins légaux) » : 混 *hùn*. '我在街上混的时候你还是个奶娃娃！' « Je traînais déjà dans les rues que tu n'étais encore qu'une gamine au sein ! »[34] Autre ex. à ☞ *valoir (ne rien ~)*

Traîner, traîner les pieds

(faire ~ les choses en longueur)

• 泡蘑菇 *pào mógu* « faire tremper les champignons ». Tergiverser, atermoyer, procrastiner. '如果你这么泡蘑菇，什么时候才完得了？' « Si tu continues à faire traîner les choses en longueur, quand donc en auras-tu terminé ? » ATTENTION : signifie aussi « importuner qqun jusqu'à avoir obtenu satisfaction » ☞ *pieds (casser)*

• 拖拖拉拉 *tuōtuōlālā*. Procrastiner, mener des manœuvres dilatoires. '老王得了一场小病，觉得问题不大，拖拖拉拉没有去看病。' « Ayant attrapé une petite maladie, Lao Wang, estimant qu'il n'y avait là rien de grave, traîna des pieds pour aller consulter. »[282]

Tralala, fastes, pompe, luxe

• 排场 *páichǎng*. Ostentation et extravagance. '你准备一下，我

要请一次客，不要怕花钱，要有个排场。' « Tu vas me préparer ça ; je voudrais organiser une petite sauterie, n'y regarde pas à la dépense, je veux les recevoir en grand tralala. »[82] '不要大排场' « (On ne veut) pas de grand tralala. »

Tranquillisant

• 定心丸 *dìngxīnwán* « pilules tranquillisantes » : actes, paroles destinés à rassurer l'interlocuteur. Pas forcément péjoratif.

Transes (être, vivre dans les ~)

• 提心吊胆 *tíxīndiàodǎn* « porter son cœur & pendre son foie ». Appréhender fortement, être très anxieux à propos de qqch. '警队中不少人为这些文件提心吊胆。' « Au sein de la police, pas mal de monde ne vivait plus que dans les transes à cause de ces quelques documents. »[70]

Travail ☞ *bâcler, boulot, bosser*

Travers (regarder de ~)

• 睥睨 *pìnì*. Regarder du coin de l'œil, pour exprimer colère, mépris ou énervement. '弹丸小国也敢睥睨周边众国？' « Les tout petits pays peuvent-ils se permettrent de regarder de travers *(ici, mépriser)* tous leurs voisins ? »

Trembler

• Trembler de peur : 不寒而栗 *bùhán'érlì* « trembler, mais pas de froid ». Un *chengyu* très fréquent pour signifier la peur. '那种情形，实在令人不寒而栗。' « Ce genre de situation faisait vraiment trembler les gens d'effroi. »[72]

☞ *chocottes, peur, poule (chair de)*

• Trembler de froid ☞ *grelotter*

Trempé

☞ *os (trempé...), poil (plus un...)*

31 (être sur son ~)

• 人模狗样 *rénmó-gǒuyàngr*. Être bien habillé, endimanché ; avec une nuance péjorative : « l'allure d'un homme, l'air d'un chien ». '招聘会？难怪打扮得人模狗样的！' « Tu vas à un salon pour l'emploi ? Pas étonnant que tu te sois mis sur ton 31 ! » (爱是寂寞撒的谎, *auteur* 郭敬明, *2005*) Hors contexte vestimentaire, l'expression signifie « prendre un air sérieux, solennel ».

36 (tous les ~ du mois)

Très rarement, quasiment jamais.

• 千载难逢 *qiānzǎi-nánféng*. '他招待我们一顿可真是千载难逢。' « Il nous invite à bouffer tous les 36 du mois. » '这是千载难逢的机会，千万别错过！' « C'est une occasion rarissime, ne la rate surtout pas ! »

Très, trop, tellement, particulièrement, spécialement

Si la traduction normale de « très » est 很 *hěn*, dans la réalité ce terme est l'un des moins utilisés, du moins à l'oral. Dans le nord de la Chine, 挺 *tǐng* prévaudra ; dans le centre ou le sud-ouest (régions qui parlent le mandarin ou ses patois), ce sera 蛮 *mán*. Ces usages dialectaux sont cependant compris dans toute la Chine. '这部电影蛮好。' « Ce film est vraiment excellent. » '别看他家庭贫困，可他过得挺快活的。' « Bien qu'il vienne d'un foyer très pauvre, il a une vie très heureuse. » Pour les autres superlatifs absolus, on peut trouver, entre autres, dans les registre oral ou familier :

• 特 *tè* : terme d'usage en même temps très ancien et classique, et oral et familier. '你以为她跟你特铁呀，我当着你的面前就可以把她勾搭走。' « Tu crois qu'elle tient à toi tant que ça ? Je peux la séduire et l'embarquer sous ton nez. »

• 巨 *jù* : '和脚巨臭的人在一个寝室是一种怎么的体验？' « Qu'est-ce que ça fait de partager une piaule avec quelqu'un qui pue atrocement des pieds ? »

• 倍儿 *bèir*. Argot d'origine pékinoise, mais très répandu. '这个 *feel* 倍儿爽' « Ce feeling est très cool », refrain d'une chanson de Zhang Dawei datant de 2014. On rencontre très souvent 倍儿棒 « excellent, suprême » : '特朗普体检身体倍儿棒！' « La santé de Trump est plus qu'excellente ! » (*XHW, 2018*)

• 贼 *zéi*. Utilisé dans certaines expressions, voir un ex. à ⌐*gueux* ⌐*terrible, vachement*

Trinquer

Dans le sens « souffrir, subir un préjudice » ; « être désavantagé ».

• 吃亏 *chīkuī*. S'applique aux personnes comme aux concepts. '中美贸易战熄火，你以为中国吃亏了？' « Pensez-vous que la Chine va trinquer du fait de l'arrêt de la guerre commerciale avec les États-Unis ? » (*Sina, 2018*)

Tripette (ne pas valoir ~)

• 狗屎不如 *gǒushǐ-bùrú* « ne vaut même pas de la merde de chien ». Ne rien valoir ; pas un clou. '他如果帮不下准生哥，那这多年的苦读真是狗屎不如。' « S'il n'est même pas capable d'aider son grand-frère Huaisheng, toutes ces années passées à étudier comme un forcené ne valent pas tripette. »[65]

Trique (sec comme un coup de ~)
• 骨瘦如柴 *gǔshòurúchái*. Excessivement maigre. N'avoir que la peau sur les os. ☞ *os*

Trois
• 仨 *sā*. Oral, dialectes du Nord. Remplace 三人 mais aussi 三 simplement ; après ce caractère, jamais de spécificatif : 我们仨，仨苹果 « nous trois, trois pommes ». '要是不回天上去，就把你们仨都变成石头山。' « Si vous ne retournez pas au ciel, je vous transforme tous les trois en gros tas de caillasse. »[15]

Trognon ☞ *pourri jusqu'au ~*

Tronche (tirer la ~)
• 摆臭脸 *bǎi chòuliǎn*. Une expression qui n'a pas plus d'une quinzaine d'années mais s'est bien imposée. '美国研究：上班摆臭脸，可以提升工作效率！' « Une étude américaine montre que tirer la tronche au bureau peut augmenter votre productivité ! » *(popol-mag, 2018)*. Se construit avec 对 (tirer la tronche à qqun).
• 拉长脸 *lā chángliǎn* « tirer une longue figure » : l'équivalent presque exact de « tirer une tête/ tronche/ gueule de six pieds de long ».

Trône (aller sur le ~), là où le roi va seul, à la selle.
• 出恭 *chūgōng*. C'est l'expression polie pour « aller couler un bronze ». Elle s'utilisait quand un convive était bien obligé de sortir de table. '出恭的时候是人防御力最弱的时候之一。' « Quand on est sur le trône, c'est le moment où l'on est le plus vulnérable. » *(PR, 2016)*

Trop bon, trop con ☞ *brebis*

Trou (boire comme un ~) ☞ *vache*
• 狂饮 *kuángyǐn* « boire comme un fou, un forcené », ou 暴饮 *bàoyǐn*. '他抢过蒙古酒壶，仰头对天，暴饮起来。' « Après s'être emparé d'une outre mongole, il leva le visage vers le ciel et se mit à boire comme un trou. »[38]

Trou (ne pas être sorti de son ~)
• 没开过眼 *méikāiguò yǎn* « ne pas avoir ouvert les yeux ». Rustique. Avoir peu vu, peu vécu.

Trouble-fête (jouer les ~)
• 扫…的兴 *sǎo... de xìng*. Valable dans les deux sens de « trouble-fête » : soit quelqu'un qui casse l'ambiance (rabat-joie, éteignoir), soit quelqu'un qui sème le doute ou l'inquiétude, qui met des bâtons dans les roues. Le plus souvent employé à la négative : '我不想扫你们的兴，但…' « Je ne veux pas jouer les trouble-fête, mais… » '为何这一政策会失败呢？因为美国在继续扫它们的兴。' « Pourquoi cette tactique risque-t-elle d'échouer ? Parce que les États-Unis continuent à jouer les trouble-fête. » *(Sohu, 2017)*

Troufion ☞ *bidasse, branquignol*[INS]

Trouillard ☞ *poltron, poule mouillée*

Trouille (avoir la ~), flanquer la ~
• 掉魂 *diàohún* « perdre l'âme ». '怎么回事呀？下掉了魂儿啦！' « Qu'est-ce qui se passe ? Vous êtes vert de trouille ! »[29]
• Flanquer la trouille : 吓死 *xiàsǐ* ☞ *peur, trembler*

Truc : astuce, piège
• 伎俩 *jìliǎng*. '警方披露网络投资诈骗惯用伎俩。' « La police a percé à jour le piège utilisé par des fraudeurs aux investissements en ligne. » *(Sina news, 2018)*. Truc,

astuce (péjoratif), piège minable : 小伎俩 *xiǎo jìliǎng*. '日航空公司使小伎俩：只在中文网改称"中国台湾"。' « L'astuce minable des compagnies aériennes japonaises : elles n'utilisent le terme de "Taïwan, Chine" que sur le web en chinois. » *(Sina news, 2018)*
• Truc éventé, bidon : 老一套 *lǎoyītào*. On peut dire : 骗人的伎俩 « un artifice, une manœuvre trompeuse », 骗人的老一套 « une vieille arnaque éventée ».

Truc : machin, bidule
• 玩意儿 *wányìr*. '什么玩意儿？' ou '啥玩意儿？' « Qu'est-ce que c'est que ce truc ? » Terme originaire des dialectes du Nord mais compris partout. Autre sens : ☞ *mec*
• 名堂 *míngtáng*. Voir ex. à ☞ *saloperie de*[INS]... *Remarque :* moins fréquent dans ce sens que dans les autres : combine, procédé ; succès, résultat ; réputation.
• Si le « truc » en question est louche, dangereux, démoniaque, ou simplement bizarre : 鬼东西 *guǐdōngxi*. '海参？这是什么鬼东西？' « Une holothurie ? Qu'est-ce que c'est que cette diablerie ? »

Truc : talent, compétence
• 绝活儿 *juéhuór*. Talent ou compétence particuliers dans tel ou tel domaine. '我等着瞧你们的绝活儿呢！' « J'attends, montrez-nous donc vos talents ! » '使杀人犯获无罪释放一直是他的拿手绝活。' « Son talent spécial, ça a toujours été de faire acquitter et libérer des meurtriers. »

Tuer ☞ *buter, liquider*

Tuile, quelle tuile !
• 无妄之灾 *wúwàngzhīzāi*. Malheur, catastrophe imprévue. Expression choisie en 2018 pour traduire le titre de la série anglaise *Ordeal by innocence* (sans réel rapport avec le sens original). '我要好好做人，就不会招来无妄之灾。' « En me comportant en type correct, je ne devrais pas m'attirer trop de tuiles. » Pour traduire « Quelle tuile ! » : '（这）真是无妄之灾！无妄之灾啊！' et autres variations sur le même thème.

Turc (tête de ~), souffre-douleur
• 受气包儿 *shòuqìbāo* « sac à recevoir la colère ». Être constamment en butte aux railleries et vexations. Paillasson, souffre-douleur. '难道他薛胜强真是受气包的命，为了让老母亲睡个安稳觉，包个二奶都弄得这么卖命。' « Et lui, Xue Shenqiang, il doit vivre cette vie de paillasson, pour que sa mère puisse dormir en paix, pour pouvoir entretenir une maîtresse, il doit se tuer à la tâche. »[34]
☞ *bouc émissaire, chapeau*

Type, gars ☞ *mec*

Tyran domestique
• 窝里横 *wōlǐhèng*. Un homme qui se comporte en tyran à la maison, mais en lâche à l'extérieur. L'expression désigne à l'origine les enfants qui sont des sales gosses chez eux, mais très sages ailleurs.

Urge (ça ~, ça presse), urgent
• 迫在眉睫 *pòzàiméijié* « il y a pression sur les cils et sourcils ». Urgent, imminent ; péril en la demeure. Contrairement à l'expression proche suivante, celle-ci sert en adjectif, verbe ou adverbe. '他承认现在最迫在眉睫的问题是： …' « Il reconnaît que désormais, le problème le plus urgent est : ... » *(PR, 2005)* '现在失去她的可能已迫在眉睫。' « Maintenant, la possibilité qu'il la perde est plus que concrète. »

Urgence
• 燃眉之急 *ránméizhījí* « urgence à brûler les sourcils ». Affaire extrêmement urgente ou pressante. Cette expression qui existe sous cette forme depuis le roman *Au bord de l'eau,* sert en substantif. '当你有困难时别着急，兄弟解决你的燃眉之急。' « Si tu fais face à des difficultés, pas de panique, ton frère va régler cette urgence ! » *(QQ, 2018).* Variante : 当务之急 *dāngwùzhījí.*

• 急茬儿 *jíchár.* Peut servir en nom, seul, ou en adjectif, suivi de 事. '两家人也因为这件"急茬儿事"，关系变得更加密切。' « Grâce à cette "affaire urgente" *[qu'il ont eu à gérer ou affronter ensemble],* ils se sont encore plus rapprochés l'un de l'autre. »
• Antonyme : affaire non pressante. 不急之务 *bùjízhīwù.* '其他事情都不过是不急之务。' « Tout le reste, ce n'est pas pressé. » *(Zhihu, 2017)*

Vache (plein, saoul comme une ~)
• 烂醉如泥 *lànzuìrúní* « réduit à l'état de flaque de boue ». Bourré comme une huître, rond comme une queue de pelle. '凌晨，一 20 岁左右的女孩烂醉如泥，半身 赤裸地躺在地上。' « À l'aube, une jeune femme d'environ 20 ans est allongée par terre, à moitié nue, saoule comme une vache. » *(Sina, 2018)* Variante est : 醉成一摊泥, voir ex. ☞ *ivrogne*

Vache enragée (bouffer de la ~)
• 吃枪药 *chī qiāngyào* « avaler de la poudre », parfois 吃枪子儿 *chī qiāngzĭr* « avaler une balle ». Énervé, très irritable, susceptible de se mettre en colère sans vraie raison ; être à cran. '你今天吃枪 药了吗？' « T'as bouffé de la vache enragée aujourd'hui ou quoi ? » Le sens initial, plus immédiat et plus répandu, de la seconde version est « se prendre une balle » (être exécuté, recevoir la peine capitale).

Vache qui pisse (il pleut comme ~)
Il n'existe à notre connaissance pas d'expression aussi grossière en mandarin pour désigner une très forte pluie ; voir ☞ *torrentielle*

Vachement, extrêmement
Les expressions ci-dessous s'utilisent toutes en suffixe après des adjectifs ou des verbes ; elles sont rangées ici dans l'ordre croissant de familiarité : 得慌 est plus correct que 得要命, qui l'est plus que 成狗. Cette dernière expression est par ailleurs née récemment, en ligne avant d'être aussi utilisée à l'oral.

• +得慌 *dehuāng* : 饿得慌 affamé, 累得慌 crevé/fourbu, 热得慌 caniculaire, etc. '这样更好，爱太累 得慌。' « C'est mieux comme ça, l'amour c'est vachement fatigant. »[24]
• +得要命 *de yàomìng*. '吃什么 饭？我饿得要命。' « Qu'est-ce qu'on mange ? J'ai une de ces dalles ! » ☞ *mort de...*
• +成狗 *chéng gŏu* « devenir chien ». Bien que la comparaison se fasse avec un chien et pas une vache, le fait qu'il s'agisse bien d'un animal fait de l'expression la meilleure candidate pour traduire « vachement », ou toute autre expression superlative impliquant des animaux. Voir des exemples à ☞ *chaleur de bête, chien (froid de), chien (malade), fatigue (mort de), fou rire, surbooké, veau (pleurer)*

Vagabond
• 流浪汉 *liúlànghàn*. Vivant d'expédients, de vols à la petite semaine. C'est aussi le surnom chinois de Charlot, le personnage de Charlie Chaplin, « le Vagabond ».

Vagues (faire des ~)
• 兴风作浪 *xīngfēng-zuòlàng* : la traduction est valable au propre comme au figuré ; soit « causer des tempêtes », soit « semer le désordre, causer des ennuis ». '在 任何时候，总有一些好事者兴 风作浪，胡乱起哄。' « Quel que soit le moment, il y a toujours des intrigants pour faire des vagues et semer la merde. » ATTENTION : 好事者 est ici prononcé *hàoshìzhe*.

Vaisseaux (brûler ses ~)
• 沉舟破釜 *chénzhōupòfŭ* « couler ses vaisseaux et briser les

chaudrons » : s'engager dans une lutte à mort, acharnée, sans recul ni retraite possible.

Valoir (ne rien ~)
• 要不得 *yàobude*. Pour une personne, une chose, un concept. '不过，你是否认为这个人简直要不得呢？' « Mais tu penses vraiment qu'il ne vaut rien ? »[82]
☞ *gomme, roupie, tripette*

Vanter (se ~), fanfaronner
• 吹牛 *chuīniú* ou 吹牛皮 *chuī niúpí*. « Faire gonfler la peau de bœuf », terme d'usage très courant. '别听他的，他喜欢吹牛。' « Ne l'écoute pas, il adore se vanter. » Parfois combiné avec 放大炮 *fàngdàpào*, « tirer le gros canon » : bluffer, exagérer, fanfaronner. '这家伙就会吹牛皮放大炮。' « Ce type est un as du fanfaronnage ! »
• 夸…海口 *kuā … hǎikǒu* (souvent : 夸下). '夸下这么大的海口，柯海怎么办？' « Devant de telles énormes vantardises, que pouvait faire Ke Hai ? »[39] '美国有夸海口四架轰炸机能完全摧毁中国航母编。' « Les Américains se vantent de pouvoir annihiler un groupe aéronaval chinois avec seulement quatre bombardiers. » *(Sina, 2018)*
• Plus fort ☞ *péter (se la)*

Vapes (dans les ~) ; être parti
• 醉蒙蒙 *zuì méngméng*. '张久醉蒙蒙回到家中。' « Zhang Jiu rentra chez lui, complètement dans les vapes. »[69]
• 醉眼朦胧 *zuìyǎn ménglóng*. Être dans un état d'hébétude, avoir le regard vitreux ou brouillé, à cause de l'alcool. '他喝得头重脚轻，醉眼朦胧。' « Il buvait jusqu'à avoir la sensation de décoller du sol et d'être parti. »[454]

Vau-l'eau (tout part à ~)
• 世风日下 *shìfēngrìxià* « la morale de la société baisse de jour en jour ». Tout part à vau l'eau ; c'était mieux avant. '世风日下！悉尼青少年就这样对待老人？！' « Tout part à vau-l'eau ! Est-ce ainsi que les jeunes de Sidney traitent les vieux ?!! » *(澳洲新闻网, 2018)*
• 付诸东流 *fùzhū-dōngliú*. Aller ou laisser aller à vau-l'eau ; tomber à l'eau, échouer.

Vautrer (se) ☞ *gamelle, planter (se)*

Veau (pleurer comme un ~)
• 哭成狗 *kū chéng gǒu* « pleurer à devenir chien », sous le coup d'une immense tristesse.

Vedette (voler la ~)
• 抢风头 *qiǎng fēngtóu*. '女主角的风头全被她抢去了!' « Elle a totalement volé la vedette à l'actrice principale ! » *(CD, 2012)*

Veinard ☞ *cocu*
• 幸运儿 *xìngyùn'er* (substantif). '这世上不如意十之八九，所以能做一个幸运儿真的太令人羡慕了。' « En ce bas-monde il n'y a presque rien qui se passe comme on le souhaite, ce qui explique que les veinards suscitent l'envie chez les autres. » *(Sina 2018)*

Vengeance (La ~ est un plat qui se mange froid)
• 君子报仇，十年不晚 *jūnzǐ bàochóu, shínián bù wǎn* « Pour un gentilhomme, même après dix ans il n'est pas trop tard pour se venger ».

Vent
• Du ~, du flanc ☞ *bluff, chiqué*
• Brasser du ~ ☞ *air (brasser)*

Vent, veste, rateau (se prendre…)
☞ *bec (tomber), porte (trouver)*

Vent (lâcher un ~, un gaz)
• 泄气 *xièqì*. Terme ancien (depuis les Song) ; aujourd'hui, sert surtout dans le sens ☞ *dégonfler (se)*

Ventre (yeux plus gros que le ~)
• 眼高手低 *yǎngāoshǒudī*. Ne pas avoir les moyens de ses ambitions. '学习中如何解决眼高手低的问题。' « Pendant ses études, comment résoudre le problème qui consiste à avoir les yeux plus gros que le ventre. » *(Sina, 2018)*

Ver (nu comme un ~) ☞ *poil (à)*
• 一丝不挂 *yīsībùguà* « ne pas porter un fil ». '为了期末不挂科，某同学决定晚上裸睡，取一丝不挂吉祥之意。' « Pour ne pas se planter aux examens de fin de semestre, un étudiant a décidé de dormir à poil, car être nu comme un ver est censé porter chance. »

Vergogne (sans ~), sans pudeur
• 没皮没脸 *méipí-méiliǎn* « sans peau ni face ». '滚开，你这个没皮没脸的东西！' « Hors d'ici, créature sans vergogne ! »[448]
• 死不要脸 *sǐbùyàoliǎn*. Ne connaître aucune honte. '都是这个死不要脸的……' « C'est encore cette sans pudeur de... »[82] L'expression 不要脸 existe aussi, l'adjonction du 死 la rend beaucoup plus virulente (« il ne chie pas la honte... »).
• 死皮赖脸 *sǐpílàiliǎn* « peau morte qui colle au visage ». Personne sans pudeur dont il est difficile de se débarrasser. Parfois abrégé en 死皮. '薛胜强，你简直是个死皮！' « Xue Shengqiang, vous n'êtes qu'un grossier personnage ! »[34]

Vertes et des pas mûres (des ~)
• En avoir vu des ~ : 久经沙场 *jiǔjīng shāchǎng* « avoir une longue expérience du champ de bataille ». Avoir beaucoup vécu. L'expression s'utilise aussi, au sens propre, pour les soldats vétérans. Voir ex. à ☞ *renard*

Verticalement différencié ☞ *nabot*

Vessies ☞ *lanternes*

Veste (retourner sa ~)
Changer d'avis ; changer de camp, trahir. Tourner casaque.
• 倒戈 *dǎogē*. À l'origine « retourner ses armes, changer de camp, passer à l'ennemi ». '印度三大邻国全部倒戈中国?' « Les trois grands voisins de l'Inde vont-ils retourner leur veste et passer dans le camp de la Chine ? » *(Sina, 2018)*
• 反水 *fǎnshuǐ* « retourner l'eau ». '一些中国网民也在调侃，说这位"中国人民的老朋友"反水了。' « Quelques internautes chinois disent en persiflant que ce "vieil ami du peuple chinois" aurait tourné casaque. » *(Global Times 2018)*

Vétéran, vieux de la vieille
Dans le sens « rusé, plein d'expérience » plutôt qu'ancien militaire.
• 老手 *lǎoshǒu*
• 老积年 *lǎojīnián*
• 老江湖 *lǎojiānghú*. '须知我也是个老江湖，岂肯上你的当。' « Sachez que je suis moi aussi un vieux de la vieille, et que je ne saurais tomber dans ce piège. » *(二十年目睹之怪现状, roman de 吴沃尧, 1910)*
☞ *renard (vieux)*

Vie
• Gagner sa ~ ☞ *croûte*
• Vie insipide, ignoble ☞ *vivoter*
• Mener la vie dure ☞ *dure*

Vie (Dégoûté, fatigué de la ~)
• 活腻了 *huónìle*. '俺早就活腻味了，整天打鱼锅里不见鱼。' « Je suis dégoûté de la vie depuis si

longtemps à force de pêcher sans jamais rien avoir dans mon assiette. »[15] (*Il n'a rien dans son assiette parce que les fonctionnaires corrompus oppressent le peuple par les taxes*). Également dans le sens « jouer avec le feu » : '你敢偷我的火车票？简直活腻了！' « Tu oses essayer de me voler mon billet de train ? T'es fatigué de vivre ? » Autrement :
• 活得不耐烦了 *huó dé bù nàifán le.* '是哪位活得不耐烦了，先头前走一步！' « Lequel de ces messieurs est-il fatigué de vivre ? Qu'il s'avance donc en premier ! »[682]

Vie quotidienne
• 吃喝拉撒 *chīhēlāsā* « manger, boire, chier & pisser ». Besoins, routine, problèmes de la vie. Pas tout à fait l'équivalent de « métro, boulot, dodo », même si en version moderne le *chengyu* est souvent complété par 睡. '生活，不过如此，吃喝拉撒睡！' « La vie, ça casse pas des briques, ça va pas beaucoup plus loin que manger, boire, chier, pisser et ronquer ! » *(Sina, 2014)*

Vie (Tant qu'il y a de la ~, il y a de l'espoir)
• 留得青山在，不愁没柴烧 *liú dé qīngshān zài, bù chóu méi chái shāo* « Tant qu'il y aura des montagnes vertes, on ne craindra pas de manquer de bois de chauffage. » '兄弟，兄弟，醒醒！留得青山在，不愁没柴烧！' « Frère, frère, réveille-toi ! Tant qu'il y a de la vie, il y a de l'espoir ! »[85]

Vieillard, vieil homme
• 老头儿 *lǎotóur.* '原来是一个六十来岁的老头儿，扛着一个鼓鼓的麻袋。' « C'était un vieillard

dans la soixantaine, qui portait un sac de jute bien rebondi. »[457]
• 老汉 *lǎohàn.* Voir ex. ⌒ *roulée.*
• 老家伙 *lǎojiāhuo* « vieux, vieux type ». Plus familier, parfois carrément péjoratif : « vieux birbe, vieux barbon ». '那老家伙几个月内就会吹灯拔蜡了…' « Ce vieux-là, je ne lui donne pas plus de quelques mois pour y passer. »

Vieux ⌒ baderne[INS], fou[INS] (vieux), gâteux[INS], schnock[INS]

Vieux (parents), daron, père
• 二老 *èrlǎo* ou 两老 *liǎnglǎo* « les deux vieux » : parents âgés.
• 老子 *lǎozǐ.* '他老子是个黑社会的出名的头儿。' « Son daron, c'est un chef fameux de la pègre. »
ATTENTION : employé seul, peut signifier « je, moi » ⌒ *Je*
• 老爷子 *lǎoyézi.* '你明天就可以来，我老爷子不在家。' « Tu peux venir demain, mon vieux n'est pas à la maison. »
• 老头（儿）*lǎotóur,* 老头子 *lǎotóuzi.* Comme le précédent, ces derniers termes peuvent aussi simplement désigner un vieillard.

Vieux beau
Homme âgé ou d'âge mûr qui s'habille, se comporte comme un jeune.
• 老来俏 *lǎoláiqiào.* '那个酒吧不是一个寻找约会的好地方，除非你真想找一个老来俏之类的人物。' « Ce bar n'est pas un bon endroit pour rencontrer des gens, sauf si tu tiens vraiment à te trouver un vieux beau. »

Vieux frère, mon vieux !
• 老哥 *lǎogē.* Entre amis. '贵亭老歌，你怎么一下子把我当外人了？' « Vieux frère Guiting, comment se fait-il que tu me traites tout soudain comme un étranger ? »[458]

Vin, alcool

• 杯中物 *bēizhōngwù* « La chose dans le verre ». Vin, alcool. Une façon élégante de désigner la chose, toujours très courue.

Vin (quand le ~ est tiré, il faut le boire) ; ne plus pouvoir reculer.

• 一不做二不休 *yī bùzuò èr bùxiū* : '一不做二不休。依我看，干脆把他去见阎王了。' « Le vin est tiré, il faut le boire. Pour moi, y'a plus qu'à carrément lui faire rejoindre ses ancêtres… »[65]

• 骑虎难下 *qíhǔnánxià* « Quand on chevauche un tigre, il est difficile d'en descendre. » '爸爸巴不得自己什么都没承认过，但他骑虎难下了，只有点了点头。' « Papa aurait tout donné pour n'avoir rien admis, mais il en avait trop dit et ne pouvait plus reculer. Il ne lui restait plus qu'à acquiescer. »[34]

Violon (pisser dans un ~)
Deux expressions, l'une proverbiale, l'autre plus vulgaire.

• 竹篮打水一场空 *zhúlán dǎshuǐ yīchǎngkōng* « Puiser de l'eau avec un panier en bambou : il reste vide ». On pourrait traduire par « le tonneau des Danaïdes », mais ce serait un peu trop littéraire pour un proverbe populaire. '朱程前追她追到手了，结果呢，竹篮打水一场空！' « Zhu Chengqiang l'a draguée jusqu'au momant où elle a fini par céder, mais au résultat, c'était comme s'il avait pissé dans un violon ! »

• 有个屁用 *yǒu gèpìyòng* « utile comme un louf ». '跟同事搞好关系有个屁用。' « Avoir de bonnes relations avec ses collègues, c'est comme pisser dans un violon. » *(Baidu 2018)* L'expression peut aussi servir à la forme interroga-

tive : '男人长的帅有个屁用呀？' « Est-ce que ça a une quelconque utilité pour un mec d'être beau ? » *(Sina 2009)*

VIP ☞ *huile, légume (grosse)*

Vipères (nid, nœud de ~)

• 是非之地 *shìfēi zhī dì*. Nid de rumeurs ; endroit où les moqueries et les médisances volent très bas. '这儿是一个是非地，每个人都用冷邪的表情冲着我笑。' « C'est un vrai nid de vipères par ici, tout le monde se moque de moi de la façon la plus cruelle. » *(Sina, 2007)*

Virer, chasser, expulser

• 撵走 *niǎnzǒu*. Synonyme un peu plus brutal de 赶走. '他认为以色列真实的动机是要将阿拉伯人撵走。' « Il estime que les Israéliens n'ont pour véritable motivation que de virer les Arabes. » *(VOA, 2009)*

Virer, sacquer, licencier

• 炒 *chǎo* ou 炒掉 *chǎodiào*. '很有可能那个混蛋会因为给企业文化抹黑而被炒掉。' « Il est très possible que cet abruti se soit fait virer pour avoir sali la culture d'entreprise. »

• Variante : 炒鱿鱼 *chǎoyóuyú* « frire le calmar ». Expression qui s'est répandue à partir du cantonais. '与其被公司炒鱿鱼，不如提前辞职。' « Il vaut mieux démissionner en avance que de se faire sacquer. » '咦，阿龙你又开小差？老板知道一定炒你鱿鱼。' « Hé ? Tu as encore quitté ton poste, Ah Long ? Si le patron l'apprends tu vas te faire virer. »[70]

Vivoter, végéter, survivre sans vivre

• 苟且偷生 *gǒuqiě-tōushēng* « voler une vie de façon inappropriée ». '在日寇侵略时期，他苟

且偷生地做个小买卖，但没干过坏事。' « Pendant l'occupation du pays par les bandits japonais, il vivotait minablement avec son petit commerce, mais il n'a rien fait de mal. » 尽管公子不杀我，但我有三条不能苟且偷生的理由。' « Prince, bien que vous refusiez de me tuer, j'ai trois raisons pour ne pas pouvoir continuer à mener cette ignoble existence. »[64]

Voir : on verra bien / Vous verrez !
• 走着瞧 zǒuzheqiáo. Dans le 1er sens, équivalent de l'anglais « Wait and see » : '你跟她怎么样了？' '走着瞧呗' « Elle et toi, ça se passe comment ? » « On verra bien ! » ; dans le second, menaces voilées envers l'interlocuteur, censé se rendre à l'avis du locuteur. '大使发出严厉警告：中国无论如何都会统一台湾，不信咱们走着瞧！' « L'ambassadeur lance un avertissement solennel : « Quoi qu'il advienne, la Chine et Taïwan seront réunifiées, si vous n'y croyez pas (aujourd'hui), vous serez bien obligés d'en croire vos yeux plus tard ! » *(Sina, 2018)*

Volé (il ne l'a pas ~)
• 罪有应得 zuì yǒu yīng dé. Il l'a bien mérité, bien fait pour sa gueule. '他因为赌博进了局子，真是罪有应得。' « C'est le jeu qui l'a envoyé en prison, il ne l'a pas volé ! » ☞ *bien fait*

Voler
• Voler à la tire : 扒窃 páqiè. '通过便衣蹲守、民警秘密跟踪，我市警方成功打掉一个公交扒窃团伙。' « Grâce à des planques en civil et des filatures policières discrètes, la police de la ville a réussi à démanteler un gang de voleurs à la tire dans les transports

en commun. » *(PR, 2018)* ☞ *pickpocket, poches (faire les)*
• 小偷小摸 xiǎotōu-xiǎomō : comportement de petit voleur, voleur à la petite semaine. S'emploie en verbe, adjectif, adverbe.
• 偷鸡摸狗 tōujīmōgǒu. Syn. du précédent. « Voleur de poules » ; s'est élargi à tous les actes de vols ou rapines. '美军士兵没少偷鸡摸狗。' « Chez les soldats américains, il y en a tous un tas qui ne se privent pas de voler. » *(Sina, 2018)*
• 鼠窃狗偷 shǔqiègǒutōu. Idem. Ces deux dernières expressions ont aussi un sens dans le domaine sexuel ☞ *adultère[SEX]*
• Vol à l'étalage ☞ *faucher*

Voleur
Au-delà de 小偷 qui reste le terme le plus courant et le plus oral :
• 窃贼 qièzéi. Voleur, terme général.
• 佛爷 fóye « grand-père Bouddha ». Argot de la pègre pékinoise.
• 贼娃子 zéiwázi « bébé voleur » (Sichuan)
• Au ~ ！有贼！ yǒuzéi! 捉贼 zhuōzéi! ☞ *bandit, brigand, monte-en-l'air, pickpocket, voyou[INS]*

Vrac (en ~), à vau-l'eau, en désordre, en bordel ☞ *bordel*
• 乱七八糟 luànqībāzāo. '别夸奖我啦！我尽力而为，可就怕天下老这么乱七八糟！' « Je ne mérite pas tant d'éloges ! J'ai fait de mon mieux, mais à quoi ça sert si le pays part à vau-l'eau ! »[29]
• 七横八竖 qīhéngbāshù ou 横七竖八. Pêle-mêle. '昨天还在喊叫的几千伤员全死了，横七竖八地躺在那里，一动不动。' « Les quelques milliers de blessés qui, hier encore, hurlaient de plus belle, étaient tous morts, allongés là pêle-mêle, immobiles. »[23]

Yankee ♂ *américain, Ricain*[INS]
• 洋基 *yángjī*. Utilisé spécifiquement pour traduire « Yankee », y compris en nom propre (les *Yankees*, équipe de base-ball de New York, etc)

Yeux (fermer à demi les ~)
• 耷拉眼皮 *dāla yǎnpí*. Laisser pendre les paupières. '他耷拉下眼皮，慢吞吞的道：' « Il ferma les yeux à demi et dit très lentement :… »[65]

Yeux (jeter de la) poudre aux ~
• 耍花枪 *shuǎ huāqiāng* « manier la lance fleurie » : mouvements d'arts martiaux impressionants mais pas forcément efficaces.. Faire de l'épate ; jouer de tours minables pour tromper les gens, finasser. ATTENTION : l'expression homophone 耍花腔 a un sens proche, mais pas tout à fait semblable : embobiner qqun par de belles paroles ♂ *baratin* . À l'écoute, on ne distingue pas ces deux expressions, et leur sens se confond à peu près.
• 摆样子 *bǎi yàngzi*. Faire quelque chose pour l'épate, pour la façade. '和谐社会不是摆样子的哦！' « Ah ! La société harmonieuse, ce n'est pas de la poudre aux yeux (pas que de la façade) ! » *(Sina, 2007)*

Yeux (lever les ~ au ciel)
En signe d'exaspération, de mépris, d'insatisfaction.
• 翻白眼 *fānbáiyǎn* « montrer le blanc des yeux ». Il s'agit à l'origine d'un terme décrivant l'imminence de la mort. '蓝衣记者火了，对提问娘翻的白眼太经典。' « La journaliste en bleu, furieuse envers sa collègue qui servait la soupe, a levé les yeux au ciel d'une façon qui est d'ores et déjà un grand classique. » *(mars 2018, après un épisode de journalisme obséquieux qui a fait beaucoup de bruit en Chine et à l'étranger. Le terme 提问娘 est lui-même un néologisme créé à cet occasion).*

Yeux (ne pas avoir froid aux ~)
• 胆大包天 *dǎndàbāotiān*. Très courageux, téméraire ; avoir du cran. '你真是胆大包天，竟敢对他如此无礼。' « T'as pas froid aux yeux, de lui manquer autant de politesse ! » '你竟敢用石头冒充宝玉骗我，真是胆大包天！' « Tu es bien téméraire d'oser essayer de me tromper en faisant passer une simple pierre pour du jade précieux ! »[98]

Yeux plus gros que le… ♂ *ventre*

Yeux (sauter aux ~)
• 彰彰在目 *zhāngzhāngzàimù*. Évident, clair comme de l'eau de roche. '他的不足之处便彰彰在目。' « Ses lacunes sautent aux yeux. » '香港近年社会陷于撕裂，年青人普遍存在逆反心态，彰彰在目。' « Il est évident que la société hong-kongaise se délite depuis des années et que les jeunes se trouvent dans un état de rébellion générale. » *(Mingpao, 2018).*

Yeux (sous les ~ de)
• 眼皮(底)下 *yǎnpídǐxià* « sous les paupières ». '太平洋舰队眼皮下俄船遭劫。' *(titre)* « Un navire russe victime d'une catastrophe sous les yeux de la Flotte du Pacifique. » *(Global Times, 2004)*

Yuppie • 雅皮士 *yǎpíshì*

Zarbi

Bizarre, louche, anormal

• 邪门儿 *xiéménr*. D'abord pékinois, ce terme est aujourd'hui répandu partout. '天气真是邪门儿，一会儿冷一会儿热。' « Ce temps c'est trop zarbi, un coup y fait froid, un coup y fait chaud. » '这位杭州女子长得很有味道，可是有点邪门儿。' « Cette nana de Hangzhou est plutôt appétissante, mais elle est un peu bizarre. » *(PR, 2010)*

Zen (attitude ~, génération ~)

• 佛系 *fóxì* « (appartenant à la) faculté 'Bouddha' ». Terme inspiré d'une expression japonaise, a commencé à se répandre en Chine fin 2017 pour devenir très populaire en 2018. Désigne les jeunes gens qui recherchent une certaine sérénité et voient la vie avec philosophie (« *Que sera sera* »), plutôt que de privilégier l'aspect purement matérialiste des choses. Le sens peut être assez péjoratif, puisqu'il implique un certain désintérêt pour les relations amicales, affectives ou pour la société en général. On pourrait parler de « Bof génération » : 佛系青年.

Zéro (boule à ~)

• 秃瓢儿 *tūpiáor* « calebasse chauve ». Légèrement péjoratif. '他身旁是个又瘦又小的男孩子，脑袋剃成士兵的秃瓢。' « À côté de lui se tenait un petit garçon malingre, avec la boule à zéro comme un soldat. » '师傅，推个秃瓢儿！' *(chez un coiffeur à l'ancienne)* « Patron, la boule à zéro ! » *(Toutiao 2016)*

Zéro (moral à ~) ⌐ *moral*

• 无精打采 *wújīngdǎcǎi*. Moral dans les chaussettes, à plat, déprimé, découragé, sans énergie aucune ; . '家中没啥吃的了，他只好背上弓箭，拿上猎叉，无精打采地向森林走去。' « Quand il n'y avait plus rien à manger à la maison, il ne lui restait plus qu'à partir vers la forêt, le moral à zéro, avec arc et carquois sur le dos et son trident de chasse à la main. »[97] On trouve aussi, moins fréquemment : 没精打采 *méijīngdǎcǎi*.

• 霜打的茄子 *shuāng dǎ de qiézi* « aubergine frappée par le givre ». Il s'agit de la première partie d'un *xiehouyu* dont la conclusion est : —— 蔫啦 « elle est flétrie »… comme le moral peut l'être. '她反而嘘寒问暖，关怀备至，春风细雨一样照料着爸爸这打了霜的茄子。' « Elle a été aux petits soins pour lui, elle l'a dorloté pour lui remonter le moral, à papa qui l'avait complètement à zéro. »[34]

Zéro pointé (récolter un ~)

• 吃鸭蛋 *chī yādàn* « manger l'œuf de cane ». Avoir la plus mauvaise note à un examen, un concours, une compétition. L'œuf de cane a la forme du 0. '这次的数学考试恐怕又要吃鸭蛋了！' « J'ai bien peur que cette fois encore je me prenne un zéro pointé à l'interro de maths ! »

Deuxième partie

INSULTES, INJURES & JURONS

你妈 B，

你妈蛋，

你妈死在火车站，

全国人民都来看，

你妈是个山药蛋！ [1]

QUE NOUS DIT cette charmante petite comptine ? D'abord que les enfants sont bien partout les mêmes (les sales petites engeances) ; ensuite que les insultes et jurons sont l'un des éléments essentiels à la texture et à la saveur d'une langue, et surtout, l'un des principaux moteurs de son évolution. Au deuxième vers, le néologisme 妈蛋 est ainsi né d'un processus évolutif à double détente : d'abord, l'introduction dans la langue chinoise, via Internet, du terme anglo-saxon *madman* (fou) ; puis, cette expression étant considérée comme vulgaire et donc susceptible d'être censurée, sa transformation (on parle en Chine d'« harmonisation ») par assimilation phonétique en 妈蛋, pinyin *mādàn*, pour aboutir à un mot dont le sens péjoratif initial s'est émoussé et qui peut désormais signifier à peu près tout, du moment qu'il s'agit de sentiments ou de sensations fortes. Le lecteur sera bien avisé, cependant, de ne pas prêter entière foi à ce qui précède, car il existe bon nombre d'autres versions, fort variables et plus ou moins crédibles, de l'étymologie de ce terme.

Après cette brève introduction qui n'avait pour seule ambition que de procurer un semblant de vernis scientifique à un chapitre entier dont la compilation n'aura été qu'une longue jubilation coprolalique, nous ne donnerons qu'un seul conseil (mais le bon) à l'apprenti sinophone avant qu'il ne se jette sur les pages qui suivent : de n'utiliser les termes qu'il s'apprête à découvrir ou redécouvrir qu'à bon escient, c'est-à-dire le moins souvent possible et seulement en compagnie de bons amis à même d'apprécier la vastitude et la profondité de ses connaissances linguistiques.

RAPPEL : **les renvois marqués d'un astérisque * désignent un article du lexique principal.** Sans astérisque, ils renvoient à un article de cette deuxième partie.

---

[1] *« Par le c.. d'ta mère*
   Qu'a des araignées au plaftard
   Ta mère est morte à la gare
   Et tout l'pays vient la voir
   Ta mère est une pomme de terre ! »

Abruti, abruti ! Ahuri

• 笨蛋 bèndàn. '他是天生来的笨蛋！' « C'est un véritable abruti de naissance ! »[29]

• 二百五 èrbǎiwǔ, 二五眼 èrwǔyǎn ⌒ abruti*

Acabit (de tout ~), de tout poil.

De toutes sortes ; péjoratif.

• 三教九流 sānjiàojiǔliú. À l'origine, « 3 doctrines et 9 écoles », désignait les diverses religions et écoles de pensées. '你少与社会上那些三教九流往来。' « Tu devrais un peu moins fréquenter tous ces gens de tout acabit. »

• 三姑六婆 sāngūliùpó « trois (sortes de) nonnes et six matrones ». Désigne l'ensemble des femmes de professions peu recommandables, dans lesquelles les Chinois incluent les prostituées, les entremetteuses, mais aussi les bonzesses et taoïstes...

Albion (perfide ~) ; Rosbifs

• 大阴蒂国 dàyīndìguó « le pays du grand clitoris ». Appellation péjorative du Royaume-Uni ou des Britanniques, par homophonie approximative avec 大英帝国 « Empire britannique ». '在南海无害通过是可以的，只不过大阴蒂国本来是来示威的，反被示威了而已。' « Le passage inoffensif en mer de Chine du Sud est autorisé, mais les Rosbifs sont venus pour jouer des muscles, du coup nous n'avons fait que leur montrer notre force en retour. » *(WCC, 2018)*

Âme noire, cœur noir

• 黑心 hēixīn. Cruel, dépravé. '你个黑心的东西！你要敢动我媳妇一指头，我跟你拼了！' « Brute à l'âme noire ! Si tu oses toucher ne serait-ce qu'à un seul cheveu

de ma femme, tu auras affaire à moi ! »[91] *Remarque :* l'emploi de 媳妇 pour épouse » est dialectal ; Le sens normal est : « bru ».

Andouille

• Homme veule, lâche et stupide. 窝囊废 wōnángfèi ou 窝囊相 wōnángxiàng. '阿温尼，仍是先前那副窝囊相。' « Ah Wen, quant à lui, resta la même andouille veule qu'il était auparavant. »[441] ⌒ *bon à rien, minable*

Âne, âne bâté

• 蠢驴 chǔnlǘ. '两头蠢驴，打架都不会，给我去啦大炮。' « Deux ânes bâtés qui ne savent même pas se battre... allez donc traîner mes canons ! »[23]

Animal ! Sale bête ! Brute ! Brute épaisse ! ⌒ *petit animal*

• 畜生！ chùsheng ! « animal domestique ». Insulte très fréquente. '"畜生！"阿 Q 怒目而视的说，嘴角上飞出唾沫来。' « "Sale bête !" Ah Q accompagne l'insulte d'un regard furibond et d'un glaviot bien senti. »[22] '你过来你这畜生，怎么不来向我请安了？' « Viens par ici, animal ! Alors, pourquoi ne viens-tu plus me saluer ? »[23] '你这个畜生，怎能算是一个中国人！' « Brute ! Comment oses-tu encore te prétendre chinois ? »[93]

• 畜类 chùlèi. Comme ci-dessus, mais moins courant.

Asperge

Pour décrire un garçon très maigre :
• 瘦猴 « singe maigre »

Baderne, barbon

⌒ *fou, gâteux, schnock, vieux*

Bandit ! Voleur !

• 贼子！ zéizǐ, 贼人！ zéirén. *Remarque :* dans la langue littéraire, ces termes signifient plutôt

« traître, rebelle », comme dans l'expression 乱臣贼子.

« Bandit blanc » (bandit nationaliste)
• 白 匪 *báifěi* « bandit blanc » : c'était le surnom donné aux soldats de l'armée nationaliste (armée du régime du Kuomintang sous Tchang Kaï-shek), par le peuple et surtout par le Parti communiste. On trouve aussi 白狗子 *bái gǒuzi* « chien blanc ». Voir aussi ☞ *flic, bandit communiste*

« Bandit communiste »
• 共 匪 *gòngfei*. En miroir au précédent, « bandit communiste » est le terme dont le régime nationaliste qualifiait les soldats de l'Armée rouge (et les communistes en général) après la rupture entre le PC et le Kuomintang, soit après 1927.

Bâtard ☞ *cocu, tortue, gredin*
• 王八蛋 *wángbadàn*. '她情急之下禁不住低声骂："王八蛋，你干什么？"' « Sous le coup de la surprise, elle ne put se retenir de proférer à voix basse : "Sale bâtard, qu'est-ce que tu fous !" » L'expression, parfois traduite par le pittoresque mais énigmatique « Œuf de tortue ! », est beaucoup plus largement employée en chinois qu'en français, car elle recouvre un large spectre sémantique allant de « crétin » à « gredin » en passant par « salaud », « fils de pute ». '你这王八蛋，平白无故地败坏我丈夫的名誉做什么呀！' « Espèce de bâtard ! Qu'est-ce qui te prend de vouloir ainsi salir la réputation de mon mari sans raison ! »[445]
Variations : 忘八蛋, 忘八旦.
• 王八羔子 *wángbagāozi* « agneau (ou agnelle) bâtard ». On ne sait si les brebis chinoises se rendent particulièrement coupables de lubricité, mais toujours est-il que la littérature ancienne voit fleurir cette insulte (parfois abrégée simplement en 羔子).

ATTENTION : la confusion est non seulement possible, mais fréquente y compris dans la littérature, avec un autre « wangba » : 忘八, qui désigne quelqu'un qui a « oublié les huit vertus ». En pratique les deux insultes sont donc confondues. Ces expressions originaires du nord du pays sont aujourd'hui comprises partout...
• 杂种 *zázhǒng*. '就是这些杂种把她害了，你又不敢承认。' « Ce sont ces bâtards qui ont abusé d'elle, tu n'oses toujours pas l'admettre. »[24]
• 混小子 ou 浑小子 *húnxiǎozi*. Une version aujourd'hui moins courante de la précédente. '阿 Q, 你这浑小子！你说我是你的本家么？' « Ah Q, espèce de crétin bâtard ! Oses-tu prétendre que nous sommes tous deux de la même famille ? »[22]
• On trouve dans les textes anciens en *baihua*, et encore aujourd'hui, les termes de 龟孙子 *guīsūnzi* ou 龟子孙 « fils/petit-fils de tortue. » '他把酒壶扔到一边，说：今天我就不怕你龟孙子。' « Il balança la cruche à vin de côté et dit : Aujourd'hui, je n'ai pas peur de toi, bâtard. »[15]
• Dans la province du Sichuan, l'équivalent est 龟儿子 *guī'érzi* « fils de tortue ». "弄死你们龟儿子的！" « Je vais vous faire la peau, bande de bâtards ! »[34] Aujourd'hui ce terme est très fréquemment employé au Sichuan, pas seulement comme insulte, mais aussi dans les conversations

courantes (entre amis…), où il est mis à toutes les sauces : '你龟儿子今天超得不错哦！' « Ah mon salaud, tu t'en es bien tiré aujourd'hui ! » *(Baidu, 2017)*

Bécasse, bécassine sotte, nigaude
• 笨嫂 *bènsǎo*. '你是天字第一号的笨嫂，你是白痴，你是不可救药的傻瓜！' « Tu es la numéro un des bécasses, tu es une idiote, une benête irrécupérable ! »
• 蠢丫头! *chǔn yātou* « petite fille stupide »

Bête, bébête, bêta, benêt, etc.
Bien entendu, tout comme en français, les différents termes que nous donnons dans cet ouvrage pour bête, idiot, crétin, stupide… sont en chinois tous très largement interchangeables.
• 逗比 *dòubī*. Bébête mais drôle, sans agressivité. « Gentille ». Terme affectueux (plus fréquemment) ou insulte légère apparue en ligne. '有一个逗比的女友是怎样一种体验。' « Qu'est-ce que ça fait d'avoir une copine un peu bébête ? » *(Baidu, 2015)*
• 傻瓜 *shǎguā*. Ex. ↠ *bécasse, loser*
• 傻里叭唧 *shǎlǐbājī*. Insulte pas très virulente. On trouve aussi 傻里吧唧，傻啦叭唧，傻了吧唧…
• 傻头傻脑 *shǎtóushǎnǎo*

Bête à bouffer du foin
• 愚不可及 *yúbùkějí* « être on ne peut plus bête, stupide ». Cette expression remonte aux *Entretiens* de Confucius, c'est dire son honorabilité. On trouve parfois, mais beaucoup plus rarement, 笨不可及 ou 傻不可及, qu'il faut considérer comme des variantes incorrectes. '这些人真是愚不可及，受骗后把骗子当恩人。' « Ces gens sont vraiment bêtes à

bouffer du foin, au point de prendre le type qui les a arnaqués pour leur bienfaiteur. »

Bête sauvage (monstre)
• 野兽 *yěshòu*. '不许动！举起手来，你们这些野兽！' « Ne bougez plus ! Les mains en l'air ! Bande de bêtes sauvages ! »[32]

Beurk !
• 恶心！ *ěxīn*. '真他妈的恶心！' « Beurk ! C'est vraiment dégueu ! »
• 我呸 *wǒpēi* « je crache de dégoût ». 呸 signifie « bah ! » mais est aussi l'onomatopée pour le crachat : Pah ! Exprime le dégoût, le mépris profond. '你是不是喜欢上他了？''我呸！' « Alors, tu serais pas tombée amoureuse de lui ? » « Beurk ! »

Bien fait pour sa gueule !
• 活该倒霉 *huógāi dǎoméi* : plus fort que 活该. '这么窄的山路还开这么快，活该倒霉！' « Conduire si vite sur une route de montagne si étroite… bien fait pour sa gueule ! » *(QQ, 2018)*

Bigleux, miro, aveugle
• 瞎狗眼 *xiā gǒuyǎn*. Les insultes sur les capacités visuelles de l'interlocuteur peuvent fleurir sur les routes, dans les transports en commun, etc. En Chine on peut être « aveugle comme un chien »… eh oui ! '操你大爷！你瞎了狗眼是不是？' « J'enc… ton oncle ! T'es complètement miro ou quoi ? »[W] À noter : l'expression sert souvent à se déprécier soi-même. '这点我不会否认，只能说我真是瞎了狗眼。' « Je ne peux le nier, je ne peux que reconnaître que j'avais de la merde dans les yeux. » *(Sina, 2012)*

Bimbo

• 胸大无脑（的女人）*xiōngdà-wúnǎo* « gros seins, pas de cervelle ». '而若要和胸大无脑的女人相处一生，相信大多数男人都会摇头说 No。' « Quant à passer sa vie entière avec une bimbo à gros seins et petite cervelle, je crois que pour la plupart des hommes ce serait un "non" franc et massif. » *Remarque* : il semble que la question d'une éventuelle relation de cause à effet entre la possession d'une poitrine imposante et le peu d'intelligence ait beaucoup préoccupé le web chinois ces dernières années.

Bite (con comme une ~) ☞ *con*

Blanc-bec ☞ *bleu*

Jeune, trop tendre, sans expérience.
• 初出茅庐 *chūchū-máolú* » « tout juste sorti de sa chaumière. » '他乘机利用这个初出茅庐的小伙子，替他经历江湖上极险恶的风波。' « Il sauta sur l'occasion de profiter de ce jeune blanc-bec pour l'envoyer affronter à sa place les périls de la vie d'aventure. »[62]
• 毛孩子 *máoháizi*. Désigne à l'origine un enfant encore ignorant de tout. '你说他一个刚出大学校门的毛孩子，能挡什么辩护律师？' « Tu crois qu'un blanc-bec comme lui, à peine sorti de la fac, peut prétendre être un bon avocat de la défense ? »[65]

Bleu, bleusaille, bleu-bite

• 新兵 *xīnbīng*. Jeune recrue ; pas forcément péjoratif.
• 菜鸟 *càiniǎo*. '让这些菜鸟们见识一下什么是真正的军队。' « On va montrer à ces bleus ce que c'est que de vrais militaires. » Ne s'applique pas qu'aux militaires (« blanc-bec, pied-tendre »)

Bœuf, empoté • 蠢牛 *chǔnniú*

Bon à rien, propre à rien

• 行尸走肉 *xíngshīzǒuròu* « cadavre ambulant, viande qui marche ». Expression fort imagée pour désigner qqun qui en a si peu dans le crâne qu'il en devient parfaitement inutile. Voir ex. à ☞ *lourdaud* ☞ *amateur*, andouille, bouffon, incapable, jean-foutre, rebut*

Bonhomme (nom d'un petit ~ !)

• 好家伙 *hǎojiāhuo!* Ce juron de faible virulence (aujourd'hui largement désuet, sauf quand on l'utilise par ironie) peut traduire tous les jurons français plus ou moins démodés qui expriment sans trop de grossièreté la surprise, la déception, la taquinerie, l'admiration et autres sentiments : Mâtin ! Sapristi ! Mon Dieu ! Mince ! Nom d'un chien ! Flûte ! Zut ! Crotte ! Ciel ! '好家伙，真长啊！。' « Nom d'un petit bonhomme ! Il est long *(ce tunnel)* ! »[802] '好家伙，这是什么指挥部队的方式呀！' « Nom d'un chien, qu'est-ce que c'est que cette façon de commander une armée ? »

Bonze (sale) ☞ *voleur pelé*

Bordel ! Bordel de merde !

Ici s'appliquent aussi tous les jurons répertoriés sous ☞ *putain !*

Boudin

• 土肥圆 *tǔféiyuán* « paysanne grasse et ronde ». Désigne les jeunes femmes dont les perspectives maritales sont réduites dans la société urbaine moderne. L'équivalent féminin du 矮穷矬. '一个土肥圆逼着我做她男朋友，我该怎么办？。' « Un affreux boudin m'a forcé à devenir son petit copain, qu'est-ce que je peux faire ? » *(Baidu, 2017)*

Bouffon
• 脓包(儿) *nóngbāor* « poche de pus, pustule ». Bon à rien, nullité. '没人关心你是谁，脓包！' « Tout le monde se fout de qui tu es, bouffon ! » '悟空哈哈笑道："脓包！脓包！"' « Wukong dit en ricanant : "Bouffon ! bouffon !" »[13]

Bougre d'âne, bourricot ☞ *âne*

Bourrin, bouseux, cul-terreux
• (黄)泥腿子 *(huáng)ní-tuǐzi* « jambes de boue (jaunes) ». Désigne les paysans. '我们要"笔杆子"，也要"泥腿子"。' « Nous avons besoin de "plumitifs", mais nous avons aussi besoin de "bouseux". » *(Sina, 2018)*
• Pour les cul-terreux grands et costauds, au teint hâlé : 傻大黑粗 *shǎdàhēicū*. Terme dialectal ancien remis à la mode après avoir été utilisé en insulte sur le net par une personnalité, en 2012. Peut désigner non seulement les gens, mais aussi les objets, équipements solides et rustiques (dont des armes).

Branquignol (mauvais soldat)
• 虾兵蟹将 *xiābīng-xièjiàng* « soldats-crabes et généraux-crevettes ». Soldats d'opérette ; troupe nombreuse et inefficace. L'expression désigne à l'origine les armées du Roi Dragon dans *Le Voyage vers l'Ouest*. '战士们很快就将盘踞在山上的虾兵蟹将全部歼灭了。' « Nos valeureux combattants eurent tôt fait d'exterminer la troupe de branquignols qui tenaient la colline. »

Brigand (vieux ~)
• 老泡儿 *lǎopàor*. Pékinois. Désigne un personnage trouble mais doté d'une certaine expérience, ou un vieillard ou homme d'âge mûr qui a eu une jeunesse tumultueuse. L'insulte reste assez grave. Le terme s'est répandu avec un film à succès de 2015, intitulé 老炮儿 (l'histoire d'un vieux voyou reprenant du service pour sauver son fils) ; lequel film s'est attiré les critiques de quelques Pékinois puristes pour avoir d'une part mal orthographié le terme (炮 au lieu de 泡) et d'autre part armé le héros d'un sabre… japonais.

Brute épaisse ☞ *animal*

Buse, triple buse
Bête (voire pire) et empoté à la fois. Les termes suivants servent de substantifs et d'insultes.
• 蠢汉 *chǔnhàn*, 蠢货 *chǔnhuò*, 蠢人 *chǔnrén*. '你这蠢货，吃了一次亏还要继续？' « Espèce de triple buse, ça ne t'a pas suffi de te prendre une raclée ? » *(啸傲天穹, roman en ligne, auteur :* 朝欢夕拾, *2015)*

Butor, balourd
• 蠢猪 *chǔnzhū* « porc stupide ». '那些出口大骂的人只能够说明他是个蠢猪，没头脑。' « Ces types qui hurlent et insultent ne font que prouver qu'ils sont des butors sans cervelle. » *(Sina, 2010)*

Cabochard, mauvaise tête
• 拧种 *níngzhǒng*! '看俺哪天给你卖到窑去，治治你这个拧种。' « Tu verras le jour où je vais te vendre à un boxon… ça te fera les pieds, espèce de cabocharde ! » *(穿越农女之杨柳儿, roman en ligne, auteur* 酒有毒, *2018)*

Canaille, fripouille, racaille
• 无赖 *wúlài*. Recouvre les deux sens de « canaille » ou « fripouille » : personne malhonnête (égal[t] : « vagabond »), ou, surtout pour les enfants : coquin, farceur

(synonyme de 顽皮). '你这个小无赖，看我找到你再说！' « Espèce de petite canaille, attends un peu que je te mette la main dessus ! »[801]

• 癞子 *làizǐ*. Le sens propre est « teigneux », et le terme désigne aussi les crapauds. Rien de flatteur.

• 歹徒 *dǎitú* « disciple, esclave du mal » ; le sens est « malfaiteur, mauvais sujet », mais avec une nuance plus violente. Insulte classique. '你这歹徒，竟敢调戏我女！' « Sale racaille ! Tu oses prendre des libertés avec ma fille ! »

• 泼贼 *pōzéi*. Canaille, salaud. Insulte ancienne assez forte (de nos jours, le terme de 贼 est en général beaucoup moins virulent). '你那泼贼，将俺行李财帛那里去了？' « Eh, canaille ! Où as-tu emporté mes bagages et mon argent ? »[11]

Capitaliste

• 走资派 *zǒuzīpài*. En anglais *capitalist roader*. Cette expression datant de la Révolution Culturelle désigne les dirigeants engagés sur la voie du capitalisme, elle est donc très péjorative. '其中有三个是"黑帮走资派"的子弟。' « Trois d'entre eux étaient fils de "capitalistes en bande organisée de malfaiteurs". »[38]

☞ *exploiteur, vampire, profiteur**

Carpette

• Pour qualifier un « journaliste carpette », trop complaisant, qui sert la soupe : 提问婊 *tíwèn biǎo* « Pute qui pose une question ». Néologisme créé en mars 2018. Pour un exemple, voir ☞ *yeux*

Causé (on t'a ~ ?)

• 这里有你说话的份？ On trouve l'expression aussi sous la forme négative : 这里没你说话的份 « Tu n'as pas droit à la parole. »

'你是谁？这里有你说话的份？' « Qui t'es, toi ? On t'a causé ? »[82]

Charogne !

• 死尸 *sǐshī* « cadavre ». En insulte : '你这死尸怎么这时候才回来！' « Espèce de charogne, comment ça s'fait qu'tu rentres qu'à c't'heure ? »[224]

Charretier (jurer comme un ~)

☞ *poissonière*

Chié, c'est chié ! Chiément…

Dans le sens « excellent, cool, très réussi ». De la bombe, de la balle, de la mort ; démentiel, top moumoute.

• 牛屄 *niúbì* « vagin de vache ». Un synonyme (très) vulgaire de 厉害. Existe depuis au moins le XIXe siècle, mais reste un des termes les plus répandus au moins dans la jeunesse aimant se gargariser de gros mots. '虽然 30 岁以下的中国人口头上愉悦地四处甩出"牛屄"，在书面语中还是有些礼节需要考虑。' « Bien que l'expression 牛屄 soit balancée à tout bout de champ par les Chinois de moins de 30 ans, à l'écrit il faut veiller à rester un peu plus élégant. » *(purpleculture.net)*. Comme l'indique l'exemple, à l'écrit on préfère utiliser des homophones, dont les plus courants sont 牛逼, voire 牛 B, et, pour les plus paresseux : 牛 tout court. '朋友你这话真牛 B，好不畏死。' « Mon pote, t'es vraiment chié ! Toi au moins t'as pas peur de mourir ! » *(bbs, 2018)*. Le terme perd alors de sa vulgarité et peut même s'utiliser dans la presse en ligne : 'NBA 中 那些最牛逼的绝杀。' « Les paniers de dernière minute les plus démentiels de la NBA. » *(Sina sport, 2018)*. L'expression désigne aussi une attitude, un état d'esprit « cool », un niveau de coolitude rarement atteint : '在你眼里有哪些比较牛逼的女作家？' « À vos yeux, qui sont les auteurs féminins les plus géniaux ? » *(zhihu, 2018)*

• 真他奶奶的 *zhēn tā nǎinaide*... Plus vulgaire encore que le précédent. '真他奶奶的不错！' « C'est vraiment chiément bien. » L'expression peut servir de superlatif aussi en négatif ☞ *grave*

Chien

Ce pauvre animal qui sert à d'innombrables jurons en chinois tient en partie son image déplorable de ce qu'il est probablement la réincarnation d'une personne dont le comportement dans une vie antérieure n'a pas été des plus exemplaire. Par ailleurs, dans le vocabulaire communiste, « chien » désigne les individus ou familles contre-révolutionnaires.

• 狗 *gǒu*. '你这够，可认得我？' « Chien ! Me reconnais-tu ? »[251]

• 狗贼 *gǒuzéi* « chien de brigand ». '是哪一个天杀的狗贼偷了我的儿子？' « Quel est le chien qui m'a volé mon enfant ? » *(Sina, 2018)*

• 老狗！ *lǎogǒu* « Vieux chien ! » '这条老狗，作恶到了头。' « Ce vieux chien, il en a fini de faire du mal autour de lui. »[32]

• Chien perdu, chien abandonné : 丧家之犬 *sàngjiāzhīquǎn* ou 丧家狗. '三爷！快收拾了这条丧家狗！' « Troisième seigneur ! Réglez vite son compte à ce chien perdu ! »[424]

• Quelques insultes anciennes tirées de *Fleur en fiole d'or* et d'autres classiques, à base de « chien » *(ces termes sont bien sûr, de nos jours, rares par rapport aux précédents)* :

- 怪狗肉 *guàigǒuròu* « chair de chien difforme ». '怪狗肉，唬我一跳！' « Sale chien, tu m'as fait peur ! »[17]

- 贼狗肉 *zéigǒuròu* : « Chair de chien mauvais » : chien ! (un propre à rien, une nullité). On trouve aussi 贼狗 seul. '贼狗肉，你和我实说，从前往后，偷了几遭？' « Chien ! Dis-moi la vérité : combien de fois m'as-tu déjà volé ? »[17]

- 老猪狗！ *lǎo zhūgǒu*. Vieille chienne, vieille salope. Ici l'on regrettera que n'existe pas en français l'insulte allemande *Schweinehund*, dont 猪狗 serait la traduction exacte. '你不说时，先剐了这个淫妇，后杀你这老猪狗！' « Si tu ne parles pas, je commence par écorcher vive l'autre traînée, et puis je te bute, vieille salope ! »[17]

• 狗才 *gǒucái*, parfois 狗材 : qui n'a pas plus de valeur qu'un chien. ☞ *aveugle, bon-à-rien, collabo, fils de chienne, flic, porc, salaud*

Chien enragé

Personne cruelle, brutale, sans scrupule aucun.

• 恶狗 *ègǒu*. '那些地霸恶狗经常危害当地人民.' « Ces chiens enragés de propriétaire terriens s'en prenaient fréquemment aux gens du coin. »

• 狼心狗肺 *lángxīngǒufèi* « cœur de loup et poumons de chien ». Voir un exemple à ☞ *scélérat*

• 疯狗 *fēnggǒu*

Chien galeux

• 癞皮狗 *làipígǒu*. Le sens est assez évident : « créature méprisable ». '"癞皮狗，你骂谁？"王胡轻蔑的抬起眼来说.' « "C'est moi que tu insultes, chien galeux ?" dit Wang le Barbu d'un ton hautain en levant les yeux. »[22]

Chienne
• 狗女人 *gǒunǚren.* '这个狗女人！方冬发疯地吼了一声。' « Quelle chienne ! rugit Fang Dong comme un dément. »[448]

Chien, chienne (fils de ~ !)
☞ *fils de chien/chienne*

Chier ☞ *va chier*

Chierie noire !
• 霉得慌 *méi de huāng* « la déveine devient intolérable ». '千言万语万语千言汇成三个字：霉得慌！' « Pour résumer, en deux mots comme en cent : chierie noire ! »[34]

Chieur, emmerdeur
• 滚刀肉 *gǔndāoròu* « viande de porc très dure ». Personne pénible et probablement méchante. '如何对付滚刀肉？' « Comment traiter les emmerdeurs ? » *(zhihu 2018).* '网上的滚刀肉，现实中的弱者。' « Très chieur en ligne, très lâche en vrai. » ☞ *pas facile**

Chine communiste
• 西朝鲜 *xī Cháoxiǎn* « Corée du Nord de l'Ouest ». Terme plaisant par lequel certains opposants décrivent la RPC et son gouvernement. '佩服你的胆量。你这文已是西朝鲜非常忌讳的敏感文章了。' « J'admire votre courage. Votre texte est le genre d'article tout à fait tabou en Corée du Nord de l'Ouest. » *(Twitter, 2018).* La Corée du Nord elle-même sera alors qualifiée de 东朝鲜.

Ciel ! ☞ *Mon Dieu !*

Cinglé, dérangé, dingue, anormal
• 脑子进水 *nǎozi-jìnshuǐ.* « De l'eau lui est rentrée dans la tête. » Utilisé surtout en Chine du Nord de façon dépréciative comme on l'imagine. '一位律师给一个臭警察辩护，是脑子进水了！' « Un avocat qui défend un sale flic... c'est un cinglé ! »[65]

Classe (ennemi de ~)
• 阶级敌人 *jiējí dírén.* '狼真是阶级敌人，世界上一切反动派都是野心狼。' « Les loups sont des ennemis de classe ; et en ce monde, tous les réactionnaires sont des loups pour l'homme ! »[38]

Cochon ☞ *gras, gros, truie*
• 属猪的 *shǔzhūde* « du signe du cochon », ou 猪头 *zhūtóu* « tête de cochon » : pas à proprement parler des insultes, mais des appellations un peu moqueuses employées entre amis ou amants pour dire « bêta, benêt » ou « gros paresseux »... '你属猪的啊！' « Petit cochon d'amour ! » '嘿嘿，你这大猪头还算聪明。' « Héhé, t'es pas si bête mon gros cochonnou. » '起床，你这大猪头！哈里斯咆哮道。差一刻十点。' « Debout, gros lard ! rugit Harris. Il est dix heures moins le quart ! » *(dans la version chinoise de* Trois hommes dans un bateau *de JK Jérome, traduction de* 严锋, 2004). Voir ci-dessous pour des versions plus virulentes.

Cochon (bête comme un ~)
• En Chine, le cochon est réputé stupide, alors que c'est un animal très intelligent. Mais c'était le cas en France aussi jusqu'à il y a peu, d'où l'existence de cette expression qui a sa traduction directe en chinois : 猪头猪脑 *zhūtóu zhūnǎo.* '两个猪头猪脑的胖子告那个药贩，指他卖的零嘴使得他们吃太多麦当劳。' « Deux gros, bêtes comme cochons *(ou : deux gros abrutis)* ont intenté un procès à leur dealer, en disant que les gâteries qu'il leur vendait leur

avaient donné l'envie de manger trop souvent au MacDo. » *(Sina, 2015)* Remarque : pour 药贩, voir ☞ *dealer*

• 猪脑子 *zhū nǎozi* « cervelle de cochon » : crétin, abruti. '你这个猪脑子》：别让孩子被这句话误了一辈子。' « "Espèce de crétin !" Ne gâchez pas toute la vie de votre enfant avec ce genre de phrase. » *(Sina, 2018)*

Cocu, cornard

En Chine le cocu est une tortue :

• 王八 *wángba* « tortue ». Cette insulte remonte au moins à la dynastie Song. Le sens s'est élargi pour désigner quelqu'un dont le comportement est déplorable : « Salaud ! ». '再买东洋货就是忘八！' « Ceux qui vendent encore des produits japonais sont des salauds ! »[301] Ou bien :

• 乌龟 *wūguī* « tortue noire »…
Ces deux insultes sont relativement peu fréquentes en elles-mêmes, mais servent souvent pour former (ou en combinaison avec) 王八蛋 ☞ *bâtard.* '孽子，我要剐了你，阉了你，剁了你这乌龟王八蛋。' « Fils indigne ! Je vais t'écharper, te castrer, te découper en morceaux, espèce de cocu de bâtard de mes deux ! »[23]

Collabo

• 走狗 *zǒugǒu* « chien courant ». Qui travaille pour les intérêts de l'étranger. '我不晓得为什么中国人把汉奸与小人叫做走狗，仿佛狗是不忠诚不义气的动物。' « Je ne comprends pas pourquoi les Chinois appellent les traîtres et les minables des "chiens courants", comme si le chien n'était pas un animal fidèle et épris de justice. »[292]

Con, connard

• 鸡巴人 *jība rén.* '这鸡巴人！' « Quel ~, ce type ! » Comme 他妈的, « 鸡巴 » (☞ *bite*[SEX]) est un mot fourre-tout (si l'on ose dire) qui sert dans de multiples occasions. Ici une traduction plus proche encore de l'original serait « con comme une bite ! » ☞ *sale con*

Confucius (boutique de à ~)

• 孔家店 *Kǒng jiādiàn.* Expression insultante pour désigner le confucianisme et les valeurs qui en sont issues, créée en 1919 par Hu Shi au cours du mouvement pour la Nouvelle culture. Elle sera amplement reprise au cours de la Révolution culturelle. '打倒孔家店！' « À bas la boutique de Confucius ! » *(Slogan lancé par Chen Duxiu dans* La jeunesse*)* '彻底砸烂孔家店！' « Rasons jusqu'aux fondations la boutique de Confucius ! » *(Affiche de la Révolution Culturelle).*

Conneries ! Raconter des ~

Pour donner son avis sur la qualité du discours de l'interlocuteur :

• 操蛋 *càodàn.* (verbe) '要是再操蛋，我就废了你丫的。' « Si tu me racontes encore des conneries, je te mets en morceaux, bâtard d'esclave.' *Variante :* 操鸡巴蛋. En interjection ☞ *merde !*

• 屁话 *pìhuà.* '你这屁话在我面前说几十遍了' « Tu m'as déjà sorti ces conneries des dizaines de fois… »[65] '但所有这些都只是营销的屁话。' « Tout ça, c'est des conneries de marketing. » *(edu.sina, 2016) Variantes :* 放屁！ 放他妈的屁！ 放臭屁！ 狗屁！

• Il y a aussi un *xiehouyu* qui s'applique à cette situation : '那简直是裤裆里拉二胡 —— 扯蛋' (ou : 扯鸡巴蛋) « C'est vraiment jouer du violon dans son pantalon » : la réponse est « Il se tire sur les burnes (qui remplacent ici les cordes du *erhu*) ». L'origine de l'expression est l'homophonie entre 扯蛋 et 扯淡 , « se tirer sur les burnes » et « baratiner, débiter des sornettes ».

Coquin, filou, fripon

• 坏包儿 *huàibāor*. Quelqu'un qui pense à mal. Nous traduisons ce terme par « coquin », car il est égal' souvent utilisé comme terme affectueux : « petit coquin ». '看这小坏包儿顽皮的心性，和小时候真是一点都没变啊！' « Regardez-moi le caractère de ce petit coquin, il n'a pas changé d'un poil depuis son enfance ! »

• 好贼 *hǎozéi*. Là encore ce terme recouvre les deux sens : en insulte ancienne, il est assez virulent : noir/fieffé coquin, scélérat. Aujourd'hui, il veut surtout dire « fripon, rusé ». '好贼！你待哪里去？' « Fieffé coquin ! Où crois-tu t'enfuir ainsi ? »[11]

Corniaud

• Dans le sens original de « bâtard » : (小)兔崽子 *xiǎo tùzǎizi*. '没有人杀你，小兔崽子！' « Mais personne ne va te tuer, petit corniaud ! »[311] Égal' « sale gosse », en plus fort.

• Dans le sens « abruti » : 闷呆子 *mèn dāizi*. '这两个人就是要来骗你这个闷呆子的！' « Ces deux-là voulaient te gruger comme le bon gros corniaud que tu es ! »[34]

Couille molle ! Lâche, poltron

• 软蛋！ *ruǎndàn*. Traduction quasi exacte, 蛋 signifiant « bourses ».

• Une autre traduction proche est 松蛋包 *sōngdànbāo* « peau des couilles qui pend ». À Tianjin, on

parlera d'un 怂蛋包 *sǒngdànbāo* « peau des couilles terrifiées ».

☞ *pétard mouillé, poule mouillée*

• On trouve à Pékin, de façon abrégée (attention à la prononciation) le terme 软, prononcé *ruǎ* en argot, « lâche, incapable, sans colonne vertébrale ». '我早就跟他散了，一点儿男子汉的气派也没有，软的利害。' « Ça fait belle lurette que je l'ai largué, il n'a pas une once de virilité, c'est une vraie couille molle. »

• 面瓜 *miànguā*. '不管谁欺负他，他都不敢吱声，整个一面瓜。' « Quand quelqu'un l'emmerde, il ose pas ouvrir la bouche, c'est vraiment qu'une couille molle ! » Expression pékinoise, avec la nuance supplémentaire de « faible d'esprit ».

☞ *pétochard, poltron*

Couilles (de mes ~), de mes deux

• 屌 ou 鸟 prononcé *diǎo* dans les deux cas. Signifiant « bite, pine », ces caractères servent aussi de juron ou d'adjectifs dépréciatifs. '妈的个屌，什么屌名堂？' « Par le c** d'sa mère, qu'est-ce que c'est que cette saloperie de mes deux ? »[24] *Remarque* : 名堂 est un synonyme populaire de 事物, donc ici « truc, machin ». '"这鸟老师！"阿财在心里狠狠骂了一声。' « Ah Cai jura férocement en silence : "Ce prof de mes couilles !..." » *(Tianya, 2017)*. ATTENTION : peut servir de nos jours dans le sens inverse ☞ *ouf !*

Couillon !

• 屌 *diǎo* ou 鸟. Ce terme et ses variations ont tous le sens de « crétin, imbécile, à la comprenette lente » ; ils témoignent de l'appétence chinoise pour les insultes très directement liées aux diverses désignations de l'appareil génital ; à comparer avec 鸡巴人 ☞ con.

• 鸟人 diǎorén. '李小七，你算什么鸟人！' « Li le Septième, quel couillon tu fais ! » '带俺收拾这伙鸟人！' « Attends que j'aie fait son affaire à ce couillon ! »[15]

• 撮鸟 cuōniǎo ou cuōdiǎo, selon les sources. Insulte fréquente dans les romans anciens. '你两个撮鸟问俺住处做什么？' « Et pourquoi deux couillons comme vous me demandent-ils où j'habite ? »[11]

Courte-botte
• 小矬子 xiǎocuózi. Nain, nabot.

Crains (tu ~ !), t'es nul
• (你)弱爆了！ nǐ ruòbào le. Une expression qui a fleuri depuis 2011, date de son apparition. 弱爆 est un néologisme formé sur le modèle de 屌爆 (☞ incroyable !), signifiant « faiblard, crevard, très lâche ». Le sens s'est élargi à : « Tu es nul/nul à chier, tu crains » (ou « c'est nul, ça craint ») ; une traduction courante en anglais est *you suck*. Traduite littéralement, l'expression pourrait signifier « éjaculation faiblarde ».

Crapaud
• 青蛙 qīngwā « grenouille ». Un garçon très laid. C'est le contre-point masculin du 恐龙 « dinosaure », une fille laide ☞ thon. Bien entendu l'origine du terme est la légende du prince changé en grenouille ; raison pour laquelle des garçons peuvent se qualifier ainsi pour vanter leur beauté intérieure (bien cachée). '别看我现在是丑丑的小青蛙，其实我的内在是高贵而英俊的王子。' « Ne t'occupe pas du fait que je sois un petit crapaud tout moche, en réalité, à l'intérieur je suis un prince noble et généreux. » *(Baidu 2007)*

Crapule
• 坏东西 huàidōngxi. '它知道讨吃了，这坏东西！' « Il a appris à mendier sa nourriture ! Quelle crapule ! »[24] *(à propos d'un panda)*

• 坏蛋 huàidàn « œuf pourri ». Terme assez fort en chinois. '他是个十恶不赦的坏蛋。' « C'est une crapule, coupable des pires méfaits. » '被问"当世界头号坏蛋什么感觉"，普京这么回答。' « Quand on lui demande ce que ça fait d'être "la plus grande crapule du monde", c'est ainsi que Poutine répond : … » *(Sina, 2018)* Autre ex. ☞ compte* (régler avec)

Crétin
• 够二 gòu'èr. 二 signifie déjà « inférieur, idiot ». Souvent sous la forme '你真够二的！' « T'es vraiment un crétin. » En ligne, parfois écrit 够 2. Il existe aussi une forme superlative, 够井, le caractère 井 (puits) étant lu comme deux 二 s'entrecroisant, donc : doublement crétin. L'exemple se passe de traduction : '你真够井的，横竖都是 2。'

Crevard, petit ~
• 虾子 xiāzǐ « œuf de crevette ». Dialectal : Sichuan, Chengdu. '那次他把他妈气死血了，他还跑到我家头来住了两晚上，这个虾子！' « Ce jour-là, il avait mis sa mère tellement en rogne qu'il s'est réfugié chez nous deux jours de suite, le petit crevard ! »[34] Aujourd'hui, ce terme sert aussi affectueusement, entre amis.

• Voir 弱爆 ruòbào « crevard, faiblard » ☞ crains (tu)

Crève-la-faim

• 死穷鬼 *sǐqióngguǐ* « fantôme d'un pauvre mort ». '你们出来做什么？死穷鬼！' « Qu'est-ce que vous êtes venus foutre ici, bande de crève-la-faim ! »[82]

Cul

• Dans ton ~ ☞ *dans ton c… !*
• Gros ~ ☞ *gros*
• Lécher le ~ ☞ *lécher le cul*
• Moche comme un cul ☞ *moche*
• Trou du cul ☞ *Trou du cul*

Cul (et mon cul ! … mon cul !)

• Ironie, incrédulité, doute, dénégation. Plus fort que « mon œil », cf ☞ *œil* (mon)*. L'équivalente à « mon cul ! » peut être obtenu en chinois par l'ajout de 个屁 *gèpì* en cours ou en fin de phrase. '还指望你能提个处长什么的，都五十岁了，还提个屁！' « Je comptais que tu sois promu chef de bureau ou je sais pas quoi, mais à plus de cinquante ans… mon cul, oui ! »[453] '我去个屁!' « Que j'y aille ! Et puis quoi encore ! » '真的哩！' 真个屁！' « Mais c'est vrai ! » « Vrai, mon cul ! »[32] Une expression dérivée fréquente est 有个屁用 ☞ *violon*.

• 你妹 *nǐmèi* « ta sœur ». Mon cul, merde ! En pratique, il s'agit d'une version édulcorée, moins grossière, de 你妈. '我们去打篮球吧！' '打你妹啊，我要去看电影。' « Allons jouer au basket ! » « Basket mon cul, je veux aller au ciné. » *(italki, 2012)* ATTENTION, faux ami : 你妹 ne peut pas être traduit en français par « et ta sœur », qui signifie « de quoi j'me mêle ? ».

Curaillon, cureton

Il n'y a pas d'insultes spécifiques pour les prêtres catholiques, mais il existe l'équivalent pour moines et bonzes bouddhistes ☞ *moine*

Dans ton c… !, DTC

• 鬼才知道 *guǐ cái zhīdào* « seuls les esprits le savent ». Une réponse à toute question dont on ne connaît pas la réponse ; nettement moins grossier toutefois que la version française, sans toutefois être polie, et pas seulement pour les questions commençant par « où » ! '你知道我的车钥匙在哪儿吗？' '鬼才知道呢！' « Tu sais où sont mes clés de voiture ? » « Dans ton c… ! » *(CD, 2006)*

Débile, débile mental, attardé

• 脑残 *nǎocán*. '你脑残不是你的错。' « Ce n'est pas ta faute si tu es un débile mental… » '真的是十分脑残的设计！' « C'est un projet vraiment débile. »

• 弱智 '这么简单都不会，真是弱智！' « Un truc si simple, t'y arrives même pas ! T'es un vrai attardé ! » ☞ *sous-doué*

Déchet

• 废物 *fèiwù* ou 老废物 *lǎo fèiwù* « vieux déchet ». '老娘嫁给你这个老废物，让我倒了一辈子霉，后悔一辈子。' « Que ma mère ait épousé un vieux déchet comme toi, j'en serai marqué à jamais, je le regretterai toute ma vie ! » *(湖北民間故事集, 远流出版事, 1989)*

Dégoûtant, dégueulasse

• 德行 *déxing*. ATTENTION : dans ce sens, la 2e syllabe est au ton neutre. Sinon, sens contraire : « vertu, conduite morale ». S'applique autant sinon plus à l'aspect moral qu'au physique. '瞧你这德行，你还想当经理？' « Avec une personnalité aussi dégueulasse, tu veux encore être directeur ? »

Démon, petit démon

• 害人精 *hàirén jīng* « esprit nuisible ». Génie malfaisant, peste. '你想想，我会让这个小害人精在我家里胡折腾吗？' « Vous pensez que je vais laisser ce petit démon me tourmenter dans ma propre maison ? »[801]

Démon femelle

• 母夜叉 *mǔyècha* « Yaksha femelle ». Une femme affreuse et méchante. C'est aussi le surnom de l'une des rares « héroïnes » féminines du roman *Au bord de l'eau* : 孙二娘 la « Deuxième sœur Sun », patronne d'une taverne où certains clients sont eux-mêmes drogués, assassinés puis servis en raviolis aux autres hôtes de ce charmant établissement. '他和那个母夜叉浪漫只是为了她的钱。' « S'il se montre romantique avec ce démon femelle, ce n'est que pour son argent. »

• À l'inverse, une femme si belle qu'elle en est presque démoniaque sera qualifiée de 女妖精 *nǚyāojing* ; voir ☞ *vamp*[SEX]

Diable, diantre ! Que diable !

• 鬼东西 *guǐdōngxi*. '"鬼东西！" 阿托斯若有所思地说。' « "Diable !" dit Athos, rêveur. » Cette exclamation sert dans la traduction de plusieurs œuvres françaises (*Les Trois mousquetaires, les Misérables…*), pour les expressions avec « diable » ainsi que pour l'insulte mineure ☞ *drôle !*

Diable étranger

• Pour les Occidentaux (blancs) :

- 洋鬼子 *yángguǐzi* « diable venu d'au-delà des océans ». Le terme dépréciatif ou insultant le plus courant depuis le XIXe siècle (moins aujourd'hui)

- 红毛鬼子 *hóngmáo guǐzi* « démon aux cheveux rouges ». Nous signalons cette insulte bien qu'elle soit peu utilisée en mandarin, mais plutôt dans les dialectes du Sud (Minnan, cantonais) et dans les communautés chinoises d'Asie du Sud-Est (souvent abrégé en 红毛, prononcé approximativement *angmo*. Le terme est plus ancien encore que le précédent, puisqu'il remonte aux XVIe/XVIIe s. À Taïwan (et au Japon), elle est plus spécifique encore puisqu'elle désigne surtout les Hollandais. Une variante s'adresse aux ☞ *Russkofs*

• Pour les Japonais : ☞ *Japs*

Dingue (espèce de) ! Malade mental ! Cinglé ! ☞ *fou*

• 神经病 *shénjīngbìng*. '果然不一刻他们都说：去去去，发什么神经病！' « Et en effet, très vite ils se mirent à lui intimer : barre-toi, espèce de dingue ! »[445] '孩子们看着他，齐声说："神——经——病！"' « Les gamins, le contemplant, répétèrent à l'unisson : « Ma—la—de—men—tal ! »[32]

Drôle ! (insulte ancienne)

• 鬼东西 *guǐdōngxi*. '怎么，鬼东西，你也差点儿喝了我的酒？' « Comment, drôle, tu allais donc boire mon vin ? » *(Les Trois mousquetaires)*

Égoïste ! • 自私鬼! *zìsī guǐ*.

Emmerdeuse, emmerderesse

• 母老虎 *mǔlǎohǔ* « tigresse ». Le sens de l'expression s'est élargi ces dernières années, passant de « mégère, furie » à « femme castratrice, chieuse. » '我忍无可忍了，她真是只母老虎。' « Je n'en peux plus, c'est vraiment une emmerdeuse de première. »

Enculé, enfoiré ! Enculé de…

• 鸡奸痞 *jījiān pǐ* « canaille sodomite ». '你们就配这样对待，你们这些肮脏恐怖分子的鸡奸痞。' « Vous méritez ce qui vous arrive, bande de sales enculés de terroristes ! » *(Sina, 2010)*

• 狗日的 *gǒurìde* « sodomisé par un chien ». Insulte particulièrement vulgaire ; ici le caractère 日 est synonyme de 操, 肏, 干. '狗日的钟师忠真的是有点鬼脑筋。' « Cet enfoiré de Shizhong en a vraiment dans la cervelle. »[34] '我也不想把事闹这么大，可王伟那狗日的认出了我。' « Moi non plus je voulais pas que ça en arrive là, mais cet enculé de Wang Wei m'a reconnu. »[65]

Enculer (en insulte), enfiler

• Va te faire ~ : 你去被插屁眼吧！ *nǐ qù bèi chā pìyǎn ba!* « Va te faire trouer l'anus ! »

• Je t'~ ! 我鸟你 *wǒ diǎo nǐ !* Surtout à Pékin. Pour 鸟, voir ☞ *bite^SEX*

Épave

• 废人 *fèirén*. À l'origine, le terme désigne les infirmes et estropiés. Utilisé comme insulte pour les bons-à-rien qui se laissent aller. '姓刘的，这个月房租还不打算交？交不起给老娘滚蛋！我养不起废人！' « Alors, Liu, vous comptez encore me sucrer le loyer de ce mois ? Si vous ne payez pas, vous dégagez ! Je ne suis pas là pour entretenir les épaves ! »

Esclave ☞ *laquais, fils de pute*

• Fils d'~ : (你这个) 丫头养的 *yātou yǎng de*. Insulte doublement grave puisqu'elle implique non seulement dess origines sociales peu remarquables (une 丫头 était une petite domestique au statut proche de l'esclavage), mais aussi une naissance en dehors des liens sacrés du mariage, probablement le résultat des passions ancillaires du maître de maison (ou de ses fils) ; d'où la nuance supplémentaire de « bâtard ». Insulte assez pékinoise, mais aujourd'hui comprise de tous ; une version plus locale encore est 丫挺的 *yātǐngde*, parfois abrégée en 丫的. '骂我？打你丫挺的！' « Tu m'insultes ? Je vais te défoncer, fils d'esclave ! »[W]

• 敌虏 *dílǔ*. « Esclave ennemi ! » Insulte ancienne qu'on adressait à l'ennemi. Aujourd'hui inusitée.

Escroc

• 老滑头! *lǎo huátóu!* '你这老滑头，师爷说的真对，不能把你的话太当真。' « Espèce d'escroc, le maître avait raison, on ne peut rien croire de ce que tu racontes. » *(无耻之徒, roman en ligne, auteur : 走过青春岁月)*

Eunuque

• 阉货 *yānhuò* « marchandise castrée ». Un terme très insultant pour les victimes de cette triste condition. '我非杀掉你这个阉货不可！' « Je te jure que tu vas y passer, sale eunuque ! »[443]

Exploiteur

• 压榨鬼 *yāzhàguǐ*. Celui qui pressure le peuple ; voir ex. ☞ *profiteur*, vampire*

Fasciste

• 法西斯 *fǎxīsī*. Transcription phonétique. '王八蛋们，你们是百分之百的法西斯！' « Bande de bâtards, vous n'êtes que des fascistes pur jus ! »[32]

Faux-cul, faux-derche, faux-jeton

• 笑面虎 *xiàomiànhǔ* « tigre souriant ». '他俩一个马屁精，一个笑面虎，都是一丘之貉。' « Un lèche-cul, un faux-derche : ils sont tous les deux à mettre dans le même sac ! »

• 白鼻子 *báibízi* « nez blanc ». Fourbe, rusé, hypocrite. Vient de l'opéra : les personnages avec du blanc sur le nez ou la figure sont des clowns, des bouffons.

Félon

• 奸贼 *jiānzéi.* Traître, déloyal, perfide. Insulte ancienne. S'applique aussi aux fonctionnaires peu loyaux, conspirateurs. '奸贼，我与你自幼相交，今日倒来害我！' « Félon ! Nous nous connaissons depuis la plus tendre enfance, et pourtant en ce jour tu viens m'assassiner ! »[11]

Fesses (… de mes ~), … de mes deux
• 屁…… *pì...* '滚你妈的，肯定是你这屁大夫没好好治我们分队长！' « Allez vous faire foutre ! C'est sûrement vous, toubib de mes fesses, qui avez mal soigné le chef ! » (海军陆战队, *roman en ligne de* 流水青云, 2010). '别他妈说那些屁警察，一天到晚就知道收钱。' « Ne me parlez pas de ces flicaillons de mes deux qui passent leur journée à racketter le monde ».

Fesses (s'occuper de ses ~)
• 关……屁事 *guān... pìshì.* '关你屁事！自己回去找个婆娘睡嘛你！' « Occupe-toi de tes fesses ! Va plutôt te trouver une bonne femme à sauter ! »[34]

Fils de chienne/chien !

• 狗娘养的！ *gǒuniáng yǎng de !* '朱永生个狗娘养的，欠了一笔血债！' « Zhu Yongsheng, sale fils de chienne, tu as une dette de sang de plus sur le dos ! »[65] '狗娘养的，你活够了吗？' « Fils de chienne ! T'en as assez de vivre ? »[32]

• 狗杂种！ *gǒuzázhǒng* « bâtard de chien ». Grave insulte car signifiant que votre mère a fauté avec l'animal…

• 狗崽子 *gǒuzǎizi.* Insulte de la Révolution Culturelle, spécialement destinée aux enfants des familles considérées comme contre-révolutionnaires.

Fils de pute

Ce qui sert de « Fils de pute » est, de la façon la plus commune et assez logique, 王八蛋 *wángbadàn* (⌒ *bâtard*). On trouve aussi :

• 婊子养的 *biǎozi yǎngde* « élevé par une pute ». '你这个肮脏的婊子养的！' « Sale fils de pute ! » '谁不喝谁是婊子养的！' « Celui qui ne boit pas n'est qu'un fils de putain ! »[32]

• 贼娘养的 *zéiniáng yǎngde* « élevé par une traînée ». 贼娘 et donc aussi 贼娘养的 sont des insultes rares et très « campagnardes ». '这贼娘养的，你怕如今还是四人帮那阵？' « Fils de pute, t'as encore peur que la bande des Quatre soit aux commandes ? »[26]

• (你这个)娼妓之子 *chāngjì zhī zǐ.* '你这娼妓之子，别以为我不知你的出身！' « Toi, le fils de pute, si tu crois que je ne sais pas d'où tu sors ! » (青山欣然自在行, *roman en ligne de* 战靖, 2010)

Fils indigne

Insulte très grave en chinois, vu l'importance de la piété filiale (孝).

• 不孝子 *bùxiàozi.* '我……我打死你这个不孝子！' « Je… je vais te massacrer, fils indigne ! »

• 不肖子孙 *bùxiàozǐsūn.* Descendance sans valeur, incapable d'assurer ses devoirs envers les ancêtres. On trouve aussi (plus rare) 不肖之子 « fils dégénéré ».

• 孽子 *nièzǐ* ou 孽种 *nièzhǒng*. À l'origine terme bouddhique, « racine du mal, source de malheur ».
↻ *vendeur de mère*

Flic, flicaillon, « dogue », sale flic
• 狗子 *gǒuzi* ou 黄狗子 *huáng gǒuzi* « chien, chien jaune ». '沙窝这么大，就那么几个黄狗子警察，头三不知脑四，能干个啥？' « Le désert est si grand, tu crois que c'est ces quelques chiens jaunes de flics, cons comme des manches, qui pourraient faire quoi que ce soit ? » *(*猎原*, roman en ligne de* 雪漠*)*.
• 二狗子, qui est un terme ancien, a le sens plus général de « crétin ». L'insulte s'adresse plus précisément aux policiers en tenue, aux membres des patrouilles urbaines.
ATTENTION : 狗子 et 二狗子 sont des termes qui peuvent aussi servir de façon affectueuse ou comme surnoms entre gens qui se connaissent, voire au sein d'un couple.
• 黑狗子 *hēigǒuzi* « chien noir ». Il s'agit d'un terme historique, qui désignait la police militaire du régime du Kuomintang, qui servait aussi de police politique, et dont les membres en tenue portaient des uniformes noirs. L'expression est toujours présente de nos jours, même si moins usitée.
• 看门狗 *kānmén gǒu*, 看家狗 *kānjiāgǒu* « chien de garde ». Insulte pour les représentants des forces de l'ordre, mais de bas niveau, tout juste bons à garder les entrées. '他禁不住拳头发痒，心情恶劣，开口骂道："开门狗！"' « Il fut pris d'une envie irrésistible de cogner, d'une haine vicieuse ; il desserra les dents et cracha : "Flicaillon de mes fesses !" ». Plus généralement, s'applique aussi dans le sens marxiste de « chien de garde, suppôt » (du capitalisme par exemple).
• 臭警察 *chòu jǐngchá* « Policier puant » : sale flic. '是你这个臭警察，你怎么会在这的，咦？' « C'est toi, espèce de sale flic ! qu'est-ce que tu fous ici, hein ? » (最强道统系统 *roman en ligne de* 黑色尼古丁, *2018*) Hors insulte, peut aussi signifier « pourri, corrompu ». Voir autre ex. à ↻ *cinglé*

Fonctionnaire, ~ despotique
• 猿类 *yuánlèi* « primates », ou 公务猿 *gōngwùyuán* « primate du service public ». Bien évidemment un jeu de mots à partir de 公务员. Insulte modérée. Le « primate » en question n'est pas forcément corrompu ni despotique.
• 狗官 *gǒuguān* « chien d'officiel ». Désignait les mandarins ou leurs sbires qui opprimaient le peuple, peut bien sûr s'appliquer dans un contexte actuel. '这个狗官在任时，极尽敲骨吸髓之能事。' « Quand ce tyranneau de fonctionnaire était en poste, il s'y entendait à merveille pour saigner le peuple à blanc. »

Forban
• Dans le sens « Homme cruel et sans scrupule » : 狼虫 *lángchóng* « loup & serpent ». Insulte ancienne. On trouve aussi, plus long : 狼虫虎豹 *lángchónghǔbào* « loups, serpents, tigres & léopards. »

Fou, folle
• 疯子 *fēngzi* « fou, lunatique ». Certes péjoratif mais pas forcément insultant… sauf quand le locuteur l'entend comme tel.
• 狂人 *kuángrén* Fou, plus grave que le précédent : forcené, fou à lier, dangereux. En insulte, sera plutôt traduit par « dingue, malade ». '我操你这个狂人的五十代祖宗！'

« J'enfile tes ancêtres sur cinquante générations, espèce de dingue ! » *(五胡战史, roman en ligne de 周显)*

• 你发疯了吗？ *nǐ fāfēng le ma ?* « T'es devenu fou ? »

Foudre (que Jupiter t'envoie sa ~ !)
• 天杀的 *tiān shāde* « Que le ciel te tue ». Pour souhaiter les plus grands malheurs à son interlocuteur. '唉!天杀的！' « Ah ! Que Jupiter t'envoie sa foudre ! »

Fouineur, fouinard, fouille-merde
• 包打听 *bāodǎtīng*. Désigne en même temps l'acte de « fouiner », de rechercher les ragots ou les informations, et la personne qui le fait. Le terme désignait naguère, en dialecte, un détective. '你这个包打听的名号，名不符实啊，你对我的了解不够啊' « Ta réputation de fouille-merde n'est pas méritée, tu ne me connais pas du tout ! » (重生之绝世至尊 *roman en ligne de 风一刀, 2019).* '你看你这人就爱包打听，管好你自己得了。' « Hé, écoute-moi le petit fouineur : occupe-toi de tes affaires. » *(CD, 2016)*

Fourbe ☞ *serpent*

Fouteur de merde
• 捣蛋鬼 *dǎodànguǐ*. Qui apprécie de semer le désordre ou de se faire détester. Peut être employé de façon affectueuse ; voir ☞ *fripon*.
• Beaucoup plus ordurier, et jamais tendre : 搅屎棍 *jiǎoshǐgùn* « gourdin à remuer la merde ». Le sens dérivé attribué à cet outil agricole (destiné à homogénéiser le fumier) se passe de commentaires. '英国怎么就由欧洲的搅屎棍变成世界的搅屎棍了呢？' « Comment le Royaume-Uni, de fouteur de merde en Europe, est-il

devenu un fouteur de merde dans le monde entier ? » *(caogen, 2019)*

Foutre
Pour les sens purement organiques du terme, voir le chapitre SEXE.
• « Qu'est-ce que tu fous ? » 你干什么呢 *nǐ gàn shénme ne ?*
• « J'en ai rien à foutre » : 关我鸟事 *guān wǒ niǎoshì* « Ça m'en touche une sans faire bouger l'autre ». L'expression toujours populaire remonte au moins à *Au bord de l'eau*. Voir aussi ☞ *foutre (s'en)**
• Dans le Sichuan : 算屌了 *suàn qiule*. '"算屌了，"爸爸对自己说，"就是个婆娘嘛。"' « Rien à foutre, se dit papa, après tout c'est qu'une gonzesse. »[34]
• Se faire ~ ☞ *va te faire foutre !*

Fripon
• 捣蛋鬼 *dǎodànguǐ*. Pas forcément flatteur mais souvent dit de façon affectueuse. '你这只捣蛋鬼，平日坏事做得太多，念你本性善良，就罚你把你的快乐分享给大家吧。' « Espèce de fripon, tu fais vraiment trop de bêtises ! Mais comme je sais que tu as un bon fond, ta punition sera de partager ta gaieté avec tout le monde. »
• Même sens, mais beaucoup plus rare : 捣乱鬼 *dǎoluànguǐ*

Fripouille
• 赖皮 *làipí*. Personne éhontée, sans scrupule, ou qui se comporte comme telle (耍赖皮). '好个赖皮，不如数把钱留下，休想走脱！' « Ah la jolie fripouille ! Si tu ne laisses pas la somme exacte, ne songe même pas à t'esbigner ! »[15]

Fuck !
• 法克 *fǎkè*. Transcription directe de l'anglais. Utilisé en ligne. Parfois abrégé en FK.

Galopin, garnement !

Les termes qui peuvent être ainsi traduits, mais revêtent souvent un caractère affectueux, sont listés à ☞ *diablotin*, garnement**. Le terme ci-dessous est en général plus virulent, sans être très injurieux :

• 淘气鬼 *táoqìguǐ*. '你这个淘气鬼！我来教训教训你！' « Garnement ! Je vais te dresser, moi ! »[801]
Plus fort encore : ☞ *gosse*

Gangsta, gangster, voyou

• 社会人 *shèhuì rén* (ou 社会上的 *shèhuì shàng de*). Très récemment, cette expression qui signifie tout simplement « membre de la société » a été détournée pour signifier voyou, voire « gangster ». On la trouve par exemple dans le rap chinois moderne. '老子社会上的，起坎都抽中华' : « Je suis un *gangsta*, je ne fume que des *Zhonghua*. » *(Une marque de cigarettes de luxe. Tiré de la chanson* 超社会 *de Gai, rappeur du Sichuan, 2018)*. À l'origine, on trouve le terme 黑社会 « pègre ».

Garce ! Petite ~ ! ☞ *salope (petite)*

• 贱货 *jiànhuò*. Femme méprisable et vile. Utilisable aussi pour les hommes, mais beaucoup plus rare. '贱货，吃里爬外的下三烂！' « Garce ! Vendue, traînée ! » *(*吃里爬外 = « agent de l'ennemi »)*.

• 贱人 *jiànrén*. Insulte ancienne, remplacée par celle ci-dessus, de même sens (ou d'autres…)

Gaspilleur

• 败家子 *bàijiāzǐ*. À l'origine, un fils prodigue ; sens élargi aux paniers percés et autres parasites. '你个败家子！到嘴的肉你还给扔到！' « Espèce de gaspilleur ! Tu n'es bon qu'à jeter la viande qui nous arrive dans la bouche ! »[91]

Gâteux, sénile, vieux fou

• 老糊涂 *lǎohútu*. '胜强，你不要以为妈真的是老糊涂了。' « Shengqiang, ne crois pas un instant que ta mère soit gâteuse. »[34]

• 老阿呆 *lǎo'ādāi*. Vieux crétin, sénile. '所以一店里人都称呼他是个"老阿呆"。' « C'est pourquoi tous les gens de la boutique le traitaient de "vieux fou". »[19]

Gibier de potence !

Quelqu'un qui mérite la mort.

• 千刀万剐(的) *qiāndāowànguǎ*. Terme qui désigne à l'origine le « supplice des mille coupures » ; en insulte, signifie que l'on souhaite d'atroces souffrances à son interlocuteur. '这个千刀万剐的贼，不得好死。' « Brigand ! Gibier de potence ! Tu mourras d'une mort horrible ! »

• 杀头胚 *shātóupēi*! « Graine de condamné à mort ! » '畜生！杀头胚！……' « Animal ! Gibier de potence !... »[303] On retrouve cette insulte sous diverses formes : 杀胚 *shāpēi*, 杀坯 *shāpī*. Plutôt dans la région de Shanghai. '你们连自家吃的要抢么？强盗！杀胚！' « Vous allez même nous prendre tout ce qui nous reste à manger ? Brigands ! Scélérats ! »[303]

• 死囚 *sǐqiú* « condamné à mort » ; insulte ancienne.

• 杀才 *shācái*. Scélérat, pendard. Insulte venant d'*Au bord de l'eau*. ☞ *fils de voleur*

Giton, rivette, « petit pédé »

Jeune homosexuel passif, souvent prostitué :

• 兔子 *tùzi* « lapin ». Injure en vigueur depuis les Ming. Le terme désignait les jeunes hommes prostitués fort appréciés à la cour ou chez les riches à certaines périodes de l'histoire chinoise *(variantes :* 兔客 *tùkè, désignation plus littéraire,* 娈童 *luántóng).* Le lapin est par ailleurs assimilé aux homosexuels, travestis (acteurs d'opéra en particulier) et trans-sexuels car il est difficile de distinguer le mâle de la femelle. Par extension l'insulte 兔崽子 *tùzǎizi* « fils de lapin », peut avoir le même sens, mais aussi celui de « bâtard, salaud » ☞ *corniaud, tête à claques.* ☞ *pédé, gosse, prostitué*[SEX]

Gland ☞ *tête de nœud*

Glandeur, tireur-au-cul
• 懒骨头 *lǎngǔtou. Remarque :* le terme 懒虫 est aussi légèrement péjoratif, mais moins que 懒骨头. Le terme désigne aussi de nos jours les canapés poufs géants. '打死你这懒骨头！像你爹一样！沒出息。' « Tu vas voir c'que tu vas voir, gros glandeur ! T'es bien comme ton père : sans espoir ! » (魔王复出, *roman de* 王僧剑, *2017)*

Gosse (sale ~ !)
• 野孩子 *yěháizi* « enfant sauvage ». Enfant impoli, rebelle.

Graine (mauvaise ~)
• 胚子 *pēizi.* Rejeton ; toujours associé à un terme péjoratif. '地痞胚子！我不认账这个儿子！' « Graine de voyou ! Je renie cet enfant ! »[303]
• 坏种 *huàizhǒng* ou 坏种子. Littéralement « mauvaise graine » ; insulte assez forte en chinois. '"他就是个坏透了的小流氓，"雷说："他是颗坏种子！"。' « C'est un petit vaurien, complètement pourri, dit Ray. De la mauvaise graine ! » *(traduction pirate de* Freedom, *de J. Franzen. 2017)*

Grand con, grosse brute, brute épaisse
• 傻大个儿 *shǎdàgèr.* Grand, fort et stupide. Ou 傻大个子 *shǎdàgèzi.* '很多人都说考辛斯是个傻大个儿，但是你知道他有多善良吗？' « Beaucoup de gens disent que Cousins *(un joueur de NBA)* n'est qu'un grand con, mais savez-vous qu'il a beaucoup de qualités ? » *(Sina sports 2018)*

Gras
• 肥 *féi.* Ce terme étant employé normalement pour les animaux, il est péjoratif pour les être humains. '他很肥' « Il est trop gras » n'est pas un compliment… Mais '你胖得像猪似的！' « T'es gras comme un cochon ! » non plus !

Grave
Dans le sens « très, vachement », en plus fort et/ou plus vulgaire :
• 真他奶奶的 *zhēn tā nǎinaide* + adjectif. '真他奶奶的无聊' : « On se fait grave chier ». '如果是有那么的一天，我真他奶奶的高兴阿！' « Si un tel jour arrive, je serais grave content ! »

Gredin
• 恶棍 *ègùn.* Une affreuse canaille. '你这淫邪恶棍，别以为本姑奶奶不知你的龌龊打算。' « Immonde gredin ! Si tu crois que ma fille n'a pas percé à jour tes plans méprisables ! » *(异典证神, roman en ligne de* 百骨精, *2017) Remarque :* 姑奶奶 *peut désigner la grand-tante ou une fille qui a quitté sa famille pour se marier.*
• 剥皮 *bāopí* « écorcheur ». Personne dénuée de sens moral, méritant la mort. S'applique aux propriétaires terriens, aux exploiteurs. '该死的张剥皮！' « Maudit soit ce gredin de Zhang ! »[304]

- 贼王八 *zéi wángbā* « brigand et bâtard ». Une insulte qui remonte au roman *Au bord de l'eau*.

Gros tas ! ⌁ *truie*
- 死胖子！ *sǐ pàngzi !* '赶紧减肥吧，死胖子！' « Va vite perdre du poids, gros tas ! »

Gros dégueulasse
- 猥琐男 *wěisuǒ nán*. Homme libidineux voire pervers. '如何避免成为一个油腻的中年猥琐男。' « Comment éviter de devenir un gros dégueulasse d'âge mûr » *(titre d'un article de 冯唐, 2017)* On notera que l'adjectif 油腻, « graisseux », que nous n'avons pas traduit car en français « gros dégueulasse » se suffit à lui-même, est devenu depuis cet article l'un des termes à la mode sur le Net chinois. ⌁ *vieux con*

Gueule (Ta ~ !), la ferme !
Les trois termes suivants sont tous impolis à des degrés divers, nous les classons ici dans leur ordre décroissant de fréquence :
- 闭嘴！ *bìzuǐ !* '闭嘴，不要脸的女人！' « Ferme ton clapet, femme sans pudeur ! »
- 住嘴！ *zhùzuǐ!*
- 住口！ *zhùkǒu!* ⌁ *tais-toi**
Outre ces termes très classiques, on peut trouver plus imagé : '闭上你的臭嘴，到后院去。' « Boucle ton immonde clapet et va derrière. »

Honte (ne pas chier la ~)
- À partir d'une expression dialectale (Shanxi) : 没屁脸 *méi bīliǎn*, synonyme plus vulgaire de 不要脸 « tu n'as pas honte ? », se sont construites en ligne, il y a quelques années, plusieurs expressions dérivées. 屁脸 pouvant signifier « face de moule » ou « gueule de con » *(dans l'acception sexuelle du terme)*, les versions françaises se devront

d'être assez grossières : « Tu chies pas la honte » . '你就立刻成了吃软饭的没屁脸货了。' « Et tu es devenu immédiatement un gigolo qui ne chiait plus la honte. » Par euphémisme ou par souci « d'harmonisation », on trouvera souvent, à la place de 屁脸, les termes 逼脸 voire... 碧莲 « lotus de jade vert ». Une forme fréquente est '你还要点碧莲吗？' soit « N'as-tu vraiment plus aucune honte ? »

Idiot, imbécile, crétin
Parmi les très nombreux termes ci-dessous, certains servent exclusivement ou majoritairement comme adjectifs, d'autres seulement comme substantifs, d'autres enfin peuvent remplir les deux fonctions.
1/ Adjectifs seulement
- 愚蠢 *yúchǔn*. '大声点，你这愚蠢的老家伙！' « Un peu plus fort, espèce de vieillard imbécile ! »
- 愚笨 *yúbèn*. '他的想法岂是你这愚笨的脑袋可以理解的？' « Comment un cerveau stupide comme le tien pourrait-il comprendre sa vision des choses ? » *(都市至强者降临, roman en ligne de « renchenchujiu »)*.
2/ Noms seulement
- 笨蛋 *bèndàn*. '你们那些笨蛋我派了两条船去救你们啊！' « Bande de crétins, j'ai dû envoyer deux bateaux pour vous secourir ! » *(Sina, 2011)*
- 傻子 *shǎzi*. '婚姻太磨人了，谁敢结婚，谁就是勇气十足的傻子。' « Le mariage c'est une torture... pour oser se marier il faut être un idiot, et très courageux. »[36]
3/ Termes mixtes
- 蠢蛋 *chǔndàn*. '想把人民變蠢蛋的蠢蛋。' « L'idiot qui voulait rendre les gens idiots » *(Un article de John Batten, écrit en chinois*

comme le nom de l'auteur ne l'indique pas, aicahk.org, 2017).
'蠢蛋，这种时候你娘也不会来救你了。'« Imbécile ! Dans ce genre de moment, même ta mère ne peut te sauver. »[23] Variante courante : 蠢笨 *chǔnbèn*
• 白痴 *báichī*. '你这白痴，我爱你！'« Mais je t'aime, imbécile ! » *(titre d'un roman en ligne de* 哈啤, *2012).* Autre ex. : ☞ *bécasse.* En adjectif : '他只是个白痴的儿子，更加的白痴而已。'« Il n'est qu'un enfant idiot, juste un peu plus que la moyenne. »

Incapable
• 臭大粪 *chòudàfèn.* Pékinois. Cette expression très imagée (ou plutôt très odorante) peut être employée de manière affectueuse (entre bons amis toutefois), ou dans des occasions sportives. '你他妈的客气什么，踢，踢死他！臭大粪！'« Mais putain, qu'est-ce que t'attends ! Mais shoote ! Tue-le, incapable ! »
• 草包 *cǎobāo* « sac/panier en herbe ou en paille ». Un homme sans talent ni compétences. '老钟叔说过，汉奸全是草包！'« Mon oncle Zhong disait que les traîtres étaient tous des incapables ! »[423]

Incestueux
• 直娘贼 *zhíniángzéi* « brigand baiseur de mère ». Une insulte ancienne (*Au bord de l'eau*) que l'on retrouve aujourd'hui rarement hors des romans de chevalerie. D'origine dialectale ancienne, le caractère 直 signifiant par homophonie « baiser, pénétrer ». '你这直娘贼，还撒着泼天大谎来蒙爷爷？'« Espèce de brigand incestueux, tu oses encore tenter de m'embobiner avec tes mensonges

éhontés ? » *(Sohu, 2018)* On peut noter qu'il s'agit d'un équivalent presque exact de « motherfucker ».

Incroyable ! J'y crois pas !
• 碉堡了！ *diāobǎo le !* Pourquoi ce mot, 碉堡, qui veut dire « fortin, blockhaus » en vient-il à signifier la stupéfaction, l'ébahissement ? Parce qu'en fait ces caractères en remplacent deux autres moins élégants, 屌爆. 屌爆了！ soit « (surpris au point de m'en faire) exploser le membre », ce qui est beaucoup plus clair. '瑞典 20 岁女飞贼碉堡了啊，偷！火！车！'« L'incroyable histoire d'une Suédoise de 20 ans qui a VOLÉ ! UN ! TRAIN ! » *(Sina, 2013)*

Ingrat et cruel, salaud, sans cœur
• 白眼狼 *báiyǎn láng* « loup aux yeux blancs » (c-à-d sans aucun sentiment « humain » dans le regard). '那就是这两个卸磨杀驴的白眼狼。'« C'était ces deux salauds d'ingrats qui s'acharnaient sur ceux qui les avaient servis. »
• 狼崽子 *lángzǎizi* « louveteau ». Qqun d'ingrat, sans cœur, peu fiable.
• 负心贼 *fùxīnzéi.* Ingrat, salaud, dans le domaine amoureux. '负心贼负心贼！咬死你咬死你！'« Ingrat ! salaud ! je vais te tuer ! t'arracher les… »[32]

Injurier, couvrir d'injures, déverser un torrent d'injures
• 狗血喷头 *gǒuxiěpēntóu* « jeter du sang de chien à la tête ». Assez fréquent malgré l'aspect littéraire. '身边工作人员忆：周恩来会为何事把人骂得狗血喷头。'« L'un de ses collaborateurs se souvient : il arrivait à Zhou Enlai de couvrir les gens d'injures pour n'importe quelle raison. » *(Sina 2018)*

Injurier (se faire ~, insulter)

• 挨骂 *áimà*. ʾ国足为何挨骂才如梦方醒？ʾ « Pourquoi l'équipe nationale *(de football)* ne se réveille-t-elle que quand elle se fait engueuler ? » *(Sina, 2018)*

Intellectuel puant

• 臭老九! *chòu lǎo jiǔ!* « vieille 9ᵉ catégorie puante ! » : expression qui date de la Révolution culturelle, les intellectuels étant rangés après les huit autres « catégories noires », classes sociales mal vues.

« Japs », Japonais

• 鬼子 *guǐzi* « diable ». Même si en théorie le terme peut désigner tous les envahisseurs étrangers, il s'applique plus particulièrement aux Japonais (les Occidentaux sont alors des 洋鬼子). ʾ黄军衣，翻皮鞋，三八式，皮子弹盒，黄等等一色全是鬼子。ʾ « Des uniformes jaunes, des chaussures de peau, des fusils modèle 38, des cartouchières de cuir : des Japs tout jaunes des pieds à la tête. » On trouve souvent 鬼子兵 « soldat-diable ». Plus précis :

• 日本鬼子 *rìběn guǐzi* « diable japonais ». ʾ我的父亲是被日本鬼子打飞机投弹炸死的。ʾ « Mon père est mort dans un bombardement par un avion de ces salauds de Japs. »[453]

• 东洋鬼子 *dōngyáng guǐzi* « diables étrangers de l'Est ». ʾ我们中国有一个武力，使全世界的洋鬼子、东洋鬼子不敢打我们。ʾ « Si la Chine avait été militairement forte, personne au monde, ni les Occidentaux ni les Japonais, n'auraient osé nous attaquer. » *(Sina 2018)* Le terme 东洋 est aussi utilisé péjorativement pour désigner tout ce qui vient du Japon.

ʾ刚送来了这封信。说是明天你再穿东洋货的衣服去，他们就要烧呢。ʾ « Je viens de recevoir cette lettre. Elle dit que si demain tu vas encore (à l'école) avec des habits venant du Japon, ils les mettront au feu. »[301]

• 东洋赤佬 « diable rouge de l'Est ». ʾ东洋赤佬！袁朴生用家乡话骂了一句。ʾ « Chien de Japonais ! l'insulta Yuan Pusheng dans son patois. » Dialecte de Shanghai et du Zhejiang.

• 日寇 *rìkòu* « bandit japonais ». Voir un ex. à ☞ *végéter*

Jean-foutre

• 饭桶 *fàntǒng* « seau à riz ». Bon à rien, incapable. ʾ真没用！你是个饭桶！ʾ « T'es vraiment bon à rien ! Tu n'es qu'un jean-foutre ! »

Journalope, journalisse

• 妓者 *jìzhě*. Par homophonie entre 妓 « prostituée » et le 记 de 记者. Sert en insulte pour les journalistes vendus ou corrompus. ʾ记者简直就是妓者—— 一名大陆记者的自白ʾ « Les journalistes sont tout simplement des journalopes — la confession d'un journaliste chinois ». *(epochtimes, 2001)*

Lâche ! peureux !

☞ *couille molle, pétochard, poltron, poule mouillée*

Lapin de six semaines

• 傻冒儿 *shǎmàor*. Naïf et dépourvu d'expérience. Un « lapin de six semaines » peut aussi être un « crétin d'avril » (il s'agit en fait de la traduction littérale de l'anglais *April fool*, le genre de personne qui croit aux poissons d'avril) : ʾ别当一个四月的傻帽儿！ʾ « Arrête de jouer les lapins de six semaines ! » *(Sina, 2012)*

Laquais, larbin, esclave

• 奴才 *núcai* « étoffe d'esclave. » ‘这是个奴才，对主人总是奴颜婢膝，曲意逢迎。’ « C'est un vrai larbin, toujours en train de courber l'échine et d'essayer de complaire au patron. »

• 爪牙 *zhǎoyá* « griffes & dents ». Séides, suppôts, en général employés aux basses œuvres : hommes de main, nervis.

• 徒子徒孙 *túzǐtúsūn*. Contrairement aux deux précédentes, cette expression peut aussi avoir un sens positif ou neutre : « disciples, adeptes ». Mais, employée péjorativement, elle désigne les séides et parasites attachés à un maître... et leurs descendants ! ‘习要收拾周永康徒子徒孙。’ « Xi *(Jinping)* veut régler leur compte aux laquais de Zhou Yongkang. » *(PR, 2018)*

Lard (tas de ~) ☞ *truie*

Lécher le cul, lèche-cul

• 舔屁股 *tiǎn pìgu*. Équivalent exact du terme français ; plus rare, plus vulgaire, et qualifiant une attitude plus servile que 拍马屁 (voir ☞ *bottes**). ‘我在这儿不得已干了这么多舔屁股的事情，我的嘴唇疼痛就不足为奇了。’ « J'ai dû lécher tellement de culs par ici, qu'il n'est pas vraiment surprenant que j'ai les lèvres douloureuses. » *(Une citation du général Patton, dont l'original est en fait :* ‘After all the ass kissing I have to do, no wonder I have a sore lip.’*)*

• Il existe en chinois une expression encore plus belle que « lèche-cul ». Elle remonte à l'œuvre de Zhuangzi et n'est plus très courante, mais nous ne pouvons résister au plaisir de la proposer malgré tout au lecteur : 吮痈舐痔

shǔnyōngshìzhì « téter les ulcères et lécher les hémorroïdes », parfois abrégée en 舐痔. Un exemple déjà un peu ancien : ‘这个里通外国的民族败类，居然为洋人吮痈舐痔，可恶之极！’ « Ces rebuts de la nation, collabos des étrangers, toujours à lécher le cul des Occidentaux... ils sont immondes ! » ☞ *flatteur*, suce-bite*

Légume

• 植物人 *zhíwùrén*. Il s'agit du terme courant, déjà péjoratif, pour les victimes du « syndrome d'éveil non-répondant » autrefois appelé « état végétatif ». Bien entendu le terme peut aussi servir d'insulte : ‘你这植物人，也给我去死吧！’ « Eh le légume, va te faire foutre ! »

• 死人 *sǐrén* ou 活死人 *huósǐrén* « mort-vivant, (raide comme) un cadavre ». Demeuré, bon à rien.

Lie de l'humanité ☞ *ordure*

Loser !

• 屌丝 *diǎosī*. Désigne à l'origine les poils pubiens, est également parfois employé pour se désigner soi-même modestement... ou en insulte. ‘分手吧！我不想和你这种屌丝在一起。’ « Séparons-nous ! Je ne veux pas rester avec un loser dans ton genre. » *(The Beijinger, 2015)*

• 矮穷矬 *ǎiqióngcuó* « petit, pauvre et petit ». Bien que deux caractères sur trois signifient « petit, nain », le sens est en fait de « moche, con et pauvre ». L'ensemble est une expression unisexe très répandue en ligne depuis le début de la décennie pour désigner les personnes dont les perspectives maritales sont très réduites. Pour les antonymes, voir ☞ *parti (bon).*

on trouve parfois aussi 矮矬穷, 矮穷丑, 矮穷矬. '矮穷矬自称富商与多名女性交往；警方：恋爱让人变傻瓜。' « Un loser se faisant passer pour un riche homme d'affaires fréquentait beaucoup de femmes ; la police prévient : "l'amour rend bête." » *(CCTV, 2017)*. Bien entendu, il existe un équivalent féminin ☞ *thon (gros)*

Lourdaud, balourd, empoté

• 木偶 *mù'ǒu* « figurine de bois ». '你这个木偶就是个会动的行尸走肉。' « Espèce de gros balourd, tu n'es qu'un vrai zombie, un propre à rien ! » *(webmedia, 2018)*

Malandrin

• 痞棍 *pǐgùn*. Bandit de grand chemin, voyou brutal ; souvent renforcé sous la forme 流氓痞棍 ; ce qualificatif est souvent appliqué à Li Kui 李逵, l'un des personnages les plus violents (voire franchement barbare) du roman *Au bord de l'eau*.

Malédiction ! Malheur !

• 真该死! *zhēn gāisǐ!* '真该死! 这是哪个混帐东西干的坏事？' « Malédiction ! Quelle est donc la raclure qui a osé faire une chose pareille ? »[801]
• 坏事了! *huàishìle!* '坏事了! 他一定去把他的同伙都放开了。' « Malheur ! Il est sûrement allé libérer tous ses complices. »[802]

Mandchou, barbares mandchous

• 满清鞑子 *mǎnqīng dázi*. De façon générale, 鞑子 désignait toutes les tribus barbares du Nord. L'ensemble est péjoratif. '满清鞑子，是世界历史上最垃圾的朝代。' « La dynastie Qing des barbares mandchous est la pire qui ait jamais existé dans l'histoire du monde. » *(Sina, 2015)* '满清鞑子，

来吧！' « Viens donc par ici, barbare mandchou ! »[62]

Mari

• 死鬼 *sǐguǐ* « revenant, démon ». Utilisé spécialement par les femmes pour insulter leur mari, ou comme appellation taquine. '你这死鬼，我只等你十年，十年之后你还未归，我就改嫁。' « Mari de mes fesses ! Je t'ai attendu dix ans, tu n'es toujours pas revenu ! Je vais m'en trouver un autre ! » (满目梨花词, *roman de* 康蚂, 2018)

Maudit, sois maudit ! ☞ *va mourir !*

• 不得好死 *bù dé hǎosǐ*. Toujours dans le registre de la malédiction : « (puisses-tu) ne pas jouir d'une belle/bonne mort ! ». '我可以发誓，我骗你就不得好死……' « Je peux le promettre ; si je t'arnaque, que je sois maudit ! » *(Sina, 2018)*. Voir autre ex. ☞ *vil*
• 砍脑壳 *kǎn nǎoké* « (qu'on leur) coupe la tête !). Dialecte du Sichuan. Utilisé comme malédiction : « Soyez maudit, que la peste soit de vous… » '"砍脑壳的！"爸爸说，"老子总要一天弄死你们！"' « "Soyez maudites !" dit papa, "un jour je finirai bien par vous faire la peau !" »[34]
• 生孩子没屁眼 *shēng háizi méi pìyǎn* « Que tes enfants naissent sans anus ! ». Une malédiction populaire, s'adressant aux personnes dénuées de morale. '我日你祖宗，我祝你生孩子没屁眼！' « J'enc… tes ancêtres ! Que tes enfants naissent sans trou de balle ! » *(超级猛兽兵, roman en ligne de* 诸葛笑话, 2014)

Mégère, virago, harpie, furie

• 泼辣货 *pōlàhuò* ou 泼货. '「你，你，你这个泼辣货！」「过奖。」她盈盈一笑。' « "Tu… toi… espèce de sale harpie !" "C'est trop d'honneur !" répondit-elle avec un sourire éclatant ».

• 胭脂虎 *yānzhīhǔ* « tigresse à fond de teint ». Une femme féroce. Un terme remontant aux Song, qui fut aussi le titre d'un film de Hong Kong en 1955. Depuis une pièce jouée à Taïwan en 2012, s'applique aussi péjorativement à certaines féministes.

Merde ! (juron)

Pour marquer la déception, l'énervement. Les termes ci-dessous sont un peu moins grossiers que ceux répertoriés sous ☞ *putain !*

• 操蛋 *càodàn!* Beaucoup plus fréquent que « l'original » 肏蛋. À l'oral les deux ne se distinguent pas. '真操蛋！' « Quelle merde ! » Voir un autre ex. à ☞ *chiant*, et voir aussi à ☞ *purée !*

• 喵的! *miāode!* Il s'agit d'une variante « adoucie », née en ligne, de 妈的. '喵的! 混蛋! 又在这个时候捣乱！' « Ah merde ! Le salaud ! Toujours à venir foutre la merde au mauvais moment ! »[81]

Merde (insulte)

• 屎蛋 *shǐdàn* « œuf de merde ». '你这屎蛋！' « Tu n'es qu'une ~ ! »

• 吃屎去吧! *chīshǐqùba!* « Va bouffer de la ~ ! » L'équivalent du *Eat shit !* américain. Voir un exemple ci-dessous, et voir ☞ *mère*

• Tas de ~ ! : 狗屎堆 *gǒushǐduī* « tas de merde de chien ». Individu au comportement vil et méprisable.

• 臭大粪 *chòu dà fèn* « grosse merde puante ». Terme typiquement pékinois mais qui a connu en 2000 une célébrité nationale en raison d'une « querelle d'artistes » entre Wang Shuo et Zhang Yimou. '我过去说张艺谋是臭大粪其实很不应该。' « Quand j'ai dit que

Zhang Yimou était une merde, ce n'était vraiment pas mérité. » *(PR, 南方周末, 2007)* Autre ex. ☞ *incapable*

Merdeux (petits ~)

• 粪青 *fènqīng*, « jeunesse de merde ». Dérivé d'un autre terme moins péjoratif, 愤青 ☞ *jeunes**. '我们无视他们，因为他们是粪青。' « Nous ne leur accordons aucune attention, parce qu'ils ne sont que des petits merdeux. »

Mère (j'enc… ta ~, nique ta ~)

• (我)操你妈 *wǒ cào nǐ mā* « ». Là encore, 操 remplace 肏. La formule complète est en fait 肏你妈的屄/操你妈的逼. L'expression a perdu un peu de sa violence en raison de sa fréquence. Elle reste cependant à manier avec d'extrêmes précautions… Le sens est bien « Va te faire foutre : Je t'enc… », mais l'expression sert aussi bien en juron qu'en insulte. '操你妈，王八蛋! 吃屎去吧！' « J'enc… ta mère, bâtard ! Va bouffer de la merde ! » *(combinaison assez courue)*

• On trouve depuis une dizaine d'années un « ersatz » : le 草泥马 *cǎonímǎ* ou « cheval d'herbe et de boue ». Apparue en 2009 pour détourner la censure (pourtant somme toute assez peu virulente sur la simple grossièreté), cette créature mystérieuse en est venue à représenter une sorte de symbole de la lutte contre la censure et la volonté gouvernementale « d'harmonisation ». Une fois la nouveauté du *meme* épuisée, le terme est resté et sert encore aujourd'hui : '草泥马! 我的电脑死机了！' « Nique ta mère ! Mon ordi est planté ! » *(The Beijinger, 2015)*

• 操你娘! *cào nǐ niáng!* Variante plus rustique du précédent. "操你娘。"长官大声骂道，"老子是连长！'" « "Va baiser ta mère !" hurla l'officier, "je suis capitaine !" »[23]

• À Taïwan on dira fréquemment : 干你妈 *gànnǐmā* ou 干你娘, synonyme du précédent, dérivant du dialecte *minnan* ou l'insulte équivalente est 奸恁娘 ; 奸 en *minnan* se prononce en effet *gàn*.

• 去你奶奶的 *qù nǐ nǎinaide.* Idem, mais en remontant d'une génération dans l'arbre chronologique : « nique ta grand-mère ! »

Minable, minus, tocard

• 孙子 *sūnzi* « petit-fils ». '真的？''说假话就是孙子！' » « C'est vrai ? » « Celui qui ment n'est qu'un minable ! »[29] Ici dans le sens « Que je sois pendu si je mens ! ». Surtout utilisé comme insulte à Pékin : minable, petit con. '听着，孙子，我送你丫一句话：' « Écoute-moi bien, petit con, je vais te dire un truc : » *(Sohu TV, 2012)*

• 熊包 *xióngbāo* ou 熊蛋包 *xióngdànbāo* « couille d'ours ». Minable, mauviette, bon-à-rien. La raison pour laquelle ce vaillant animal et son appareil génital sont associés à ces défauts restera un mystère. '找你个熊抱，连处房子都住不上！' « J'ai épousé un vrai minable, même pas capable de me procurer un logement décent ! »[431]

• 小舅子 *xiǎojiùzi* « beau-frère » : le petit frère de l'épouse. Utilisé en insulte dans certaines régions, comme Pékin ou le Sichuan. On insinue avoir connu bibliquement la grande sœur de l'intéressé… '屌！揍他个小舅子！' « Et mes couilles ! Allez, foutez-moi une raclée à ce minable ! »[29]

• 㞞包 *sóngbāo.* 㞞 signifie à l'origine « sperme, foutre » dans la langue populaire. L'insulte pourrait se traduire littéralement « sac à foutre », mais en français l'expression existe déjà et a un sens très différent. 㞞包 signifie simplement « minable, faiblard, incapable, lâche. » Ce terme, qui existe depuis longtemps, est assez populaire en ligne et a donné plusieurs dérivés récents : 㞞人、㞞货 (même sens). Difficile à trouver sur la plupart des traitements de texte, le caractère est souvent remplacé par 怂.

Voir aussi ☞ *sac à pisse*

Minable qui donne le change

• (银样) 蜡枪头 *yínyàng làqiāngtóu* « pointe de lance en cire qui brille comme l'argent ». De belle apparence mais bon-à-rien, inutile. '难道这个人也是个银样蜡枪头？' « Sous des dehors trompeurs, ce type ne serait-il en fait qu'un minable ? »

Misérable, gueux, pauvre (sale ~ !)

• 穷鬼 *qióngguǐ* ou 穷子 *qióngzi.* Ces termes péjoratifs peuvent servir de substantifs normaux ou d'injures. '难道我命中注定是个穷鬼吗？' « Mon destin serait-il donc de toujours rester un gueux ? » '这件衣服很贵，你这穷鬼根本买不起！' « Cet habit est très cher, un sale pauvre comme toi ne peut pas se le payer ! »

• 穷光蛋! *qióngguāngdàn!* Surtout pour les paysans pauvres. '你们这一批穷光蛋，给我滚开去，滚得远远的！' « Et vous, bande de gueux, foutez-moi le camp d'ici, allez ! au diable ! »

• (小) 赤佬 *xiǎochìlǎo* « petit diable rouge ». Désigne les pauvres, les vagabonds, parfois aussi les petits voyous. Insulte ou terme affectueux. Plutôt autour de Shanghai. '我才晓得这个小赤佬在撒谎!' « Ce n'est qu'à cet instant que j'ai compris que ce petit vaurien m'avait menti ! »[459] 赤佬 est l'équivalent de 鬼 et peut le remplacer dans d'autres expressions ↷ *Japonais*

Mocheté ! Gros thon

• 丑小鸭 *chǒuxiǎoyā* « vilain petit canard ». L'expression vient bien du conte ; utilisée pour les enfants ou jeunes gens pas très jolis… mais sans l'idée qu'ils pourraient un jour se transformer en beau cygne ! '别像从前, 我每次来, 你都弄些上不了台面的丑小鸭搪塞我!' « Et pas comme d'habitude ! À chaque fois que je viens, tu arrives à me refiler des mochetés pas montrables ! »[65] *Remarque :* 搪塞 signifie « bâcler, expédier son travail » ; la coupable est ici tenancière de maison close.

• 丑八怪 *chǒubāguài*. Terme ancien redevenu populaire après une chanson de 2013 portant ce titre. Surtout pour les filles, mais s'applique aux deux sexes. '如果是一个丑八怪, 会怎样?' « Et même si c'est un vrai thon, qu'est-ce que ça fait ? » '丑八怪, 你干嘛站着?' « Pourquoi tu te lèves, mocheté ? »

• 歪瓜裂枣 *wāiguā-lièzǎo*. Désignait à l'origine les fruits (melons, jujubes) de forme bizarre ou abîmés, mais plus sucrés que les autres. Est utilisé par dérivation pour désigner quelqu'un de laid, mais avec une grande « beauté intérieure ». '宁可一个人孤独, 也不与歪瓜裂枣共舞。' « Je préfère rester seul que de danser avec un thon, même sympa. »

Moine, moinillon, bonze, bonzesse

• 秃驴 *tūlǘ* « âne chauve » (à cause de la tonsure monacale). Insulte ancienne qu'on retrouve souvent dans la littérature. '秃驴, 作恶到头了!' « Âne chauve, tu en as fini de faire le mal autour de toi ! »[15] Elle peut s'adresser d'ailleurs à d'autres que des bonzes (comme dans *Ah Q*, où le « héros » insulte ainsi un « faux diable étranger » qui a osé se couper la natte). Des versions plus violentes sont 贼秃驴 *zéitūlǘ*, parfois seulement 贼秃, et 死秃驴. '贼秃驴, 你敢戏耍我?' « Brigand de moine, tu oses te moquer de moi ? »

• 秃儿 *tūr* « chauve », peut s'adresser aussi aux religieuses. '秃儿! 快回去, 和尚等着你……' « Eh, la déplumée ! rentre vite, ton moinillon t'attend… »[22]

Moins que rien

• 贱骨头 *jiàngǔtou*. Une vile créature sans aucun respect pour sa propre personne, un minable.

Mon Dieu ! Ciel !

• 天哪! *tiān na!* 天啊! *tiān'a!* La traduction en Ciel ! semble évidente, mais est trompeuse ; d'abord parce qu'en chinois le concept de « Ciel » ne recouvre pas, bien sûr, les mêmes concepts sacrés que dans les pays occidentaux. Mais surtout parce que, contrairement à « Ciel ! » en français (et à 好家伙 en chinois par exemple), ces expressions comportant 天 sont encore très courantes : il faudrait donc plutôt traduire par « Mon Dieu ! », ou d'autres termes encore courants. '天啊! 生了孩子才知道怀孕了。' « Mon Dieu ! Ce n'est qu'après avoir accouché que l'on sait ce que c'est que d'être enceinte. » *(Sina, 2018)* '天哪！这位高人拥有把自己化成蒙娜丽莎的神级化妆术。' « C'est dingue ! Cette experte a utilisé son art surnaturel du maquillage pour se transformer en Mona Lisa ! » *(Sina 2018)* On trouve aussi 我的天(哪).

Monstre

• 妖怪 *yāoguài* (ou 男妖怪，女妖怪). Monstre, démon, à peu près dans les mêmes sens qu'en français. '你这个可怕的妖怪！你这个贱人！你欺骗了我！' « Espèce d'atroce monstresse ! Traînée ! Tu m'as trompé ! »

Morfale, glouton

• 吃货 *chīhuò*. '你个吃货，就知道吃，就知道吃。' « Espèce de morfale, tu sais vraiment rien faire d'autre que de te bâfrer. » Le sens peut aller jusqu'à « pique-assiette ». Ce terme peut cependant revêtir un sens positif ↬ *gourmand*

• 饭桶 *fàntǒng*. Plus fort que le précédent, et le sens induit est « bon à rien, jean-foutre ». '你真是个该死的小饭桶！' « T'es vraiment qu'un immonde petit morfalou ! »

Morveuse (sale petite ~), pisseuse

• 小丫头片子 *xiǎo yātou piànzi*. Selon le contexte, pas forcément péjoratif (↬ *gamin**). '小丫头片子，你懂什么？螃蟹能吃，蜘蛛就不能吃？' « Qu'est-ce qu't'en sais, p'tite morveuse ? Un crabe, ça s'bouffe, alors pourquoi pas une araignée ? »[427]

Motherfucker ↬ *incestueux*

Nabot, rase-bitume, pygmée

• 侏儒 *zhūrú*. Le terme désigne les personnes atteintes de réel nanisme est plutôt littéraire et sans conno-

tation péjorative. Mais il peut être employé de façon insultante, en adresse : '你这个侏儒，也敢这样和我说话？' « Espèce de nabot, tu oses me parler ainsi ? »

• 矮子 *ǎizi*. Ce terme est un peu plus utilisé que le précédent en insulte, et plus oral. '你这个矮子在胡说些什么？' « Qu'est-ce que tu racontes comme conneries, le rase-bitume ? »

Nazis (admirateur des ~), néonazi

• 德棍 *dégùn*. Terme apparu sur le Net, désignant les jeunes Chinois fascinés par le nazisme ou du moins par les performances des armées nazies pendant la guerre. Ce phénomène assez fréquent suscite bien entendu de nombreuses controverses en Chine même. Il s'explique en partie par le fait que les Chinois n'ont pas eu à souffrir du nazisme lui-même (et sont parfois ignorants de ses crimes), mais que certains apprécient le fait que les armées nazies aient battu les armées « impérialistes » (anglaise, française). Le terme désigne aussi les « néonazis », dont la traduction officielle est 新纳粹 *xīnnàcuì*.

Nègre, sale ~

• 黑鬼 *hēiguǐ*. Terme insultant assez récent, au sens très raciste.

Nerd

• 书呆子 *shūdāizi*, terme ancien pour les personnes qui lisaient avidement mais n'en tiraient pas de réelles connaissances pratiques. De nos jours, désigne les intellos sans réelle vie sociale. Il a été « récupéré » pour traduire l'américain « nerd ». '哪里来书呆子，给我滚开。' « D'où tu viens, sale nerd ? Fous-moi le camp ! » *(傲世苍冥, roman en ligne de 虚尽)*

Nigaud, niais ⌐ *abruti, bête, idiot*

• 傻蛋 *shădàn*. Équivalent de 傻子 *shăzi*.

• 糊涂蛋 *hútú dàn* ou 糊涂虫 *hútuchóng*. '糊涂虫！我问你，是当官要紧，还是脸皮要紧？' « Espèce de nigaud ! Qu'est-ce qui est le plus important : décrocher un poste de haut fonctionnaire ou garder la face ? »[453]

• Dans le sens « sans expérience du monde » : ⌐ *lapin*

Nique ta... ⌐ *mère*

... ou ta grand-mère, ta sœur, ton père... Il existe d'innombrables variations sur ce thème. On trouve même « nique ton oncle » : 操你大爷！ *cào nĭ dàyé* ! « L'oncle » (le 大爷 est le frère aîné du père) occupant une position plus élevée qu'un père cadet dans la hiérarchie familiale traditionnelle, l'insulte est censée en être renforcée. Voir ex. à ⌐ *aveugle*

Noir, noiraud

Termes qui ont en Chine une connotation péjorative, soit en raison du racisme parfois présent (⌐ *nègre*), soit, plus souvent, parce que la peau sombre est assimilée à l'inculture ou à l'arriération paysanne.

• 黑不溜秋 *hēibùliūqiū* '你看你的样子，长得黑不溜秋！' « Regarde comme t'es, noir comme du cirage ! »[65]

Nom de Dieu ! Sacré nom d'un chien ! Enfer !

• 见鬼！ *jiànguĭ* ! Pour exprimer l'étonnement, voire l'exaspération devant une situation absurde ou incompréhensible. Un peu plus fort que 好家伙！ '见鬼！你在那儿给我胡扯些什么？' « Nom de Dieu ! Qu'est-ce que vous nous débitez comme fadaises ? »[801]

Obsédé sexuel

• 色鬼 *sèguĭ*. '胡占发既是彭副市长的秘书，也是一个拈花惹草的色鬼，她从他口中得到这个消息并不奇怪。' « Étant donné que Hu Zhanfa était non seulement le secrétaire du vice-maire Peng, mais aussi un obsédé sexuel et un coureur de jupons, il n'y avait rien d'étonnant à ce qu'elle ait réussi à lui soutirer cette information. »[37]

OMG ! Oh mon dieu ! ⌐ *OMG**

Œuf de tortue ! ⌐ *bâtard*

Ordure !

• 人渣 *rénzhā* « déchet humain, lie de l'humanité. » '重要的话要讲清楚：不是我说成龙是人渣.' « Il faut que j'éclaircisse ces paroles importantes : je ne suis pas en train de dire que Jacky Chan est une ordure. » *(Vision Times, 2018)*

• 坏人 *huàirén* '你这坏人，明明做了坏事，偏要说成是做了好事.' « Espèce d'ordure, toujours à faire des mauvais coups, puis à vouloir les faire passer pour des bonnes actions ! » *(南诏英雄, roman en ligne de 今聿, 2014)*

• 贱男 *jiànnán* « homme méprisable ». Souvent rapproché de 渣男 (un « salaud », dans le sens des relations amoureuses), la différence entre les deux termes agitant beaucoup les internautes.

Parasite ⌐ *prodigue**, *grappiller**, *parasite**, *gaspilleur*

Pauvre con/conne ⌐ *sale con*

• 二屄 *èrbī*. Ou (à l'écrit) 二逼, 二B, 2B. Crétin, demeuré. Le degré de virulence de cette insulte est en quelque sorte intermédiaire, entre 傻瓜, 笨蛋 et 傻逼.

Paysan, bourrin ☞ *péquenot*

• 小农民！ *xiǎo nóngmín!* « petit paysan ». '哈哈哈哈！！！你这小农民知道个屁！' « Hahaha ! Mais qu'est-ce que t'en sais, petit paysan de mes deux ! »

Pédé ☞ *tante*SEX

• 屁精 *pìjīng* « esprit du cul ». Désignait autrefois les prostitués masculins. Parfois utilisé aujourd'hui non seulement comme insulte homophobe, mais aussi comme insulte plus générale.

ATTENTION ! Peut aussi avoir deux autres sens : soit l'abréviation de 马屁精 *lèche-bottes** (sens fréquent), soit pour désigner qqun qui a une tendance au pet ☞ *péteur*. Il peut être difficile de distinguer l'intention exacte derrière l'insulte.

Pendard

☞ *gibier de potence, scélérat*

• Vieux ~ ! : 老杀才! *lǎo shācái !* '老杀才，今日为甚赶上门来欺我？' « Vieux pendard, pourquoi viens-tu aujourd'hui me narguer jusque chez moi ? » (醒世恒言 *Propos éclairants pour avertir le monde*, de 冯梦龙 *Feng Menglong*)

Péquenot ☞ *plouc*, ringard*

• 土鳖 *tǔbiē* : extrêmement péjoratif (le terme désigne à l'origine une sorte de blatte répugnante sans ailes). Le terme est employé à Pékin pour jeter l'anathème sur les gens venus de la campagne.

• 侉子 *kuǎzi*. Dans certains dialectes du nord, désigne les personnes à l'accent campagnard, ou tout simplement l'accent d'ailleurs ; on trouve aussi dans ce sens : 老侉.

ATTENTION : l'expression est aussi l'appellation familière pour les motos chinoises à side-car, copiées sur d'anciens modèles allemands.

Pervers !

• 色狼 ou 色狼身 *sèláng shēn* (la seconde forme est beaucoup plus rare). '色狼小伙摸美女大腿，这样的搭讪方式活该被打！' « Un jeune pervers caresse la cuisse d'une jolie femme ; cette méthode de drague mérite bien une bonne gifle ! » *(youtube, 2018)*

• 变态 *biàntài*, qui peut donner lieu à diverses variations : 变态佬 *biàntài lǎo*, 死变态佬. Bien entendu, selon le degré de tolérance ou de conservatisme des individus utilisant ces insultes, celles-ci peuvent englober même des pratiques banales. '妈妈说时还不断骂外公"变态佬"，恨之入骨啊。' « Quand elle en parlait, maman n'arrêtait pas de traiter grand-père de "pervers", elle lui en voulait vraiment à mort. »[36] En ligne, 变态 est parfois abrégé BT.

• 色魔 *sèmó* : désigne plus particulièrement les violeurs, mais peut être employé de façon plus large. '你这色魔，出生时还不忘回头看你妈一眼！' « Espèce de pervers, au moment de naître t'as même pensé à mater ta mère ! » On peut combiner : 变态色魔.

Pervers à lunettes

• 斯文败类 *sīwénbàilèi*. Ce terme qui signifie à l'origine « ruffian à l'aspect lettré » connaît depuis peu un regain d'utilisation pour désigner un jeune homme bien sous tous rapports (mais avec des lunettes), beau et l'air intelligent, mais qui cache le vice et la perversité sous ces dehors agréables. Peut aussi, bien sûr, avoir une connotation positive... '就喜欢这些戴眼镜的斯文败类。' « J'adooore tous ces beaux gosses à lunettes avec leur petit air pervers. » *(Sina, 2018)*

Pétasse

Si le terme de « pétasse » est pris en son sens premier français de « prostituée », alors tous les termes chinois correspondants s'appliquent. S'il est utilisé comme aujourd'hui pour des jeunes filles ou femmes considérées comme hautaines, mesquines, ambitieuses et sans vergogne, alors les années passées ont vu l'apparition en Chine d'une série d'expressions hautement spécialisées. Est-il besoin de préciser que ces expressions, surtout employées en ligne par de jeunes mâles stupides, ont suscité l'ire de la gent féminine ?

• 绿茶婊 *lǜchábiǎo* « pétasse du thé vert ». Le premier et le plus célèbre de la série, apparu en 2013. Désigne les jeunes femmes très ambitieuses qui dissimulent leur intelligence et leur volonté derrière une apparence naïve et innocente pour mieux séduire. Elles sont mignonnes sans être forcément très belles et feignent souvent l'ivresse ou la stupidité pour donner le change et avancer leurs pions. Le terme a même été traduit et utilisé en anglais : GTB ou *green tea bitch*. '你拿着镜子自己照一照就明白了，你完全就是绿茶婊的真实写照。' « Regarde-toi dans un miroir et tu vas tout de suite piger : tu es jusque dans le moindre détail l'incarnation de la pétasse ambitieuse. » (重生之超级游戏大亨, *de* 离火加农炮)

• 奶茶婊 *nǎichábiǎo*. La « pétasse au thé au lait » est l'évolution de la « pétasse au thé vert », elle lui est ce que Raichu est à Pikachu. Elle est plus belle, plus (faussement) innocente, plus ambitieuse, et surtout, elle a décroché le gros lot : un homme plus âgé et très riche (mais pas forcément très vieux ni moche). Le terme est né après le précédent, pour désigner en particulier une jeune femme ayant épousé un magnat du commerce en ligne, et qui s'était rendue célèbre en 2009 pour une photo où son air innocent allait de pair avec un grand gobelet de thé au lait.

• 咖啡婊 *kāfēi biǎo* « pétasse au café » ; celle-ci diffère des précédentes, non par son ambition, mais par son allure : au lieu d'avoir l'air naïve et innocente, elle a l'air (ou veut donner l'air) sûre d'elle et intelligente et utilise beaucoup de mots d'anglais dans son discours. On pourrait traduire par « pétasse intello », sauf qu'elle aime toujours l'argent.

☞ *pouffiasse*

Péteur fou, loufeur

• 屁精 *pìjīng* ou 放屁精 « démon du pet » ; homme ou femme, personne ne pouvant s'empêcher de lâcher des gaz. '你总是让我周围的空气不清新，所以，我要离开你这个放屁精。' « Tu me pollues mon air en permanence, alors je vais te quitter, sale péteur fou. » '你不但打呼噜，你还放屁！你这个屁精！' « Non seulement tu ronfles, mais en plus tu loufes ! T'es pourri du cul ! » ATTENTION : 屁精 a d'autres sens ☞ *pédé*

Petit (mon ~), mon mignon

• 小样儿 *xiǎoyàng*. À Pékin, dans le Nord et le Nord-Est. Un terme de plus qui est affectueux voire flatteur entre amis ou personnes se connaissant bien, mais méprisant et insultant dans les autres cas. '小样儿，你新来的吧！' « Alors petit, tu débarques ? » (*The Beijinger, 2009*)

Petit animal ! sale bête !

• 小畜生 *xiǎo chùsheng* ⌒ *animal*
• 毛蛋蛋子 *máodàndànzǐ*. Insulte ancienne.
• 毛崽子 *máozǎizǐ*. Insulte ancienne.

Petit con, petite conne

• 小屄 *xiǎobī* (ou 小逼, 小 B). Une appellation qui peut éventuellement être affectueuse entre très bons amis, mais témoigne en général d'un degré d'estime assez bas. Valable pour les deux sexes.

Petit voleur, petit brigand/gredin

• 毛贼 *máozéi*. Un voleur jeune ou de petite envergure. '大胆毛贼！霸市墙上电视也偷。' « Impudent petit gredin ! Il décroche une télé d'un panneau municipal et l'embarque. » *(Sinchew, 2018)*

Petite pute, petite salope

• 小婊砸 *xiǎobiǎozá*. Apparu en ligne en 2014 ; vient du dialecte du Ningxia. Extrêmement vulgaire et agressif dans le dialecte d'origine, le terme a rapidement perdu de sa violence… Il a directement servi à traduire le titre d'un film américain sorti en janvier 2018, *Little Bitches*. '对面那个小婊砸为什么这么好看？' « Pourquoi cette petite salope en face est-elle aussi belle ? » *(Sina, 2016)*

• 死丫头 *sǐ yātou*. Insulte pour les jeunes filles ou femmes. '如果你们找不到这个死丫头，就给我打个招呼。' « Si vous ne trouvez pas cette petite salope, faites-moi signe. »[65]

• 贱丫头 *jiàn yātou*. Comme ci-dessus. '你这个蔫坏的贱丫头！我看你就是故意的！' « Espèce de petite salope vicieuse ! J'ai bien vu que tu l'as fait exprès ! »[21]

Pétochard, couard, poltron

• 孬种 *nāozhǒng*. '把这个孬种，给我绑了！' « Allez, ligotez-moi ce pétochard bien proprement ! »[15] Parfois simplement 孬. '摇旗在沙场上什么时候装过孬？' « Moi, Yaoqi, ai-je jamais été pétochard sur le champ de bataille ? »[65]

• 懦夫 *nuòfū*. '你这个懦夫！' « Espèce de pétochard ! »[24] '

Piaf (tête de ~) ⌒ *poisson rouge*

Pignouf, goujat

• 冒失鬼 *màoshiguǐ*. Personne étourdie et/ou audacieuse, jusqu'à l'impolitesse et la grossièreté dans le pire des cas. Dans un sens moins péjoratif, signifie « hurluberlu, étourdi, risque-tout ». '我真想给那自傲自大的冒失鬼的鼻子上揍上一拳。' « J'ai vraiment envie de lui mettre mon poing sur le nez, à ce pignouf arrogant. »

Plaie, calamité, objet de malheur

• 劳什子 *láoshízǐ*. Transcription d'un terme d'origine mandchoue ; dialecte de Pékin et du Nord-Est. Personne, chose ou situation particulièrement affligeante. '放假了嘛，还去参加什么劳什子的培训班。' « On est en vacances, merde, quoi ! Et il faut encore aller assister à cette calamité de session de formation ! » *(Sina, 2017)*

Poisson rouge

• 金鱼系 *jīnyúxì*. Terme modérément péjoratif, très récent (né en 2018), qui s'applique surtout aux jeunes élevés sur internet dont la capacité d'attention et la mémoire ne dépassent pas 7 secondes. '但我必须承认，自己的男朋友就是金鱼系。' « Mais je suis obligée de reconnaître que mon propre petit ami est un vrai poisson rouge. » Substantif ou adjectif.

Poissonière (jurer comme une ~)
• 泼妇骂街 *pōfùmàjiē* « comme une mégère qui jure dans la rue ».

Policier ⌐*flic*

Poltron
• 胆小鬼 *dǎnxiǎoguǐ*.'闭嘴，你这可恶的胆小鬼！'« Tais-toi, méprisable poltron ! »

Porc ⌐*cochon, gras, gros dégueulasse, truie, vieux con*

Porte-poisse, porte-malheur
• 扫帚星 *sàozhouxīng* « Comète ». L'apparition d'une comète était censée annoncer des catastrophes. Le sens a dérivé pour désigner quelqu'un qui porte malheur. '我们队上似乎有个扫帚星，因为我们总是输。'« Il semble qu'il y ait un porte-poisse dans l'équipe, parce qu'on perd à chaque fois. »
• 白虎星 *báihǔxīng* « Étoile du Tigre blanc ». Jadis cette étoile représentait un esprit malfaisant. L'expression désigne une personne ou un animal qui apporte les malheurs, les malédictions. '那母狗是白虎星，不知道到哪里去偷摸了几个烧饼来。'« Cette chienne est un véritable porte-malheur ; où donc est-elle allée faucher ces galettes ? »[303]
ATTENTION : 白虎星 avait un synonyme, 白老虎 *bái lǎohǔ* « tigre blanc » : '你们怎么把握当作白老虎?'« Pourquoi me traitez-vous comme un oiseau de malheur ? »[302] Mais désormais, l'expression désigne aussi quelque chose de complètement différent... ⌐*épilation*ᴿᴱˣ
• 祸种 *huòzhōng* « graine de malheur ». Ex. ci-dessous.
• 丧门星 *sàngménxīng* ou 丧门神 *sāngménshén*. '她口里骂道"扔掉你这祸种、你这丧门星！"'« Elle nous insultait : "Hors de ma

vue, graine de malheur, enfant maudit !" » *(Sina, 2011)*
• 瘟神 *wēnshén* « le dieu des épidémies ».

Pot de fleurs
Jeune femme ou jeune homme décoratif, mais stupide ou inintéressant.
• 花瓶 *huāpíng* « vase ».
• 绣花枕头 *xiùhuā zhěntou* « coussin brodé ». '他虽有大学文凭，却是一只绣花枕头，干不来一点实事。'Il a beau être allé à la fac, il n'est rien d'autre qu'un pot de fleurs : il ne sait rien faire de pratique. »

Pouffiasse
• 红茶婊 *hóngchábiǎo*. La « salope au thé noir » fait partie de la série des « XX 婊 », mais ne peut être considérée comme une « pétasse » (voir ce mot). Bien au contraire, elle affiche sa vulgarité et ses tatouages d'entrée, fume, boit, porte des vêtements suggestifs et ne dit pas toujours non. Comme les autres stéréotypes sexistes de la série, ce terme a été créé un peu avant le milieu des années 2010. '还有你这个红茶婊，成天在老子面前指手画脚！'« Et toi, pouffiasse, toujours à me gesticuler au visage à longueur de journée ! »

Pouilleux, pouilleuse
Personne sale, négligée, débraillée
• 邋遢鬼 *lātaguǐ*. '现在邋遢鬼史蒂夫·班农已经像一条狗那样几乎被所有人丢弃了。'« Maintenant, ce pouilleux de Steve Bannon ressemble à un clébard abandonné de tous. » *(XHN, 2018)*

Poule mouillée !
• 草鸡 *cǎojī* « poule ». '你，你等我出来，看我怎么收拾你这个，你这个 草鸡。'« Toi, attends que

je sorte, tu vas voir comment je vais m'occuper de toi, poule mouillée ! »

Prof, professeur (mauvais, pervers)
• 叫兽 *jiàoshòu* « bête hurlante ». Par quasi-homophonie avec 教授. Désigne les mauvais professeurs, ou ceux qui ont tendance à coller de près leurs élèves. Mais est souvent utilisé de façon dépréciative par les intéressés eux-mêmes. '那个傻逼的王叫兽，我真是受够了。' « Le professeur Wang, ce gros naze, je ne peux vraiment plus le piffer. » *(The Beijinger, 2015)* Le terme est parfois associé à l'autre mot d'argot moderne 砖家, désignant les mauvais ou faux « experts » courant les plateaux télés.

Propagandiste (en ligne)
• 五毛党 *wǔmáo dǎng* « Parti des cinquante centimes ». Le terme se réfère aux propagandistes sur Internet, employés ou soutenus par les autorités, qui étaient censés être payés cinq maos par post ; il est apparu dès 2004. Le sens s'est élargi à toute personne, rétribuée ou non, qui affiche en ligne un soutien trop systématique ou flagorneur aux autorités chinoises. '哈佛大学政治学教授金恩表示，「五毛党」确实存在，而且每年约可以制造 4.48 亿则社群网路假贴文，为中共政府护航。' « Le professeur de sciences politiques de Harvard, Gary King, affirme que "le Parti des 50 centimes" existe vraiment, et qu'il est capable de créer un total d'environ 448 millions de faux posts soutenant la politique du Parti communiste chinois sur les réseaux sociaux. » *(aboluowang, 2018)*. On trouve aussi le terme raccourci 五毛 *wǔmáo* ; voir ex à ☞ *plouc**

• 网络水军 *wǎngluò shuǐjūn* « armée aquatique sur Internet ». Cette « armée » joue à peu près le même rôle de propagande et de déception que les « 50 centimes », mais au bénéfice des entreprises privées ; il s'agit donc d'opérations de communication et de marketing, mais un peu exagérées. Le terme 水 indique que ces *marketers* sont capables de « noyer » l'Internet sous leurs commentaires. Contrairement au précédent, le terme n'est pas censuré en Chine, les autorités luttant également contre les multiples problèmes posés par les méthodes souvent frauduleuses de cette « armée aquatique ». '警惕"网络水军"的操纵。' « Soyez vigilants envers les manipulations pratiquées par "l'armée aquatique sur Internet". » *(XHN, 2018)*
• Pour d'autres termes pas forcément péjoratifs, voir ☞ *jeunes**

Pue-d'la-moule
• 骚屄 *sāobī* « chatte qui pue ». Insulte très explicite… désigne la chose autant que sa propriétaire, dont les turpitudes sont censées être à l'origine des odeurs en question : donc synonyme de « traînée, salope ». '对呀，我承认我是个骚屄。' « Oui, je reconnais que je suis une pue-d'la-moule, une traînée ! »

Purée ! La vache !
Pour atténuer si besoin la vulgarité de diverses exclamations comme 他妈的 ou 我操! (☞ *putain !*) les Chinois ont de nombreuses variantes « adoucies », comme en français. En voici quelques-unes :
• 妈蛋 *mādàn*. Il s'agit d'une adaptation de l'anglais *madman*. *(voir l'introduction du chapitre)*.

Comme 妈的, il est à usages multiples mais est un peu moins offensant, en théorie du moins. '妈蛋! 我手机忘带了。' « Pu…rée ! J'ai oublié mon portable à la maison ! » (*The Beijinger, 2015*)

• 我靠 ! *wǒ kào !* Exprime la surprise, l'agacement, et souvent l'appréciation voire l'admiration : « Purée ! Merde alors ! Balèze ! Nom de Dieu ! ». Très utilisé depuis les années 1990 en ligne ou dans la littérature moderne. '我靠, 这男的好能干好有才华好厉害。' « Purée ! Ce type est vachement fort, je vous dis que ça ! » On trouve d'autres « orthographes » :
- 卧槽 est la plus fréquente.
- 哇靠 *wākào*. Diverge légèrement par la prononciation, mais garde le même sens. Voir un ex. ☞ *vache*

Putain ! Putain de merde !

Pour traduire l'un des jurons les plus fréquents de nos jours en français, nous avons choisi le terme chinois qui été qualifié par l'écrivain Lu Xun de « juron national » ; certes, c'était il y a presque un siècle, mais cette évocation de la figure de la mère a depuis conservé son statut éminent et sa popularité :

• 他妈的 *tāmāde* « Sa mère ! Ta mère ! » '他妈的, 我不信五个人能干掉我二十多人。' « Putain, j'arrive pas à croire qu'à eux cinq ils aient pu descendre nos 20 bonshommes. » (*不良少年之宇城飞崛起, roman en ligne de* 流苏, *2013*). '他妈的, 她真是个混帐。' « Putain ! Celle-là, c'est vraiment une raclure. »
• Souvent abrégé en ligne en TMD !
• 妈的 *māde*. Synonyme abrégé du précédent. '妈的! 这个这个…… ——你们青年! ……' « Putain !... Vous... vous... les jeunes ! »[425]

On trouve aussi, plus bref mais tout aussi explicite, ce qui serait l'équivalent le plus direct de *fuck !* :
• 操 ! *cāo!* Plus ou moins homophone de 肏. À l'écrit, toujours pour diminuer la virulence du juron (ou pour échapper à la censure…) : 草, voire 艹 (normalement prononcé *ǎo*, mais lu *cǎo* pour les besoins de la cause).

Putain de… (juron, dans un sens appréciatif ou dépréciatif)

• 狗日的 *gǒuride*. '他倒算个有文化的人, 说起话来却啰啰唆唆真他妈狗日的像个婆娘。' « Il avait certes gardé une certaine prestance, mais quand il se mettait à parler il ne pouvait s'empêcher de déblatérer comme une putain de gonzesse. »[34]
• On trouve aussi l'inévitable 他妈的, en adjectif : '真他妈的漂亮!' « Quel putain de canon ! »
• Voire, en plus violent encore : (去)他妈的狗屁 « le cul de chien de ta mère » : '别跟我提他妈的狗屁爱情, 我就是要搞钱的视频。' « Ne me parle pas de ton putain d'amour, ce que je veux c'est (*voir*) une vidéo sur comment se faire des thunes. » (*Baidu, 2018*)

Putain de bordel de merde !

• 臭他奶奶的! *chòu tā nǎinai de !* Pour renforcer le simple 他妈的 ou mettre plus de saveur.

Putain d'ta mère ! ☞ *putain !*

Pute (sale), espèce de putain

• 娼妓 *chāngjì*. '杀了那个无情的娼妓, 这是我做梦都想实现的!' « Tuer cette pute sans cœur, c'est ce à quoi je pense, même en rêve ! »[65] On trouve en insulte plus directe les variations sur le thème '你这娼妓', mais le terme sert plus dans ☞ *fils de pute*

• 波娟根 *pōchānggēn*. Insulte ancienne, largement obsolète ; en gros, « sale graine de prostituée ». ☞ *petite pute, pouffiasse, salope*

Radin, vieux radin

• 小气鬼 ！ *xiǎoqìguǐ* « diable avare ». '小气鬼！你是小气鬼！' « Ouh le radin ! T'as des hérissons dans les poches ! »

• 吝啬鬼 *lìnsèguǐ*, même sens. '没有一个人愿意被认为是吝啬鬼。' « Personne ne souhaite être pris pour un Harpagon. »

• 老抠门儿 *lǎokōuménr*. '我到今天才发现，你才是真正的老抠门儿，只要有便宜，你就非占不可！' « Je découvre aujourd'hui seulement que tu n'es qu'un vieux radin qui ne peut s'empêcher de sauter sur le moindre petit profit ! »

• 鸡贼 *jīzéi* « voleur de poules » : à Pékin, désigne un radin.

Racaille, rebut

• 渣滓 *zhāzi*. Rebuts ; lie de la société. '你这渣滓有什么企图！' « Sale racaille, qu'as-tu donc en tête ! » *(Sina 2018)*

Raclure

• 下三烂 *xiàsānlàn* « des trois catégories inférieures ». Individus les plus vils et méprisables ; canaille, racaille. Désignait à l'origine les farines de plus mauvaises qualités. S'applique aux hommes comme aux femmes, celles à la conduite la plus abjecte. En substantif (personnes) ou en adjectif : s'applique alors aux comportements, idées, méthodes. '快滚回你妈的狗窝吧，你这个下三烂。' « Retourne dans ta putain de niche, espèce de raclure ! » *(à propos d'un espion japonais)*

• 混帐 *hùnzhàng*. Insulte assez forte en chinois car elle désignait à l'origine le résultat d'un inceste ou

d'amours illégitimes. Se trouve fréquemment sous la forme 混帐东西. Parfois 混账. Voir exemples à ☞ *malédiction ! putain !*

Râleur, rouspéteur

• 杠精 *gàngjīng*. Qqun de particulièrement querelleur, discutailleur. En 2018, ce terme dérivé de 抬杠 a été l'un des néologismes les plus populaires en ligne et ailleurs. '杠精！' « Râleur ! » '你这个杠精能不能给我闭上嘴？' « Est-ce que tu ne pourrais pas te fermer ta gueule, le rouspéteur ? »

Réac, vieux réac

• 老八板儿 *lǎo bābǎnr, lǎobābǎr* « huit vieilles planches ». Très conservateur, rigide dans ses opinions à l'ancienne. '因为共产党员也不是苦行僧、老八板儿，没有人情味。' « Parce que les membres du Parti communiste ne sont ni des ascètes ni des réacs encroûtés, sans empathie ni sentiments. »

Rebut de la société, lie

• 败类 *bàilèi*. Qui fait honte à sa communauté, à son peuple. '投降敌人的民族败类终于受到了应有的惩罚。' « Ce rebut de la nation qui s'est rendu à l'ennemi a enfin reçu le châtiment qu'il méritait. » '我痛心我们党的干部队伍竟然出了你这样的败类。' « Je suis affligé qu'au sein même des cadres du Parti puisse apparaître un rebut dans ton genre. »[32]

Régime

Dans le sens « pouvoir, gouvernement despotique ou corrompu ».

• 天朝 *tiāncháo*. 天 est une forme ancienne du caractère 天 ; 天朝 désignait la cour impériale. Mais ce caractère a cette particularité que si on le décompose, on obtient 王八… soit une des insultes ou composants d'insulte les plus fréquents en chinois. 天朝 est donc en fait 王八朝, « la cour des bâtards », soit « régime pourri ». Le terme existe depuis une dizaine d'années au moins et reste très courant, utilisé par des internautes pour critiquer le pouvoir chinois, à Hong Kong bien sûr mais aussi parfois en Chine même. '耍流氓才是天朝的核心价值观。' « Le comportement de voyou, c'est au cœur du système de valeurs de ce régime de merde. » (博谈网, 2017)

Renégat, traître

• 三姓家奴 *sān xìng jiānú* « esclave aux trois noms ». Expression du *Roman des trois royaumes*, où elle désigne Lü Bu, général courageux mais traître à répétition. '韩国人都是三姓家奴——从前是中国的属国，后来认小日本为爹，现在抱着美国人的大腿……' « Les Coréens sont des renégats professionnels… Jadis ils étaient vassaux de la Chine, puis ils se sont inclinés devant les Japs, maintenant ils se jettent aux pieds des Américains… » (Baidu, 2013)

Ricains, Amérique, États-Unis

• 霉国 *Méiguó* « le pays moisi ». Par homophonie avec 美国. Très fréquent. '我们要说，霉国，滚回去！' « Nous voulons vous dire, les États-Unis : cassez-vous ! » (Financial Times, 中文网, 2010)

Richard, sale riche

• 阔佬(老) *kuòlǎo*, 阔人 *kuòrén*. Termes anciens encore en usage pour désigner les riches, pouvant être péjoratifs. Ex. ☞ *fils à papa**.

Roulure, voirie, vouerie

• 破鞋 *pòxié* « chaussure usée ». Roulure, prostituée de bas étage, traînée. Vient de l'argot de la prostitution à Pékin, l'instrument de travail d'une prostituée est comparé à une botte qui s'enfile et s'enlève fréquemment, d'où l'idée d'une chose qui s'use à force de trop servir. Se conduire comme une roulure : 搞破鞋. Le terme est un peu démodé, ce pour quoi nous l'avons traduit par des mots français également anciens.

• 烂货 *lànhuò* « marchandise avariée ». Insulte explicite, qui peut aussi parfois s'appliquer aux hommes. '你这个烂货，私通地主，收藏地主的东西。' « Espèce de roulure ! Tu forniques avec les propriétaires terriens et tu caches leurs possessions ! »[82] On trouve aussi la version dialectale 臭货 *chòuhuò*.

Ruffian

Dans le sens premier de débauché.

• 野男人 *yě nánrén* « homme sauvage ». Ici la « sauvagerie » ne s'applique qu'au domaine sexuel. '一个女人在外面走，一定想引诱野男人。' « Une femme qui se promène seule dans la rue, c'est sûrement parce qu'elle veut attirer les ruffians. »[22]

Russkof, Ivan, Russe, Russie

• 毛子 *máozi*. Ce terme, « poilu, velu », désignait les Occidentaux en général. De nos jours il ne s'applique plus qu'aux Russes, du moins dans l'acception courante. C'est en fait la contraction d'une l'expression de la fin des Qing, 红毛子 « à poils rouges », en effet réservée aux Russes. '俄罗斯人知道自己被中国人称为毛子的态度是怎样的？' « C'est quoi la réaction des Russes en apprenant que les Chinois les surnomment les "velus" ? » (Zhihu, 2016) On trouve aussi 老毛子.

• 北极熊 *běijíxióng*. De façon plus moderne et internationale, on trouve parfois ce terme d'« ours polaire » pour décrire la Russie ou les Russes.

Rustre, un rustre

• 莽汉 *mǎnghàn*, 莽夫 *mǎngfū* (nom). '他是个莽汉，不善言词。' « C'est un rustre qui sait à peine s'exprimer. » '原来风火连城也只不过是一个欺负女子的莽夫！' « En fait, le maréchal Vent-Feu n'est lui aussi qu'un malappris qui rudoie les femmes ! »[73]

• 鲁莽(的) *lǔmǎng de*. Malappris, borné, obtus.

Sac à pisse

• 尿包 *niàobāo*. Terme plus ou moins dialectal pour « vessie ». Le sens est « minable, faible ». '今天这个好日子，这个尿包的来了，真不吉利！' « En une si belle journée, qu'un sac à pisse comme lui se ramène, c'est vraiment un mauvais présage ! »[424]

Sac à vin, à vinasse

Tous les termes ci-dessous sont des termes permettant de désigner ou d'insulter des personnes qui boivent trop et trop fréquemment.

• 酒鬼 *jiǔguǐ*, 醉汉 *zuìhàn*, 酒徒 *jiǔtú*, 醉鬼 *zuìguǐ* sont synonymes, le premier terme est plus fréquent que le second, les deux derniers beaucoup plus rares que les premiers. '哒，你这酒徒，有话就说，休要磨蹭。' « Eh, le sac à vin, si t'as un truc à dire, crache-le, pas la peine de nous faire attendre. » '我操，你们那些酒鬼又要喝了？' « Foutre ! Vous voulez encore picoler, bande de pochtrons ？ » (宅男异闻录 *roman en ligne de* 泽野, *2018*)

• 酒桶 *jiǔtǒng* « barrique, tonneau ». '王洪文本来就是个酒桶，有酒必喝，酒量不算太大但贪杯。'

« Wang Hongwen *(de la Bande des Quatre)* était en fait un sac à vin, qui buvait tout ce qui se présentait ; il ne tenait pas l'alcool si bien que ça mais ne pouvait s'en passer. » (人民网, *2006*)
Autres exemples ☞ *ivrogne**

Sac d'os

• Pour décrire une personne très maigre, voire anorexique : 皮包骨头 *píbāogǔtóu*. Pas forcément péjoratif (dépendra du contexte). '印度女兵参军前后差距太大，从皮包骨头到圆润大块。' « L'incroyable différence entre l'avant et l'après : la transformation d'une jeune Indienne de sac d'os en gros tas après son entrée dans l'armée. » (tantanzan, *2018*). Autre ex. ☞ *os**

Salaud ! Saligaud, salopard

• 混蛋 *húndàn*. Cette insulte polyvalente peut, selon le contexte, être traduite par « crétin, connard, salaud » et de multiples autres façons. C'est presque par facilité que nous la classons ici, peut-être parce qu'elle reste relativement vigoureuse. '哪个女孩子年轻的时候没有爱过一两个混蛋，正常得很嘛。' « Quelle femme n'est pas tombée amoureuse d'un ou deux salauds dans sa jeunesse ? C'est parfaitement normal. »

• 浑蛋 *húndàn* : graphie alternative du précédent. '都是你这混蛋的错！到时候就交给你了。' « Tout est de ta faute, salopard ! Un jour on te le revaudra. » (极品兵皇, *roman en ligne de* 梦云山, *2016*)

• 焚蛋 *féndàn* « œuf brûlant », une simple variation du précédent, du fait que dans le Sud les sons « f » et « h » sont souvent confondus.

• 混球儿 ou 浑球儿 *húnqiúr* ont également le même sens.

Salaud de chauve !

• 贼 秃 *zéitū*. Insulte pour les moines bouddhistes. ☞ *moine*

Saleté !

• 脏货! *zānghuò!* 脏东西! *zāng dōngxi!* Saleté, roulure, traînée.

Sale con, sale conne

• 傻屄 *shǎbī* « vagin stupide ». Il nous semble pertinent de traduire une insulte française contenant le mot « con », vu l'étymologie du terme, par une insulte chinoise contenant 屄. 傻屄 est aujourd'hui l'une des insultes les plus courantes en Chine, et surtout à Pékin, à tel point qu'elle a pu se voir décerner par les médias le titre de 京骂 « insulte de la capitale ». Malgré sa fréquence, elle est assez violente ; sa force offensive n'a pas encore baissé. Notons qu'en ligne, on rencontre beaucoup plus souvent, pour des questions « d'harmonisation », les variantes 傻逼, 傻 B, SB. Malgré la présence de 傻 « stupide », l'injure, utilisée par les deux sexes (mais plus souvent par les hommes) s'attaque autant aux qualités morales de l'individu insulté qu'à ses facultés intellectuelles, d'où notre traduction par « sale … » : '不要试图跟傻逼讲道理，不要把时间花在讨厌你的人身上。' « Pas la peine d'essayer de discuter avec ces sales cons, pas la peine de perdre ton temps avec des gens qui te font chier. » '当自己是傻逼时，千万不要再去刺激另一个傻逼。' « Quand tu es toi-même un sale con, il ne faut surtout pas aller provoquer un autre sale con » *(Sina, 2018)*. En revanche, utilisée pour se qualifier soi-même, elle veut dire « stupide, idiot, con/conne » : '我怎么这么傻屄？'

« Comment j'ai pu être aussi conne ? » *(Sina, 2007)*

Sale flic ☞ *flic*

• 臭警察 *chòu jǐngchá* ☞ *cinglé*

Sale pute

• 臭婊子 *chòu biǎozi* « putain puante » '少他妈废话！臭婊子！叫你写你就给我写！' « Ta gueule, sale pute ! Si j'te dis d'écrire, tu écris ! »[65]

Sale type, pauvre type

• 厮 *sī*. Insulte ancienne, remontant aux Song, très courante dans les grands romans classiques, et donc bien sûr aujourd'hui encore dans les romans de *wuxia*. Virulence moyenne. ATTENTION : toujours sous une forme composée : 这厮, 那厮, 黑厮. Le terme désignait autrefois les esclaves ou domestiques mâles. '总镖头既然不知这厮的去处，那么小弟就此别过。' « Puisque *(vous)* le chef de l'agence de gardes ne sait pas où est parti ce sale type, je prends congé sur l'heure. »[62] La forme la plus fréquente est : 你这厮 « espèce de pauvre type ! » '我的娘子不是这般人，你这厮休来放屁！' « Ma femme n'est pas de ce genre-là, cesse de cracher ta bile, misérable ! »[11]

Salope ! Traînée !

• 婊子! *biǎozi*. Le plus simple et l'un des plus courants. Signifie « prostituée », et comme dans à peu près toutes les langues, l'insulte s'adresse aux femmes dont on veut remettre en question les bonnes mœurs ou la fidélité. '小婊子，我的肉醉了我的精神未醉呀。' « Petite salope, mon corps est ivre mort mais ma conscience ne l'est pas encore. »[32]

• 娼妇 *chāngfù.* '这些东西忽然都学起小姐模样来了。这娼妇们……' « Ces créatures qui se mettent tout soudain à jouer les saintes-nitouches… bande de salopes ! »[22]

ATTENTION : ici (dans un texte de 1921), 小姐模样 signifie « jouer les demoiselles, les jeunes filles de bonne famille » ; de nos jours, la même expression pourrait signifier « jouer les hôtesses, les prostituées. » Autre ex. ☞ *vil*

• 贱女人 *jiànnǚrén* : une femme de peu de valeur, de vertu. Parfois simplement 贱人 (s'applique aux hommes aussi). Variante : 贱丫头 ☞ *petite salope*

• 碧池 *bìchí* « étang de jade bleu ». Très peu clair… jusqu'à ce que l'on comprenne qu'il s'agit en fait de la simple transcription phonétique de l'anglais *bitch*. '今天，我发现男朋友在和一个碧池偷情。' « Aujourd'hui, j'ai surpris mon mec en train de s'envoyer en douce une autre salope. » *(Jandan, 2017)*

• 死鬼婆 *sǐguǐpó*. Insulte d'origine cantonaise mais compréhensible par tous (du moins à l'écrit). Ne s'adresse pas seulement aux mœurs sexuelles de l'insultée, mais à ses qualités humaines en général. '同志没有眼光，找到这个死鬼婆。我们走吧！' « Ce camarade est aveugle, pour s'être trouvé une salope pareille ! Partons d'ici ! »[82] ☞ *souillon, garce, roulure, traînée*

Saloperie (qu'est-ce que c'est que cette ~ ?)

• (这是什么) 鬼东西？ *zhè shì shénme guǐ dōngxi ?*

Saloperie de…

• 狗屁 *gǒupì* « pet de chien » en adjectif : '老子今天不活了！我不要什么狗屁 21 世纪！' « Rien à battre de crever ! J'en ai rien à foutre de cette saloperie de 21e siècle ! »[65] Plus violent : ☞ *putain de…*

• 妈屄(的) *mābī* « le con de ta mère ». Comme pour toutes les utilisations de 屄, on constate fréquemment son remplacement à l'écrit par B ou par d'autres caractères prononcés *bi*. '谁拳头大，南海就属于谁，再别扯你妈 B 的**公约。' « Qui est le plus fort ? La mer de Chine du sud appartient à qui ? Arrête de me parler de tes saloperies de ** d'accords internationaux ! » *Remarques* : l'auteur de cette diatribe est probablement un 愤青 nationaliste (☞ *jeune**) ; 公约 « accord international » désigne ici la Convention des Nations unies sur le droit de la mer (联合国海洋法公约). ☞ *couilles (de mes), fesses (de mes)*

Sapristi !

• 活见鬼 *huójiànguǐ !* « Vivant, voir un fantôme ». Juron ancien exprimant la surprise, la contrariété, l'énervement. Égal[t] : Foutaises ! '活见鬼，又来花言巧语地骗人。' « Sapristi ! Encore en train d'essayer de nous duper avec son baratin ! »[424] ☞ *bonhomme*

Scélérat

• 杀坯 ou 杀胚 *shāpī*. Gredin qui mériterait d'être puni de mort (en français « pendard » conviendrait si ce terme n'avait pas perdu sa virulence). '叫那杀坯出来！我同他说话！' « Faites venir ce scélérat ! J'ai deux mots à lui dire ! » *(官场现形记, roman de 李宝嘉, 1903)* '杀胚！' « Scélérat ! »

• 天诛地灭 *tiānzhū dìmiè* « Condamné tant par le ciel que par la terre ». Utilisé en adjectif. '天诛地灭的刘大鼻子！真是狼心狗肺的东西。'

« Ce scélérat de Liu au gros nez ! Pire qu'un chien enragé ! »[82]

Schnock (vieux ~)

Vieux et pédant à la fois.

• 老古董 *lǎogǔdǒng* « pièce de musée ». '你这个老古董哦，谁说结婚了的人就不许约会了啊？' « Espèce de vieux schnock, qui dit qu'on n'a plus le droit d'aller à un rencart si on est marié ? » (*Sina, 2012*)

• 老物 *lǎowù* « vieille chose ». Égal[t] un terme d'autodérision.

Serpent, vieux serpent

• 两头蛇 *liǎngtóu shé* « serpent à deux têtes ». Terme assez fort : fourbe et cruel à la fois. '都说是你杀的，那家伙是条两头蛇，该杀！' « Tout le monde dit que c'est toi qui l'as tué… ce type c'était un vrai serpent, il le méritait ! »[281] Dans certaines légendes chinoises, le 两头蛇 est une sorte de basilic qui cause la mort immédiate de celui qui l'aperçoit.

Singe, gorille

• Si en français on traite de singe ou de gorille une personne très velue, en chinois on la traite de « chenille velue » : 毛虫 *máochóng*. '他吐一口唾沫，说："这毛虫！"' « Il cracha un bon coup et dit : "Hé, toi ! le singe !" »[22]

Sorcière ⏎ *vieille sorcière*

Soudard

• 丘八 *qiūbā*. Vieux terme dépréciatif pour « soldat » ; les deux caractères réunis forment « 兵 ». '他举起手中灯笼，向乔泰上下打量一番，怒道："你这丘八好不晓事！"' « Il leva sa lanterne, jaugea Tsiao Tai du regard, et cria d'un ton courroucé : "Espèce de soudard, tu ne comprends rien à rien !"' (*Dans la traduction chinoise du Mystère du labyrinthe, une aventure du Juge Ti par Van Gulik*)

• 贼配军 *zéipèijūn* « sale soudard exilé » : insulte ancienne qui s'appliquait dès les Song aux bannis qui devaient rejoindre ou s'engager dans les troupes aux frontières, dont une partie non négligeable était ainsi constituée de condamnés. '你这个贼配军，见我如何不下拜？' « Chien de soudard, pourquoi ne me salues-tu pas en me voyant ? »[11]

Souillon ⏎ *pouilleux*

• 邋遢货 *lātāhuò*. Femme négligée, sale, vulgaire.

Sous-doué, débile, imbécile

• 低能儿 *dīnéng'ér*. Le terme désigne les enfants atteints d'un handicap mental et n'est pas une insulte à l'origine ; il le devient dans les formulations du type '听着，你这低能儿！' « Écoute donc, espèce de sous-doué ». L'une des formulations préférées de nos jours est : '你这死低能儿！'

• 扶不起的阿斗 *fúbùqǐ de ādǒu*. 阿斗 est le surnom d'enfant de l'empereur Liu Shan (221-263) de l'obscure dynastie Shu Han, qui ne brillait pas par sa répartie. L'expression sert pour les personnes pathologiquement incompétentes ou incapables, qu'il est même « impossible d'aider »… ou comme outil de motivation managériale comme dans l'exemple suivant : '在日常工作中，我们的领导经常对自己恨铁不成钢的下属说，"你真是扶不起的阿斗"。' « Au travail, le chef dit souvent à ceux de ses subordonnés dont il espère le plus : "Vous n'êtes qu'un irrécupérable imbécile". » (*kknews, 2017*)

Sous-homme

• 你不是人！ *nǐ búshì rén* ou 你不是东西！ *nǐ búshì dōngxi* « tu n'es même pas humain ! ».

• 你是什么东西！ *nǐ shì shénme dōngxi* « quelle sorte d'être es-tu ! »

• 不要脸的东西！ *bùyàoliǎn de dōngxi* « chose sans vergogne ! ».

Stupide ☞ *bête, crétin, idiot*

Stupide femelle !

• 三八 *sānbā* vient de Taïwan *(sam-pat)*. Se rencontre aussi abrégé en SB, mais cela peut prêter à confusion avec 傻逼. Le fait que le terme désigne aussi de nos jours la fête des femmes (le 8 mars)… est un hasard malheureux. '你这个三八，不要在背后说人坏话好不好？' « Stupide femelle, si tu voulais bien arrêter de dire du mal des gens dans leur dos ? » *(流浪的心, roman en ligne de 宇文太师, 2014)*. Le sens sur le continent est plus fort, plus injurieux, souvent précédé par un qualificatif, le plus fréquent étant 臭 : '老子和你这臭三八没关系，你给我死一边去！' « Je n'ai rien à voir avec toi, sale conne ! Hors de ma vue ! » *(Sohu, 2018)*

• 瓜婆娘 *guā póniáng*. L'utilisation de 瓜 « cucurbitacée », comme insulte, est caractéristique du dialecte du Sichuan. '跟她做爱的时候，爸爸总喜欢张嘴就骂："你这个瓜婆娘！"' « Quand ils font l'amour, papa aime bien l'insulter à haute voix : "Espèce de stupide femelle.' »[34] Peut être un terme affectueux entre époux.

Suce-bite

• Jouer les ~ : 跪舔 *guìtiǎn* « lécher à genoux ». Se prosterner, aduler, dans un sens très péjoratif. '我每天上班就是给老板跪舔。' « Tous

les jours au boulot, je fais le suce-bite du patron » *(The Beijinger, 2015).* ☞ *prosterner (se)**

• 含鸟 *hánniǎo* « qui tient une bite en bouche ». Insulte ancienne *(Au bord de l'eau)*. Encore en vigueur de nos jours, en général sous la forme 含鸟猢狲 *hánniǎo húsūn* « macaque suce-bites » (même origine). '朱仲为，你这含鸟猢狲，有种就别缩在后头，让我一刀剁了你！' « Zhu Zhongwei, espèce de macaque suce-bites, si tu as des couilles arrête de reculer et laisse-moi te découper en rondelles ! » *(武襄刀, roman en ligne de 漠狼, 2012)*

Tapette, tafiole, tarlouze

Tous les termes qui suivent sont des termes méprisants pour désigner les homosexuels (souvent passifs) ou les hommes efféminés, considérés comme pas assez virils.

• 奶油小生 *nǎiyóu xiǎoshēng* « Acteur travesti qui mange de la crème » : garçon manquant un peu de testostérone ; les 小生 sont les acteurs hommes jouant des rôles féminins. Expression tirée d'un film de 1982, *La princesse au paon*, resté très populaire. '瞧这个奶油小生，哪有一点儿男子汉的气概啊？' « Regarde-moi cette tapette… pas une once de virilité ! »

• 娘娘腔 *niángniangqiāng*. Ce terme peut servir en substantif ou en adjectif. '你兄弟？肯定是个娘娘腔。' « Ton frère ? C'est clair, c'est une tafiole. » *(Iciba, 2015)* '舞蹈老师看起来娘娘腔的，但是他非常强壮。' « Le prof de danse a l'air d'une vraie tarlouze, mais il est super costaud. »

• 娘炮 *niángpào*. Terme apparu dans un film taïwanais de 2007. '中国男明星为什么这么多娘炮？'

« Pourquoi y a-t-il tant de petites tapettes chez les stars masculines chinoises ? » *(Sina, 2017)*.
• Dans le nord de la Chine, on parle de 娘们儿 *niángmenr*, et (pour le plaisir de présenter un nouveau caractère), en cantonais, de 嫲型 *nǎxíng* (le caractère 嫲 signifiant « femelle, féminin »).

Tête à claques

• 兔崽子 *tùzǎizi* « lapinot ». Une personne dont les manières arrogantes sont très déplaisantes. '兔崽子，你敢骂老子？' « Eh, tête à claques, tu oses m'insulter ? »[32]

Tête de nœud

• 龟头 *guītóu* « gland ». '老子先打爆你这个龟头！' « Je vais t'éclater la gueule, tête de nœud ! »
• 傻屌 *shǎ diǎo* ou 傻鸡巴 *shǎ jība*. Ces termes sont les versions masculines de 傻屄. Ils pourraient traduire encore plus directement l'anglais *stupid dick*. Très récemment (à partir de 2018), l'écriture alternative, mais pas tout à fait homophone, *snádiāo* « sculpture, château de sable » a connu une certaine vogue, mais le sens s'est élargi pour désigner n'importe quoi de stupide ou drôle : '这太沙雕了' « C'est trop marrant / trop con ».

Thon, gros ~

• 恐龙 *kǒnglóng*. Terme très insultant né en ligne au début du siècle. On trouve parfois la forme 恐龙妹. '我死也不会娶你这个恐龙妹的！' « Je préfère mourir que d'épouser un gros thon comme toi ! » (总裁爹地你欠削, *roman de* 依儿*, 2016)*

Tocard !

• 孱头 *càntou*. Minable, incapable, couard. '唉，往日那么傲慢的我，多么矜持的我，原来也是个孱

头儿。' « Ah ! Et moi qui jadis étais si fier, si arrogant, je n'étais en fait qu'un tocard. »[331] Le caractère rare 孱, à l'origine, désigne une femme au corps affaibli par des naissances multiples.

Tortue ↷*cocu, bâtard*

Traînée

Bien entendu, la plupart des termes signifiant « pute, traînée, roulure, salope, coureuse » sont aisément interchangeables.
• 荡妇 *dàngfù*. '你个不知廉耻的荡妇！' « Espèce de traînée sans vergogne ! »[65] 荡 : débauché, dissolu.
• 骚货 *sāohuò*. '你大哥是不是和红翠那骚货有什么私约？' « Ton grand frère n'aurait-il pas eu un rendez-vous intime avec cette coureuse de Hong Cui ? » '我就骂那不要脸的骚货！' « Je l'insulte si je veux, cette traînée sans vergogne ! »[302] Les insultes 小骚货 « Petite pute ! petite traînée ! » et à l'inverse 老骚货 sont fréquentes.
• 黑木耳 *hēimùěr* « champignon noir ». L'explication de ce terme est assez graphique : le « champignon noir », c'est l'aspect que sont censées prendre à l'usage les parties intimes d'une femme à la cuisse trop légère. '你这个黑木耳，我的男人你也敢抢！' « Espèce de sale traînée, tu as osé me voler mon homme ! » ↷*vulve*[SEX]
• 贱婢 *jiànbì* « méprisable esclave ». Une insulte ancienne, souvent adressée aux maîtresses ou prostituées. Femme de peu, femme de rien. ↷*garce, raclure, salope...*

Traître ! à la patrie (chinoise)

• 汉奸 *hànjiān* « traître envers les Han ». '"假冒为善！汉奸！"后边有人喊。' « "Hypocrites ! traîtres !" cria quelqu'un derrière lui. »[293]

• Chien de ~ ! variation sur le précédent : 狗汉奸！'不许动！举起手来！打死你这个狗汉奸！' « On ne bouge plus ! Les mains en l'air ou je te tue, chien de traître ! »[423]

• 卖国贼 *màiguózéi* « brigand qui vend son pays ». '从今天开始，在中国坐奔驰者都是"卖国贼"？' « À partir d'aujourd'hui, tous ceux qui s'assoient dans une Mercedes-(Benz) sont-ils des traîtres ? » *(BBS, 2018)*
☞ *félon, valet de l'étranger*

Trav, travelo
• 人妖 *rényāo* « monstre humain ». Souvent sous les formes 死人妖, 变态人妖. '老子就是看不惯你，死人妖！' « Je ne peux plus te voir en peinture, sale travelo ! » *(我的女装男友, roman en ligne de Jubygg, 2018)* ☞ *transgenre[SEX]*

Trou du cul, trouduc'
• 死屁眼 *sǐpìyǎn* « trou du cul mort ». Damné trouduc. '死屁眼！我恨妳！去死去死！' « Sale trou du cul ! Je te déteste ! Va mourir ! »

Truand
• 破落户(儿) *pòluòhùr*. Terme qui remonte aux grands romans classiques. Désignait aussi les fils de bonne famille dévoyés, ou les bons à rien de familles riches tombées dans la misère (sens initial de 破落户), mais le sens le plus fréquent est simplement celui de « truand, voyous, canaille ». On voit souvent l'expression composée (donc renforcée) 泼皮破落户, 泼皮 ayant le même sens : d'où « un vrai voyou, une vraie terreur » (souvent ironique). '话说那酸枣门外三二十个泼皮破落户中间，有两个为头的。' « Le récit veut qu'au-delà de la Porte des Jujubes acides, vivaient une vingtaine de truands sans aveu, qui obéissaient à deux d'entre eux. »[11]

Truie (grosse ~), tas de lard
• (大)肥猪 *féizhū* « cochon gras ». '住嘴，你这肥猪！' « Ta gueule, tas de lard ! » '买高铁票与售票员起争执，女子骂"你这肥猪"遭起诉。' « En achetant un billet de TGV, elle déclenche une dispute ; une femme qui a traité la guichetière de "grosse truie" se retrouve en procès. » *(CD, 2014)*

Vache ! La vache !
• 哇靠 *wākào*. Juron récent, déformation de 我靠 *(☞ purée)*. Peut exprimer aussi bien l'admiration surprise que l'énervement, le désespoir. '碰到你之前，我的世界是黑白的，碰到你之后，哇靠，全黑了。' « Avant que je tombe sur toi, ma vie était en noir et blanc ; mais maintenant, la vache !!! tout est complètement noir ! »
• 哇塞 *wāsāi*. Même origine et même sens. '哇塞哇塞！这个大概是她今天最讶异的事情了！' « Vache de vache ! C'était probablement la chose la plus surprenante qui lui soit arrivée de la journée ! » *(妖异魔学园, roman de 笭菁, 2017)*

Va (allez) au diable !
• 见鬼去吧! *jiànguǐ qù ba!* Rebuffade assez basse sur l'échelle de la violence. '我……你们见鬼去吧！' « Je... Allez au diable, tous autant qu'vous êtes ! »[801]

Va chier !
• 去屎 *qù shǐ* : traduction simple, en fait une version moderne et scatologique de 去死!

Va (allez) mourir / en enfer !
• 去死! *qù sǐ.* Voir ex. ☞ *légume, trou du cul.* Variantes : 去死你吧！

早点去死！去下地狱! 死一边去
(ex. ☞ *stupide femelle*)

• 断子绝孙 *duànzǐ-juésūn*. Cela sonne certes plus littéraire, mais c'est une grave insulte car mourir sans enfants est le pire qui puisse arriver. "断子绝孙的阿 Q ！" 远远地听得小尼姑的带哭的声音。' « Au loin, en entendait la voix de la petite nonne qui s'écriait entre deux sanglots : "Ah Q, puisses-tu mourir sans descendance !" »[22] C'est un équivalent de « Maudit sois-tu ! »

Valet, laquais !

• 狗腿子！ *gǒutuǐzi!* « patte de chien ». Un homme de main, un vendu. '你这个狗腿子，胆子真不小。' « Alors toi, pour un valet, tu ne manques pas de toupet ! » *(绝品狂少混花都, roman de* 九头虫, *2018)*

Valet de l'étranger !

• 亡国奴 *wángguónú* « esclave d'une nation asservie ». '任正非怒吼！不投降！不做亡国奴！' « Ren Zhengfei, fulmine donc ! Ne te rends pas ! Ne joue pas les valets de l'étranger ! » *(Vers la fin de 2018, l'Internet chinois a vibré d'appels patriotiques pour que Ren Zhengfei, le patron de Huawei, ne cède rien aux Américains dans la dispute qui les oppose).*

Vampire !

• 吸血鬼 *xīxiěguǐ* « esprit suceur de sang ». Le concept est importé de la culture occidentale ; en insulte, il désigne ceux qui pressurent et affament le peuple. '黑心吸血鬼老板：我的老板是个压榨鬼。' « Un patron, vampire au cœur noir : mon boss est un exploiteur. » *(Sina, 2011)* ☞ *exploiteur*

Va te faire foutre/enc… !

• 去你妈的！ *qùnǐmāde* ou 去你娘的！ (Variante plus « terroir »). "孽子。"我说："去你娘的。" » « "Fils indigne !" Je lui répondis : "Va te faire foutre." »[23]

• 日他奶奶 *rì tā nǎinai*. Pareil, mais avec la grand-mère. '这小子，太欺负人了！日他奶奶！' « Ce type, c'est vraiment un escroc ! Qu'il aille se faire foutre ! »[462] ☞ *enculer*

Vaurien, vaurien ! Sale ~

• 二流子 *èrliúzi* « de second ordre ». Fainéant, traîne-patins, vivant d'expédients plus ou moins légaux. '18 岁漂亮女子失踪三天后，回到村庄上被二流子打死。' « Une jolie fille de 18 ans disparaît pendant trois jours, et à son retour au village est battue à mort par un vaurien local. » *(Sina, 2018)*. '你家少爷长大了准能当个二流子。' « Votre jeune homme, il va sûrement tourner au vaurien quand il sera grand. »[23] '我的那个二流子儿子' : « Mon vaurien de fils. »[38] Synonyme : 二混子 *èrhùnzǐ*

• 小子，臭小子 *(chòu)xiǎozi*. Adressé à un jeune homme, un homme de peu ou qui se conduit mal. '来了？小子！' « Vous voilà, petits vauriens ! »[29] '今天女朋友的老爸发短信来说：你毁了我们的父女关系臭小子。' « Aujourd'hui, le père de ma copine m'a envoyé un texto pour me dire : Sale vaurien, tu as ruiné ma relation avec ma fille. » *(BBS, 2010)*

• Graine de vaurien, futur gibier de potence : 下流坯子 *xiàliú pīzi*. '你真是一个没教养的下流坯子，在这种时候还提这种肮脏的…' « Tu n'es qu'une graine de vaurien mal élevée, à dire de telles saletés dans ces circonstances… »

• 讨债鬼 *tǎozhàiguǐ*. Mot de Shanghai : « fantôme collecteur de dettes ». Désignait les enfants morts en bas âge. L'insulte s'adresse soit… à des collecteurs de dettes qui ne vous lâchent pas, soit à des enfants. '你这个讨债鬼，啥辰光才会学学好。' « Espèce de petit vaurien, quand vas-tu te décider à étudier correctement ? »[459]

• Passons au dialecte du Sichuan, autour de Chengdu : un 散眼子 *sàn yǎnzǐ* « qui laisse traîner ses yeux », est un vaurien, qui ne fait rien sérieusement. '总体来说，我们镇上所有的散眼子和二流子都熟悉它的位置。' « En bref, tous les vauriens et toutes les petites frappes de la ville savaient parfaitement où elle se trouvait *(la rue aux lanternes rouges)* »[34]
☞ *racaille, voyou*

Vermine

• 虫豸 *chóngzhì* « Insecte sans patte : ver de terre ». "我是虫豸，好么？……"小D说。' « "Je ne suis que de la vermine, ça te va ?..." dit Petit D. »[22]

• 蟊贼 *máozéi*. Vermine, peste, parasites ; par analogie aux insectes qui s'attaquent aux cultures. Le terme est assez fort car la connotation est que la vermine en question s'attaque aux fondements de la société, du pays ou du peuple. '他痛恨那戕害青年的蟊贼。' « Il haïssait cette vermine nuisible à la jeunesse. »[96] Autres ex. ☞ *enfant (jeu)**, *pickpocket**

Vieil ivrogne, vieux pochtron

• 老醉鬼！ *lǎo zuìguǐ*! '你这老醉鬼胡说什么？' « Qu'est-ce que tu racontes, espèce de vieux pochtron ? »

• Le synonyme 醉翁 *zuìwēng* est plus littéraire. Voir ☞ *idée derrière la tête**

Vieille bique, vieille folle, la vieille, vieillerie

• 老太婆 *lǎotàipó*. Signifie normalement « vieille dame », mais est souvent aujourd'hui employé dans un sens péjoratif.

• 娘儿们 *niángrmen*. ATTENTION : peut servir aussi comme appellation « affectueuse » entre vieux époux, ou pour désigner les femmes en général. Le 们, marque du pluriel, pour un singulier est caractéristique du parler pékinois. '你这个娘儿们，无缘无故地跟我捣什么乱呢？' « Qu'est-ce qui vous prend, espèce de vieille folle, à m'agresser comme ça sans raison ? »[29] ATTENTION : ne pas confondre avec 娘儿 ☞ *tapette*

Vieille salope ☞ *chien*

• 老屄 *lǎobī* « vieux trou, vieux con ». Extrêmement grossier. Désigne aussi les femmes, souvent d'âge mûr, aux désirs sexuels très affirmés.

Vieille sorcière

• 老巫婆 *lǎowūpó*. '每当我对儿子发完脾气，他会骂我"老巫婆！"' « Chaque fois que j'avais fini de vitupérer contre mon fils, il me traitait de "vieille sorcière !" »

• 老妖婆 *lǎoyāopó*. Une insulte qui sert souvent pour les belles-mères, les professeures trop sévères, etc.

• 老虔婆 *lǎoqiánpó*. Très insultant car 虔婆 désigne aussi les vieilles mères maquerelles. S'utilise pour les vieilles femmes perfides et rusées. Déjà présent dans *Au bord de l'eau*. '那虔婆倒先算了我。'

« Cette vieille sorcière avait vu clair dans mon jeu ! »[11]

Vieux, vieillard, vieux fou !

• 老不死的 *lăo bùsĭde*. En nom, adjectif, insulte, pour quelqu'un qui « refuse de mourir », n'est plus utile, encombre la hiérarchie… '都怪你，你这老不死的东西！' « C'est de ta faute, espèce de vieux fou ! »

• 老东西 *lăo dōngxī* « vieille chose ». '你二人出手，将那两个不知羞耻的老东西打个半死即可。' « À vous deux les gars, foutez-moi une raclée à ces deux vieux fous sans vergogne, je veux les voir à moitié morts. »

• 老梆子 *lăo bāngzi*. Le terme 梆子 désigne diverses sortes d'opéras des provinces du nord, ainsi que des claquettes utilisées dans les orchestres pour ces opéras. L'insulte est surtout utilisée à Pékin et dans le Hebei. '老梆子，你真逗气儿！' « Le vieux, tu veux vraiment me foutre en rogne ! »[29]

• On trouve encore 老贼 *lăozéi* ou 老货 *lăohuò*, des insultes déjà très utilisées dans les grands romans classiques en langue vernaculaire.

• Et voir ☞ *gâteux, schnock…*

Vieux con (sens figuré)

• 老顽固 *lăowángù*. Vieux et têtu, arrogant. '什么？那个老顽固终于顽石点头了？你怎么做到的？' « Quoi ? Le vieux con s'est enfin laissé émouvoir ? Mais comment t'as fait ? » On oppose souvent en Chine le 老顽固 au 小顽固, comme en France on compare les jeunes cons aux vieux cons.

• （中年）油腻男 *yóunìnán*, 油腻女 *yóunìnǚ* (plus rare). Il s'agit d'un terme brusquement devenu à la mode fin 2017. Comme l'indique le qualificatif de 中年 souvent rajouté, il désigne plutôt les changements qui interviennent à l'âge mûr, en gros au moment de la *midlife crisis*, plutôt qu'à l'orée du troisième âge. 油腻 « graisseux, huileux » recouvre donc toute une palette de comportements variés plutôt que simplement le sens de « libidineux ». '你们觉得哪些小鲜肉以后会变成油腻男啊？' « Vous croyez que plus tard, tous ces jeunes mignons deviendront des vieux cons, eux aussi ? » *(wemedia, 2018)* '在中年油腻男眼里，任何女人都只是他们的附属品。' « Dans l'optique de ces gros cons d'âge mûr, les femmes ne sont rien de plus que des accessoires. » *(51xinwen, 2019)*

Vieux croûton, vieux croumi

Une personne engoncée dans des convictions rétrogrades.

• 老迂腐 *lăoyūfŭ*. Vieux jeu, encroûté et pédant. '我虽然不是什么伟人，但也不想与你这个老迂腐在一起。' « Je ne vaux peut-être pas grand-chose, mais je n'ai sûrement pas envie de me maquer avec un vieux croûton comme toi. »

Vieux renard ! Vieille canaille !

• 老狐狸！ *lăo húli !* Pour hommes et femmes, d'ailleurs pas forcément très âgés. Personnes très (trop) rusées. '中国被特朗普这个老狐狸给骗了？' « La Chine s'est-elle fait rouler par ce vieux renard de Trump ? » '我他妈想杀了你这个老狐狸！' « J'ai comme une putain d'envie de te buter, vieille fripouille ! »

Vieux salaud

• 老匹夫 *lăo pĭfū*. 匹夫 est une insulte ancienne qui désignait d'abord un homme ignorant, sans culture ; dans 老匹夫 le sens s'est modifié et renforcé, car l'insulte est en général associée à des menaces directes. '老匹夫，原来你还没死，洒家来讨十年前的旧寨了。' « Alors, vieux salaud, tu es donc toujours en vie ? Je viens te payer ma dette d'il y a dix ans ! »[99]

Vil, obscène, de bas étage

• 下作　*xiàzuò* (adjectif). Terme ancien. Figure souvent dans le *Rêve du pavillon rouge :* '下作小娼妇儿！不得好死的下作东西！' « Petite pute de bas étage ! Tu n'es qu'une chose vile et tu mourras de mort atroce ! »[12]

Vipère (langue de ~)

• 长舌妇 *chángshéfù* « femme à la longue langue ». Commère, médisante. '那不关你的屁事你这个长舌妇！' « Ce ne sont pas tes foutues affaires, espèce de langue de vipère ! »

Voirie ☞ *roulure, traînée*

Voleur ! Fieffé ~ !

• 贼骨头！*zéigǔtou !* Voleur-né, kleptomane. Insulte ou appellation pour qqun qui a le vol dans le sang, ne peut s'en empêcher. Remonte au roman *Au bord de l'eau*. Égal[t] un voleur en général. '你偏要偷，真是天生的贼骨头！' « Tu ne peux t'empêcher de chouraver, tu es vraiment un voleur de naissance ! » '你这把贼骨头，好歹落在我手里，教你粉骨碎身。' « Fieffé voleur, si tu me tombes entre les mains je te brise les os ! »[11]

Voyou ! Vaurien ! petit ~

Les termes listés ci-dessous sont moins violents ou insultants que 坏蛋，坏种，坏人 « canaille, crapule, ordure ». Pour chacun d'entre eux, l'ajout de 小 rajoute la nuance de « petit voyou », éventuellement affectueuse, ou pour donner le sens de « délinquant juvénile » :

• (小)流氓 *xiǎoliúmáng*. Le terme le plus fréquent. '那儿有几个小流氓正在跟一青年女子胡搅蛮缠。' « Là-bas il y a une bande de petits voyous qui importunent une jeune fille ! » '3 月 14 日，台湾陆委会主任攻击"反分裂国家法"是"流氓式"的勒索做法。' « Le 14 mars, le directeur de la Commission des affaires continentales de Taïwan a qualifié la "Loi antisécession" de méthode de coercition "digne d'un voyou". » *(Global Times, 2005)*

• (小) 玩闹　*xiǎowánnào*. Même sens que ci-dessus mais plus rare.

• 无赖 *wúlài* ☞ *canaille*

• 痞子 *pǐzi*. '小痞子们欺负他，揍他，除了哭外，他没什么办法。' « Les petits voyous le tourmentaient, le battaient, et il ne pouvait rien faire d'autre que de pleurer. » Ce terme assez ancien a été remis à la mode dans les années 80 et 90 pour décrire un nouveau style de littérature, incarné par l'écrivain 王朔 Wang Shuo, la « littérature de voyou » (痞子文学, *hooligan literature* en anglais).

• 地痞 *dìpǐ*. Voyou local, caïd de quartier. Voir ex. à ☞ *chier*, graine*

• (小)混混(儿) *xiǎo hùnhunr.* '杀手叫邓辉，以前只是街头小打小闹的混混，真刀真枪的干他还是第一次。' « L'assassin s'appelle Deng Hui ; jusqu'ici, ce n'était qu'un petit voyou des rues sans envergure, c'est la première fois qu'il passe vraiment à l'acte. »[65] '荷兰警方对一帮小混

混中的两个人进行了训诫，他们一个 10 岁，另一个 11 岁。'
« La police hollandaise a adressé des remontrances à deux membres d'une bande de délinquants juvéniles, l'un âgé de dix ans, l'autre de onze. »

• 三青子 *sānqīngzi*. Terme datant des années 1940 à Pékin, largement tombé depuis en désuétude mais remis au goût du jour par une série télévisée récente (五月桂花香, 2004). L'expression désignait à l'origine un membre de l'organisation de jeunesse du Kuomintang, la *Ligue de la jeunesse des trois principes du peuple* (三民主义青年团), abrégé en 三青团 (1938-1947). Ces jeunes étaient mal vus de la population en raison de leurs idées réactionnaires mais aussi de leur brutalité, d'où le sens dérivé. '这帮混蛋，都有三青子劲儿!'
« Dans cette bande de crétins, ils ont tous l'air de vrais voyous ! » En plus du sens de « voyou », l'expression a aussi celui « d'abruti, imperméable à la raison ». '甭跟他争，他是个三青子。' « Inutile de discuter avec lui, c'est un abruti. »

• Pour un terme récent dans ce sens, voir ☞ *gansta*

Zut ! Zut alors ! Flûte ! Crotte !

• 糟! *zāo!* ou 糟了! *zāole!* Un des jurons les moins grossiers en chinois, à condition bien sûr qu'il soit bien prononcé... pour éviter la confusion avec 操 !

Troisième partie

AMOURS & APPENDICES

S'accoupler, accouplement

Ces termes étant normalement réservés aux animaux, nous avons choisi des termes équivalents en chinois ; leur usage pour les êtres humains est soit péjoratif, soit résultant de circonstances spéciales comme dans l'exemple ci-dessous.

• 交尾 *jiāowěi* ou 交配 *jiāopèi*. '作为人的祖先,伏羲、女娲都是人面蛇身，后世之人则是伏羲、女娲交尾后所生。' « Les ancêtres de l'espèce humaine, Fuxi et Nügua, avaient un visage humain au-dessus d'un corps de serpent ; leurs descendants humains sont nés de leur accouplement. »

Acte conjugal (accomplir l'~)

L'acte donc, mais au sein d'un couple légitime. Les expressions suivantes sont d'un registre élevé.

• 同房 *tóngfáng*. Partager la même chambre. '在治疗盆腔炎时期，最好不要同房。' « Pendant la période de convalescence après une salpingo-ovarite, mieux vaut éviter l'acte conjugal. »

• 行房 *xíngfáng*. Syn. du précédent, expression littéraire ancienne ; dans la pratique elle peut parfois être aussi utilisée pour décrire l'acte en dehors des liens du mariage. '一个钟馨郁，口口声声说什么怀孕前三个月不能行房，也不管他是不是子弹都上了膛。' « Et Zhong Xinyu qui lui répète très gentiment que dans les trois premiers mois de grossesse il ne faut pas passer à l'acte, sans tenir compte du fait qu'il ait ou non la cartouche engagée dans la chambre. »[34] *Remarque :* cette dernière expression, pour « une envie pressante de faire l'amour », n'est pas courante.

Acte sexuel, rapport sexuel, coït, copulation, (avoir, commettre)

Commençons par les termes techniques…

• 性交 *xìngjiāo*, le terme le plus officiel et fréquent.

• 媾合 *gòuhé*. Terme classique ; le caractère 媾, aujourd'hui peu usité, signifiait « s'unir » ; on trouve ainsi, à ne pas confondre avec 媾合 : 媾和 « faire la paix ».

• 入房 *rùfáng* « entrer dans la chambre » : terme oral ancien ; le sens en est plus vaste que celui de 行房, puisqu'il désigne l'union sexuelle en général et pas seulement l' ⌒ *acte conjugal*.

…Pour terminer par plus poétique :

• 春风一度 *chūnfēng yīdù* « un souffle de brise de printemps ».

⌒ *copuler, nuages et pluie*

Actif / passif

• 小攻 *xiǎogōng* « petit attaquant » (actif) et 小受 *xiǎoshòu* « petit receveur ». Respectivement les partenaires actif et passif dans une relation sexuelle gay, ou plus généralement un couple gay. Termes nés en ligne et désormais très répandus. Ils dérivent indirectement des arts martiaux japonais, via les mangas de type *yaoi (mangas dépeignant des relations entre hommes, mais destinées prioritairement à un public féminin).*

Adultère (commettre l'~)

• 有事 *yǒushì* « avoir une affaire ». Terme le moins intéressant.

• 做头发 *zuò tóufà* « se faire coiffer ». C'est l'expression la plus récente, puisqu'elle est née le soir du réveillon de 2017 et s'est donc répandue en 2018. L'infortuné mari d'une chanteuse chinoise a répondu au cours d'un interview que sa femme était « allée se faire coiffer » alors qu'il était de notoriété publique qu'elle avait une affaire. '昨天我打电话给你，你喘气说在做头发。' « Hier je t'ai appelée au téléphone, tu m'as répondu, toute pantelante, que tu étais chez le coiffeur. » *(Sina 2018)*

• 偷情 *tōuqíng* ou 偷汉子 *tōu hànzi* « voler un homme » (plus spécifiq᷂ pour les femmes). '你老婆若不偷汉子，太阳就从西边出来！' « Si ta femme ne s'envoie pas un autre mec, c'est que le soleil se lève à l'Ouest ! »

• 有一腿 *yǒuyītuǐ* « avoir une jambe ». '我闺蜜跟我老公有一腿，我想去死你们都别拦我！' « Ma meilleure copine couche avec mon mari, je veux mourir, ne me retenez pas ! » *(Sina 2018)* L'explication est assez simple : dans une affaire illégitime, les partenaires n'ont pas forcément le temps de se déshabiller entièrement, et « avoir une jambe » signifie que l'on n'a ôté son pantalon qu'à moitié.

• Égal᷂ pour les femmes mariées : 红杏出墙 *hóngxìng-chūqiáng* « la fleur rouge de l'abricotier dépasse du mur ». '男子怀疑妻子"红杏出墙"; 驾车追"情敌"致其死亡。' « Un homme soupçonnant son épouse de batifoler hors du foyer conjugal poursuit son rival amoureux en voiture jusqu'à la mort de ce dernier. » *(Sina, 2018)*

• 通奸 *tōngjiān*. '每次他出去修行时，他的妻子就与这罪犯通奸。' « Chaque fois qu'il sortait de chez lui pour pratiquer, sa femme le trompait avec ce criminel. »[58]

• 入港 *rùgǎng* « rentrer au port ». Désigne l'acte illicite ou le fait de le pratiquer. Oral et ancien. '两人刚刚入港，不防潘金莲在外窃听。' « Ils venaient à peine de commencer à s'envoyer en l'air que Pan Jinlian arriva pour les écouter à la dérobée. »[17]

• 相好 *xiānghǎo* « être intimes, bien s'entendre »... et sous entendu, entretenir une relation illicite. Le terme désigne aussi une maîtresse.

Adultère (adjectif)

• Homme ~ : 奸夫 *jiānfū*
• Femme ~ : 奸妇 *jiānfù*
• Couple ~, d'amants illicites :
- La version poétique : 露水夫妻 *lùshuǐ-fūqī* « époux pour le temps de la rosée ». De nos jours le terme désigne aussi les couples vivant en union libre. '你们想做长久夫妻，还是想做露水夫妻？' « Voulez-vous être un couple sur le long terme, ou seulement pour une affaire en passant ? »[17]
- Beaucoup plus vulgaire et surtout beaucoup plus répandu : 狗男女 *gǒunánnǚ*. '厉害了，老婆回家看到床上的狗男女，瞬间失控！' « Tragique! En rentrant chez elle, l'épouse découvre le couple fornicateur en pleins ébats sur le lit conjugal, et se déchaîne ! »

Adultère (substantif.), affaire illicite ou clandestine, aventure ; intrigue galante, passionnelle

• 韵事 *yùnshì*. Affaire romantique. '男爵年轻时有过许多风流的韵事……' « Dans sa jeunesse, le duc a vécu beaucoup d'aventures amoureuses. »[66]

• （有）外遇 *wàiyù* « rencontre extérieure ». '我听人家说，陈安琴好像有外遇了。' « J'ai entendu des gens dire que Chen Anqing avait une affaire. »[34]

• 桃色事件 *táosè shìjiàn* « une affaire couleur pêche (rose tendre) ».

Amours illicites. '再加上是起桃色事件，自然就引起了许多人的关注。' « Le fait que l'affaire ait en sus un aspect d'intrigue galante attira d'autant plus, naturellement, l'attention de beaucoup de gens. »[65]

• 偷鸡摸狗 *tōujīmōgǒu*. L'expression qui désigne à l'origine les petits larcins sert aussi pour les relations sexuelles illicites. '我就立刻知道他准是对儿媳干了偷鸡摸狗的勾当。' « Je fus tout de suite certain qu'il sortait d'une partie de touche-pipi clandestine avec sa belle-fille. »[23]

Âge (différence d'~)

Une expression bien connue pour décrire une grande différence d'âge entre deux époux (au moins une demi-génération ; l'expression fonctionne par ailleurs dans les deux sens) est : (老牛吃)嫩草 *lǎoniú chī nèncǎo* « le vieux taureau/ la vieille vache mange l'herbe tendre. » '你在跟比你小十五岁的人约会？你这个吃嫩草的家伙！' « Tu sors avec quelqu'un de 15 ans plus jeune que toi ? Tu n'es qu'un brouteur de tendrons ! » *(CD, 2018)*

Agréable à regarder ✍ *réjouir*

Allumeuse, allumer

Pour une femme, être trop coquette, trop frivole, provocatrice, ou mener une vie dissolue.

• 风骚 *fēngsāo*. '不是所有看上去风骚的美女都是婊子，还有可能是推销员。' « Toutes les jolies filles ici qui ont l'air d'allumeuses ne sont pas forcément des putes, il est possible qu'elles soient des agents de vente. »

• 惹火 *rěhuǒ* « attiser le feu ». Un peu trop sexy ; sens initial : « provoquant ». '你穿的超短裙太惹火

了。' « Ta minijupe est vraiment trop provocante. »

• 狐狸精, 妖精 *yāojīng* ✍ *vamp*[SEX] Ces termes supposent que l'allumeuse en question est très belle. '女朋友和狐狸精的差别就在于，有没有被那个男人的老婆抓住。' « La différence entre petite amie et allumeuse, c'est si on s'est fait attraper par la femme du mec. » ✍ *chaleur, sexy*

Amant, amante, petite amie, copain/copine

• 小蜜 *xiǎomì* « petit miel ». Parfois seulement 蜜. Apparu dans les années 90 à Pékin, mais est aujourd'hui utilisé partout. Il ne semble pas qu'il s'agisse d'un simple décalque du « Honey » américain. '我就是二毛的小蜜，看着不舒服怎么着？' « Oui, je suis bien la petite amie d'Ermao, ça te dérange ? » ATTENTION à ne pas confondre avec 闺蜜 ✍ *copine*.

• À Pékin également, 情人 étant par trop banal, on peut sonner plus intime avec 情儿 *qíngr* ; s'utilise aussi en appellation : « ma chérie, mon amour ».

• 傍家儿 *bàngjiār*, qui marche pour les deux sexes. '他们抓到一个贼娃子，那个贼娃子就是郑寡妇的傍家儿。' « Ils ont attrapé un voleur, qui n'est nul autre que l'amant de la veuve Zheng. » *(困兽, roman de 李欢, 2015) Remarque* : 贼娃子 relève du dialecte du Sichuan.

• 相好 *xiānghǎo*. Un terme ancien pour désigner une prostituée qu'un client fréquente régulièrement et qui devient en quelque sorte sa « maîtresse ». Aujourd'hui rare. '他在我们这儿找了个相好。' « Il s'est trouvé une petite amie dans notre établissement »[65]

• 对象 *duìxiàng*. Un autre sens est « cible, objectif »…

• Il existe un équivalent masculin du terme 小三 (☞ *maîtresse*) : 小王 *xiǎo Wáng* « le jeune Wang ». Le nom Wang a été choisi parce le caractère est très proche de 三. '记住你的身份，你是我的小王.' « Rappelle-toi qui tu es *(ton statut)* : rien d'autre que mon amant. » *(shuoshuo9, 2019)*

Amour (faire l'~)

• Il existe bien sûr d'innombrables termes pour exprimer l'acte. Le plus clair est 做爱 *zuòài* « faire l'amour ». Mais ce terme, soit trop direct, soit au contraire trop banal et pas assez grossier, n'est en réalité que rarement utilisé.

• On peut donc trouver, à la place, l'euphémisme 爱爱 *àiài* « amour amour ».

• En ligne on trouve souvent les initiales ML, pour *make love*. '为什么男友跟我 ML 的时候很快就射了？' « Pourquoi, quand nous faisons l'amour, mon ami jouit-il toujours trop vite ? » *(Baidu 2017)*

• On trouve également « jouer » : 耍 *shuǎ*, qui peut désigner l'ensemble de la séquence. '两个耍一回，又干一回.' « Ils le firent une fois, puis encore une autre. »

• Pour les termes plus vulgaires : ☞ *baiser, niquer, tringler*…

Amour (commencer à comprendre l'~, s'ouvrir à l'~)

Les expressions suivantes restent platoniques.

• 开窍 *kāiqiào*. Sens initial : « commencer à comprendre les choses, découvrir la vie » (par exemple pour un enfant). Ex. ci-dessous.

• 情窦初开 *qíngdòu-chūkāi*. Surtout pour les jeunes filles. '是呀，她开窍了，情窦初开.' « Oui, elle a commencé à comprendre les choses, à connaître les premiers éveils de la passion. » *(公主的女儿, roman de 赵大年)*

Amour secret • 暗恋 *ànliàn*.

Anus ☞ *trou du cul*

Le terme officiel est 肛门 *gāngmén*, mais il en existe d'autres plus poétiques ou plus grossiers.

• 菊花 *júhuā* « chrysanthème ». La comparaison se réfère à l'aspect visuel plus qu'olfactif.

• 后庭 *hòutíng* « le palais de derrière « (désignait la partie du palais impérial réservée à l'Impératrice et aux concubines.) '后庭按摩：经过特殊的按摩手法让油渗入你的肛门肌肤.' « Massage anal : cette méthode de massage particulière permettra à l'huile de bien pénétrer les muscles et la peau de l'anus. »

• Dans le même ordre d'idée voir ☞ *sodomie*, et le chap. INSULTES.

Aphrodisiaque

• Le terme couramment employé, et en même temps poétique, est : 春药 *chūnyào*. '13 岁男孩轻易买到"春药"，父亲要砸成人用品店.' « Un garçon de 13 ans ayant pu facilement se procurer des aphrodisiaques, son père veut détruire la boutique de produits pour adultes. » *(PR, 2005)*

• On trouve aussi : 催情药 *cuīqíng yào* « médicament pour pousser aux sentiments », et, plus technique, 壮阳药 *zhuàngyángyào* « médicament pour renforcer le yang ».

• N'ayant pas ici l'intention de faire de la publicité pour les firmes pharmaceutiques modernes, nous

nous contenterons de citer un ou deux produits plus traditionnels, à l'efficacité littérairement avérée, du moins dans le roman *Fleur en fiole d'or* :

- Le 封脐膏 *fēngqígāo* « onguent pour sceller le nombril » serait comme son nom l'indique une substance aphrodisiaque dont il faudrait s'enduire le nombril (zone propice où passent de nombreux méridiens en médecine chinoise).

- Le 胡僧药 *húsēngyào*, ou « remède du bonze barbare », est particulièrement violent, au point que le héros Ximen Qing meurt d'un excès de consommation…

« Avaler »

• 吞精 *tūnjīng*. Parfois abrégé en ligne en TJ. '但事实上爱吞精的女生不多。' « Mais en réalité, les filles qui aiment avaler sont assez rares. » *(health.ettoday, 2017)*

Artichaut (cœur d'~)

• 朝三暮四 *zhāosānmùsì*. Désigne une girouette, une personne versatile, y compris dans le domaine amoureux. '我是为了你才从国外回到淮海的，可没想到，你就是个朝三暮四的人。' « C'est pour toi que je suis revenue de l'étranger à Huaihai, et jamais je n'aurais pensé que tu étais un tel cœur d'artichaut. »[65]

Astiquer (s'~), se palucher

Masturbation masculine.

• 撸管 *lūguǎn* ou 撸 *lū* en abrégé. Origine dialectale. Signifie « se retrousser les manches » ou « frotter ». D'emploi assez récent dans le sens sexuel. Voir un ex. d'utilisation de 撸管 à ☞ *branler*. '下载 APP，撸起来更爽！' « Téléchargez l'application, et commencez à vous palucher encore plus facilement ! »

• On trouve aussi l'expression 戒撸 *jièlū*, signifiant « arrêter de se branler », donc avoir trouvé un partenaire sexuel :'现在他有女朋友了，也该戒撸了，不然就连眼睛都不好使了。' « Maintenant qu'il a une copine, il doit arrêter de s'astiquer sinon il va devenir aveugle. »

Aveugle (amour fou, amour ~)

• 一片痴心 *yīpiàn chīxīn.* '师哥，我知你对我一片痴心，我又不是傻子，怎能不念着你的心意？' « Grand frère, je sais que tu m'aimes d'un amour aveugle, je ne suis pas idiote, comment aurais-je pu ne pas lire dans ton cœur ? »[611]

Baiser, bouillaver, calcer, foutre, sauter, bourrer, etc.

• 打炮 *dǎpào* « tirer au canon ». Très fréquent dans ce sens. '你懂"做爱"跟"打炮"的差别在哪里吗？' « Savez vous quelles sont les différences entre "faire l'amour" et "baiser" ? » *(health.ettoday, 2017)*. Se construit avec 跟 : '你跟她打炮吗？''什么？谁？' « Alors, tu la sautes ? » « Hein ? Qui ça ? » *(Dans la traduction de* Live by Night *de Dennis Lehane, 2012).*

• 尻 *kāo.* '你尻过多少个娘们？' « Combien t'en as sauté, des gonzesses ? » *(暴风骤雨, roman en ligne de* 周立波*, 2008).* Un dérivé plus vulgaire encore est 尻尻 *kāobì*, terme assez « campagnard » à l'origine mais compris à peu près partout. '世界认同尻尻的最佳受孕姿势。' « Les trois positions de baise mondialement reconnues comme étant les plus efficaces pour tomber enceinte. » *(kknews, 2018. L'alliance d'un thème médical et d'un terme vulgaire est ici quelque peu surprenante).*

Bander

Curieusement il n'existe pas réellement de terme argotique courant pour traduire ce terme, et les expressions les plus utilisées en chinois sont aussi les plus simples :

• 勃起 *bóqǐ*. C'est le terme officiel et médical pour « érection ».

• 硬 *yìng* « durcir ». '他就这样眯着眼睛在晒坝上硬了。' « Et c'est ainsi que, les yeux plissés, il s'est mis à bander sur l'aire de fermentation. »[34] On trouve aussi 翘硬 *qiàoyìng* « se lever et durcir » qui n'est pas non plus spécialement grossier.

Bateaux de fleurs

• 花艇 *huātǐng*. Ce terme désigne les maisons closes flottantes, très nombreuses dans la Chine ancienne, et plus particulièrement celles de la région de Canton, naviguant sur la Rivière des Perles. Les plus fameux ou luxueux étaient de gigantesques palais des divertissements en tous genres, comme leurs homologues terrestres.

Batifoler

Flirt ou lutinage plus poussé.

• 勾勾搭搭 *gōugoudādā*. '这么大岁数了还和女兵勾勾搭搭，我看他是人老心不老。' « Un homme d'un tel âge qui en est encore à batifoler avec les jeunes soldates… je constate qu'il est encore très vert ! »

Bâton de chaise (Mener une vie de ~)

• 吃喝嫖赌 *chīhēpiáodǔ*. S'adonner sans retenue à tous les plaisirs… de la chaire, de la chair et du jeu. '刑满释放后，他浪迹底层社会，吃喝嫖赌样样俱全。' « Après sa sortie de prison, il s'est mis à fréquenter la lie de la société et à mener une vie de bâton de chaise. »[65] Il existe une version « modernisée » de cette expression, où s'y rajoute « fumer » : 吃喝嫖赌抽. Autre ex. : ☞ *débauche*

• 贪酒好色 *tānjiǔ-hàosè*. On se limite là à deux des quatre vices évoqués ci-dessus… '此人贪酒好色，生育能力强，比康熙还厉害，共有 120 多个儿子。' « Cet individu *(Liu Bei)* aimait se livrer à la débauche ; sa fertilité était impressionnante, plus encore que celle de Kangxi, il eut en tout plus de 120 enfants. »

Bestial (désir ~)

• 兽欲 *shòuyù*. Désir bestial, brutal ; utiliser la violence pour parvenir à ses fins. '他还是一个见到女人就追的色鬼，他也有充分机会满足自己的兽欲。' « Il n'était qu'un pervers qui se jetait sur toutes les filles qu'il voyait et avait de nombreuses occasions de satisfaire son désir bestial. »

Bien foutue, taille manequin

• 衣服架子 *yīfú jiàzi* « (foutue) comme une penderie » : tous les vêtements tombent très bien sur elle. '你真像个衣服架子，穿什么都挺好看的。' « Tu es vraiment bien foutue, tous les habits te vont très bien. »

Bistouquette, zigounette

• 牙签 *yáqiān* « cure-dent ». Terme désignant un sexe masculin pas des plus imposant. '对女生来说，男生多大的大小才算牙签？' « Pour les femmes, en dessous de quelle taille la longueur *(du sexe)* de l'homme en fait-elle un "cure-dent" ? » *(Baidu, 2017)*

Bite, bitte

• 屌 *diǎo*. Caractère explicite : on y lit « pendre sous le corps ». Également utilisé en insulte ou juron. Parfois remplacé à l'écrit par le caractère 鸟 « oiseau », mais prononcé *diǎo* au lieu de *niǎo* ; ou bien par 吊, en passant du 4ᵉ au 3ᵉ ton. '我把他的屌从内裤里掏出来。' « Je sors sa bite de son caleçon. » Prononcé *diu* en cantonais, mais a pris dans ce dialecte surtout valeur de verbe.

• *En cantonais :*

- 𨶙 prononcé *nan²* ou *lan²* selon les régions ou les locuteurs. Caractère intéressant et explicite puisqu'il combine les caractères 能 et « pouvoir » et 门 « porte ». Comme cet idéogramme est difficile à écrire et surtout à trouver dans les logiciels de traitement de texte, il est souvent écrit 撚 (trad. 撚), dont le sens initial est « torche, mèche ».

- 𨳍 prononcé *gau¹*. Variantes : 屌 (*qiú* en mandarin), 尻. Pour les mêmes raisons que pour le précédent, ces caractères sont parfois écrits 鸠 (trad. 鳩 ; sens initial « coucou »), voire 九.

- 𨳒 prononcé *tsat¹*. Variante : 屄 (*chì* en mandarin), caractère signifiant « manche ». Désigne le plus souvent le pénis en érection : « braquemart, gaule ». Souvent remplacé par 七.

Bonne (au lit) ☞ *talents*

Bordel

• 妓院 *jìyuàn*. '我爱往妓院钻，听那些风骚的女人整夜叽叽喳喳和哼哼哈哈。' « J'adorais me rendre au bordel et écouter ces filles dissolues jacasser et piailler toute la nuit. »[23]

• 勾栏 *gōulán* « maison malfamée » ; théâtre de bas étage (sous les Song) ou bordel (sous les Qing).

• 窑子 *yáozi*. Une maison close de la plus basse catégorie ; ancien terme dialectal pékinois. '卖到窑子去，也许多拿一两八钱的，可是你又不肯！' « *(Tu n'as qu'à)* aller la vendre au bordel, peut-être que t'en tireras un taël de plus ou à peine, mais c'est toi qui veux pas ! »[29]

• 白房子 « maison blanche ». Un vieux terme pékinois utilisé aussi dans l'œuvre de Lao She. Il viendrait du fait que les maisons closes sont un endroit où les prostituées doivent rester nues, et donc exhiber leur peau blanche. Il est heureux pour les relations internationales que ce terme soit aujourd'hui largement obsolète…

• 班子 *bānzi*. Un terme dialectal pour « maison close » ; ailleurs, peut désigner une troupe théâtrale.

• 鸡窝 *jīwō* « poulailler ».

Bordel (aller au ~)

• Le terme courant moderne est 逛妓院 *guàng jìyuàn*. '梦见你在逛妓院，表示你的身体很健康。' « Si vous rêvez que vous allez au bordel, c'est que vous êtes en excellente santé. » *(zgjm.org, 2015)*

• Les termes 嫖娼 *piáochāng* ou 嫖妓 *piáojì* sont plus classiques et peuvent être utilisés dans des textes formels. Termes généraux, désignant la fréquentation des prostituées, au bordel (le plus souvent) ou ailleurs. '民警破门而入成功抓获正在房间内从事卖淫嫖娼活动的 3 名（一男二女）违法嫌疑人。' « Après avoir forcé la porte, la police a pu capturer trois suspects (un homme et deux femmes) se livrant dans la pièce aux activités illégales que sont la vente et la consommation de services sexuels. » *(Sina, 2018)*

• Ci-dessous deux termes anciens aujourd'hui moins usités :

- 狎妓 *xiájì*. Le verbe 狎 signifie ici « se permettre des familiarités ».
- 问柳寻花 *wènliǔxúnhuā* « visiter les saules et chercher les fleurs ».

Branlette, branler, masturbation
• 打飞机 *dǎfēijī* « détourner l'avion ». Un grand classique mais qui reste d'actualité. S'applique aussi bien aux échanges entre partenaires qu'à la pratique solitaire. '我们这的洗浴城与公安关系好，公安的领导经常去潇洒，小姐脱光了给你做胸推，打飞机才 300 元' « Notre établissement de bains a d'excellents rapports avec la police locale, dont les cadres supérieurs viennent souvent s'y délasser ; le personnel féminin, entièrement nu, vous procurera services manuels et mammaires pour seulement 300 yuans. »
• On trouve aussi 打手枪 *dǎ shǒuqiāng* « tirer au pistolet » (à « l'arme de poing »). '今天要跟大家分享的是打手枪的五大好处。' « Aujourd'hui, je souhaite partager avec tout le monde les cinq grands avantages de la branlette. » *(Sina, 2018)*
• 手活(儿) *shǒuhuór*. Ce terme désigne la « technique manuelle » qui peut s'appliquer à d'autres domaines (sports, jeux vidéo…) ; dans le domaine sexuel il est la traduction directe de *handjob*, et désigne seulement le fait de masturber le partenaire. '你给他做手活儿和他自己撸管的区别是什么呢？' « Si vous le branlez ou s'il s'astique lui-même, quelle est la différence ? » *(lovematters.cn, 2017)*
☞*astiquer, veuve Poignet*

Bras ☞*jeter (se)*

Burnes ☞*couilles*

Call-girl
• 应召女郎 *yìngzhào nǔláng* « jeune femme qui répond au téléphone ». Traduction de l'anglais. '太可怕了，韩国男子杀害 13 名应召女郎！' « Terrifiant ! Un Coréen a assassiné 13 call-girls ! » *(bilibili.com, 2018)*
• 外围女 *wàiwéinǔ*. « Femme qui tourne autour ». Une prostituée haut de gamme, éventuellement occasionnelle, servant souvent d'escort-girl, qui se fait passer (ou est vraiment) pour un mannequin, une chanteuse, une starlette… Le terme existe depuis 2005 mais sa popularité en ligne a explosé depuis un fait divers en 2013 qui a mis l'existence de ce genre de prostitution en évidence. '外围女竟然只能拿到一半的钱，剩下一半要作为"佣金"（俗称"介绍费"）给经纪人。' « Ces call-girls ne peuvent en fait garder que la moitié de l'argent, le reste constituant la commission (appelée "frais de présentation") de leur agent. » *(WCC 2018)*

Capote, capote anglaise
• 套 ou 套套 *tàotao*. Le terme oral ou populaire. Souvent écrit T ou TT en ligne. '戴上套套就软了！我男朋友一戴上 TT 就软了，他的那里很大，套套很难戴上去。' « Il débande après avoir enfilé une capote ! Mon copain débande dès qu'il met la viande dans le plastique, son truc est trop gros et il a du mal à l'enfiler. » *(Baidu 2016)*. Autre ex. ☞*couilles*

Casse-cœur, brise-cœur
• 负心汉 *fùxīnhàn*. Un homme qui rejette une femme après l'avoir séduite. Ingrat, sans cœur. Version plus péjorative : ☞*ingrat !*[INS]

Ceinture (en dessous de la ~)

• 下体 *xiàtǐ,* 下身 *xiàshēn,* 下面 *xiàmiàn* « bas du corps ». Euphémisme pour désigner les parties génitales. 下身 peut aussi vouloir dire « pantalon, jupe ». Valable pour les deux sexes. '女生的小洞洞是指屁股还是下体？' « Le "petit trou" des femmes, ça désigne celui du derrière ou celui des parties ? » *(Baidu 2018).*

Célibataire

• 单身狗 *dānshēngǒu* « chien célibataire ». Terme né en ligne en 2011, mi-descriptif mi-satirique. Titre d'un tube de 李克勤 en 2018.

Chaleur (en ~), chaude, chaudasse, chaud bouillant, torride

• 发春 *fāchūn.* Terme qui s'applique à l'origine aux chattes en chaleur, désigne une jeune femme qui dégage un sex-appeal hors du commun. '我艹，我是不是眼花了，这观音怎么一幅发春的样子，真 TM 邪乎！' « Foutre ! aurais-je la berlue ? Comment cette déesse peut-elle être aussi chaudasse, put..., c'est vraiment abusé ! »

« Chanteuse » (prostituée)

Dans l'histoire chinoise, les professions d'artistes ou de chanteuses professionnelles se sont de plus en plus rapprochées, sans en être jamais vraiment séparée, de celle de prostituée, au point que les caractères 妓 *jì* ou 娼 *chāng* qui désignait à l'origine les premières s'appliquent aussi depuis fort longtemps aux secondes. Autrefois cependant, on distinguait diverses catégories dans les « chanteuses » qui ornaient festins et beuveries, dont les mieux formées ou les plus douées montraient de réels talents artistiques ou littéraires, et ne prodiguaient pas forcément toutes des services sexuels, ou alors dans des conditions fort variables.

• 歌妓 *gējì* est le terme traditionnel (remontant aux Tang) le plus courant pour désigner ces chanteuses. Il s'écrit parfois 歌姬 ou 歌伎. On trouve le terme 娼妓 *chāngjì.* '宋代歌妓对宋代社会的宴饮风俗、士人生活、文学创作体特别是宋词的创作与传播，都产生了深远的影响。' « Les chanteuses professionnelles de la dynastie Song ont eu une influence sociétale marquée sur les traditions des banquets, la vie des lettrés et sur la création littéraire, en particulier sur la création et la diffusion de la poésie Song. » *(读国学网，2017)*

Charmes (vivre de ses ~)

Diverses expressions allégoriques pour « se prostituer ».

• 皮肉生涯 *píròushēngyá* « faire carrière de sa peau & de sa chair ». Terme ancien assez littéraire qui sert toujours. '中国妓女，非洲宁操皮肉生涯，拒绝返乡。' « En Afrique, des prostituées chinoises préfèrent continuer à vivre de leurs charmes, et refusent de rentrer au pays. » *(PR, 2013 – après que des victimes de trafiquants de chair humaine eurent été libérées).*

• 卖春 *màichūn* « vendre (la beauté de) sa jeunesse ». Terme élégant mais la réalité sordide reste la même. '卖春防止法' « Loi de lutte contre la prostitution (au Japon) ».

Chatte, con, chagatte, cramouille, craquette ☞ *moule, vagin*

• 屄 *bī.* Caractère très vulgaire et très explicite : la grotte 穴 sous le corps 尸. '这缸子豆瓣就是婆娘的屄，只要把婆娘干高兴了，这个豆瓣就搅对了。' « La pâte dans cette jarre, c'est comme une cramouille de bonne femme ; si tu la fous assez bien pour qu'elle soit contente, c'est que la pâte est bien remuée. »[34] Le caractère sert dans de nombreuses insultes ou interjections, où il est souvent remplacé par 逼 voire par la lettre B.

• 毴 et 毸 *bī* sont des graphies anciennes, plus rares et moins explicites du caractère précédent. Nous ne les signalons bien sûr que par souci d'exhaustivité scientifique.

• Dérivés de 屄 ☞ *fente, trou*

Chauve à col roulé

• Il existe aussi en chinois un terme utilisant l'image de la calvitie pour désigner le sexe masculin : 小和尚 *xiǎo héshang* « petit bonze ». '我把小和尚插进她的水帘洞': « J'introduis mon chauve à col roulé dans sa grotte d'amour ».

Chose, truc, machin

Des termes utilisés par les femmes pour éviter d'avoir à désigner de façon plus crue le sexe masculin (ou le leur).

• 小弟弟 *xiǎo dìdi* « petit frère cadet ». '我听说大拇指形状，跟他"小弟弟"的形状相仿。' « J'ai entendu dire que la forme du pouce d'un mec avait un rapport avec celle de sa chose. » *(FHM 男人装, 2010).*

• 我(的)那里，他(的)那里 *wǒde nàli, tāde nàli* « mon machin-là, son machin-là ». Voir ex. à ☞ *capote* ☞ *engin, oiseau, zizi*

Chtouille ☞ *vérole*

• 花柳 *huāliǔ* « saules et fleurs ». Terme populaire ancien pour toutes sortes de maladies vénériennes.

Abréviation du terme de médecine chinoise 花柳病. ATTENTION : le terme peut aussi signifier « prostituée » ou « maison close ».

Clitoris

• Le terme officiel est 阴蒂 *yīndì* « la tige yin ». Plus poétique :
• 花蕊 *huāruǐ* « pistil ».

Cochon

• En Chine les hommes grossiers, obsédés ou harceleurs ne sont pas assimilés à des cochons ou des porcs, qui sont le symbole de la bêtise plus que de l'obsession sexuelle (Voir néanmoins l'expression très récente 大猪蹄子 ☞ *salaud*). En témoigne, sur le plan des rapports affectifs, une sorte de proverbe moderne qui court depuis plusieurs années : '女人是书，男人是猪，永远别指望猪能读懂书。' « La femme est un livre, l'homme est un cochon, il n'y a aucun espoir qu'un cochon puisse jamais comprendre un livre. »

Cochonne

• L'équivalent féminin du 色鬼, donc une femme plus ou moins obsédée par les choses du sexe, est une 色女 *sènǚ*. Le terme est cependant beaucoup moins courant. '我是色女，为什么不能说出来？' « Oui, je suis une cochonne, pourquoi n'aurais-je pas le droit de le dire ? » *(Weibo, 2016)* '男人为什么喜欢色一点的女人？' « Pourquoi les hommes préfèrent-ils les filles un peu plus cochonnes ? » *(Sohu, 2017)*

Cocu, cornes (porter des ~)

• 戴绿帽子(的) *dài lǜmàozi* « porter un chapeau vert ». '那时候是爸爸年轻气盛，觉得姓白的既然给他戴了绿帽子，那他肯定要扎他几道血滴子才下得了台。'« Et quand papa était jeune et sanguin, s'il avait compris que le susdit Bai l'avait fait cocu, il ne serait pas reparti sans l'avoir saigné comme un porc. »[34]

• 鸭 *yā* « canard » (obsolète). Pourquoi ce volatile symbolisait-t-il le cocu ? Parce que le canard mandarin mâle a le sommet du crâne vert, ce qui renvoie au terme ci-dessus. On trouve ainsi : '我老婆又不偷汉子，我怎么是鸭呢？' « Ma femme n'a pas d'amant, pourquoi je serais cocu ? »[11] De nos jours, ce terme ne sert plus dans ce sens, car il a pris une autre signification ☞ *prostitué*

Coincé du cul

Rétif aux choses de l'amour.

• 不解风情 *bùjiě fēngqíng*. 风情 signifie « sentiment amoureux ». '见过不解风情的，没见过段知明这么不解风情的！' « J'en ai vu des coincés du cul, mais jamais des comme ce Duan Zhiming ! »[34]

Coitus interruptus

• 体外排精 *tǐwài páijīng* « éjaculation hors du corps ».

Colle (vivre à la ~)

• 姘居 *pīnjū*. Vivre en ménage, pour un couple « illégitime » ; aujourd'hui utilisé aussi pour « concubinage », mais garde un sens péjoratif. '霓喜一生前后与三个男人姘居。' « Dans sa vie, Nixi a vécu à la colle avec trois hommes différents. » *(Sina, 2016)*

Condom, préservatif ☞ *capote*

• 避孕套 *bìyùntào*. Le terme officiel pour la chose, qui met l'accent sur les qualités contra-ceptives plus que prophylactiques. 戴上避孕套 « porter/enfiler un préservatif ».

• 安全套 *ānquántào*. Un autre terme, un peu moins courant.

Concubin, concubine

• 姘妇 *pīnfù*. Terme qui s'applique aux situations illé-gitimes. Il ne s'agit donc plus là de concubinage légal, à l'ancienne, mais d'une femme avec laquelle on vit de façon plus ou moins permanente, hors liens légaux du mariage. L'équivaent masculin est le 姘夫 *pīnfū*.

• 姨太太 *yítàitai*. '团长的太太（谁知道是正太太还是姨太太），要生了，生不下来。' « La femme du colonel (on ne savait si c'était sa légitime ou une con-cubine) devait accoucher, mais le bébé ne voulait pas sortir. »[462]

• 妾 *qiè*. Le terme le plus classique pour les concubines des riches familles traditionnelles.

• 二房 *èrfáng*, 三房 etc. Désignait les concubines des riches familles traditionnelles, dans l'ordre de leur arrivée dans le foyer. ATTENTION : la première épouse n'est pas la 一房, mais la 大房 *dàfáng*.

• 小老婆 *xiǎo lǎopo* « petite é-pouse » : terme plus populaire que les précédents, pour désigner la même chose. La première épouse est alors la 大老婆. 小老婆 est parfois de nos jours utilisé en plai-santant pour désigner la petite amie, voire la vraie épouse.

• 妃子 *fēizi*. Ce terme ancien désigne les concubines des empereurs ou rois. 贵妃 *guìfēi* désigne la plus haut placée.

Concupiscent, lubrique

• 色迷迷 *sèmími*. '他把门关严，色迷迷冲着她淫笑。' « Il ferma la porte à double tour et se précipita sur elle avec un rire lubrique. »[17]

Conduite (avoir un écart de ~)

• 出轨 *chūguǐ* « dérailler » ; tromper son conjoint. '他真是个渣男！怎么敢给我出轨？' *(hopeenglish.com, 2018)* Autres ex. ☞ *bricole, foutre (s'en)*

Conil, conin ☞ *chatte, vulve, vit*

• 膣 *zhì*. Un caractère pour désigner le sexe de la femme, ancien et aujourd'hui obsolète (d'où le terme choisi pour la traduction). Ne sert plus que dans certains dialectes (Minnan) ou en japonais et coréen.

Copuler

• 交媾 *jiāogòu*. Terme « élégant ». '梦中与人交媾可能是人本身的一种生理需求。' « Copuler en rêve est probablement un besoin physiologique pour l'être humain. » *(Sina, 2018)*

Corps (de fille) ; physique

• 条儿 *tiáor*, abréviation de 身条(儿). Les deux termes sont oraux et familiers voire populaires. '她的条儿啊，狗棒的！' « Ah ! son corps… vraiment d'enfer ! »

• 胴体 *dòngtǐ*. Ce terme, qui désigne normalement la carcasse des animaux de boucherie, est employé pour « corps » dans un registre sexuel. '林非扭动着洁白如玉的胴体，便吃吃地笑着，边帮他脱衣。' « Lin Fei tortilla son corps blanc comme le jade et l'aida à se déshabiller en pouffant de rire. »[65]

• 玉体 *yùtǐ* « corps de jade ». Le corps d'une belle femme. Beaucoup plus poétique que le précédent. L'expression désigne les corps à la peau la plus pâle possible, signe de beauté classique. En France on dirait « un corps d'albâtre ». '你这玉体，宛如无瑕玉器…' « Ton corps immaculé comme le jade le plus pur… » *(和珅, roman de 李师江, 2014)* ☞ *bien foutue*

Courbes ☞ *formes*

Cougar

Le terme n'est pas directement traduit en chinois, mais d'autres expressions existent, avec un sens proche.

• Commençons par 辣妈 *làmā* « hot mama », terme dérivé de 辣妹 et qui désignait à l'origine des jeunes mamans sexy de 20 à 30 ans, mais qui est aujourd'hui utilisé pour traduire l'argot nord-américain *MILF*, soit plutôt des femmes sexys de 30 à 50 ans. '50岁中国辣妈-40℃脱光！' « Une MILF chinoise de 50 ans se met à poil par -40°C ! » *(WXC, 2018)*

• 半老徐娘 *bànlǎo Xú niáng* « Dame Xu entre deux âges » ; expression qui évoque une concubine du VIᵉ s., qui, délaissée par son impérial époux, entreprit de se rattraper sur des hommes plus jeunes. On serait tout à fait dans le concept de la « cougar » si l'expression, encore assez fréquemment utilisée, n'était pas plutôt péjorative. '谁知那位半老徐娘又要求第三次特别服务。' « Qui aurait cru que cette "cougar" en viendrait à exiger un troisième "service spécial" ! »

Couilles, burnes, joyeuses, bijoux de famille, etc.

• 蛋 ou 蛋蛋 *dàndàn* « les œufs ». '保护你的"蛋蛋"'？男人内裤挑选的五种学问！' « Comment se protéger les "bijoux de famille" ? Cinq choses à savoir pour les hommes au moment de choisir des sous-vêtements. » *(Sohu, 2018)* '我没有带套，她摸了我的蛋和

包皮，但没有摸到龟头。' « Je ne portais pas de capote, elle m'a caressé les burnes et le prépuce, mais pas le gland. » *(Baidu, 2009)*

• 卵蛋 *luǎndàn*. Toujours l'image des œufs. '我的卵蛋已经差不多被掏空了。' « Mes couilles étaient déjà presque entièrement vidées ».

Coup, tirer un ~

• 搞一炮 *gǎo yī pào*. '那我要搞两炮的！' '我就带了一个套。' « Alors je veux tirer deux coups ! » « Mais je n'ai apporté qu'une seule capote. » *(jianshu, 2018)* '为什么第二炮比第一炮更持久？' « Pourquoi le deuxième coup dure-t-il plus longtemps que le premier ? » *(Baidu, 2017)* À la place de 炮, on trouve aussi souvent les différents synonymes de « fois » : 搞一下，搞一次… '就那天晚上我和她搞了一下，就……就怀上了？这么容易？' « Hier soir elle et moi on a tiré un coup, et… elle est enceinte ? C'est si facile que ça ? » *(我当上门女婿的那些年, roman en ligne de 南巷旧人, 2017)*

Coup d'un soir, aventure sans lendemain ☞ *one-night-stand*

Courant (le ~ est passé)

• 来电 *láidiàn*. Faire tilt, accrocher entre deux personnes (de sexe opposé en général). '你俩来不来电，彼此看一眼就知道了。' « Pour savoir si le courant est passé entre vous deux, un seul regard suffira. » '说不定哪天咱俩来电了。' « Pas sûr que ça ait fait tilt entre nous ce jour-là. »

Courtisane

• 名妓 *míngjì* « chanteuse célèbre ». Ce terme désignait les plus fameuses des « chanteuses » 歌妓, mi-

artistes mi-prostituées, qui travaillaient dans les maisons closes.

Crac-crac (faire ~)

Pour « faire l'amour », en se servant d'une onomatopée :

• 啪啪啪 *pāpāpā* '昨天和女神开房间，先是么么哒，然后啪啪啪……' « Hier j'ai pris une piaule avec une bonne femme, on a commencé par les bisous, et après, on a fait crac-crac… » Il s'agit du bruit produit par le choc des corps plutôt que de celui du grincement des planches du sommier comme en français. Autre ex. ☞ *positions*

• 嘿咻 *hēixiū*. Ce terme s'est répandu en Chine à partir de Taïwan ; vient probablement du bruit des ressorts d'un matelas. '屋内传来一阵**浪语，这个王富仁都现在了还在嘿咻嘿咻。' « De l'intérieur de la chambre venaient une série de paroles lascives ; Wang Furen était encore en train de faire crac-crac ! »

Cuisse légère (avoir la ~)

• 轻佻 *qīngtiāo*. Frivole, volage, futile ; léger (attitude, vêtements) ; le sens sexuel est dérivé. '对这样的轻佻女人，冷落是最好的办法。' « Envers ce genre de filles à la cuisse légère, le mépris est la meilleure des solutions. » *(Sina 2008)*

• 水性杨花 *shuǐxìngyánghuā* « Caractère errant comme l'eau ou la fleur de peuplier ». Femme de mœurs légères. Ce *chengyu* est assez fréquent. '今天我们就来从女人面相上分析，这个女人是否水性杨花吧。' « Aujourd'hui nous nous proposons, à partir d'une analyse physiognomonique, de déterminer si ces femmes ont la cuisse légère. » *(CD, 2016)*

Cul (tortiller du ~, rouler des hanches, des fesses)

• 扭腰摆臀 *niǔyāo-bǎitún*. '不一会儿，一位袒胸露背的小姐便扭腰摆臀地走了进来。' « Après un court moment, une "demoiselle" aux seins nus entra en tortillant du cul. »[65] *Remarque :* 袒胸露背 peut signifier « épaules dénudées » ou « torse nu, seins nus, topless », selon le contexte.

• 扭捏 *niǔnie*, 扭扭捏捏, ou 扭搭 *niǔda*, 扭搭扭搭. Peut aussi désigner le mouvement des enfants qui se dandinent quand ils ont une envie pressante. '宋良中讲了几句话以后，绣花鞋扭扭捏捏地出场了。' « Après que Song Liangzhong eut prononcé quelques mots, Xiuhuaxie *(« Chaussons brodés »)* monta sur l'estrade en roulant du popotin. »[82]

Cunnilingus, minou et autres dégustations de tartes aux poils

• 舔阴 *tiǎnyīn*, « lécher le *yin* », est d'un niveau relativement soutenu mais d'usage fréquent. '来，你是舔阴王子。' « Viens, tu es le roi du cunni. »

• 品玉 *pǐnyù* « apprécier le jade », terme élégant qui vient de la littérature ancienne. '大部分女人喜欢男人给她品玉么？' « La plupart des femmes aiment-elles que les hommes leur sucent la praline ? » *(Baidu 2016)*

• 品桃 *pǐntáo* « goûter la pêche ». '在享受吹箫的美好之前，先给她品桃吧。' « Avant de savourer ce délicieux moment que représente une bonne pipe, fais lui d'abord un petit minou. » *(sanhuajuding, 2018)*. Termes plus vulgaires :

• 吃鲍 *chībào*, 舔鲍 *tiǎnbào* ou 吃/舔鲍鲍 « lécher l'ormeau ». '男朋友说好想吃我的鲍鲍是什么意思？' « Mon copain dit qu'il veut me bouffer la moule, qu'est-ce que ça veut dire ? » *(Baidu, 2018)*

• Beaucoup plus rarement, on trouve 吃屄 *chībī* qui est en fait un décalque de l'anglais *eat pussy*.

Débauche (se livrer à la ~)

• 五毒俱全 *wǔdújùquán* « avoir les cinq vices ». Être totalement dissolu, avoir tous les vices. Les « cinq vices » sont un terme antique mais de nos jours l'expression désigne la gloutonnerie, l'ivrognerie, le jeu, la luxure et les drogues (ou le tabac). '我这人五毒俱全，没有救了。' « Je suis complètement débauché, absolument sans espoir. » '五毒俱全？一招帮你轻松排毒！' « Vous avez tous les vices ? Ce truc vous aidera à décrocher en douceur ! » *(publicité, 2018)*

Débauché, dévergondé

• 浪荡 *làngdàng*. Adjectif. '我年轻时吃喝嫖赌，什么浪荡的事都干过。' « Au temps de ma jeunesse, je menais une vie de bâton de chaise et me livrais à toutes sortes de débauches. »[23] Ce terme s'applique surtout aux hommes et n'est pas forcément péjoratif ; peut signifier simplement « oisif » ou « vagabond ». Un 浪子 *làngzǐ* ou 浪荡子 *làngdàngzǐ* est un débauché, un libertin. '这位四十年前的浪子，如今赤裸着胸膛坐在青草上。' « Ce type qui avait été un libertin 40 ans avant, était assis sur l'herbe verte, le torse nu. »[23] On trouve aussi 情场浪子 « vagabond des sentiments ».

• 淫荡 *yíndàng*. Adjectif. S'applique surtout aux femmes et est toujours péjoratif. Dévergondée.

• 酒色之徒 *jiǔsè zhī tú* « esclave de l'alcool et du sexe ». '她已经将他从一个酒色之徒变成了一个忠诚的丈夫和慈爱的父亲。' « De l'affreux débauché qu'il était, elle a fait un mari fidèle et un père attentionné. »

☞ *bâton de chaise*

Décolleté

• 乳沟 *rǔgōu*. Le terme technique…
• 事业线 *shìyèxiàn* « ligne d'entreprise ». L'expression désignait à l'origine la ligne de la main qui était censée indiquer les chances de l'individu à réussir dans le business. Aujourd'hui, certains considèrent que pour les femmes, un décolleté affriolant est plus important que le sens des affaires… '金・卡戴珊俯身下车白背心露性感事业线。' « Le débardeur blanc de Kim Kardashian dévoile un décolleté sexy quand elle descend de voiture. » *(Sina 2018)*

« Demoiselle », mademoiselle

• 小姐 *xiǎojiě*. Depuis près d'un quart de siècle, le terme de 小姐 est difficile à employer dans des circonstances normales, en ce qu'il se rattache à l'industrie des plaisirs et désigne l'ensemble des femmes qui y travaillent. '报纸的新闻标题，有时干脆直接用"小姐"替代了"娼妓"或者"鸡"。' « Dans les titres des articles de journaux, on utilise parfois tout simplement "demoiselle" à la place de "prostituée" ou "putain". »[59] De nos jours, appeler une jeune femme « Mademoiselle » est donc très grossier. En témoigne l'extrait suivant, remontant déjà à 2002 : '"小姐，埋单！"没想到服务员扔来一个白眼，附带硬邦邦的一句话："你才小姐呢！"' « "Mademoiselle, l'addition !" Contre toute attente, la serveuse lui jeta un regard noir, assorti de ces mots tranchants : "Mademoiselle toi-même !" » *(QP)*

• En ligne, dans son sens vulgaire et sexuel, 小姐 est parfois simplement remplacé par XJ.

Dépravé, vicieux

• 淫邪 *yínxié*. Ce terme est plus péjoratif que 淫荡 (☞ *débauché*), car à la simple débauche il rajoute le vice, la cruauté.

Dépuceler (être, se faire ~), défloré

• 破处 *pòchǔ*. Perdre sa virginité. L'expression est valable tant pour les garçons que pour les filles. '30岁剩女太多了！日本男生提供免费「无痛破处」。' « Trop de filles délaissées à 30 ans ! Au Japon, un garçon offre ses services gratuits pour se faire sauter la pastille sans douleur. » *(Sina, 2017)*. Le verbe est utilisé indifféremment aux formes active ou passive : 破处 ou 被破处 veut dire la même chose, en tout cas pour les filles : '女人被破处会流血吗？' « Une fille qui se fait déflorer saigne-t-elle ? » ; mais aussi : '女孩破处后会不会变漂亮？' « Une fille embellit-elle après s'être fait dépuceler ? »

Désir, concupiscence

• 欲火 *yùhuǒ* « le feu du désir… ». Désir brûlant. '娘子千万莫吃外间案上那一瓶，那是藏春酒，若是夫人吃了，欲火烧身，无不顺从。' « Madame, ne buvez surtout pas ce qui est dans la bouteille sur la table là-dehors, c'est du "Vin de Printemps" ; si vous en prenez, le désir vous brûlera le corps entier et il vous sera impossible de lui résister. »[87]

• 淫心 *yínxīn* '西门庆淫心大起，掉过书童的身子，就和他玩起来。' « Ximen Qing sentit le désir grimper ; il renversa Shutong et tous deux commencèrent à se lutiner. »[17]

• 肉欲 *ròuyù*. Désir sexuel, charnel ; péjoratif.

Désirer (se faire ~)

Ne pas se laisser aisément séduire ; ne pas jouer les filles (ou garçons) faciles :

• 欲擒故纵 *yùqíngùzòng*. Donner du mou pour mieux ferrer, jouer au chat et à la souris. '姐姐，你真会玩欲擒故纵的把戏。' « Grande sœur, tu sais vraiment te faire désirer. » *(WCC, 2012)*

Drag queen

• 扮装皇后 *bànzhuāng huánghòu* ou 异装皇后 *yìzhuāng huánghòu* « Impératrice travestie »

Drague, draguer

• 泡妞 *pàoniū*. Désigne la drague ou, plus généralement, le fait de fréquenter les filles (de mœurs plus ou moins légères) : '作为帅哥的最高境界不是你去泡妞，而是让妞来泡你。' « Le comble pour un beau mec, ce n'est pas d'aller draguer les filles, c'est de laisser les filles le draguer. » '猜猜我现在在干嘛？没有在网上泡妞啦！' « Devine ce que je suis en train de faire ? [Non,] je ne suis pas en train de draguer en ligne ! »

• 搭讪 *dāshàn* « aborder » : désigne le 1er pas, la 1re phase de la drague. '更多的时候，最漂亮的美女是完全没有人搭讪的。' « Le plus souvent, il n'y a personne pour (oser) draguer les filles les plus canons. » *(jianshu, 2015)*

• 把妹 *bǎmèi*. Un terme plus récent, venu de Taïwan. '把妹是

一种天性。' « La drague, c'est une sorte de talent inné. »

• 猎艳 *lièyàn* « chasse aux beautés » : plus rare et classique. '这可不是什么猎艳场所，这是一个工作场所。' « Mais ici, ce n'est pas un terrain de drague, c'est un lieu de travail. »

• 嬲 *niǎo* : draguer, flirter. Un verbe superbe par sa composition graphique mais assez rare de nos jours. Dans le Sud (cantonais), il signifie plutôt « énerver » et est d'ailleurs d'usage plus fréquent. On trouve aussi 嫐 *nǎo* qui n'a que le sens « flirter » mais est tout aussi rare. Nous ne citons ces termes ici que pour le plaisir linguistique.
☞ *courir, fleurette, jupon*

Dragueur ☞ *pickup artist*

• Un grand dragueur est un 情圣 *qíngshèng* « saint de l'amour ». '还真瞧不出来，你真是个情圣。' « À te voir, on ne croirait vraiment pas que tu es un dieu de la drague. » *(史上最难攻略的女 BOSS, roman de 黑发安妮)*

Échangisme

• 交换配偶, *jiāohuàn pèi'ǒu*, en abrégé 换偶. On trouve aussi 换妻 *huànqī* (de l'anglais *wife swap*)

Efféminé (garçon ~, allure ~)

• 阴阳怪气 *yīnyángguàiqì*. Désigne à l'origine des paroles énigmatiques, une allure équivoque. Voir ex. à ☞ *dur de dur**

• 娘气 *niángqì* « air de fille »

• 女里女气 *nǚlǐnǚqì*. '见过吴京的硬汉形象，那你见识过吴京的"女里女气"吗？' « Vous connaissez l'image virile de (l'acteur) Wu Jing, mais l'avez-vous vu dans sa version "féminisée" ? » *(Sina, 2018)*

• Construit à partir de l'expression précédente, mais pour désigner un jeune homme dont les préférences sexuelles ne font plus guère de doute, on trouve : « gay 里 gay 气 ».

Éjaculer, éjaculation

• 射精 *shèjīng* ou 射出 *shèchū* : les termes normaux. Souvent abrégé en 射. ☞ *gicler*
• ~ précoce : 早泄 *zǎoxiè* (médical)
• 口暴 *kǒubào* : éjaculer dans la bouche après une fellation.
• ~ faciale : 颜射 *yánshè*
• ~ féminine : 潮吹 *cháochuī*

Enculer, enfiler

• 畀 *jī* : caractère rare qui, seul, a le sens de « sodomie » entre hommes, et est utilisé dans tous les termes qui s'appliquent au porno gay.
• 畀奸 ou 鸡奸 *jījiān*. Le caractère 鸡 « poulet » ne fait pas ici allusion à un quelconque acte zoophile, mais remplace 畀 par homophonie. Dans ce cas, s'applique aux deux sexes. '被女朋友鸡奸是什么样的体验？' « Se faire enfiler par sa copine, qu'est-ce que ça représente comme expérience ? » ATTENTION à l'usage de ce terme qui est aussi employé (dans la presse par exemple) pour des relations non consenties (abus sexuels, viols et usage de la violence).

« Engin, instrument, outil, arme »

• 家伙 *jiāhuo*. L'un des sens de ce mot étant « engin, outil, arme », il sert aussi logiquement pour désigner le sexe masculin. '他掏出家伙就要上阵，连衣服也没脱利索就顺势把事情办了。' « Il sortit son engin et se rua à l'assaut, et sans même enlever ses habits, il lui fit habilement son affaire. »[34] '年幼的牛已经有这么粗大的傢伙，老牛的捻岂不更巨大如柱？'

« Si un tout jeune veau dispose déjà d'un instrument aussi énorme, la bite d'un taureau n'a-t-elle pas la taille d'une colonne ? »[36]

Entraîneuse

• 吧女 *bānǚ* « fille de bar ». Selon le contexte, une entraîneuse ou simplement une serveuse de bar.

Entremetteur, entremetteuse

• Si le terme normal est 媒人 qui s'applique aux hommes comme aux femmes pratiquant ce métier traditionnel (ceux-là beaucoup moins nombreux que celles-ci), l'expression populaire est 媒人婆 *méirénpó* ou surtout 媒婆. '你这可恶的媒婆儿，都是你的错！' « Détestable procureuse, tout est de ta faute ! » *(破天行, roman de 老泥鳅, 2017)*
• Les entremetteurs portent aussi le nom de 月老 *yuèlǎo* « le vieillard dans la Lune », ou 月下老人, autre nom de 媒神, divinité taoïste, saint patron de la profession. Un autre terme ancien qui a été plus récemment repris dans la littérature populaire (Jin Yong) est 冰人 *bīngrén* « l'homme sous la glace » : '想不到来冰海，作冰人，当真是名副其实，作了你俩位的冰人。' « Qui eût cru que je viendrais jusqu'à cette mer de glace et me transformerais en homme de glace, méritant ainsi a réputation d'avoir aidé à briser la glace entre vous deux ? »[614] *(traduction adaptée pour rendre plus ou moins adroitement le jeu de mots chinois)* Tous ces termes dérivent d'anciennes légendes.

Entretenu.e (être ~)

• L'expression consacrée est 傍大款 *bàng dàkuǎn*. '傍大款是很多女人追求的人生目标。' « Être entretenue par un richard est le rêve d'une vie pour beaucoup de femmes. » • D'un homme entretenu par son épouse légitime ou une ou plusieurs autres femmes, on dit qu'il « mange du riz mou » : 吃软饭 *chī ruǎnfàn*. 「吃上软饭了？」 « Tu t'es placé comme gigolo ? »[65] Autre ex. ↜*honte*[INS]. Voir ↜*gigolo*

Épilation

• Une femme dont le sexe est dépourvu de poils est un « tigre blanc » : 白 老 虎 *bái lǎohǔ*, ou, plus exactement, une 白虎女 *báihǔ nǚ*. Le terme peut faire référence aux victimes d'une maladie répertoriée en médecine chinoise, mais aussi aux femmes épilées. 「女性变白虎女前一定要注意哪些问题。」 « Les choses à savoir avant de se transformer en "tigre blanc" ». Le tigre blanc étant souvent synonyme de malheur en Chine (voir ↜ *porte-poisse**), la pratique est donc assez peu répandue. Le terme s'applique aussi, péjorativement, à celles des Occidentales dont la toison pubienne est claire et peu abondante.

• On notera qu'un homme souffrant d'une maladie équivalente (souvent liée à des dérangements hormonaux et donc d'autres problèmes) est appelé en médecine chinoise un « dragon vert » : 青龙 *qīnglóng*, le terme étant donc, contrairement à ce que l'on pourrait penser de prime abord, peu flatteur.

Érotique (littérature ~)

• 色情文学 *sèqíng wénxué*
• 成 人 文 学 *chéngrén wénxué* « pour adultes ».

Éternel (se jurer l'amour ~)

• 海誓山盟 *hǎishìshānméng* « solide comme mer et montagnes. » 「

他们又抹着眼泪，发下海誓山盟。」 « Ils essuyèrent leurs larmes une nouvelle fois et se jurèrent un serment d'amour éternel. »[24]

Étranger (s'envoyer un/une ~)

• 开洋荤 *kāi yánghūn*. 荤 : plat de viande ou poisson. Ce terme signifiait à l'origine « manger pour la première fois des plats occidentaux. » 「中国男人为何少和西方女人开洋荤：看完你就明白。」 « Pourquoi les Chinois s'envoient-ils si rarement des Occidentales : lisez et vous comprendrez. »

Étrangère

• 洋妞 *yángniū* : désigne les jeunes femmes étrangères avec lesquelles une relation amicale, amoureuse ou charnelle est envisageable. 泡洋妞 : draguer une étrangère. La question, c'est le « comment ? » Une interrogation qui revient souvent sur les forums : 「如何找个洋妞当女朋友？」 « Comment faire pour se trouver une petite amie étrangère ? »

Exhibitionniste

• 暴露狂 *bàolùkuáng* est le terme courant, tandis que 露体癖 *lùtǐ yǐn* est le terme médical. 「她这人吧，就是个暴露狂，经常不穿的。」 « Cette nana, c'est une vraie exhib', souvent elle en porte même pas *(de culotte)* ! » *(*都市小狂医*, roman de* 唐伯虎戏秋香*)*

• (打)野战 *yězhàn* « opérations sur le terrain ». Ce terme d'origine martiale désigne la pratique du sexe dans un lieu public (mais pas forcément en plein air). On dit aussi 打野砲 *dǎ yěpào*. 「两男两女户外 4P 野战！」 « Deux hommes et deux femmes le font à quatre, en plein air et en public ! » *(un site de vidéos pornos).*

Faire (« le » ~, « se ~ » qqun)

Comme en français, « faire » peut désigner en chinois l'acte sexuel ; comme il y a beaucoup de verbes qui signifient « faire », la variété est plus grande et, à part peut-être pour le simple 做, la connotation est plutôt grossière.

• 做 *zuò*. '你们一星期做几回？' « Combien de fois vous le faites dans la semaine ? »

• 弄 *nòng* '你和我实说，你和这淫妇弄了几回？' « Dis-moi la vérité ! Combien de fois tu te l'es faite, cette salope ? »

• 干 *gàn*. '昨晚我才干了她，但她好像很有经验，不像处女。' « Hier soir je l'ai enfin sautée, mais il semble qu'elle avait du kilométrage, qu'elle n'était plus vraiment pucelle. » *(Baidu 2013)*

• 搞 *gǎo*. S'emploie de la même façon, mais aussi en combinaison : ☞ *coup (tirer un)*

• 怼 *duì*. Ce terme a de nombreux sens variés dans de différents dialectes. Il est devenu très populaire en ligne et « IRL » depuis 2016 environ, dans le sens « s'opposer à », ou, plus virulent, « se faire quelqu'un » : soit « tuer, frapper, bastonner », soit « s'envoyer ». '是不是男人都想"怼"自己喜欢的女人？为什么！？' « Est-ce vrai que les mecs veulent tous "se faire" les filles qu'ils apprécient ? Pourquoi ? »

Fantasmer

• 意淫 *yìyín*. Fantasmer, délirer, avoir des pensées lascives, bizarres. '哥们，我觉得那边那个姑娘喜欢我''别意淫了。' « Mon pote, je crois bien que la nana là-bas me kiffe. » « Arrête de fantasmer. » *(Baidu 2017)*. En ligne, est souvent abrégé en YY (prononcé à l'anglaise *wāiwāi*) : '别 YY 了。'

Faux poids

(Argot de la pègre) prostituée mineure, sous l'âge légal.

• 雏妓 *chújì*. '约 800 万名孩童为奴工、少年兵或雏妓。' « Environ 8 millions d'enfants sont asservis, utilisés comme enfants-soldats ou comme prostituées mineures. » *(PR, 2014)* Un film est sorti avec ce titre à Hong Kong en 2015.

Fellation ☞ *oral, pipe, cunnilingus*

• 咂阳 *zāyáng*, 吮阳 *shǔnyáng* « lécher le yang », sont les termes soutenus ou médicaux pour cette pratique. '特别是舔阴或吮阳的动作，要看个人与对方如何，喜恶可能不同。' « En particulier, avant de pratiquer une fellation ou un cunninlingus, il faut que chacun des partenaires demande à l'autre ce qu'il en pense, car les goûts peuvent varier. » *(性心理, livre de 曾文星, 2004)*

• 品萧 *pǐnxiāo* « goûter la flute », vient de la littérature ancienne. En moins élégant, on trouve 吹萧 *chuīxiāo*, « jouer de la flûte ».

Femme de mauvaise vie, dépravée

• 败柳残花 *bàiliǔcánhuā* « saules desséchée & fleurs fanées ». Ou 残花败柳. Femme dépravée ou qui a été « souillée ».

Fente

• 屄缝 *bīfèng*. Terme très grossier et explicite !

Fesses

• 屁股 *pìgu* peut désigner aussi bien une seule fesse que les fesses, le postérieur dans son ensemble. '她走路时两片大屁股就像挂在楼前的两只灯笼,晃来晃去。' « Quand elle marchait, ses deux grosses fesses remuaient dans tous les sens comme les deux lanternes pendues devant l'établissement. »[23]

Feuille de rose

• 舔肛 *tiǎn gāng* ou 舐肛 *shì gāng*. Anilingus. Termes « scientifiques ».

• 毒龙钻 *dúlóngzuān* « forage du dragon venimeux », terme certes très imagé mais qui n'a pas la poésie de son équivalent français.

• 生锈长号 *shēngxiù chánghào* « trombone rouillé » : pratique combinant la feuille de rose et la masturbation (sur un partenaire masculin).

Fille de joie

• 烟花女子 *yānhuā nǚzi* ou 烟花. Dérivé de 烟花之地 ☞ *maison close.* '最近，听到许多"烟花女子"的故事。' « Ces derniers temps, j'ai entendu beaucoup de récits de "filles de joie". » *(Sina, 2010)*

• 花柳 *huāliǔ* « fleurs et saules ». Terme ancien, aujourd'hui rare ; attention à l'autre sens ☞ *chtouille.*

Fille facile

• 方便面 *fāngbiànmiàn* « nouilles instantanées ». '不要做方便面女孩。' « Il ne faut pas être une fille facile » *(titre d'un article ayant beaucoup circulé en 2012, Sina)*

• 黑木耳 *hēimùěr* « champignon noir » ☞ *vulve, traînée[INS]*

Fleur bleue

• 情种 *qíngzhǒng*. Personne sentimentale, qui tombe amoureuse aisément. '你说她是个情种，从小，就憧憬恋情。' « Tu lui dis qu'elle est très fleur bleue, qu'elle a rêvé d'amour depuis toute petite. »[24]

Fleurette (se conter), flirter, lutiner

• 打情骂俏 *dǎqíngmàqiào*. Parfois un euphémisme pour des choses plus concrètes.

• 勾搭 *gōuda*. Faire la cour, tenter de séduire. '你真个要勾搭我？' « Seriez-vous vraiment en train de me conter fleurette ? »[17] ATTENTION : quand il est redoublé, le terme constitue une expression plus concrète ☞ *batifoler*

• 吊膀子 *diàobàngzi*. À l'origine, vient du dialecte Wu. '谁不知道他俩经常背地里吊膀子呀?' « Qui n'est pas au courant du fait qu'ils se lutinent en cachette régulièrement ? » ☞ *peloter*

Formes, courbes

• 丰腴 *fēngyú*. Corps féminin « avec des formes » ; comme en français, le double sens existe, le terme désignant soit une jeune femme bien en chair de façon générale, soit avec « ce qu'il faut au bon endroit ». '素色的真丝连衣裙将她优美的身材衬托得凹凸有致，尽显女性的丰腴飘逸。' « Sa robe de soie unie mettait en valeur la moindre courbe de son corps gracieux, révélant au plus haut point l'élégance de ses formes féminines. »

Foudre (coup de ~)

• 一见钟情 *yíjiànzhōngqíng*. L'amour au premier regard. Une expression datant des Qing. '你相信一见钟情吗?' « Est-ce que tu crois aux coup de foudre ? » Égal[t] 一见倾心 *yíjiànqīngxīn*.

Foutre

• 屣 *sóng*. Un terme vulgaire pour le liquide séminal, et assez rare dans ce sens ; c'est plutôt le terme normal pour ☞ *sperme* qui est utilisé. Est parfois employé en revanche pour des insultes ☞ *minable[INS]*. Le caractère est souvent remplacé par 怂, car difficile à trouver dans les traitements de texte.

Fricoter

• Dans le sens particulier « avoir des relations sexuelles » : 炒饭 *chǎofàn* « faire frire le riz » : expression argotique en usage surtout à Taïwan.

Frotter (se), frotteur

Désigne la pratique perverse consistant à profiter des heures de pointe dans les transports en commun pour… nous laissons le reste à l'imagination des lecteurs.

• 刷浆糊 *shuājiānghu* « étaler la colle ». '公车上最怕被别人刷浆糊。' « Ce dont j'ai le plus peur dans le bus c'est qu'un type se frotte contre moi et me…. »

Foufoune, foufounette

• (小)妹妹 *xiǎomèimei* « petite sœur ». '当然，女性性器官另有别号为「妹妹」，这个说法该当是因应「弟弟」而来。挺没有创意的。' « Bien sûr, l'appareil génital féminin est aussi appelé "petite sœur", terme qui n'est que le décalque de "petit frère". Aucun effort de créativité. »

• 小咪咪 *xiǎo mīmī*. Aurait pu être rangé sous « chatte », puisque ce terme peut aussi désigner un petit chat (variante de 小猫咪) ; mais n'a pas une connotation aussi vulgaire que ce terme français.

• 小妞妞 *xiǎoniūniū*, l'équivalent de 小咪咪 mais surtout à Taïwan.

FSF

• Il n'y a pas de terme spécifique chinois pour les femmes ayant des rapports sexuels avec des femmes, quelle que soit leur identité sexuelle précise, comme c'est le cas pour l'équivalent masculin (☞ HSH). C'est souvent l'acronyme anglais *WSW* qui sert, ou une expression complète, comme 女女性行为者.

Fuck-friend, fuck-buddy
☞ *plan cul régulier*

Gay ☞ *homo, HSH, sodomie*

• Un jeune homme qui a des tendances homosexuelles sans être forcément passé à l'acte est qualifié de 基友 *jīyǒu*. Le terme vient du cantonais où le caractère 基 est à peu près homophone de *gay*. La relation d'amour tendre entre deux tels bons amis, ou d'amitié entre un gay et un hétéro, voire, par extension, d'amitié très profonde entre deux garçons, est appelée : 搞基 *gǎojī*. Quoique ces termes soient aussi utilisés pour désigner des choses plus concrètes, comme ici : '他直接用杖子把他捅开："滚犊子！我不搞基的！"' « Il l'écarta d'un coup de bâton : "Casse-toi ! J'prends pas du rond !" »

• Le terme *gay* est aussi souvent utilisé directement, ou est transcrit par le caractère 给 *gěi*. Il n'a pas l'éventuelle ambiguïté de 基.

• 断背 *duànbèi*, ou « dos brisé ». Un exemple intéressant d'argot chinois inspiré par l'étranger, en l'occurrence, bien sûr, le film *Brokeback Mountain* de 2005 (断背山 en chinois). '于是公司里面谣传，他是个断背。' « Alors la rumeur a couru dans l'entreprise qu'il était homosexuel ». *(一句话的小故事, 2019)* On trouve parfois les termes 断背兄弟 « gay brother », voire 断背姐妹 pour désigner les lesbiennes. La version parodique de 断背, 背背山 *bēibēishān* (apparue dans le film de 2006 *L'expert de Hong Kong*, est aujourd'hui passée de mode.

• L'amour entre deux garçons est aussi appelé BL, abréviation de l'anglais *boy's love*, introduit en Chine via le Japon. Le terme a une connotation un peu fleur bleue, correspondant plus à l'idée que des jeunes filles romantiques (ou fans de mangas) se font d'une relation gay entre deux jeunes, beaux et riches garçons.

• On trouve aussi en ligne le terme 玻璃 *bōli* « verre », qui a les mêmes initiales BL.

• Un terme argotique déjà en usage il y a fort longtemps, mais qui sert toujours : 兔子 *tùzi* « lapin ». Jadis, le terme désignait les gitons ou prostitués masculins, et peut donc aussi servir d'insulte.

• Enfin, ne résistons pas au plaisir de ces quelques termes anciens (plus utilisés aujourd'hui), pour désigner l'amour entre hommes :

- Dès l'époque des Royaumes Combattants, sous la plume du grand penseur légiste Han Feizi, apparaît le terme 分桃 *fēntáo* « partager la pêche ». 龙阳之好 *Lóngyáng zhī hào*, du nom d'un noble de la même époque, favori du roi de Wei, désigne l'homosexualité.

- Sous les Han, on parle de 断袖 *duànxiù* « manche coupée » ; l'empereur Ling des Han aurait préféré couper la manche de son habit d'un coup d'épée que de réveiller son amant qui dormait dessus.

- 爱南风 *ài nánfēng* « aimer le vent du sud » désignait l'homosexualité sous les Ming.

- De même, sous les Ming, l'Académie impériale Hanlin (« la Forêt des pinceaux ») était réputé abriter un grand nombre d'invertis, et le terme de 翰林风 *Hànlín fēng* « à la mode de l'Académie » désignait

dans certains textes l'amour des garçons et la bougrerie.

Gicler, décharger

• 喷射 *pēnshè* « gicler, jaillir », détourné de la même façon qu'en français.

Gigolo ⌐ entretenu

Plusieurs termes existent, tous relativement dépréciatifs, pour ces garçons, bien de leur personne, entretenus par des femmes riches, dans une relation plus ou moins fixe.

• 小白脸 *xiǎo báiliǎn* « petite figure blanche ». '说到小白脸，我们大家首先想到的就是那些长相非常稚嫩的男人。' « Quand nous parlons de "petits gigolos", nous pensons tous d'abord à ces jeunes gens à la physionomie douce et tendre. » *(d1xz.net, 2018)*

• 二爷 *èryé*, l'équivalent masculin de 二奶 ⌐ *maîtresse*.

Pour ces jeunes gens, l'espoir de stabiliser leur situation est assez restreint (扶正 *fúzhèng*, donner à une concubine le statut de femme légitime.)

Gland

• 龟头 *guītóu* « tête de tortue ». C'est en même temps le terme officiel et celui le plus couramment utilisé. '口交前，请男士充分清洁龟头。' « Avant un rapport oral, priez le partenaire masculin de se nettoyer soigneusement le gland. » *(Baidu 2017)*

Godemiché

• Le terme « technique » est 人造阳器 *rénzào yángqì* « phallus artificiel ». Mais nous en citerons plusieurs, plus exotiques.

• Un godemiché doté de la fonction vibromasseur est un « gourdin masseur » : 按摩棒 *ànmóbàng*.

• Termes anciens : 角先生 *Jiǎo xiānshēng* « Monsieur Jiao », dans le sud du pays : 郭先生 « Monsieur Guo ». Ces instruments étaient parfois remplis d'eau chaude pour en augmenter le confort.

• 景东人事 *Jǐng dōng rénshì.* Un terme ancien qui ne sera probablement compris que des lecteurs assidus de *Fleur en fiole d'or* ou d'autres romans des Ming. 景东 se réfère à une région qui pourrait être l'est du Guangdong, tandis que 人事 signifie « cadeau » ou simplement « affaire de couple ». Mais il existe de très nombreuses interprétations divergentes de l'expression. '蒋竹山为讨好人喜欢，买了些景东人事。' « Pour plaire à sa femme, Jiang Zhushan fit l'acquisition de plusieurs gode-michés. » Certains spécialistes affirment que l'expression pouvait désigner aussi un outil qui se plaçait par dessus le pénis pour en accroître la taille.

Gourdin

• 肉棒 *ròubàng* ou 肉棍 *ròugùn* « gourdin de viande ». Un terme un peu « cru » pour le sexe masculin.

Grimper, monter

Dans le sens « baiser ».

• 上 *shàng.* '一个简单的问题，你上过她吗？' « Une question très simple : tu l'as grimpée ? »

• 骑 *qí* « monter à cheval ». '听说，你把我姐姐当坐骑了！？""我……""你骑过她没有？"' « J'ai entendu dire que tu avais monté ma sœur ? » « Je… euh… » « Tu l'as grimpée ou pas ? » *(骑士学院, roman en ligne de* 西域都护*, 2018).* Notons que 骑马 désigne aussi la position où la femme est au-dessus ☞ *positions*

Grotte d'amour

• 小穴 *xiǎoxué* « petite caverne ». Un euphémisme pour « vagin », surtout dans les textes érotiques.

• 水帘洞 *shuǐliándòng* « grotte derrière la cascade » : plus « élégant ». Fait référence à l'humidité ambiante. Le nom lui-même vient en fait d'une grotte célèbre dans *le Voyage vers l'Ouest.* Voir ex. à ☞ *chauve à col roulé*

Hermaphrodite

• Le terme officiel est 两性人 *liǎngxìngrén.*

• On trouve fréquemment en chinois 阴阳人 *yīnyángrén*, personne montrant à la fois des caractères *yin* et *yang* (masculins et féminins).

• Dans le domaine des jeux vidéos et de la pornographie (mangas, hentai) : 扶她 ou 扶他 *fútā*, dérivé du japonais *futanari* ; en général des créatures féminines fantasmatiques dotées de pénis géants.

• 二倚子 *èryǐzi.* Parler du NE, péjoratif. Le caractère 倚 n'a pas de sens précis, il remplace en fait un caractère homophone très rare, 刈, qui signifie « couper » et faisait référence aux eunuques de cour.

Hétéro (homme ou femme)

• Le terme normal pour « hétérosexualité » est 异性恋 *yìxìngliàn* « amour de l'autre sexe ».

• 直男 *zhínán* et 直女 *zhínǚ*, termes s'inspirant de l'anglais *straight* (hétérosexuel).

Hiberdating

Les gens qui délaissent leurs amis dès qu'ils se mettent en couple ont un proverbe pour eux en chinois : 有异性，没人性 *yǒu yìxìng, méi rénxìng* « Avoir un partenaire de l'autre sexe, c'est perdre son humanité ».

Homo, homosexuel, LGBT

• Le terme normal pour « homosexualité » est 同性恋 *tóngxìngliàn* « amour du même sexe ». C'est un terme général qui n'est quasiment jamais utilisé par la communauté LGBT elle-même.

• L'un des termes les plus courants et les plus connus est celui, détourné, de « camarade » : 同志 *tóngzhì*, qu'on retrouvera sous les deux formes 男同志 et 女同志. Cette utilisation remonte aux années 1980. Le terme peut sinon s'appliquer à toutes les facettes de la communauté LGBT, voire simplement aux sympathisants.

• De création plus récente, on trouve, directement transcrit de l'anglais *queer* : 酷儿 *kù'ér*. A partir de ce terme, s'en sont construits d'autres comme 酷儿文化 « culture queer », 酷儿要请注意 « radicalisme queer ».

☞ *gay, lesbienne*

Hôtesse

• L'une des formes répandues de prostitution en Chine est celle des « hôtesses » qui tiennent compagnie aux invités lors de repas d'affaires ou de fête entre hommes. Les hôtesses étaient d'abord des « demoiselles » : 小姐 *xiǎojiě*, mais ce terme est trop général aujourd'hui car il englobe toutes les formes de prostitutions. Dans les années 90 est apparu le terme de 三陪小姐 *sānpéi xiǎojie* « demoiselle aux trois accompagnements », souvent raccourci en : 三陪, ce qui signifie « tenir compagnie pour manger, boire et coucher ». '啥子老板啊！你我两个都是三陪！今天互相陪好就是了！' « Comment ça, "patron" ? Toi et moi, on est tous les deux des demoi-

selles de compagnie ! On va se tenir compagnie et puis c'est tout ! »[34]

HSH

• 娶者 *jīzhě*. Désigne des hommes ayant des relations sexuelles avec d'autres hommes, quelle que soit leur orientation sexuelle précise. L'acronyme anglais *MSM* est également employé.

Images porno

• Le terme classique est 春宫图 *chūngōng tú*, « images du palais du printemps », qui désigne les images érotiques traditionnelles, souvent très crues. Van Gulik a repéré une mention de telles images dans le *Livre des Han*, rédigé au Ier siècle de notre ère. '她又拿出一幅春宫图，说…' « Puis elle sortit une image pornographique et dit : … »[17]

• Plus vulgaires, on trouve les termes explicites 肏屄图 *càobītú* ou 肏屄图片, très explicites.

• 淫画 *yínhuà* « images vicieuses »

Impudique (femme)

Femme facile, de mauvaise vie.

• 淫妇 *yínfù*. Une débauchée, une femme adultère ; une Jézabel.

• 荡妇 *dàngfù*. Comme ci-dessus.

Impuissance

• 阳萎 *yángwěi* « flétrissement du yang ».

Jeter (se ~ dans les bras de… ; se ~ sur qqun, tomber dans les bras)

• 投怀送抱 *tóuhuái-sòngbào*. '女人们纷纷向我投怀送抱。' « Les femmes se jetaient sur moi de partout. » L'expression se construit avec les prépositions 向 ou 对 : '我看到有一个女孩对他投怀送抱。' « J'ai même vu une fille lui tomber dans les bras. »

Jouir ☞ *orgasme, pied*

269

Jules, ☞ amant

• 野汉子 *yěhànzi*. Le terme 野 « sauvage » ne désigne ici pas le caractère de l'amant en question, mais la nature illicite de la relation. Expression ancienne, quelque peu obsolète, mais qui sert toujours : '是遇见不顺心的事了？还是被你的野汉子抛弃了？' « Il t'est arrivé quelque chose de contrariant ? Ou bien tu t'es fait larguer par ton jules ? » (特工神医小毒妃 *roman en ligne de* 公子卿)

Jupon (courir le ~, la gueuse), draguer, flirter

• 拈花惹草 *niānhuā-rěcǎo* « Tenir la fleur du bout des doigts et provoquer la plante ». '胡占发是彭副市长的秘书，也是一个拈花惹草的色鬼。' « Hu Zhanfa était non seulement le secrétaire du vice-maire Peng, mais aussi un obsédé sexuel coureur de jupons. »[37]

• 拍婆子 *pāipózi*. Parler pékinois. '他是个小色迷，拍婆子有两下子，可也惹出了不少麻烦。' « C'est un vrai petit obsédé, il s'y entend pour courir le jupon, mais ça lui a aussi amené pas mal d'emmerdes. »

• 嗅蜜 *xiùmì* « renifler les filles ». Surtout à Pékin. '他到酒吧去不是为了喝酒，而是我了嗅蜜。' « Il ne va pas dans les bars pour boire de l'alcool mais pour courir la gueuse. » Parfois abrégé en 嗅.

• 寻花问柳 *xúnhuāwènliǔ*. Signifie à l'origine « aller voir les filles de joie » (les prostituées).

Lapin (poser un ~)

En Chine, dans un contexte amoureux, on ne pose pas de lapins, mais des colombes :

• 放鸽子 *fàng gēzi*. '我今天太倒霉了！我被人放鸽子了！' « J'ai vraiment pas de bol aujourd'hui ! Je me suis fait poser un lapin ! » (CD, 2012). '我的女朋友因为我放她鸽子，跟我分手了。' « Ma copine m'a quitté parce que je lui avais posé un lapin. » (Baidu, 2017)

Larguer, jeter, virer, plaquer

• 甩 *shuǎi*. Par un amie, une petite copine. '她甩了我。' « Elle m'a largué. » '你看，事情已经结束了呀，说的直接点，你已经被甩了呀。' « Écoute, c'est terminé ; pour dire les choses plus clairement : tu es largué. »

• 蹬 *dēng* « botter ». '这样的男人，我要是嫁了他，几天就得把他蹬了！' « Ce genre de mec, si c'était moi qui l'avait épousé, je l'aurais viré à coups de pied au cul au bout de quelques jours ! »
☞ rompre

Lesbienne, gouine

La plupart des termes suivants ont été introduits en Chine continentale via Hong Kong ou Taïwan, où le mouvement LGBT a pu s'exprimer plus tôt ouvertement.

• 女同志 *nǚtóngzhì*, terme générique et courant. On trouve aussi souvent *les* (abréviation de *lesbian*).

• 拉拉 *lālā* : Un autre terme courant. Dérive de l'expression utilisée à Taïwan, 拉子 *lāzi* ; on trouvait aussi 拉拉山 *lālāshān*, contrepoint féminin de 背背山 (☞ gay), mais l'expression née il y a une douzaine d'années est passée de mode.

• 婆 *pó* « femme, épouse » : pour les lesbiennes à l'allure féminine. 婆 est souvent abrégé en « P ».

• Pour les lesbiennes adoptant une allure plus masculine, ou qui ont un comportement masculin : T, abréviation de « tomboy » ou « garçon manqué ». Surtout en ligne.

• Celles qui ne sont ni franchement T, ni franchement P, sont parfois (mais plus rarement) qualifiées de N (de *neutral*) ou H.

• Une lesbienne de plus de 30 ans pourra être qualifiée de 欧蕾 *ōulěi*, abréviation de l'anglais *old lesbian*. ATTENTION : ce terme sert aussi aujourd'hui pour traduire « au lait », comme dans 咖啡欧蕾 « café au lait ».

Levrette ⌒ *positions*

Libération, révolution sexuelle

On trouve les trois termes suivants, traductions directes :
• 性解放 *xìng jiěfàng*
• 性自由 *xìng zìyóu*
• 性革命 *xìng gémìng*

Libertin ⌒ *débauché*

• 风流 *fēngliú*. Selon le contexte, peut signifier « romantique, amoureux » ou « libertin, débauché » (en plus de nombreux autres sens). '段老师年轻时候那么风流啊？' « Le professeur Duan était-il donc si libertin dans sa jeunesse ? »[34] '他年轻时有过许多风流的事。' « Il avait eu beaucoup d'aventures romantiques dans sa jeunesse. »[66]

Libidineux, lubrique, lascif

• 色咪咪 *sèmīmī* ou 色迷迷 *sèmímí*. À utiliser en adjectif ou en adverbe ; s'applique surtout aux hommes. '王医生两眼色咪咪地看着杨丽说：' « En dévorant Yang Li d'un regard libidineux, le docteur Wang dit : … » '此时我听到他还发出色迷迷的笑声。' « À ce moment là, je l'entendis éclater d'un rire lubrique. » *(Baidu, 2017)*

Ligne (rencontre, amour en ~)

• 网恋 *wǎngliàn*. '这个网恋姑娘真是多灾多难，动不动就要钱。' « Cette fille rencontrée en ligne m'a tout l'air d'une nana à problèmes, elle me réclame du pognon à tout propos. »

Lolos, doudounes

Seins, familier, langage enfantin ou affectant de l'être.

• 咪咪 *mīmī*. '小样，信不信我用咪咪闷死你？' « Petit Yang, chiche que je peux t'étouffer avec mes doudounes ? » '我不知道该怎么说，亲爱的。有些人就是喜欢大咪咪。' « Je ne sais pas quoi dire, ma chérie. Il y a des gens qui aiment les gros lolos. »

• 小白兔 *xiǎobáitù* « petits lapins blancs ». Expression qui sert beaucoup dans les romans en ligne. Chaque lapin blanc est un sein. '你的两个小白兔好漂亮好柔软啊，活蹦乱跳的。' « Tes beaux petits lolos tout blanc sont si jolis, si tendres, si frétillants. »

Loup (voir le ~)

L'expression « populaire » la plus courante pour le fait de perdre sa virginité n'est pas réservée aux filles ; voir ⌒ *dépuceler*. Les expressions utilisées restent classiques ⌒ *virginité*

Lubrique ⌒ *libidineux, vieillard*

Mains baladeuses (avoir les ~)

• 动手动脚 *dòngshǒudòngjiǎo*. Tripoter, peloter (autre sens : « se battre »). '请你放尊重些，别动手动脚的！' « Un peu de respect SVP, remballez vos mains baladeuses ! » '你怎么动手动脚……' « Comment oses-tu me toucher de tes mains pleines de doigts… »[22]

• 毛手毛脚 *máoshǒumáojiǎo*. Sens initial : étourdiment, de façon brusque. '你不用担心，她不喜欢他。'"不喜欢？看，她又对他毛手毛脚。'« Pas la peine de t'inquiéter, elle ne l'apprécie pas. » « Ah bon ? Regarde bien : elle est encore en train de lui glisser des mains partout. » *(Sina, 2007)*

Maison close
• 坊曲 *fāngqū* ou 坊子 *fāngzi*, termes pour désigner des maisons closes sous les Tang et les Song.
• 青楼 *qīnglóu* « maison bleue ». Ce terme ancien qui désignait autrefois le palais impérial, sert dans le sens de « maison close » au moins depuis les Tang. Il vient du fait que les jalousies qui fermaient les galeries en façade des maisons closes, hors heures d'activité, étaient peintes en bleu (ou bleu-vert). '古代男人去青楼找乐子，和今天男人嫖妓，有着诸多的不同之处。'« Il y a beaucoup de différences entre le fait, jadis, de se rendre dans une maison close pour se divertir et celui, pour un homme d'aujourd'hui, de fréquenter les prostituées. » *(Sina, 2011)*
• 娼楼 *chānglóu*, 娼门 *chāngmén* et 娼寮 *chāngliáo* sont également des termes utilisés dans la littérature ancienne.
• 风月场 *fēngyuè chǎng*. 风月 est un terme ancien qui désigne les choses de l'amour, s'applique aujourd'hui à l'industrie du sexe.

Maîtresse
• La ~ d'un homme déjà marié est sa « seconde épouse », 二奶 *èrnǎi*, terme qui signifiait autrefois « concubine ». Le verbe qui va avec est 包 *bāo* « avoir, entretenir une ~ ». '近年来，"包二奶"行为的数量、社会危害都日益增加。'

« Ces dernières années, le nombre de ceux qui entretiennent une maîtresse n'a cessé de croître, cette habitude devient un véritable fléau social. »
• 小三 *xiǎosān*. La tierce partie, l'autre femme. La différence (théo-rique) est que la relation entre l'homme et la 二奶 est surtout vénale, tandis qu'avec la 小三 elle est plutôt sentimentale. '在这世界上，管钱的是老婆，要钱的是二奶，不要钱只恋爱通常是小三。'« En ce bas monde, c'est l'épouse qui gère le pognon, la maîtresse qui en réclame, l'amante qui, en général, n'en veut pas mais exige de l'amour. » *(Un extrait d'un film dont nous n'avons malheureusement pas réussi à retrouver le titre !).*
• 情妇 *qíngfù* '他有一个情妇，她有时非常可爱有时非常可怕。'« Il avait une maîtresse, parfois absolument adorable, mais aussi parfois franchement terrifiante. »[32]
• 老相好 *lǎoxiānghǎo* « vieille amante, ancienne maîtresse ».
☞ *entretenu, amant*

Maman, daronne, abbesse…
Ces termes d'argot servaient aux prostituées à appeler la patronne de la maison close. En chinois on trouve :
• 干妈 *gānmā* « marraine »

Maqué (être ~), être ensemble
• 在一起 *zài yīqǐ* « être ensemble ». Qu'il y ait de l'amour ou non. '两个人在一起久了没有谈恋爱的感觉了，怎么办？'« Comment faire quand on est ensemble depuis longtemps mais qu'on est plus amoureux ? » *(Zhihu, 2019)*
• Si l'on est en couple et qu'en plus on cohabite : 同居 *tóngjū*

• Plus péjoratif ☞ *colle (être à la)* ☞ *chaussure à son pied**

Maquereau, mère maquerelle

• 皮条客 *pítiáokè*. 皮条 désigne l'acte entre le client et la prostituée : le mot vient du nom de l'ancien quartier des lanternes rouges de Pékin (皮条营). Exercer le métier de proxénète est 拉皮条 *lā pítiáo* « tirer la courroie de cuir ». '就骂你这马泊六，拉皮条的老狗肉！' « Espèce de vieille chienne qui joue les mères maquerelles ! »[17] Ici, 马泊六 ou 马伯六 est un terme ancien qui désigne la même profession (ou activité).

• Un maquereau haut de gamme, présentant aux clients putatifs (si nous osons dire) des call-girls ou *escorts* de luxe, est un « agent » ou « courtier » : 经纪人 *jīngjìrén*. Voir ex. à ☞ *call-girl*

Pour ceux ou celles qui travaillent expressément dans les bordels :

• (Sud) 龟公 *guīgōng*.

• (Nord) 大茶壶 *dà cháhú* « Grande théière ».

• 老鸨 *lǎobǎo* ou 鸨母 *bǎomǔ* « vieille outarde » ou « mère outarde ». Termes vieillis pour les tenancières de maison close mais que l'on trouve encore. Le terme 鸨 « outarde » désignait aussi une prostituée âgée. '她立下规矩，一过子夜即不再留客，船上的老鸨把她当摇钱树，哪能不听她的。' « Elle fixa une règle : dès minuit passé, elle n'accepterait plus de clients ; la mère maquerelle du bateau-fleur la considérait comme sa poule aux œufs d'or et n'aurait osé lui désobéir. »[62]

• 妈咪 *māmī* de l'anglais « mummy ». '一位身着白衣红裙的妈咪就款款走了进来，嗲声嗲气地问："先生，要小姐吗？"' « Une maquerelle entra, vêtue d'une tunique blanche et d'une jupe rouge, et demanda d'une voix mignarde : "Voulez-vous une demoiselle, Monsieur ?" »[65]

• 妈妈桑 *mamasang* (à l'imitation du japonais *mama-san*).

• 牙婆 *yápó*. Un terme ancien pour une proxénète, une entremetteuse mal intentionnée.

Marie-couche-toi-là

• 野草闲花 *xiánhuāyěcǎo* « herbes et fleurs sauvages » ou 闲花野草. Terme très poétique mais qui n'en est pas moins péjoratif puisqu'il désigne une femme à la cuisse légère, celles que recherchent les hommes adultères. C'est aussi le titre d'un film célèbre de 1930.

☞ *fille facile, impudique*

Masturbation, onanisme

• 手淫 *shǒuyín* « abus manuel ». (Tout seul) '这都怪那个狗日的陈修良——爸爸汗涔涔地躺在凉席上，一边手淫一边在心里骂他。' « Et tout ça à cause de cet enfoiré de Chen ! Allongé sur sa natte, trempé de sueur, Papa se tirait sur la nouille tout en l'insultant. »[34]

• 自慰 *zìwèi* « auto-réconfort ». '自慰可以缓解性冲动。' « L'onanisme peut apaiser les pulsions sexuelles. » *(Sina, 2016)*

• 自渎 *zìdú* « auto-profanation ».

Mensurations

• 三围 *sānwéi*. 'Angelababy，身高：168CM，体重：40KG，三围：32、23、34。' « Angelababy, 1 m 68, 40 kg, 81-54-86. »

Mère maquerelle ☞ *maquereau*

« Me too »

• #米兔 *mǐtù* « lapin de riz ». Un terme apparu fort récemment dans ce sens sur l'internet chinois puisqu'il est la transcription phonétique du mouvement « Me Too » aux États-Unis. Mais 米兔 était déjà utilisé en ligne pour dire… moi aussi. Face à la censure sur les sites féministes trop revendicatifs au goût du gouvernement, les *emoji* pour « bol de riz » et « lapin » sont également utilisés : 🍚🐰 = mitu = *me too*.

MILF ⌒*cougar*

Missionnaire ⌒*positions*

Monde des plaisirs, des tentations
• 花花世界 *huāhuāshìjiè*. Sens plus ou moins sexuel suivant le contexte. '大都市的花花世界使他感到眼花缭乱。' « Il était ébloui, étourdi par le monde des plaisirs qu'offrait la capitale. »

Monstre de jalousie
• (大/小) 醋王 *cùwáng* « roi du vinaigre (de la jalousie) ». Tigre de jalousie, personne très jalouse, plus qu'un simple 醋坛子 (⌒*jalousie**) '你真是个大醋王！' « Tu n'es qu'un gros jaloux ! » On trouve aussi : 大醋桶 « grand seau à vinaigre », 小醋魔 ou 醋精 « petit démon de jalousie », ou d'autres variations sur le même thème.

Moule
• Il existe aussi en chinois un fruit de mer qui représente le sexe féminin ; ce n'est pas la moule, mais le 鲍 *bào* « oreille de mer » ou ormeau. Dans le domaine qui nous intéresse, on dit aussi bien 鲍 que 鲍鲍. '女生的鲍鲍是什么味道。' « Quel goût ça a, la moule d'une bonne femme ? » *(ck101, 2017)*

MST, maladies vénériennes
• 性病 *xìngbìng* : le terme officiel.

Nichons, nibards
• 波 *bō* « vague ». Vient de l'anglais : transcription approximative de *ball* ou *boob* ; il est arrivé en Chine via Hong Kong, mais sert aujourd'hui partout. Surtout à la forme 大波 (gros seins) et 小波. '女人的性欲强不强，不是以大波小波。' « L'intensité du désir féminin n'a rien à voir avec la taille des nichons. » *(douban, 2010)* Une jeune femme dotée d'une poitrine généreuse pourra être une 大波妹 : '为什么男人都喜欢大波妹，不喜欢平胸女呢？' « Pourquoi les hommes aiment-ils les femmes aux gros nichons et pas celles à la poitrine plate ? » *(baidu, 2016)* Au niveau supérieur, voire carrément tératologique, on parle de 波霸 *bōbà* « Hégémon des seins » : '这个女的算不算世界第一大波霸？' « Cette fille mérite-t-elle le titre mondial de "Reine des nichons géants" ? » *(Baidu, 2015)*
• 馒头 *mántou* « pain à la vapeur ». L'image est due plus à la couleur et à la consistance qu'à la taille, qui peut varier. '那些胸部犹如小馒头的女人，凭什么要求男人身高180以上？' « De quel droit ces nanas à la poitrine pas plus grosse qu'un petit *mantou* exigent-elles que leurs hommes fassent plus d'1 m 80 ? » *(bbs, 2009)*
• 爆乳 *bàorǔ* « poitrine explosive ». Terme venant du japonais, très en vogue il y a une dizaine d'années mais rare de nos jours.
• Gros ~ : 大扎 *dàzā*. Dialectal, Nord-Est ; le caractère 扎 est fautif et remplace 咂, voir ⌒*seins.* '你看那娘们儿挺着个大扎，走道一甩一甩的。' « Mate un peu les gros nibards qui pointent sur cette nana, ils balancent quand elle marche. »

Niquer, enfiler…

Les termes qui suivent sont encore plus vulgaires que ceux qui sont répertoriés sous l'entrée ☞ *baiser*.

• 肏 *cào*. Extrêmement vulgaire et explicite, vu la composition : 入 + 肉 « pénétrer la viande » ; ce terme et ses dérivés sont donc également très employés dans les insultes ou jurons. '大胡子又迫不及待地说，"我真的想肏她了。"' « Le grand barbu s'empressa de répéter : "J'ai vraiment envie de la niquer" » *(淫男乱女, roman en ligne de* 笨蛋英子*, 2017)* '哪个屄不想被屌肏？哪个女子不爱恋自己的身体？' « Quelle chatte ne souhaite pas se faire enfiler par une bite ? Quelle femme n'est pas amoureuse de son propre corps ? » *(handleft.com, 2008)*

• 肏屄 *càobī*. Ce verbe ne s'emploie par construction que pour l'acte hétérosexuel (屄= vagin) ; sert égal¹ comme adjectif pour « pornographique ».

ATTENTION : La violence et la vulgarité de 肏 sont telles qu'il est souvent remplacé par d'autres caractères plus ou moins homophones :

• 操 *cāo*, le plus ancien de ces « synonymes » et le plus fréquent. '她说自从上次我操过她，她一直素着。' « Elle m'affirma que depuis la dernière fois que je l'avais sautée, elle s'était abstenue. »

• 草 *cǎo* ou 艹 *ǎo*, bien que la prononciation de ce dernier avatar soit incorrecte dans ce contexte.

• 靠 *kào*. La prononciation s'éloignant de l'original, ce terme est (légèrement) moins grossier. Une autre origine possible est une déformation de 尻, caractère relativement peu connu *(☞ baiser)*.

Notaire (cravate de ~)

• Masturbation, massage pratiqué avec la poitrine : 乳交 *rǔjiāo* est le terme « officiel ». On trouve aussi :

• 波推 *bōtuī* « massage par les seins », dont une autre version est :

• 胸推 *xiōngtuī*. Ex. à ☞ *branlette*

Nuages et pluie

• 云雨 *yúnyǔ*. Un terme issu de la littérature pour désigner l'acte sexuel. '西门庆就抱着亲了个嘴，着实云雨一番。' « Ximen Qing la serra dans ses bras et l'embrassa, puis ils passèrent à l'acte. »[17] Parfois : 巫山云雨 « nuages et pluie sur le mont Wushan », qui est l'expression originale.

Obscène, pornographique

• 黄色(的) *huángsè*. En Chine le jaune, autrefois réservé à l'Empereur, est aujourd'hui la couleur de l'obscénité, de la pornographie. '我老公背着我看黄色小说。' « Mon mari lit des livres obscènes en cachette » *(bbs, 2018)*

• 淫猥 *yínwěi*, ou, en combinaison : 淫猥下流.

• Blagues obscènes : on se sert des termes 荤(的) *hūnde*, qui signifie « plat avec viande ou poisson », par opposition à 素 *sù*, « végétarien ». '那一位教授喜欢讲荤笑话。' « Ce prof adore raconter des blagues de cul. » '于是村里的人知道那个会讲荤故事的人又来了。' « Alors les gens du village surent que le spécialiste des histoires obscènes était revenu. »[23]

Obsédé sexuel, maniaque

• 色鬼 *sèguǐ*. '遇到你后变成色鬼，你不理我我成酒鬼！' « En te recontrant je suis devenu obsédé, mais comme tu m'as ignoré, je suis tombé dans l'alcool ! » Autres exemples : voir ☞ *jupon*

• 色鬼 *sèláng*. Ex. ☞ *pornographique*
• 色胚 *sèpēi*. Ex : ☞ *chasse gardée**
• (小)色迷 *xiǎo sèmí*
Voir aussi ☞ *queue (guidé par…)*

Obsédée ☞ *cochonne*

Œil (faire de l'~), lancer une œillade
• 暗送秋波 *ànsòng qiūbō*. Lancer en douce un clin d'œil aguicheur. '瞧，她正向你暗送秋波呢！' « Regarde, elle est en train de te faire de l'œil ! » ATTENTION : cette expression sert plus fréquemment dans un autre sens figuré : « lancer des ouvertures, comploter ».
• 丢眉丢眼 *diūméi diūyǎn* ou 丢眉弄色 *diūméi nòngsè*

Oiseau, petit oiseau ☞ *zizi*
Terme familier, voire enfantin pour désigner le sexe masculin, mais qui n'est pas forcément utilisé que par ou pour les enfants.
• 鸡儿 *jī'ér* « poussin ». '爸爸也估计有三年没睡过其他婆娘了，一日不练手生，三年不日鸡儿都懵了。' « Papa estimait que cela faisait trois ans qu'il n'avait pas couché avec une autre bonne femme, et à force de manquer d'entraînement, il craignait que son petit oiseau fasse le timide au mauvais moment. »[34] *Remarque :* l'auteur joue avec le proverbe 一日不练手生，三日不念口生 (dont il existe de nombreuses versions) : « Un jour sans s'entraîner, la main perd l'habitude ; trois jours sans lire, la bouche perd l'habitude. » Dans l'exemple, le mot 日 est à double sens ; d'abord « jour », ensuite « baiser ».
• 雀儿 *qiǎor* « moineau » : dialecte du Sichuan.

One-night-stand
• 一夜情 *yīyèqíng*. '被问是否与特朗普有过一夜情，艳星沉默不语露出神秘微笑。' « Quand on lui demande si elle a eu un *one-night-stand* avec Trump, la pornstar garde bouche cousue mais arbore un sourire mystérieux. » *(Sina, 2018)*

Oral (sexe ~)
Les termes listés ci-dessous s'appliquent indifféremment aux deux sexes. Voir ☞ *fellation, pipe, cunnilingus, minou, fleur de rose, 69*
• Terme consacré, sur les sites de conseils médicaux ou conjugaux : 口交 *kǒujiāo* « rapport oral ». '越来越多的美国人对口交持宽容态度，尤其是在青年人中间。' « De plus en plus d'Américains adoptent une attitude de tolérance envers le sexe oral, surtout au sein de la jeunesse. »
• En ligne, à partir du terme 口交 « rapport oral », on trouve les initiales KJ ainsi que le caractère 咬 *yǎo* « mordre », par agrégation des deux caractères.
• 口活 *kǒuhuó*, dérivé de 口交. '想让女人乖乖臣服于你，口活必须要好！' « Si vous voulez que les femmes vous obéissent bien sagement, il faut maîtriser le sexe oral ! » *(Sina, 2018)*
• 口淫 *kǒuyín*. Ce terme dépréciatif (par l'emploi de 淫, qui signifie « illicite » ou « dépravé » dans le domaine sexuel) s'applique surtout quand la chose est imposée ou payante. '7名歹徒还用木棍相威胁，强迫5名女子为其"口淫"作乐。' « Les sept scélérats armés de gourdins ont usé de la menace pour forcer cinq femmes à pratiquer sur eux le sexe oral. »

Orgasme ☞ *pied*
• Le terme normal (性欲)高潮 *gāocháo* est souvent abrégé en GC en ligne.

Orgies (se livrer à des ~)

• 花天酒地 *huātiānjiǔdì*. Excès de plaisirs et de boissons ; vivre une vie de débauche. '当年土匪陈老大同他一窝子小老婆们就在里面花天酒地.' « À cette époque, un chef de brigands nommé Chen le Grand y passait sa vie en orgies avec ses nombreuses concubines. »[24]

Paillard

• 下流 *xiàliú* « de bas étage ». Obscène, vil. Pour les propos ou histoires : 下流话, 下流故事. '他们天真烂漫地唱着成套的下流歌曲.' « Ils ont chanté toute une série de chansons paillardes avec la plus grande candeur. » Peut servir de juron ou d'insulte.

Papillonner

• 逢场作戏 *féngchǎngzuòxì*. S'amuser quand l'occasion se présente, se distraire au hasard des rencontres. '你是真心爱我吗, 还是逢场作戏, 只当我是饭后甜点？' « Est-ce que tu m'aimes vraiment, ou est-ce tu ne fais que papillonner ? Ne suis-je pour toi qu'une sorte de petit dessert ? » (愛情媚如絲, 洛洛, 2013) '他们两个也不是逢场作戏, 在一起一走也快两年了.' « Ils n'avaient pas fait que s'amuser, cela faisait quand même près de deux ans qu'ils étaient ensemble. »[34]

Partie carrée, plan à 4

• L'expression consacrée est 玩 4P. '我老婆想玩 4P, 怎么办？' « Ma femme veut se lancer dans une partie carrée, qu'est-ce que je dois faire ? » (Baidu 2013)

Partie fine, partouze

• 群交 *qúnjiāo* « acte sexuel en groupe » est le terme technique.

• 性派对 ou 性爱派对 *xìng'ài pàiduì* (plus rare). '意大利前总理贝卢斯科尼 19 日说, 他没有在自家别墅举行性派对.' « L'ex-Premier ministre italien Berlusconi a déclaré le 19 qu'il n'avait pas organisé de partie fine dans sa propre villa. » (Global Times, 2012) '这应该是全球最大的性派对了.' « Ça doit être la plus grande partouze du monde. » On trouve aussi 性聚会 *xìng jùhuì*.

• En ligne, le terme le plus fréquemment utilisé est 群 P *qúnpi*, le P signifiant *play* (le terme vient à l'origine de la communauté des jeux vidéos de masse).

☞ *plan à 3, partie carrée*

Passif ☞ *actif*

Pastille (se faire sauter la ~)
☞ *dépuceler*

Peloter ☞ *mains baladeuses*

• 吃豆腐 *chī dòufu*. Flirter de façon poussée ; lutiner. '他很像跟我们老板挺熟, 常白吃我们的豆腐.' « On dirait qu'il est très intime avec le patron *(NdT : d'une maison close)*, du coup il vient souvent nous peloter à l'œil ! »[65]

• 揩油 *kāiyóu*. Sens initial « grapiller, abuser ». '我有一个邻居, 专喜欢在公共汽车上揩油.' « J'ai un voisin qui adore tripoter *(les filles)* dans le bus » (CD, 2009)

Pénétrer

Dans le sens vulgaire, évidemment.

• 插 *chā* « introduire », ou 插进. '我们女性被插是什么感觉？' « Qu'est-ce que ça fait comme sensation quand nous les filles nous faisons pénétrer ? » (Zhihu 2014)

Pénis, verge

• 阴茎 *yīnjīng*. Terme officiel, pour les hommes ou pour les animaux.
☞ *bite, chauve, engin, oiseau, phallus, pine, queue, zizi*

Pervers ☞*pervers^INS*

• 怪蜀黍 *guàishǔshu* ou 怪叔叔 *guàishūshu* « oncle bizarre ». Un terme né sur internet pour désigner un homme d'âge moyen attiré par les lolitas. Sert pour se moquer d'un homme au mieux un peu bizarre, au pire carrément pédophile.

• 金鱼佬 *jīnyúlǎo* « l'homme aux poissons rouges ». Expression qui s'est répandue en Chine à partir de l'argot de Hong Kong. Dans les années 60, un homme attirait les petites filles chez lui en leur promettant de voir des poissons rouges. L'expression est restée pour désigner les pervers pédophiles.

Phallus

• 阳具 *yángjù* « outil viril ». Voir un ex. à ☞*zizi*

Pickup artist

• 把妹达人 *bǎmèi dárén*. C'est la traduction « officielle » du terme américain ; on a pu voir aussi 泡妞达人, voire 搭讪艺术家.

Pied (prendre son ~)

• 爽 *shuǎng*. Le sens « se sentir bien » concerne aussi l'orgasme. '有的男人能让女人爽七八次，有的一次都不行。' « Certains hommes arrivent à faire prendre leur pied aux filles sept ou huit fois d'affilée, d'autres même pas une fois. » *(Baidu, 2015)*. « Quel pied ! » se dira 太爽了！ ou 爽死了！ (ces termes peuvent aussi s'appliquer à des situations non sexuelles). Ne pas confondre 爽死了 avec l'expression qui signifierait « mourir en jouissant » : '这些年爽死在床上的官员们。' « Ces hauts fonctionnaires qui sont tous morts en prenant leur pied au lit. » *(Aboluowang, 2012)*

• Ne pas arriver à prendre son pied, à jouir : 爽不了. '你要知道很多女人爽不了，原因很多。' « Il faut que tu saches que beaucoup de femmes n'arrivent pas à prendre leur pied, il y a beaucoup de raisons ». *(idem)*

Piège à miel, piège sexuel

• 美人计 *měirénjì* « le stratagème de la belle femme ». Piège où une femme sert d'appât, destiné à compromettre un homme. '如果心中无鬼，何必设置这样的美人计来赚我？' « Si vous êtes blanc comme neige, pourquoi m'avoir attiré dans ce piège sexuel ? »[32]

• 套路 *tàolù*. Depuis 2016, ce terme a pris sur le Net chinois le sens de « piéger », et plus particulièrement d'utiliser un « piège à miel », un appât féminin doté de nombreux appas... ou simplement de charmer, séduire, envoûter. '我感觉我被她套路了，女人都是骗子，都是大猪蹄子！' « J'ai le sentiment d'être tombé dans son piège à miel... les femmes sont toutes des trompeuses, toutes des salopes ! » *(dafenghao, 2018)* Remarque : 大猪蹄子, voir ☞*salaud*

Pine

• 老二 *lǎo'èr* « numéro deux ». '我一看都吓坏了，想不到他的老二这么大！' « Un seul coup d'œil suffit à me terrifier ! Jamais je n'aurais pu penser que sa pine était aussi grosse ! »

Pipe (tailler une ~), plume...

• 吃屌 *chīdiǎo*, le plus simple.

• 吃香蕉 *chī xiāngjiāo* ou 吃肉棒 *chī ròubàng*, « manger une banane » ou un « baton de viande » sont des termes moins élégants pour « fellation » ; l'assimilation de la consommation de bananes à la fellation est telle qu'en 2016 les autorités chinoises commencèrent à réprimer officiellement le fait, pour une jeune femme, de se filmer devant sa webcam en mangeant ce fruit de façon suggestive.

• 吹喇叭 *chūlǎba* « jouer de la trompette », reste très courant. '想叫我给你吹喇叭也行，不过我也有条件。' « Si tu veux m'apprendre à te tailler une pipe, OK… mais à une condition. » *(小镇飞花, roman en ligne de 金鳞, 2007)*

Placard (sortir du ~), *coming-out*
• 出柜 *chūguì*. Traduction simple de *coming out of the closet*. '意大利女排新星宣布出柜。' « La nouvelle star du volley-ball italien fait son coming-out public » *(Sina, 2018)*

Plan à trois
• Le terme officiel pour « triolisme » est 三人性行为, mais l'expression 3P *sānpì* sert plus souvent, du moins à l'écrit en ligne.
• Les plans à 3 avec un homme et deux femmes sont qualifiés de 双飞 *shuāngfēi* (2 女 1 男的性行为). '广西官员与两女生开房玩"双飞"被敲诈。' « Dans le Guangxi, un fonctionnaire qui avait loué une chambre d'hôtel pour un plan à 3 avec deux femmes est victime de chantage. » *(PR, 2016)*.
• Avec deux hommes et une femme, on parle de 二 (2/ 两) 王 一 后 « deux rois, une reine ».
☞ *triangle amoureux*

Plan cul
• 约炮 *yuēpào* « rendez-vous pour baiser ». Ici 炮 vient de 打炮 « baiser ». Le terme peut être utilisé en nom, adjectif, verbe. Contrairement au terme suivant 炮友, un 约炮 peut être à usage unique ou répété. Il sert à traduire l'américain *booty call*. '约炮软件哪个好？' « Quelle est la meilleure appli pour les plans culs ? » '约炮的男人都是屌丝。' « Les mecs qui cherchent des plans culs sont tous des losers. » '你记住啊，陌陌是约炮神器。' « Prends bien note : MOMO *(un réseau social)*, c'est l'arme magique pour trouver des plans cul ! » *(Sohu TV, 2012)*

Plan cul régulier
• 炮友 *pàoyǒu* « ami(e)-canon » ; ici 炮 vient de 打炮 « baiser ». La traduction des termes anglais *friend with benefit* ou *fuck-buddy*. Un 伺机炮友 est, en revanche, un ami qui *espère* se transformer en plan cul régulier… '有一种关系叫炮友，有一种角色叫备胎！' « Certaines relations sont des plans cul réguliers, d'autres sont des roues de secours ! » *(Sina, 2015)*

Planche à pain
• 平胸女 *píngxiōngnǚ*. « Femme à la poitrine plate » ; une description fonctionnelle. '作为一个平胸女的男朋友，我说说我的感受和想法。' « En tant que petit copain d'une planche à pain, je vais vous parler de mon ressenti et de mon point de vue. » *(douban, 2015)*
• 飞机场女孩 *fēijīchǎng nǚhái* « fille à la poitrine en aéroport ». Beaucoup plus imagé. '其实飞机场这个词我个人感觉是个男权主义词汇。' « En fait, des termes comme "planche à pains", je trouve personnellement qu'ils relèvent du vocabulaire du masculinisme. » *(Baidu, 2010)*
• Pour terminer, un terme plus flatteur : 太平公主 *tàipínggōngzhǔ* « Princesse Taiping (la Grande Paix) » ; référence à un personnage

historique de la dynastie Tang. Bien sûr, 太平 peut aussi se lire « trop plate ». '对于胸部不丰满的太平公主来说，穿性感吊带裙反而更好看。' « Pour nos princesses à la poitrine menue, porter une robe à bretelles sexy est encore plus joli ! » *(jianshu, 2017)*

Plaqué, se faire plaquer/larguer
• 失恋 *shīliàn*. '虽然失恋了，他仍装出若无其事的样子参加晚会。' « Bien qu'il se soit fait plaquer, il est venu à la soirée comme si de rien n'était. »

Playboy, dandy
• 花花公子 *huāhuāgōngzǐ*. Jeune homme riche, oisif et débauché. '一个花花公子领着一帮闲汉涌入酒馆。' « Un jeune playboy, à la tête d'une bande de désœuvrés, surgit dans la taverne. »[15]

Polyamour
• 多元之爱 *duōyuán zhī ài*. C'est le terme principal employé pour traduire le terme américain *polyamory*. '一夫一妻与多元之爱，哪一个更适应人性？' « Monogamie ou polyamour, lequel convient mieux à la nature humaine ? » *(Zhihu, 2019)* On trouve aussi 多元恋 ou 多边恋.

Porno, pornographique
• Le terme « officiel » est 色情 *sèqíng*, qui peut cependant désigner aussi bien l'érotisme traditionnel que la pornographie moderne. On parlera de 色情作品 « produits pornographiques » ou bien l'on accolera le mot à ce que l'on souhaite désigner. Les 色情片 « films pornos » incluent les versions 男女 (hétéro), 男男 (gay), 女女 (lesbien), etc.
• Mais dans la langue parlée, de façon générale il suffit d'accoler le

caractère 黄 « jaune » (ou 黄色) à une chose quelconque pour lui donner un caractère pornographique. Ainsi la couleur jaune garde-t-elle le côté tabou qu'elle avait sous l'Empire, puisque le jaune était réservé exclusivement à l'Empereur et quiconque utilisait cette couleur pour un usage quelconque pouvait être mis à mort. On a ainsi :
• 黄图 *huángtú* « images pornos », voir aussi ☞ *images*
• 黄书 *huángshū* « livres pornos ». '"看《读者》你慌啥慌？又不是黄色小说！"' « Tu lis *Le Lecteur* ? Tu comptes abuser qui ? Ça a nous change de tes romans pornos ! »[34]
• 黄片 *huángpiān* « films pornos ». À Pékin, existe aussi le terme 毛片 *máopiàn*, « film de poils » ; qui désignait surtout au départ les pornos japonais importés. '你这个垃圾色狼整天在网吧里看毛片吧，拜拜。' « Espèce de pervers dégueulasse, tu passes toutes tes journées dans les cafés internets à mater des pornos… Ciao ! »
• 黄网 *huángwǎng* « sites pornos » ☞ *images pornographiques*

Porno gay
• 基片 *jīpiàn* : film ~. Parfois GV pour *gay video*. 基片演员, acteur dans ces films.
• 基网 *jīwǎng* : site ~
• 基漫 *jīmàn* : manga porno gay.

Pornstar
• 艳星 *yànxīng* « étoile obscène ». Pornstar féminine. Voir un ex. à ☞ *one night stand*
• AV 女优 *AV-nǚyōu*. 女优 désigne les actrices d'opéra, AV = *adult video*. Pornstar féminine. L'équivalent masculin est un AV 男优. Termes venant du japonais.

• 基片演员 *jīpiānyǎnyuán*, acteur porno gay.

Positions

• Dans le domaine sexuel, une « position » se dit : (性爱) 姿势 *zīshì* ou 体位 *tǐwèi*. '啪啪啪的时候，你喜欢什么姿势呢?' « Quand vous faites crac-crac, quelle position préférez-vous ? » *(Youtube, 2016)*. Elles sont innombrables, mais nous nous limiterons ici à quelques noms amusants (cet ouvrage n'a pas la préention de dupliquer le Kamasutra !). Rappelons simplement que le bon vieux missionnaire est la 正常体位 *zhèngcháng tǐwèi,* la « position normale ».

• 老汉推车 *lǎohàn tuīchē* « le vieux pousse la brouette » : il s'agit de la levrette ou d'autres variations du même ordre (à genoux, debout). On trouve aussi : 虎步 *hǔbù* « le pas du tigre » (venu du chinois ancien), et la traduction de *doggie style*, « levrette » : 狗爬式 *gǒupáshì*. « Par derrière » se dit simplement 后背体位.

• 鬼子扛枪 *guǐzi kángqiāng* « Le soldat japonais avec le fusil sur l'épaule ». Il s'agit des diverses positions dans lesquelles la partenaire, assise, debout ou couchée, pose une jambe sur une épaule de l'homme. Avec les deux jambes… Appelée aussi position du « combat de primates » : 猿博 *yuánbó* (博 remplace 搏).

• Pour la femme au dessus (女上位) : 骑马 *qímǎ* « monter à cheval » ; le terme aujourd'hui courant. Un autre est : 观音坐莲 *Guānyīn zuò lián* « Guanyin en position du lotus ». On distinguait jadis la variante 兔吮毫 *tùshǔnháo* (« le lapin lèche le duvet », la femme regarde vers les pieds de l'homme) de celle 鱼接鳞 *yújiēlín* « le poisson s'unit au poisson » (elle lui fait face).

Remarque : certains termes anciens cités ici sont tirés d'un traité érotique des Han, le 素女经 *Classique de la jeune fille pure, dont n'ont été retrouvés que des fragments dispersés dans d'autres ouvrages anciens. Il n'a à notre connaissance pas été traduit en français et les traductions proposées ici n'engagent que l'auteur.*
☞ *soixante-neuf*

Préliminaires

• 前戏 *qiánxì*. Traduction de l'anglais *foreplay*. '除非有严格的时间限制，前戏绝对不能跳过。' « Sauf si le temps vous est compté, il ne faut surtout pas sauter les préliminaires. »

Promiscuité sexuelle

Les termes suivants s'appliquent aux personnes qui ont deux ou plusieurs partenaires sexuels, parfois pour des relations très brèves.

• 脚踏两条船 *jiǎotà liǎng zhī chuán* « avoir les pieds dans deux bateaux ». Le 两 (deux) peut être remplacé par un autre nombre, ou un nombre indéterminé… '高中的闺蜜成功脚踏 N 条船，长得既不漂亮，顶多算个 6 分。' « Au lycée, ma meilleur copine se tapait plusieurs mecs, et pourtant elle n'était pas spécialement mignonne, au mieux un 6 sur 10 ».

• 劈腿 *pītuǐ* « (faire le) grand écart ». Terme ancien, remontant au *Jinpingmei*, réapparu en ce sens à Taïwan au début des années 2000. Toujours utilisé, mais moins en Chine populaire. S'applique comme le précédent au deux sexes et potentiellement à plus de deux

partenaires. '女孩怀孕很高兴，结果从朋友口中得知男友劈腿。'
« Une femme est très heureuse d'être enceinte… et apprend de la bouche d'une amie que son mec la trompe allègrement. » *(Sina, 2019)*. Le terme est aussi décliné en 劈腿族, désignant les « tribus » (surtout dans l'audiovisuel) où ces pratiques seraient répandues.

ATTENTION : Ces termes étant plus ou moins péjoratifs, ils ne peuvent être assimilés au ☞ *polyamour*

Prostitué (masculin)

• Le terme général est 男妓 *nánjì*, ou 妓男, mais il est aujourd'hui moins usité.

• Pour ceux qui servent une clientèle féminine, on parle de « canard » ou « garçon canard » : 鸭子男 *yāzi nán*, 鸭子 (plus courant), 鸭 tout simplement. Le verbe correspondant est : 做鸭(子) « se prostituer, faire le gigolo ». Une femme qui s'adresse à un prostitué : 玩鸭子. Le terme est évidemment une référence à celui qui sert pour les femmes, 鸡 (妓). '大学生讲述第一次做鸭子的感受。'« Un étudiant décrit ce qu'il a ressenti la première fois qu'il s'est prostitué. » *(Youtube, 2013)*

• Les catégories suivantes, qui travaillent à la commission sur les alcools vendus, ne donnent pas *forcément* de leur corps (bien que ce soit *souvent* le cas) :

- Le « cowboy » 牛郎 *niúláng* travaille dans des bars ou boîtes spécialisés pour tenir compagnie à des femmes. Le terme, inspiré par le film américain *Midnight cowboy*, est venu du Japon via Taïwan.

- Un « jeune seigneur » 少爷 *shàoye*, terme qui désignait autrefois les fils de bonne famille, travaille

dans les karaokés plus ou moins douteux (KTV). Dans les bars, c'est un 男模 *nánmó* (terme qui signifie à l'origine « modèle masculin »).

Les frontières entre ce que recouvrent exactement ces différentes appellations sont très mouvantes selon les endroits ou les années.

• Pour un prostitué masculin à clientèle (normalement) exclusivement masculine : MB (prononcé à l'anglaise) = *money-boy*. Voir aussi ☞ *giton*

• 相公 *xiànggōng*. Terme ancien qui signifie « Messire », détourné sous les Qing de ce mot qui signifie « Messire » ; une maison close spécialisée est un 相公堂子 *xiànggōng tángzǐ*. ☞ *pédé*[INS]

Prostituée (féminine)

• 妓女 *jìnǚ*. Le terme le plus « officiel ». '妓院里面有个胖胖的妓女很招我喜欢。'« Il y avait dans cette maison close une prostituée bien dodue qui me plaisait beaucoup. »[23] '妓女并不都只看钱，也一样有人情。'« Les prostituées ne s'intéressent pas toutes qu'au fric, elles ont aussi des sentiments. »[24]

• 卖春妇 *màichūn fù* « Femme qui vend sa beauté ». '这样的脸我在街头上的卖春妇里面简直没有看见过。'« Ce genre de visage, je ne l'avais tout simplement jamais vu chez les prostituées qui faisaient le trottoir. »[251]

• 娼优 *chāngyōu*. Désignait à l'origine sous les Song une chanteuse ou danseuse professionnelle, le terme désigne simplement une prostituée (du haut de gamme) depuis plusieurs siècles.

• 夜度娘 *yèdùniáng* « dame pour passer la nuit ». Un terme ancien (Song) pour une prostituée.

• 商女 *shāngnǚ*. Un terme encore plus ancien (Tang) pour désigner les chanteuses professionnelles, profession qui s'est assimilée peu à peu aux prostituées.

• 小娘 *xiǎoniáng* « petite femme ». De même sous les Tang, ce terme désignait les jeunes prostituées, voire leurs servantes.

• 条子 *tiáozi*. Terme ancien pour les prostitués, hommes ou femmes, en particulier ceux qui tenaient compagnie aux convives à table et les amusent. ATTENTION : le terme désigne de nos jours surtout la police ☞ *flic*

• 凤姐 *fèngjiě* (cant. : *fungtse*) ; « grande sœur phénix ». Argot de Hong Kong. Une prostituée qui travaille seule dans un studio.

• Prostituée mineure ☞ *faux poids*

Prostituée sans licence

• 暗娼 *ànchāng*. Dans la Chine ancienne, ces prostituées hors-la-loi étaient en général beaucoup plus misérables que celles qui opéraient avec une licence dans les établissements spécialisés, les 公娼 *gōngchāng*. Égalt : 暗妓, ou 暗门子 *ànménzǐ* « porte secrète »

• 野鸡 *yějī* « faisan ». '那家饭店有不少野鸡。' « Cet hôtel est plein de prostituées illégales. » Désigne aussi les prostituée de bas étage faisant le trottoir.

• 私娼 *sīchāng* ou 土娼 *tǔchāng*.

Prostitution, prostituer (se ~),

En Chine, le terme officiel est 性交易 *xìngjiāoyì* « commerce du sexe », et un terme courant est 卖淫 *màiyín* « vendre du vice », mais on trouve aussi, plus « organique » :

• 卖身 *màishēn* « vendre son corps ». '利比里亚常好多女人都是靠卖身持家。' « Au Liberia, beaucoup

de femmes font vivre leur famille en se prostituant. » *(BBS, 2007)*

• Synonyme du précédent, et dans le même texte : 出卖肉体 *chūmài ròutǐ*. '在这里女孩出卖肉体赚钱被全家视为一个热门行业。' « Ici, qu'une femme vende son corps pour un peu d'argent est considéré par toute sa famille comme une profession honorable. »
☞ *charmes*

Puceau, pucelle.

• Les termes 处女 *chǔnǚ* et 处男 *chǔnán* sont très classiques. En ligne, ils sont souvent abrégés en CN.

• On trouve aussi les *chengyu* 黄花(大)闺女 *huánghuā dàguīnǚ*, 黄花大姑娘 *huánghuā dàgūniáng* et 黄花后生 *huánghuā hòushēng*. Utilisé en général avec un sens ironique ou légèrement péjoratif : « vraie demoiselle ». '是啊，李寡妇她还是个黄花大闺女呢。她自己跟我说的，她嫁去给绸缎庄的老板时，才拜完堂，那老板就死了。' « Oui, la veuve Li est encore pucelle. Elle m'a raconté elle-même que quand elle a épousé le directeur de la boutique de tissus, à peine s'étaient-ils inclinés devant l'autel qu'il avait rendu l'âme. » *(缘结连理枝, roman en ligne de 君兮, 2019)*. '他思量着，这风头也快过了，人家好歹一个黄花大姑娘。' « Il estimait que sa crise passerait bien vite, après tout elle n'était plus une jeune vierge effarouchée. »[34]

• 含苞待放 *hánbāodàifàng* « bouton de fleur prêt d'éclore » ; se dit d'une jeune fille n'ayant pas encore tout à fait terminé son passage à l'état de femme (15 ou 16 ans).

Putassier

Homme qui visite les prostituées.

• 嫖客 *piáokè*. Le terme normal…
'我都听人说同一个新闻：当地
公安抓了一个 94 岁高领的老嫖
客。' « J'ai entendu plusieurs personnes rapporter toutes la même
nouvelle : la police du coin a arrêté
un vieux putassier de 94 ans ! »[59]

• 买春客 *mǎichūn kè*. Plus récent…

• 狎客 *xiákè*. Et plus ancien.

Putain, pute, catin

Les termes ci-dessous sont plus
vulgaires que ceux répertoriés à
l'entrée ☞ *prostituée*.

• 鸡 *jī* « poule ». Ce terme est bien
sûr utilisé pour son homophonie
avec 妓. '哥，你是不是真的跟那
个红幺妹好了啊？她不是个鸡
的嘛。' « Grand frère, c'est vrai
que t'es allé voir cette Sœur aînée
Hong ? C'est pas une pute ? »[34]

• 风尘 *fēngchén* « vent et poussière » ; égal[t] 风尘女子，风尘女
郎. Ce terme signifie aussi « tomber dans la prostitution » et insiste
sur la dure réalité du métier, quand
tant d'autres semblent tenter de
l'embellir… '忽又想这么一位绝
美女子，为啥在此卖弄风流，
想必是一位风尘女子。' « Puis il
se demanda soudain pourquoi une
jeune femme aussi magnifique se
trouvait là à lui faire du charme ;
c'était sûrement une catin… »[15]

• 窑姐（儿）*yáojiěr*. Ancien terme
pour « fille de joie, prostituée de
basse catégorie ». C'est l'outil de
travail de la 窑姐儿 qui est assimilé à un « four » ou une « grotte »
(sens premier du caractère 窑), c-
à-d un endroit à l'entrée béante (à
force de voir passer du monde).
Dans le même ordre d'idée, voir
☞ *roulure[INS]*, *traînée[INS]*

Putes (aller aux ~) ☞ *bordel (aller au)*

• 嫖 *piáo*. Autre terme courant. '那
你老实交代，你嫖过妓女没有？
你说！' « Allez, tu vas confesser
la vérité : tu es déjà allé aux putes !
Crache donc ! »[24]

• 打野鸡 *dǎ yějī*. Fréquenter les
prostituées de la plus basse classe.

• 买春 *mǎichūn* « acheter le printemps », c'est-à-dire la jeunesse.
L'expression signifiait depuis fort
longtemps « acheter de l'alcool »,
c'est aujourd'hui une expression
imagée pour dire « avoir recours à
des prostituées », qui peut même
servir dans les journaux ou textes
plus ou moins officiels. '我没有女
朋友的时候就会去买春。'
« Quand je me retrouve sans petite
amie, il m'arrive d'aller aux putes. »

Quartier chaud, des plaisirs

• 花街柳巷 *huājiēliǔxiàng* « route
des fleurs et ruelle des saules ».

• 烟花巷 *yānhuāxiàng* ou 烟花之
地 *yānhuā zhī dì*. À l'origine
« endroit animé ». Le second terme
peut désigner un quartier entier ou
juste une maison close. '自古以来，
这水乡就是烟花之地。'
« Depuis très longtemps, cette ville
sur l'eau n'était qu'un quartier des
plaisirs géant. »[24]

• 红灯区 *hóngdēngqū*. Terme de
nos jours assez fréquent, traduction de l'anglais *red light district*.

• 八大胡同 *bādà hútòng* « les huit
grandes ruelles ». À Pékin, sous les
Qing et après, ce terme désignait la
partie du quartier de 大栅栏 *(en
pékinois, se prononce* Dàshílànr*),*
au sud de Qianmen, qui abritait des
centaines de maisons closes.

• 三瓦两舍 *sānwǎliǎngshě* « trois
tuiles et deux baraques ». Là où
vont les jeunes gens de familles
riches pour se divertir ; l'expression

existe depuis les Song et se retrouve dans *Au bord de l'eau.* '他最喜爱的就是嫖妓，每日三瓦两舍，风花雪月。' « Ce qu'il aimait par dessus tout, c'était fréquenter tous les jours les quartiers mal famés et entretenir des liaisons amoureuses. »[11]

Queer ☞ *homo*

Queue, quéquette
• 鸡巴 *jība*. Un terme vulgaire des plus courant pour le pénis. Sur le net, parfois remplacé par « JB ». '侦察员的手枪走火打烂了哪吒的小鸡巴。' « En partant par surprise, le pistolet de l'enquêteur avait complètement fracassé la quéquette de Nezha *(NdT : sur une fresque murale).* »[32] '我握住他的鸡吧，把他领回卧室。' « Je le saisis par la queue et l'entraînai vers la chambre à coucher. » (桃色事变, *roman en ligne de* « chinacd », 2017)

Queue (guidé par sa ~)
• 精虫上脑 *jīngchóng shàng nǎo* « les spermatos (lui) montent au cerveau ». Ne penser qu'au sexe ; crise d'obsession sexuelle, de durée variable. '希望这些精虫上脑的人能知道，社会是开放了，但对于你们这些龌龊事，一概不容！' « Je voudrais que vous tous, les gens guidés par leur queue, compreniez bien : la société a beau être ouverte, votre comportement abject ne saurait être toléré ! » *(cinephilme.com, 2019)*

Racoler, rabattre
• 拉客 *lākè* « (at)tirer le client ». S'applique non seulement aux prostituées, mais aussi aux pousse-pousses, vendeurs, taxis, etc.

Ragnagnas, ours (avoir ses ~)
• 大姨妈来了 *dàyímā láile* « Tantine est arrivée ». Avoir ses règles ; être indisposée. Expression populaire datant au moins d'une douzaine d'années. Son origine est très discutée ; elle ne semble toutefois pas avoir de lien direct avec les expressions américaines *Aunt Flo is visiting* ou *Aunt Irma arrived today.* '关于大姨妈，你需要知道的都在这里了（男生也要看）' « En ce qui concerne les ragnagnas, tout ce que vous devez savoir se trouve ici (pour les garçons aussi) *(jianshu, 2017)*
• Le terme normal est 月经 *yuèjīng* « menstruations ». On trouve aussi 月事 *yuèshì*.

Relation amoureuse (avoir une ~)
• 谈恋爱 *tán liàn'ài* « parler d'amour ». Jouer les tourtereaux ; être amoureux, avoir une relation sérieuse, durable avec quelqu'un. '我们家里人没有一个人听说过她已经谈了恋爱。' « À la maison, personne n'avait jamais entendu dire qu'elle était déjà en couple. » *(wemedia, 2018)* Si la relation est durable, mais sans réel amour, ce n'est pas 谈恋爱 ; on « est ensemble », sans plus ☞ *maqué*

Relation sexuelle (avoir une ~)
• 有路 *yǒulù* « être en rapport » ; euphémisme. '你懂吗？船长，男人。是真的，是妈妈告诉的，外公跟他有路。' « Tu comprends ? Le capitaine du bâtiment, un mec. C'est vrai, c'est maman qui me l'a dit. Grand-père a eu une relation avec lui... »[36] '你跟她有路？' « Tu te l'envoies ? » Bien entendu, dans d'autres cas, les « rapports » peuvent être d'autre nature.

Réjouir l'œil et le cœur

Agréable, plaisant à regarder, matable.

• 赏心悦目 *shǎngxīn-yuèmù*. '我遇到了一位赏心悦目的女孩，她黝黑的脸蛋至今还在我眼前闪闪发光。' « Je rencontrai une jeune fille dont la vue réjouissait l'œil et le cœur ; son visage tout noir brille encore devant mes yeux aujourd'hui. »[23]

Remarié.e, divorcé.e

Dans le sens péjoratif « produit de seconde main, usagé ». La société chinoise, déjà confrontée à l'immense problème du premier mariage, n'a pas encore beaucoup évolué sur le sujet du divorce et du remariage. Plusieurs termes s'appliquent, la plupart dépréciatifs :

• 二婚，二婚头 *èrhūntóu* : les termes neutres, descriptifs. Ex. ci-dessous, à 回头人.

• 二手货 *èrshǒuhuò* « de seconde main, d'occasion ». Dialectal mais compréhensible partout. Voir ex. à 拖油瓶 ci-dessous.

• 回头人（儿）*huítóurénr* ou '她是闺女，还是二婚？''也是个回头人儿。' « Elle est vierge, ou remariée ? — De seconde main aussi. »

• 二锅头 *èrguōtóu*. Cet alcool blanc pékinois, n'a pas une excellente réputation… Ce terme ne s'applique qu'aux hommes. '是不是因为我是个二锅头，又有两个孩子，所以呢不肯嫁给我？' « Est-ce parce que je suis divorcé avec deux enfants que tu ne veux pas m'épouser ? ».

• La situation est pire encore si le ou la divorcé.e a des enfants ; dans ce cas, il ou elle « traîne une bouteille d'huile » : 拖油瓶 *tuōyóupíng*. '女人一旦离婚，就变成二手货了，如果带着个小孩，更是成了拖油瓶。' « Dès qu'une femme divorce, elle n'est plus qu'un produit de seconde main ; si elle a un petit enfant, c'est un poids supplémentaire à traîner. » Le terme désigne aussi l'enfant en question, « bouteille d'huile à traîner » : '内马尔年少多金，虽然身边有个拖油瓶的儿子，但是仍然有许多女子愿意投怀送抱。' « Neymar est jeune et très riche, et bien qu'il ait déjà un enfant à charge, il y aura malgré tout toujours beaucoup de jeunes femmes prêtes à se jeter dans ses bras » *(PR, 2015)*.

Rendez-vous arrangé

• 相亲 *xiāngqīn*. Vieux terme qui désignait la rencontre entre deux fiancés lors d'un mariage arrangé. A été repris pour les rendez-vous arrangés (par les parents, les amis, les collègues) encore fréquents dans la société moderne chinoise (« blind dates »). '2018年春节，她几乎每天都被逼着去相亲。' « Pendant les vacances du Nouvel An chinois 2018, elle a été forcée d'aller à un rendez-vous arrangé quasiment chaque jour. » *(par ses parents ; Sina, 2018)*

Rendez-vous galant

• 幽会 *yōuhuì* ou 幽期 *yōuqī*. En général discret voire secret, du moins dans la Chine traditionnelle.

« Repas d'affaires »

• (吃)花酒 *huājiǔ* : banquet avec accompagnement de prostituées ou « d'hôtesses ».

Rêve érotique, sexuel

• 春梦 *chūnmèng* « rêve de printemps ». *Remarque* : ce sens est moins fréquent que celui de « rêve inatteignable, irréalisable ».

Rompre ☞ *larguer, plaqué*
• Le terme le plus courant est 分手 *fēnshǒu*. '你真的决定跟他分手了？' « Tu as vraiment décidé de rompre avec lui ? »
• 吹了 *chuīle*. Autre terme courant : « avoir rompu ». '她已经与他吹了，他还死皮赖脸地缠着人家。' « Même après qu'ils eurent rompu, il a continué à l'importuner sans vergogne. »
• Dans l'argot pékinois on trouve 掰 *bāi*. '赶紧跟他掰，我就不信你找不着比他强的。' « Largue-le vite fait, ça m'étonnerait que tu ne puisses pas trouver mieux. » Le caractère 掰 lui-même est très explicite (手+分+手) et il présente en outre l'avantage de sonner comme 拜, utilisé dans 拜拜 (de l'anglais *bye-bye*). Pour « rompre » on trouve donc aussi parfois 拜拜 ou 掰掰.

Rondelle (péter la ~)
• 爆菊花 « exploser le chrysanthème ». '唉……你是不明白哥们的苦啊，考试简直比爆菊花都痛苦……' « Aïe… tu ne comprends pas mon problème… pour moi les examens c'est encore plus douloureux que de se faire péter la rondelle ! » (最强丹药系统, *roman en ligne de* 神域杀手, 2013)
• 爆菊 *bàojú* ; version abrégée du précédent. '被爆菊了，肛门好几天都难受啊。' « Je me suis fait enculer, ça fait plusieurs jours que j'ai mal au trou de balle. »

Roue de secours (affective, sexuelle)
• 备胎 *bèitāi*. Ex. ☞ *plan cul régulier*

Salaud
Dans le sens affectif du terme : un coureur, infidèle, ne pensant qu'à son plaisir et aimant jouer avec les sentiments des autres.

• 渣男 *zhānán*. Terme apparu depuis quelques années. '我真的不想做一个渣男，也没有勇气去和她说明白。' « Je ne veux vraiment pas jouer les salauds, mais je n'ai pas le courage de lui expliquer… » (hupu, 2018)
• 大猪蹄子 *dàzhūtízi* « gros sabot de porc ». Expression qui connaît une grande popularité depuis l'été 2018, en général sous la forme '男人都是大猪蹄子' : « Les hommes sont tous des salauds. » On ne peut pas traduire par « tous des porcs » car l'expression a plus un sens affectif que sexuel. Elle est parfois utilisée simplement pour dire que tel ou tel manque d'empathie ou de capacité d'écoute. Bien entendu, elle a pu parfois être retournée contre les femmes ; voir ☞ *piège à miel.*

Sales (maladies ~)
• 脏病 *zāngbìng*. Même sens et connotations qu'en français.

Santé pour adultes (centres de ~)
• 大保健 *dàbǎojiàn*. Ce vocable se désigne diverses activités de couverture pour la prostitution : salons de coiffure ou de massage louches, bains et saunas (ce qui ne signifie pas que tous les établissements qui pratiquent ces activités rentrent dans cette catégorie : ils relèvent alors du simple 保健).

Sauter ☞ *baiser, crac-crac, faire, fricoter, grimper, niquer, tirer*

Savonnette (ramasser la ~)
• 捡肥皂 *jiǎn féizào*. Comme on l'imagine aisément si l'on a un peu de culture cinématographique, cette expression en vigueur depuis quelques années désigne le fait de se faire sodomiser, et par extension les relations sexuelles entre *gays.*

Elle s'est répandue sur le Net en chinois, à partir de 2010, quand l'armée taïwanaise a admis les homosexuels dans ses rangs ; les médias firent alors état qu'un instructeurs prévenait les jeunes recrues de « ne plus ramasser les savonnettes dans les douches ». Par la suite l'expression a acquis plusieurs autre sens : « attention à ne pas se laisser prendre par surprise » ; « rentrer en prison » ; et « très bien s'entendre » (ironiquement, entre gays). '让别人捡你的肥皂，你就能快快升级，小心不要捡肥皂哦。' « Laisse les autres ramasser ta savonnette pour toi, et tu vas vite monter en grade ; mais attention à ne pas te faire enfiler ! »

Scandale sexuel
• 桃色新闻 *táosè xīnwén* « nouvelles couleur de pêche » (et non couleur de péché !)

Schlika-schlika ☞ *crac-crac* (Merci Gotlib & Vuillemin !)
• 滋滋 *zīzī*. Onomatopée évoquant l'humidité (entre autres). '我一下就把鸡巴"滋滋"的一声全都肏了进去，肏得她"啊"地叫了一声。' « Avec un petit bruit mouillé, je lui fourre d'un coup ma bite sur toute sa longueur, et elle pousse un grand "ah !" de bonheur. » (hhhbook.com, 2016)

Seins ☞ *lolos, nibard*
• 奶子 *nǎizi*. Dialectal dans plusieurs provinces. '喂奶的那位毫不害羞，把另一只长长的奶子掏出来，换到孩子嘴里。' « Sans faire montre d'aucune pudeur, celle qui allaitait sortit son autre sein pendouillant et en fourra le bout dans la bouche de son enfant. »[281] Autre ex. à ☞ *sexy*

• 咂儿 *zār* ou 咂咂 *zāza*. Termes plutôt anciens et dialectaux que grossiers. Onomatopéique (imite le bruit d'un bébé en train de téter). '她用两只胳膊拢着两个孩子，叫两个孩子分着吃他两个咂儿。' « Elle tenait dans ses bras deux enfants , dont chacun lui tétait un sein. » (儿女英雄传, *roman de* 文康, *1878*) Dans le NE, le caractère est souvent remplacé de façon fautive par 扎 voire par 砸 (même prononciation).

Sex-toy
Pour les instruments les plus classiques, voir ☞ *godemiché*. On trouve par ailleurs dans l'histoire sexuelle chinoise de nombreux types d'outils sexuels, qualifiés globalement de 淫器 *yínqì* ou de 淫具 *yínjù* « outils ou instruments du vice ». On trouve aussi les termes plus récents 性具 voire 性玩具 *xìngwánjù*, qui est une traduction directe du terme anglais. Dans le roman *Fleur en fiole d'or*, le « héros » Ximen Qing (et ses femmes et maîtresses) en sont des utilisateurs assidus et avertis. Ainsi : '西门庆带了淫器银托子、硫磺圈、相思套、悬玉环、封脐膏、缅铃，与夫人一起干后庭花。' « Ximen Qing se livra avec son épouse à la bougrerie, aidé de ses outils du vice... *(dont suit la liste, voir ci-dessous)* »[17]. Le problème est que la nature exacte des instruments dont ils se servent est inconnue, et la question divise même les plus grands spécialistes. Ainsi les traductions et brèves explications proposées ci-dessous restent-elles au conditionnel, mais correspondent à la tradition (et l'usage) le plus généralement admis *(NdT : dans*

sa traduction du roman en 1985, le sinologue André Lévy a pu utiiser des termes différents).

• 硫磺圈 *liúhuángquān* « anneau de soufre » (Le « soufre » pourrait en fait désigner la couleur du jade utilisé pour l'outil) et 银托子 *yíntuōzi* « renfort d'argent ». Il s'agirait d'anneaux de constriction, celui-ci placé à la base de la verge, celui-là juste sous le gland avec le rôle supplémentaire d'augmenter la friction. Autre hypothèse pour le 银托子 : une sorte de gouttière en argent pour aider les virilités défaillantes. La 白续带 *báixùdài* « ceinture blanche de la continuité », et le 悬玉环 *xuán yùhuán* « anneau de jade pendant » sont de nos jours également assimilés à d'autres sortes d'anneaux de constriction, placés à la base du pénis.

• Le 缅铃 *miǎnlíng* « clochettes birmanes », semblent correspondre, de façon assez sûre, à des sphères creuses de nombre et diamètre variés que l'on introduit là où il le faut préalablement à l'acte lui-même, au cours duquel elles produisent un doux bruit de... clochettes.

• 相思套 *xiāngsī tào* « étui pour songer l'un à l'autre ». Pour cet instrument, nous n'avons trouvé aucune description ou explication.

• 封脐膏 *fēngqígāo*. Voir à ☞ *aphrodisiaque*

Sexy

• Une jeune fille ou femme sexy, et plutôt à la mode, est « épicée » : 辣妹 ou 辣妹子 *làmèizi*. Mot venu du Japon, où il est en usage depuis plus de 40 ans, via Taïwan, dans les années 90, époque à laquelle il a aussi bénéficié du succès du

groupe anglais *Spice girls*. Le spectre d'utilisation du terme est assez large, même si les connotations péjoratives ont diminué avec le temps. '看那个辣妹。我可得拿到她的电话号码。' « Mate-moi cette bombasse. J'vais récupérer son numéro de téléphone. » S'utilise également pour s'adresser à une telle jeune fille. ATTENTION : 辣妹子 s'utilise égal[t] pour désigner une jeune femme du Sichuan ou du Hunan, régions où les personnalités fortes s'accordent avec la nourriture épicée.

• L'équivalent masculin est un 帅哥 *shuàigē* ; '一个在北京工作的重庆帅哥，2018 年春节不想回家，有什么法子可以保证吃喝过完这个年？' « Type sexy de Chongqing, vivant à Pékin, ne souhaitant pas rentrer chez lui pour le Nouvel An 2018 : comment être sûr de terminer l'année en beauté ? » *(petite annonce)*. Le terme de 酷哥 *kùgē*, qui signifiait à peu près la même chose avec la nuance de « cool », sert aujourd'hui beaucoup moins.

• 辣 *là* : sert aussi simplement comme adjectif. '这女孩好辣，我喜欢！' « Cette fille est super sexy, j'adore ! »

• 正点 *zhèngdiǎn*. Adjectif dont le sens initial est « ponctuel », détourné pour signifier « belle, sexy ». '工作出差睡在我上铺的女同事，超正点！' « La camarade qui dormait dans la couchette du dessus pendant le voyage d'affaires était super sexy ! »

• 性感 est le terme « officiel ». '她真他妈的有女人味！大奶子大屁股，胖乎乎的，叫什么来着？性感，对，性感。' « Ah, ça c'est de la vraie femme ! Gros seins, gros cul, bien grasse… comment ils disent, déjà ? Sexy, ouais, sexy ! »[481]

Sodomie

• Le terme officiel pour « rapport sexuel anal » est 肛门性交 *gāngmén xìngjiāo*, abrégé en 肛交 mais cela sonne un peu médical.

• Dans les romans anciens (dont le fameux *Fleur en fiole d'or*), apparaît l'expression 后庭花 *hòutíng huā* « fleur de la cour de derrière ». '我今日要和你干个后庭花，你肯不肯？' « Aujourd'hui j'aimerais faire un petit tour par la porte de derrière, d'accord ? »[17] À noter que dans le roman comme de nos jours, le terme s'applique aux deux sexes. '如何让女人接受后庭花性爱？' « Comment faire pour qu'une fille accepte la sodomie ? » *(Baidu 2017)*
☞ *enculer, rondelle, savonette*

Soixante neuf / 69

• 69 式 *liùjiǔshì* ou simplement 69. '69 式已成过去，68 式才是让你爽到不行的性爱体位。' « Le 69, c'est du passé, le 68 est la position amoureuse qui vous fera mourir de plaisir. » *(Marie-Claire HK, 2018)*

• 颠鸾倒凤 *diānluán-dǎofèng* « L'argus et le phénix à la renverse ». Le faisan argus et le phénix sont deux oiseaux qui symbolisent l'amour et l'harmonie conjugale. Ce *chengyu* désigne à l'origine la discorde dans le couple ou dans le monde ; son sens sexuel est dérivé. '二人在床上颠鸾倒凤，如鱼得水，取了欢娱。' « Ils s'adonnèrent sur le lit aux joies du 69, s'amusant et en tirant du plaisir, heureux comme des poissons dans l'eau. »[17]

Succube ☞ *tombeur, vamp*

Suçon

• 吻痕 *wěnhén* « cicatrice de baiser » est le terme normal.

• 种草莓 *zhǒng cǎoméi* « planter des fraises » est le terme populaire. '他在我脖子上种了草莓。' « Il m'a fait un suçon dans le cou ».

Talents, prouesses sexuelles

• Pour un homme : 枪法 *qiāngfǎ* « art de manier la lance ». '西门庆也施展枪法，打动妇人。' « Ximen Qing déploya tous ses talents amoureux pour impressionner la dame. »[17]

• 活儿 *huór*, qui signifie à l'origine « boulot ». '跟她干过了？' '跟她干过了。' '活儿好吗？' '棒极了。' « Tu te l'es faite ? » « Oui. » « Elle était bonne ? » « Super. »

Tante, tapette… ☞ *voir l'entrée correspondante au chapitre INSULTES*. Pour des termes non péjoratifs ☞ *homo, gay*

Tendron ☞ *âge*

Tirer, tringler, trouer

• 戳 *chuō* « percer, trouer ». '为什么男人戳女人时，女人乱叫？' « Pourquoi les bonnes femmes crient comme des folles quand elles se font tringler ? » *(Baidu, 2013)*.

Tirer un coup

• 崩锅 *bēngguō* « battre la poêle » : cette expression, venue de Tianjin, est aujourd'hui très répandue au moins dans le nord-est du pays. '帅哥，蹦一锅？' '不，我再休息会啊' « Alors, beau gosse, ça te dirait de tirer un coup ? » « Non, je me repose encore un peu. »

Tomber qqun

• 搞定 *gǎodìng* « s'assurer de … ». Séduire, conclure, arriver à ses fins (sentimentales ou sexuelles).

'大多数男人晚上出去只有一个目的——见女人，然后把她们搞定。' « La plupart des hommes ne sortent le soir qu'avec un seul objectif : trouver une fille et la tomber. » *(CD, 2016)* '今晚我会搞定的，随机应变吧。' « Ce soir je conclus… il suffit que je m'adapte aux circonstances. »

Tombeur, séducteur
• 情场高手 *qíngchǎng gāoshǒu* « expert du domaine de l'amour ». '男人谈十次恋爱是情场高手，女人谈十次恋爱是狐狸精。' « Un homme qui a dix liaisons est un grand tombeur, mais une femme qui a dix liaisons, c'est une vamp, un succube. »

Toy boy
Un amant sexy, mais nettement plus jeune que la partenaire féminine. Les deux termes suivants sont récents (2017). Ces jeunes gens ne sont pas forcément « entretenus » (donc à ne pas confondre avec des ☞ *gigolos*)
• 小奶狗 *xiǎo nǎigǒu.* Le « petit chiot » est peu dominateur dans la relation amoureuse.
• 小狼狗 *xiǎo lánggǒu* « petit chien-loup ». Celui-ci, tout en restant mignon et câlin, a un caractère plus affirmé, et ne donne pas forcément l'impression de se faire materner.

Transgenre, travesti
• Le terme 跨性别 *kuàxìngbié,* traduction de « transgenre », sert peu en dehors de la communauté scientifique. Une personne transgenre est qualifiée de 跨性别者.
• Plus fréquent, pour les travestis, est le terme 异装癖者 *yìzhuāngpǐzhe* « obsession pour les vêtements de l'autre sexe ».

• 人妖 *rényāo* « monstre humain ». Terme générique pour les personnes travesties en femme ou les transsexuels. En Chine on l'utilise entre autres pour désigner les transgenres thaïlandais. Malgré les apparences, le terme n'est pas forcément péjoratif : le caractère 妖 signifie aussi bien « monstre, démon » que « séducteur, envoutant », ou encore « bizarre, hors norme ». Toujours est-il qu'il peut malgré tout servir d'insulte dans certaines circonstances ☞ *trav*[INS]. ☞ *homo, queer*

Triangle amoureux
• 三角恋(爱) *sānjiǎo liàn'ài* ou 三角关系 « amour » ou « relation triangulaire ». '顶好由第三章，《三角恋爱》念起。' « Le mieux c'est de commencer le lecture par le 3e chapitre, "le triangle amoureux". »[291]

Triolisme ☞ *plan à 3*

Trottoir
• Faire le ~ ☞ *pute, prostitution*
• Quitter le ~, dans le sens « quitter la prostitution », se ranger (termes anciens) : 出水 *chūshuǐ* « sortir de l'eau » ; pour une prostituée qui échappait à sa condition en se mariant : 从良 *cóngliáng* « suivre un homme du bon peuple ».

Trou (du vagin)
• 屄口 *bīkǒu* « bouche du con », '我把鸡巴对准她的小屄口，她的屄里已经是非常的湿滑了。' « Je dirigeai ma queue droit vers son petit trou, sa chatte était déjà ruisselante » *(hhhbook.com, 2016)*
• 屄眼 *bīyǎn* « œil du con ». '梦龙用双手抱住她的大屁股，舔着她的小屄眼。' « Menglong lui léchait son petit trou en lui agrippant son gros cul de ses deux mains. » *(红尘都市, anonyme)*

• 小 洞 洞 *dòngdòng* « petit troutrou » désigne en règle générale le vagin. 打洞洞 ou 打洞 « creuser son trou » : baiser. '女人为什么那么喜欢男人打她的洞洞？' « Pourquoi les filles aiment-elles tant que les garçons les sautent ? » *(Baidu, 2017)* ATTENTION : le sens peut varier selon le contexte ☞ *trou (du cul)*

Trou du cul, trou de balle ☞ *anus*
• 屁眼 *pìyǎn* « œil du cul ».
• (小)洞洞 *dòngdòng* « petit trou ». Sens dérivé ou pornographique.

Tilt (ça a fait ~) ☞ *courant*

Une de perdue, dix de retrouvées
• 天涯何处无芳草 *tiānyá héchù wú fāngcǎo* « Aux confins du monde, y a-t-il des endroits sans herbes aromatiques ? » L'expression chinoise est valable pour les deux sexes, et a aussi un sens plus général, ne s'appliquant pas qu'aux situations amoureuses. '天涯何处无芳草，但我却只爱你一人。' Une de perdue, dix de retrouvées... mais pourtant je n'aime que toi. » *(Zhihu, 2018)*

Vagin
☞ *chatte, conil, grotte, trou, vulve*

Vamp, femme fatale, succube
• 狐狸精 *húlijīng* « esprit renard ». L'équivalent de la sirène ou du succube dans la mythologie chinoise traditionnelle et la littérature. Sert aussi d'insulte. Voir ex. ☞ *tombeur*
• 女妖精 *nǚyāojīng* « esprit femelle ». Dans les légendes cette catégorie englobe la précédente ; dans le langage courant, les deux termes désignent la même chose : des femmes trop séduisantes pour être vraiment honnêtes. '祖母已经

60 多岁了，但她仍然象今天的女妖精演员赵雅芝一样光彩照人。' « Ma grand-mère avait déjà plus de 60 ans, mais elle était encore aussi belle et radieuse que cette femme fatale, l'actrice Angie Chiu, l'est aujourd'hui. » *(Sina, 2016)*

Vérole
• 大疮 *dàchuāng* « grand chancre ». Terme populaire pour la syphilis.

Veuve Poignet
• En chinois la « veuve Poignet » est « Mademoiselle Wu » : 五姑娘 *Wǔ gūniang*, les noms de familles prononcés Wu étant ici remplacés par le caractère 五 « Cinq », les cinq doigts ou la main. « Épouser » ou « se taper » la veuve Poignet se dit 找五姑娘 '可怜的张群同志只有找五姑娘来解决问题。' « Pour résoudre son problème, le pauvre camarade Zhang Qun n'a plus d'autre solution que de se taper la veuve Poignet. »

Vieillard lubrique
• Vieillard lubrique, vieil obsédé, vieux pervers : 花老头 *huā lǎotóu* '警惕"花老头"！摆摊老人用零食占女童便宜。很多小孩子都遇到过"花老头"，家长注意！' « Attention aux vieux pervers ! Un vieillard qui tient un étal distribue des friandises pour abuser des petites filles. Beaucoup d'enfants sont tombés sur des vieillards lubriques ; parents, méfiez-vous ! » *(Weibo, 2017)*.
☞ *gratte-dos, pervers*

Vieille fille
• 剩女 *shèngnǚ* « filles qui restent ». Ce terme désigne le plus souvent les jeunes femmes bien intégrées socialement mais qui,

pour des raisons familiales, professionnelles ou personelles, ont dépassé l'âge réputé « convenable » pour le mariage. Le fait de savoir si le vocable est péjoratif en lui-même, tout comme l'âge à partir duquel il s'applique, font l'objet de débats : '问一下你们觉得多少岁算剩女？为什么说 25 就是剩女了？' « Je voudrais demander, à quel âge pensez-vous qu'on devient vieille fille ? Pourquoi les gens disent qu'on l'est déjà à 25 ans ? » *(BBS, 2012)* Autre ex. ⌐*pastille*

• 老姑娘 *lǎogūniang* « vieille jeune fille ». En général au-delà de 30 ans.

• 老处女 *lǎo chǔnǚ*. Non seulement non mariée, mais encore vierge.

Vierge effarouchée ⌐*puceau*

Vieux pervers ⌐*vieillard lubrique*

Viol, violer

Le terme normal est 强奸. On trouve aussi :

• 砸明火 *zá mínghuǒ*. Terme d'origine dialectale qui signifiait « attaque ou pillage nocturne ». Remis à la mode par un film de 2014. '被砸明火的莲花痛不欲生，想让丈夫余化龙开枪杀了自己。' « Ayant subi les derniers outrages, Fleur de Lotus ne désire plus que la mort, et veut que son propre époux Yu Hualong la tue. »

Virginité (perdre sa ~)

• 失身 *shīshēn* ou 失节 *shījié*. Les expressions classiques. Perdre sa chasteté.

Vit

• 朘 *lǎng*. Terme ancien pour désigner le membre viril (et ses attributs), toujours utilisé dans certains dialectes (minnan, cantonais)

ou patois (nord-est). Le pendant (si l'on ose dire) du 膣 ⌐*conil*

Volage

• 花心 *huāxīn*. Surtout, mais pas exclusivement, pour les hommes. '你们男人还不都一样花心！' « Vous les hommes, vous êtes bien tous autant volages ! »[65] ⌐*frivole*

Voyeur

• 观淫癖者 *guànyínpǐ(zhe)* : le terme médical ou officiel. 观淫癖 désigne le voyeurisme.

• 偷窥狂 *tōukuīkuáng* : le mot courant, beaucoup plus fréquent. '警方正在寻找一位偷窥狂，此人被控在"星球健身俱乐部"偷拍一位女性淋浴。' « La police recherche un voyeur accusé d'avoir filmé une femme en train de se doucher dans un "Star Fitness Club" » *(CD, 2016)*

Vulve ⌐*fente, trou*

• Le terme officiel est 阴门 *yīnmén*, « la porte sombre » : il s'agit de la « porte d'entrée » au 阴道 *yīndào*, le « chemin sombre » : le vagin. Et la porte est couverte de « poils sombres » : 阴毛. On notera que ces termes, aussi ésotériques soient-ils, sont en fait médicaux et ne servent pas dans la conversation courante.

• 黑木耳 *hēimùěr* « Champignon noir ». D'aucuns voient une ressemblance entre une certaine espèce de champignon chinois (image ci-contre) et l'apparence d'une vulve ayant beaucoup servi, appartenant à une femme un peu trop facile. Il faut vraiment avoir l'esprit mal tourné. '她的黑木耳是不是你舔黑的？' « Sa cramouille, ce ne serait pas toi qui l'as rendue toute noire à force de la sucer ? » *(libaclub, 2014)* ATTENTION : par synecdoque, le terme en est aussi venu à désigner lesdites femmes : voir à ☞ *traînée[INS]*

Yeux de merlan frit
• Dans le sens initial de « regards énamourés » : 含情脉脉 *hánqíng-mòmò*. '前夫送前妻回家，前妻的眼神含情脉脉！' « Un ex-mari raccompagne son ex-femme chez elle, elle le regarde avec des yeux de merlan frit ! » *(Sina, 2018)*

Zizi
Plusieurs termes utilisables par les enfants, ou à propos des enfants, mais pas forcément :
• 鸡鸡 *jījī* et ses dérivés :
- 小鸡鸡, parfois abrégé en ligne 小 JJ, 小鸡儿. C'est le terme le plus souvent employé par les enfants ou par les parents. '有一天，我给宝宝洗澡的时候，发现宝宝的小鸡鸡有点不对劲儿。' « Un jour, alors que je donnais le bain à mon bébé, je m'aperçus qu'il y avait quelque chose qui clochait avec son petit zizi. » *(Jingdong, 2017)*
- 鸡儿 ☞ *oiseau*
• 小弟弟 *xiǎodìdi* « petit frère cadet »
• *En cantonais :* 宾周 (caractères traditionnels : 賓周, prononcé *pan-zau*) signifie « pénis » mais, dans la langue courante... '但其实广东人对阳具有许多种唤法，宾周是最小的一种，通常只用于小男孩身上。' « Les Cantonais ont beaucoup de mots pour désigner le phallus, *pan-zau* est celui qui en désigne la variété la plus minuscule et n'est d'habitude employé qu'à propos des enfants. »[36] S'écrit aussi 賓州.

Zob
☞ *bistouquette, bite, chose, gland, gourdin, oiseau, pénis, phallus, pine, queue, vit, zizi*

BIBLIOGRAPHIE

CETTE BIBLIOGRAPHIE recense tous les ouvrages : romans, recueils de nouvelles ou de poèmes, bandes dessinées et autres, dont sont tirés les exemples des trois parties du lexique franco-chinois. Après chaque exemple figure un nombre qui renvoie à l'un des titres de la bibliographie, voire à l'un des chapitres ou subdivision d'un ouvrage (nombres à trois chiffres).

La liste rassemble à peu près toutes les facettes de la littérature contemporaine. Elle permet d'y trouver un éventail fort large d'expressions chinoises, grâce à la diversité de styles et surtout d'auteurs. Si tel exemple est tiré d'un roman en ligne cité une seule fois, la référence est donnée dans le corps du texte, pas dans cette bibliographie.

Les titres des œuvres citées, si l'édition utilisée est de Hong Kong ou Taïwan, figurent en caractères traditionnels dans cette bibliographie même si, dans le corps du lexique, les exemples qui en sont tirés ont été transcrits en caractères simplifiés.

Les titres d'ouvrage ou de recueils sont présentés entre guillemets simples : '阿Q正传' ; les noms des auteurs adoptent une typographie différente : 鲁迅. La maison d'édition suit ; l'année indiquée est celle de l'édition utilisée, pas celle de l'écriture de l'œuvre.

Par ailleurs, comme nous l'avons précisé dans l'introduction, un grand nombre d'exemples servant à illustrer des termes contemporains ont été tirés de sites internets, forums, banque de données d'exemples ou presse en ligne. La liste suivante présente les plus couramment utilisées, avec les abréviations éventuelles :

Forums et sites internets : *Sina, Baidu, Sohu, Weibo, wenxuecity (WCC), v.qq.com (QQ), Douban, Webmedia*

Presse nationale : *China Daily (CD)*, *Quotidien du Peuple (QP* ou son site en ligne 人民网*)*, *China Times, Global Times, Caixin, CCTV, Xinhua net (XHN)*. Également : *MD*, site du ministère de la défense.

Presse régionale, sans précision supplémentaire : *PR*

Voice of America (site en chinois ; *VOA*)

Enfin, quelques exemples (4) sont marqués de l'exposant [W] : ils sont tirés des ouvrages de M. James Wang, *Outrageous Chinese* (1998) et *Mutant Mandarin* (1995), qui ont donné à l'auteur, il y a près de vingt ans, l'idée de cet ouvrage, qui fut très longue à concrétiser. Nous tenons à remercier M. Wang de nous avoir autorisé à le citer.

四大名著
Dérivés des quatre (ou cinq ?) grands classiques
(et autres œuvres anciennes)

Les éditions simplifiées, à destination des lecteurs de tous âges et de tous niveaux de lecture, des quatre grands romans en langue vernaculaire, ou leurs suites et commentaires, représentent une partie importante de l'édition chinoise depuis toujours.

11 水浒传 de 施耐庵, *Au bord de l'eau.*

12 红楼梦, 曹雪芹, *Le rêve du Pavillon rouge.*

13 西游记, 吴承恩, *Le voyage vers l'Ouest.*

14 三国演义, 罗贯中, *Roman des Trois Royaumes.*

Les éditions groupées suivantes, toutes en 白话, *baihua* ou langue vernaculaire, ont été consultées pour la rédaction de ce lexique (On ne les distinguera pas pour les références) :

Edition abrégée, 吉林摄影出版社, 长春 2005.

Edition illustrée, 海燕出版社, 郑州 2005

S'y rajoutent，pour le 水浒传 :

15 '民间水浒', 高健军, 文物出版社, 北京 2005

16 凌濛初, '*初刻拍案驚奇*' & '*二刻拍案驚奇*' recueils de contes et d'histoires courtes.

17 Enfin, à ces quatre ouvrages classiques se rajoute le très célèbre (mais moins « tous publics »...) '金瓶梅', *Fleur en fiole d'or,* d'un auteur inconnu au pseudonyme de 兰陵笑笑生, toujours dans une édition en langue moderne : 世一文化事業股份有限公司, 台南, 2001

18 Contes chinois pour enfants, 海豚出版社, 北京, 2015
181 大闹天官
182 大禹治水
183. 哪吒闹海
184. 精卫填海

19 儒林外史, 吴敬梓, *Chronique indiscrète des mandarins*

小说
Romans & nouvelles contemporains
(recueils par auteur unique)

21 '所以', 池莉，人民文学出版社，北京, 2007

22 鲁迅 Œuvres de Lu Xun :
221 '阿Q正传'，，新世界出版社，北京, 2000
222 '故事新编' (huit nouvelles)
223 '野草', 人民文学出版社, 北京， 2004
224 '风波'

23 '活着', 余华，作家出版社，北京, 2008

24 '灵山', 高行健，天地图书有限公司，香港, 2000

25 巴金, '巴金小说', 浙江文艺出版社, 杭州 1999 :
251 '马赛的夜'
252 '狗'
255 '秋' 北京语言学院，1990

26. 韩少功，'归去来', 山东文艺出版社, 济南 2001

27 张天翼，湖北少年儿童出版社，武汉 2006
271 '大林和小林'
272 '宝葫芦的秘密'

28 王蒙 Œuvres de Wang Meng
280 '猫話'，王蒙，三聯書店，香港，2002
281 '難得明白'，三聯書店，香港2002
282 '笑而不答'，辽宁教育出版社，2002
283 王蒙说》——《夏衍的魅力》

29 老舍 Œuvres de Lao She
'茶馆'，天津人民出版社，天津，2005。
'老舍作品精选'，长江文艺出版社，武汉 2004 :
291 '同盟'
292 '狗'
293 '大悲寺外'

30 茅盾 Mao Dun, '林家鋪子'，三聯書店，香港，2001
301 '林家鋪子'
302 '春蠶'
303 '秋收'
304 '残冬'
305 '子夜'

31 阿来, Alai (auteur tibétain du Sichuan) '空山'，人民文学出版社，2009 :
311 '随风飘散'
312 '天火'

32 '酒国'，莫言 Mo Yan，上海文艺出版社，上海 2008

33 賈平凹 Jia Pingwa，'四十歲說'，三聯書店，香港，2002 :
331 '一棵小桃树'
332 '进山东'
333 '走三邊'

34 '我们家'，颜歌 Yan Ge，浙江文艺出版社，2013

35. '小王子' *Le Petit Prince*, Antoine de Saint-Exupéry, traduit en chinois par 艾柯，哈尔滨出版社，2003

36 '龙头凤尾'，马家辉 Ma Fakai (HK)，四川文艺出版社，2016

37. 公务员笔记, 王晓方, 作家出版社, 2009

38 '狼圖騰'，姜戎，風雲時代出版股份有限公司，台北，2008

39 '天香'，王安忆，人民文学出版社，2011

40. '鲍昌散文'，鲍昌，华夏出版社，北京 2001

41 '儿童文学全集'，冰心，中国少年儿童新闻出版总社，2005
411 '一只小鸟'
412 '法律以外的自由'

47 '蛇腰集'，柏楊，遠流出版社，臺北，2000

48 '拥抱香格里拉'，石佛，中版集团数字传媒有限公司，2016

49 如果不遇江少陵, 云檀, 青岛出版社, 2017

小小说
Nouvelles courtes & recueils par auteurs multiples

42 '中国名家小说'，auteurs variés, 光明日报出版社，北京，2005 :
421 '失去祖国的孩子'，陈模
422 '城南旧事'，林海音
423 '小兵张嘎'，徐光耀
424 '林海雪原'，曲波
425 '华威先生'，张天翼
426 '芦花荡'，孙犁

427 '馋虫馋猫和蛮子大伯', 李虹

43/44 '小小说选', 中国文学出版社，北京，1997
431 '家'，修祥明
432 '回春丸'，谢志强
433 '足迹'，谢志强
434 '第三十七计' 紫莹
435 '火红的枫叶'，许行
436 '信'，关继尧
437 '分享幸事'，张柯华
440 '家徽' 胡晨钟
441 '此一时' 凌鼎年
442 '偏方' 凌鼎年
443 '柔与顺的故事' 凌鼎年
444 '永远的幽会' 何立伟
445 '错在眼睛' 刘国芳
446 '效仿' 今声
447 '冬季' 杨晓敏
448 '需要' 周大新

45/46 '小小说选'， Auteurs variés, 中国文学出版社，北京，1992
451 '邻居'，田瞳
452 '节日电话'，栈桥
453 '隐私'，祝兴义
454 '醉的印象' 赵大年
455 '看护'，蒋子龙
456 '严重问题' 张秀风
457 '市长的小名'，杨钧炜
458 '请工广告'，欧阳滨
459 '撒谎' 黄纪华
460 '告别' 何蔚萍
461 '位置'，胡其云
462 '陈小手'，汪曾祺
463 '陈泥鳅'，汪曾祺
464 '岳跛子'，叶大春

Poèmes, Essais, Mémoires :

50 '三十六计' (Les 36 stratégies), auteur inconnu, 山西古籍出版社，太原 1999
52 '五千年，中国'，Auteurs variés，江苏少年儿童出版社，南京，2002
56 '屠呦呦传'，auteurs divers, 人民出版社, 2015
57 '認識佛教', 淨空法師, 1992
58 '佛教的故事'， 任广颐，重庆出版社， 2010
59 '大熊猫看笑电影'，沈宏非，百花文艺出版社，天津 2005

武侠小说
Romans & nouvelles de cape et d'épée, science-fiction & policiers :

61 œuvres diverses de 金庸, Jin Yong alias Louis Cha (Hong Kong) :
611 '雪山飞狐'，
612 '鸳鸯刀'，广州出版社， 广东 2006
613 '射雕英雄传'，文化艺术出版社， 北京，2005
614 '倚天屠龙记'
62 '苍穹神剑'，古龙 Gu Long，珠海出版社，珠海 1995
63 '英雄 (Hero) '，李冯，時報文化出版企業股份有限公司，台北， 2003
64 '武侠刺客'，刘建新、刘筱，雪苑出版社，北京 1994
65 '黑雾'，张成功，作家出版社，北京 2002

66 '沙丘' (traduction de 'Dune' de Frank Herbert), 四川科学出版社, 成都, 2006

67 '杨家将演义', 熊大木, 金盾出版社, 北京 2003

68 '小小说选', 孙方友, 中国文学出社, 北京, 1997
681 '刺客' 孙方友
682 '崔氏' 孙方友

69 '英雄傳說', 談歌, 知本家文化事業有限公司, 臺北 2005

70 '13/67' 陳浩基 (Hong Kong), 皇冠出版社, 2014

71. '包公案', anonyme, 17e siècle, 华夏出版社, 北京 1995

72. '魔磁', 倪匡, 永續圖書總經销, 台北 2002

73 '七劍' 梁羽生

84 '李自成', 便福顺、朱光玉, 辽宁美术出版社, 沈阳, 1999 (12 volumes)

85 '红旗谱', 胡阳西、刘汉, 上海人民美术出版社, 上海 2002

86 '两个羊倌', 吴其柔、刘汉, 上海人民美术出版社, 上海 2002

87 '七侠五义', 孙士奇、李德庆, 经济日报出版社, 北京 2001 (20 volumes)

88 '神奇的棒槌孩'

89 Koxinga

连环画
Bandes dessinées

Nombres de ces bandes dessinées ont également pour thème le **武侠**, ou bien sont adaptées de romans de ce genre.

80 Traductions des aventures de Tintin par Hergé (丁丁历险记), aux éditions 中国少年儿童出版社 : 801 '红海沙鱼' (Coke en Stock), 802 '黑岛' (L'Ile Noire)

81 '夜间巴士', 左马, 中国致公出版社, 北京, 2018

82 '高山大峒', 吉志西, 上海人民美术出版社, 上海, 2002

83 '红莲', 朝阳、汪循秋, 上海人民美术出版社, 上海 2002

Nombreux 连环报 anciens retrouvés dans des puces :

90 '红兰姑娘'

91 '常打枪和龙女'

92 '武当'

93 '武林志'

94 '少林小子'

95 '忠直的故事'

96 '北山英烈传'

97 '神笛'

98 '成见作怪'

99 '玉女下山'

100 '忠直的故事'

GLOSSAIRE CHINOIS-FRANÇAIS

Toutes les expressions chinoises figurant dans la partie français-chinois du dictionnaire sont reprises dans ce glossaire, et renvoient à l'entrée correspondante dans la partie français-chinois. Ainsi, cet ouvrage peut servir aussi bien de dictionnaire français-chinois que chinois-français.

Dans le glossaire, les renvois aux entrées de la partie « argot, langue populaire et familière » ne comportent aucune indication spécifique. Ainsi : 三只手 : Pickpocket. Les renvois aux entrées des chapitre « Insultes » et « Sexe et appendices » sont respectivement marquée en exposant [INS] et [SEX]. Ainsi : 下三烂 : Raclure[INS], ou 天涯何处... : Une de perdue[SEX].

Pour rechercher une expression chinoise dans ce glossaire, le classement s'inspire de celui en usage dans la plupart des dictionnaires chinois monolingues ou bilingues. Chaque expression est ainsi classée :

- Par nombre de traits de la clé du premier caractère de l'expression, et, sous chaque clé, les caractères correspondants sont classés si besoins selon le nombre de traits supplémentaires. Les clés sont encadrées : 冖 ; les traits suplémentaires sont indiqués ainsi : + **3**
- Pour les clés comportant le même nombre de traits, celles-ci sont classées dans le tableau 1 ci-dessous. Les clés sont ensuite répétées dans l'en-tête de chaque page et dans le corps du glossaire.
- Puis, les expressions qui partagent le même 1er caractère sont classées selon le nombre de traits total du *deuxième* caractère de l'expression, et ainsi de suite. Pour faciliter la recherche, quand il existe un très grand nombre d'expressions partageant le même 1er caractère (par exemple 一, 打, 大, 小, 吃... ce nombre de traits du 2e caractère est indiqué en exposant à gauche du 1er caractère ; par exemple : [8]一

Exemple : l'expression chinoise 高头大马 a pour 1er caractère 高, clé 亠 (2 traits). Le tableau page suivante indique pour la clé 亠 : page 308. À la page 308, on trouvera toutes les expressions dont le 1er caractère a pour clé 亠 sous la section suivant la clé encadrée 冖 . 高 a par ailleurs 8 traits supplémentaires, on trouvera les expressions qui commencent par 高 sous la sous-section +**8**. Enfin, 头 ayant 5 traits, on cherchera si nécessaire la ligne avec [5]高.

Nb de traits de la clé	Clés	Page du glossaire
1	一	302
	丨 丶 丿 一 乚 乙	304
2	二 十	304
	厂 匚 刂 刀 ⺈	305
	卜 冂 亻	306
	人 八 ⺀	307
	儿 几 匕 勹 亠 冫 冖	308
	讠 凵 卩 入 阝 阝 力	309
2 / 3	2 : 又　　　3 : 干 土 士 工	310
3	扌	311
	卝	313
	大 小	314
	口	315
	囗	316
	山 巾 彳 彡 犭 夂	317
	夕 饣 广 丬 门 氵	318
	忄 宀	320
	辶 彐 尸	321
	弓 子 女	322
	纟 / 糹 马 飞 寸	323
3 / 4	3 : 己 / 巳　　　4 : 王 耂 牙	324
4	木 朩 歹 车 比 瓦	325
	戈 止 攵 支 日 曰 气 片	326
	贝 见 牛 毛 斤 户	327
	爪 / 爫 父 月	328
	欠 风 殳 文 火 灬 斗	329
	衤 心 手 长 爻 丰 水	330
5	石 目 田 皿	331
	罒 钅 生 矢 禾 白 瓜 用 皮 母	332
5/6	5 : 鸟 疒 立 穴 礻 示 龙　　6 : 光	333
6	虫 而 耳 虍 米 齐 肉 色 西 覀	334
	舌 页 先 行 羊 衣 竹 自 糸 羽 血	335
7	赤 豆 谷 角 里 身 辛 言 酉 走	336
7/8	7 : 足　　　8 : 青 雨 齿 非 金 門 鱼 隹	337
9 à 13	骨 鬼 面 香 黄 麻 黑 雏 鼠	338
	Caractères latins	338

一

2 **一**刀两断 : Ponts (couper les)
一了百了 : Fois (une bonne…)
3 一个子儿 : Rond (pas un)
一个巴掌… : Deux (un jeu…)
一个鼻孔出气 : Cloche (même son)
一门心思 : Idée
一山不容二虎 : Tigres
4 一片痴心 : Aveugle (amour)^SEX
一不做二不休 : Vin (tiré)
一见钟情, 一见倾心 : Foudre^SEX
一丝不挂 : ver (nu comme un)
一文不名 : Sou (pas un)
一无所有 : Sans un
一无所知 : : Connaître
5 一号嘴 : Toilettes
一丘之貉 : Sac (mettre dans…)
6 一帆风顺 : Poupe (avoir le…)
一根筋 : Têtu
7 一把尿一把屎 : Torcher
一朵鲜花插在牛粪上 : Confiture
一劳永逸 : Fois (une bonne…)
一言不发 : Mot (ne pas piper)
一饮而尽 : Cul-sec
一针见血 : Plaie (mettre le doigt…)
8 一败涂地 : Poussière (mordre la)
一饱眼福 :　　Mater
一命呜呼 : Rampe (lâcher la)
一贫如洗 : Paille (être sur la)
一夜情 : One-night-stand^SEX
10 一家之主 : Culotte (porter la)
一诺千金 : Juré-craché
一钱不值 : Clou (ne pas valoir)
一窍不通 : Connaître
一顿, 一通, 撸一顿 : Savon
一笑置之 : Légère
11 一清二楚 : Jour (clair…)
一厢情愿 : Désirs
13 一溜烟 : Éclair (en un)
一路货色 : Tonneau (du même)
14 一模一样 : Eau (comme deux …)
15 一醉方休 : Bourrer la gueule
一醉解千愁 : Ivresse
17 一臂之力 : Main forte
+ 1
七 : Bite^SEX

七拼八凑 : Bric et de broc
七窍生烟 : Fulminer
七横八竖 : Vrac (en)
+ 2
下马威 : Bois (dont on se chauffe)
下三烂 : Raclure^INS
下井投石 : Ambulance
下身, 下体, 下面 : Ceinture^SEX
下作 : Vil^INS
下流 : Paillard^SEX, Obscène^SEX
下流坯子 : Vaurien^INS
万灵药 : Orviétan
万事大吉 : Huile (tout baigne)
三八 : Stupide femelle^INS
三下两下, 三下五除二 : Deux
temps trois mouvements
三长两短 : Malheur (arriver)
三瓦两舍 : Quartier chaud^SEX
三心二意 : Moitié (à)
三只手 : Pickpocket
三角恋爱 : Triangle amoureux^SEX
三角裤 : Slip
三围 : Mensurations^SEX
三青子 : Voyou^INS
三姓家奴 : Renégat^INS
三高男 : Parti (bon)
三教九流, 三姑六婆 : Acabit^INS
三陪, 三陪小姐 : Hôtesse^SEX
上 : Grimper^SEX
上不了台面 : Inmontrable
上大号 : Chier
上头 : Gueule de bois
上班族 : Cols blancs
丈二和尚… : Latin (y perdre son)
+ 3
丑 : Moche^INS
丑八怪, 丑小鸭 : Mocheté^INS
丑陋不堪 : Amour (remède à l'~)
无风不起浪 : Fumée (il n'y a pas…)
无可奈何 : Rien (n'y pouvoir)
无头苍蝇 :　　Air (brasser de l'~)
无地自容 : Fourrer (ne pas savoir…)
无论如何 : Monde (pour rien au)
无米之炊, 无米下锅 : Impossible
无妄之灾 : Tuile
无事不登三宝殿 : Raison

无济于事 : Avancer, Cautère
无能为力 : Rien (n'y pouvoir)
无缘无故 : Raison
无赖痞子 : Canaille[INS], Voyou[INS]
无/没精打采 : Zéro (moral à)
无稽之谈 : Foutaises

丐帮 : Mendiant

天下第一 : Top (au)
天方夜谭 : Debout (histoires à...)
天杀的 : Foudre[INS]
天字第一号 : Numéro 1
天诛地灭 : Scélérat[INS]
天哪, 天啊, 我的天 : Mon Dieu ![INS]
天晓得 : Dieu sait comment
天涯何处... : Une de perdue[SEX]

五短身材 : Court sur patte
五毛党 : Propagandiste[INS]
五花大绑 : Saucisson
五体投地 : Chapeau (tirer son)
五姑娘 : Veuve Poignet[SEX]
五毒俱全 : Débauche[SEX]
五指山 : Baffe

开大油门 : Champignon
开门见山 : But (aller droit au)
开门红 : Pied (du bon)
开小差 : Flanc (tirer au)
开牙, 真敢开牙 : Gueule (grande)
开洋荤 : Étranger[SEX]
开窍 : Amour (comprendre)[SEX]
开涮 : Moquer
开溜 : Anglaise (à l')

² **不**入虎穴... : Qui ne risque rien
³ 不大离儿 : Pas mal
不干你的事 : Regarde (ça ne te...)
不三不四 : Louche
⁴ 不以为然 : Redire (trouver à)
⁵ 不对劲 : Anormal
不可救药 : Pourri jusqu'au...
⁶ 不成气候 : Gomme (à la)
不成器 : Bon à rien
不动脑筋 : Tête (ne pas se casser la)
不过如此 : Briques (ça ne casse pas)
不伦不类 : Ressembler (à rien)
不名一钱 : Fauché
不行了, 不成 : Foutu
不在乎 : Foutre (s'en)

⁷ 不妨 : Pain (ça ne mange...)
不妙 : Mal (ça va)
不折不扣 : Pur et simple
不肖之徒 : Potence (gibier de)
不孝子, 不肖... : Fils indigne[INS]
不言而喻 : Dire (cela va sans)
⁸ 不放在眼里 : Sérieux (ne pas...)
不明真相的... : Masses ignorantes
⁹ 不待见 : Blairer
不急之务 : Urgence
不起眼 : Médiocre
不是...的对手 : Poids (ne pas faire)
不是空穴来风 : Fumée (pas de...)
不是闹着玩, 不是玩 : Sérieux (à...)
不是省油的灯 : Pas facile
不是味儿 : Mal à l'aise
不要来这一套 : Cinéma
不要慌, 不要方 : Pas de stress
不要脸的东西 : Sous-homme[INS]
不怎么样 : Bof
¹⁰ 不倒翁 : Culbuto
不哼不哈 : Gare (sans crier)
不屑 : Foutre (s'en), Mépris
¹¹ 不得好死 : Maudit[INS]
不敢当 : Honneur (c'est trop d')
¹² 不寒而栗 : Trembler
不像话 : Révoltant
¹³ 不感冒, 不屑 : Foutre (s'en)
不解风情 : Coincé du cul[SEX]
不赖 : Pas mal
¹⁴ 不管三七二十 : Conséquences
¹⁵ 不醉不归 : Bourrer la gueule
¹⁶ 不憷 : Peur (ne pas avoir)

井底之蛙 : Œillères

+ 4 à + 6

世上无难事, 只怕有心人 : Impossible n'est pas français
世风日下 : Vau-l'eau

正中红心 : Mille (dans le)
正点 : Sexy[SEX]

东西南北 : Partout
东洋赤佬, 东洋鬼子 : Japs[INS]
东道主 : Régaler

两口子 : Couple
两头蛇 : Serpent[INS]
两全其美 : Chèvre et le chou

两饱一倒 : Douce (se la couler)
两性人 : Hermaphrodite^SEX
两面讨好 : Chèvre et le chou
两面受敌 : Feux (être pris…)
两脚货 : Chair humaine
两眼墨黑 : Paumé
+ 7
事儿妈 : Nez (fourrer)
事不关己 : Tiers comme du quart
事业线 : Décolleté^SEX

丨

中! : Mille (dans le)
中看不中吃/用 : Façade

丶

为生 : Croûte (gagner sa)
为所欲为 : Tête (n'en faire qu'à sa)
主儿 : Gars

丿
+ 1 à + 3

九, 鸠 : Bite^SEX
九牛二虎之力 : Hercule
九城 : Pékin
九霄云外 : Promener (envoyer)
久经沙场 : Vertes et des pas mûres
么么哒 : Bisou
乌龟 : Cocu^INS
乏货, 乏桶 : Incapable^INS
丹方 : Remède de grand-mère
+ 4
丢眉丢色/弄色 : Œil (faire de l')^SEX
失节, 失身 : Virginité (perdre)^SEX
失恋 : Plaqué^SEX
失魂落魄 : Peur (avoir)
丘八 : Soudard^INS

冂

买春 : Putes (aller au)^SEX
买春客 : Putassier^SEX

乚

乳交 : Notaire^SEX

乳沟 : Décolleté^SEX
乳臭未干 : Lait

乙/乛

了不得 : Formidable
了手 : Boucler (une affaire)
了如指掌 : Doigts (connaître…)
书呆子 : Nerd^INS
娘型 : Tapette^SEX

二

二手货 : Remarié^SEX
二(2/两)王一后 : Plan à trois^SEX
二五眼 : Abruti
二号 : Toilettes
二奶 : Maîtresse^SEX
二百五 : Abruti
二老 : Vieux (parents)
二爷 : Gigolo^SEX
二把刀 : Amateur
二把手 : Numéro 2
二房 : Concubine^SEX
二狗子 s : Flic^INS
二话不说 : Barguigner
二郎腿 : Jambes
二鬼子 : Coréen
二倚子 : Hermaphrodite^SEX
二流子, 二混子 : Vaurien
二婚, 二手货 : Remarié^SEX
二锅头 : Remarié^SEX
+ 2
云雨, 巫山云雨 : Nuages et pluie^SEX

十
+ 0 + 1

十一路公交车 : Pince (à)
十有八九 : Coups (à tous les)
千刀万剐 : Souffrances, Gibier…^INS
千儿八百 : Millier
千方百计 : Moyens (par tous les)
千钧一发 : Fil (ne tenir qu'à…)
千难万险 : Peine (à la)
千载难逢 : 36 (du mois)

+ 3

半文盲 : Illettré
半斤八两 : Bonnet blanc
半大小子 半 : Ado
半半拉拉 : Moitié (à)
半吊子 : Dilettante
半老徐娘 : Cougar^SEX
半残废 : Nabot
半彪子 : Impulsif
半醉, 半酣 : Ivre

+ 6

卖关子 : Suspense (faire durer le)
卖国贼 : Traître^INS
卖命 : Paillasse
卖春 : Charmes (vivre…)^SEX
卖春妇 : Prostituée^SEX
卖萌 : Attendrissant
卖淫, 卖身 : Prostitution^SEX
丧门星, 丧门神 : Porte-poisse^INS
丧家之犬 : Feu (sans…), Chien^INS
直女, 直男 : Hétéro^SEX
直男癌 : Machisme
直娘贼 : Incestueux^INS
真他奶奶的 : Chié^INS, Grave^INS
真行, 你真行 : Bravo !
真该死 : Malédiction !^INS
真逊 : Craindre, Nul
真臭 : Nul, Puer

厂

厉害 : Bien, bon, Terrible
压榨鬼 : Exploiteur^INS
厕所 : Toilettes
厕所文学 : Chiottes (littérature de)
厮 : Sale type^INS
厮混 : Fricoter
赝品 : Faux

匚

巨 : Très
巨友儿 : Ami
区区小事 : Rien du tout
匪夷所思 : Inouï

刂

+ 4   + 5

划拳 : Jeux à boire
别了 : Adieu !
别有用心 : Idée derrière…
别扭 Mal à l'aise
别逗了 : Rigoles (tu)
别煽了 : Frimer

+ 6

到 : Présent
到家 : Parfait
刺儿头 : Coucheur (mauvais)
刻不容缓 : Instant (pas un…)
刻骨铭心 : Cœur (gravé au fond)
刮刮叫 : Super
刷浆糊 : Frotter^SEX
刷夜 : Découcher

+ 7

剑拔弩张 : Couteaux
剡架 : Baston

+ 8   + 10

剥皮 : Gredin^INS
剩女 : Vieille fille^SEX

刀

刀子 : Surin
刁民 : Racaille
刁滑, 刁钻 : Renard (vieux)
劈腿 : Promiscuité^SEX

⺈

+ 4

色迷迷 : Concupiscent^SEX
负心贼 : Ingrat^INS
龟公 : Maquereau^SEX
龟头 : Gland^SEX, Tête de nœud^INS
龟孙子, 龟子孙, 龟儿子 : Bâtard^INS
兔子, (小)兔崽子 : Corniaud^INS,
   Giton^INS, Gay^SEX, Tête à claques^INS
兔死狗烹 : Écorce (on presse…)
兔吮毫 : Positions^SEX

卜

占上风 : Dessus (prendre le)
占便宜 : Beurre (faire son)

卡拉 OK : Karaoké
卡哇伊 : Kawaii

冂
+ 2

内人 : Femme
内在美 : Beauté intérieure
内急 : Besoin pressant
内鬼 : Taupe
内裤 : Slip
+ 4

同伙, 同道儿 : Complices
同性恋 : Homo[SEX]
同房 : Acte conjugal[SEX]
同袍 : Armes (frère d'~)
同寝室 : Copiaule
同遭厄运 : Enseigne (logé à…)

网络水军 : Propagandiste[INS]
网恋 : Ligne (rencontre en)[SEX]
+ 6

周扒皮 : Exploiteur

亻
+ 2　+ 3

化为乌有 : Fumée (partir en)
代沟 : Génération (fossé de)
仨 : Trois
他妈的 : Putain[INS], Putain de…[INS]
他妈的狗屁 : Putain de…[INS]
+ 4

伙计 : Pote
伎俩 : Truc (astuce, piège)
任人宰割 : Tondre
伪君子 : Faux-jeton
仰面朝天 : Fers (les quatre…)
+ 5

低头族 : Smombie
低能儿 : Sous-doué[INS]
佛爷 : Voleur
佛系 : Zen

你干什么呢 : Foutre[INS]
你不是人/东西 : Sous-homme[INS]
你去被插屁眼吧 : Enculer[INS]
你行你上 : Chiche
你妹 : Cul (et mon)[INS]
你倒自在 : Aise (en prendre à son)
你说到哪儿去了 : Honneur
你真是 : Toi, alors !

伸舌头 : Chapeau (tirer son)
伸懒腰 : Étirer (s')

伺机炮友 : Plan cul régulier[SEX]

体外排精 : Coïtus interruptus[SEX]
体位 : Positions[SEX]
体面 : Face

住口 : Tais-toi !
住嘴 : Gueule (ta)[INS]

作牛作马 : Bête de somme
+ 6

侃大山 : Bavarder
侃价儿 : Marchander
侃爷 : Crâneur

侉子 : Péquenot[INS]

侏儒 : Nabot[INS]
+ 7

保姆 : Bonniche

信口开河 : À tort et à travers

修长城 : Mah-jong
修理 : Leçon
+ 8

俺 : Je

倍儿, 倍儿棒 : Très

倒戈 : Veste (retourner sa)
倒立 : Poirier
倒好儿 : Siffler
倒霉 : Déveine
倒霉蛋 : Poissard
倒胃口 : Gerbe
倒栽葱 : Gamelle

俯卧撑 : Pompes

倾吐 : Sac (vider son)
倾盆大雨 : Seaux

+ 9

假活儿 : Escroc
假惺惺 : Faux-jeton

偶 : Je

偷汉子, 偷情 : Adultère (commettre)[SEX]
偷鸡摸狗 : Voler, Adultère[SEX]
偷渡者 : Clandestin
偷窥狂 : Voyeur[SEX]
偷懒 : Flemmarder

做 : Faire[SEX]
做一天和尚… : Jour (vivre…), Minimum (en faire…)
做东 : Payer l'addition
做头发 : Adultère (commettre)[SEX]
做爱 : Amour (faire)[SEX]
做鸭 : Prostitué[SEX]

+ 10

傍上 : Sortir avec
傍大款 : Entretenue[SEX]
傍家儿 : Amant[SEX]
傍黑儿 : Chien et loup (entre)

傢伙 : Mec

+ 11

催情药 : Aphrodisiaque[SEX]

傻大个子/儿 : Grand con[INS]
傻大黑粗 : Bouseux[INS]
傻子 : Idiot[INS]
傻瓜, 傻里叭唧, 傻头傻脑: Bête[INS]
傻鸡巴, 傻屄 : Tête de nœud[INS]
傻屄 : Sale con[INS]
傻冒儿, 四月的傻帽儿 : Lapin de six semaines[INS]
傻眼 : Scié
傻蛋 : Nigaud[INS]

人

人人皆知 : Connu de tous
人不可貌相 : Habit (ne fait pas…)
人不知，鬼不觉 : Douce (en)
人无完人 : Parfait (personne…)
人龙 : Queue (file d'attente)
人来疯 : Spectacle (se donner en)
人老心不老 : Jeune (rester)
人来疯 : Gosse (sale)

人间地狱 : Enfer sur terre
人妖 : Trav[INS], Transgenre[SEX]
人脉圈 : Réseau
人赃俱获 : Sac (prendre la…)
人蛇 : Clandestin
人孰无过 : Erreur
人善被人欺… : Brebis
人渣 : Ordure[INS]
人模狗样 : Sérieux (se donner…), 31 (être sur son)

+ 1　+ 2

…个屁 : Cul (et mon)
从良 : Trottoir[SEX]
以卵击石 : Pot de terre…

+ 4　+ 6

会来事儿 : Aise (être à l'~)
舍不得孩子… : Qui ne risque…
舍友 : Copiaule
命大 : Baraka

八

八九不离十 : Poil (à un poil près)
八大胡同 : Quartier chaud[SEX]
八字胡 : Moustache
八面玲珑 : Flûte (bois dont…)

+ 2

分手 : Rompre[SEX]
分桃 : Gay[SEX]
公务猿 : Fonctionnaire[INS]

+ 4

共匪 : Bandit communiste[INS]
天朝 : Régime[INS]
兴风作浪 : Vagues (faire des)

丷

+ 1 à + 6

丫子 : Pi
丫头, 丫头片子 : Gamin(e)
丫头养的, 丫(挺)的 : Esclave[INS]
关…屁事 : Fesses (s'occuper de)[INS]
单刀直入 : Chemins (quatre)
单身狗 : Célibataire[SEX]

307

+ 7

前儿个 : Avant-hier
前戏 : Préliminaires[SEX]
前仰后合 : Tordre de rire (se)
前言不搭后语 : Queue (sans…)
美人计 : Piège à miel[SEX]
美元 : Dollar
美中不足 : Ombre au tableau
美妞 : Jolie fille
美国佬 : Américain
美美哒 : Mignon.ne
美得不像话 : Superbe
美髯公 : Barbu

+ 9

兽欲 : Bestial[SEX]

儿

兄弟 : Pote
先入为主 : Impression (1re…)
兜圈子 : Pot (tourner autour du)

几

凡把刷子 : Doué
凤姐 : Prostituée[SEX]

匕

北极熊 : Russkof[INS]

勹

勾当 : Mèche (être de)
勾栏 : Bordel[SEX]
勾搭 : Fleurette[SEX]
勾勾搭搭 : Mèche (être de),
Batifoler[SEX]
包子有肉不在褶上 : Habit
包打听 : Fouineur[INS]
匍匐 : Plat-ventre
够二, 够, 够井 : Crétin

二

+ 1   + 2

亡国奴 : Valet de l'étranger[INS]
六块肌 : Plaquettes de chocolat
六神无主 : Saint (à quel…)

+ 4

克好汉 : Crâner, Crâneur
交尾, 交配 : S'accoupler[SEX]
交换配偶 : Échangisme[SEX]
交媾 : Acte sexuel[SEX], Copuler[SEX]

+ 6

京片子 : Pékinois
夜不成寐 : Nuit blanche
夜度娘 : Prostituée[SEX]
夜猫子 : Oiseau de nuit
卒瓦 : Moche

+ 8

[2] **高**人一等 : Bourre (de première)
[3] 高大上 : Luxueux
高大彪悍 : Baraqué
[4] 高手 : Spécialiste
[5] 高头大马 : Armoire à glace
[7] 高丽棒子 : Coréen
[8] 高枕无忧 : Oreilles (dormir sur…)
高枝儿 : Légume (grosse)
[12] 高富帅 : Parti (bon)
[15] 高潮 : Orgasme[SEX]

+ 9   + 12

商女 : Prostituée[SEX]
就不说了, 就不多说了 : Rajou-
ter (pas besoin d'en), Raconte
就绪 : Prêt (c'est)
豪饮 : Bourrer la gueule

冫

+ 4   + 5

冰人 : Entremetteur[SEX]
冰冻三尺，非一日之寒 : Paris
ne s'est pas fait en un jour
冷不防 : Surprise (par)
冷成狗 : Chien (froid de)
冷场 : Ange

+ 8   + 9

凉了半截 : Refroidi
凑份子 : Pot (mettre au)
凑热闹 : Fête (faire la), Rajouter

一

冤大头 : Pigeon

2 traits :　讠　凵　卩　入　阝,阝　力

讠
+ 3 à + 6
讨债鬼 : Vaurien[INS]
诡计多端 : Sac (plus d'un tour…)
话里有话 : Lignes (entre les)
话匣子 : Moulin à paroles
诗朋酒友 : Beuverie
+ 7
说了算 : Danse (mener la)
说归说，做归做 : Parole
说好的 : Marché conclu
说客 : Beau parleur
说曹操… : Loup (quand on…)
+ 8
请君入瓮 : Jeu (prendre à …)
请喝茶 : Thé
谈恋爱 : Relation amoureuse[SEX]
+ 12
谱儿 : Idée

凵
凸 : Bras d'honneur
[2] 出人头地 : lot (sortir du)
[3] 出工 : Bosser
出马 : Main (prendre…)
[4] 出丑 : Ridiculiser (se)
出风头 : Péter (se la)
出毛病 : Détraquer (se)
出水 : Trottoir[SEX]
[6] 出轨 : Rails (sortir des),
Conduite (écart de)[SEX]
出血 : Raquer un max
[7] 出岔子 : Merder
[8] 出柜 : Placard (sortir du)[SEX]
出卖肉体 : Prostitution[SEX]
[10] 出恭 : Trône (aller sur le)
[11] 出圈儿 : Bornes
[14] 出漏子 : Merder

卩
卫生间 : Toilettes
卵蛋 : Couilles[SEX]
卷起袖子 : Manches

入
入不敷出 : Bouts
入房 : Acte sexuel[SEX]
入港 : Adultère (commettre)[SEX]

阝 (左，又)
+2
队伍 : Queue (file d'attente)
+ 4
阶级敌人 : Classe (ennemi de)[INS]
阳具 : Phallus[SEX]
阳萎 : Impuissance[SEX]
阴门, 阴毛 : Vulve[SEX]
阴阳人 : Hermaphrodite[SEX]
阴阳怪气 : Efféminé[SEX]
阴沟里翻船 : Planter (se)
阴茎 : Pénis[SEX]
阴道 : Vulve[SEX]
阴蒂 : Clitoris[SEX]
阮囊羞涩 : Diable par la queue
那还用说! : À qui le dites-vous !
那里 : Chose[SEX]
邪门儿 : Zarbi
邪乎, 邪行 : Abusé
+ 5
阿三 : Indien
阿乡 : Plouc
阿飞 : Délinquant
阿木林 : Pigeon
邻家男孩/女孩 : À côté
+ 6
郎中 : Toubib
郎猫 : Matou

力
力不从心 : Forces (au-dessus…)
办砸了 : Foirer
加塞儿 : Queue (file d'attente)
动不动 : Oui (pour un…)
动火 : Rogne (se foutre en)
动手动脚 : Mains baladeuses[SEX]
动劲儿 : Coup (en mettre un ~)
动脑筋 : Méninges
勃起 : Bander[SEX]
勃然大怒 : Crise (piquer une)

2 traits : 又

3 traits : 干　土　士　工

又

+ 2 à + 4

反水 : Veste (retourner sa)
对不住 : Excuses
对象 : Amant[SEX]
发毛 : Poule (chair de)
发困 : Paupières lourdes
发闷 : Cafard
发软 : Jambes
发春 : Chaleur (en)[SEX]
发福 : Porter (bien se)
发蒙 : Embrouillé
观风 : Guet
观音坐莲 : Positions[SEX]
观淫癖者 : Voyeur[SEX]

+ 6

变态 : Pervers
变态佬 : Pervers[INS]
受气包儿 : Turc (tête de)
受够了 : Assez

+ 8

难兄难弟 : Galère
难道我不知道 : À qui le dites-vous
难缠的 : Pas facile

----------------3 traits----------------

干

干 : Faire[SEX]
干巴瘦 : Maigrichon
干妈 : Maman[SEX]
干你妈, 干你娘 : Mère[INS]
干杯 : Cul-sec
干笑 : Jaune (rire)
干掉 : Liquider
平胸女 : Planche à pain[SEX]

土

土 : Ringard
土包子, 土老帽儿 : Plouc
土肥圆 : Boudin[INS]
土娼 : Prostituée sans licence[SEX]
土匪 : Brigand
土豪 : Parvenu

土鳖 : Péquenot[INS]
土味情话 : Cucul la praline

+ 2　+ 3

去死 : Va mourir[INS]
去你奶奶的 : Mère[INS]
去你妈的, 去你娘的 : Va te faire foutre[INS]
去屎 : Va chier[INS]
去粗取精 : Grain (bon…)
去嗨 : Défoncer (se)
圣母 : Peine à jouir
在一起 : Maqué[SEX]

+ 4

坂上走丸 : Roulettes
坊子, 坊曲 : Maison close[SEX]
坏人 : Ordure[INS]
坏包儿 : Coquin[INS]
坏东西 : Crapule[INS]
坏事了 : Malédiction[INS]
坏种, 坏种子 : Graine[INS]
坏透了 : Pourri jusqu'au trognon
坏蛋 : Crapule
坑爹 : Pas cool
块儿八毛 : Fric

+ 5 à + 8

坯子 : Potentiel (haut)
幸运儿 : Veinard
垫背 : Bouc émissaire
垂涎(三尺/欲滴) : Baver d'envie
基友 : Gay[SEX]

士

壮阳药 : Aphrodisiaque[SEX]
地板舞 : Breakdance
地痞 : Voyou[INS]
喜出望外 : Joie

工

巧了, 太巧了 : Tomber bien
左右开弓 : Aller-retour
左右为难 : Marteau (entre…)
差头 : Taxi
差劲 : Nul

扌
+ 0   **+ 1**

才怪！: Œil (mon)

扎心了老铁 : Cœur (fendre)

扎猛子 : Tête (piquer une)

+ 2

扒手 : Pickpocket

扒拉 : Bâfrer

扒窃 : Voler

扑空 : Coup (manquer son ~)

²**打**入冷宫 : Battre froid

³打工 : Boulot (petit)

打小报告 : Cafarder

打马虎眼 : Con (jouer au)

⁴打飞机 : Branlette^SEX

打开窗子说亮话 : Cartes sur table

打手 : Nervi

打手枪 : Branlette^SEX

打水漂 : Claquer son pognon

打牙祭 : Gueuleton

⁵打发时间 : Temps (tuer le)

⁶打关节 : patte (graisser la)

打回票 : Remballer

打交道 : Fréquenter

打死老虎 : Ambulance

打耳光 : Baffe

⁸打的 : Taxi

打肿脸充胖子 : Grenouille

⁹打盹儿 : Roupiller

打哈哈 : Jeu

打架 : Bagarre

打炮 : Baiser^SEX

打秋风 : Taper (du fric)

打退堂鼓 : Laisser tomber

打战 : Grelotter

¹¹打得火热 : Cul (comme…)

打情骂俏 : Fleurette^SEX

打啵 : Pelle

打野鸡 : Putes (aller au)^SEX

¹²打落水狗 : Ambulance

¹³打酱油 : Foutre (s'en)

打群架 : Baston

¹⁴打榧子 : Doigts (claquer des)

¹⁹打镲 : Moquer

+ 3

扫兴 : Douche froide, Trouble-fête

扫帚星 : Porte-poisse^INS

托门子 : Contact

扬言 : Toit (crier sur les)

+ 4

把子 : Bande de…

把心一横 : Courage à 2 mains

把式 : Spécialiste

把妹 : Draguer^SEX

把妹达人 : Pick-up artist^SEX

扮装(异装)皇后 : Drag queen^SEX

抄手(儿) : Bras croisés

扯头花 : Chignon (se crêper)

扯后腿 : Bâton (mettre des…)

扶不起的阿斗 : Sous-doué^INS

扶她, 扶他 : Hermaphrodite^SEX

抠门儿 : Radin

扭捏, 扭扭捏捏, 扭搭, 扭搭扭搭 : Chichis, Cul (tortiller du)^SEX

扭腰摆臀 : Cul (tortiller du)^SEX

抛弃 : Laisser tomber

抛到九霄云外 : Promener

抢风头 : Vedette (voler la)

投机倒把 : Spéculateur

投怀送抱 : Jeter (se…)^SEX

投闲置散 : Placard

找门路 : Piston

找乐子 : Fun (pour le)

+ 5

拌嘴 : Bec (prise de)

抽空, 抽功夫 : Temps (prendre le)

拉大条 : Chier

拉长脸 : Tronche (tirer la)

拉拉, 拉子, 拉拉山 : Lesbienne^SEX

拉拉杂杂 : Queue (sans…)

拉客 : Racoler^SEX

拉屎 : Chier

拉倒 : Laisser tomber

拉家带口, 拖家带口 : Casé

拉稀, 拉稀屎 : Chiasse

拇战 : Jeux à boire

拈花惹草 : Jupon^SEX

拧劲儿 : Têtu
拍马屁 / 拍 : Bottes (lécher les)
拍巴掌 : Applaudir
拍婆子 : Jupon^SEX
抬 : Morceau (cracher le)
抬杠 : Bec (prise de)
抬轿 : Flatterie
拖人下水 : Mouiller quelqu'un
拖拖拉拉 : Traîner en longueur
拖油瓶 : Remarié^SEX
拆白 : Arnaquer
拆烂污 : Bâcler
抽荆 : Femme

+ 6

按捺不住 : Exploser
挂了 : Crever
挂花 : Déguster
挂科 : Planter (se)
挂零 : Poussières (et des)
拱火 : Énerver
挥金如土 : Fenêtres (jeter...)
挤兑, 挤得 : Moquer
拮据 : Sans un
挪窝 : Déménager
挪窝窝 : Bouger son cul
拼车 : Covoiturage
挺 : Très
挺尸 : Ronquer
指鹿为马 : Lanternes

+ 7

挨个儿 : Tour (chacun son)
挨过 : Tirer (d'affaire)
挨呲儿 : Engueuler
挨骂 : Injurier (se faire)^INS
挨宰 : Arnaquer (se faire)
捣乱, 捣鬼 : Bordel (foutre le)
捣乱鬼 : Fripon^INS
捣蛋鬼 : Fouteur de...^INS, Fripon^INS
换偶, 换妻 : Échangisme^SEX
捡肥皂 : Savonette^SEX
捞油水 : Fouilles (s'en mettre...)
捏一把汗 : Peur (suer de)

捅娄子 : Cata

+ 8

掩耳盗铃 : Autruche
掴饬 : Belle (se faire ~)
掴 : Gifler
接头 : Contacter
接踵而来 : Talons
捻, 撚 : Bite^SEX
排场 : Tralala
探子 : Barbouze
探囊取物 : Doigts dans le nez
推波助澜 : Huile (jeter de...)

+ 9

插 : Pénétrer^SEX
插口, 插嘴, 插话 : Sel (grain de)
插手, 插足, 插身 : Nez (fourrer)
搓火 : Rogne (se foutre en)
搓板儿 : Planche à pain
搓麻将 ou 搓麻 : Mah-jong
搓一顿 : Bouffe
搭手 : Coup de main
搭讪 : Aborder, Poisson (noyer), Draguer^SEX
搭便车 : Auto-stop
搭档 : Équipe (faire)
掉魂 : Trouille (avoir la)
搅屎棍 : Fouteur de merde^INS
搜腰包 : Poches (faire les)
揩油 : Fouilles (s'en mettre...)
提心吊胆 : Transes
提问娘 : Carpette^INS

+ 10

摆龙门阵 : Bavarder
摆臭脸 : Tronche (tirer la)
摆样子 : Yeux (poudre aux)
摆阔 : Étalage
摆谱儿 : Air(s)
搬砖 : Boulot (petit)
摁, 摁烟, 摁香烟 : Clope
搞一炮 / 下 / 次 : Coup^SEX, Faire^SEX
搞定了 : Sac (l'affaire est...)
搞破鞋 : Roulure^INS
搞钱 : Fric (se faire du)

搞砸了 : Foirer
搞基 : Gay^{SEX}

摸不着门儿 : Largué
摸底 : Creuser
摸鱼 : Flanc (tirer au)
摸摸哒、摸摸大 : Bisou

摊手耸肩 : Épaules (hausser)

搭塞 : Jambe (par-dessus la)

摇滚 : Rock'n'Roll
摇头丸 : Ecsta
摇钱树 : Poule aux œufs d'or

+ 11

撒大条 : Chier

+ 12

撒 : Casser (se)
撤傍 : Rompre^{SEX}

撑的慌 : Dents (du fond qui…)
撑腰 : Pistonner

撮鸟 : Couillon^{INS}

撸一顿/一通 : Savon (passer un)
撸, 撸管 : Astiquer (s')^{SEX}
撸袖干 : Manches (retrousser…)

撵走 : Virer (chasser)

撒丫子 : Jambes (prendre ses…)
撒手, 撒手归西 : Mourir
撒手铜 : Atout
撒尿 : Pisser
撒泼打滚 : Caprice
撒娇 : Attendrissant
撒野 : Sauvage (se comporter…)

撕逼 : : Chignon (se crêper)
撕票 : Otage

+ 13

操 : Putain^{INS}, Niquer^{SEX}
操你妈, 操你妈的逼, 操你娘 :
Mère (nique ta)^{INS}
操性 : Dégueulasse
操蛋 : Conneries !^{INS}, Pourri

+ 14　à　+22

擦屁股 : Nettoyer

攮子 : Surin
攮死 : Planter

⊞ + 4

花天酒地 : Orgies^{SEX}
花心 : Volage^{SEX}
花老头 : Vieillard lubrique^{SEX}
花花公子 : Playboy^{SEX}
花花世界 : Monde des plaisirs^{SEX}
花言巧语 : Baratin
花柳 : Chtouille^{SEX}, Fille de joie^{SEX}
花酒 : Repas d'affaires^{SEX}
花瓶 : Pot de fleur^{INS}
花样, 花招 : Arnaque
花街柳巷 : Quartier chaud^{SEX}
花艇 : Bateaux de fleurs^{SEX}
花痴 : Fan
花蕊 : Clitoris^{SEX}

劳什子 : Plaie^{INS}
劳资 : Je

+ 5

苟且偷生 : Végéter
茅坑 : Chiottes
苦学 : Potasser
若无其事 : Rien (mine de)

+ 6

草, 艹 : Putain^{INS}, Niquer^{SEX}
草包 : Incapable^{INS}
草民 : Populo
草鸡 : Poule mouillée^{INS}
草寇 : Brigand
荡妇 : Impudique^{SEX}, Traînée^{INS}
荤, 荤的 : Obscène^{SEX}
荏弱 : Faiblard
药贩子 : Dealer
茬架 : Baston

+ 7

莽夫, 莽汉 : Rustre^{INS}

莫测高深 : Profond (trop)
莫名其妙 : Latin (y perdre son)

+ 8

菜鸟 : Bleu^{INS}
菊花 : Anus^{SEX}

萌妹子 : Kawaii
萌娃 : Bébé
萌萌哒 : Mignon.ne
萍水相逢 : Tomber sur

+ 9

落水狗 : Panade
落汤鸡 : Os (trempé…)
落草为寇 : Brigandage
落脚 : Crécher
落落寡合 : Asocial

+ 10 à + 13

蒙在鼓里 : Courant (pas au)
蒙混过关 : Tirer (d'affaire)
蓬头垢面 : Peigne (sale comme…)
蔫儿 : Moral (ne pas avoir)
蔫不唧 : Gueule (faire la)

大

[2] 大力士 : Hercule
[3] 大大咧咧 : Je-m'en-foutiste
大小姐脾气 : Sucrée (faire sa)
[4] 大不了 : Pire
大扎 : Nichons[SEX]
大少爷 : Fils à papa
[5] 大发雷霆 : Furibard
大头佛 : Emmerdes
大头朝下 : Tête la première
[6] 大吃一惊 : Flan (comme deux...)
大吃大喝 : Empiffer (s')
大亨 : Légume (grosse)
大伙儿 : Tout le monde
大名鼎鼎 : Loup blanc
大杀风景 : Ambiance (casser l')
大有文章 : Anguille
大宅门 : Riche (famille)
[7] 大兵 : Bidasse
大块头 :　Armoire à glace
大牢 : Taule
大男子主义者 : machiste
大条 : Merde
[9] 大保健 : Santé pour adultes[SEX]
大茶壶 : Maquereau[SEX]
大疮 : Vérole[SEX]
大姨妈来了 : Ragnagnas[SEX]
[10] 大拿 : Boss
[11] 大惊小怪 : Plat (en faire…)
大猪蹄子 : Salaud[SEX]
[12] 大款 : Richard
大粪 : Merde
大腕 : Huiles

[13] 摇大摆 : Mécaniques
大意 : Lune (être dans la)
[14] 大蜜, 大尖儿蜜, 大飒蜜 : Canon
大爆冷门 : Inattendu
[15] 大醋王/桶 : Monstre de jalousie[SEX]

+ 1 à + 7

太平公主 : Planche à pain[SEX]
太烂 : Craindre
头儿 : Patron
夸…海口 : Vanter (se)
夹着尾巴逃 : Queue (la … basse)
奄奄一息 :　Agonisant
套套 : Capote[SEX]
套路 : Piège à miel[SEX]
套磁 : Bottes (lécher les)

小

[2] 小人芽儿 : Gamin
[3] 小三 : Maîtresse[SEX]
小子, 臭小子 : Vaurien[INS]
小小子儿 : Mioche
小丫头片子 : Morveuse[INS]
小子 : Garnement
[4] 小不点儿 : Mioche
小气 : Radin
小气鬼 : Radin[INS]
小日本 : Japon
小三 : Amant[SEX]
[5] 小白兔 : Lolos[SEX]
小白脸 : Gigolo[SEX]
小吃 : Casse-croûte
小老婆 : Concubine[SEX]
小奶狗 : Toy boy[SEX]
小穴 : Grotte d'amour[SEX]
[7] 小弟弟 : Chose[SEX], Zizi[SEX]
小攻 : Actif/passif[SEX]
小两口儿 : Couple
小妞妞 : Foufoune[SEX]
[8] 小屄 : Petit con[INS]
小和尚 : Chauve à col roulé[SEX]
小姐 : Demoiselle[SEX], Hôtesse[SEX]
小妹妹 : Foufoune[SEX]
小青马 : Jeunes
小受 : Actif/passif[SEX]
小兔崽子 : Sale gosse[INS]

[9] 小鬼, 小猴子 : Diablotin
小皇帝 : Gâté
小美女, 小美妞 : Mignon.ne
小咪咪 : Foufoune[SEX]
[10] 小菜一碟 : Gâteau
小粉红 : Jeunes
小恭 : Pisser
小家伙 : Bonhomme, Mec
小狼狗 : Toy boy[SEX]
小样儿 : Petit[INS]
[11] 小娘砲 : Petite pute[INS]
小混混 : Bad boy
小淘气们 : Garnement
小偷小摸 : Voler
[12] 小矬子 : Courte-botte[INS]
[13] 小舅子 : Minable[INS]
[14] 小鲜肉 : Beau gosse
小蜜 : Amant[SEX]
[15] 小题大作 : Plat (en faire…)
小醋魔/王 : Monstre de jalousie[SEX]
[17] 小黏糕 : Pot de colle

+ 1 à + 3

少爷 : Prostitué[SEX]
少管闲事 : Oignons (se mêler…)
尔虞我诈 : Fin (jouer au)
尕娃 : Gamin
尘埃落定 : Décanter

口
+ 0 à + 2

口交, 口活 : Oral (sexe)[SEX]
口暴 : Ejaculation[SEX]
叭儿狗 : Lèche-bottes
叱喝 : Engueuler
号子 : Cellule
叫化子 : Mendiant
叫倒好 : Siffler
叫兽 : Prof[INS]
可不是！ : À qui le dites-vous !
可怜巴巴 : Pathétique
可气 : Énervant
另有用意 : Idée derrière…

+ 3

[2] 吃人不吐骨头 : Exploiteur
[3] 吃大户 : Pique-assiette

[4] 吃不了兜着走 : Doigts (s'en…)
[5] 吃白饭, 吃白米 : Parasite
吃瓜群众 : Masses ignorantes
[6] 吃闭门羹 : Porte
吃后悔药 : Doigts (s'en mordre)
吃肉棒 : Pipe[SEX]
[7] 吃豆腐 : Peloter[SEX]
吃闲饭 : Pique-assiette
[8] 吃屎, 吃鲍 : Cunnilingus[SEX]
吃货 : Gourmand, Morfale[INS]
吃苦 : Morfler
吃枪药, 吃枪子儿 : Vache enragée
吃软饭 : Entretenu[SEX]
[9] 吃屌 : Pipe[SEX]
吃独桌 : Cangue
吃钢丝… : Dur de dur
吃(喝)洗脚水 : Baiser (se faire)
吃香 : Populaire
吃香蕉 : Pipe[SEX]
吃哑巴亏 : Pilule
[10] 吃鸭蛋 : Zéro pointé
[11] 吃得上 : Moyens (avoir les)
吃得开, 吃香 : Cote (avoir la)
[12] 吃喝拉撒 : Vie quotidienne
吃喝嫖赌 : Bâton de chaise[SEX]
[13] 吃错药了 : Pied (levé du…)
[15] 吃醋 : Jaloux
[18] 吃藕 : Moche

吊儿郎当 : Flemmard
吊膀子 : Fleurette[SEX]
名妓 : Courtisane[SEX]
名庖, 名厨 : Cuistot
名草有主 : Chaussure à son pied
名堂 : Truc (machin)
后会有期 : Au revoir
后庭 : Anus[SEX]
后庭花 : Sodomie[SEX]
各人自扫门前雪 : Chacun pour soi
吸血鬼 : Vampire[INS]
吓死 : Trouille

+ 4

吧女 : Entraîneuse[SEX]
吵死了 : Oreilles (casser les)
吹了 : Rompre[SEX]
吹毛求疵 : Bête (chercher la petite)

吹牛皮, 吹牛 : Vanter (se)
吹灯拔蜡 : Foirer, Pipe (casser sa)
吹法螺 : Esbroufe
吹胡子瞪眼睛 : Crise (piquer une)
吹喇叭 : Pipe^SEX
吹箫 : Fellation^SEX
呆若木鸡 : Ahuri
含鸟猢狲 : Suce-bite^INS
含苞待放 : Puceau^SEX
含情脉脉 : Yeux de merlan frit^SEX
君子一言 : Juré-craché
君子报仇… : Vengeance
吮阳 : Fellation^SEX
吮痈舐痔 : Lécher le cul^INS
听蹭儿 : Frauder
吞精 : Avaler^SEX
吻痕 : Suçon^SEX

+ 5

呱呱叫 : Super
呼风唤雨 : Pluie (faire la…)
咖啡婊 : Pétasse^INS
啥, 啥子, 啥个, 啥话… : Quoi ?
味儿事儿 : Bof
咂儿 咂咂 : Seins^SEX
咂阳 : Fellation^SEX
咂嘴 : Babines
咋, 咋办, 咋回事 : Comment ?
咋回事 : Quoi ?
咋呼 : Frimer

+ 6

哈巴狗 : Lèche-bottes
咪咪 : Lolos^SEX
哪门子 : Quoi ?
哪里哪里 : Honneur
品玉, 品桃 : Cunnilingus^SEX
品箫 : Fellation^SEX
哇啦哇啦 : Blabla
响屁不臭… : Pet
哑炮 : Pétard mouillé
咬 : Oral (sexe)^SEX
咬耳朵 : Oreille (murmurer)
咱 : Je

+ 7 + 8 + 9

哥们儿 : Pote
哭成狗 : Veau (pleurer comme…)
哭穷 : Pauvre
哭丧脸 : Tête d'enterrement
哼 Cul-de-poule
啦啦队 : Pom-pom girl
喵的 : Merde ! (juron)^INS
啪啪啪 : Crac-crac^SEX
唾手可取 : Mûr (fruit)
唯命是从 : Obéir au doigt…
喝麻了 : Bourré
喇叭筒 : Roulée
喽啰 : Brigand
喋喋不休 : Déblatérer

+ 10 à + 13

嗜酒如命 : Dalle en pente
嗨场 : Défoncer (se)
嗖蜜 : Jupons^SEX
(小)嘎, 㞎, 尕 : Gamin
嘘嘘 : Pipi
嘿咻 : Crac-crac^SEX
噎人 : Bec (clouer le)
嘻哈 : Hip hop
噬脐莫及 : Regrets
嘴巴 : Baffe
嘴硬 : Têtu

口

四九城 : Pékin
四不像 : Ressembler (à rien)
四仰八叉 : Renverse (à la)
四面八方 : Partout
回头人 : Remarié^SEX
回扣 : Ristourne
囡, 囡囡, 囡儿, 小囡, 阿囡 : Gamin(e)
困难重重 : Peine (à la)
困难户 : Pauvre
困顿 : Crevé
囫囵 : Tout entier
囫囵吞枣 : Gober
囧 : Gêne

316

3 traits :　　山　巾　彳　彡　犭　夂

山

山中无老虎 : Aveugles
山旮旯儿 : Coin perdu
山寨 : Faux
幽会, 幽期 : Rendez-vous galant[SEX]
崩 : Flinguer

巾

帅哥 : Sexy[SEX]
带把儿的 : Couillu
带种 : Couilles (avoir des)
帮一把 : Coup de main
帮手 : Bras droit
帮凶 : Complice

彳

行尸走肉 : Bon à rien[INS]
行房 : Acte conjugal[SEX]
徒子徒孙 : Laquais[INS]
徒劳无功, 徒劳无益 : Épée
徒费唇舌 : Salive (user sa)
得了 : OK
得手 : Réussir
得意洋洋 : Joie
街谈巷议 : Bruit qui court
德行 : Dégueulasse
德棍 : Nazis[INS]

彡

彪形大汉 : Armoire à glace
彰彰在目 : Yeux (sauter aux)
影星 : Star

犭

+ 2 à + 5

狂人 : Fou[INS]
狂饮 : Trou (boire comme un)
犹豫不决 : Danser (sur quel pied)
[3] **狗**, 狗才/材, 狗贼 : Chien[INS]
狗女人 : Chienne[INS]
狗子, 黄/二/黑 狗子 : Flic[INS]
[4] 狗皮膏药 : Arnaque, Orviétan
狗日的 : Enculé de[INS], Putain de[INS]
[5] 狗汉奸 : Traître[INS]

狗吃屎, 狗呛屎 : Plat-ventre
[6] 狗血喷头 : Injurier[INS]
狗杂种 : Fils de chienne[INS]
[7] 狗男女 : Adultère (adj.)[SEX]
狗屁 : Saloperie de…[INS]
狗屁不通 : Queue (sans…)
[8] 狗官 : Fonctionnaire despotique[INS]
狗爬式 : Positions[SEX]
[9] 狗屎不如 : Tripette
狗屎 : Merde[INS]
[10] 狗娘养的 : Fils de chienne[INS]
[12] 狗窝 : Gourbi
狗崽子 : Fils de chienne[INS]
[13] 狗腿子 : Valet[INS]
[16] 狗颠屁股 : Bottes (lécher les)
狐臭 : Renard
狐狸精 : Allumeuse[SEX], Vamp[SEX]
狐朋狗友, 狐群狗党 : Racaille
狎客 : Putassier[SEX]
狎妓 : Bordel (aller au)[SEX]

+ 6　　+ 7

狱友 : Codétenu
狼心狗肺 : Chien enragé[INS]
狼虫, 狼虫虎豹 : Forban[INS]
狼狈为奸 : Larrons en foire
狼狈而逃 : Queue (la … basse)
狼吞虎咽 : Bâfrer
狼崽子 : Ingrat[INS]

+ 8

猝不及防 : Surprise (par)
猎艳 : Draguer[SEX]
猫王 : Rock'n'Roll
猜拳 : Jeux à boire
猪头 : Cochon[INS]
猪头猪脑/脑子 : Cochon (bête…)[INS]
猪猪女孩 : Sympa (fille)

+ 9　　+ 10

猴年马月 : Poules (quand les…)
猥琐男 : Gros dégueulasse[INS]
猿类 : Fonctionnaire[INS]
猿博 : Positions[SEX]

夂

备胎 : Roue de secours[SEX]

317

3 traits : 夕 亻 广 丬 门 氵

夕

外快 : Mois (arrondir…)
外国女 : Call-girl^{SEX}
外国佬 : Étranger
外遇 : Adultère (subs.)^{SEX}
多元之爱 : Polyamour^{SEX}
够饿, 够呛 : Terrible
够味儿 : Délicieux
够飒 : Classe
够档次 : Niveau (être au)

亻

饮鸩止渴 : Remède pire que le mal
饭圈 : Fan-club
饭桶 : Jean-foutre^{INS}, Morfale^{INS}
饱经风霜 : Couleurs (de toutes les)
饱学 : Puits de science
饱餐一顿 : Bâfrer
饿死鬼 : Morfale
饿得前胸贴后背 : Dalle (crever la)
馋虫 : Creux (avoir un), Glouton
馒头 : Nichons^{SEX}

丬

将军肚 : Bide

广

床头儿柜 : Maris soumis
应召女郎 : Call-girl^{SEX}
应声虫 : Béni-oui-oui
庖子 : Cuistot
底儿潮 : Police (connu des…)
废 : Battre
废人 : Épave^{INS}
庞克 : Punk
废物, 老废物 : Déchet^{INS}
庸医 : Médicastre
摩托车手, 摩托党 : Motard
磨洋工 : Fouler (sans se)
磨蹭 : Lambiner
鹰犬 : Nervi

门

门子 : Contact
闲嘴 : Gueule (ta)^{INS}
问柳寻花 : Bordel (aller au)^{SEX}
闷呆子 : Corniaud^{INS}
闷酒 : Chagrins (noyer ses)
闲花野草 : Marie-couche-toi-là^{SEX}
闲的慌 : Emmerder (s')
闲差 : Fromage
闹错 : Gourer (se)
闺蜜 : Copine
阉货 : Eunuque^{INS}
阔人, 阔佬 : Richard^{INS}
阔少爷 : Fils à papa
阎王爷 : Tombe (avoir un pied…)

氵

汉奸, 狗汉奸 : Traître^{INS}
汗马功劳 : Bosser
汗背心 : Marcel
汗流浃背, 汗淋淋, 汗津津 : Nage
江洋大盗 : Pirate
江湖 : Pègre
江湖医生 : Charlatan
沉舟破釜 : Vaisseaux
沉醉 : Bourré
³ **没**门儿 : Moyen (pas)
⁴ 没开过眼 : Trou (ne pas être…)
⁵ 没出息 : Raté
没头没脑 : Rime (sans …)
没皮没脸 : Vergogne (sans)
⁶ 没戏 : Foutu
没有不透风的墙 : Savoir
没(有)好果子吃 : Baver (en)
没有的事儿 : Allons donc !
⁷ 没劲 : Emmerder (s')
⁸ 没治 : Nul, Super
⁹ 没挑儿 : Tip-top
没种 : Rien dans la culotte
¹¹ 没得说 : Rien à dire
¹² 没跑儿 : Sûr certain
¹⁶ 没辙 : Moyen (pas)
沙雕 : Marrant, Tête de nœud^{INS}

3 traits : 氵

+ 5

法西斯 : Fasciste[INS]
法克 : Fuck[INS]

波, 大波, 小波 : Nichons[SEX]
波推 : Notaire[SEX]

河东狮吼 : Ménage (scène de)
河蟹 : Harmoniser

活见鬼 : Sapristi[INS]
活腻, 活得不耐烦了 : Vie (dégoûté de la)

泥鳅 : Ablette

泡 : Glander
泡汤 : Eau (tomber à l')
泡妞 : Draguer[SEX]
泡蘑菇 : Traîner en longueur

泼妇, 泼辣货 : Mégère, Mégère[INS]
泼妇骂街 : Poissonière[INS]
泼贼 : Canaille[INS]
泼娼根 : Pute[INS]

泄气 : Dégonfler (se), Vent (lâcher)

油门 : Champignon
油腻男 : Vieux con[INS]
油嘴滑舌 : Langue bien pendue

+ 6

洞洞, 小洞洞 : Trou/du cul[SEX]

浮华 : Bling bling

浑水摸鱼 : Eaux (pêcher en…)

活儿 : Boulot (petit), Talents[SEX]
活路 : Boulot (petit)
活地狱 : Enfer sur terre
活死人, 死人 : Légume[INS]
活该 : Bien fait
活该倒霉 : Bien fait[INS]

津津有味 : Savourer

派 : Allure
派鬼 : Pot-de-vin
派头 : Classe

洗手不干 : Mains (s'en laver les)
洗手间 : Toilettes
洗耳恭听 : Ouïe (être tout)
洗钱罪 : Blanchiment d'argent

洋妞 : Étrangère[SEX]
洋鬼子 : Diable étranger[INS]
洋相 : Spectacle (se donner en)
洋基 : Yankee

+ 7

海龟 : Rapatrié
海量 : Descente
海誓山盟 : Éternel[SEX]

酒肉朋友 : Beuverie
酒色之徒 : Débauché[SEX]
酒鬼, 酒徒, 酒翁, 酒桶, 酒虫子 : Dalle en pente, Ivrogne, Sac à vin[INS]
酒酣耳热 : Pompette
酒量大 : Descente
酒糟鼻 : Gros nez rouge

浪荡, 浪子, 浪荡子 : Débauché[SEX]

流氓, 小流氓玩闹 : Voyou[INS]
流浪汉 : Clochard, Vagabond
流浪艺人 : Ambulant, Artiste
流浪歌手 : Artiste

涂鸦 : Mouche (pattes de)

+ 8 à + 10

混 : Traîner
混小子, 浑小子 : Bâtard
混充 : Passer (faire)
混帐 : Raclure[INS]
混混, 小混混 : Voyou[INS]
混/浑蛋, 混/浑球儿 : Salaud[INS]

清水 (衙门) : Placard (mettre au)

渧猫尿 : Chialer

淘气鬼 : Galopin[INS]

添乱 : Bordel (foutre le)
添柴加火 : Coup de main

淫心 : Désir[SEX]
淫妇 : Impudique[SEX]
淫邪 : Dépravé[SEX]
淫画 : Images porno[SEX]
淫具, 淫器 : Sex-toy[SEX]
淫荡 : Débauché[SEX]
淫猥, 淫猥下流 : Obscène[SEX]

湿淋淋, 湿漉漉 : Poil (de sec)
温吞水 : Tiède (robinet…)

渣男 : Salaud[SEX]
渣滓 : Racaille[INS]

滋滋 : Schlika-schlika[SEX]

滚刀肉 : Chieur[INS]

319

滚, 滚出去, 滚吧, 滚开, 滚蛋 :
    Fous le camp
滚粗 : Tire-toi
滚滚 : Panda
滚犊子 : Casse-toi !
溘然长逝 : Âme
溷厕 : Toilettes
滥竽充数 : Bouche-trou
溜, 很溜, 挺溜 : Bien
溜之大吉, 溜之乎也 : Tangente
溜达 : Balade
溜溜儿 : Tout entier
满不在乎 : Foutre (s'en)
满世界 : Partout
满地找牙 : Raclée
满清鞑子 : Mandchou[INS]
滂沱大雨 : Torrentielle

+ 11 à + 17

漫无边际 : Plaque (à côté)
潇洒 : Classe, Fête (faire la)
潮 : Mode (à la)
潮吹 : Éjaculation[SEX]
灌(醉) : Bourrer la gueule
灌迷汤 : Flatter
灌迷魂汤 : Marabouter

忄

忙成狗 : Surbooké
忧心忡忡 : Bile

+ 5

怪狗肉 : Chien[INS]
怪谁 : Faute
怪蜀黍, 怪叔叔 : Pervers[SEX]
怪模怪样 : Bizarre
性子爆 : Soupe au lait
性交 : Acte sexuel[SEX]
性具, 性玩具 : Sex-toy[SEX]
性派对, 性爱派对 : Partie fine[SEX]
性病 : MST[SEX]
性解放, 性自由, 性革命 :
    Libération sexuelle[SEX]
性感 : Sexy[SEX]
性聚会 : Partie fine[SEX]
怔怔 : Second (état)

+ 6   + 7

恨之入骨 : Haïr
恨不得 : Envie (crever d')
恬不知耻 : Honte (ne pas chier la)
悍匪 : Ennemi public

+ 8

惊心动魄 : Secoué
惧内 : Mari soumis
情儿, 情人 : Amant[SEX]
情圣 : Dragueur[SEX]
情妇 : Maîtresse[SEX]
情同手足 : Frères (comme des)
情种 : Fleur bleue[SEX]
情窦初开 : Amour (commencer)[SEX]

+ 9   à   + 17

惨了 : Merde (être dans la)
愤青 : Jeunes
愧赧 : Fard
懒虫 : Flemmard
懒骨头 : Glandeur[INS]
懦夫 : Pétochard[INS]

宀

+ 2   à   + 4

宁为玉碎… : Debout
安全套 : Condom[SEX]
安如泰山 : Roc
守口如瓶 : Motus et…
守财奴 : Grigou
牢头 : Maton
完蛋, 完菜 : Crever, Foutu

+ 5   + 6   + 7

宝贝儿 : Bébé
宝贝疙瘩 : Chouchou
定心丸 : Tranquillisant
室友 : Copiaule
宾周 : Zizi[SEX]
害红眼病 : Envie (crever d')
害群之马 : Mouton noir
家伙 : Mec, Engin[SEX]
家喻户晓 : Lèvres (sur toutes…)
宰人 : Arnaquer

+ 8　+ 9

密司, 密斯 : voir à Contacter

宿醉 : Gueule de bois

富二代 : Jeunes

富翁 : Richard

塞翁失马… : Malheur (à…)

寒碜 : Moche

辶
+ 2　+ 3

边儿玩儿去 : Casse-toi !

过了这个村… : Occase

过目 : Œil (jeter un coup d')

过虑 : Bile

还了得 : Hontr

+ 4

近朱者赤，近墨者黑 :
Fréquenter (dis-moi qui…)

进局子 : Poste (être emmené au)

进贡 : Patte (graisser la)

运道 : Bol

这一套 : Cinéma

这里有你说话的份 : Causé^{INS}

+ 5　à　+ 7

迫在眉睫 : Urge (ça)

迷迷糊糊 : Roupiller

逃之夭夭 : Jambes (prendre ses…)

逃学, 逃课 : Sécher (les cours)

追星族 : Fan

逗, 逗弄, 逗闷子 : Cer

逗比 : Rigolo, Bête^{INS}

逗的　Rigolo

逢场作戏 : Papillonner^{SEX}

逛妓院 : Bordel (aller au)^{SEX}

通气 : Contacter

通奸 : Adultère (commettre)^{SEX}

透心凉 : Os (gelé…)

逍遥法外 : Air (libre comme l'~)

+ 9　à　+ 15

逼格 : Standing

道友 : Affranchi, Toxico

道貌岸然 : Sainte-Nitouche

避风头 : Carreau (se tenir à)

避孕套 : Condom^{SEX}

邋遢 : Débraillé

邋遢鬼 : Pouilleux^{INS}

邋遢货 : Souillon^{INS}

彐

当耳边风 : Oreille (faire la…)

当家的 : Mari

当靠山 : Pistonner

尸

屄, 屄屄, 屄 B : Baiser^{SEX}, Bite^{SEX}

屄子 : Cul

尽力而为 : Mieux (faire de son)

尽心竭力 : Corps et âme

+ 4

屌 : Bite^{SEX}

尿包 : Sac à pisse^{INS}

尿尿 : Pipi

屁 : Fesse (de mes)^{INS}

屁大点事儿 : Bricole

屁民 : Populo

屁屁 : Popotin

屁驴子 : Bécane

屁股 : Cul, Fesses^{SEX}

屁话 : Conneries^{INS}

屁都不敢放 : Fesses (serrer les)

屁眼 : Trou du cul^{SEX}

屁滚尿流 : Chier (se chier dessus)

屁精 : Pédé^{INS}, Péteur^{INS}

屎, 屎屎 : Caca

+ 5　+ 6

屄 : Chatte^{SEX}

屄口, 屄眼 : Trou^{SEX}

屄脸, 没屄脸 : Honte^{INS}

屄缝 : Fente^{SEX}

屌 : Couilles (de mes)^{INS},
Couillon^{INS}, Bite^{SEX}, Ouf ! (c'est)

屌丝 : Branleur, Loser^{INS}

屎, 屎棋, 屎诗 : Merdique

屎尿尿 : Caca

屎盆子 : Chapeau (faire porter le)

屎蛋 : Merde^{INS}

屎滚尿流 : Chier (se chier dessus)

+ 7 à + 9

屇 : Soulager (se)
屌 : Bite[SEX]
屌头 : Tocard[INS]
屄包, 屄人, 屄货 : Minable[INS]
属猪的 : Cochon[INS]

弓

张口结舌 : Bouche bée
张三李四 : Pierre Paul Jacques
弦外之音 : Sous-entendus
弱肉强食 : Jungle
弱智 : Débile[INS]
弱爆 : Crains (tu)[INS]
弹丸之地 : Mouchoir de poche
弹子 : Billard
强弩之末 : À bout de souffle

子

子承父业 : Père (de père en fils)
孔家店 : Confucius (boutique de)[INS]
存不住钱 : Doigts (l'argent file…)
孙子 : Minable[INS]
学渣 : Cancre
孬种 : Pétochard[INS]
孽子, 孽种 : Fils indigne[INS]

女

女人, 女子, 女孩 : nana
女人是书 : Cochon[SEX]
女汉子 : Garçon manqué
女同志 : Lesbienne[SEX]
女权癌 : Féminazie
女里女气 : Efféminé[SEX]
女妖精 : Démon femelle[INS], Vamp[SEX]
奶油小生 : Tapette[INS]
奶茶婊 : Pétasse[INS]
奶子 : Seins[SEX]
奴才 : Laquais[INS]
奴才相 : Servile
奴颜婢膝 : Courbettes

+ 3

妇孺皆知 : Lèvres (sur toutes…)

好不到哪儿去 : Pas génial
好死不如赖活 : Chien
好自为之 : Gaffe (faire)
好事者 : Fouineur
好说歹说 : Tanner
好险 : Loin (pas passer)
好高骛远 : Cul (Péter plus haut)
好家伙 : Bonhomme[INS]
好贼 : Coquin[INS]
奸夫, 奸妇 : Adultère (adj.)[SEX]
奸贼 : Félon[INS]
奸商 : Profiteur
妈屄 : Saloperie de…[INS]
妈的 : Putain[INS]
妈妈桑, 妈咪 : Mère maquerelle[SEX]
妈蛋 : Purée[INS]
如出一辙 : Cloche (même son)
如鱼得水 : Poisson (comme un…)
如履薄冰 : Œufs (marcher sur…)

+ 4

妓女 : Prostituée[SEX]
妓者 : Journalope[INS]
妓院 : Bordel[SEX]
妙 : Génial
妙手空空 : Pickpocket
妞儿 : Nana
妥妥当当 : Oignons (traiter…)
妥妥的 : Rouler
妖怪 : Monstre[INS]
妖精 : Allumeuse[SEX]

+ 5   + 6

妾 : Concubine[SEX]
妮子, 小妮子, 妮儿 : Gamin(e)
姐们儿 : Copine
姗姗而来 : Rythme
姗姗来迟 : Bourre (être à la)
姘夫 : Concubin[SEX]
姘妇 : Concubine[SEX]
姘居 : Colle (vivre à la)[SEX]
娃娃 : Bébé
娃娃兵 : Pioupiou
姨太太 : Concubine[SEX]
姿势 : Positions[SEX]

3 traits : 乡 / 纟　马　飞　寸

+ 7　+ 8

娘儿们 : Vieille folle[INS]

娘气 : Efféminé[SEX]

娘们儿 : Bobonne, Tapette[INS]

娘娘腔 : Tapette[INS]

娘炮 : Tapette[INS]

婊子 : Salope[INS]

婊子养的 : Fils de pute[INS]

娼妇 : Salope[INS]

娼优 : Prostituée[SEX]

娼妓 : Pute[INS]

娼妓之子 : Fils de pute[INS]

娼楼风月场 : Maison close[SEX]

婆 : Lesbienne[SEX]

+ 9　à　+ 14

媒人, 媒人婆, 媒婆 : Entremetteuse[SEX]

嬲 : Draguer[SEX]

嫩 : Novice

嫖 : Putes (aller au)[SEX]

嫖娼, 嫖妓 : Bordel (aller au)[SEX]

嫖客 : Putassier[SEX]

嬉皮士 : Hippie

嬉皮笑脸 : Souriant

嬲 : Draguer[SEX]

纟

乡巴佬, 乡下佬 : Plouc

纠结 : Gêne

红人 : Populaire

红毛鬼子 : Diable étranger[INS]

红包 : Pot de vin

红扑扑 : Rougir

红灯区 : Quartier chaud[SEX]

红杏出墙 : Adultère (commettre)[SEX]

红茶婊 : Pouffiasse[INS]

红眼病 : Envie

纨绔(裤)子弟 : Blouson doré

约炮 : Plan cul[SEX]

+ 4　+ 5

纰漏 : Cloche (qqch qui)

纯爷们儿 : Homme

纳闷儿 : Perplexe

经纪人 : Maquereau[SEX]

细伢子 : Gamin

+ 6　+ 7　+ 8

给 : Gay[SEX]

给力 : Cool

给跪了 : Respect

络腮胡须 : Barbe

绞尽脑汁 : Cerveau (se triturer)

绝活儿 : Talent

绕弯子 : Pot (tourner autour du)

绣花枕头 : Habit (ne fait pas…), Pot de fleur[INS]

绿茶婊 : Pétasse[INS]

缅铃 : Sex-toy[SEX]

绿背 : Dollar

缩头乌龟 : Poule mouillée

马

马马虎虎 : Couci-couça

马子 : Poule

马屁精 : Lèche-bottes

马虎 : À la va comme je te pousse

马桶 : Chiottes

+ 3　à　+ 6

驴唇不对马嘴 : Plaque (à côté)

驼背 : Bossu

骂烂 : Poisson (engueuler…)

+ 8　+ 9

骑 : Grimper[SEX]

骑马 : Positions[SEX]

骑虎难下 : Vin (tiré)

骗子手, 骗子 : Escroc

骚货 : Traînée[INS]

飞

飞毛腿 : Gazelle

飞机场女孩 : Planche à pain[SEX]

飞贼, 飞檐走壁 : Monte-en-l'air

寸

寻花问柳 : Jupons[SEX]

封脐膏 : Aphrodisiaque[SEX]

3 traits : 己 / 巳

己 / 巳

己所不欲勿施于人 : Autrui
巴不得 : Envie (crever d')
巴掌 : Baffe
异性恋 : Hétéro[SEX]
异想天开 : Lune (demander la)

---------------*4 traits*---------------

王

王八 : Cocu[INS]
王八蛋, 王八羔子 : Bâtard[INS],
Fils de pute[INS]

+ 3   + 4

弄 : Faire[SEX]
弄死 : Buter
玩儿命 : Peau, Tout pour le tout
玩火自焚, 玩火 : Feu (jouer)
玩的溜 : Bien
玩闹, 小玩闹 : Voyou[INS]
玩深沉 : Péter (se la)
玩意儿 : Mec, Truc (machin…)

+ 5   à   + 9

玻璃 : Gay[SEX]
班子 : Bordel[SEX]
理所当然 : Dire (cela va sans)
琉璃猫 : Oursins
望风 : Pet (faire le)
望尘莫及 : Largué
瑟瑟发抖 : Grelotter

耂

1 **老**一套 : Histoire, Truc
2 老八板儿 : Réac[INS]
老二 : Pine[SEX]
3 老子 : Je, Vieux (père)
老大 : Boss
4 老不死的 : Vieux[INS]
老公 : Mari
老牛吃嫩草 : Âge (différence d')[SEX]
老牛筋 : Têtu
老匹夫 : Vieux salaud[INS]
老手, 老积年 : Vétéran
老太婆 : Vieille bique[INS]

4 traits :   王   耂   牙

5 **老**半天 : Éternité
老处女 : Vieille fille[SEX]
老东西 : Vieux[INS]
老古董 : Schnock[INS]
老汉, 老头儿, 老家伙 : Vieillard,
Vieux (père)
老汉推车 : Positions[SEX]
老头乐 : Gratte-dos,
6 老江湖 : Vétéran
老杀才 : Pendard[INS]
老汤 : Brigand
老爷子 : Vieux (père)
老迂腐 : Vieux croûton[INS]
7 老阿呆 : Gâteux[INS]
老抠门儿 : Radin[INS]
老来俏 : Vieux beau
老巫婆, 老妖婆 : Vieille sorcière[INS]
8 老屄 : Vieille salope[INS]
老狗, 老猪狗 : Chien[INS]
老姑娘 : Vieille fille[SEX]
老货 : Vieux[INS]
老狐狸 : Vieux renard[INS]
老泡儿, 老炮儿 : Brigand (vieux)[INS]
老物 : Schnock[INS]
老油子, 老油条 : Renard (vieux)
9 老鸨 : Mère maquerelle[SEX]
老美 : Américain
老相好 : Maîtresse[SEX]
10 老梆子 : Vieux[INS]
老赶 : Novice
老哥 : Vieux frère
老娘 : Sage-femme
老虔婆 : Vieille sorcière[INS]
老顽固 : Vieux con[INS]
老贼 : Vieux[INS]
11 老掉牙 : Histoire
老婆, 老婆子 : Bobonne, Femme
12 老道 : Spécialiste
老滑头 : Escroc[INS]
14 老鼻子 : Paquet
15 老糊涂 : Gâteux[INS]
老醉鬼 : Vieil ivrogne[INS]

牙

牙婆 : Mère maquerelle[SEX]
牙签 : Bistouquette[SEX]

324

木

机不可失 : Occase
朽木不可雕（也）: Bon à rien
村姑 : Paysanne
杠精 : Râleur[INS]
束手 : Bras (baisser les)

+ 4

来历不明 : Louche
来电 : Courant[SEX]
来劲 : Puce (excité…)
杯中物 : Vin

+ 5

相公 : Prostitué[SEX]
相好 : Adultère (commettre)[SEX], Amant[SEX]
相亲 : Rendez-vous arrangé[SEX]
相思套 : Sex-toy[SEX]
相媲美 : Poids
标题党 : Buzz

+ 6　+ 7

柴火妞, 柴禾妞 : Paysanne
桃色事件 : Adultère (subs.)[SEX]
桃色新闻 : Scandale sexuel[SEX]
栽跟头 : Planter (se)
梗 : Gag en ligne
梁上君子 : Monte-en-l'air

+ 8

棒, 棒棒哒 : Super
棒子 : Coréen
棒头下出孝子… : Châtier
棒老二, 棒客 : Brigand
辣手 : Épineux
横竖 : Façon (de toute)
棉条 : Tampon
植物人 : Légume[INS]

朩

乐天派 : Rose (voir la vie en)
杀手铜 : Atout
杀头胚, 杀才 : Gibier de potence[INS]
杀鸡取卵 : Poule aux œufs d'or
杀坯, 杀胚 : Scélérat[INS]
杀猪似的 : Cochon

杂种 : Bâtard[INS]
条儿 : Corps[SEX]
条子 : Flic, Prostituée[SEX]

歹

歹徒 : Canaille[INS]
[1] **死**一边去 : Va mourir[INS]
[3] 死马当活马医 : Désespoir
死乞白赖 : Tarabuster
死尸 : Charogne[INS]
死丫头 : Petite salope[INS]
[4] 死不要脸, 死皮赖脸 : Vergogne
死心眼儿 : Têtu
[5] 死囚 : Gibier de potence[INS]
[7] 死穷鬼 : Crève-la-faim[INS]
死劲儿 : Forces (de toutes se)
死里逃生 : Échapper belle
死屁眼 : Trou du cul[INS]
[9] 死鬼 : Mari[INS]
死鬼婆 : Salope[INS]
死胖子 : Gros tas[INS]
[12] 死翘翘 : Arme à gauche
残废 : Nabot

车

车匪路霸 : Chemin (bandit de …)
轮班 : Rotation
软, 软绵绵 : Faiblard
软, 软蛋 : Couille molle[INS]
软磨硬泡 : Carotte et bâton
转悠 : Balader (se)
轻佻 : Cuisse[SEX]

比

比中指 : Bras d'honneur
毙命 : Crever

瓦

瓷公鸡 : Oursins
瓮中之鳖, 瓮中捉鳖 : rat (fait…)

戈

成 : OK, Poil (au)
成人文学 : Érotique (littérature)[SEX]
成狗 : Vachement

戏子 : Cabot

戒撸 : Astiquer (s')[SEX]

我也是醉了 : Halluciner
我呸 : Beurk[INS]
我勒个去 : OMG[INS]
我靠, 卧槽, 哇靠 : Purée[INS],
Vache (la)[INS]

+ 4 à + 14

战友 : Armes (frère d'~)
戴绿帽子 : Cocu[SEX]
戳 : Tirer[SEX]
戳儿 : Piston
戳脊梁骨 : Sucre (casser)
戳祸 : Emmerdes

止

正儿八经 : Sérieux (c'est du)
正常体位 : Positions[SEX]
歪瓜裂枣 : Moché[INS]

攵

收生婆 : Sage-femme
收拾 : Compte (régler son)
处女, 处男 : Puceau[SEX]
处理 : Compte (régler son)
放份儿 : Péter (se la)
放屁 : Péter
放屁精 : Péteur fou[INS]
放话儿 : Fuiter
散眼子 : Vaurien[INS]

支

敲竹杠 : Arnaquer
敲骨吸髓 : Moelle

日 / 曰

日月如梭 : Temps (passe vite)
日他奶奶 : Va te faire foutre[INS]
日寇 : Japs[INS]

旮旯, 旮旮旯旯儿 : Coin
早泄 : Ejaculation[SEX]

+ 3

时髦 : Mode (à la)
易如翻/反掌 : Enfant (jeu d'~)
春风一度 : Acte sexuel[SEX]
春宫图 : Images porno[SEX]
春药 : Aphrodisiaque[SEX]
春梦 : Rêve érotique[SEX]
冒儿爷 : Plouc
冒失鬼 : Hurluberlu, Pignouf[INS]
冒傻气 : Connerie (faire…)
是非之地 : Craindre, Vipères
星哥, 星姐 : Star

+ 6 + 8

晕菜 : Confus
晒 : Ignorer
晓得 : Savoir
替死鬼, 替罪羊 : Bouc émissaire

+ 9

暗中操纵 : Ficelles (tirer les)
暗地里 : Dos (dans le)
暗送秋波 : Œil (faire de l')[SEX]
暗恋 : Amour secret[SEX]
暗娼, 暗妓, 暗门子私娼 :
Prostituée sans licence[SEX]

+ 11

暴饮 : Trou (boire comme un)
暴侃 : Vanter (se)
暴毙 : Crever

气

气不忿儿 : Indigné
气头上 : Pétard
气呼呼, 气冲冲, 气冲牛斗, 气得
发狂, 气疯了 : Colère
气派 : Allure
气破肚皮 : Plomb (péter un)
气管炎 : Mari soumis

片

片儿警 : Flic
版主 : Modérateur

326

4 traits :　　貝　見　牛　毛　斤　户

貝

负心汉 : Casse-cœur[SEX]
负翁 : Endetté
财迷 : Grigou
财路 : Combine

+ 4

败柳残花 : Femme de mauvaise vie[SEX]
败类 : Rebut[INS]
败家子 : Prodigue, Gaspilleur[INS]
货郎 : Colporteur
贫嘴 : Déblatérer
贪杯 : Dalle en pente
贪官污吏 : Ripoux
贪酒好色 : Bâton de chaise[SEX]

+ 5

赞脑子 : Méninges
贱货, 贱人 : Garce[INS]
贱女人 : Salope[INS]
贱男 : Ordure[INS]
贱骨头 : Moins que rien[INS]
贱婢下三烂 : Traînée[INS]

+ 6

贼子! 贼人! : Bandit ![INS]
贼王八 : Gredin[INS]
贼生 : Radin
贼肉, 长贼肉 : Gras (faire du)
(+累)贼死 : Atrocement
贼冷 : Gueux (froid de)
贼秃(驴) : Salaud de chauve[INS], Moine[INS]
贼狗肉 : Chien[INS]
贼骨头 : Voleur[INS]
贼娃子 : Voleur
贼娘养的 : Fils de pute[INS]
贼配军 : Soudard[INS]
贼寇 : Brigand

+ 8　+ 9　+ 10

赏心悦目 : Réjouir l'oeil[SEX]
赖皮 : Fripouille[INS]
赘肉 : Amour (poignées d'~)

見

见阎王, 见马克思 : Crever

见鬼 : Nom de Dieu[INS]
见鬼去 : Va au diable[INS]
靓仔 : Beau gosse

牛

牛 : Arrogant
牛屎, 牛逼, 牛 B : Chié[INS]
牛皮糖 : Pot de colle
牛肉干 : Prune
牛角尖 : Impasse
牛郎 : Prostitué[SEX]

+ 5　à　+ 8

牵着鼻子走 : Nez (mené par…)
牵强附会 : Cheveux (tirés par…)
特 : Très
犄角旮旯儿 : Coin

毛

毛子, 老毛子 : Russkif[INS]
毛毛雨 : Pleuvioter, Roupie de…
毛片 : Porno[SEX]
毛手毛脚 : Mains baladeuses[SEX]
毛头小子 : Jeunot
毛虫 : Singe[INS]
毛骨悚然 : Cheveux (à faire dresser)
毛孩子 : Blanc-bec[INS], Mioche
毛贼 : Petit voleur[INS]
毛蛋蛋, 毛崽子 : Petit animal[INS]

+ 5　à　+ 7

毯, 毡 : Chatte[SEX]
毫不在乎 : Foutre (s'en)

斤

斤斤计较 : Cheveux (couper…)
断子绝孙 : Va mourir[INS]
断袖, 断背 : Gay[SEX]
斯文败类 : Pervers à lunettes[INS]
新手 : Novice
新兵 : Bleu[INS]
新纳粹 : Nazis[INS]

户

房奴 : Endetté

爪 / ⺍

爪牙 : Suppôt, Laquais[INS]
爬格子 : Scribouillard
爱南风 : Gay[SEX]
爱爱 : Amour (faire)[SEX]
爱理不理 : Battre froid

父

爹 : Papa

月

月老, 月下老人 : Entremetteur[SEX]
月经, 月事 : Ragnagnas[SEX]

+2

有 : Présent
有一腿 : Adultère (commettre)[SEX]
有异性, 没人性 : Hiberdating[SEX]
有个屁用 : Violon (pisser dans)
有奶便是娘 : Argent n'a pas…
有戏 : prometteur
有范儿 : Classe
有事 : Adultère (commettre)[SEX]
有种 : Couilles (avoir des)
有前科 : Casier
有贼 : Voleur (au)
有眼无珠, 有眼不识泰山 : Aveugle
有路 : Relation[SEX]

+3 +4

肚(子)里没货 : Ciboulot
肝儿颤 : Chocottes
肛门 : Anus[SEX]
肛门性交 : Sodomie[SEX]
肥猪, 大肥猪 : Truie[INS]
服了 : Respect !
朋克 : Punk
肿么了 : Comment

+5

背背山 : Gay[SEX]
胆大包天 : Yeux (ne pas avoir…)
胆小鬼 : Poltron[INS]
胡子 : Brigand
胡扯 : N'importe quoi !

胡花 : Claquer le pognon
胡言乱语 : Débloquer
胡侃 : Papoter
胡说/扯八道 : Débloquer, Foutaises
胡思乱想 : Campagne (battre la)
胡萝卜和棍子 : Carotte et bâton
胡搞 : Déconner
胡僧药 : Aphrodisiaque[SEX]
背 : Bol
背地里 : Dos (dans le)
背旮旯儿 : Coin perdu
背兴 : Déveine
背黑锅 : Chapeau (porter le)
胚子 : Graine (mauvaise)[INS]

+6

脏货, 脏东西 : Saleté[INS]
脏病 : Sales (maladies ~)[SEX]
脏钱, 赃款 : Argent sale
胴体 : Corps[SEX]
脑子进水 : Cinglé[INS]
脑残 : Débile[INS]
脑袋被门夹了 : Mur (bercé…)
脓包儿 : Bouffon[INS]
胸大无脑 : Bimbo
胸有成竹 : Atout
胸推 : Notaire[SEX]
胭脂虎 : Mégère[INS]

+7 à +13

腚 : Cul
脚巴丫子, 脚丫子 : Pied
脚底抹油 : Escampette
脚货 : Camelote
脚踏两… : Tableaux, Promiscuité[SEX]
脸皮 : Face
脸红 : Fard
脸基尼 : Facekini
脱口而出 : Parler sans réfléchir
朝三幕四 : Girouette, Artichaut[SEX]
腻了 : Marre
腻人 : Gerbe
腰里没钱 : Bourse plate
膣 : Conil»
臀部 : Cul

328

4 traits :　　欠　　风　　殳　　文　　火　　灬　　斗

欠

欠揍, 欠扁 : Coups (mériter des)
欲火 : Désir^SEX
欲罢不能 : Irrésistible
欲擒故纵 : Désirer (se faire)^SEX
款儿, 款爷, 款姐 : Richard
歇顶 : Déplumé
歇菜 : Foutu
歌妓 : Chanteuse^SEX
歌星 : Star

风

风月场 : Maison close^SEX
风尘, 风尘女子/女郎 : Putain^SEX
风尘仆仆 :　Mont et par vaux
风驰电掣 : Éclair (en), Foncer
风度翩翩 : Classe
风流 : Libertin^SEX
风骚 :　Canon, Allumeuse^SEX
飘了, 太飘了 : Tête (grosse)

殳

殴打 : Tabasser

文

吝啬鬼 : Radin^INS

方

方便面 : Fille facile^SEX
放鸽子 : Lapin (poser un)^SEX
旁门左道 : Catholique (pas très)

火

火 : Populaire
火上加油/浇油 : Huile (jeter de…)
火冒三丈 : Gonds (sortir)
火星人 : Martien
火候 : Propice (moment)
火辣辣 : Piquante (personnalité)
+2　à　+4
灰溜溜 : Queue (la … basse)
灵光 : Super
灵机一动 : Eurêka !

炒, 炒掉, 炒鱿鱼 : Virer (sacquer)
炒饭 : Fricoter^SEX
炊事员 : Cuistot
+5　+6
烂货 : Roulure^INS
烂摊子 : Bordel (un beau)
烂醉如泥 : Vache (plein comme…)
烂爆 : Nul
炮友 : Plan cul régulier^SEX
炸 : Rage
烦死了 : Ras-le-bol
烟花女子 : Fille de joie^SEX
烟花巷/之地 : Quartier chaud^SEX
烟 : Clope
烟头, 烟屁股, 烟屁 : Mégot
烟枪, 老烟枪 : Fumeur
+8　+9
焚蛋 : Salaud^INS
燃眉之急 : Urgence
爆乳 : Nichons^SEX
爆菊花, 爆菊 : Rondelle^SEX
煩得慌 : Boules
烫手山芋 : Patate chaude
煲电话粥 : Bavarder

灬

点子 : Idée
点背 : Déveine
热门 : Populaire
热昏 : Foutaises
热锅上的蚂蚁 : Charbons
热腾腾 : Fumant
煞费苦心 : Méninges
熬夜 : Nuit blanche
熊包, 熊蛋包 : Minable^INS
熊孩子 : Gâté
熊样儿 : Nigaud

斗

斗鸡眼 : Œil (quit dit merde…)
斗副 : Étalage

4 traits : 礻 心 手 长 爻 丰 水

礻

社会人, 社会上 : Gangsta[INS]
神经病 : Dingue[INS]
神神秘秘 : Cachotteries
祝你（您）健康 : Santé
祸不单行 : Malheur (Un…)
祸种 : Porte-poisse

心

心比天高 : Cul (péter plus haut)
心不在焉 :　Ailleurs
心甘情愿 : Gré (de plein)
心里有鬼 : Coup (préparer…)
心里美 : Beauté intérieure
心惊胆战, 心惊胆战 : Chocottes
心惊肉跳 : Chair de poule
　　　　+ 3　+ 4　+ 5

忘八蛋, 忘八旦 : Bâtard[INS]
忍无可忍 : À bout
忍气吞声 : Couleuvres
怂 : Minable[INS]
慈 : Faire[SEX]
急茬儿 : Urgence
怒不可遏 : Gonds (sortir de)
怒火中烧 :　Rage
怒发冲冠 : Pétard
怒冲冲 : Colère
怎么得了 : Mal finir
怎么着 : Quoi ?
总瓢把子 : Boss
　　　　+ 6　+ 7

恶心 : Beurk[INS]
恶狗 : Chien enragé[INS]
恶棍 : Gredin[INS]
恐龙 : Thon[INS]
悬乎 : Dangereux
悬玉环 : Sex-toy[SEX]
悠着点儿 : Mollo, Relax
　　　　+ 8　+ 9

惹火 : Allumeuse[SEX]
惹麻烦, 惹火上身 : Emmerdes
感到不妙 : Roussi (ça sent le)
想入非非 : Fantasmer

想得美 : Rêver
意淫 : Fantasmer, Fantasmer[SEX]
愚不可及 : Bête à bouffer…[INS]
愚蠢, 愚笨 : Idiot[INS]

手

手气 : Bol
手无缚鸡之力 : Mauviette
手段老道 : Sac (plus d'un tour…)
手活儿 : Branlette[SEX]
手脚不干净 : Chapardeur
手淫 : Masturbation[SEX]
拜托了 : Pitié
拿刀动杖 : Couteaux
拿大顶 : Poirier
拿丫子 : Jambes (prendre ses)
拿乔, 拿把, 拿糖 : Chichis
拿糖作醋 : Air(s)
掰, 掰掰 : Rompre[SEX]
掰腕子 : Bras de fer
掌上明珠 : Fifille à son papa
掌掴 : Gifler
攀比 : Étalage

长

长舌妇 : Commère, Vipère[INS]
长队 : Queue (file d'attente)

爻

爽, 爽不了 : Pied (prendre son)[SEX]
爽, 爽死了 : Pied (c'est le),
爽约 : Lapin (poser un)

丰

丰腴 : Formes[SEX]
艳星 : Pornstar[SEX]

水

水 : Bide (faire un), Qualité
水帘洞 : Grotte d'amour[SEX]
水货 : Camion (tombé du), Daube
水性杨花 : Cuisse légère[SEX]
水淋淋 : Poil (de sec)

330

5 traits :　　石　　目　　田　　皿

水落石出 : Clair (tirer au)
永别了 : Adieu
求之不得 : Envie (crever d')
求锤得锤 : En veux-tu en voilà

---------------5 traits---------------

石

砍脑壳 : Maudit[INS]
砖家 : Pseudo-expert
破处 : Dépuceler[SEX]
破事儿 : Con (à la)
破烂儿 : Déchets
破落户儿 : Truand[INS]
破鞋 : Roulure[INS]
砸明火 : Viol[SEX]

+ 7　+ 8

硫磺圈 : Sex-toy[SEX]
硬茬子 : Dur de dur
碍口 : Gênant
碍手碍脚 : Boulet
硬 : Bander[SEX]
硬着头皮 : Taureau
碉堡了, 屌爆了 : Incroyable[INS]
碌碌无为 : Raté
碰上, 碰见, 碰到 : Tomber sur
碰钉子 : Bec (tomber sur un ~)

+ 9　+ 10

碧池 : Salope[INS]
碧莲 : Honte[INS]
磕架 : Baston
磁器 : Pote
磕磕绊绊 : Cahin-caha

目

目瞪口呆 : Bouche bée
看门狗 : Flic[INS]
眉目 : Piste
省油的灯 : Accomodant
省省吧 : Laisser tomber
眨眼间 : Œil (en un clin d')
眯盹儿 : Roupiller

+ 6　à　+ 9

眼中钉 : Bête noire
眼皮(底)下 : Yeux (sous les)
眼线 : Balance
眼高手低 : Ventre
眼馋 : Envie (crever d')
眼睛吃冰淇淋 : Mater
鼎鼎大名 : Loup blanc
眳睨 : Travers (regarder de)
睃睃 : Œil (jeter un coup d')

+ 10　à　+ 12

瞌睡 : Roupiller
瞌睡虫 : Flemmard
瞎子摸鱼 : Aveuglette
瞎扯 ; Débloquer
瞎狗眼 : Bigleux[INS]
瞎咧咧 : Connerie
瞎菜 : Foutu
瞎混 : Glander
瞎搞 : Déconner
瞟 : Œil (du coin de l')
瞥视: : Œil (jeter un coup d')
瞬间 : Œil (en un clin d')

田

电灯泡 : Tenir la chandelle
电驴 : Bécane
男式占座 : Manspreading
男妓, 男模 : Prostitué[SEX]
要, 要奸 : Enculer[SEX]
要片, 要网 : Porno gay[SEX]
要片演员 : Pornstar[SEX]
要者 : HSH[SEX]
要漫 : Porno gay[SEX]
畜生, 畜类 : Animal[INS]
留得青山在, 不愁没柴烧 : Vie (tant qu'il y a de la…)
累惨, 累坏, 累得要命 : Crevé
略屌 : Pas mal

皿

盖, 盖帽儿 : Génial
盏儿亮 : Canon, Mignon

331

罒

罗锅儿 : Bossu

罪有应得 : Volé (il ne l'a pas)

钅

钉子户 : Clou (famille-clou)

铁 : Proche

铁公鸡 : Oursins

铁驴 : Bécane

铁粉 : Fan

铁哥们 : Pote, Proche

铁铮铮 : Dur de dur

铁磁 : Pote

钻牛角尖 : Midi (chercher…)

银托子 : Sex-toy[SEX]

银样蜡枪头 : Minable qui…[INS]

错愕 : Flan (comme deux ronds de)

锦鲤 : Cocu (chanceux)

生

生不如死 : Enfer sur terre

生孩子没屁眼 : Maudit[INS]

生是你的人，死是你的鬼 : À la vie, à la mort

矢

矬子 : Nabot

矮个子, 矮个儿 : Court sur pattes

矮子 : Nabot[INS]

矮丑穷, 矮穷丑 : Célibat, Loser[INS]

矮穷矬, 矮矬穷, 矮穷挫 : Loser[INS]

禾

秃儿, 秃驴, 死秃驴 : Moine[INS]

秃瓢儿 : Zéro (boule à)

秀色可餐 : Croquer (belle à)

私娼 : Prostituée sans licence[SEX]

和事佬, 和事老 : Conciliateur

种草莓 : Suçon[SEX]

稀巴烂 : Bouillie

白

白刀子进，红刀子出 : À mort

白马王子 : Prince charmant

白日青天 : Jour (en plein)

白日做梦 : Comète

白老虎 : Épilation[SEX]

白房子 : Bordel[SEX]

白虎女 : Épilation[SEX]

白虎星 : Porte-poisse[INS]

白刷刷 : Blanc

白费蜡 : Prunes (pour des)

白匪, 白狗子 : Bandit blanc[INS]

白领 : Cols blancs

白续带 : Sex-toy[SEX]

白眼 : Mépris

白眼狼 : Ingrat[INS]

白搭 : Inutile

白富美 : parti (bon)

白森森 : Linge (blanc comme)

白痴 : Idiot[INS]

白鼻子 : Faux-jeton

百无聊赖 : Emmerder (s')

的哥, 的姐, 的士 : Taxi

瓜

瓜婆娘 : Stupide femelle[INS]

瓢把子 : Boss

瓢泼大雨 : Cordes (il pleut des)

用

甩 : Larguer[SEX]

甭 : Peine (pas la)

皮

皮包骨头 : Os (la peau…), Sac d'os[INS]

皮肉生涯 : Charmes (vivre…)[SEX]

皮条客 : Maquereau[SEX]

母

母老虎 : Mégère, Emmerdeuse[INS]

母夜叉 : Démon femelle[INS]

毒打 : Tabasser

毒贩, 毒枭 : Dealer

5 traits : 鸟 广 立 穴 衤 示 龙   6 traits : 光

鸟

鸟, 鸟人 : Couillon[INS], Enculer[INS], Bite[SEX], Putain[SEX]
鸟语 : Baragouin
鸡儿 : Oiseau[SEX], Zizi[SEX]
鸡巴 : Queue[SEX]
鸡犬不宁 : Coups (aux cent)
鸡皮疙瘩 : Poule (chair de)
鸡奸 : Enfiler[SEX]
鸡奸痞 : Enculé[INS]
鸡鸡, 小鸡鸡, 小 JJ : Zizi[SEX]
鸡贼 : Radin[INS]
鸡窝 : Bordel[SEX]
鸠 : Bite[SEX]

+ 4   + 5

鸨母 : Mère maquerelle[SEX]
鸭 : Cocu[SEX], Prostitué[SEX]
鸭子男, 鸭子 : Prostitué[SEX]
鸭梨 : Pression

广

疙瘩 : Coin
疙疙瘩瘩 : Épineux
疯子 : Fou[INS]
疯狗 : Chien enragé[INS]
病成狗 : Chien (malade...)
疾驶 : Tombeau ouvert
痛打 : Tabasser
痞子 : Voyou[INS]
痞棍 : Malandrin[INS]
瘦猴 : Asperge[INS]
瘟神 : Porte-poisse[INS]
瘾君子 : Toxico
癫子 : Canaille[INS]
癫皮狗 : Chien galeux[INS]

立

立马儿 : Sur-le-champ
亲 : Chéri
竖中指 : Bras d'honneur
竖蜻蜓 : Poirier
飒 : Canon

穴

穷乡僻壤 : Bled paumé
穷子, 穷鬼 : Misérable[INS]
穷光蛋 : Crève-la-faim, Misérable[INS]
穷极无聊 : Emmerder (s')
穷困潦倒 : Dêche (dans la)
穷棒子, 穷骨头 : Pauvre

+ 3

空口说白话 : Brasser du vent
空中楼阁 : Espagne (chateaux en)
空头 : Bidon
空穴来风 : Fondement (sans)

+ 4   à   + 7

穿小鞋 : Dure (vie)
窃贼 : Voleur
窑子 : Bordel[SEX]
窑姐 : Putain[SEX]
窝里横 : Gosse (sale), Tyran domestique
窝棚 : Bicoque
窝主, 窝家 : Fourgue
窝囊废, 窝囊相 : Andouille[INS]

衤

初出茅庐 : Blanc-bec[INS]
袖手旁观 : Bras croisés
袍泽 : : Armes (frère d'~)
裤裆里拉二胡 : Conneries[INS]
裸睡, 裸照 : Poil (à)

示

禁脔 : Chasse gardée

龙

龙头老大 : Boss

------------------6 traits------------------

光

光闪闪 : Éclairs (lancer des)
光杆司令 : Homme orchestre
光秃秃 : Genou (chauve comme)
光耀祖宗 : Ancêtres

虫

虫豸 : Vermine[INS]
虬须 : Barbe
虾子 : Crevard[INS]
虾兵蟹将 : Branquignol[INS]
蛋疼 : Chiant
蛋, 蛋蛋 : Couilles[SEX]
蛇头 : Clandestin, Passeur
蛮 : Très
蜗居 : Cage à lapins
蜡枪头, 银样蜡枪头 : Minable
　　　　　qui donne le change[INS]
蝨贼 : Vermine[INS]
蠢丫头 : Bécasse[INS]
蠢牛 : Bœuf[INS]
蠢汉, 蠢货, 蠢人 : Buse (triple)
蠢驴 : Âne bâté[INS]
蠢蛋, 蠢蛋 : Idiot[INS]
蠢猪 : Butor[INS]

而

耍 : Amour (faire)[SEX]
耍花枪 : Yeux (poudre aux)
耍花腔, : Baratin
耍单儿 : Célibat, Poil (à)
耍贫嘴 : Déblatérer
耍滑, 耍滑头 : Défiler (se)

耳

耳光, 耳刮子, 耳巴子 : Baffe
耳朵根子软 : Girouette
眷拉眼皮 : Yeux (fermer à demi)
耸肩, 耸耸肩膀 : épaules (hausser)
聊胜于无 : Mieux que rien

虍

虎口拔牙 : Loup (se jeter…)
虎头蛇尾 : Boudin (finir en…)
虎步 : Positions[SEX]
虐婆 : Vieille sorcière[INS]
虚张声势 : Bluff

米

#米兔 : Me too[SEX]
粉丝 : Fan
粗线条 : Brut de décoffrage
粘 : Coller
粪青 : Merdeux[INS]
精赤条条 : Poil (à)
精虫上脑 : Queue (guidé par…)[SEX]
精英之冠 : Crème de la crème
糟, 糟了, 糟透了 : Foutu, Zut[INS]
糊涂蛋, 糊涂虫 : Nigaud[INS]

齐

齐活 : Et voilà

肉

肉泥 : Bouillie
肉麻 : Écœurant
肉票 : Otage
肉欲 : Désir[SEX]
肉棒, 肉棍 : Gourdin[SEX]
肏, 肏屄 : Niquer[SEX]
肏屄图 : Images porno[SEX]

色

色女 [SEX] : Cochonne
色鬼 : Obsédé[INS], Obsédé[SEX]
色咪咪, 色迷迷, 色迷, 小色迷 :
　　　　Libidineux[SEX], Obsédé[SEX]
色胚 : Obsédé[SEX]
色狼, 色狼身 : Pervers[INS],
　　　　　　　Obsédé[SEX]
色情 : Porno[SEX]
色情文学 : Érotique[SEX]
色魔 : Pervers[INS]

西

西装革履 : Costard

覀

要不得 : Valoir (ne rien)
要饭 : Manche (faire la)
要命 : Vachement, Crevé
票子 : Fric

6 traits : 舌 页 先 行 羊 衣 竹 自 糸 羽 血

舌

舌头 : Passeur
舌吻 : Pelle (rouler une)
乱七八糟 : Vrac (en)
敌虏 : Esclave
舐肛 : Feuille de rose^SEX
甜姐儿 : Mignon.ne
舔阴, 舔鲍 : Cunninlingus^SEX
舔肛 : Feuille de rose^SEX
舔屁股 : Lécher le cul^INS

页

顶牛儿 : Chamailler
顶回去 : Bec (cloeur le)
顶呱呱, 顶刮刮 : Excellent
顶嘴 : Fraise (ramener sa)
顺 : Faucher
顺手 : Facile
顺利 : Marcher
顽主(儿) : Branleur
颜文字 : Emoticon
颜射 : *Éjaculation^SEX*
颠菜, 颠儿 : Casser (se)

行

行, 行了 : OK
行行好 : Pitié
行酒令 : Jeux à boire
街面(儿)上 : Quartier (dans le)

羊

群交, 群 P : Partie fine^SEX

衣

衣服架子 : Bien foutue^SEX
表情包, 表情符号 : Emoticon
袅袅婷婷 : Gracieux.se
装可怜 : Chien battu
装听不见 : Oreilles (faire la…)
装逼, 装 B : Péter (se la)
装神弄鬼 : Enfumer
装腔作势 : Airs, Chiqué
装模作样 : Airs
装蒜 : Âne

竹 / ⺮

竹篮打水一场空 : Violon
笑成狗 : Fou-rire
笑面虎 : Faux-jeton
笑破肚皮 : Éclater de rire
笑得弯腰 : Plié de rire
笑眯眯 : Souriant
笨手笨脚 : Gauches
笨蛋 : Abruti^INS, Idiot^INS
笨嫂 : Bécasse^INS
管闲事 : Mêler (se…)
算账 : Comptes (régler ses)
算屌了 : Foutre

自

自命不凡 : Coude (se moucher
　　　du), Tête (grosse)
自言自语 : Barbe (parler dans sa)
自命不凡 : Moucher du coude (se)
自渎 : Masturbation^SEX
自掏腰包 : Poche (en être de sa)
自慰 : Masturbation^SEX
臭大粪 : Incapable^INS, Merde^INS
臭乎乎, 臭哄哄, 臭烘烘: Schlinguer
臭他奶奶的 : Putain de bordel…^INS
臭老九 : Intellectuel puant^INS
臭货 : Roulure^INS
臭架子 : Air(s)
臭美 : Pavaner (se)
臭钱 : Pognon (puer le)
臭警察 : Flic

糸

累死, 累得要死 : Fatigue
累成狗 : Fatigue
紧绷绷 : Tendu

羽

翘硬 : Bander^SEX
翘辫子 : Arme à gauche
翰林风 : Gay^SEX
翻白眼 : Yeux (lever les yeux…)

血

血肉横飞 : Éparpiller

--------------- *7 traits* ---------------

赤

赤手空拳 : Mains (à ... nues)
赤佬, 小赤佬 : Misérable[INS]
赤裸裸 : Poil (à)

赧愧, 赧颜 : Fard

豆

豆芽菜 : Asperge

谷

豁出去 : Tête baissée

角

解手 : Soulager (se)
触霉头 : Déveine
触礁 : Aile (battre de l'~)

里

里九外七皇城四 : Pékin
里外不是人 : Chaises

野 : Traîner
野汉子 : Jules[SEX]
野男人 : Ruffian[INS]
野鸡 : Prostituée sans licence[SEX]
野鸡大学 : Diplômes (moulin à)
野孩子 : Sale gosse[INS]
野战 : Exhibitionnisme[SEX]
野兽 : Bête sauvage[INS]

量入为出 : Moyens (vivre...)

身

身无分文 : Sou (pas un)
射出, 射精 : Éjaculer[SEX]

彖

象样 : Convenable

辛

辣 : Sexy[SEX]
辣妈 : Cougar[SEX]

辣妹, 辣妹子 : Sexy[SEX]

言

警花 : Fliquette
警察伯伯, 警察叔叔 : Flic

酉

酡红 : Rougir
酩酊大醉 : Bourré
酷, 酷毙了 : Cool
酷哥 : Sexy[SEX]
醉酒美人 : Débauche[SEX]
醋坛子 : Jaloux
醋精 : Monstre de jalousie[SEX]
醉汉, 醉鬼, 醉翁 : Ivrogne, Sac à vin[INS]
醉眼朦胧 : Vapes (dans les)
醉翁之意... : Idée derrière la tête, Vieil ivrogne[INS]
醉蒙蒙 : Vapes (dans les)
醉醺醺 : Bourré
醺醺然 : Ivre

走

走一步看(瞧)一步 : En temps...
走了时运 : Bol
走后门, 走门路, 走路子 : Piston
走红 : Populaire
走运 : Bol
走狗 : Collabo[INS]
走南闯北 : Pays (avoir vu du)
走资派 : Capitaliste[INS]
走着瞧 : Voir

+ 2 à + 8

赴汤蹈火 : Feu (se jeter au)
起火 : Colère
起床困难户 : Matin (pas du)
起夜 : Pisser
赶趟儿 : Temps (à)
超级英雄 : Super-héros
超烂 : Nul
趁钱 : Pété de thunes
趔趔趄趄 : Cahin-caha
趟浑水 : Louche, Mouiller (se)

336

足

趿拉儿 : Savate
跋山涉水 : Crapahuter
跑酷 : Parkour
跌跌撞撞 : Cahin-caha
跪舔 : Prosterner (se), Suce-bite[SEX]
跟不上 : Suivre (ne plus)
跟屁虫 : Cul (coller), Pot de colle
跟着苍蝇… : Ressembler
路子 : Méthode
路子野 : Réseau
路霸 : Chauffard
跳槽 : Boulot

+ 8 à + 11

踏青, 踏春 : Balader (se)
蹓躂街头 : Pavé (battre le)
蹓跶 : Balade
蹑手蹑脚 : Loup (à pas de)
蹚将 : Brigand
蹚浑水儿 : Mouiller (se)
蹩脚货 : Camelote
蹦迪 : Danser

+ 12

蹭 : Profiter gratos
蹭车, 蹭听 : Frauder
蹬 : Larguer[SEX]
蹲守 : Planque
蹲坑 : Planque, Toilettes
蹲厕 : Toilettes
蹲班房 : Taule
蹿房越脊 : Monte-en-l'air

-------------8 traits-------------

齿

龇牙咧嘴 : Dents (montrer les)

青

青龙 : Épilation[SEX]
青蛙 : Crapaud[INS]
青楼 : Maison close[SEX]

雨

雪上加霜 : Malheur (un…)
雷子 : Flic
霄食 : Casse-croûte
霉国 : Ricains[INS]
霉得慌 : Chierie noire[INS]
霜打的茄子 : Zéro (moral à)
霞子 : Gamin
露水夫妻 : Adultère (adj)[SEX]
露肉 : Attributs
露骨 : Os (la peau sur…)
霹雳舞 : Breakdance

非

非主流 : Alternatif
非同小可 : Gâteau
靠 : Niquer[SEX]
靠边儿站 : Casse-toi ! Placard

金

金鱼系 : Poisson rouge[INS]
金科玉律 : Or (règle d')

門

閂, 閆, 闟 : Bite[SEX]

鱼

鱼龙混杂 : Grain (bon…)
鱼目混珠 : Faux
鱼贯 ; Queue-leu-leu
鱼接鳞 : Positions[SEX]
鲁莽 : Rustre[INS]
鲍, 鲍鲍 : Moule[SEX]

佳

雀儿 : Oiseau[SEX]
雏儿 : Pied-tendre

9 à 13 traits : 骨 鬼 面 香 黄 麻 黑 雏 鼠

----------------9 traits-----------------

骨

骨头轻 : Frivole
骨瘦如柴 : Trique (sec comme…)
骰子令 : Jeux à boire

鬼

鬼才知道 : Dans ton c…[INS]
鬼丫头 : Diablesse (petite)
鬼子, 鬼子兵, 日本/东洋+鬼子 :
    Japon, Japs[INS]
鬼子扛枪猿博 : Positions[SEX]
鬼东西 : Diable[INS], Drôle[INS],
    Truc (machin), Saloperie[INS]
鬼市儿 : Marché aux voleurs
鬼头 : Diablotin
鬼扯蛋 : Craques
鬼迷心窍 : Possédée
鬼算盘 : Combine
魂飞魄散 : Peur (avoir)
魁梧 : Baraqué

面

面包会有的 : Optimisme
面瓜 : Couille molle[INS]

香

香饽饽 : Chouchou

韵

韵事 : Adultère (subs.)[SEX]

----------------11 traits----------------

黄

黄, 黄图, 黄书, 黄片, 黄网 :
    Porno[SEX]
黄了 : Eau (tomber à l')
黄色 : Obscène[SEX]
**黄花闺女, 黄花后生, 黄花大姑
娘** : Puceau/Pucelle[SEX]
黄狗子 : Flic[INS]
黄泥腿子 : Bouseux[INS]
黄毛丫头 : Gamin

麻

麻杆儿 : Asperge

----------------12 traits----------------

黑

黑不溜秋 : Noir[INS]
黑木耳 : Fille facile[SEX], Vulve[SEX],
Traînée[INS]
黑心 : Âme noire[INS]
黑狗子 : Flic[INS]
黑咕隆咚 : Noir d'encre
黑鬼 : Nègre[INS]
黑钱 : Argent sale, Pot-de-vin
黑道, 黑社会 : Pègre

----------------13 traits----------------

雏

雏妓 : Faux poids[SEX]
鼠目寸光 : Nez (ne pas voir)
鼠窃狗偷 : Vole

----------Caractères latins----------

AA 制 : Partage de l'addition
AV 女优 : Pornstar[SEX]
3P : Plan à 3[SEX]
4P : Partie carrée[SEX]
69 式 : Soixante-neuf[SEX]
BL : Gay[SEX]
BZ : Modérateur
FZL : Alternatif
GC : Orgasme[SEX]
JC : Police
KJ : Oral (sexe)[SEX]
low B, low 逼 : Standing
MB : Prostitué[SEX]
ML Amour (faire)[SEX]
MM : Sœur
MPJ : Lèche-bottes
P : Lesbienne[SEX]
Qiou : Pauvre , moche & ringard[INS]
T : Lesbienne[SEX]
TJ : Avaler[SEX]
TMD : Putain[INS]
YY : Fantasmer[SEX]
XJ Demoiselle[SEX]

Lightning Source UK Ltd.
Milton Keynes UK
UKHW021403161121
394066UK00008B/638